ドイツ語圏公法学者プロフィール
国法学者協会の1003人

石川敏行 編著

日本比較法研究所
資料叢書
10

中央大学出版部

装幀　道吉　剛

Meinem verehrten Lehrer

Prof. Dr. Dres. h.c. Otto Bachof

zur Erinnerung und in tiefer Dankbarkeit

はじめに

　「こんなものがあったら便利だな」と思う書物を、結局は自ら編んでここに上梓する。本書には、ドイツ国法学者協会の過去及び現在の会員に関するデータを収める。『ドイツ公法学者事典』である。

　本書は、「ある人物については、編者より読者のほうが、遙かに詳しい」との前提に立つ。だが、今まで誰も本書のような形で、対象を「薄く広く」眺めたことはない。そこで本書のこの特徴を表現するために、「事典」ではなく「プロフィール」と題した。

　本書では、ドイツ公法学会の1003人に関し、同一の基準でデータを切り出してみた。それをどう利活用するかは、もっぱら読者次第である。

　本書の着想は、ユビキタス社会(*)の影も形もまだ見えない、今から30年ほど前に芽生えた。そして10年前には一度、初校ゲラが出た。ところがその直後、編者が法科大学院の創設に関する一連の動きの渦中に巻き込まれたために、心ならずも長らくゲラを筐底に眠らせてしまった。

　今回、情勢が更に大きく変化し、全くの仕切り直しの形で本書を出版できることになった。この10年の間に、ユビキタス社会は全貌を現した。今般本書を世に送れるのも、ひとえにその恵沢であり、感嘆に堪えない。

　時あかたも日独交流150周年に当たり、かつ編者自身も先頃、還暦の誕生日を迎えた。本書は言わば、編者自身による「還暦記念論集」である。

　出版に際して、日本比較法研究所の関口夏絵さん、そして中央大学出版部の小川砂織さんに懇篤なお世話を頂いた。最後に本書は、Otto Bachof 師に捧げられる。

2011（平成23）年10月
　霞ヶ関は中央合同庁舎2号館15階の東京タワーを望むオフィスにて

　　　　　　　　　　　　　　　　　　　　　　　　　　　　石川　敏行

(*)「ユビキタス社会」とは、「誰もがいつでも何処でもネットワークに接続し、情報を受発信することができる社会」との意味に理解する。

目　次

はじめに

凡　例

本　文　　　　　　　　　　1

あとがき　　　　　　　　609

Index

凡　例

「はじめに」に続き、本書の組立てと取扱いにつき、簡単に説明する。本書の本文には、下記の統一基準に従って、ドイツ国法学者協会会員データ 1003 人分が収められている。

記

1行目　各会員のID番号（ 0001 から 1003 まで）
2行目　氏名（故人の場合は、冒頭に「故」を付した）
3行目　学位・肩書・所属機関（故人の場合は生前最後のもの）
4行目　生年月日。故人の場合には、全角1文字を空けて没年月日。地名が判明していれば、括弧中に生地又は及び没地を原語で記した。
5行目　教授免許（羅: venia legendi, 独: Lehrbefugnis）又は専攻。教授免許が明らかであれば「VL:」と略して免許の内容（教授可能科目名）を、またそうでない場合は専攻・研究分野を記した。なおオーストリアの場合、教授免許は venia decondi と表記されることがあるので、その場合には「VD:」と略記した。
6行目以下には、各会員の経歴（curriculum vitae）及び業績（Veröffentlichung）を示した。したがって、この部分は会員によって分量が異なる。
　しかし、後者に関しては共通して
B: で Bücher（主要著作）、
D: で Dissertation（学位請求論文）、また
H: で Habilitation（教授資格論文）、
をそれぞれ示した。ただし、旧版収録の 668 人分のデータに関しては、B の中に D と H が包含されている場合がある。全削も勿体ない話なので、B の中には D と H 以外の文献もなるべく残した。その際、特に祝賀論集（Festschrift, FS）及び追悼論集（Gedenk- bzw. Gedächtnisschrift, GS）は残した。編者に名を連ねるということは、門下生か又は講座後継者の場合が多く、したがって学問又は講座の系譜を知る上で、大きな手がかりになるからである。
　なお旧版では、各会員についての邦語文献があれば、それも示していた。ところが当然のことながら、Kelsen や Schmitt に関する文献は山のようにある一方で、全く研究が存在しない会員もあり、旧版の段階で既に繁簡の差が甚だしかった。そこで、今回の新入会員の数の急増という事態を承けて、「読

者のほうが詳しいだろう」との前提の下、邦語文献は全て削除した。その結果、頁数の増加は削除分でほぼ吸収することができた。

　学歴欄で、例えば 1950–1953 Studium Tübingen, Basel/CH とあるのは、「1950 年から 53 年まで、テュービンゲン大学、バーゼル大学(スイス)で学んだ」という意味である(つまり、スペース節約の意味で、大学［Universität］の語は略してある)。何も表記がなければ法学(Rechtswissenschaft)を学んだという意味であり、法学以外を学んだ場合には、それぞれの学科目名を表記した。

　以下は、「凡例」を箇条書きにする。

1. 配列は、各会員の氏のアルファベット順である。例えば Otto Mayer は、Mayer, Otto と変換した上で配列した(なおドイツでもバイエルン地方には、名・氏ではなく、日本と同様に氏・名の順で表記する慣行がある)。
2. その際、氏は全て大文字で、また名は 1 文字目のみを大文字で表記した。上記の例では、「MAYER, Otto」である。
3. 氏が同一の場合は、名のアルファベット順に配列した。
4. いわゆる Doppelname、すなわち数多く存在する Schmidt や Müller 等の場合、他者との紛れを防ぐ目的で、配偶者の姓等を後に付加した氏が用いられる(例えば、Schmidt-Aßmann、Müller-Volbehr)。この場合は、単一氏の後に配置した。つまり、Schmidt が先で Schmidt-Aßmann は後、同様に Müller が先で Müller-Volbehr は後である。
5. ウムラウトは、ä を ae、ö を oe、ü を ue と解した。また、エスツェット(ß) は、ss と解した。ただし、ID 番号の下の姓を大文字で記す関係で、大文字が存在しないエスツェットの処遇に迷った。色々と先例を比較参照した結果、表記は SS ではなく ß にした。
6. 一部配列に迷うケースが出たので、全人名データを MICROSOFT ACCESS に入力し、ソートした。その上で、結果を昇順に並べた。
7. 原語の氏名の次に、丸括弧の中にカタカナで読みを示した。時に、[　] 内に促音(ー)および撥音(ッ)を入れている場合がある。「DELBRÜCK, Jost (デルブリュ [ッ] ク、ヨ [ー] スト)」を例に取ると、①「デルブリュク、ヨスト」、②「デルブリュク、ヨースト」、③「デルブリュック、ヨスト」及び ④「デルブリュック、ヨースト」という 4 つのカタカナ表記が可能であることを示す。言語学者なら発音記号を付すのかもしれないが、われわれ法律学者にとっては、近似形(カタカナ表記)で十分であろう。
8. 本書に示したカタカナは、あくまで読みの "目安" を示すにすぎない。したがって、本書の刊行により表記の統一を図るといった底意を抱いているものではないことを、念のため付言しておく(すでに人口に広く膾炙し確立してしまった場合は仕方がないとして、そうでない場合には、やはりなるべく原音に近い、つまりはカタカナ読みしてそのまま通じる表記が好まし

凡　　例　　　　　　　　　　vii

い、と編者は考えている）。
　　　　　　　　＊＊＊＊＊＊＊＊＊＊＊
　ところで本書の大きな特色は、次の点にある。すなわち学歴・職歴及び著作紹介によって各会員の問題関心や研究動向を把握した上で、「AL」又は及び「AS」という項目を参照して頂きたい（最もデータが少ない会員の場合は、9 行目と 10 行目）。
　AL とは師（akademische Lehrer）の、また AS とは門下生（akademische Schüler）のそれぞれ略語である。これ（ら）を眺めれば、読者は各会員の師匠が誰であり、各会員にはどのような門下生がいる（いた）のかを、立ち所に知ることができる。
　なお、門下生が複数存在する場合は、「AS」欄は年齢順ではなく、アルファベット順に並べた。これに対し「AL」欄は、各会員に関する資料から「師」と判明した人名を、時間順に示してある。したがって多くの場合、最初に出てくる人名が Doktorvater であり、その次が Habilitationsvater となる。
　「師」の認識は、人によって大きく異なる。「師弟関係」は日本に比べると希薄ではあるが、総じて Doktorand よりは Habilitand との関係のほうが近く、かつ深い傾向にある。
　最後に、「備考」を付した。この部分もまた、本書の特色である。なにぶん 1003 人ものプロフィールを単独で紹介するには、編者は浅学非才ではある。ゆえに、知ったかぶりのつらさはあるのだが、ここには各会員のプロフィールを、編者が把握した限りで、なるべく短く表現した。
　なお、記述の内容が質的に異なると感じた場合、備考は適宜 1, 2, 3… と分けて記述した。その際、「備考 1」では各会員の横顔を、また「備考 2」では師弟関係・学問の系譜などを述べ、「備考 3」（以下）ではその他の事項を概説してある。
　各会員の項目の末尾には、参考となる URL が存在すれば示した。それらを手がかりに、読者は自分が興味を持つ各会員のデータを更に深く掘り下げて調べることができるであろう（一応、校正時にリンク切れがないか確認をしてあるが、事柄の性質上、リンク切れになる可能性は否めないことを、お断りしておく）。
　本書が、読者のドイツ公法学に対する研究と理解を更に深める一助となれば幸いである。

　　　　　　　　　　本書で使用する略語
【欧語編】
A　　　　　　　　Auflage（[書物の]版）（z. B.: 2. A. = 第二版）
a. D.　　　　　　außer Dienst（元、退官）

ADB	Allgemeine Deutsche Biographie（伝記書書名）
AL	akademische Lehrer（師）
Allg.	Allgemeines（一般、総論）
Anm.	Anmerkung(en)（[論文等の]注）
AS	akademische Schüler（門下生）
Ass	Assistent（助手）
ao.	außerordentlich（正教授ではない）
apl.	außerplanmäßig（Plan[＝人件費予算]外から俸給が支払われる）
AöR	Archiv des öffentlichen Rechts（雑誌名）
Art.	Artikel（[雑誌や辞典等の]記事、[法典の第何]条）
Aufl.	Auflage（[書物の第何]版）
Ausg.	Ausgabe（[学生版、日本語版という場合の]版）
AvH-Stiftung	Alexander von Humboldt-Stiftung（ドイツの有名な研究助成財団名）
B	Bayern（[ドイツの]州名）
beamt.	beamtet（官吏[公務員]の身分を付与された）
Bes.	Besonders（特殊、各論）
Born, Geschichte	Born, Geschichte der Wirtschaftswissenschaftlichen Fakultät der Universität Tübingen, Tübingen 1967（書名）
Br.	Breisgau（スイスのFreiburg [Fribourg]と区別するために、ドイツのFreiburgをFreiburg im Breisgauと呼ぶ[略はFreiburg i. Br. か、Freiburg/Br. となる]）
Brauneder, Juristen	W. Brauneder (Hrsg.), Juristen in Österreich 1200–1980 (1987)
BR	Bundesrepublik（[ドイツ]連邦共和国）
BRD	Bundesrepublik Deutschalnd（① 旧西ドイツ[DDR（旧東ドイツ）との対比における]、② 1989年の再統一後の現在のドイツ連邦共和国）
BVerfG	Bundesverfassungsgericht（Karlsruhe/Deutschland）（裁判所名）
BVerwG	Bundesverwaltungsgericht（Berlin, Leipzig/Deutschland）（裁判所名）
BW	Baden-Württemberg（[ドイツの]州名）, Bundeswehr（連邦国防軍）
BWL	Betriebswirtschaftslehre（経営学）

C		「C-給与体系」(2004年末まで)(以降→「W-給与体系」)
C1		(旧)大学教員給与法俸給表C1該当者(助手)
C2		(旧)大学教員給与法俸給表C2該当者(C2-Professor助手、教授以外の教員)
C3		(旧)大学教員給与法俸給表C3該当者(C3-Professor教授。任期の定めがない)
C4		(旧)大学教員給与法俸給表C4該当者(C4-Professor[正]教授。任期の定めがない)
CH		Confederatio Helvetica (Schweiz)(スイス国名の略表記。独仏伊で表記すると争いが起きるので、[中立的な]ラテン語で表記される)
CV		Curriculum Vitae(入会審査のために提出される履歴書)
CV/Diss.		Curriculum Vitae in der Dissertation(学位論文に添付されている履歴書)
D.		Dissertationschrift(博士学位請求論文), der, die, das(各文脈で判断)
Dau, FS-Register		Helmut Dau, Bibliographie juristischer Festschriften und Festschriftenbeiträge: Deutschland - Schweiz – Österreich, 1864–1999 (祝賀論集一覧の書名)
DDR		Deutsche Demokratische Republik (1949～1989年まで存在した旧ドイツ民主共和国[旧東ドイツ])
DEJ		Gerd Kleinheyer/Jan Schröder, Deutsche und Europäische Juristen aus neun Jahrhunderten, 4. Aufl., Heidelberg 1996
DFG		Deutsche Forschungsgemeinschaft(ドイツの「日本学術振興会」に当たる機関)
DHV/Speyer		Deutsche Hochschule für Verwaltungswissenschaften Speyer(旧名 Hochschule für Verwaltungswissenschaften Speyer。戦後、フランスのENAを参考に創設された公務員研修大学。従って、通常の[学部レベルの]学生はいない)。
Dipl.-Soz.		Diplomsoziologe/-in(社会学、学位名)
Diss.		Dissertation(学位論文)
DJT		Deutscher Juristentag(学会名)
DJZ		Deutsche Juristenzeitung(雑誌名:JZの前身)
dt.		deutsch(ドイツの、ドイツ語の)
DÖV		Deutsche Öffentliche Verwaltung(雑誌名)

Dr.	Doktor（博士学位）
Dres.	Dokrtores（Dr.の複数形）
Dr. h.c.	Doktor honoris causa（名誉博士：授与大学名が併記されることが多い）
Dr. iur.	doktor iuris; Doktor der Rechtswissenschaft（法学博士）
Dr. med.	doctor medicinae; Doktor der Medizin（医学博士）
Dr. phil.	doktor philosophiae; Doktor der Philosophie（哲学博士・文学博士）
Dr. rer. oec.	doctor rerum oeconomicarum; Doktor der Wirtschaftswissenschaften（経済学博士）
Dr. rer. pol.	doctor rerum politicarum; Doktor der Staatswissenschaften（政治学博士）
Dr. theo.	doctor theologiae; Doktor der Theologie（神学博士）
Dr. utr.	Doktor utriusque（［教会法と世俗法の］両法博士）
Dtland	Deutschland（ドイツ）
DV	Doktorvater（学位論文審査の際の主査、指導教授）
ebd.	ebendort（［前述と］同じ場所で。地名の重複を避けるために用いる）
em., emer.	emeritiert, Emeritus（退官教授［日本の名誉教授に当たる］）
EMRK	Europäische Menschenrechtskonvention（ヨーロッパ［欧州］人権条約）
EU	Europäische Union（ヨーロッパ［欧州］連合）
EuGH	Europäischer Gerichtshof（ルクセンブルクにある欧州連合裁判所。略語の発音は「オィ・ゲー・ハー」）
f., ff.	fongende(n)（複数のページ数を示す。「何ページ以下」参照という具合に用いる）
FAZ	Frankfurter Allgemeine Zeitung（ドイツを代表する日刊新聞の略称。「ファッツ」と発音する向きもあるようだが、「エフ・アー・ツェット」の方が一般的かと思われる）
FN	Fußnote（脚注）
Frankfurt/M.	Frankfurt am Main（Hessen 州）
Frankfurt/O.	Frankfurt an der Oder（Brandenburg 州）
FS	Festschrift（祝賀論集、記念論集）
FU	Freie Universität Berlin（ベルリーン自由大学［旧西ベルリーン］）

Genealogie LS Oppermann	Hans-Jörg Birk/Armin Dittmann/ Manfred Erhard (Hrsg.), Kulturverwaltungsrecht im Wandel. Zum 50. Geburtstag von Prof. Dr. Dr. h.c. Tomas Oppermann, Stuttgart 1982（Genealogie des Lehrstuhls Prof. Oppermann）
Ger.Ass.	Gerichtsassessor（司法官試補）
GG	Grundgesetz（ドイツ連邦共和国基本法）
Göppinger, Juristen	Horst Göppinger, Juristen jüdischer Abstammung im >Dritten Reich<. Entrechtung und Verfolgung, 2. Aufl., München 1990
GR	Grundrechte（基本権）
GS	Gedächtnisschrift; Gedenkschrift（追悼論集）
GT	Geburtstag（誕生日）
H	Hessen（[ドイツの]ヘッセン州）
H.	Heft（[冊子の]冊、号）; Habilitationschrift（教授資格論文）
Habil.	Habilitation; Habilitationsschrift（教授資格、教授資格論文）
HAW	Hochschule für Angewandte Wissenschaften（大学名、在 Hamburg）
Hdb.	Handbuch（便覧、必携）
Heidelberger GL	Dagmar Drüll (Hrsg.), Heidelberger Gelehrtenlexikon 1803–1932, Heidelberg 1986（辞典名）
HH	Handelshochschule（商科大学）
Hikasa	日笠完治（編）『現代ドイツ公法学人名辞典』信山社出版・1991年
HiWi	Hilfskraft（MA [研究協力員] になる前の「助力者」「バイト君」）
HK	Hilfskraft（MA [研究協力員] になる前の「助力者」「バイト君」）
Honoral P.	Honoralprofessor（兼任教授[別に専任職を有している。従って、日本の名誉教授とは異なる]）
HRG	Erler/Kaufmann （Hrsg.）; Handwörterbuch zur deutschen Rechtsgeschichte（辞典名）
Hrsg.	Herausgeber, herausgegeben（編集・刊行者）
HV	Habilitationsvater（教授資格論文審査の際の主査、指導教授）
HVW/Speyer	Hochschule für Verwaltungswissenschaften Speyer

	(戦後、フランスの ENA を参考に創設された公務員研修大学。従って、通常の[学部レベルの]学生はいない。なおその後、DHV と改称されて、現在に至っている)
HWH	Hochschule für Welthandel in Wien (ヴィーン世界貿易大学。現在では Wirtschaftsuniversität Wien [ヴィーン経済大学] と名称が変わっている)
insb.	insbesondere (「特に」「殊に」)
IPR	Internationales Privatrecht (国際私法)
Ipsen	Hans Peter Ipsen, Staatsrechtslehrer unter dem Grundgesetz, Tübingen 1993
J.D.	Juris Doctor (アメリカの学位)
Jg.	Jahrgang ([雑誌の]号)
JöR	Jahrbuch des öffentlichen Rechts (雑誌名)
JT	Juristentag (ドイツの学会名)
JZ	Juristenzeitung (雑誌名)
K	Kürschners Deutscher Gelehrten-Kalender, Berlin & Leipzig (Walter de Gruyter & C.), 1. A. (1925), 2. A. (1926), 5. A. (1935), 6. A. (1940/41), 7. A. (1950), 10. A. (1966), 11. A. (1970), 14. A. (1983), 15. A. (1987), 16. A. (1997), 21. A. (2007)
K 1987, S. 1	Kürschners Deutscher Gelehrten-Kalender, 15. A. 1987, S. 1
KLK	Heinrich Klenz (Hrs.); Kürschners Literatur-Kalender, Leipzig (G. J. Göschen'sche Verlagsbuchhandlung), 32. A. (1910), 39. A. (1917)
L	Literatur (参照・参考文献)
LB	Lehrbeauftragte(r) ([私講師・教授以外の]大学講師)
LL. M.	Master of Law
LS	Lehrstuhl ([大学の]講座), Law School
MA	Mitarbeiter (「研究協力員」。任期の定めがある), Mitarbeit (共著)
M.A.	Master of Arts
M.C.L.	Master of Comparative Law (アメリカの学位)
MdB	Mitglied des Bundestages ([ドイツの]連邦議会議員)
MdL	Mitglied des Landtags ([ドイツの]州議会議員[従って、州名が後に続く])

MH	Mitherausgeben, Mitherausgeber（共編、共編者）
Min.	Ministerium（○○省）
Mitarb.	Mitarbeiter（［裁判所・研究所等の組織において幹部ではない］一般の研究員・所員・構成員）
Mitgl.	Mitglied（構成員、メンバー）
MPG	Max-Planck-Gesellschaft（個々のMPIを包含する母体組織名）
MPI	Max-Planck-Institut（［ドイツの］研究所名）
MPI/Heidelberg	MPI für ausländisches öffentliches Recht und Völkerrecht in Heidelberg（外国公法・国際法研究所）
MPI/Frankfurt	MPI für europäische Rechtsgeschichte in Frankfurt/M.（ヨーロッパ法史研究所）
MPI/München	MPI für Sozialrecht in München（社会法研究所）
MR	Menschenrechte（人権）
mult.	multi（［名誉学位を］複数持つ）
m.w.N.	mit weiterem Nachweis（参照文献付き）
NDB	Neue Deutsche Biographie（伝記書書名）
Nek.	Neklolog（追悼）
NW	Nordrhein-Westfalen（［ドイツの］州名）
Ob.Ass.	Oberassistent（古参助手、筆頭助手、助手長）
ÖBL	Österreichisches Biographisches Lexikon (1815–1950), Hrsg. von der Österreichischen Akademie der Wissenschaften unter der Leitung von Leo Santifaller, bearbeitet von Eva Obermayer-Marnach, Wien - Köln – Graz（事典名）
ÖJT	Österreichischer Juristentag（オーストリアの学会名）
Ö.-Juristen	Österreichsche Juristen（書名）
OReg.Rat	Oberregierungsrat（英訳 senior government official、職位名、「上席参事官」）
Österr.	Österreich, österreichisch（オーストリア［の］）
oP	ordentlicher Professor（正教授）
Genealogie	Oppermann Dittmann u.a. (Hrsg.), Genealogie Prof. Oppermans Lehrstuhl, FS Oppermann, 1983
o. Prof.	ordentlicher Professor（正教授）
OVG	Oberverwaltungsgericht（高等行政裁判所）
pl.	planmäßig（人件費予算から俸給が支払われる）
Q	Quelle（出典、典拠）
PD	Privatdozent（［ドイツの］私講師）

pens.	pensioniert（退官し、恩給生活へ）
PH	Pädagogische Hochschule（教育学［単科］大学）
Pr.	Preußen（プロイセン。書名中を別にすると、Königsberg/Pr. という組み合わせで、本書には登場する）
R	Recht（○○法。次のような文脈で：VerwR = Verwaltungsrecht［行政法］）
RA	Rechtsanwalt（弁護士）
Ref.	Referent（［専門知識を具有した研究所等の］研究員）; Referat（［学会等における］報告）; Referendar（第一次国家試験合格者：修習生）
Reg.Ass.	Regierungsassessor（行政官試補）
Reg.Rat	Regierungsrat（職位名、「参事官」）
RP	Rheinland-Pfalz（［ドイツの］州名）
RRL	Reine Rechtslehre（［ケルゼン・メルクル等の］純粋法学、法の純粋理論）
RS	Rechtsstaat（法治国［家］）
RW	Rechtswissenschaft（法［律］学）
S.	Seite（ページ）
Schles.	Schlesien（地名）
SE	Staatsexamen（国家試験）I. SE; II. SE（第1次、第2次国家試験。なお、近年のドイツ法曹養成制度改革で、第2次は「国家」試験でなくなった部分があるのだが、本書ではこの点は無視し、SE と表記することをお断りしておく）
S.J.D.	Doctor of Juridical Science、（アメリカの）法学博士
SJZ	Schweizerische Juristen-Zeitung（雑誌名）
Sp.	Spalte（［辞典などの］欄）
RH	Stiftung Rehabilitation Heidelberg（財団法人の名称）
SS	Sommersemester（［大学の］夏学期。近年では、SoSe と略表記が変わったように見受けられる）
StaatsR	Staatsrecht（国法、憲法）
StaatsL	Staatslehre（国家学）
Stolleis, Geschichte	Michael Stolleis, Geschichte des öffentlichen Rechts in Deutschalnd, Bd. 2, München 1992, Bd. 3, 1999（書名）
Stolleis, Juristen	Michael Stollein (Hrsg.), Juristen. Ein biographisches Lexikon, München 1995（辞典名）
TH	Technische Hochschule（工科［単科］大学）

TU	Technische Universität（工科［単科］大学）
UD	Universitätsdozent（［オーストリアの］私講師）
Univ.	Universität（［総合］大学）
U. Prof.	Universitätsprofessor（大学教授）
URL	Uniform Resource Locator（インターネット上に存在する情報の所在を指し示す記述方式）
u.	und（接続詞）
u. a.	und andere（［編者代表の人名］その他［編の］）
usw.	und so weiter（等々）
UVP-G	Umweltverträglichkeitsprüfungsgesetz（環境影響評価法［オーストリア］）
UwSz	Umweltschutz（環境保護）
VA	Verwaltungsakt（行政行為。変化形・複数形は VAten と略記）
VerfR	Verfassungsrecht（憲法）
VerwL	Verwaltungslehre（行政学）
VerwR	Verwaltungsrecht（行政法）
VfGH	Verfassungsgerichtshof（憲法裁判所）
VD	venia decondi（教授免許、オーストリア）
VL	venia legendi（教授免許）
VN	Vereinte Nationen（国際連盟）
Vors.	Vorstand（議長），Vorsitzender（理事長）
VVDStRL	Veröffentlichungen der deutschen Staatsrechtslehrer（学会誌名）
VWL	Volkswirtschaftslehre（国民経済学）
W	「W-給与体系（新）」（2004年末以降）（以前→「C-給与体系（旧）」）
W1	（新）大学教員給与法俸給表 W1 該当者（助手［Assistent］。更に准教授［Juniorprofessur］が、「W1-Professor」と表記されることもある）
W2	（新）大学教員給与法俸給表 W2 該当者（旧 C3-Professor）
W3	（新）大学教員給与法俸給表 W3 該当者（旧 C4-Professor）
Wer ist wer	Wer ist wer?, seit 1979 erscheint bei Schmidt-Römhild in Lübeck（本書では、1996/97年分の CD-ROM 版を参照した）
WiAs	wissenschaftlicher Assistent（［研究］助手）

WissR.	wissenschaftlicher Rat（研究教官）
WRV	Weimarer Reichsverfassung（ヴァイマル憲法）
WS	Wintersemester（［大学の］冬学期。近年では、WiSe と略表記が変わったように見受けられる）
Wer ist's	H. A. L. Degener (Hrsg.), Wer ist's?, Leipzig (Verlag von H. A. Ludwig Degener), 8. Aufl. (1922)
Wer ist wer	Wer ist wer? – Das deutsche Who's who 1996/97, Lübeck 1996
WU	Wirtschaftsuniversität (Wien)（世界経済大学。旧名「世界貿易大学」）
z. B.	zum Beispiel（例えば）
ZDF	Zweites Deutsches Fernsehen（第二ドイツテレビ）
Zs	Zeitschrift（雑誌。複数形は Zsten と略記）

上記以外は、一般のドイツ語略語に従う。

【邦語編】

岩波・人名	岩波書店『西洋人名辞典』
碩学	佐藤立夫『現代ドイツ公法学を築いた碩学たち』早稲田大学比較法研究所・1982 年
日笠	日笠完治（編）『現代ドイツ公法学人名辞典』信山社出版・1991 年
広渡	広渡清吾『法律からの自由と逃避—ヴァイマル共和制下の私法学』日本評論社・1986 年
藤田	藤田宙靖『行政法学の思考形式』木鐸社・1978 年

A

0001
故 **ABELEIN, Manfred**（ア[ー]ベライン、マンフレート）
Dr. iur., em. o. Prof., Univ. Regensburg, Wirtschaftsprüfer, Steuerberater, European Bank for Reconstruction and Development
1930 年 10 月 20 日（Stuttgart）　2008 年 1 月 17 日（Ellwangen）
Öffentliches Recht u. Politik
1950–53 Studium Tübingen, Basel/CH, Freiburg/Br. u. Harvard（RW, Politik u. VWL）; 1954 Prom. Basel; 1966 Habil. Würzburg; 1957–65 OReg.Rat/Baden-Württ. u. Bonn; 1966 PD Würzburg; 1967 o. Prof. Regensburg; 1991 Vizepräsident der European Bank/London, 1965 MdB; emer.
B: D. Charta d. VN i. d. Rsprechung d. IGH（1957: D.）; Kulturpolitik der Dt. Reiches（1967: H.）; Dt. Kulturpolitik（1970）; Die französisch-deutsche Beziehungen（1973）
AL: Hermann Raschhofer（Würzburg、国際法、非会員、1905–1979 年）
Q: K 1996, S. 3; Wer ist wer 1996/97; CV; Hikasa, S. 35
備考 1: 1969 年入会。学者というよりは、実務家。連邦議会議員で（1965–1990 年）、CDU に所属していた。
備考 2: 師の Raschhofer を通じて、Viktor Bruns（0095）→ Heinrich Triepel（0891）へと連なる。
http://de.wikipedia.org/wiki/Manfred_Abelein

0002
故 **ABENDROTH, Wolfgang Walter Arnulf**（アーベントロート、ヴォルフガング・ヴァルター・アルヌルフ）
Dr. iur., em. Prof., Univ. Marburg/Lahn
1906 年 05 月 02 日（Elberfeld）　1985 年 09 月 15 日（Frankfurt/M.）
Wissenschaft von der Politik, Völkerrecht, Allgemeine Staatslehre, Staats- u. Verwaltungsrecht
1924–30 Studium RW u. VWL Frankfurt/M., Tübingen, Münster u. Bern; 1930 I. SE; 1933 II. SE; 1935 Prom. Bern; 1947 Habil. Halle/S.; 1947 PD Halle/S.; 1948 pl. ao. Prof. Leipzig; 1948 o. Prof. Jena; 1949 Flucht aus d. sowjet. Zone; 1949 o. Prof. Wilhelmshaven; 1951 o.

P. Marburg (Politikwiss.); 1971 em.
B: D. völkerrechtl. Stellung d. B- u. C-Mandate d. Völkerbundes (1935: D.); Völkerr. Arbeiten (1936); D. Mandatsystem d. Völkerbundes (1947: H.); D. dt. Gewerkschaften (1954); Bürokratische Verw.staat u. soziale Demokratie (1955); Auftrag u. Krise d. dt. Sozialdemokratie (1964); Sozialgeschichte d. europ. Arbeiterbewegung (1965; 10. A. 1974); D. GG d. BRD (1966; 8. A. 1978; auch jap. Übers.); Antagonistische Gesellsch. u. polit. Demokratie (1967; 2. A. 1973); Wider die "herrschende Meinung" (1982; hrsg. v. Norman Peach/Gerhard Stuby)
Q: K 1983, S. 4; Nek. K 1987, S. 5301; Hikasa, S. 36 f.
L: FS 1968 (Geschichte, Recht u. Politik; hrsg. v. Heinrich Düker u.a.); FS 1977; Der Kampf um d. GG (W. A. zum 70. GT); FS 1982 (New directions in intern. law; hrsg. v. Helmut Ridder u.a.); GS 1987 (Recht u. Arbeiterbewegung; hrsg. v. Detlef Hensche u.a.); Dieter Sterzel, W. A. (1906–1985), in: Kritische Justiz (Hrsg.), Streitbare Juristen, S. 476–486 m. w. N. (S. 477に肖像写真); Abendroth: Ein Leben in d. dt. Arbeiterbewegung (Autobiographie) (1976)
備考1: 戦後原始会員（1950年入会）。当初、東ドイツ地域におり、ドイツ分裂に伴い西ドイツに移った。この学会には珍しい左翼の論客として知られた。Vereinigung Demokratischer Juristinnen u. Juristen (VDJ) なる――当協会を批判する――グループを率いていた。1952年及び1953年の協会副理事長（理事長は、Hans Julius Wolff、いま一人の副理事長は Hans Peter Ipsen)。
備考2: 戦前、協会の理事会は3年任期制と2年任期制とが混在していた。そして、1949年に再建された段階の理事会（理事長 Erich Kaufmann、副理事長 Walter Jellinek 及び Werner Weber) は3年任期制であった。これは戦後の混乱に伴う再建時の特例措置と見られ、以後、アーベントロートが副理事長をつとめたこの時代から現在に至るまで、協会理事会は2年任期制で推移してきている。なお、副理事長は2人おり、戦前・戦後を通じて筆頭副理事長は、理事長に次ぐ年齢者である。これに対し、いま一人の副理事長は若年者が選ばれ、「書記」（議事録作成）及び会計帳簿の管理に従事していた（いる）ようである。
http://www.gdw-berlin.de/bio/ausgabe_mit.php?id=358 (写真あり）
http://www.uni-leipzig.de/unigeschichte/professorenkatalog/leipzig/Abendroth_637
http://de.wikipedia.org/wiki/Wolfgang_Abendroth

0003
故 **ACHTERBERG, Norbert** (アハターベルク、ノルベルト[ノルバート])

Dr. iur., o. Prof., Univ. Münster
1932 年 05 月 29 日（Berlin） 1988 年 03 月 17 日（Münster）
Öffentliches Recht
1952–56 Studium Marburg/L.; 1957 I. SE; 1961 II. SE; 1959 Prom.
Marburg; 1968 Habil. Marburg; 1961–62 RA; 1962 WiAs Bonn; 1963
WiAs Marburg; 1968 PD Marburg; 1968 Prof. Marburg; 1972 o. Prof.
Münster
B: D. Enteignungshoheit u. d. Befugnis zur Entscheidung üb. d. Umfang
d. Enteignung beim Bau v. Bdesbahnlagen (1959: D.); Probleme d.
Funktionslehre (1970: H.); Gzüge d. ParlamentsR (1971); D. rahmen-
gebundene Mandat (1975); ParlamentsR (1984); Allg. VerwR (2. A.
1986)
MH: FS Hans Ulrich Scupin (1983; m. Werner Krawietz/Dieter
Wyduckel)
AL: Hubert Görg (0246), Gerhard Hoffmann (0345)
Q: K 1983, S. 9/10; CV; CV/Diss.; Nek. K 1992, S. 4249
備考：1969 年入会。第 38 回大会（1979 年）第 1 テーマ副報告。Hans Ulrich
Scupin（ 0821 ）の講座後継者。「法関係論」の主唱者として知られ、議会法
も研究していたが、惜しくも在職中に死去した。
http://de.wikipedia.org/wiki/Norbert_Achterberg
0004
ADAMOVICH, Ludwig K. Jun.（アダモヴィッチ［ュ］、ルートヴィヒ・K
［ユーニォア］）墺
Dr. iur., o. Prof. a. D., Hon. Prof., Univ. Wien/Österr., Präsident des
VfGH a. D.
1932 年 08 月 24 日（Innsbruck）
Österr. Verfassungsrecht, Verfassungspolitik; Staatsrecht, Verwaltungsrecht, Politische Wissenschaft
–1954 Studium Wien; 1954 Prom. Wien; 1973 Habil. Wien; 1974–77
o. Prof. Graz; 1977 Sektionschef im Bdeskanzleramt; 1984–2002 Präsid.
d. österr. VfGH; 1974 Hon. Prof. Wien; emer.
B: D. Ausschluß e. ordentl. Rmittels ggn Bescheide v. Kollegialbehörden n. Art. 133 Z. 4 BVG (1959: D.); Hdb. d. österr. VerfR (6. A.
1971; fortgef. das vom Vater Ludwig Adamovich Sen. verfaßten Buch)
MA: FS Hans R. Klecatsky (1990); FS Robert Walter (1991); FS
Franz Matscher (1993; hrsg.: Oskar J. Ballon u.a.); GS f. Kurt Ringhofer (1995); FS Karl Hempel (1997; hrsg.: Heinz Mayer u.a.)
MH: FS Edwin Loebenstein (1991; m. Alfred F. Kobzina)

AL: Walter Antoniolli（ 0012 ）
AS: Christian Brünner（ 0094 ）
Q: K 1996, S. 5; Hikasa, S. 38
L: FS 1992（StaatsR u. Staatswiss. in Zeiten d. Wandels; hrsg. v. Bernd-Christian Funk/Hans R. Klecatsky/Wolfgang Mantl/Kurt Ringhofer u.a.; Bibliogr., S. 771–774）
備考：1974 年入会。Graz では Gustav Eduard Kafka（ 0403 ）の講座後継者。Ludwig Adamovich Sen.（ 0005 ）の息子。親子 2 代続きで、憲法裁判所の長官をつとめた。日笠 38 頁の教示によると、教授資格論文は単著ではなく、複数の著作（Mehrere gesammelte Arbeiten）が対象とのこと。
http://www.aeiou.at/aeiou.encyclop.a/a079772.htm
http://de.wikipedia.org/wiki/Ludwig_Adamovich_junior（写真あり）
0005
故 **ADAMOVICH, Ludwig Sen.**（アダモヴィッチ［ュ］、ルートヴィヒ［ゼーニォア］）墺
Dr. iur., Prof., Univ. Wien/Österr., Präsident des VfGH a. D.
1890 年 04 月 30 日（Essegg/Kroatien） 1955 年 09 月 23 日（Wien）
Allgemeine Staatslehre u. österr. Verfassungsrecht, allgemeine Verwaltungslehre u. österr. Verwaltungsrecht
Studium RW u. Staatswiss. Wien; Offizier erster Weltkrieg, Beamter Landesregierung Niederösterreich; Bundeskanzleramt; 1924 Habil. Wien; 1924 PD Wien; 1927 ao. Prof. Dt. Univ. Prag; 1928 o. Prof. Graz; 1934 Wien; 1934–38 Staatsrat; 1938 Bundesjustizminister; Amtsenthebung durch Nationalsozialisten; 1945 Rektor Univ. Wien; 1946–55 Präsident VfGH
B: Bundesverfassungsgesetze samt Ausführung und Nebengesetzen, 1947
AS: Felix Ermacora（ 0182 ）; Ernst Carl Hellbling（ 0312 ）; Hans Spanner（ 0845 ）
Q: K 1950, S. 7
L: DÖV 1951, S. 557（追悼記事）
備考：1929 年に入会し、戦後原始会員（1950 年入会）。煌めくような実務歴である。Ludig Adamovich Jun.（ 0004 ）の父。
http://www.aeiou.at/aeiou.encyclop.a/a078347.htm（写真あり）
http://de.wikipedia.org/wiki/Ludwig_Adamovich_senior
0006
故 **ADLER, Franz**（アードラー、フランツ）
Dr. iur., PD, Deutsche Univ. Prag

1899 年 04 月 04 日（Prag）　1944 年 10 月（Auschwitz）
Studium; Prom.; 1929 Habil. Prag; 1929 PD Dt. Univ. Prag
MA: Gerichtl. od. politische Garantie d. Verf.（1932; Hácha-FS）; Präsident d. Rep.（1933; Wb. d. tschsl. öff. Recht）
Q: K 1935, S. 6
備考 1： 1929 年入会。本書で取り上げる公法学者の中で、プロフィールが最も不明の一人。下記サイトの記述によると、プラハ大学で教授資格を得、私講師になったが学界には残らず、ユニオン・バンクのプラハ支店に勤務の後、テレジーン（Terezin）の収容所を経て 1944 年 10 月 16 日アウシュヴィッツに送られ、そこで落命した。
備考 2： なお、この人物が在職したプラハ（ドイツ）大学はドイツ語圏の大学中その創立が最も古く、1348（正平 3 年/貞和 4）年にまで遡る（ちなみに、第 2 位は Wien 大学の 1365（正平 20/貞治 4）年、第 3 位は Heidelberg 大学の 1386（元中 3 年/至徳 3）年である）。
http://freepages.genealogy.rootsweb.ancestry.com/~pnlowe/adler/g0000007.html
http://records.ancestry.com/Franz_Adler_records.ashx?pid=102248989
（同人と推測される写真あり）

0007
ALBERS, Marion（アルバース［アルベルス］、マリオン）女性
Dr. iur., Dipl. soz., Prof., Univ. Hamburg
1961 年
Öffentliches Recht, Informations- und Kommunikationsrecht, Rechtstheorie
Studium; 1987 II. SE; 1990 Soziologie-Diplom Bielefeld; 1993–2000 wiss. MA am BVerfG; 1999 Prom. Bielefeld; 2002 Habil. Bielefeld; 2005 Prof. Augsburg; 2010 Prof. Hambug
D: Die Determination polizeilicher Tätigkeit in den Bereichen der Straftatenverhütung und der Verfolgungsvorsorge, Berlin 2001
H: Informationelle Selbstbestimmung, Baden-Baden 2005
AL: Dieter Grimm（ 0261 ）
備考： 情報法を研究する。
http://www.jura.uni-hamburg.de/personen/albers/
http://www.servat.unibe.ch/strl/wiw/albers_marion.html（写真あり）
http://www.humanistische-union.de/fileadmin/hu_upload/doku/2007/Tagungsmappe_20070917.pdf（履歴記載あり）

0008
ALEXY, Robert（アレクスィー、ローベルト）

Dr. iur., Dr. h.c. mult., Prof., Univ. Kiel
1945 年 09 月 09 日（Oldenburg）
Öfftliches Recht u. Rechtsphilosophie
1968–73 Studium Göttingen; 1973 I. SE, 1973–77 Wiss. Hiwi Göttingen; 1976–78 Ref.; 1978 II. SE; 1977 WiAs; 1978 Prom. Göttingen; 1984 Habil. Göttingen; 1984 PD Göttingen; 1986 o. Prof. Kiel
B: Theorie d. jurist. Argumentation (1978, 2. A. 1991); Theorie d. Grechte (1985; Neudr. 1986); Begriff u. Geltung d. Rechts (1992; 2. A. 1994); Mauerschützen (1993); Recht, Vernunft, Diskurs (1995)
AL: Ralf Dreier (0152)
AS: Jochen Bittner (Zeit-Redakteur); Martin Borowski (0075); Jan-Reinhard Sieckmann (0830); Nils Jansen (Univ. Münster); Matthias Klatt (Univ. Hamburg); Mattias Kumm (New York University School of Law, Wissenschaftszentrum Berlin und Humboldt Univ.); Virgilio Afonso da Silva (Univ. São Paulo)
Q: K 1996, S. 12/13; Wer ist wer 1996/97; CV; CV/Diss.
備考：1985 年入会。師の R. Dreier と並んで、実定公法学者としてよりも、法思想家として名高い。
http://www.alexy.jura.uni-kiel.de/kurzbiografie（写真あり）
http://de.wikipedia.org/wiki/Robert_Alexy（写真あり）
0009
ALLEWELDT, Ralf（アレヴェルト、ラルフ）
Dr. phil., PD, Univ. Frankfurt/Oder
1960 年
Staats- und Verwaltungsrecht, Völkerrecht
1981–83 Studium Mathematik Frankfurt/M.; 1983–88 Studium RW Passau; 2005 Prom. Heidelberg; 2005 Habil. Europa-Univ. Viadrina Frankfurt (Oder); 2005 PD Frankfurt/Oder
D: Schutz vor Abschiebung bei drohender Folter oder unmenschlicher oder erniedrigender Behandlung oder Strafe, Köln 1996
H: Bundesverfassungsgericht und Fachgerichtsbarkeit, Tübingen 2005
AL: Jochen Abraham Frowein (0216), Alexander von Brünneck (0092)
備考：国際法学者。外国人法、特に庇護権（Asylrecht）を研究。ドイツ国際法学会会員。
http://www.network-migration.org/experten/datenbank.php?guid=J88F69&rid=166
http://www.dgfir.de/gesellschaft/organisation/

http://www.servat.unibe.ch/strl/wiw/alleweldt,_ll.m.,_ralf.html
0010
ANDERHEIDEN, Michael (アンデァハイデン、ミヒャエ[ー]ル)
Dr. phil., apl. Prof., Univ. Heidelberg
1963 年 9 月 12 日 (Krefeld/Nordrhein-Westfalen)
Öffentliches Recht, Medizinrecht, Rechtsphilosophie
1982–88 RW u. Philosophie Mainz, Freiburg u. Münster; 1988 I. SE; 1997 Prom. Münster; 2005 Habil. Heidelberg; 2007 apl. Prof. Heidelberg
D: Pluralismus und Pflichtenkollisionen als Grenze und Aufgabe der Sozialphilosophie, Würzburg 2000
H: Gemeinwohl in Republik und Union, Tübingen 2006
AL: Winfried Brugger (0089)
備考：医事法の研究に取り組む。
http://www.uni-heidelberg.de/institute/fak2/brugger/anderheiden/vita.htm（写真あり）
0011
故 **ANSCHÜTZ, Gerhard** (アンシュッツ、ゲァハルト[ゲルハルト])
Dr. iur., o. Prof., Univ. Heidelberg
1867 年 01 月 10 日 (Halle)　1948 年 04 月 14 日 (Heidelberg)
Staats- u. Verwaltungsrecht
1886 Studium Literaturgeschichte, Kulturgeschichte, Französisch u. RW Genf, Leipzig, Berlin u. Halle; 1891 Prom. Halle/S.; Habil. 1896 Berlin; 1896 PD Berlin; 1899 o. Prof. Tübingen; 1900 o. Prof. Heidelberg; 1908/09 o. Prof. Berlin; 1915/16 o. Prof. Heidelberg, emer.
B: Kritische Stud. z. Lehre v. Rsatz u. formellen Recht (1891: D.); Ersatzanspruch aus Vermögnsbeschädigungen dch. rechtmäß. Handhgb. d. Staatsgewalt (1896: H.); OrganisationsG d. innern Verw. in Pr. (1897); D. gegenwärt. Theorien üb. d. Begriff d. gesetzgebenden Gewalt u. d. Umfang d. kgl. VerordnungsR (2. A. 1902); D. Fall Friesenhausen (1904); Dt. StaatsR (1904; 2. A. 1913); Komm. z. pr. Verf., Bd. 1 (1912); Parlament u. Reg. im Dt. Reich (1918); Drei Leitgedanken d. WRV (1923)
AL: Edgar Loening, Rudolf Stammler (Univ. Halle); Wilhelm Kahl (0406)
AS: Fritz Marschall Freiherr von Bieberstein (0057); Ernst von Hippel (0341); Carl Heyland (0336); Gerhard Lassar (0499)
Q: Wer ist's 1922, S. 25; K 1935, S. 21; Nek. K 1950, S. 2435; CV/

Diss.; Heidelberger GL, S. 4.
L: Anschütz: Aus meinem Leben (1993; hrsg. v. Walter Pauly); Anschütz: Lebenserinnerungen, in: Ruperto-Carola, Mitteilungen der Vereinigung der Freunde der Studentenschaft der Univ. Heidelberg, 9. Jg., Bd. 21 (1957), S. 37; Born, S. 157; Stolleis, Geschichte III, S. 352/353; Stolleis, Juristen, S. 36–37 m. w. N. (von Walter Pauly); DEJ, S. 464 m. w. N.
U: Walter Pauly, Zu Leben u. Werk von G. A.; in: Anschütz, Aus meinem Leben, S. XI–XLIV
備考：戦前原始会員（1924年入会）。1924年及び1925年協会副理事長（理事長は Richard Thoma。いま一人の副理事長は、Fritz Stier-Somlo）。第1回大会（1924年）第1テーマ主報告（H. 1)。「法規」概念と実質・形式的意味の法律をテーマにした学位論文は有名。Heidelberg では Georg Meyer（非会員、1841–1900年；siehe zu ihm, Georg Jellinek: G. M., DJZ 1900, S. 130 f.; Landsberg III/2, Noten 405) の講座後継者（Stolleis, Geschichte III, S. 352)、再度の Heidelberg では Fritz Fleiner (0201) の講座後継者（HGL, S. 4）。
http://www.gdw-berlin.de/bio/ausgabe_mit.php?id=448（写真あり）
http://de.wikipedia.org/wiki/Gerhard_Ansch%C3%BCtz

0012
故 **ANTONIOLLI, Walter**（アントニオッリ、ヴァルター）墺
Dr. iur., Dr. h. c., o. U. Prof., Univ. Wien, Präsident des VfGH a. D.
1907年12月20日（Mistelbach） 2006年5月23日（Wien）
Staats- u. Verwaltungsrecht
Studium; Prom.; 1947 Habil. Wien; 1947 PD Wien, 1948 o. Prof. Innsbruck; 1951 Mitgl. des VfGH; 1956 o. Prof Wien (Nachfolge Ludwig Adamovich, Sen.); 1958–77 Präsident des VfGH
MA: Allg. VerwR (3. A. 1996; m. Friedrich Koja)
MH: D. Rsprechung d. VwGH 1946–1959 (1963; m. Friedrich Koja); 1960–1964 (1968; m. Anton Egger, F. Koja)
AS: Ludwig Adamovich, Jun (0004); Bernd-Christian Funk (0219), Ernst Carl Hellbling (0312); René Marcic (0547); Heinz Peter Rill (0695)
Q: K 1996, S. 22 (Red.)
L: FS 1979 (Allg. VerwR; hrsg. v. Felix Ermacora/Günther Winkler/Friedrich Koja/H. P. Rill/B.-Cr. Funk)
備考：1956年入会。憲法裁判所長官を長年つとめ、非常に長命であった（白寿＝99歳）。

http://www.aeiou.at/aeiou.encyclop.a/a605413.htm
http://www.salzburg.com/sn/nachrichten/artikel/2067106.html（追悼記事。写真あり）
http://de.wikipedia.org/wiki/Walter_Antoniolli
0013
故 **APELT, Willibalt**（アーペルト、ヴィリーバルト）
Dr. iur., Prof., Univ. München, Geheimer Regierungsrat, Staatsminister a. D.
1877 年 10 月 18 日（Löbau/Sachsen）　1965 年 06 月 16 日（Gräfelfing/München）
Staats- u. Verwaltungsrecht
1896–1900 Studium Philologie, RW u. Staatswiss. Lausanne, München, Freiburg u. Leipzig; 1915–18 Reg.Rat Leipzig; 1903 Prom.; 1918 Habil. Leipzig; 1918 PD Leipzig; 1918 Reichsamt d. Inn.; 1919 Sächs. Min. f. Kultur; 1919 o. Hon.Prof. Leipzig; Prof. Leipzig; Prof. München; emer.
B: Gzüge d. sächs. BauR（1914）; D. verw.rechtlicher Vertrag（1920: H.）; Vom Bdesstaat zum Regionalstaat（1927）; Geschichte d. Weimarer Verf.（1946; 2. A. 1964）
AL: Otto Mayer（ 0562 ）
AS: Günter Dürig（ 0155 ）
Q: Wer ist's 1922, S. 27; K 1935, S. 23; Nek. K 1970, S. 3412
L: Apelt: Jurist im Wandel d. Staatsformen. Lebenserinnerungen（1965）; FS 1958（Staat u. Bürger; hrsg. Theodor Maunz/Hans Nawiasky/Johannes Heckel; siehe insb. Vorwort）; NJW 1957, S. 1550（von Klaus Obermayer）; DÖV 1957, S. 749; JZ 1957（von Walter Mallmann）; JZ 1965, S. 650（von K. Obermayer）; AöR 82（1957）.; AöR 87（1962）, S. 380（von Klaus Obermayer）
備考：戦前原始会員（1924 年入会）を経て、戦後原始会員（1950 年）。Otto Mayer（ 0562 ）の門下生として、師の体系では手薄であった行政契約の研究をした。ヴァイマル憲法史の研究も有名。
http://www.uni-leipzig.de/unigeschichte/professorenkatalog/leipzig/Apelt_6/markiere:apelt/（写真あり）
http://de.wikipedia.org/wiki/Willibalt_Apelt
0014
APPEL, Ivo（アペル、イヴォ）
Dr. iur., Univ.-Prof., Univ. Augsburg
1965 年（Karlsruhe）

Öffentliches Recht, Europarecht, Umweltrecht
1982–87 Studium der RW u. Philosophie Erlangen-Nürnberg, Lausanne u. Freiburg/Br.; 1987 I. SE; 1991 II. SE; 1997 Prom. Freiburg; 2001 Habil. Freiburg; 2003 Univ.-Prof. Augsburg
D: Verfassung und Strafe, Berlin 1998
H: Staatliche Zukunfts- und Entwicklungsvorsorge, Tübingen 2004
AL: Rainer Wahl (0921)
備考1: ヨーロッパ法・環境法を研究。
備考2: 師のWahlを経由して、Ernst-Wolfgang Böckenförde (0067) → Hans Julius Wolff (0978) → Friedrich Giese (0240) という学統に連なる。
http://www.jura.uni-augsburg.de/fakultaet/lehrstuehle/appel/mitarbeiter/appel_ivo/（写真あり）
0015
故 **ARMBRUSTER, Hubert** （アルムブルスター、フーベルト［フーバート］）
Dr. iur., o. Prof., Univ. Mainz, Richter am internationalen Verwaltungsgericht Genf. a. D.
1911年08月12日（Baden-Baden）　1995年04月04日（München）
Öffentliches Recht, internationale Beziehungen
Studium; 1937 Prom. Freiburg/Br.; 1946 Habil. Mainz?; 1946 ao. Prof. Mainz; 1954 o. Prof. Mainz; Richter am intern. VerwG Genf
D: Die Wandlung des Reichshaushaltsrechts, 1939 Stuttgart/Berlin
AL: Theodor Maunz (0557)
AS: Ludwig Gramlich (0252); Hugo J. Hahn (0283); Wolf-Rüdiger Schenke (0746); Peter Weides (0941)
Q: K 1983, S. 72; CV/Diss.
L: FS 1976 (Rechtsfragen im Spektrum d. Öffentlichen; hrsg. v. Franz Bürkei u.a.); JZ 1981, S. 554 (von Peter Schneider); Hikasa, S. 39
備考1: 戦後原始会員（1950年入会）。国際法学者。戦後、マーシャルプランに関わった。教論のことは、よく分からない（故に疑問符を付してある）。日笠39頁には項目はあるが、「回答を頂けなかった」とのこと。
備考2: 講座後継者は、Peter Schneider (0789)。
http://www.munzinger.de/search/portrait/Hubert+Armbruster/0/1796.html
http://www.koeblergerhard.de/Rechtsfakultaeten/Mainz476.htm
0016
ARNAULD, Andreas von （アルノルト、アンドレア［ー］ス・フォン）
Dr. iur., Univ.-Prof., Helmut-Schmidt-Univ./Univ. der Bundeswehr

Hamburg
1970 年 (Hamburg)
VL: Öffentliches Recht, Völker- und Europarecht, Rechtsphilosophie und Rechtstheorie
1989–94 Studium Hamburg u. Bonn; 1994 I. SE; 1999 II. SE; 1998 Prom. Hamburg; 2005 Habil. FU Berlin; 2007 Univ.-Prof. Univ. BW
D: Die Freiheitsrechte und ihre Schranken, Baden-Baden 1999
H: Rechtssicherheit. Perspektivische Annäherungen an eine idée directrice des Rechts, Tübingen 2006
備考: 連邦国防軍 (Bundeswehr) 大学校教授。国際法学者。ドイツ国際法学会会員。
AL: Ingo von Münch (0602); Albrecht Randelzhofer (0676)
http://www.hsu-hh.de/voelkerrecht/index_Eeb8jgnfOtbCNyDa.html
(写真あり)
http://www.dgfir.de/gesellschaft/organisation/
0017
ARNDT, Hans-Wolfgang (アルント、ハンス＝ヴォルフガング)
Dr. iur.; o. Prof., Univ. Mannheim
1945 年 04 月 02 日 (Prag/CS)
Öffentliches Recht u. Steuerrecht
1964–68 Studium Tübingen, Berlin u. Bochum; 1968 I. SE; 1971 II. SE; 1972 Reg.Rat Rheiland-Pfalz; 1972 Prom. Bochum; 1974 Ass.Prof. Mainz; 1977 Habil. Mainz; 1977 PD Mainz; 1980 Prof. Konstanz; 1983 o. Prof. Mannheim
B: Probleme rückwirkender Rsprechungsänderung (1974: D.); Ausbildungs-, steuer- u. versicherungsrechtl. Fragen junger Juristen (1975); Verf.widrige Studienreform? (1977: H.); Praktikabilität u. Effizienz (1982); Steuern, Sonderabgaben u. Zwangsanleihen (1983); GZ d. Allg. SteuerR (1988); EuropaR (1994; 2. A. 1995); Investitionsführer Tschechische Republik (1994)
MA: Öff. Recht (1977; m. Walter Rudolf); Großkommentar zum EinkommensteuerR (1985; hrsg. Söhn/Kirchhof); SteuerR (1991; m. Siegfried Zierlinger); SteuerR (1986; m. S. Zierlinger); Bes. VerwR (5. A. 1995; hrsg.: Udo Steiner); EuropaR. 20 Fälle m. Lösungen (1996; m. Kristian Fischer)
AL: Walter Rudolf (0715)
Q: K 1987, S. 82; CV
備考 1: 1978 年入会。税法研究者。生地チェコに関する投資ガイドも執筆し

ている。
備考2: なお、師の Rudolf は Adolf Schüle（ 0805 ）の門下生である。この学統は、後者の師である Richard Thoma（ 0886 ）→ Heinrich Rosin（非会員、Freiburg、刑法、1855–1927 年）を経て、Otto von Gierke（非会員、Berlin → Breslau → Heidelberg →（wieder）Berlin、1841–1921 年）へと連なる。
http://de.wikipedia.org/wiki/Hans-Wolfgang_Arndt
0018
ARNIM, Hans Herbert von（アルニム、ハンス・ヘルベルト・フォン）
Dipl.-Vw., Dr. iur, o. Prof., HVW/Speyer
1939 年 11 月 16 日（Darmstadt）
Staats- u. Verwaltungsrecht, Finanz- u. Steuerrecht
1958–62 Studium Heidelberg; 1962 I. SE Heidelberg; 1966 Dip. Volkswirt.; 1967 II. SE Stuttgart; 1967–68 WiAs Heidelberg; 1969 Prom. Heidelberg (ArbeitsR); 1972 LB Regensburg (Volkswirt.politik f. Juristen); 1974–75 Würzburg (gleichen Inhalt); 1976 Habil. Regensburg; 1976 PD Regensburg; 1978 Prof. Marburg/L.;1981 o. Prof. Speyer; 2005 emer.
B: D. Verfallbarkeit v. betriebl. Ruhegeldanwartschaften (1969: D.); Volkswirtschaftspolitik (1974); Abgeordnetenentschäd. u. GG (1975); Allg. Interessen i. d. pluralist. Demokratie (1976: H.); Gemeinwohl u. Gruppeninteressen (1977); D. Besteuer. v. Zinsen b. Geldwertung (1978); Ämterpatronage durch polit. Parteien (1980); Abgeordnetenstatus u. GG (1980); Besteuer. u. Eigentum (1980); Zweitwohn.steuer u. GG (1981); Öffentlichkeit kommunaler Finanzkontrollber. als Verf.gebot (1981); Parteienfinanzierung (1982); Staatslehre d. BRD (1984); Volkszählungsurteil u. Städtestatistik (1987); Staatliche Fraktionsfinanzierung ohen Kontrolle? (1987); Macht macht erfinderisch (1988); Wirtschaftlichkeit als Rprinzip (1988); D. neue Parteifinanzierung (1989); Staat als Beute (1993); Wem steht das Vermögen d. DDR-Parteien zu? (1993); Staat ohne Diener (1993); Demokratie ohne Volk (1993); Rfragen d. Prvatisierung (1995)
AL: H. Weitnauer, W. Hefermehl (Heidelberg、労働法); Hermann Soell (0841), Franz Mayer (0559)
Q: K 1996, S. 27; CV; CV/Diss.
備考1: 1977 年入会。政党と議会制度を財政面から研究している。また、公法学者としては珍しく、経済政策の教科書を執筆している。その由来は、経歴から明らかであろう。第 39 回大会（1980 年）第 2 テーマ主報告。

備考 2: 師のうち F. Mayer は、Friedrich Augst von der Heydte (0333) の門下生。その師である Erich Kaufmann (0414) を経て、Albert Hänel (非会員) へと連なる。また、いま一人の師である Soell は、Karl Doehring (0144) の門下生。後者を媒介に、Ernst Forsthoff (0206) → Carl Schmitt (0780) へと連なる。
http://www.hfv-speyer.de/vonarnim/ (写真あり)
http://de.wikipedia.org/wiki/Hans_Herbert_von_Arnim
0019
ARNOLD, Rainer (アルノルト、ライナー)
Dr. iur., o. Prof., Univ. Regensburg
1943 年 10 月 22 日 (Marienbad/Tschechische Republik)
Deutsches u. ausländisches öffentliches Recht, Völkerrecht
1959–62 Studienaufenthalt Genf u. Cambridge (auch russisch); 1962–67 Studium München u. Würzburg; 1966 I. SE Würzburg; 1966–69 Ref., Hiwi. Würzburng; 1970 II. SE; 1968 Prom. Würzburg; 1969 WiAs; 1970, 1973 Habil. Würzburg; 1973 PD Würzburg; 1976 wiss. Rat u. Prof. Konstanz; 1978 o. Prof. Regensburg; 2000 Jean-Monnet-Lehrstuhl
B: D. Rangverhältnis zw. d. Recht d. EG u. d. dt. Recht (1968: D.); D. Begriff d. Souveränität d. Parlaments im brit. VerfR (1972: H.)
AL: Hermann Raschhofer (Würzburg、国際法、非会員、1905–1979 年)
Q: K 1996, S. 28 (Red.)
備考 1: 1974 年入会。ヨーロッパ法・国際法学者。ドイツ国際法学会会員。
備考 2: 師の Raschhofer を通じて、Viktor Bruns (0095) → Heinrich Triepel (0891) へと連なる。
http://www.uni-regensburg.de/Fakultaeten/Jura/arnold/index.htm
http://www.dgfir.de/gesellschaft/organisation/
0020
ASCHKE, Manfred (アシュケ、マンフレート)
Dr. iur., Honorarprof., Univ. Gießen, Richter am Oberverwaltungsgericht Thüringen
1950 年 03 月 21 日
Studium; I. SE; II. SE; 1985 Prom. Gießen; 1995 vorsitzender Richter Thüringer Oberverwaltungsgericht
D: Übergangsregulungen als verfassungsrechtliches Problem, Frankfurt/M. u.a. 1987
備考: 実務家教員(テューリンゲン州高等行政裁判所判事)。計画法及び建築法を研究。師弟関係等は、よく分からない。

http://www.recht.uni-giessen.de/wps/fb01/ma/dat/Eifert/Manfred_Aschke/（写真あり）
http://www.vaeternotruf.de/thueringer-oberverwaltungsgericht.htm
0021
AULEHNER, Josef（アウレーナー、ヨーゼフ）
Dr. iur., PD, Univ. München
1962 年
Staats- und Verwaltungsrecht und Vewaltungswissenschaften
Studium München; 1987 I. SE; 1990 II. SE; 1990–96 WiAs München; Studium Speyer; 1998 Prom. Speyer; 1998–2002 RA; 2002 Ref.Leiter im Dez. I, Univ. München; 2005 Habil. München, PD
D: Polizeiliche Gefahren- und Informationsvorsorge, Berlin 1998
H: Grundrechte und Gesetzgebung, Tübingen 2008
備考：警察法を研究。本書ゲラ校正段階では、私講師である。
http://www.jura.uni-muenchen.de/personen/aulehner_josef/index.html
http://www.koeblergerhard.de/juristen/vips/viwaSeite44.html
0022
AUTEXIER, Christian Jacques（オテクスィエ、クリスツィアン・ジャック）
仏
Dr. iur., o. Prof., Univ. Saarbrücken
1944 年 02 月 24 日（Poitiers/Frankreich）
Öffentliches Recht; Französisches Recht
1962–66 Studium Paris（1965, 66 La Haye; 1966 Leiden）; 1968 Diplome d'etudes supérieures（Öff. Recht）; DDS（Politikwiss.）; 1969–74 Wiss. MA Saarbrücken; 1976–78 Ass. 1978–83 Maitre Ass. Univ. Lille II; 1980 U.Ass. Saarbrücken; 1972 Prom.（Doktorat d'Etat）Paris II; 1983 Habil.; 1983 Prof. des Univ.（Droit pub.）Univ. Angers; 1984 o. Prof. Saarbrücken
B: L'administration de l'enseigment en République Fédérale d'Allemagne（1972: D.）
AL: R. Drago（Paris II）
Q: CV
備考：第 52 回大会（1992 年）第 2 テーマ報告(なお、このテーマでは初めて 5 人という多くの報告者が立った)。独仏国境の町サールブリュッケンに所在するザールラント大学（Univ. des Saarlandes）のヨーロッパ研究所に所属。他のフランス人メンバーとして、Michel Fromont（ 0214 ）がいる（Fromont も一時期、ザールラントに在籍していた）。
http://www.koeblergerhard.de/juristen/vips/viwaSeite45.html

|0023|
AXER, Peter（アクサー、ペーター）
Dr. iur., Prof., Univ. Heidelberg
1965 年 01 月 07 日
Öffentliches Recht
Studium Bonn, I. SE; 1993 Prom. Bonn; II. SE; 1999 Habil Bonn; 2001 Prof. Siegen; 2004 Prof. Trier; 2009 Prof. Heidelberg
D: Die Widmung als Schlüsselbegriff des Rechts der öffentlichen Sachen, Berlin 1994
H: Normsetzung der Exekutive in der Sozialversicherung, Tübingen 2000
AL: Josef Isensee（|0379|）
備考 1: ヨーロッパ法・医事法を研究。
備考 2: 師の Isensee は、Walter Leisner（|0508|）の門下の逸材。また、後者の師は Theodor Maunz（|0557|）。かくて、巨大な「ミュンヘン学派」へと連なる。
http://www.jura-hd.de/axer
http://virtualwww.rz.uni-mannheim.de/ionas/n/jura/imgb/direktorium/prof_axer/index.html（写真あり）
http://de.wikipedia.org/wiki/Peter_Axer

B

0024
BAADE, Hans W. (バーデ、ハンス・W)
Dr. iur., Hugh Lamar Stone Chair Emeritus in Civil Law, Univ. of Texas Austin/USA
1929 年 12 月 29 日（Berlin）
VL: Öffentliches Recht, IPR einschließlich Rechtsvergleichung
1946–49 Studium Univ. Syracuse（N.Y./USA）; 1949–51 Studium Kiel; 1953–55 Studium Univ. Duke u. Chapel Hill（N. Carolina/USA）; 1949 B.A.（Political Science/USA）; 1951 Prom. Kiel; 1960 Habil. Kiel; 1971 Prof. Texas; emer.
B: D. Behandlung d. feindl. Privatvermögens i. d. Vereinigten Staaten v. Amerika（1952: D.）; D. Verhältnis v. Parlament u. Regierung im Bereich d. Ausw. Gewalt d. BRD（1960: H.）
AL: Viktor Böhmert（ 0072 ）
Q: CV
備考 1: 1961 年入会。アメリカに居住。民事法を教えていた。ドイツ国際法学会会員。
備考 2: なお、師の Böhmert は Richard Schmidt（ 0771 ）の門下であり、後者を経て更に Adolf Wach（Leipzig、民訴、非会員、1843–1926 年）へと連なる。
http://www.utexas.edu/law/faculty/profile.php?id=baadehw（写真あり）
http://www.dgfir.de/gesellschaft/organisation/
参考: Adolf Wach　http://uni-leipzig.de/unigeschichte/professorenkatalog/leipzig/Wach_171/（写真あり）

0025
故 **BACHOF, Otto** （バッホーフ、オットー）
Dr. iur., Dres. h. c., em. o. Prof., Univ. Tübingen
1914 年 03 月 06 日（Bremen）　2006 年 1 月 21 日（Tübingen）
Öffentliches Recht
Studium Freiburg/Br., Genf, Berlin, Königsberg u. München; 1938 Prom. Freiburg; 1950 Habil. Heidelberg; 1938 Reg.Ass., 1942 Reg.Rat, 1947 Min.Rat, 1949 OVwG.Rat; 1950 PD Heidelberg; 1952 o. Prof.

Erlangen, 1955 Tübingen (1959–61 Rektor), 1979 em.
B: D. parochiale Rstellung d. gr. Anstalten i. d. dt. ev. Kirchen (1939: D.); D. Kalkulationserlaß (1941); D. verw.gerichtl. Klage auf Vornahme e. Amtshandlung (1951: H.; 2. A. 1968); Verf.widrige Verf.norm? (1951); WehrpflichtG u. Rschutz (1957); GG u. Richtermacht (1959); VerfR, VerwR, VerfahrensR in d. Rsprechung d. BVerwG, Bd. I (3. A. 1966), II (1967); Wege z. Rstaat (1979)
MH: GS Walter Jellinek (1955; m. Martin Drath/Otto Gönnenwein/ E. Walz); FS BSG (1965; mit Werner Weber/Carl-Hermann Ule); FS BVerwG (1978; m. Ludwig Heigl u.a.)
AL: Wilhelm van Calker (0109); Walter Jellinek (0395)
AS: Hermann-Winfried Bayer (0039); Winfried Brugger (0089); Ludwig Fröhler (0213); Delef Christoph Göldner (0244); Dietrich Jesch (0397); Gunter Kisker (0434); Jost Pietzcker (0656); Hans Heinrich Rupp (0722); Dieter H. Scheuing (0749)
Q: K 1983, S. 105
L: FS 1984 (FS f. O. B. zum 70. GT; hrsg.: Günter Püttner; 写真あり；Bibliog., S. 380–390); Hermann Weber, O. B., in: Juristen im Porträt, S. 109 ff. (写真あり); DÖV 1974, S. 127; DÖV 1979, S. 128; DÖV 1984, S. 204; JZ 1984, S. 275 (von Günter Püttner); AöR 109 (1984), S. 169–173 (Otto Bachof zum 70. GT, von Peter Badura); AöR 109 (1984), S. 435–443 (Studien von Otto Bachof, von Karl August Bettremann)
備考1： 1952年入会。第12回大会（1953年）第1テーマ副報告及び第30回大会（1971年）第2テーマ主報告。戦後のドイツ公法学を再建した世代の代表者の一人。1958年及び1959年の協会副理事長（理事長は Hans Peters、いま一人の副理事長は Arnold Köttgen）、1966年及び1967年の協会理事長（副理事長は、Karl August Bettermann 及び Horst Ehmke）。
行政官・裁判官としての経歴が長い。ロータリアンであり、アムネスティー・インターナショナルにも所属していた。数多くの門下生を育成した。来日経験あり。
備考2： その師たる Jellinek は Georg Jellinek（非会員、1851–1911年）の子息であり、Otto Mayer（ 0562 ）の門下生でもある。
備考3： なお本書は、この人物に捧げられる。なぜなら、Bachof 師から1981年2月に提供を受けた4冊のファイル（うち3冊は生存者分、最後の1冊が物故者分）が、本書の基礎となっているからである。もし同ファイル無かりせば、本書の着想そのものも生まれなかったかも知れない。
Hans Heinrich Rupp, Zum Tod von Otto Bachof (1914 bis 2006).

Nachruf. In: AöR 132, 2007, S. 114–116.
http://de.wikipedia.org/wiki/Bachof
0026
BADURA, Peter (バドゥーラ、ペーター)
Dr. iur., o. Prof., Univ. München
1934 年 02 月 21 日 (Oppeln/Oberschlesien)
Öffentliches Recht
1952–56 Studium Erlangen-Nürnberg u. Berlin. 1956 I. SE; 1956 HiWi Erlangen 1960 II. SE (als Platzerster); 1959 WiAs; 1958 Prom. Erlangen; 1962 Habil. Erlangen; 1962 PD Erlangen; 1963 UDoz. Erlangen; 1964 o. Prof. Göttingen; 1970 o. Prof. München; emer.
B: D. Methoden der neueren Allg. StaatsL (1959; Nachdruck 1997); D. Verw.monopol (1963); VerwR im liberalen u. im sozialen Rstaat (1966); D. VerwR d. libertalen Rstaats (1967); Wirtschaftsverf. u. Wirtschaftsverw. (1971); Eigentum im VerfR d. Gegenwart (1972); Verfassungsrechtl. Bind. d. Rundf.gesetzgeb. (1980); Berufsrechtl. Fragen d. Abschlußprüfung n. d. Entwurf e. Bilanzrichtlinie-Gesetz (1983); Rdfk.freiheit u. Finanzautonomie (1986); D. parteienstaatl. Demokratie u. d. Ggbung (1986); StaatsR (1986; 2. A. 1996); D. Schutz v. Religion u. Weltanschauung durch d. GG (1989); D. Bdesstaat Dtland im Prozeß d. europ. Integration (1993); D. Verf. d. BRD in Europa (1993)
MH: FG Theodor Maunz (1971; m. Hans Spanner/Peter Lerche/Hans Zacher); FS Maunz (1981; m. Lerche/Zacher); FS Lerche (1993; m. Rupert Scholz)
AL: Alfred Voigt (0913)
AS: Michael Brenner (0079); Wilhelm Mößle (0590); Gunnar Folke Schuppert (0811); Martin Stock (0867)
Q: K 1996, S. 41; Wer ist wer 1996/97; CV
備考 1： 1964 年入会。第 23 回大会（1964 年）第 1 テーマ副報告。1976 年及び 1977 年の協会理事長（副理事長は、Jochen Abraham Frowein 及び Josef Isensee)。国家試験の成績席次 1 番の秀才。若くして教授になった（29 歳）ために、活躍期間が非常に長い。Klaus Stern （ 0863 ）と並び、1960 年代から 1990 年代前半までのドイツ公法学を代表するマルチな公法学者の一人。来日経験もあり、日本から数多の有力な研究者がこの人物の下に留学した。
備考 2： Göttingen では Arnold Köttgen （ 0464 ）の、München では Theodor Maunz （ 0557 ）の講座後継者であった。

備考 3: Baduraの講座後継者は、Peter Michael Huber (0366)。また、師の Voigt は Walter Jellinek (0395) の門下であり、さらに Otto Mayer (0562) へと連なる。
http://de.wikipedia.org/wiki/Peter_Badura
0027
BAER, Susanne (ベーア、ズ[ー]ザンネ) 女性
Dr. iur., LL.M., Prof., Humboldt-Univ. zu Berlin, Bundesverfassungsrichterin
1964 年 02 月 16 日 (Saarbrücken)
Geschlechterstudien, öffentliches Recht, Recht gegen Diskriminierung, vergleichendes Verfassungsrecht, Verwaltungslehre, Rechtstheorie
1983–87 Studium FU Berlin; 1988 I. SE; 1991 II. SE; 1995 Prom. Frankfurt/M.; 2000 Habil. Humboldt-Univ. (Berlin); 2002 Prof. HU zu Berlin; 2011 Richterin am BverfG (1. Senat)
D: Würde oder Gleichheit?, Baden 1995
H: "Der Bürger" im Verwaltungsrecht zwischen Obrigkeit und aktivierendem Staat, Tübingen 2006
AL: Spiros Simitis (非会員、Frankfurt/M.)
備考 1: 公法のほか、ジェンダー研究 (Geschlechterstudien) に従事する。自由大学に学び、同じベルリンのフンボルト大学で教授資格を取得した。
備考 2: 連邦憲法裁判所判事に就任。第 1 部に所属。
http://baer.rewi.hu-berlin.de/profdrbaer/lebenslauf_prof_dr_susanne_baer_llm/index.html
http://www.bundesverfassungsgericht.de/richter/baer.html (写真あり)
http://de.wikipedia.org/wiki/Susanne_Baers (写真あり)
参考: Spiros Simitis http://de.wikipedia.org/wiki/Spyros_Simitis
0028
BALDUS, Manfred (バルドゥス、マンフレート)
Dr. iur., Univ.-Prof., Univ. Erfurt
1963 年 5 月 25 日 (Marienhausen/Westerwald)
VL: Öffentliches Recht einschließlich des Europarechts, Rechtstheorie und Neuere Rechtsgeschichte
1983–88 Studium RW, Politologie u. Philosophie, Trier, Bonn, Paris u. Berlin; 1988 I. SE; 1995 II. SE; 1994 Prom. Frankfurt/M.; 1998 Habil. Frankfurt/M.; 2003 Univ.-Prof. Erfurt
D: Die Einheit der Rechtsordnung, Berlin 1995
H: Transnationales Polizeirecht, Baden-Baden 2001
AL: Michael Stolleis (0871)

備考: 2008 年から、テューリンゲン州憲法裁判所判事。師の Stolleis は、von Campenhausen (0111) に連なり、後者を通じて Rudolf Smend (0839) へと至る。
http://www2.uni-erfurt.de/rechtsgeschichte/index_1.html（写真あり）
http://de.wikipedia.org/wiki/Manfred_Baldus
0029
故 **BARBEY, Julius Gunther** (バルバイ[バーバイ]、ユーリウス・グンター)
Dr. iur., apl. Prof., FU Berlin, Richter am BVerwG/Berlin a. D.
1923 年 08 月 26 日 (Eilenburg/Sachsen)　1988 年 08 月 01 日
Verfassungs- u. Verwaltungsrecht
1940 Reichsarbeitsdienst; 1941–45 Wehrdienst (Oberleutnant); 1945–49 Sow. Kriegsgefangenschaft; 1949–54 Studium FU Berlin u. Münster/Westf. (Germanistik u. RW); 1954 I. SE Hamm; 1959–63 Ger.Ref.; 1963 II. SE; 1967 VwG.Rat; 1970 OVwG.Rat; 1960 Prom. Münster; 1971 Habil. Münster; 1973 Richter am BVerwG
B: Rübertragung u. Delegation (üb. Heinrich Triepel) (1962: D.); Gesetzesdelegation u. Gesetz (1971: H.); BVerfG u. einfaches Gesetz (1986)
AL: Friedrich Klein (0437), Hans Julius Wolff (0978)
Q: K 1987, S. 138, CV; CV/Diss.; Hikasa, S. 40 f.
備考: 1973 年入会。連邦行政裁判所判事であった。経歴を見ると、いかに戦争で割を食った世代であることが分かろう。なお、Klein の師は、Friedrich Giese (0240)。管見の限り、同人に関する有意な情報は——Gerhard Koebler のデータベースも含め——インターネット上には存在していない。
0030
BARFUß, Walter (バールフース、ヴァルター) 墺
Dr. iur., Dr. rer. pol.; U. Prof., Univ. Wien/Österr., RA
1937 年 02 月 01 日 (Wien)
VL: Verfassungs- u. Verwaltungsrecht
1955–59 Studium Wien; 1958–60 Notariatkanzlei Wien; 1967 RA; 1959 Prom. (Dr. iur.) Wien; 1963 Prom. (Dr. rer. pol.) Wien; 1969 Habil. Wien; 1967 ao. Univ. Prof. (Berufstitel)
B: ABC d. Geschäftsgründung (1965); Die Weisung (1967: D); Ressortzuständigkeit u. Vollzugsklausel (1968); Ressortkompetenz u. Bdesministerium (1969: H.); Grenzen d. Verf.änderung (Gutachten zum 13. ÖJT: 1997)
H: Jubiläumsschrift 125 Jahre Wiener Jurist. Gesellschaft (1992)
MH: GS f. Fritz Schönherr (1986; m. Hellwig Torggler u.a.)

AL: Günther Winkler（ 0965 ）
Q: K 1996, S. 51; CV; Hikasa, S. 42
備考: 1970年入会。弁護士業の傍ら、オーストリアの行政手続、憲法裁判所、行政裁判所、食糧法などを研究（日笠42頁参照）。
http://www.vwrecht.jku.at/startseite/institut/externe_lehrkraefte/（写真あり）
0031
BARTLSPERGER, Richard （バルトルスペルガー、リーヒャルト）
Dr. iur., o. Prof., Univ. Erlangen
1936年04月10日（München）
Verwaltungsrecht
Studium München; 1956–60 Studium München; 1960 I. SE; 1965 II. SE; 1964 Prom.; 1969 Habil. Erlangen-Nürnberg; 1969 PD Erlangen; 1970 o. Prof. Mannheim; 1974 Erlangen-Nürnberg; emer.
B: D. Integrationslehre Rudolf Smends als Glegung einer Staats- u. Rechslehre (1964: D.); D. Bdesfernstr. als Verw.leistung (1969); Verkehrssicherungspflicht u. öfftliche Sache (1970: H.); D. Werbenutzungsverträge der Gemeinden (1975); Die Straße im Recht des UwSzes (1980); Die Rslage Dtlands (1990); D. GefahrenR öffentl. Str. (1994); D. Rückfall stationierungsrechtlich genutzten früheren Reichsvermögens (1994); Unterirdische Erneuerung von Rohrleitungen der öfftlichen Versorgung u. Entsorgung (1994); Das GefahrenR öfftlicher Straßen (1994)
MH: FS Klaus Obermayer (1986; m. Dirk Ehlers/Dietrich Pirson u.a.)
AL: Klaus Obermayer（ 0620 ）
Q: K 1996, S. 54/55; Wer ist wer 1996/97; CV; CV/Diss.; Hikasa, S. 43 ff.
備考1: 1970年入会。第33回大会（1974年）第2テーマ副報告。学位論文では、スメントの統合理論に取り組んだ。主に計画法を研究する。師でもあるObermayerの講座後継者。講座後継者は、Max-Emanuel Geis（ 0233 ）。
備考2: ObermayerはJohannes Heckel（ 0302 ）の門下生で、後者の師はFriedrich Giese（ 0240 ）。
http://www.oer1.jura.uni-erlangen.de/lehrstuhlteam/emeritus.shtml（写真あり）
0032
BAST, Jürgen （バスト、ユルゲン）
Dr. iur., PD, Univ. Bielefeld
1965年

VL: Öffentliches Recht, Europarecht, Völkerrecht und Rechtssoziologie
1987–91 Studium Soziologie Frankfurt/M.; 1991 Studium RW Frankfurt/M.; 1997 Diplom-Soziologe; 1999 I. SE; 2003 II. SE; 1998–2001 Wiss. MA Frankfurt/M.; 2003 Referent/Senior Research Fellow am MPI, Heidelberg; 2005 Prom. Frankfurt/M.; 2010 Habil. Frankfurt/M.; PD
D: Totalitärer Pluralismus, Tübingen 1999 (Diplomarbeit)
D: Grundbegriffe der Handlungsformen der EU, Berlin u. a. 2006
H: Aufenthaltsrecht und Migrationssteuerung, Tübingen 2011
AL: Armin von Bogdandy (0069)
備考: ヨーロッパ法・国際法学者。ドイツ国際法学会会員。
http://www.mpil.de/ww/de/pub/organisation/wiss_bereich/jbast.cfm （写真あり）
http://www.jura.uni-bielefeld.de/lehrstuehle/bast/personen/lebenslauf_bast?print&iframe=true （写真あり）
0033
BATTIS, Ulrich （バッティス、ウルリヒ）
Dr. iur., Prof., Humboldt-Univ. zu Berlin
1944 年 05 月 16 日 （Bergzabern/Rheinland-Pfalz）
Staats-, Verwaltungsrecht u. Verwaltungslehre
1963–67 Studium Münster/Westf., Berlin u. Tübingen; 1967 I. SE Hamm; 1967–70 Ger.Ref.; 1971 II. SE; 1969 Prom. Münster; 1974 Habil. FU Berlin; 1974 PD Berlin; 1976 o. Prof. Hamburg, 1979 o. Prof. Fernuniv. Hagen, 1993 Prof. Humboldt
B: Erwerbsschutz durch Aufopferungsentschädig. (1969: D.); Partizipation im StädtebauR (1976: H.); Allg. VerwR (2. A. 1997); Rechte u. Pflichten i. öff. Dienst von A-Z (5. A. 1998)
AL: Hans Julius Wolff (0978); Rupert Scholz (0796)
AS: Peter Friedrich Bultmann (0101); Klaus Joachim Grigoleit (0259); Christoph Gusy (0275); Jens Kersten (0419)
Q: K 1996, S. 58 (Red.); Wer ist wer 1996/97; Hikasa, S. 47
備考: 1976 年入会。一時期、Hagen 通信教育大学に在籍した。門下生との共著もある。
http://battis.rewi.hu-berlin.de/
http://de.wikipedia.org/wiki/Ulrich_Battis
0034
BAUER, Hartmut （バウアー、ハルトムート）
Dr. iur.; Dr. iur. habil., Prof., Univ. Potsdam

Staats- u. Verwaltungsrecht
1954 年 02 月 07 日（Augsburg）
Studium Augsburg; I. SE; II. SE; RA; 1986 Prom. Augsburg; 1991 Habil. Augsburg; 1992 Prof. TU Dresden; 2005 Prof. Potsdam
B: Verf.rechtl. Grenzen rückwirkender Anwaltsgebührenerhöhungen (1984); Geschichtl. Glagen d. Lehre vom subj. öff. Recht (1986: D.); D. Bdestreue (1992: H.)
AL: Reiner Schmidt（0770）
Q: K 1996, S.59
備考： 第54回大会（1994年）第2テーマ報告（4人の報告者の一人）。2000年及び2001年の協会副理事長（理事長は Jochen Abraham Frowein、いま一人の副理事長は Jörn Ipsen）。公権論の歴史も連邦忠誠も、いずれも有益な研究であった。なお、師の R. Schmidt は Wilfried Schaumann（0742）の門下生。後者の師は、Werner Kägi（非会員、Zürich、1909-2005年）。
http://www.uni-potsdam.de/u/ls_hb/
0035
BAUMEISTER, Peter（バウマイスター、ペーター）
Dr. iur. habil., Prof., SRH Hochschule Heidelberg, RA
1963年
VL: Öffentliches Recht, Sozialrecht und Europarecht
1983-89 Studium der RW, Politikwiss. u. Wissenschaftslehre Mannheim; 1989 I. SE; 1995 II. SE; 1994 Prom. Mannheim; 2003 Habil. Mannheim; 2005 apl. Prof. Mannheim; 2007 Prof. SRH Hochschule Heidelberg u. RA
D: Das Rechtswidrigwerden von Normen, Berlin 1996
H: Der Beseitigungsanspruch als Fehlerfolge des rechtswidrigen Verwaltungsakts, Tübingen 2006
AL: Wolf-Rüdiger Schenke（0746）
備考1： 実務家教員（弁護士）。
備考2： なお、SRH Hochschule Heidelberg とは、（日本流に表現すると学校法人）SRH（Stiftung Rehabilitation Heidelberg）ホールディングにより設立された私立大学で、その前身は1969年に創立された。2004年に適格認定（Akkreditierung）を受け、2007年に SRH Hochschule Heidelberg-Staatlich anerkannte Fachhochschule der SRH Hochschulen GmbH と改称して、今日に至っている。6学部30学科、学生数2200人。
http://www.fh-heidelberg.de/de/unsere-hochschule/hochschulteam/professoren/detailansicht/team/peter-baumeister/（写真あり）
http://www.jura.uni-mannheim.de/baumeister/（写真あり）

http://www.kanzlei-schlatter.de/sozien/prof-dr-peter-baumeister/ (写真あり)

0036
BAUMGARTNER, Gerhard (バウムガルトナー、ゲルハルト[ゲァハルト]) 墺
Dr. iur., Univ.-Prof., Univ. Klagenfurt
1971年8月23日 (Steyr/ Oberösterreich)
VL: Verfassungs- und Verwaltungsrecht einschließlich ihrer Bezüge zum Europarecht
1990–95 Diplomstudium der RW, Salzburg; 2005 Habil.; 2005: ao. Univ.Prof. Salzburg; 2009 Prof. WU Wien; 2011 Prof. Klagenfurt
H: Ausgliederung und öffentlicher Dienst, Wien 2006
AL: Heinz Schäffer (0739)
備考：新進気鋭のオーストリア行政法学者。
http://www.uni-salzburg.at/portal/page?_pageid=905,438884&_dad=portal&_schema=PORTAL
http://www.uni-klu.ac.at/rewi/inhalt/268.htm (写真あり)

0037
BÄUMLIN, Richard (0037 ボイムリン、リ[ー]ヒャルト) 瑞
Dr. iur., em. o. Prof., Univ. Bern/CH
1927年09月09日 (Bern)
VL: Öffentliches Recht, Kirchenrecht, Bernische Rechtsgeschichte Allgemeine Staatslehre, Verfassungsgeschichte der Neuzeit; Staatsrecht
1947–52 Studium Bern; 1954 Uni.Ass.; 1955 OberAss.; 1954 Prom. Bern; 1957 Habil. Bern; 1957 PD Bern; 1960 ao. Prof. Bern, 1963 o. Prof. Bern; emer.
B: D. rechtsstaatl. Demokratie (1954: D.); D. ev. Kirche u. d. Staat i. d. Schweiz (1959: H.); Staat, Recht u. Geschichte (1961); Politik im Alltag (1975); Lebendige od. gebändigte Demokratie? (1978)
MH: Hans Huber, Ausgew. Aufsätze (1971; m. Kurt Eichenberger/ Jörg Paul Müller)
AL: Hans Huber (0365)
Q: K 1996, S. 43 (Red.); CV; Hikasa, S. 46
備考：1965年入会。第28回大会 (1969年) 第1テーマ主報告。Göttingenの Rudolf Smend (0839) の下に留学した関係で、Konrad Hesse (0329) 及び Horst Ehmke (0165) と並んで、"スメント三高弟" と称されることがある。
http://www.koeblergerhard.de/Rechtsfakultaeten/Bern240.htm

0038
BAUSBACK, Winfried（バウスバック、ヴィンフリート）
Dr. iur., Univ.-Prof. a. D., MdL
1965 年 10 月 22 日
Öffentliches Recht, Europarecht und Völkerrecht
1986- Studium Würzburg; 1992 I. SE; 1995 II. SE; 1997 Prom. Würzburg; 2002 Habil. Würzburg; 2007 Prof. Wuppertal; 2008 Abgeordneter des Bay. Landtags
D: Verfassungsrechtliche Grenzen des Wahlrechts zum Deutschen Bundestag, Frankfurt u.a. 1998
H: Das Wirtschaftsembargo als Gegenstand verschiedener Rechtsordnungen, Tübingen 2005
AL: Dieter Blumenwitz（ 0065 ）
備考：国際法学者。すぐに大学を辞し、バイエルン州議会議員として活動している（所属政党は CSU）。選挙法を研究していた故か。ドイツ国際法学会会員。
http://bausback.wiwi.uni-wuppertal.de/index.php?id=261（写真あり）
http://www.csu-landtag.de/abg/bausback/（写真あり）

0039
BAYER, Hermann-Winfried Gerhard Heinrich（バイアー、ヘルマン＝ヴィンフリート・ゲルハルト・ハインリヒ）
Dr. iur., em. Prof., Univ. Bochum
1933 年 03 月 07 日（Hamburg）
Öffentliches Recht, Steuerrecht
Studium Hamburg, Erlangen u. Tübingen (RW u. Wirtschaftswiss.); 1956 I. SE Tübingen; 1961 II. SE Stuttgart; Prom. 1961; Habil. 1968 Tübingen; 1962–66 MPI/Heidelberg; 1966 WiAs; 1968 PD Tübingen; 1972 Wiss.Rat u. Prof. Bochum; 1998 emer.
D. Bdestreue (1961: D.); D. Aufheb. völkerrechtl. Verträge u. d. ausw. Gewalt nach d. GG (1969: H.); Gbegriff d. SteuerR (1977; 3. A. 1990); D. Liebhaberei im SteuerR (1981); D. Zweitwohn.steuer (1982)
AL: Adolf Schüle（ 0805 ）, Otto Bachof（ 0025 ）
Q: K 1996, S. 66 (Red.); Wer ist wer 1996/97; CV
備考 1：1969 年入会。主に税法を研究する。以前、「日本の研究者は、われわれが読める言葉でもっと情報発信してほしい」と、真顔で言われた。
備考 2：なお、師の Schüle は Richard Thoma（ 0886 ）の門下生で、Heinrich Rosin（非会員、Freiburg、刑法、1855–1927 年）を通じ、Otto von Gierke（非会員、Berlin → Breslau → Heidelberg →（wieder）Berlin、1841–

1921年）へと連なる。
備考3: Bayer の門下生は確認できなかったので、Gierke の学統は公法学では Schüle の今ひとりの門下生である Walter Rudolf (0715) を通じて、現代に至っている。Rudolf は少数精鋭ながら、有力な門下生を育成したからである(詳しくは、同人の項を参照)。
Hermann-Winfried Gerhard Heinrich Bayer, in: Helmut Marcon u. a. (Hrsg.): 200 Jahre Wirtschafts- und Staatswissenschaften an der Eberhard-Karls- Universität Tübingen, Tübingen 2004, S. 706ff.
http://www.pm.ruhr-uni-bochum.de/pm2003/msg00066.htm
0040
BEAUCAMP, Guy（ボーカン、ギィ）
Dr. iur., Prof., Hochschule für Angewandte Wissenschaften (HAW) Hamburg
1964年06月04日（Münster）
Verfassungsrecht, Verwaltungsrecht, Rechtsvergleichung
1984-90 Studium Hamburg u. Genf; 1990 I. SE; 1993 II. SE; 1996 Prom. Münster; 2001 Habil. Rostock; 2004 Prof. Fachhochschule für öffentliche Verwaltung; 2005 Prof. HAW Hamburg
D: Innerstädtische Verkehrsreduzierung mit ordnungdrechtlichen und planungsrechtlichen Mitteln, 1997
H: Das Konzept der zukunftsfähigen Entwicklung im Recht, Tübingen 2002（略歴あり）
AL: Wilfried Erbguth (0179)
備考: 苗字の読みはフランス流に表記したが、英語読みでは「ビーチャム」となろう。所属は政策研究大学。計画法を研究。
http://www.haw-hamburg.de/6418.html （写真あり）
0041
故 **BECKER, Erich Heribert**（ベッカー、エーリ［ッ］ヒ・ヘリベルト）
Dr. iur., Dr. phil., o. Prof., HVW/Speyer
1906年10月05日（Bonn） 1981年12月08日（Speyer）
VI.: Staatslehre, Staats- u. Verwaltungsrecht, deutsche Rechtsgeschichte
-1929 Studium Bonn u. Marburg/Lahn (RW u. Geschichte); 1929 Prom. (Dr. phil.) Bonn; 1933 Prom. (Dr. iur.) Marburg; 1935 Habil. Marburg; 1935 PD Marburg; 1935 PD HH Königsberg/Pr.; 1938 PD München; 1940 ao. Prof. Innsbruck/Östrr.; 1941 o. P. Innsbruck; 1941-45 o. P. Posen/Polen; russ. Kriegsgefangenschaft; 1947 o. P. Staatl. Akademie f. Verw.wiss. Speyer (HVW の前身); 1973 emer.
B: Diktatur und Führung (1935); Gemeindliche Selbstverwaltung

(1941); Hdb. d. Kommunalen Wiss. u. Praxis (1956); Hdb. d. Theorie u. Praxis d. Grechte (1962)
Q: K 1950, S. 95; Nek. K 1983, S. 4817; 没
L: AöR 107 (1982), S. 297–300 (Nachruf; von Hans Ulrich Scupin)
備考：戦後原始会員（1950年入会）。第14回大会（1955年）第2テーマ主報告。Speyer 行政学院の創立時のメンバー。
http://www.koeblergerhard.de/Rechtsfakultaeten/Speyer (DHV) 256.htm

0042
BECKER, Florian (ベッカー、フロリアン)
Dr. iur., LL.M., Prof., Univ. zu Kiel
1971年
VL: Staats- und Verwaltungsrecht, einschließlich Rechtsvergleichung und Europarecht
1990–94 Studium Bonn; 1995 I. SE; 1999 II. SE; 1997 Prom. Köln; 1997 Master of Laws, Univ. Cambridge (1997); 2004 Habil. Bonn; 2004–08 Prof. (Sixth Century Chair) an der Aberdeen Univ. LS; 2008 Univ.-Prof. Kiel
D: Die Vernetzung der Landesbanken, Berlin 1998
H: Kooperative und konsensuale Strukturen in der Normsetzung, Tübingen 2005
AL: Joachim Burmeister (0106), Christoph Engel (0173)
備考：英国で教えた後、ドイツに戻った国際法学者。ドイツ国際法学会会員。
http://www.becker.jura.uni-kiel.de/prof_vita

0043
BECKER, Joachim (ベッカー、ヨアヒム)
Dr. iur., apl. Prof., Humboldt-Univ. (HU) zu Berlin
1968年7月7日 (Frankfurt am Main)
VL: Staats- und Verwaltungsrecht, Finanz- und Steuerrecht und Sozialrecht
1987–91 Studium Frankfurt/M.; 1992 I. SE; 1995 II. SE; 1993 Prom. Frankfurt/M.; 1999 Habil. HU Berlin; 2006 apl. Prof. HU Berlin
D: Verwaltungsprivatrecht und Verwaltungsgesellschaftsrecht am Beispiel des Rechtsschutzes bei Entscheidungen der Treuhandanstalt, Baden-Baden 1994
H: Transfergerechtigkeit und Verfassung, Tübingen 2001
AL: Hans Meyer (0581)
備考：同姓同名の弁護士（SPD所属の市長経験者、1942年生まれ）が居るの

で、注意のこと。
http://www.rewi.hu-berlin.de/lf/ap/bkr/lebenslauf
http://wirtschaftslexikon.gabler.de/Autoren/prof-dr-joachim-becker.html
（写真あり）
|0044|
BECKER, Jürgen （ベッカー、ユルゲン）
Dr. iur., Prof., Univ. Freiburg/Br., Stellvertretender Vorsitzender des Vorstands und Chefsyndikus der GEMA
1944 年 07 月 31 日（Katholisch Hammer/Schlesien）
VL: Öffentliches Recht, Völkerrecht und Europarecht
1966–70 Studium Freiburg/Br. u. Bonn; 1970 I. SE Bonn; 1974 II. SE Koblenz; 1979 Prom.; 1983 Habil. Freiburg/Br.; 1983 PD Freiburg; 1989 apl. Prof. Freiburg/Br.
B: D. Partnerschaft von Lomé (1979: D.); Entwickl.kooperation in einem sich wandelnden Wertsystem (1982); Gewaltenteilung im Gruppenstaat (1983: H.; erschien 1986)
H: FG Carl-Hermann Ule (1988)
AL: Joseph H. Kaiser (|0408|)
Q: K 1996, S.71 (Red.); CV
備考1: 1984 年入会。著作権法・メディア法の研究に取り組み、関係団体の長などもつとめた実務家教員。ドイツ国際法学会会員でもある。
備考2: ちなみに GEMA とは、Gesellschaft für musikalische Aufführungs- und mechanische Vervielfältigungsrechte の略で、わが国の JASRAC に相当する組織(本部ベルリン及びミュンヘン)。師の Kaiser は、Ulrich Scheuner (|0750|) の門下生であり、後者を通じて Heinrich Triepel (|0891|) → Karl Binding (非会員、Basel → Freiburg/Br. → Straßburg → Leipzig、刑法学、1841–1920 年) へと連なる。
http://de.wikipedia.org/wiki/J%C3%BCrgen_Becker_(Jurist)
|0045|
BECKER, Ulrich （ベッカー、ウルリヒ）
Dr. iur. utr., Prof., Geschäftsführender Direktor des MPI für ausländisches und internationales Sozialrecht/München
1960 年（Sande/Kreis Friesland）
Öffentliches Recht, Europarecht u. Sozialrecht
Studium Würzburg; 1989 Prom. Würzburg; 1996 Habil. Würzburg; 1996–2002 o. Prof. Regensburg; 2002 Geschäftsführender Direktor des MPI/München; 2002 Honorarprof. München
B: Zweck u. Maß d. Organisation (1976); D. Gestaltungsspielraum d.

EG-Mitgliedsstaaten im Spannungsfeld zw. Uwsz u. freiem Warenverkehr (1991); Staat u autonome Träger im SozialleistungsR (1996)
AL: Michael Wollenschläger (0983)
Q: K 1996, S. 72 (Red.)
備考：社会法を研究する実務家教員。ドイツ国際法学会会員。
http://www.mpisoc.mpg.de/ww/de/pub/organisation/direktor/becker/lebenslauf.cfm（写真あり）

0046
BELSER-WYSS, Eva Maria (ベルザー・ヴィス、エーファ・マリア) 瑞 女性
Dr. iur., Prof., Univ. Freiburg/Ue.
1970年06月26日（Luzern/CH）
VL: Völkerrecht, Privatrecht und Wirtschaftsrecht
1991–96 Studium Freiburg/Ue.; 1996 lic. iur., WiAs Freiburg/Ue.; 2000 Prom. Freiburg/Ue.; 2006 Habil. Freiburg/Ue.; 2004 Ass.-Prof. Freiburg/Ue.; 2006 o. Prof..
D: Freiheit und Gerechtigkeit im Vertragsrecht, 2000（ただし著者名はEva Maria Belser)
H: The white man's burden, 2007
備考：フリブール大学生え抜きの女性研究者。
http://www.unifr.ch/oeffrecht/belser
http://www.unifr.ch/droit/de/faculty/prof/belser.php（写真あり）

0047
BERCHTOLD, Klaus (ベルヒトルト[ベァヒトルト]、クラウス) 瑞
Dr. iur., UDoz., Univ. Wien/Österr., MinR, Beskanzleramt
1939年02月20日（Wien）
Allgemeine Staatslehre u. Österreichisches Verfassungsrecht
1957–61 Studium Innsbruck; 1964 Gerichtsdienst; 1961 Prom. Innsbruck; 1969 Habil. Wien; 1969 PD Wien; Leiter der Abteilung "Verfassungslegislative" im Verfassungsdienst des Bundeskanzleramts; 1999 Richter am Staatsgerichtshof des Fürstentums Liechtenstein
B: Österr. Parteiprogramme 1868 bis 1966 (1967: D.); D. Bdespräsident (1969: H.); Gemeindeaufsicht (1972); ZustellG (1982)
Q: K 1996, S. 87 (Red.)
備考：1970年入会。役所の実務家が本業。現在はリヒテンシュタイン公国憲法裁判所判事のようだが、詳細は分からなかった。なお、同裁判所の判事である会員として、ほかに Klaus Vallender (0905) が居る。なお、この点については、Andreas Kley (0439) の備考2の記述を参照。
http://www.stgh.li/default.asp

0048
BERG, Wilfried (ベルク[ベァク]、ヴィルフリート)
Dr. iur., em. o. Prof., Univ. Bayreuth
1941 年 11 月 10 日 (Günzburg/Donau)
Staats- u. Verwaltungsrecht, Wirtschaftsrecht
1961–64 Studium Köln u. Tübingen; 1964 I. SE Köln; 1968 II. SE Düsseldorf; 1968–75 WiAs Bonn; 1967 Prom. Köln; 1975 Habil. Bonn; 1975 PD Bonn; 1975 Prof. Münster; 1980 o. Prof. Bayreuth; 2007 emer.
B: Konkurrenzen schrankendivergenter FRte im Grechtssabschnitt d. GG (1968: D.); Beweis u. Ungewissenheit im VerwR (1975: H.); D. verw.rechtl. Entscheidung bei ungewissen Sachverhalt (1980); Staats- u. VerwR in Bayern (5. A. 1988; m. Theodor Maunz/Klaus Obermayer); Zonenrandförderung (1989); StaatsR (1991); Staatsanwaltschaft – Kriminalpolizei – Sachversicher (1993)
AL: Klaus Stern (0863); Jürgen Salzwedel (0729)
Q: K 1996, S. 89, Wer ist wer 1996/97; CV; CV/Diss.; Hikasa, S. 48 ff.
備考：1976 年入会。第 51 回大会（1991 年）第 1 テーマ報告。主に経済法を研究している。
http://www.servat.unibe.ch/staatsrechtslehre/wiw/berg,_wilfried.html

0049
BERNSTORFF, Jochen von (ベルン[ベァン]シュトルフ、ヨッヘン・フォン)
Dr. iur., Prof., Univ. Tübingen
生年月日地不詳
Öffentliches Recht, Völkerrecht und Europarecht
1991–97 Studium Marburg u. Poitier/Frankreich; 1997–99 MA am MPI Frankfurt/M.; 2000 Prom. Mannheim; 2010 Habil. Frankfurt/M.; 2011 Prof. Tübingen (Nachfolge Wolfgang Graf Vitzthum)
D: Der Glaube an das universale Recht. Zur Völkerrechtstheorie Hans Kelsens und seiner Schüler, Baden-Baden 2001
H: Kerngehalte im Grund- und Menschenrechtsschutz, Veröffentlichung in Vorbereitung
AL: Armin von Bogdandy (0069)
備考：国際法学者。学生時代から逆算すると、1970 年前後の生まれかと推察される。
http://www.jura.uni-tuebingen.de/professoren_und_dozenten/von-bernstorff/

|0050|
BERKA, Walter (ベルカ[ベァカ]、ヴァルター) |墺|
Dr. iur., o. U. Prof, Univ. Salzburg/Österr.
1948 年 03 月 29 日 (Saalfelden/Zell am See)
Öffentliches Recht, Medienrecht
1967– Studium Salzburg (Politik, Publizistik u. RW); 1972 Prom. Salzburg; 1982 Habil. Salzburg; 1992 o. Prof. Linz, 1994 o. Univ.-Prof. Salzburg
B: Medienfreiheit u. Persönlichkeitsschutz (1982: H.); Kriminalberichterstattung zw. Medienfreiheit u. Medienverantwortung (Gutachten zum 9. ÖJT: 1985); Rdfk.monopol auf d. Prüfstand (1988); D. Recht d. Massenmedien (1989)
AL: Hans-Ulrich Evers (|0184|), Kurt Ringhofer (|0696|)
Q: K 1996, S. 93; CV
備考: 1983 年入会。母校 Salzburg 大学に残った。第 55 回大会 (1995 年) 第 1 テーマ報告。
http://www.uni-salzburg.at/portal/page?_pageid=905,462003&_dad=portal &_schema=PORTAL
http://www.koeblergerhard.de/Rechtsfakultaeten/Salzburg209.htm
|0051|
BERNHARDT, Rudolf (ベルン[ベァン]ハルト、ルードルフ)
Dr. iur. Dr. h. c., o. Prof, Univ. Heidelberg, MPI/Heidelberg
1925 年 04 月 29 日 (Kassel)
Deutsches u. ausländisches öffentliches Recht, Völkerrecht
1943–47 Wehrdienst u. Kriegsgefangenschaft; 1948–52 Studium Frankfurt/M.; 1956 II. SE Stuttgart; 1955 Prom. Frankfurt/M.; 1962 Habil. Heidelberg; 1956–65 Ref. MPI/Heidelberg; 1958–61 RA; 1962–65 PD Heidelberg; 1965–70 o. Prof. Frankfurt/M.; 1971 o. Prof. Heidelberg
B: D. Kompetenzen v. Bund u. Ländern zum Abschluß völkerrechtl. Verträge (1957: D.); Völkerrechtl. Quellenwerke (1961/90); D. Ausleg. völkerrechtl. Verträge (1963: H.); D. intern. Recht in der Juristenausbildung (1981)
MH: FS Hermann Mosler (1983; m. Wilhelm Karl Geck/Günter Jaenicke); Fontes Iuris Gentium. Hdb. der Entscheidungen des Internationalen Gerichtshofs (m. Jochen A. Frowein/Helmut Steinberger)
AL: Hermann Mosler (|0589|)
AS: Ulrich Beyerlin (|0054|); Michael Bothe (|0076|); Rainer Hofmann (|0350|)

Q: K 1987, S. 262/263; Wer ist wer 1996/97
L: FS 1995 (Hrsg. von Ulrich Beyerlin/Michael Bothe/Rainer Hofmann)
備考 1: 1964 年入会。第 38 回大会 (1979 年) 第 1 テーマ主報告。MPI 所長、ヨーロッパ人権裁判所判事でもあった。ドイツ国際法学会会員。
備考 2: 師の Mosler は、Richard Thoma (0886) の学統——Heinrich Rosin (非会員、Freiburg、刑法、1855–1927 年) を経て Otto von Gierke (非会員、Berlin → Breslau → Heidelberg → (wieder) Berlin、1841–1921 年) へと至る——を国際法の分野に受け継いだ人物である。
http://de.wikipedia.org/wiki/Rudolf_Bernhardt
0052
BETHGE, Herbert (ベートゲ、ヘルベルト[ヘルバート])
Dr. iur., em. o. Prof., Univ. Passau
1939 年 06 月 08 日 (Hettstedt/Südharz)
Öffentliches Recht, Wirtschaftsverwaltungsrecht, Rundfunkrecht
1958 Flucht aus der DDR; 1959–64 Studium FU Berlin; 1964 I. SE Berlin; 1969 II. SE Berlin; 1968 Prom. Köln; 1976 Habil. Köln; 1965 Ass.; 1976 PD Köln; 1978 o. Prof. Passau; emer.
B: D. verf.rechtl. Standort d. "staatl. gebundene" Beruf (1968: D:); Zur Problematik v. Grechtskollisionen (1976: H.); Staatshaftung f. d. staatsfr. Rdfk.? (1978); Verf.probleme d. Reorganis. d. öffentl.-rechtl. Rdfk.s (1979); D. verf.rechtl. Problematik d. Zulassung v. Rdfk.veranstaltern d. PrivatR (1981); D. Grechtsberechtigung jur. Personen n. Art. 19 Abs. 3 GG (1985); Rdfk.freiheit u. priv. Rdfk. (1985); D. Passivlegitimation f. Gegendarstellungsbegehren im öfentl.-rechtl. Rdfk. (1987); Rdfk.freiheit u. öff.-rechtl. Organisationsvorbehalt (1987); LdesRdfk.ordnung u. BdeskartellR (1991); D. Zulässigkeit d. zeitl. Beschränkung d. Hörfunkwerbung im NDR (1992); D. Verf.relevanz d. föderalen Rdfk.finanzausgleichs (1992); D. verfassungsrechtl. Position d. öffentl.-rechtl. Rdfk.s in d. dualen Rdfk.ordnung (1996)
MH: Zum 60. GT von Prof. Dr. Albert Scharf (1995; m. Ernst Mahrenholz u.a.)
AL: Klaus Stern (0863), Hermann Jahrreiß (0388)
AS: Steffen Detterbeck (0136); Jochen Rozeck (0712)
Q: K 1983, S. 274; CV; CV/Diss.; Hikasa, S. 55 f.
備考: 1977 年入会。創立から 75 周年目を迎えた第 57 回大会 (1997 年) 第 1 テーマ主報告。一目瞭然のように、放送・メディア法制の分野に著作が多い。

http://www.herbert-bethge.de/page2/page2.html（写真あり）
0053
故 **BETTERMANN, Karl-August**（ベッターマン、カール[カルル]=アウクスト）
Dr. iur., Dr. h.c., o. Prof., Univ. Hamburg, Bundesrichter a. D.
1913年08月04日（Barmen/Nordrhein-Westf.）2005年12月11日（Hamburg）
Bürgerliches Recht, Prozeßrecht
Studum Gießen u. Münster/Westf.; 1937 Prom. Gießen; 1948 Münster; 1945 Richter LG Hagen, 1948 PD Münster (1950); Richter OVG Münster, 1954 Richter BVerwG. 1955 ao. Prof. Münster, Hon.Prof., 1956 o. Prof. FU Berlin, 1970 Prof. Hamburg, 1979 emer.; 1972–86 Richter VerfG Hamburg
B: V. stv. Handeln (1937/64); D. Vollstreckung d. Zivilurteils in d. Grenzen s. Rkraft (1948); Rhängigkeit u. Rschutzform (1949); Kommentar z. Mieterschutzgesetz (1950 ff.); Gfragen d. PreisR f. Mieten u. Pachten (1952); Legislative ohne Posttarifhoheit (1966); D. Richter als Staatsdiener (1967); D. Beschwer als Klagevoraussetzung (1970); Grenzen d. Grechte (1968; 2. A. 1976); Rfragen d. Tierschutzes I–II (1980); D. totale Rstaat (1986); D. verfassungskonforme Auslegung (1986); StaatsR – VerfahrensR – ZivilR (Schriften aus vier Jahrzehnten: 1988)
MH: FS Eduard Bötticher (1969; m. Albrecht Zeuner); Fritz Werner, Recht u. Gericht in unserer Zeit (1971; mit Carl-Hermann Ule); FS Walter Reimers (1979; m. Heinrich Ackermann, Jan Albers)
AL: Eger (Gießen: Zivilrecht); Eduard Bötticher (Münster: 民訴)
AS: Detlef Merten (0578); Hans-Jürgen Papier (0636); Karl Albrecht Schachtschneider (0737); Dian Schefold (0744); Wassilios Skouris (0837)
Q: K 1987, S. 275/276; Wer ist wer 1996/97; Diss. CV
L: FS 1984 (D. parlament. Reg.system d. BRD auf d. Prüfstand; Seminar zum 70. GT); Gesammelte Aufsätze 1988 (siehe oben); Michael Kloepfer/H.-J. Papier (Hrsg.), Die Bedeutung der EG für d. dt. Recht u. d. dt. Ger.barkeit (Semirar zum 75. GT; 1989); M. Kloepfer/D. Merten/H.-J. Papier (Hrsg.), Kontinuität u. Diskontinuität in d. dt. Verf.gesch. (Seminar zum 80. GT; 1994); AöR 108 (1983), S. 298–302 (Glückwunsch, von H.-J. Papier), JZ 1983, S. 629 (von K. Schmidt)
備考：1957年入会。第17回大会（1958年）第2テーマ主報告。1966年及

び 1967 年の協会副理事長（理事長は Otto Bachof、いま一人の副理事長は Horst Ehmke)。民法・訴訟法を専攻しつつ、公法学にも興味を示す。個性派の弟子を育成。1988 年の論文集の表題(憲法・手続法・民法)が、この人物の学問的歩みを巧まずして物語っている。
http://www.hfv-speyer.de/merten/Aktuelles/Bettermann.htm
0054
BEYERLIN, Ulrich（バイアーリーン、ウルリヒ）
Dr. iur., apl. Prof., MPI/Heidelberg
1944 年 02 月 04 日（Reutlingen）
Deutsches u. ausländisches öffentliches Recht, Völkerrecht
Studium Tübingen; 1968 I. SE; 1972 II. SE; 1975 Prom. Tübingen; 1986 Habil. Heidelberg; 1973 wiss. Ref. MPI; 1991-2007 Leiter der wiss. Redaktion des MPI; 1994 apl. Prof. Heidelberg und am MPI; 2009 in Ruhestand
B: Die humanitäre Aktion zur Gewährleistung d. Mindeststandards in nicht-intern. Konflikten (1975: D.); Rprobleme d. lokalen grenzüberschreitenden Zusammenarbeit (1988: H.)
H: FS Rudolf Bernhardt (1995; m. Michael Bothe/Rainer Hofmann)
AL: Rudolf Bernhardt (0051)
Q: K 1996, S. 104 (Red.)
備考 1： 国際法学者。ドイツ国際法学会にも所属。
備考 2： 師の Bernhard は、Hermann Mosler（ 0589 ）の門下生。後者を通じて、その学統は Richard Thoma（ 0886 ）→ Heinrich Rosin（非会員、Freiburg、刑法、1855-1927 年) → Otto von Gierke（非会員、Berlin → Breslau → Heidelberg → (wieder) Berlin、1841-1921 年) へと至る。
http://www.mpil.de/ww/de/pub/organisation/wiss_bereich/ubeyerli.cfm
http://www.mpil.de/shared/data/pdf/beyerlin_litverz_1002.pdf
0055
BIAGGINI, Giovanni（ビアッチーニ、ジォヴァンニ）瑞
Dr. iur., Prof., Univ. Zürich
1960 年 07 月 11 日（Stans/NW）
VL: Öffentliches Recht, Europarecht und juristische Methodenlehre
1979-84 Studium Basel; 1985-89 Ass. Basel; 1989 Prom. Basel; 1995 Habil. Basel; 1990 Jur. Berater der Geschäftsprüfungskommission des Landrates des Kantons Basel-Landschaft; 1991-99 Direktionsmitarbeiter im Bundesamt für Justiz; 1992-99 Lehrbeauftragter Basel, zunächst als Lektor, später als Privatdozent (1995); 1999 Prof. Zürich
D: Verfassung und Richterrecht, Basel/Frankfurt a.M. 1991

H: Theorie und Praxis des Verwaltungsrechts im Bundesstaat, Basel/Frankfurt a.M. 1996
備考: 行政実務を経験した後、大学に戻った。ドイツ国際法学会会員でもある。
http://www.ivr.uzh.ch/institutsmitglieder/biaggini/person/cv.html（写真あり）

0056
BIEBER, Roland（ビーバー、ローラント）瑞
Dr. iur., em. o. Prof., Univ. Lausanne/CH
1942年01月15日（Chemnitz/Sachsen）
Europarecht, deutsches u. ausländisches öffentliches Recht, Rechtsvergleichung
Studium; 1971-91 Rechtsberater des Europ. Parlaments/Luxemburg; 1972 Prom. Frankfurt/M.; 1991 Habil. Saarbrücken; 1991 o. Prof. Lausanne; 2007 emer.
B: Das neue französische Seefrachtrecht (1972: D); Organe d. erweiterten EG: D. Parlament (1974); D. VerfahrensR v. Verfassungsorganen (1992: H.)
H: GS Christopf Sasse, 2 Bde. (1981)
AL: Georg Ress (0688)
Q: K 1996, S. 106
備考1: ヨーロッパ法の研究者。事情は定かではないが、学位から教授資格取得までの間に約20年の歳月を要している。ドイツで学び、スイスの大学に奉職。ドイツ国際法学会会員。
備考2: 師の Ress は、Karl Doehring (0144) の門下生。後者を通じて、Ernst Forsthoff (0206) → Carl Schmitt (0780) へと連なる。
https://applicationspub.unil.ch/interpub/noauth/php/Un/UnPers.php?PerNum=4407&LanCode=37&menu=curri

0057
故 **BIEBERSTEIN, Fritz Freiherr Marschall von**（ビーバーシュタイン、フリッツ・フライヘル・マルシャル・フォン）
Dr. iur., em. o. Prof., Univ. Freiburg/Br.
1883年04月12日（Karlsruhe/Baden）　1939年10月17日（Freiburg/Br.）
Öffentliches Recht, Kirchenrecht
1901-05 Studium Genf, Berlin, München u. Heidelberg; 1905 I. SE; 1905-13 Badischer Staatsdienst; 1910 Prom Heidelberg.; 1912 Habil. Berlin; 1912/13 PD Berlin; 1913 ao. Prof. Halle; 1915 o. Prof. Tübingen; 1920 o. Prof. Freiburg/Br.; 1943 em.

D: Armeebefehl und Armeeverordnung in der staatsrechtli. Theorie des 19. Jh., 1910
AL: Gerhard Anschütz (0011)
AS: Ernst Forsthoff (0206)
Q: Wer ist's 1922, S. 1000; K 1935, S. 865; Born, S. 166
L: Hollerbach, in: Heyen, S. 295; Hollerbach, in: Z. f. ev. KR, S. 33 FN 27
備考: 戦前原始会員 (1924年入会)。講座後継者はTheodor Maunz (0557)。自然法論の立場からワイマール共和政及びナチス体制には、ともに批判的立場を取った。
http://www.catalogus-professorum-halensis.de/marschallvonbibersteinfritzfreiherr.html
参考: 家系 http://de.wikipedia.org/wiki/Marschall_von_Bieberstein
0058
故 **BILFINGER, Karl** (Carl) (ビルフィンガー、カール[カルル])
Dr. iur., em. Prof., Univ. Heidelberg
1897年07月21日 (Ulm) 1958年12月02日 (Heidelberg)
Völkerrecht, Staats- u. Verwaltungsrecht
1887- Studium Tübingen, Straßburg, Berlin und wieder Tübingen; SE; 1911 Amtsrichter; 1915 Landrichter; 1918 Legationsrat; 1922 Habil. Tübingen; 1922–24 PD Tübingen u. Bonn; 1924 o. Prof. Halle/S.; 1933 Eintritt in die NSDAP; 1934 Mitglied der Akademie für Dt. Recht; 1935 o. Prof. Heidelberg; 1943 o. Porf. Berlin (Nachfolge Viktor Bruns); 1949 Dir. MPI/Heidelberg
B: D. Einfluß d. Einzelstaaten auf d. Bildung d. Reichswillens (1923; Nachdr. 1995); VölkerbundesR gegen VR (1938)
AS: Günther Jaenicke (0385)
Q: K 1950, S. 149; Nek. K 1961, S. 2365; AöR 84 (1959), S. 122; 没 (Todesfall)
L: FS 1954 (Völkerrechtl. u. staatsrechtl. Abhandlungen; gewidmet v. Mitgliedern und Freundes d. MPI/Heidelberg)
備考: 国際法学者。戦前原始会員 (1924年入会) を経て、戦後原始会員 (1950年)。第1回大会 (1924年) 第1テーマ副報告。
http://www.catalogus-professorum-halensis.de/bilfingercarl.html (写真あり)
http://de.wikipedia.org/wiki/Carl_Bilfinger
0059
BINDER, Bruno (ビンダー、ブルーノ) 墺

Dr. iur., UD an der Univ. Linz /Österr., RA
1948 年 12 月 22 日（Linz）
VL: Öffentliches Recht
1967–71 Studium Linz; 1971 Prom. Linz; 1979 Habil. Linz; 1979 RA;
1985 o. Univ.-Prof. Linz
B: D. Rstellung d. Oberösterr. Ldes-Hypothekenbank (1977); D. Staat als Träger v. Privatrechten (1980: H.); Gfragen d. Universitätsorganis. (1988); WirtschaftsR (1993)
AL: Hugo J. Hahn (0283), Peter Oberndorfer (0621)
Q: K 1996, S. 111 (Red.)
備考： 1986 年入会。オーストリアの国際経済法学者。
http://www.wirtschaftsrecht.jku.at/index.php?id=18（写真あり）
0060
BIRK, Dieter (ビルク、ディーター)
Dr. iur., o. Prof., Univ. Münster
1946 年 06 月 16 日（Freising）
Öffentliches Recht, Finanz- u. Steuerrecht
1966–70 Studium Tübingen, München u. Regensburg; 1973 Prom. Regensburg; 1981 Habil. München; 1970 I. SE Regensburg; 1975 II. SE München; 1982 Prof. Münster (Nachfolge Paul Kirchhof); 2011 emer.
B: D. persönl. Eigentum d. Bürgers i. d. DDR (1973: D.); D. Leistungsfähigkeitsprinzip als Maßstab d. Steuernormen (1981: H.); Ldesber. z. 10. intern. Kongreß f. Rangleich (1978); SteuerR I (AT) (2. A. 1994)
MA: FS Klaus Vogel (1996; m. Paul Kirchhof/Moris Lehner)
AL: Dieter Medicus (Regensburg: Zivilrecht); Klaus Vogel (0911)
Q: K 1996, S. 113; CV; CV/Diss.
備考： 1982 年入会。税法学者。
http://www.jura.uni-muenster.de/index.cfm?objectid=EC7E1EFA-F7A1-0BD9-AE5DE29433EC08A0
http://de.wikipedia.org/wiki/Dieter_Birk
0061
BLANKE, Hermann-Josef (ブランケ、ヘルマン・ヨーゼフ)
Dr. iur., Prof., Univ. Erfurt
1957 年 08 月 26 日（Hamm/Westfalen）
Staatsrecht, Verwaltungsrecht, Europarecht, Völkerrecht
Studium Osnabrück; 1986 wiss. MA. Osnabrück; 1990 Europareferent

Landesvertretung Niedersachsen in Bonn; 1991 Prom. Osnabrück; 1991 WiAs Köln; 1997 Habil. Köln, PD Köln; 2000 Prof. Erfurt
D: Föderalismus und Integrationsgewalt, Berlin 1991
H: Vertrauensschutz im deutschen und europäischen Verwaltungsrecht, Tübingen 2000
AL: Klaus Stern (0863)
備考: 国際法・ヨーロッパ法学者。
http://www2.uni-erfurt.de/staatsrecht/
0062
BLANKENAGEL, Alexander (ブランケナーゲル[ブランケンアーゲル]、アレクサンダー)
Dr. iur., o. Prof., Humboldt-Univ. zu Berlin
1946 年 03 月 26 日 (Lilllehammer/Norwegen)
Öffentliches Recht, Russisches Recht u. Rechtsvergleichung
1963–65 Sprachen- u. Dolmetscherinstitut/München; 1967 Übersetzer- u. Dolmetscherex./Russisch; 1965–70 Studium München; 1970 I. SE; 1975 Prom. München; 1984 Habil. Bayreuth; Prof. Univ. Berlin (HU)
B: Zur Funktion d. Grechte R i. d. UdSSR (1975: D.); Tradition u. Verfassung (1984: H.)
AL: Peter Lerche (0515); Peter Häberle (0278)
Q: K 1996, S. 118; CV/Diss.
備考: 1985 年入会。ロシア法を専攻する。なお、師である Häberle を通じて、Konrad Hesse (0329) に連なる。
http://www2.hu-berlin.de/blankenagel/cgi-bin/index.cgi?LIST&bereich=Aktuelles
0063
故 **BLECKMANN, Albert Heinrich** (ブレックッマン、アルベルト[アルバート]・ハインリ[ッ]ヒ)
Dr. iur. utr., Docteur en droit (d'Etat), Prof., Univ. Münster
1933年02月20日 (Gelsenkirchen bei Essen)　2004年05月25日 (Münster)
Öffentliches Recht, einschließlich Völker- u. Europarecht
1953–56 Studium Bonn, München, Grenoble u. Harvard (RW, VWL u. Politik); 1956 I. SE München; 1962 II. SE; 1960 Prom. Grenoble; 1969 Prom. Heidelberg; 1971 Habil. Heidelberg; 1971 PD Heidelberg; 1973 apl. Prof. Heidelberg; 1960–76 Ref. u. Prof. MPI/Heidelberg; 1976 Prof. Münster; 1998 emer.
B: La qualité pour agir dans le recours pour exeès de pouvoir en droit

administratif français et allemand (1960: D.); D. franz. Kolonialreich u. d. Gründung neuer Staaten (1969: D.); Begriff. u. Kriterien d. innerstaatl. Anwendbarkeit völkerrechtl. Verträge (1971: H.); Probleme d. Anwend. multilateraler Verträge (1974); GG u. VR (1975); EuropaR (1976; 6. A. 1997); D. Aufgaben e. Methodenlehre d. VR (1978); SubventionsR (1978); Allg. Grechtslehren (StaatsR II) (1979; 2. A. 1985); D. Funktionen d. Lehre im VR (1981); Gprobleme u. Methoden d. VR (1981); Gutachten f. d. 55. Dt. JT (1984); D. Bindung d. EG an d. EMRK (1986); Studien zum EGrecht (1986); D. völkerrechtl. Glagen d. intern. KollisionsR (1992); Zur verf.rechtl. Sanierungspglicht d. Treuhandanstalt (1992); Verf.rechtl. Probleme einer Beschränkung d. AsylR (1992); Völker- u. verf.rechtl. Probleme d. Erwerbs u. d. Verlusts d. dt. Staatsangehörigkeit (1992; Gutachten); StaatsR I (Staatsorg.R) (1993); Von d. individuellen Religionsfreiheit d. Art 9 EMRK zum SelbstbestimmungsR d. Kirchen (1995); StaatsR II (4. A. 1996); D. Struktur d. allg. Gleichheitssatzes (1995); Allg. Staats- u. Völkrerechtslehre (1995); Ermessensfehlerlehre (1996)
AL: Hermann Mosler (0589)
Q: K 1996, S. 120; Wer ist wer 1996/1997
L: FS 1993 (Europa '93 – Auf dem Weg zur EU; hrsg. von Martin Coen/Sven Hölscheidt/Stefan Ulrich Pieper)
備考: 1971年入会。そのヨーロッパ法の教科書は有名。師のMoslerは Richard Thoma (0886) の門下生であり、この学統は更にHeinrich Rosin (非会員、Freiburg、刑法、1855–1927年) を経て、Otto von Gierke (非会員、Berlin → Breslau → Heidelberg → (wieder) Berlin、1841–1921年) へと至る。
http://cgi.uni-muenster.de/exec/Rektorat/upm.php?rubrik=Alle&neu=0&monat=200403&nummer=05132

0064
BLÜMEL, Willi (ブリューメル、ヴィリー)
Dr. iur., U.Prof., HVW/Speyer
1929年01月06日 (Dossenheim bei Heidelberg)
Öffentliches Recht, insb. Allgemeines u. Besonderes Verwaltungsrecht
1948–53 Studium Heidelberg u. Cornell Univ. Ithaca/N.Y. (USA); 1953 I. SE; 1957 II. SE; 1960 Prom.; 1967 Habil. Heidelberg; 1957–67 WiAs, 1967–69 PD Heidelberg (1960–61 Assist. Verfas.gericht Rep. Zypern/Prof. Ernst Forsthoff); 1969–70 o. Prof. FU Berlin; 1970–74 o. Prof. Bielefeld; 1974 o. Prof. Speyer

B: D. Bauplanfeststell. I (1961: D.); V. Hochschullehrer z. Prof. (1976); Gemeinden u. Kreise vor d. öff. Aufgaben d. Gegenwart (1978); D. verfassungsrechtl. Verhältn. v. Gemeinden u. Landkreisen (1979); D. SelbstgestaltungsR d. Städte u. Gemeinden (1987); Struktur u. Aufg. d. Hochschule f. Verwaltungswiss. Speyer (2. A. 1988)
MA: FS Ule (1987; m. Detlef Merten, Helmut Quaritsch)
AL: Ernst Forsthoff (0206)
AS: Klaus Grupp (0270); Franz-Joseph Peine (0642); Michael Ronellenfitsch (0706)
Q: K 1996, S.124 (Red.); Wer ist wer 1996/97; CV
L: Symposion zum 65. GT (Kommunale Selbstverw. in Dtland u. Europa; 1996; hrsg.: Klaus Grupp/Michael Ronellenfitsch)
備考: 1968 年入会。行政法の研究者として名高く、来日経験もある。第 36 回大会 (1977 年) 第 2 テーマ主報告。
http://de.wikipedia.org/wiki/Willi_Bl%C3%BCmel
0065
故 **BLUMENWITZ, Dieter** (ブルーメンヴィッツ、ディーター)
Dr. iur., em. Prof., Univ. Würzburg
1939 年 07 月 11 日 (Regensburg) 2005 年 04 月 02 日 (Würzburg)
VL: Öffentliches Recht, insb. Völkerrecht u. Europarecht sowie Internationales Privatrecht
1956–57 AFS-Stipendiat in Kalifornien/USA; 1958/59 Studium München (RW); 1959/60 HPW München (Polit. Wiss.); 1962 I. SE; 1967 II. SE; 1965 Prom. München; 1970 Habil. München; 1970 PD München; 1972 o. Prof. Augsburg; 1976 o. Prof. Würzburg; emer.
B: D. Glagen e. Friedensvertrages mit Dtland (1966: D.); Einführ. in d. anglo-amerik. Recht (1971; 6. A. 1997); Feindstaatenklauseln (1972); D. Schutz innerstaatl. Rgemeinschaften b. Abschluß völkerrechtl. Verträge (1972: H); D. StaatsangehörigkeisR d. Vereint. Staaten v. Nordamerika (1975); D. Erricht. Ständiger Vertretungen im Lichte d. Staatsu. VRs (1975); Wehrpflicht u. Zivildienst (1978); D. dt-poln. Städtepartnerschaftsabkommen (1980); D. Darstellung d. Grenzen Dtlands in kartographischen Werken (1980); D. Ostverträge im Lichte d. intern. VertragsR (1982); Was ist Dtland (1982; 3. A. 1989); Verf. entwick. d. Dritten Welt (1983); D. Prager Vertrag (1985); Flucht u. Vertreibung (1987); Denk ich an Dtland (1989); D. Überwindung d. dt. Teilung u. d. Vier Mächte (1990); Staatennachfolge u. d. Einigung Dtlands, Teil I (1992); D. Offenhalten d. Vermögensfrage (1992);

Minderheiten u. Volksgruppenrechte (1992); This is Germany (1994); Volksgruppen u. Minderheiten (1995)
MH: FS Friedrich Berber (1973; m. Albrecht Randelzhofer); FS Konrad Adenauer (1976)
AL: Friedrich J. Berber (München、1898–1984 年、国際法、非会員)
AS: Gilbert Gornig (0248); Ludwig Gramlich (0252); Burkhard Schöbener (0792)
Q: K 1996, S. 125/126; Wer ist wer 1996/97; CV; Hikasa, S. 57 ff.
備考: 1971 年入会。国内法よりも、国際法の分野の業績が多い。
http://de.wikipedia.org/wiki/Dieter_Blumenwitz

0066
BOCK, Wolfgang (ボック、ヴォルフガング)
Dr. iur., PD, Univ. Düsseldorf
1952 年
Öffentliches Recht, Staatskirchenrecht, Rechtstheorie und Rechtsgeschichte
Studium; 1993 Prom. Frankfurt/M.; 2004 Habil. Frankfurt/M.; 1982 Richter am Landgericht Frankfurt/M.
D: Das für alle geltende Gesetz und die kirchliche Selbstbestimmung, Tübingen 1996
H: 公刊を確認できなかった。
AL: Michael Stolleis (0871)
備考: 実務家教員(裁判官)のようであるが、情報不足。
http://www.perlentaucher.de/autoren/20659/Wolfgang_Bock.html
http://www.vaeternotruf.de/landgericht-frankfurt-main.htm

0067
BÖCKENFÖRDE, Ernst-Wolfgang (ベッケンフェルデ[ボェッケンフォエデ]、エァンスト[エルンスト]=ヴォルフガング)
Dr. iur., Dr. phil., Dr. iur. h.c., em. Prof., Univ. Freiburg/Br., Bundesverfassungsrichter a. D.
1930 年 09 月 19 日 (Kassel)
VL: Staats- u. Verwaltungsrecht, Rechts- u. Verfassungsgeschichte, Rechtsphilolophie
1949–54 Studium Münster/Westf. u. München (RW, Geschichte u. Philosophie); 1956 Prom. Münster (Dr. iur.); 1961 Prom. München (Dr. phil.); 1964 Habil. Münster; Dr. h.c. (Basel); 1964 PD Münster; 1964 o. Prof. Heidelberg; 1969 o. Prof. Bielefeld; 1977 o. Prof. Freiburg; 1995 em.; 1983–96 Richter am BVerfG

B: Gesetz u. gesetzgeb. Gewalt (1958, 2. A. 1981: D.); D. dt. verf. geschichtl. Forsch. im 19. Jh. (1961, 2. A. 1995: D.; auch ital.); D. Org.gewalt im Bereich d. Reg. (1964: H.); D. Rauffass. im kommunist. Staat (1967); Staat, Gesellschaft, Freiheit (1976; auch engl.); D. Staat als sittl. Staat (1978); D. verfas.gebende Gewalt d. Volkes (1986); Schriften zu Staat, Ges., Kirche, 3 Bde. (1988–90); Recht, Staat, Geschichte (1991, 2. A. 1992); Staat, Verfassung, Demokratie (1991, 2. A. 1992; teilw. span. 1993)
AL: Hans Julius Wolff (0978)
AS: Christoph Enders (0172); Rolf Grawert (0255); Albert Janssen (0391); Johannes Masing (0555); Adalbert Podlech (0661); Bernhard Schlink (0762); Rainer Wahl (0921); Joachim Wieland (0954)
Q: K 1987, S. 354/355; Wer ist wer 1996/97; CV; Hikasa, S. 67 f.
L: FS 1995 (Offene Staatlichkeitt; hrsg.: Rolf Grawert/Bernhard Schlink/Rainer Wahl); Interview m. Böckenförde, in: FAZ-Magazin H. 918 (40. Woche vom 02. Okt. 1997), S. 58–59
備考: 1965年入会。第28回大会 (1969年) 第1テーマ副報告。その深い学識と憲法裁判官としての実務経験には、誰もが敬意を表する。1996年秋来日。SPD所属。Klaus Stern (0863) と並ぶ名伯楽。
http://de.wikipedia.org/wiki/Ernst-Wolfgang_B%C3%B6ckenf%C3%B6rde
0068
BÖCKSTIEGEL, Karl-Heinz (ベックシュティーゲル[ボェックシュティーゲル]、カール[カルル]=ハインツ)
Dr. iur., o. Prof., Univ. Köln
1936年08月02日 (Engers am Rhein)
1953 Boston College/USA; 1956- 60 Studium Heidelberg, Hamburg, Bonn, Köln, Boston, Genf, Den Haag u. Paris; 1960 World Univ. Service Genf; 1962 Akademie f. inter. Recht; 1962 Prom. Köln; 1965 RA; 1970 Habil. Köln; 1970 PD Köln, 1971 Prof.; 1975 o. Prof. Köln; 2001 emer.
B: D. Lage an ostasiat. Univ. u. Möglichk. e. wirksamen Hilfe (1963: D.); D. allg. Gsätze d. VR üb. Eigentumsentziehung (1963); D. Staat als Vertragspartner ausl. Privatunternehmen (1971); D. Durchgriff auf d. Staat (1972); Arbitratiaon and State Enterprises (1984); Space Law (1987)
MH: Kolloquium Günther Jaenicke (1984; m. Volkmar Götz/Peter Selmer); FS Ignaz Seidl-Hohenveldern (1988; m. Hans-Ernst Folz/

Manfred Mössner u.a.）
AL: Guradze（Köln）; Ignaz Seidl-Hohenveldern（ 0826 ）, Kegel
（Köln）
Q: K 1996, S. 136（Red.）; CV; Hikasa, S. 69
備考：1971年入会。国際商事仲裁の共同研究を一貫して体系的に行っている。
宇宙法にも興味を示す。Günther Jaenicke（ 0385 ）の講座後継者。
http://67.228.58.85/dyn4000/itso/download/panel_legal_experts/2006/
CV_Karl_Heinz_Bockstiegel.pdf
http://www.dis-arb.de/Mitgliederverzeichnis/Eintrag-ind/Boeckstiegel-eng.htm

0069
BOGDANDY, Armin von（ボクダンディ、アルニム・フォン）
Dr. iur., MA; Prof., Präsident des OECD Kernenergiegerichts/Paris
1960年06月05日（Oberhausen）
Rechtsvergleichung
1979– Studium Freiburg/Br.; 1984 I. SE; 1989 II. SE; 1984 Wiss. MA
FU Berlin; 1987 MA（Philosophie）; 1987 Prom. Freiburg/Br.; 1996
Habil. FU Berlin; 1996 PD FU Berlin; 1996 o. Prof. Frankfurt; 2002
Direktor am MPI/Heidelberg; 2003–09 Prof. Heidelberg; wissenschaftl.
Beirat der Europ. Grundrechteagentur; 2006 Präsident des OECD
Kernenergiegerichts/Paris; 2008–13 Mitglied des Wissenschaftl. Komitees der Agentur der EU für Grundrechte
D: Hegels Theorie des Gesetzes, Freiburg/Br. u. München 1989
H: Gubernative Rechtsetzung, Tübingen 2000
AL: Alexander Hollerbach（ 0353 ）; Albrecht Randelzhofer（ 0676 ）;
Eberhard Grabitz（ 0251 ）
備考1：ヨーロッパ法・国際法学者。ゆえに、ドイツ国際法学会会員でもある。
備考2：なお、師のGrabitzはHans-Peter Ipsen（ 0375 ）の門下生。後者を通じて、Rudolf Laun（ 0501 ）に連なる。
http://www.mpil.de/shared/data/pdf/leben_kurz_doc-216.pdf
http://www.mpil.de/ww/de/pub/organisation/leitung/direktoren/bogdandy.cfm（写真あり）
http://www.whoswho.de/templ/te_bio.php?PID=3069&RID=1
http://de.wikipedia.org/wiki/Armin_von_Bogdandy

0070
BOGS, Harald（ボークス、ハーラルド）
Dr. iur., o. Prof., Univ. Göttingen

1938 年 04 月 12 日（Potsdam）
Staats- u. Verwaltungsrecht, Arbeits- u. Sozialrecht, Arztsystemrecht
1957–62 Studium Tübingen u. Heidelberg; 1962 I. SE Heidelberg; 1966
II. SE Wiesbaden; 1966 Prom. Heidelberg; 1971 Habil. Hamburg; 1971
PD Heidelberg; 1974 o. Prof. Göttingen; emer.
B: D. verf.konforme Ausleg. v. Gesetzen (1967: D.); D. Sozialversich.
im Staat d. Gegenw. (1973: H.)
AL: Ernst Forsthoff (0206), Hans Schneider (0786); H. Möller (非
会員、Hamburg)、Werner Thieme (0884)
Q: K 1996, S.138 (Red.); Wer ist wer 1996/97; CV; CV/Diss.
備考： 1972 年入会。社会保険法や医療法を研究する。師のうち Thieme は
Hans-Peter Ipsen (0375) の門下生であり、後者を通じて Rudolf Laun
(0501) に連なる。
http://univz.uni-goettingen.de/qisserver/rds?state=verpublish&status=
init&vmfile=no&moduleCall=webInfo&publishConfFile=webInfoPer
son&keep=y&publishSubDir=personal&personal.pid=3645
http://de.wikipedia.org/wiki/Harald_Bogs
0071
BÖHM, Monika（ベーム［ボェーム］、モニカ）女性
Dr. iur., Prof., Univ. Marburg
VL: Öffentliches Recht, Verwaltungslehre und Europarecht
1960 年（Hofheim am Taunus）
1979 Studium RW u. Politikwiss. Gießen; 1985 I. SE; 1989 II. SE;
1989 Prom. Gießen; 1995 Habil. Gießen; 1990–95 wiss. MA/Ass. Gießen; 1997 Univ.-Prof. Halle-Wittenberg; 2000 Prof. Marburg
D: Die Wirksamkeit von Umweltlenkungsabgaben am Beispiel des
Abwasserabgabengesetzes, Düsseldorf 1989
H: Der Normmensch, Tübingen 1996
AL: Klaus Lange (0495)
備考 1： 環境法研究に取り組む。日本とのつながりも強い。
備考 2： 師の Lange は Werner Weber (0935) の門下生で、Carl Schmitt
(0780) へと連なる。しかし、ベームの世代の研究者を「シュミット学派」
に分類するのは、おそらく無意味な試みであろう。
http://www.uni-marburg.de/fb01/lehrstuehle/oeffrecht/boehm（写真あ
り）
http://de.wikipedia.org/wiki/Monika_B%C3%B6hm
0072
故 **BÖHMERT, Viktor**（ベーメルト［ボェーメルト］、ヴィクトァ）

Dr. iur., o. Prof., Univ. Kiel
1902 年 09 月 04 日（Bremen） 1975 年 04 月 27 日（Kiel）
Öffentliches Recht, Völkerrecht
Studium; Prom.; 1933 Habil. Kiel; 1933 PD Kiel; 1939 ao. Prof. Kiel; 1943 pl. ao. Prof. Kiel
B: Völkerbundsatzung（Kommentar v. Schücking u. Wehberg; 3. A., Teil I）(1931); D. Rgrundlagen d. Beziehungen Danzigs zu Polen (1933: D.); Art. 19 d. Völkerbundsatzung (1935); D. Fischereigernzen d. Nordens I (1940)
AL: Richard Schmidt（ 0771 ）
AS: Hans W. Baade（ 0024 ）; Walter Meder（ 0564 ）
Q: K 1950, S. 177; Nek. K 1976, S. 3646
備考 1： 戦後原始会員（1950 年入会）。戦前・戦中に活躍した国際法学者。詳細は不明。
備考 2： 師の R. Schmidt を通じて、Adolf Wach（Leipzig、民訴、非会員、1843-1926 年）へと連なる。
http://www.koeblergerhard.de/juristen/alle/allebSeite987.html
0073
BOHNE, Eberhard（ボーネ、エーベルハルト［エーバーハルト］）
Dr. iur., o. Prof., Univ. Kiel
1944 年（Bonn）
Studium RW u. Politikwiss. Bonn, Freiburg/Br. u. Univ. of Wisconsin in Madison; Prom. Köln; MA of Arts in Political Science (Wisconsin); 1975 Ref im BM des Innern, 1976 wiss. MA Köln; 1977 Kreisverwaltung; 1978-96 Ref. BM des Innern; 1996 Univ.-Prof. Speyer
備考： 実務家から出発して、環境法・エネルギー法を研究。環境法典の制定に関与。
http://www.hfv-speyer.de/Bohne/Lehrstuhlinhaber.htm（写真あり）
http://de.wikipedia.org/wiki/Eberhard_Bohne
0074
故 **BORNHAK, Conrad**（ボルンハーク、コンラート）
Dr. iur., em. ao. Prof., Univ. Berlin, Geheimer Justizrat
1861 年 03 月 21 日（Nordhausen） 1944 年 02 月 12 日（Berlin）
Staatsrecht u. preußisches Verwaltungsrecht
Studium RW u. Staatswiss. Berlin; 1885 Prom. Göttingen; 1887 Habil. Berlin; 1887-93: Studienreise nach d. Niederlanden, Belgien, England; 1893 Amtsrichter Prenzlau; 1894 Berlin; 1894 PD Berlin; 1896 ao. Prof. Berlin; em. 1927; 1928 Prof. Univ. Kairo, 1931-39 Lehrtätigkeit Dtland

B: Geschichte d. preuß. VerwR 3. Bde. (1884–86); Pr. StaatsR, 3 Bde. (1888–90); Dt. Sozial.gesetzgebung (4. A. 1900); D. Thronfolge im Fürstentum Lippe (1895); Allg. StaatL (1896); Rußland u. Finnland (1900); D. Beruf unserer Zeit zur Strafgesetzgebung (1932)
Q: Wer ist's 1922, S. 157/158; K 1935, S. 131; K 1940/41, S. 176; Nek. K 1950, S. 2411
備考: 戦前原始会員 (1924年)。『憲法の系譜』で有名であり、ワイマール共和政憲法を批判して失職。
http://de.wikipedia.org/wiki/Conrad_Bornhak
0075
BOROWSKI, Martin (ボロウスキー、マルティン)
Dr. iur., PD, Reader, University of Birmingham, School of Law/UK
1966年
Öffentliches Recht, Europarecht, Rechtsphilosophie und Rechtstheorie
1985–91 Studium Kiel; 1995 Prom. Kiel; 1998–2005 WiAs/Oberass.; 2004 Habil. Kiel; PD Kiel; 2007 Univ. Birmingham
D: Grundrechte als Prinzipien, Baden-Baden 1998
H: Die Glaubens- und Gewissensfreiheit des Grundgesetzes, Tübingen 2006
AL: Robert Alexy (0008)
備考: 現在はバーミンガム大学に在籍する。基本権を研究。
http://www.law.bham.ac.uk/staff/profiles/borowski.shtml
http://www.birmingham.ac.uk/schools/law/staff/profile.aspx?ReferenceId=3801&Name=dr-martin-borowski (写真あり)
0076
BOTHE, Michael (ボーテ、ミヒャエ[ー]ル)
Dr. iur., U.Prof., Univ. Frankfurt/M.
1938年06月11日 (Berlin)
VL: Deutsches u. ausländisches öffentliches Recht u. Völkerrecht, Europarecht
1957–61 Studium Heidelberg u. Hamburg; 1961 I. SE Heidelberg; 1969 II. SE; WS 1962/ SS1963 Studium Genf (intern. Beziehungen); 1963 Diplome Genf; 1967 Prom. Heidelberg; 1974 Habil. Heidelberg; 1964–66 WiAs MPI/Heidelberg; 1966–79 Wiss. Ref. MPI/Heidelberg; 1968–69 Univ. Michigan, Ann Arbor/USA; 1974 PD Heidelberg; 1977 apl. Prof. Heidelberg; apl. Prof. Hannover; 1979 o. Prof. Hannover; 1983 o. Prof. Frankfurt
B: Le droit de la guerre et les Nations Unies, in: Etudes et travaux de

l'Institut universitaire de hautes études inetrnationales No. 5, Genf 1967, S. 135–242 (1967: Diplomarbeit); Streitkräfte intern. Organisation (1968: D.); D. völkerrechtl. Verbot d. Einsatzes chem. u. bakteriol. Waffen (1973); D. Kompetenzstruktur d. modernen Bdesstaates in rechtsvergl. Hinsicht (1974: H.)
MH: FS Rudolf Bernhardt (1995; m. Ulrich Bayerlin/Rainer Hofmann)
AL: Rudolf Bernhardt (0051). Hermann Mosler (0589)
Q: K 1996, S.149 (Red.); CV
備考1: 1975年入会。国際法学者。第54回大会 (1994年) 第1テーマ報告 (4人の報告者の一人)。ホームページには、関心領域として「公法(特に比較憲法)。国際法(国際人権法、平和維持法、経済法、環境法)。ヨーロッパ法」、とある。ドイツ国際法学会会員。
備考2: 師のうち Bernhard は、Hermann Mosler (0589) の門下生。後者を通じて、その学統は Richard Thoma (0886) → Heinrich Rosin (非会員、Freiburg、刑法、1855–1927年) → Otto von Gierke (非会員、Berlin → Breslau → Heidelberg → (wieder) Berlin、1841–1921年) へと至る。
http://de.wikipedia.org/wiki/Michael_Bothe
0077

BRANDT, Edmund (ブラント、エドムント)
Dr. iur., Prof., Technischen Univ. Braunschweig
1974年 (Riede bei Bremen)
VL: Staats- und Verwaltungsrecht sowie Verwaltungswissenschaften 1966–71 Studium RW u. Politikwiss. Freiburg/Br. u. FU Berlin; 1971 I. SE; 1974 II. SE; 1974–79 WiAs FU; 1979 Prom. FU; 1979–81 Wiss. MA FU; 1981–86 Hochschulass. Hamburg; 1992 Habil; 1992–96 Prof. Lüneburg; 1996–2004 Prof. Lüneburg; 2004–08 Präs. der TU Clausthal; 2008 Prof. Clausthal; 2009 Prof. TU Braunschweig.
B: Die Bedeutung parlamentarischer Vertarauensregelungen (1981: D.); Altlasten (1992: H.); AltlastenR (1993); Umweltaufklärung u. VerfR (1994)
AL: Wolfgang Hoffmann-Riem (0346)
備考: 当初、環境学部に所属し、ゆえに環境法の研究を深めている。
http://www.tu-braunschweig.de/recht/svv/brandt (写真あり)
0078

BREITENMOSER, Stephan (ブライテンモーザー、シュテファン) 瑞
Dr. iur., Prof., Univ. Basel
1955年02月02日 (Basel)

Europarecht
-1980 Studium Basel; 1985 Prom. Basel; 1995 Habil. Basel; 2001 Prof.
Basel; 2007 Richter am Bundesverwaltungsgericht/Schweitz
D: Der Schutz der Privatsphäre gemäss Art. 8 EMRK, Basel u. a. 1986
H: Rechtsschutz in Verfahren der internationalen Rechtshilfe（公刊を確認できなかった）
AL: Luzius Wildhaber（ 0957 ）
備考：スイスのヨーロッパ法・国際法学者。ドイツ国際法学会会員でもある。
http://ius.unibas.ch/lehre/dozierende/oeffentliches-recht/profil/person/breitenmoser_stephan/（写真あり）
http://www.lexpartners.ch/de/anwaelte/konsulent/（写真あり）
0079
BRENNER, Michael（ブレンナー、ミヒャエル）
Dr. iur., Prof., Univ. Jena
1960 年 09 月 15 日（Schwäbisch Gmünd）
Deutsches Verfassungsrecht, deutsches Verwaltungsrecht, europäisches Verfassungsrecht, europäisches Verwaltungsrecht
1981–86 Studium München; 1986 I. SE; 1990 II. SE; 1983–90 Stud. u. wiss. HK München; 1990–94 WiAs München; 1990 Prom. Bielefeld; 1994 Habil. München; 1995 Prof. Jena
D: Bundesnachrichtendienst im Rechtsstaat, Baden-Baden 1990
H: Der Gestaltungsauftrag der Verwaltung in der Europäischen Union, Tübingen 1996
AL: Hans-Jürgen Papier（ 0636 ）; Peter Badura（ 0026 ）
備考 1：ヨーロッパ法研究者。国内法としては、建築法を研究。同姓同名のユダヤ学・ユダヤ法研究者がいる（ミュンヘン大学）ので、文献調査の際には要注意。
備考 2：なお、師の Badura は Alfred Voigt（ 0913 ）の門下から出た。後者は Walter Jellinek（ 0395 ）を経て、Otto Mayer（ 0562 ）へと連なる。
http://www.rewi.uni-jena.de/Lebenslauf_p_11217-path-39383.html（写真あり）
0080
BREUER, Marten（ブロイアー、マルテン）
Dr. iur., PD, Europa-Kolleg Hamburg
1971 年（Celle）
VL: Öffentliches Recht, Europarecht und Völkerrecht
1992–97 Studium Würzburg; 1997 I. SE; 2002 II. SE; 1998–2003 Wiss. MA u. WiAs Würzburg; 2000 Prom. Würzburg; 2010 Habil.; 2003–09

Wiss. MA Potsdam; 2009 Claussen-Simon-Dozent Europa-Kolleg Hamburg
D: Verfassungsrechtliche Anforderungen an das Wahlrecht der Auslandsdeutschen, Berlin 2000
H: Staatshaftung für judikatives Unrecht, Tübingen 2011
AL: Dieter Blumenwitz (0065); Eckart Klein (0436)
備考：ヨーロッパ法・国際法学者。ゆえに、ドイツ国際法学会会員でもある。
http://www.martenbreuer.de/（写真あり）
0081
BREUER, Rüdiger (ブロイアー、リューディガー)
Dr. iur., Prof., Univ. Bonn, RA
1940 年 10 月 09 日 (Erkelenz)
VL: Öffentlisches Recht (Staats- u. Verwaltungsrecht)
1960–64 Studium Marburg/Lahn, Freiburg/Br. u. Bonn; 1965 I. SE; 1968 Prom. Bonn; 1975 Habil. Bonn; 1970–71 RA; 1971–75 WiAs Bonn; 1975–79 Wiss.Rat u. Prof. Bielefeld; 1979–94 o. Prof. Trier; 1994 o. Prof. Bonn; 2006 emer.
B: D. hoheitl. raumgestalt. Planung (1968: D.); Kreisentwicklungsplanung (1974; m. a.); D. Bodennutzung im Konflikt zw. Städtebau u. Eigentumsgarantie (1976: H.); Öfftl. u. priv. WasserR (1976; 2. A. 1987); Komment. z. BBauG (1980); Komment. u. z. BauGB (m. a.; 1992; Nachtr. 1994); D. Planfeststellung f. Anlagen z. Endlagerung radioaktiver Abfälle (1984); D. Abgrenzung zw. Abwasserbeseitigung, Abfallbeseitigung u. Reststoffverwertung (1985); Bauplanungsrechtl. Instrumente z. Schutz d. Sozialstruktur (1985); Verw.rechtl. Prinzipien u. Instrumente d. UwSzes (1989); Entwicklungen d. europ. UmweltR (1993)
MH: FS Konrad Redeker (1993; m. Bernd Bender/Fritz Ossenbühl)
AL: Jürgen Salzwedel (0729), Ernst Friesenhahn (0211)
Q: K 1983, S. 466
備考：1976 年入会。第 44 回大会（1985 年）第 2 テーマ副報告。行政法、とりわけ環境法・廃棄物法を研究。1998 年及び 1999 年の協会副理事長（理事長は Christian Starck、いま一人の副理事長は Daniel Thürer)。
http://de.wikipedia.org/wiki/R%C3%BCdiger_Breuer
0082
故 **BRIE, Siegfried** (ブリー[ェ]、ジーク[ズィーク]フリート)
Dr. iur., Dr. theol. h.c., Dr. rer. pol. h.c., em. o. Prof., Univ. Breslau, Geheimer Justizrat

1838 年 01 月 21 日（Hamburg）　1931 年 12 月 03 日（Breslau）
1856–61 Studium Heidelberg, Leipzig u. Berlin; 1861 Prom. Berlin;
1866 Habil. Heidelberg; 1866 PD Heidelberg; 1869 ao. Prof. Heidelberg;
1874 o. Prof. Rostock; 1878 o. Prof. Breslau (1890–91 Rektor)
B: Geschichte der Lehre vom Staatenbund (1874); Theorie der Staatenverbindungen (1886); Lehre vom GewohnheitsR I (1899)
AS: Godehard Josef Ebers (0160)
Q: Wer ist's 1922, S. 184/185; K 1925, S. 1195 (Nachtrag); Heidelbg. GL, S. 30; Dau, FS-Register, S. 483
L: FS 1912; Stolleis, Geschichte III, S. 366 FN 314 m. w. N.
備考：戦前原始会員（1924 年入会）。本書で取り扱う公法学者の中では最長老で、入会時すでに 86 歳の高齢であった。連邦国家の研究で有名。
http://cpr.uni-rostock.de/nav?path=~searchdocdetails-indexcpr&id=cpr_professor_000000002477&offset=0
http://de.wikipedia.org/wiki/Siegfried_Brie
0083
故 **BRILL, Hermann Louis**（ブリル、ヘルマン・ルイス）
Dr. iur., Prof., Univ. Frankfurt/M., Staatssekretär a. D., MdB
1895 年 02 月 09 日（Gräfenroda/Thür.）　1959 年 06 月 22 日（Wiesbaden）
Allgemeine Staatslehre, deutsches u. ausländisches Staats- u. Verwaltungsrecht
1919–33 MdL Thüringen (USPD, SPD); 1920 Studium RW, polit. Ökonomie, Soziologie u. Philosophie Jena; 1921 vortragender Rat Ministerium Volksbildung Thüringen; 1922 Prom.; 1923 Ministerialdirektor Innenministerium Thüringen; 1927 Mitglied Staatsgerichtshof Thüringen; 1932 Mitglied Dienststrafhof, Jena, Md Reichstag; 1933 Schutzhaft; 1934 Mitglied Widerstandsgruppe; 1936 Mitbegründer deutsche Volksfront (Otto Brass); 1939 Verhaftung; 1943 Konzentrationslager Buchenwald; 1945 Ministerpräsident Thüringen (amerikanische Militärregierung); Staatssekretär; Chef Staatskanzlei Hessen; 1948 Mitglied Verfassungskonvent Herrenchiemsee; 1949–53 MdB; 1951 Dozent Hochschule Speyer
Q: K 1950, S. 230; Nek. K 1961, S. 2366; 没（Todesfall）
備考：戦後原始会員（1950 年入会）。戦時中、ナチスへの抵抗を貫いた政治家。戦後、テューリンゲン州初代首相で、揺籃期の連邦議会議員でもあった（1949～1953 年）。この人物の経歴は、下記記事に詳しい（特に政治的経歴）。
http://www.uni-protokolle.de/Lexikon/Hermann_Brill.html

0084
BRINKTRINE, Ralf（ブリンクトリーネ、ラルフ）
Dr. iur., Prof., Univ. Würzburg
1962 年
Öffentliches Recht, ausländisches öffentliches Recht, Rechtsvergleichung
Studium Bielefeld u. Univ. of Warwick/GB; 1997 Prom. Münster; WiAs Leipzig; 2005 Habil. Leipzig; 2010 Prof. Würzburg
D: Verwaltungsermessen in Deutschland und England, Heidelberg 1998
H: Publifizierung privatrechtlicher Rechtsverhältnisse Privater durch Verwaltungshandeln, Tübingen 2010
備考: 行政法の分野に業績が多い。
http://www.jura.uni-wuerzburg.de/lehrstuehle/brinktrine/prof_dr_ralf_brinktrine/（写真あり）

0085
BRITZ, Gabriele（ブリッツ、ガブリエーレ）[女性]
Dr. iur., Univ.-Prof., Univ. Gießen, Richterin am BVerfG
1968 年
Öffentliches Recht, Europarecht
1987-92 Studium Frankfurt/M.; 1995 I. SE; 1997 II. SE; 1993 Prom. Frankfurt/M.; 2000 Habil. Frankfurt/M.; 2001 Prof. Gießen: 2010 Richterin am BVerfG (1. Senat)
D: Örtliche Energieversorgung nach nationalem und europäischem Recht, Baden-Baden 1994
H: Kulturelle Rechte und Verfassung, Tübingen 2000
備考: 連邦憲法裁判所判事。第 1 部に所属。ヨーロッパ競争法を研究。
http://www.recht.uni-giessen.de/wps/fb01/ma/dat/britz/Gabriele_Britz/ （写真あり）
http://www.bundesverfassungsgericht.de/richter/britz.html（写真あり）

0086
BROHM, Winfried（ブローム、ヴィンフリート）
Dr. iur., o. Prof., Univ. Konstanz
1932 年 03 月 04 日（Karlsruhe）
VL: Öffentliches Recht
Staats-, Verwaltungs-, Wirtschafts- u. Planungsrecht u. Verwaltungswissenschaft
1951-55 Studium Heidelberg; 1955 I. SE; 1955-57 Studium Heidelberg (Volkswirtsch.) .; 1960-61 Reg.Ass.; 1961 WiAs Freiburg; 1958 Prom. Heidelberg; 1967 Habil. Freiburg/Br.; 1968 PD Freiburg; 1969 o. Prof.

Bielefeld; 1973 o. Prof. Konstanz; emer.
B: Rschutz im BauplanungsR (1959: D.); Organisation u. Ordnung v. Sozialbereichen i. d. Wirtsch.verw. (1967: H.; erschien 1969 als "Strukturen d. Wirtschaftsverw."); Ldeshoheit u. Bdesverw. (1968); Sachverständige u. Politik (1971); Öffentliches BauR (1997)
AL: Ernst Forsthoff (0206), Karl Zeidler (0991); Konrad Hesse (0329), Martin Bullinger (0100)
AS: Michael Dolderer (0146); Carl-Eugen Eberle (0159)
Q: K 1983, S. 481/482; Wer ist wer 1996/97; CV; Hikasa, S. 70 f.
備考： 1969 年入会。Otto Bachof (0025) とともに行った第 30 回大会 (1971 年) 第 2 テーマ副報告 (「行政の現代的課題と行政法ドグマーティク」) は、わが国でも名高い。日本から、若手有力研究者が続いて何人か留学した。
http://www.koeblergerhard.de/Rechtsfakultaeten/Konstanz180.htm
0087
BRÖHMER, Jürgen (ブレーマー、ユルゲン) 墺
Dr. iur., Prof., School of Law, Univ. of New England
1961 年 (Landstuhl/Rheinland-Pfalz)
Europarecht, Völkerrecht, öffentliches Recht, Staats- und Verwaltungsrecht
Studium Mannheim; 1989 I. SE; 1992 II. SE; 1989–91 wiss. MA; 1995 Prom. Saarbrücken; 2002 Habil. ebd.; Prof. Univ. of NE
D: State immunity and the violation of human rights, 1997
H: Transparenz als Verfassungsprinzip, 2004 Tübingen
AL: Georg Ress (0688)
備考： ヨーロッパ法・国際法学者。英国の大学で教える。
http://www-personal.une.edu.au/~jbrohmer/Home_files/Personal.html
http://www.une.edu.au/staff/jbrohmer.php (写真あり)
0088
BROSIUS-GERSDORF, Frauke (ブロージィウス・ゲァスドルフ、フラウケ)
女性
Dr. iur., Prof., Univ. Hannover
1971 年 (Hamburg)
Öffentliches Recht, insb. Sozialrecht, Öffentliches Wirtschaftsrecht und Verwaltungswissenschaft
Studium Hamburg; 1995 I. SE; 2000 II. SE; 1997 Prom. Hamburg; 1998 LL.M.; 2001–04 RA; 2010 Habil. Potsdam; 2010 Prof. Hannover
D: Deutsche Bundesbank und Demokratieprinzip, Berlin 1997
H: Demografischer Wandel und Familienförderung, Tübingen 2011

備考: ヨーロッパ法を研究。
http://www.whitecase.com/fbrosius-gersdorf/ (写真あり)
http://www.koeblergerhard.de/juristen/vips/viwbSeite143.html
0089
故 **BRUGGER, Winfried** (ブルッガー、ヴィンフリート)
Dr. iur., LL.M., U.Prof., Univ. Heidelberg
1950 年 02 月 26 日 (Tettnang/Baden-Württ.) 2010 年 11 月 13 日 (Heidelberg)
VL: Öffentliches Recht u. Rechtsphilosophie
1971–73 Studium Tübingen (RW, Psyphologie, Philosophie, Soziologie u. Geschichte); 1973 I. SE; 1973 Hiwi. Tübingen (Kriminologie); 1973–75 Hiwi. Tübingen (FB Philosophie); 1974–76 Ref. am LG; 1976 II. SE Stuttgart; 1976–83 Wiss.Angest. Tübingen; 1980 Prom. Tübingen; 1981 LL.M. (Berkeley); 1985 Adjunct Prof. Georgetown Univ., Washington D.C.; 1986 Habil. Tübingen; 1986 PD Tübingen; 1987 o. Prof. Mannheim; 1992–2010 o. Prof. Heidelberg
B: Menschenrechtsethos u. Verantwortungspolitik (1980); Grechte u. Verf.ger.barkeit i. d. Verein. Staaten von Amerika (1987: H.); Rdfk. freiheit u. Verf.interpretation (1991); Einführ. in das öffentliche Recht der USA (1993); Persönlichkeitsentfaltung als Gegenwert der amerikan. Verfassung (1994)
MH: FS für J. Schwartländer (1988 m. Heiner Bielefeldt/Klaus Dicke)
AL: Otto Bachof (0025)
AS: Michael Anderheiden (0010)
Q: K 1996, S. 175 (Red.); CV
備考: アメリカ法に造詣が深い。近年では法哲学の研究に傾斜しつつあったが、先頃逝去した。師の Bachof を通じて、Walter Jellinek (0395) → Otto Mayer (0562) に連なる。
http://www.uni-heidelberg.de/institute/fak2/brugger/start.htm
http://de.wikipedia.org/wiki/Winfried_Brugger
0090
BRÜHL-MOSER, Denise (ブリュール=モーザー、デニーゼ) 瑞 女性
Dr. iur., PD, Univ. Basel
1966 年 7 月 26 日 (Basel)
Öffentliches Recht, Völkerrecht und Europarecht
–1990 Studium Basel; 1994 Prom. Basel; 1997 Advokaturexamen Basel-Stadt; 1997–2000 Advokatin; 2000–04 Aufenthalt in Berlin; 2005–07 Advokatin; 2006 Habil. Basel; Part-time Prof. Univ. of Ottawa

D: Die Entwicklung des Selbstbestimmungsrechts der Völker unter besonderer Berücksichtigung seines innerstaatlich-demokratischen Aspekts und seiner Bedeutung für den Minderheitenschutz, Basel u.a. 1994
H: Die schweizerische Staatsleitung, Bern 2007
AL: Luzius Wildhaber (0957)
備考：国際法と国内法の双方を研究。
http://ius.unibas.ch/lehre/dozierende/oeffentliches-recht/profil/person/bruehl-moser_denise/（写真あり）
0091
BRÜNING, Christoph （ブリューニング、クリストフ）
Dr. iur., Prof., Univ. zu Kiel
1967 年 11 月 13 日（Oberhausen）
VL: Öffentliches Recht
1988–93 Studium Bochum; 1993 I. SE; 1995 II. SE; 1996 WiAs Bochum; 1996 Prom. Bochum; 2001 Habil ebd.; 2004–08 Richter am VG Gelsenkirchen; 2008 Univ.-Prof. Kiel
D: Der Private bei der Erledigung kommunaler Aufgaben, insbesondere der Abwasserbeseitigung und der Wasserversorgung, Berlin 1997
H: Einstweilige Verwaltungsführung, Tübingen 2003
AL: Rolf Grawert (0255)
備考：実務家（行政裁判所判事）の経験を活かす行政法研究者。
http://www.bruening.jura.uni-kiel.de/bruening/
0092
BRÜNNECK, Alexander von （ブリュンネック、アレクサンダー・フォン）
Dr. iur., Prof., Univ. Frankfurt/Oder
1941 年 06 月 13 日（Hermersdorf/Kreis Lebus）
VL: Öffentliches Recht, Allgemeine Staatslehre u. Verfassungsgeschichte
1961–68 Studium RW u. Polit. Wiss. München, London, Paris u. FU Berlin; 1968 I. SE Berlin; 1971 II. SE Wiesbaden; 1971 WiAs TU Hannover; 1974 Akad. Rat Hannover; 1976 Akad.Orat, 1976 Prom. Frankfurt/M.; 1984 Habil. Hannover; 1984 PD Hannover; 1993 Prof. Frankfurt/O.
B: Politische Justiz gegen Kommunisten in d. BRD 1949–1968 (1978: D.); D. Eigentumsgarantie d. GG (1984: H.); Verf.ger.barkeit in d. westl. Demokratien (1992)
AL: Henning Zwirner（Hannover、非会員、1927–1985 年）
AS: Ralf Alleweldt (0009)

Q: K 1996, S. 175; Wer ist wer 1996/97; CV; CV/Diss.
備考: 1985 年入会。ブランデンブルク州法を研究。なお師の Zwirner は、Gerhard Leibholz (0507) の門下生。
http://www.koeblergerhard.de/Rechtsfakultaeten/Hannover150.htm
0093
故 **BRUNNER, Georg** (ブルンナー、ゲ[-]オルク)
Dr. iur., Prof., Univ. Köln
1936 年 06 月 02 日 (Budapest/Ungarn)　2002 年 10 月 24 日 (Köln)
Öffentliches Recht, Ostrecht, Politikwissenschaft
1954–56 Studium Budapest; 1956 Flucht in die BRD; 1957–59: Tübingen; 1959 I. SE Tübingen; 1960–63 Ref. u. Hiwi. Tübingen; 1963 Prom. Tübingen; 1963 II. SE Tübingen; 1964 Reg.Ass. Bdes Inst. f. ostwiss. intern. Studien/Köln; 1966 Reg.Rat ebd.; 1969 O.Reg.Rat ebd.; 1970 Habil. Köln; 1971–84 Prof. Würzburg (1973–75 Dekan, 1975/76 Konrektor); 1984 o. Prof. Köln (1989–92 Dekan)
B: D. Grechte im Sowjetsystem (1963: D.); D. Parteistatut d. KPdSU 1903–1961 (1965); D. Problematik d. soz. Grechte (1971); Kontrolle in Dtland (1972: H.); Einführ. in d. Recht d. DDR (1975; 2. A. 1979); Polit. Soziol. d. Sowjetunion (1977); Vergl. Reg.lehre Bd. 1 (1980); Minderheiten in d. Sowjetunion u. d. VR (1988); Polit. Systemwandel u. Verf.reformen in Osteuropa (1990); Einführ. i. d. ungarische WritschaftR (1991); Ungarn auf d. Weg d. Demokratie (1993); Nationalitätenprobleme u. Minderheitenkonflikte in Osteuropa (1993); Jurist. Bewältigung d. kommunist. Unrechts in Osteuropa u. Dtland (1995); Osteuropa zw. Nationalstaat u. Integration (1995)
H: FS Borris Meisner (1985; m. Theodor Schweisfurth/Alex Uschakow); Volksgruppen in Ostmittel- u. Südeuropa (1994)
AL: Günter Dürig (0155); Boris Meissner (0568)
AS: Otto Luchterhandt (0529)
Q: K 1987, S. 500; Wer ist wer 1996/97; Diss. CV; Hikasa, S. 77
備考 1: 1971 年入会。東欧法の研究者。生地ハンガリー法に関する著作もある。
備考 2: 東欧法研究に関しては、Meissner (1915 年生まれ) を第 1 世代とすると、Brunner (1936 年生まれ) が第 2 世代、そして更にその門下生 Luchterhandt (1943 年生まれ) が第 3 世代である、といえよう。なお、Meissner の師は Rudolf Laun (0501) である。
http://de.wikipedia.org/wiki/Georg_Brunner_ (Jurist)

0094
BRÜNNER, Christian （ブリュンナー、クリスツィァン）墺
Dr. iur., em. o. Prof., Univ. Graz/Österr.
1942 年 02 月 12 日（Mürzzuschlag/Steiermark）
Verwaltungswissenschaft; Öffentliches Recht, Hochschulrecht
1959/60 Stipendiat AFS; Minnesota/USA; 1961–66 Studium Graz (3 Sem: Englischstudien am Dolmetschinstitut der Univ.); 1964–67 zuersrt Hiwi., dann Ass. Graz (ZivilR); 1966 Prom. Graz; 1966/67 Ger.praxis; 1968–75 U.Ass. Graz; 1976 Habil. Graz; 1976 Ob.Ass. Graz; 1978 ao. Prof. Graz; 1980 o. Prof. Graz (1985 u. 87 Rektor); emer.
B: D. disziplinäre Verantwortung d. Studenteen an Österr. Hochschulen (1970); Verbände in d. Parteiendemokratie (1974); Polit. Planung im parlament. Reg.system (1978: H.); Griss der VerwL (1983); Univ. zw. Traum u. Wirklichkeit (1986); Vom Glanz u. Elend d. Univ. (1990)
AL: Ludwig Adamovich jun. (0004); Gustav Eduard Kafka (0403); Karl Korinek (0462)
Q: K 1996, S. 174; CV; Hikasa, S. 72 ff.
備考： 1978 年入会。研究者としてのスタートが大学紛争時であったためか、大学法を研究する。また大学管理職としての経験を踏まえ、共編は生涯学習の問題に関するものが多い。政治家でもあった。
http://www.uni-graz.at/~bruenn/homepage-bruenner.htm （写真あり）
Manfried Welan, Wissenschaft und Politik als Berufe – Christian Brünner zum 65. Geburtstag (http://www.boku.ac.at/wpr/wpr_dp/DP-15-2006.pdf)
http://de.wikipedia.org/wiki/Christian_Br%C3%BCnner

0095
故 **BRUNS, Viktor** （ブルンス、ヴィクトァ[ヴィクトール]）
Dr. iur., o .Prof., Univ. Berlin
1884 年 12 月 30 日（Tübingen）　1943 年 09 月 18 日（Königsberg/Pr.）
Völker-, Staatrecht
Studium Tübingen u. Leipzig; 1908 Ref.; 1910 Prom.; 1910 Habil. Tübingen; 1910 PD Tübingen; 1910 ao. Prof. Genf; 1912 ao. Prof. Berlin, 1923–43 o. Prof. Berlin; 1924 Gründung Institut für ausländisches öffentliches Recht und Völkerrecht; 1927 Beteiligung internationale Schiedsprozesse; Anhänger Nationalsozialismus; 1934 Gründungsmitglied und Vorsitzender Akademie für deutsches Recht, nicht NSDAP; 1933 Bund nationalsozialistischer deutscher Juristen

B: Beisitzerwerb durch Interessenvertr. (1910: H.); Sondervertr. dt. Bundesst. b. d. Firedensverh. (1918); Württ. künft. Verf. (1919); Dtlands Gleichberechtigung als Rproblem (1934); VR u. Politik (1934); Saarabstimmung u. Völkerbund (1934); Die Volksabstimmung im Saargebiet (1934); Der internation. Richter (1934)
AL: Max von Rümelin (Tübingen、ローマ法・民法、非会員、1861–1931 年); Heinrich Triepel (0891)
AS: Hermann Raschhofer (Würzburg、国際法、非会員、1905–1979 年)
Q: Wer ist's 1922, S. 199; K 1935, S. 165; K 1940/41, S. 214; Nek. K 1950, S. 2401
備考1: 戦前原始会員（1924年入会）。戦前から戦中に活動した国際法学者。1934年5月、ハンス・フランクにより、ドイツ法アカデミー国際法部会部会長に任命された。
備考2: Raschhoferの門下からは、何人かの会員(国際法学者)が生い立った (Manfred Abelein (0001)、Rainer Arnold (0019)、Otto Kimmnich (0425) 等)。
http://de.wikipedia.org/wiki/Viktor_Bruns
http://www.jstor.org/pss/1115803 (In Memoriam: Death of Dr. Viktor Bruns)

0096
BRYDE, Brunn-Otto (ブリーデ、ブルン＝オットー)
Dr. iur., U. Prof., Univ. Gießen, Richter am BVerfG a. D.
1943年01月12日 (Hamburg)
VL: Öffentliches Recht, Völkerrecht, Rechtssoziologie, Rechtsvergleichung
1962–66 Studium Hamburg u. Tübingen; 1966 I. SE Hamburg; 1969 II. SE Hamburg; 1971 Prom. Hamburg; 1971–73 Visiting Prof. Fac. of Law Univ. Addis Abeba/Äthiopien; 1973–74 Yale Law School; 1974-1980 Wiss.ORat Hamburg; 1980 Habil. Hamburg; 1982–87 U. Prof., Univ. d. Bundeswehr/München; 1987 o. Prof. Gießen; 2001–2011 Richter am BVerfG
B: Zentrale wirtschaftspolit. Beratungsgremien i. d. parlament. Verf. ordnung (1972: D.); The Politics and Sociology of African Legal Development (1976); Int. Verhaltensregeln f. Private (1981); Verf.entwicklung (1982); Einheit d. Verw. als Rproblem (1988)
AL: Herbert Krüger (0478); Ingo von Münch (0602)
Q: K 1996, S. 178; Wer ist wer 1996/97; CV
備考1: 1982年入会。第46回大会（1987年）第2テーマ主報告。2001年1

月23日から2011年2月2日まで連邦憲法裁判所判事(第1部)であり、上限の68歳をもって定年退官した。
備考2: 師の Münch 及び Hans-Jürgen Schlochauer (0763) を通じて、Ottmar Bühler (0097) へと連なる。
http://de.wikipedia.org/wiki/Brun-Otto_Bryde
0097
故 **BÜHLER, Ottmar** (ビューラー、オ[ッ]トマー[ル])
Dr. iur., Dr. h. c., Prof., Univ. Köln
1884年08月19日 (Zürich)　1965年05月27日 (München)
Öffentliches Recht, insb. Finanz- u. Steuerrecht
Studium Tübingen, München u. Berlin; 1912 Reg.-Ass.; Prom.; 1913 Habil. Breslau; 1913 PD Breslau; 1914/16 dt. Zivilvert. Belg.; 1916–18 Front; 1920 ao. Prof. Münster; 1920 ao. Prof. München; 1922 o. Prof. Halle; 1923 o. Prof. Münster; 1942 o. Prof. Köln; 1952 emer.
B: D. Zuständigkeit d. Zivilgerichte ggnüb. d. Verw. im württ. Recht u. ihre Entwicklung (1911: D.); D. subj. öff. Rechte u. ihr Schutz i. d. dt. Verw.rechtsprechung (1914: H.); Lehrb. d. SteuerR, 2 Bde. (1928/37); Bilanz u. Steuer (3. A. 1938); SteuerR. Griß (1949)
AS: Georg Erler (0181)
Q: Wer ist's 1922, S. 206; K 1950, S. 259; Nek. K 1966, S. 2808
L: FS 1954 (Probleme d. Finanz- u. SteuerR; hrsg. v. Armin Spitaler); AöR 89 (1964), S. 369 (von Hans Peters); JZ 1965, S. 503 (von Strickrodt)
備考: 戦前原始会員 (1924年入会) を経て、戦後原始会員 (1950年)。第3回大会 (1926年) 第2テーマ副報告 (H. 3)。公権論の研究(教授資格論文)で名高いが、その後次第に税財政法の研究を深めた。早くも1942年に、ドイツ初の税財政法講座を担当した(ケルン大学)。なお、父親も教授であった(テュービンゲン大学・造林学)。
http://steuerrecht.uni-koeln.de/150.html#c210 (写真あり)
http://www.catalogus-professorum-halensis.de/buehlerottmar.html
http://www.munzinger.de/search/portrait/Ottmar+B%C3%BChler/0/7811.html
0098
故 **BÜLCK, Hartwig** (ビュルク、ハルトヴィヒ)
Dr. iur., em. o. Prof., HVW/Speyer
1912年09月20日 (Kiel)　1985年09月01日 (Bad Oldesloe)
VL: Staats- u. Verwaltungsrecht, Völkerrecht, IPR
1931–35 Studium Kiel u. Würzburg; 1935 I. SE Kiel; 1939 II. SE;

1939 Prom. Kiel; 1939 Wehrdienst; 1941 Kriegsrichter; 1943 Rechtsabt. d. Oberkommandos d. Wehrmacht; 1947 Hiwi Kiel; U.Ass. u. Ref. Kiel; 1952 Habil. Kiel; 1952 PD Kiel; 1954 o. Prof. Nürnberg (H. f. Wirtsch.- u. Sozialwiss.); 1957 Speyer (1960–61 Rektor); 1980 emer.
B: Vom Kontrahhierungszwang z. Abschlußpflicht (1939: D.); D. Zwangsarbeit im FriedensVR (1952: H.); D. Strukturwandel d. intern. Verw. (1962); Zur Stellung d. Mitgliedstaaten im EuropaR (1967); VR u. Europ. Recht (Ausgew. Abh.; 1984)
AL: Karl Larenz (Kiel、民法), Hermann von Mangoldt (0542)
AS: Walter Rudolf (0715)
Q: K 1983, S. 524/525; Nek. K 1987, S. 5307; 没
L: Ausgewählte Abhandlungen (1984: s. o.)
備考 1: 1954 年入会。第 21 回大会 (1962 年) 第 1 テーマ主報告。シュパイアー行政大学院の学長であった。
備考 2: 師の von Mangoldt を通じて、Ernst von Hippel (0341) に連なる。

0099
BULL, Hans Peter (ブル、ハンス・ペーター)
Dr. iur., o. Prof., Univ. Hamburg
1936 年 10 月 17 日 (Lübben/Spreewald)
Öffentliches Recht
1956–60 Studium Hamburg, Marburg/L. u. Berlin; 1960 I. SE Hamburg; 1963 Prom. Hamburg; 1966 II. SE Hamburg; 1966–67 WiAs HK Hamburg; 1967–71 WiAs Univ. Hamburg; Prom. Hamburg; 1972 Habil. Hamburg; 1973–78 o. Prof. Hamburg; 1978–83 Bundesbeauftr. f. d. Datenschutz; 1983–88 o. Prof. Hamburg; 1988–95 Innenminister Schlesw.-Holst.; 2002 emer.
B: Verw. durch Maschinen (1963; 2. A. 1964); D. Staatsaufgabe nach d. GG (1973; 2. A. 1977: H.); Wandel u. Wachsen d. Verwaltungsaufgaben (1974); Ziele u. Mittel d. Datenschutzes (1981); Datenschutz od. d. Angst v. d. Computer (1984); Staatsaufgabe Sicherheit (1994); D. Gprobleme d. InfoR (1985); Allg. VerwR (5. A. 1997);
MH: FS Werner Theime (1993; m. Otfried Seewald u.a.)
AL: Werner Thieme (0884), Hans-Peter Ipsen (0375)
Q: K 1996, S. 188; CV
備考: 1973 年入会。「国家目的」「行政の責務」論の研究にいち早く取り組んだ。その後、ドイツの連邦データ保護オンブズマンに就任したことで名高い (1978–1983 年)。

http://de.wikipedia.org/wiki/Hans_Peter_Bull
0100
BULLINGER, Martin（ブ[ー]リンガー、マルティン[マーティン]）
Dr. iur., Dr. h.c., em. Prof., Univ. Freiburg/Br.
1930 年 04 月 05 日（Pforzheim/Württ.）
Öffentliches Recht
1949–53 Studium FU Berlin, Köln u. Tübingen (Volkswirt. u. RW); 1953 I. SE Tübingen; 1954–55 HiWi. u. Verwalter d. Stelle e. WiAs Tübingen; 1955 Prom. Tübingen; 1955–57 Hilfsass. u. Verwalter e. WiAs Heidelberg; 1957 WiAs Heidelberg; 1954–58 Ger.ref. Tübingen u. Heidelberg; 1958 II. SE Stuttgart; 1958–59 Univ. Cambridge; 1960 Diplpma in Comparative Legal Studies; 1960–61 LA Heidelberg: 1961 Habil. Heidelberg; 1963 o. Prof. Freiburg, emer.
B: D. Unterermächtigung zur Rsetzung (1955: D.); Legality of Contracts and other Agreements concerning Public Administrative Functions in English a. German Law (1960: Diplomarbeit); D. Mineralölfernleitungen (1962); Vertrag u. VA (1962); Öffentl. Recht u. Privatrecht (1968: H.); Beamtenrechtl. Zusagen u. Reformgesetzgebung (1972); Kommunikationsfreiheit im Strukturwandel d. Telekommunikation (1980); D. Koordination im öff.-rechtl. Rdfk. (1987); Beschleunigte Genehmigungsverfahren f. eilbedürftige Vorhaben (1991)
AL: Hans Schneider (0786)
AS: Winfried Brohm (0086); Klaus Grewlich (0258)
Q: K 1996, S. 188; Wer ist wer 1996/97; CV; CV/Diss.
備考 1: 1963 年入会。第 22 回大会（1963 年）第 2 テーマ副報告。1980 年及び 1981 年の協会副理事長（理事長は Günther Winkler、いま一人の副理事長は Wolfgang Martens）。急逝した Karl Zeidler (0991) の講座後継者。60 年代から 90 年代初めまで活躍した"花形役者"の一人。日本にも友人・知人が多い。
備考 2: 師の H. Schneider は Werner Weber (0935) の門下生。後者を通じて、Carl Schmitt (0780) に連なる。
http://www.jura.uni-freiburg.de/institute/ioeffr/abteilungen/institut-fuer-oeffentliches-recht-ehemalige-abteilung-4
0101
BULTMANN, Peter Friedrich（ブルトマン、ペーター・フリードリヒ）
Dr. iur., ap. Prof., Humboldt-Univ. zu Berlin
1971 年
Öffentliches Recht, Europarecht, Verwaltungswissenschaften, Rechts-

soziologie
Studium Tübingen u. Berlin; 1995 I. SE; 1999 II. SE; 1998 Prom. HU Berlin; 1999 RA; 2004 Habil. HU Berlin; ao. Prof. ebd.
D: Lokale Gerechtigkeit im Einbürgerungsrecht, Berlin 1998
H: Beihilfenrecht und Vergaberecht, Tübingen 2004
AL: Ulrich Battis (0033)
備考： 実務家教員(弁護士)。
http://bultmann.rewi.hu-berlin.de/
0102
BUMKE, Christian (ブ[―]ムケ、クリスツィアン)
Dr. iur., Prof., Bucerius Law School/Hambug
1963 年 1 月 20 日 (Stoneham, Mass./USA)
Öffentliches Recht, Verwaltungsrechtswissenschaft, Rechtstheorie
1984–91 Studium Regensburg und Köln; 1991 I. SE; 1997 II. SE; 1993–97 Wiss. MA HU zu Berlin; 1996 Prom. Köln; 1998 WiAs; 2003 Habil. HU Berlin; 2005 Prof. Bucerius Law School
D: Der Grundrechtsvorbehalt, Baden-Baden, 1996
H: Relative Rechtswidrigkeit: Systembildung und Binnendifferenzierungen im öffentlichen Recht, Tübingen, 2004
備考： ブセリウス・ロースクール教授。同校については、Michael Fehling (0191) の備考 2 を参照。
http://www.law-school.de/prof_dr_christian_bumke.0.html?&L=0
0103
BUNGENBERG, Marc (ブンゲンベルク、マルク)
Dr. iur. habil., LL.M. (Lausanne), Prof., Univ. Siegen
1968 年 08 月 22 日 (Hannover)
VL: Öffentliches Recht, Europarecht, Völkerrecht und Internationales Wirtschaftsrecht
1990–94 Studium Hannover; 1994 I. SE; 1998 II. SE; 1998–2000 Wiss. MA Jena; 2000–06 WiAs Jena; 1999 Prom. Hannover; 2006 Habil. Jena; 2010 Prof. Siegen
D: Art. 235 EGV nach Maastricht, Baden-Baden 1999
H: Vergaberecht im Wettbewerb der Systeme, Tübingen 2007
AL: Hans-Ernst Folz (0204); Karl Matthias Meessen (0565)
備考： ヨーロッパ法学者。なお、ズィーゲン大学は、ノルトライン・ヴェストファーレン州にある。
http://www.uni-siegen.de/fb5/rechtswissenschaften/oe-recht/team/lehrstuhlinhaber/

0104
BURGI, Martin（ブルギー[ブァギー]、マルティン）
Dr. iur., Prof., Univ. Bochum
1964 年 01 月 18 日（Ulm）
VL: Staatsrecht, Verwaltungsrecht, Europarecht
1983–89 Studium Konstanz; 1989 II. SE; 1993 Prom. Konstanz; 1998 Habil. Ebd.; 1999 Prof. Bochum（Nachfolge Peter J. Tettinger)
D: Erholung in freier Natur, Berlin1993
H: Funktionale Privatisierung und Verwaltungshilfe, Tübingen 1999
AL: Dieter Lorenz（ 0523 ）
備考：地方自治法を研究。
http://www.ruhr-uni-bochum.de/burgi/de/index.html（写真あり）

0105
BURKERT, Herbert（ブルケルト[ブルカート]、ヘルベルト）瑞
Dr. iur., Titularprof., Univ. St. Gallen
1947 年 03 月 25 日
Öffentliches Recht, insbesondere Informations- und Kommunikationsrecht
Studium Geschichte, Politik u. RW Köln u. Univ. College in Dublin; Prom. Frankfurt/M.; Habil. St. Gallen; PD St. Gallen; Prof. St. Gallen
D: Informationszugang und Datenschutz, Baden-Baden 1992
H: 確認できなかった。
備考：サンガレン大学(スイス)で情報法を研究する。経歴は、よく分からない。
http://www.fir.unisg.ch/org/fir/web.nsf/c2d5250e0954edd3c12568e400
27f306/fe9db20511dda0edc1256ae1002c64ff!OpenDocument（写真あり）
http://www.herbert-burkert.net/personal.html（写真あり）
http://en.wikipedia.org/wiki/Herbert_Burkert

0106
故 **BURMEISTER, Joachim**（ブァマイスター、ヨアヒム）
Dr. iur., o. Prof., Univ. Köln
1939 年 10 月 01 日（Berlin）　1999 年 9 月 25 日（Köln）
Staats- u. Verwaltungsrecht, Polizei- u. Ordnungsrecht, Wirtschaftsverwaltungsrecht, Verwaltungsverfahrensrecht
1958–63 Studium Berlin (RW u. Volkswirtsch.); 1963 I. SE Berlin; 1963 Hiwi. FU Berlin; 1964 Ger.Ref. Berlin; 1966 WiAs Köln; 1966 Prom. Köln; 1968 II. SE Berlin; 1969 Dozent a. d. Verw.- u. Wirtsch.

akademie Düsseldolf; 1970 Akad.Rat Köln; 1974 Habil. ebd.; 1974 PD; 1976 o. Prof. Saarbrücken; 1993–99 o. Prof. Köln
B: Die Verf.orientierung d. Gesetzesauslegung (1966: D.); Vom staatsbegrenzten Grechtsverständnis z. Grechtsschutz f. Staatsfunktionen (1971); Vertrauensschutz im Rstaat (1974: H.); Verf.theoret. Neukonzeption d. kommunalen Selbstverw.garantie (1977); D. Org. d. Sparkassenwesens (1978); D. Auswirkungen d. kommunalen Gebietsreform in Bayern auf d. Sparkassenorganis. (1978); Vertrauensschutz im ProzeßR (1978); Gemeinden in d. Ldesverteidigung (1981); Wilhelm Flitner. Von der Jugendbewegung zur Volkshochschule u. Lehrerbildung (1987); D. Schutz von Natur u. Landschaft vor Zerstörung (1988); Bindung d. Gemeinden an d. VOB (1989)
MH: FS Klaus Stern (1993; m. Michael Nierhaus/Fritz Ossenbühl/ Günter Püttner/Michel Sachs/Peter Tettinger); FS K. Stern (1997; i. Zw. m. M. Nierhaus/G. Püttner/M. Sachs/H. Siekmann/P. Tettinger)
AL: Klaus Stern (0863)
Q: K 1987, S. 548; CV; CV/Diss.
備考: 1975年入会。第52回大会（1992年）第2テーマ報告（なお、このテーマでは初めて5人という多くの報告者が立った）。信頼保護の研究は著名。
http://www.koeblergerhard.de/Rechtsfakultaeten/Koeln926.htm
Klaus Stern/Klaus Grupp (Hrsg.), Gedächtnisschrift für Joachim Burmeister, Heidelberg 2004
0107
BUßJÄGER, Peter （ブスイェーガー、ペーター） 墺
Dr. iur., PD, Innsbruck
1963年5月4日（Bludenz/Vorarlberg）
Verfassungsrecht, Verwaltungsrecht und Verwaltungslehre
1981–85 Diplomstudium der RW Innsbruck; 1986 Prom. Innsbruck; 1986/87 Gerichtspraxis; 1999 Habil. Innsbruck; 2001 Direktor des Institutes für Föderalismus in Innsbruck; 2005 Mitglied des VerwGH des Fürstentums Liechtenstein
D: Parteistellung und Organisation von Umweltanwälten in Österreich, 1986
H: Die Organisationshoheit und Modernisierung der Landesverwaltungen, Wien 1999
備考: スイスとリヒテンシュタイン公国（行政裁判所）で活躍する実務家教員。なお、同国については、Andreas Kley (0439) の備考2の記述も参照。
http://www.uibk.ac.at/oeffentliches-recht/mitglieder/bussjaeger/

curriculum-vitae.html
http://www.foederalismus.at/bussjaeger.htm
0108
BUTZER, Hermann (ブッツァー、ヘルマン)
Dr. iur., Prof., Univ. Hannover
1961 年 (Dortmund)
VL: Staats- und Verwaltungsrecht einschließlich Sozialrecht, Verfassungsgeschichte der Neuzeit
1981–82 Studium Passau; 1982–84, Bonn; 1984–85 München; 1985–87 erneut in Bonn; 1987 I. SE; 1992 II. SE; 1991 Prom. Bochum; 1993 WiAs; 1999 Habil. Bochum; 2002 Prof. Greifswald; 2003 Univ.-Prof. Hannover
D: Immunität im demokratischen Rechtsstaat, Berlin 1991
H: Freiheitsrechtliche Grenzen der Steuer- und Sozialabgabenlast, Berlin 1999
AL: Friedrich E. Schnapp (0785)
備考: 社会法を研究。なおハノーファー大学には、ブレーメン大学と並んで、当協会に加入していない公法学者が何人か存在している。
http://www.jura.uni-hannover.de/butzer_lehrstuhlinhaber.html (写真あり)

C

0109
故 **CALKER, Wilhelm van**（カルカー、ヴィルヘルム・ファン）
Dr. iur., o. Prof., Univ. Freiburg/Br.
1869年05月01日（Reutlin bei Lindau）　1937年03月29日（Freiburg/Br.）
Staats-, Verwaltungs-, Völker-, Kirchen- u. Finanzrecht
1887–91 Studium München u. Berlin; 1891 I. SE; 1900 Prom. Freiburg/Br.; 1900 Habil. ebd.; 1900 PD Freiburg; 1903 o. Prof. Gießen; 1913 o. Prof. Kiel; 1919 Freiburg; 1935 emer.
D: Die Anfänge des badischen Budgetrechts, Freiburg 1900
H: Das badische Budgetrecht in seinen Grundzügen, Tübingen/Leipzig 1901
MA: Die Verf.entwicklung in d. dt. Einzelstaaten (Hdb. d. Dt. StaatsR von Gerhard Anschütz/Richard Thoma; 1930–32)
AL: Heinrich Rosin（非会員、Freiburg、刑法、1855–1927年）
AS: Otto Bachof（ 0025 ）; Hans Liermann（ 0517 ）
Q: K 1935, S. 187/188; Nek. K 1950, S. 2379
L: Hollerbach, in: Heyen (Hrsg.), S. 292/293
備考：戦前原始会員（1924年入会）。バーデン予算法をはじめ、ドイツ各邦法を研究した。刑法学者 Fritz van Calker（1864–1957年）の弟（ちなみに Fritz は、Carl Schmitt の Doktorvater）。
Wilhelm van Calker (1918–1935), in: Frank Zeiler, Biographische Skizzen zum Lehrkörper der Freiburger Rechtsfakultät in den Jahren 1860–1918, S. 93ff. (http://www.freidok.uni-freiburg.de/volltexte/5871/pdf/Biographische_Skizzen.pdf)
http://de.wikipedia.org/wiki/Wilhelm_van_Calker

0110
CALLIESS, Christian（カリー[エ]ス、クリスツィアン）
Dr. iur., LL.M. Eur., Univ.-Prof., Freie Univ. Berlin
1964年11月05日（Düsseldorf）
Europarecht, deutsches Umweltrecht, europäisches Umweltrecht, Verfassungsrecht, Grundrechte

1984–90 Studium Univ. des Saarlandes; 1990 I. SE; 1995 II. SE; 1995 Prom. Univ. des Saarlandes; 1995–2000 WiAs Saarland; 2000 Habil. Saarland; 2002–03 Prof. Graz/Österreich; 2003 Prof. Göttingen; 2008 Prof. FU Berlin
D: Subsidiaritäts- und Solidaritätsprinzip in der Europäischen Union, Baden-Baden 1996
H: Rechtsstaat und Umweltstaat, 2001 Tübingen
AL: Torsten Stein (0856)
備考：ドイツとスイスを股にかけ、ヨーロッパ法と環境法を研究。
http://www.jura.fu-berlin.de/einrichtungen/we3/professoren/ls_calliess/mitarbeiter/calliess_christian/persinfo/Lebenslauf_Calliess_deutsch.pdf
0111
CAMPENHAUSEN, Axel Freiherr von (カンペンハウゼン、アクセル・フライヘル・フォン)
Dr. iur., em. Prof., Univ. Göttingen, Staatssekretär a. D.
1934 年 01 月 23 日 (Göttingen)
Öffentliches Recht, Kirchenrecht, Staatskirchenrecht
1953–58 Studium Heidelberg, Göttingen, Köln u. Bonn; 1958 I. SE; 1959 Studium Fondation Nationale des Sciences Poltiques/Paris (Certificat du Cycle Supérieur d'Etudes Politiques); 1960 Prom. Göttingen; 1960/61 LSE; 1963 II. SE Stuttgart; 1963 Ass. Göttingen; 1967 Habil. Göttingen; 1967–69 PD Göttingen, 1969 oö.Prof. München; 1969–79 o. Prof. München; 2008 emer.
B: Staat u. Kirche in Frankreich (1962: D.; franz. A. 1964); Schulträger u. Bildungsmächte (1967: H.); Erziehungsauftrag u. staatl. Schulträgerschaft (1967: H.); StaatskirchenR (1973; 3. A. 1996); Kirche, Staat, Diakonie (zus. m. Erhardt; 1983); Münchener Gutachten (1983); Göttinger Gutachten (1994); KirchenR u. Kirchenpolitik (1995); Gesammelte Schriften, 2 Bde. (1995/96; hrsg.: Heinz-Christoph Link)
AL: Werner Weber (0935); Rudolf Smend (0839)
AS: Heinz Christoph Link (0519); Jörg Müller-Volbchr (0600); Michael Stolleis (0871)
Q: K 1996, S. 200; Wer ist wer 1996/97; Diss. CV; Hikasa, S. 78
L: Gesammelte Schriften, 2 Bde (1995/96)
備考：1968 年入会。教会法学者。第 45 回大会 (1986 年) 第 1 テーマ主報告。代表的な教会法学者。
http://idw-online.de/pages/de/news209636
http://de.wikipedia.org/wiki/Axel_Freiherr_von_Campenhausen

|0112|
CANCIK, Pascale（カンツィック、パスカール）|女性|
Dr. iur., Prof., Univ. Osnabrück
1967 年
Öffentliches Recht, Geschichte des europäischen öffentlichen Rechts und Verwaltungswissenschaften
1986–92 Studium Tübingen u. Berlin (FU); 1992 I. SE; 1997 II. SE; 1992–96 HK Tübingen; 1997–2000 RA Düsseldorf; 1999 Prom. Tübingen; 2000 Wiss. MA Frankfurt/M.; 2006 Habil. Frankfurt/M.; 2007 Wiss. MA am BverfG; 2008 Prof. Osnabrück
D: Parlamentarische Opposition in den Landesverfassungen, Berlin 2000
H: Verwaltung und Öffentlichkeit in Preußen, Tübingen 2007
AL: Hans von Mangoldt (|0541|); Michael Stolleis (|0871|)
備考：公法史を掘り下げる女性研究者。
http://www.cancik.jura.uni-osnabrueck.de/zurperson/zurperson.htm（写真あり）

|0113|
故 **CARSTENS, Karl**（カルステンス［カーステンス］、カール［カルル］）
Dr. iur., em. o. Prof., Univ. Köln, Bundespräsident a. D.
1914 年 12 月 14 日（Bremen） 1992 年 05 月 30 日（Meckenheim bei Bonn）
Völkerrecht, Steuerrecht
1933 Studium Frankfurt/M., Dijon, München, Königsberg u. Hamburg; 1936 I. SE; 1937 Prom. Hamburg; 1939 II. SE; Kriegsdienst, 1945 RA Bremen; 1948 LL. M. Yale Univ. New Haven; 1949 Berater Senat Bremen; 1949–54 Bevollmächtigter Bremens beim Bund; 1950 LB Köln; 1952 Habil. Köln; 1952 PD Köln; 1954 Europaratsgesandter Straßburg; 1955 CDU-Mitglied, Mitarbeiter auswärtiges Amt; 1958 apl. Prof. Köln; 1960 o. Prof. Köln; 1961 stv. Bundesaußenminister; 1966 Staatssekretär Verteidigungsministerium; 1968 Staatssekretär Bundeskanzleramt; 1972 MdB; 1973 Fraktionsvorsitzender; 1976 Bundestagspräsident; 1979–1984 Bundespräsident; 1983 emer.
B: Ggedanken d. amerik. Verf. u. ihre Verwirkl. (1954: H.); D. Recht d. Europarates (1956); Politische Führung (1971)
MH: FS Hermann Jahrreiß (1965; m. Hans Peters)
AL: Leo Raape (Hamburg); Hermann Jahrreiß (|0388|)
AS: Heinz Wagner (|0920|)
Q: K 1983, S. 572, CV/Diss.; Nek. K 1996, S. 1657
L: FS 1984, 2 Bde. (Einigkeit u. Recht u. Freiheit, 2 Bde.; hrsg. v.

Hermann Jahrreiß/Klaus Stern u.a.); AöR 109
U: Ingelore M. Winetr: Unsere Bundespräsidenten (2. A. 1994)
備考 1: 1954 年入会。連邦議会 (Bundestag) 議長を経て、第 5 代連邦大統領に就任 (1979 年–1984 年)。祝賀論文集は、Carstens の講座前任者 (Jahrreiß) と講座後任者 (Stern) が編集するという、珍しい取り合わせになった (Jahrreiß が極めて長寿であったため)。大統領に就任した国法学者協会会員としては、ほかに Roman Herzog (0327) がいる (第 7 代連邦大統領: 1994–1999 年)。
備考 2: なお、師の Jahrreiß は Richard Schmidt (0771) の門下生であり、後者を通じて、Adolf Wach (Leipzig、民訴、非会員、1843–1926 年) へと連なる。
http://de.wikipedia.org/wiki/Karl_Carstens (写真あり)
参考: レオ・ラーペ　http://de.wikipedia.org/wiki/Leo_Raape

0114
CASPAR, Johannes（カスパール、ヨハンネス）
Dr. iur., Hon.-Prof., Univ. Hamburg
1962 年 1 月 28 日 (Salzgitter)
Öffentliches Recht
Studium Göttingen; 1989 I. SE; 1994 II. SE; 1992 Prom. Göttingen; 1999 Habil. Hamburg; 1999–2000 RA (Hamburg/Berlin); 2007 Hon.-Prof. Hamburg; 2009 Hamburg. Beauftragter für Datenschutz und Informationsfreiheit
D: Wille und Norm, Baden-Baden 1993
H: Tierschutz im Recht der modernen Industriegesellschaft, Baden-Baden 1999
AL: Hans-Joachim Koch (0448)
備考: ハンブルク個人情報保護・情報公開オンブズマン。その学統をたどると、師の Koch → Erhard Denninger (0132) → Peter Schneider (0789) → Ernst Friesenhahn (0211) → Richard Thoma (0886) → Heinrich Rosin (非会員、Freiburg、刑法、1855–1927 年) を経て、Otto von Gierke (非会員、Berlin → Breslau → Heidelberg → (wieder) Berlin、1841–1921 年) へと至る。
http://www.hamburg.de/datenschutz/aktuelles/1429260/pressemeldung-2009-05-04.html (写真あり)
http://www.jura.uni-hamburg.de/personen/caspar/
http://de.wikipedia.org/wiki/Johannes_Caspar

0115
CLASSEN, Claus Dieter（クラッセン、クラウス・ディーター）

Dr. iur., Prof., Univ. Greifswald
1960 年月 05 月 13 日（Hamburg）
VL: Öffentliches Recht einschließlich Völker- und Europarecht
1978–83 Studium Würzburg, Tübingen, Aix-en Provence/Marseille u. wieder Tübingen; 1983 I. SE; 1989 II. SE; 1984–86 WiAs Tübingen; 1986–94 WiAS ebd.; 1987 Prom. Tübingen; 1993 Habil. Tübingen; 1994 Prof. (C3) Trier; 1994 Prof. (C4) Greifswald
D: Fernerkundung und Völkerrecht, Berlin 1987
H: Wissenschaftsfreiheit außerhalb der Hochschule, Tübingen 1994
AL: Thomas Oppermann (0630)
備考：教育法・宗教法を、ヨーロッパ法とからめて研究。師の Opperman を通じ、Herbert Krüger（ 0478 ）→ Rudolf Smend（ 0839 ）へと連なる。
http://www.rsf.uni-greifswald.de/classen/personen/lehrstuhlinhaber.html （写真あり）
http://de.wikipedia.org/wiki/Claus_Dieter_Classen
0116
COELLN, Christian von (ケルン、クリスツィアン・フォン)
Dr. iur., Prof., Univ. zu Köln
1967 年（Düsseldorf）
Staats- und Verwaltungsrecht sowie Wissenschaftsrecht
1990–95 Studium Passau; 1995 I. SE; 1997 II. SE; 1995–97 Wiss. MA; 1997–2003 WisAs; 2004–08 Oberass. Passau; 2000 Prom. Passau; 2004 Habil. Passau; 2008 Univ.-Prof. Köln
D: Anwendung von Bundesrecht nach Maßgabe der Landesgrundrechte?, Baden-Baden 2001
H: Zur Medienöffentlichkeit der Dritten Gewalt, Tübingen 2005
AL: Herbert Bethge (0052)
備考：偶然ながら、苗字と同じ名前の大学（綴りは異なる）に奉職する。州憲法・放送法・学術法を研究。
http://www.uni-koeln.de/jur-fak/profstvr/personen/leitung/（写真あり）
0117
COLLIN, Peter (コリン、ペーター)
Dr. iur., PD, MPI für europäische Rechtsgeschichte
1967 年（Berlin）
Öffentliches Recht, neuere Rechts- und Verwaltungsgeschichte, Verwaltungswissenschaft
1987–91 Studium HU zu Berlin; 1991 I. SE; 1994 II. SE; 1997–2000 RA Berlin; 1999 Prom. HU Berlin; 2001–2008 WiAs/wiss. MA Greifs-

wald; 2008 Habil. Greifswald; 2008 Ref. MPI/Frankfurt/M.
D: "Wächter der Gesetze" oder "Organ der Staatsregierung"?, FFM 2000
H: Das Recht der binnenadministrativen Informationsbeziehungen（公刊を確認できなかった）
AL: Erk Volkmar Heyen（ 0334 ）
備考：公法史を研究。
http://www.rsf.uni-greifswald.de/dozenten/privdoz/dr-peter-collin.html
http://www.rg.mpg.de/de/personen/peter.collin/（写真あり）
http://de.wikipedia.org/wiki/Peter_Collin

0118
CORNILS, Matthias（コルニルス、マティアス）
Dr. iur., Prof., Univ. Mainz
1965 年（Karlsruhe）
Medienrecht, Kulturrecht und Öffentliches Recht
1988–93 Studium Geschichte, Politologie u. RW Bonn; 1993 I. SE; 1997 II. SE; 1995 Prom. Bonn; 1997–2003 WiAs Bonn; 2004 Habil. Bonn; 2009 Prof. Mainz
D: Der gemeinschaftsrechtliche Staatshaftungsanspruch, Frankfurt/M. 1999
H: Die Ausgestaltung der Grundrechte, 2005 Tübingen
AL: Fritz Ossenbühl（ 0631 ）
備考：メディア法・文化法を研究する憲法学者。
http://www.jura.uni-mainz.de/cornils/index.php（写真あり）

0119
CREMER, Hans-Joachim（クレーマー、ハンス・ヨアヒム）
Dr. iur., Univ.-Prof., Univ. Manheim
1960 年 05 月 16 日（Bochum）
Staats- und Verwaltungsrecht, Völkerrecht, Europarecht und Rechtsvergleichung
1981–87 Studium Mannheim; 1986 I. SE; 1990 II. SE; 1990–93 Wiss. MA Heidelberg; 1993 Prom. Heidelberg; 1993–99 WiAs Heidelberg; 1999 Habil. Heidelberg; 2000 Prof. Mannheim
D: Der Schutz vor den Auslandsfolgen aufenthaltsbeendender Maßnahmen, Baden-Baden 1994
H: Anwendungsorientierte Verfassungsauslegung, Baden-Baden 2000
AL: Helmut Steinberger（ 0858 ）
備考：ヨーロッパ法と国内憲法との交錯領域を研究。

http://law-and-philosophy.jura.uni-mannheim.de/prof_dr_cremer/
lebenslauf/index.html（写真あり）
0120
CREMER, Wolfram（クレーマー、ヴォルフルム）
Dr. iur., Prof., Univ. Bochum
1963 年
Öffentliches Recht und Europarecht
1984–90 Studium Göttingen; 1990 I. SE; 1996 II. SE; 1994 Prom. Hamburg; 1993–94 Wiss. MA Hamburg; 1996–2002 WiAs Rostock; 2002 Habil. Rostock; 2004 Prof. Bochum
D: Forschungssubventionen im Lichte des EGV, Baden-Baden 1995
H: Freiheitsgrundrechte, Tübingen 2003
AL: Bernd Jeand'Heur（ 0394 ）
備考：早世したジャンデールの門下生。ヨーロッパ法とマーケット、個人の関係を研究。
http://www.ruhr-uni-bochum.de/ls-cremer/（写真あり）
http://www.servat.unibe.ch/strl/wiw/cremer,_wolfram.html（写真あり）
0121
CZYBULKA, Detlef（チブルカ、デートレフ）
Dr. iur., U. Prof., Univ. Rostock, RA
Staats- und Verwaltungsrecht, Umweltrecht und Öffentliches Wirtschaftsrecht
1944 年 07 月 13 日（Oberschlesien）
1965–69 Studium München u. Genf/Schweiz; 1969 I. SE; 1973 II. SE; 1973 Prom. München; 1974–78 RA; 1978–80 Stip. DFG; 1980–88 RA; 1987 Habil. Augsburg; 1993 Prof. Rostock; 1998–2002 zugleich Richter am OVerwG Greifswald
D: Zur Problematik des Artikels 33 Abs. 5 des Grundgesetzes, München 1973
H: Die Legitimation der öffentlichen Verwaltung unter Berücksichtigung ihrer Organisation sowie der Entstehungsgeschichte zum Grundgesetz, Heidelberg 1989
AL: Reiner Schmidt（ 0770 ）
Q: K 1996, S. 216（Red.）
備考：公法、環境法、経済法を専攻する。なお、師の R. Schmidt は Wilfried Schaumann（ 0742 ）の門下生。更にその師は、Werner Kägi（非会員、Zürich、1909–2005 年）。
http://www.jura.uni-rostock.de/Czybulka/mitarbeiter/detlef_czybulka.

html（写真あり）

D

0122

DAGTOGLOU, Prodromos（ダクトグロゥ、プロドゥロモス）希
Dr. iur., em. Prof., Univ. Athen/Griechenland
1929 年 12 月 24 日（Athen）
VL: Deutsches u. ausländisches öffentliches Recht
1947–51 Studium Univ. Athen; 1951 I. SE (Diplomexamen); 1951–54 Wehrdienst; 1953 dem dt. II. SE entsprechende Prüfung; 1953 RA Athen; 1954–56 WiAs Univ. Athen; 1956–59 Promotionsaufenthalt Heidelberg; 1959 Prom. Heidelberg; 1959 Studium Oxford u. London; 1961 Habil. Heidelberg; 1967 apl. Prof. Regensburg; 1969 o. Prof. Regensburg; 1976 o. Prof. Athen; emer.
B: Kollegialorgane u. Kollegialakte d. Verwaltung (1960: D.); D. Unparteilichkeitsprinzip d. öff. Verwaltung (1962; griech.); Ersatzpflicht d. Staates b. legisl. Unrecht? (1963); Wesen u. Grenzen d. Pressefreiheit (1963); D. Private in d. Verw. als Fachmann u. Interessenvertreter (1964; H.); Die Parteipresse (1967); D. Staatshaftung (1971); .Allg. VerwR, 2 Bde, (1977/78; griech.); Europ. GemeinschfatsR, 2 Bde. (1979/83; griech.); Verw.prozeßR (1983; griech.); Rdfk. u. Verf. (4. A. 1989; griech.); Presse u. Verf. (1989; griech.); StaatsR (1991; griech.); Air Transport and the European Union (1994; eng.)
AL: Ernst Forsthoff (0206)
Q: K 1983, S. 627/628; CV; Hikasa, S. 79 ff.
備考 1: 1964 年入会。ドイツ法系の影響下にあるギリシャからは、計 5 人の会員がいる。そのうち、最も早く入会したのがこの人物である。一時期、ドイツの Regensburg 大学に奉職していたが、現在は故国に戻っている。1992 年に来日経験もある。
備考 2: なお、他のギリシャ系会員については、Wassilios Skouris (0837) の項の備考 3 を参照。

0123

DANN, Philipp（ダン、フィリップ）
Dr. iur., Prof., Univ. Gießen
1970 年

Öffentliches Recht, Völkerrecht
1992–97 Studium Mainz, Jena u. Berlin; 1997 I. SE; 1997–2000 Wiss. MA Frankfurt/M.; 2000–01 LL.M Studium, Harvard Law School; 2001–02 Emile Noel Fellow, New York Univ. School of Law; 2004 II. SE; 2002 Prom. FFM; 2004–05 Referent am MPI/Heidelberg; 2005–06 Forschungsaufenthalt am Law Center der Georgetown University/USA; 2006–08 Stip. DFG; 2010 Habil. ebd.; 2010 Prof. Gießen
D: Parlamente im Exekutivföderalismus, Berlin u.a. 2004
H: Entwicklungsverwaltungsrecht, i. Vorbereitung
AL: Armin von Bogdandy (0069)
備考：若手の国際法学者。
http://www.recht.uni-giessen.de/wps/fb01/ma/dat/Dann/Philipp_Dann,%20LL.M./ (写真あり)
0124
DANWITZ, Thomas von (ダンヴィッツ、トーマス・フォン)
Dr. iur., Prof., Richter am Gerichtshof der Europäischen Union/Luxemburg
1962 年 05 月 02 日 (Bedburg/Erft)
Öffentliches Recht u. Europarecht
1981–86 Studium RW, Politikwiss. u. Neuere Geschichte Bonn u. Genf; 1986 I. SE; 1992 II. SE; 1988 Prom.; 1989–90 Studium an der E.N.A./Paris; 1990; Diplôme International d'Administration Publique; 1992–96 WiAs Bonn; 1996 Habil. Bonn; 1996 Prof. Bochum; 2003 Prof. Köln; 2006 Richter am EuGH
D: Die Gestaltungsfreiheit des Verordnungsgebers, Berlin 1989
H: Verwaltungsrechtliches System und Europäische Integration, Tübingen 1996
AL: Fritz Ossenbühl (0631)
備考：ヨーロッパ法の研究を深め、欧州連合裁判所判事に任命された(任期6年)。
http://www.jura.uni-koeln.de/646.html (写真あり)
http://de.wikipedia.org/wiki/Thomas_von_Danwitz
0125
DAVY, Benjamin (ダ[−]ヴィ、ベンヤミン)
Dr. iur., Univ.-Prof., Technischen Univ. Dortmund
Verfassungs- u. Verwaltungsrecht
1956 年 (Wien)
Verfassungsrecht, Verwaltungsrecht, weiter Bodenpolitik, kommunales

Vermessungswesen
1974–80 Studium Wien; 1980 Prom. Wien; 1991 Habil. ebd.; 1980–98 Univ.Ass, AssProf. u. Außerord. Univ.-Prof., TU Wien; 1998 Univ.-Prof. TU Dortmund (Fakultät Raumplanung)
D: 確認・特定できなかった。
H: Gefahrenabwehr im Anlagenrecht, 1990 Wien/New York
Q: K 1996, S. 225 (Red.)
備考: 担当する講座は、土地政策・土地管理・地域測量 (Bodenpolitik, Bodenmanagement, kommunales Vermessungswesen) とある。
http://www.bbv.raumplanung.tu-dortmund.de/index.php?option=com_content&view=article&id=32&Itemid=29&lang=de (写真あり)

|0126|
DAVY, Ulrike (ダ[ー]ヴィ、ウルリケ) |女性|
Dr. iur., Prof., Univ. Bielefeld
1955 年 12 月 30 日 (Liezen/Österreich)
VL: Österreichisches und vergleichendes Verfassungs- und Verwaltungsrecht
1974–80 Studium Wien; 1980 Prom. WU Wien; 1981–85 wiss.MA am VerwGH u. am VerfGH Wien; 1985–91 Univ.Ass./AssProf. Wien; 1992–95 Forschungsaufenthalte in Genf (UNO), in Cambridge/UK, am MPI/Heidelberg u.a.; 1996 Habil. Wien; 1998 Prof. Bielefeld
D: Streik und Grundrechte in Österreich, Wien 1989
H: Asyl und internationales Flüchtlingsrecht, 2 Bde, Wien 1996
備考: 上記 |0125| の配偶者。基本権及び男女差別撤廃の研究に取り組む。兄弟・父子会員は居るが、夫婦会員はダヴィー夫妻が初の例である。
http://www.jura.uni-bielefeld.de/Lehrstuehle/Davy/Lehrstuhl (写真あり)

|0127|
DE WALL, Heinrich (デ=ヴァル、ハインリ[ッ]ヒ)
Dr. iur., Prof., Univ. Erlangen-Nürnberg
1961 年
Kirchenrecht, Staats- und Verwaltungsrecht
1980–85 Studium Göttingen; 1986–89 Wiss. MA Erlangen-Nürnberg; 1990 Prom. Erlangen-Nürnberg; 1989 I. SE; 1992 II. SE; 1997 Habil. Erlangen-Nürnberg; 1998–2001 Prof. Halle-Wittenberg; 2001 Prof. Erlangen-Nürnberg
D: Die Staatslehre Johann Friedrich Horns (ca 1629–1665), Aalen 1992
H: Die Anwendbarkeit privatrechtlicher Vorschriften im Verwaltungs-

recht, Tübingen 1999
AL: Heinz Christoph Link (0519)
備考: 伝統を次代へと受け継ぐ教会法学者。
http://www.hli.jura.uni-erlangen.de/lehrstuhlteam/dewall/index.shtml
(写真あり)
http://de.wikipedia.org/wiki/Heinrich_de_Wall
0128
DEDERER, Hans-Georg (デーデラー、ハンス・ゲ[ー]オルク)
Dr. iur., Prof., Univ. Passau
1967 年 (Stuttgart)
Staats- und Verwaltungsrecht, europäisches und internationales Wirtschaftsrecht
1987–88 Studium der tech. Kybernetik Univ. Stuttgart; 1988–91 Studium der RW Tübingen; 1991–92 Studium Konstanz; 1992 I. SE: 1995 II. SE; 1992–95 Wiss. HK Konstanz; 1995–97 Wiss. MA Bonn; 1997 Prom. Bonn; 1997–2003 WiAs Bonn; 2003 Habil. Bonn; 2003–08 Oberass. Bonn; 2009 Prof. Passau
D: Gentechnikrecht im Wettbewerb der Systeme, Heidelberg 1998
H: Korporative Staatsgewalt, Tübingen 2004
AL: Matthias Herdegen (0322)
備考: 当初めざした理系の才能を活かして、遺伝子工学と法の関係を研究。
http://www.jura.uni-passau.de/1543.html?&L=0 (写真あり)
0129
DEGENHART, Christoph (デーゲンハルト、クリストフ)
Dr. iur., U. Prof., Univ. Leipzig
1949 年 12 月 03 日 (München)
VL: Staats- u. Verwaltungsrecht
1969–73 Studium München; 1973 I. SE München; 1973–74 Verwalter e. WiAs München; 1974–76 RRef. München; 1975 Prom. München; 1976 Hiwi. München; 1976 II. SE München; 1976–77 RA; 1977–79 WiAs München; 1980 Habil. München; 1981 Prof. Münster/Westf.; 1996 Prof. Leipzig
B: Systemgerechtigkeit u. Selbstbindung d. Ggebers als Verf.postulat (1976: D.); KernenergieR (1975: H.2. A. 1982); StaatsR I (1984; 6. A. 1994); Rfragen d. Braunkohlenplanung f. Brandenburg (1996); StaatsR I (1984; 13. A. 1997)
AL: Peter Lerche (0515)
Q: K 1996, S. 228 (Red.); CV

備考: 1981 年入会。第 55 回大会 (1995 年) 第 2 テーマ報告(4 人の報告者の一人)。原子力法、エネルギー法、メディア法を研究する。下記 HP の記述によると、「300 点を超す著作がある」。
http://www.uni-leipzig.de/degenhart/ (写真あり)
http://de.wikipedia.org/wiki/Christoph_Degenhart
0130
DELBANCO, Heike (デルバンコ、ハイケ) 女性
Dr. iur., PD, Hauptgeschäftsführerin d. Ärztekammer Bremen
1975 年
ÖffentlichesRecht
Studium Tübingen; 1997 Prom. Tübingen; WiAs Tübingen; Habil. Tübingen; PD Tübingen
D: Die Änderung von Verkehrsflughäfen, Berlin 1998
H: Betteln verboten: Ausbildung und Prüfung, Stuttgart 2000
AL: Michael Ronellenfitsch (0706)
備考: 目下、ブレーメン医師会の事務局長をつとめるが、経歴の詳細を明らかにし得なかった。
http://www.koeblergerhard.de/juristen/alle/alledSeite83.html
0131
DELBRÜCK, Jost (デルブリュ[ッ]ク、ヨ[ー]スト)
Dr. iur., LL.M., o. Prof., Univ. Kiel
1935 年 11 月 03 日 (Pyritz/Pommern)
VL: Öffentliches Recht
1955–58 Studium Marburg/L., Tübingen u. Kiel; 1958 I. SE; 1959–63 jur. Vorbereitungsdienst; 1959–60 Indiana Univ.; 1960 LL.M. (ebd.); 1962 Hiwi.Kiel; 1963 Prom. Kiel; 1963 Gr. SE Hamburg; 1963–64 Reserch Fellow d. Indiana Uni.; 1964 WiAs Kiel; 1968 Diplom d. Haager Akad.; 1971 Habil. Kiel; 1972 o. Prof. Kiel (1985–89 Rektor); 2001 emer.
B: D. Entwicklung d. Verhältnisses v. Sicheheitsrat u. Volksversammlung d. VN (1962: D.); Dt. Ostpolitik u. Europ. Sicherheitssystem (1968); D. Rassenfrage als Problem d. VRs u. nationaler Rordnungen (1971: H.); MR u. Grundfreiheiten im VR (1972); VR u. Kriegsverhüllung (1979); Direkter SatellitenRdfk. u. nationaler Regelungsvorbehalt (1982); D. Rdfk.hoheit d. dt. Bdesländer im Spannungsfeld zw. Regelungsanspruch d. EG u. nationalem VerfR (1987)
MH: FS Eberhard Menzel (1976; m. Knut Ipsen/Dietrich Rauschning); Georg Dahm: VR I/I (1989; m. Rüdiger Wolfrum)

AL: Georg Dahm（1904-63 年 キール大学、国際法、非会員）, Eberhard Menzel（ 0573 ）
AS: Karl-Ulrich Meyn（ 0582 ）; Eibe Riedel（ 0693 ）
Q: K 1996, S. 2298; Wer ist wer 1996/97; CV; CV/Diss.; Hikasa, S. 85 ff.
備考: 1971年入会。Herbert Krüger（ 0478 ）の講座後継者。師である Dahm の著書を復刻した国際法学者。
http://www.internat-recht.uni-kiel.de/team/professores/delbrueck
http://de.wikipedia.org/wiki/Jost_Delbr%C3%BCck
参考: Georg Dahm　http://uni-leipzig.de/unigeschichte/professorenkatalog/leipzig/Dahm_598/
 0132
DENNINGER, Erhard（デニンガー、エァハルト）
Dr. iur., em. Prof., Univ. Frankfurt/M.
1932 年 06 月 20 日（Kortrijk/Belgien）
VL: Öffentliches Recht u. Rechtsphilosophie
1950-51 Studium am Leipniz-Kolleg d. Univ. Tübingen; 1951-55 Studium Tübingen, Lausanne u. Mainz; 1956 I. SE Mainz; 1956-60 Ref.dienst Mainz u. Stuttgart; 1956-57 Hilfsass. Mainz; 1958 Prom. (IPR); 1960 II. SE Stuttgart; 1960-62 WiAs Tübingn; 1962-66 WiAs Mainz; 1966 Habil. Mainz; 1967 o. Prof. Frankfurt (1970/71 Rektor); 1973 Hess. Kultusmin. (Abt.leiter); 1975 o. Prof. Frankfurt; emer.
B: Traditionsfunktion d. Seekonnossements im intern. Privatrecht (1959: D.); Kommunale Monopolbildung u. d. Einheit d. Daseinsvorsorge (1966); Rperson u. Solidarität (1967: D.; Nachdr. 1995); Polizei in d. freiheitl. Demokratie (1968); Das Hochschulrahmengesetz. Kernstück einer Bildungsreform? (1972); StaatsR, 2 Bde. (1973/79); Arzneimittel-Richtlinien u. "Verschreibungsfähigkeit" (1981); D. gebändigte Leviathan (1990); Verfass.rechtl. Anforderungen an d. Normsetzung im Umwelt- u. TechnikR (1990); MR u. GG (1994)
MA: Polizei u. Strafprozeß im demokr. Rstaat (1978; m. K. Lüderssen); Alternativkommentar z. GG (1984, 2. A. 1989); Informationsgesellschaft oder Überwachungsstaat? (1986; Hrsg. von Andreas von Schoeler); Hdb. d. StaatsR d. BRD, Bd. 5 (1992); Bd. 6 (1989; hrsg. v. J. Isensee/ P. Kirchhof); Hb. d. PolizeiR (1992, 2. A. 1996; m. Hans Lisken u.a.); Zum Begriff der Verf. (1996; Hrsg. von Ulrich K. Preuß)
AL: H. G. Ficker (Mainz: IPR); Peter Schneider（ 0789 ）
AS: Ingwer Ebsen（ 0161 ）; Hans-Joachim Koch（ 0448 ）

Q: K 1983, S. 667; Wer ist wer 1996/97; CV; Hikasa, S. 92
備考: 1967 年入会。第 37 回大会 (1978 年) 第 1 テーマ主報告。1988 年と 1989 年の協会副理事長 (理事長は Martin Heckel、いま一人の副理事長は Christian Starck)。紛争時代に Frankfurt 大学学長をつとめ、自らもデモの先頭に立った。問題関心は幅広く、国法学・国家学、法哲学、基本権理論、警察法、憲法保障、データ保護法、大学法、医事法の分野に足跡を残した。
備考 2: なお、師の P. Schneider は Ernst Friesenhahn (0211) の門下生であり、その学統は Richard Thoma (0886) を経由して、Heinrich Rosin (非会員、Freiburg、刑法、1855–1927 年) → Otto von Gierke (非会員、Berlin → Breslau → Heidelberg → (wieder) Berlin、1841–1921 年) へと至る。
http://www.kanzlei-sander.de/prof_dr_denninger_e.php (写真あり)
http://www.jura.uni-frankfurt.de/fb/fb01/l_Personal/em_profs/denninger/index.html
http://de.wikipedia.org/wiki/Erhard_Denninger
0133

DEPENHEUER, Otto (デーペンホイアー、オットー)
Dr. iur., Prof., Univ. Köln
1953 年 07 月 22 日 (Köln)
Staatsrecht, Rechtsphilosophie, -theorie
Studium Bonn, 1979 I. SE; 1983 II. SE; 1985 Prom.; 1992 Habil. Bonn; 1992 PD Bonn; 1993 Prof. Mannheim; 1999 Prof. Köln
B: Staatliche Finanzierung u. Planung im Krankenhauswesen (1986: D.); Der Wortlaut als Grenze (1988); Solidarität im Verfassungsstaat (1991: H.)
H: Gerd Reollecke: Aufgeklärter Positivismus (Ausgewählte Schriften); Bürgerverantwortung im demokr. Verf.staat (1996; m. Detlef Merten u.a.);
AL: Josef Isensee (0379)
Q: K 1996, S. 232
備考: 第 55 回大会 (1995 年) 第 1 テーマ報告。教会音楽の造詣も深く、自らオルガンを演奏する。マンハイムでは Gerd Roellecke (0703) の、またケルンでは Martin Kriele (0475) の講座後継者。師を通じて、巨大な「ミュンヘン学派」へと連なる。
http://de.wikipedia.org/wiki/Otto_Depenheuer
0134

DESENS, Marc (デーゼンス、マルク)
Dr. iur., Prof., Univ. Leipzig

1974 年 9 月 15 日（Marl/NRW）
Öffentliches Recht, insbesondere Steuerrecht und Öffentliches Wirtschaftsrecht
1994–2000 Studium der RW, Politikwiss. Wirtschaftspolitik und Philosophie Münster; 2000–02 Wiss. MA Münster; 2002 I. SE; 2004 II. SE; 2003 Prom. Münster; 2005–06 Wiss. MA am BverfG; 2007–10 Akad. Rat Münster; 2010 Habil. Münster; 2010 Prof. Leipzig
D: Das Halbeinkünfteverfahren, Köln 2004
H: Bindung der Finanzverwaltung an die Rechtsprechung, 2009
AL: Dieter Birk（ 0060 ）
備考： 次代を担う税法学者。
http://www.uni-leipzig.de/steuerrecht/prof-dr-marc-desens.html
0135
DETERMANN, Lothar （データーマン、ロタール）
Dr. iur., PD, RA（パートナー）, Baker & McKenzie LLP
1969 年 04 月 03 日（Marburg）
Öffentliches Recht, E-Commerce, Internet-Recht
1990 Studium Passau; 1994 I. SE; 1994–99 Wiss. MA FU Berlin; 1996 Prom. FU Berlin; 1997 II. SE; 1999 Habil. FU; 2000 PD FU; 2000 Californian State Bar Exam, RA San Francisco/USA; Prof. Univ. of San Francisco
D: Neue gefahrverdächtige Technologien als Rechtsproblem, Berlin 1996
H: Kommunikationsfreiheit im Internet, Baden-Baden 1999
備考： 実務家教員（弁護士）として電子商取引法などの研究を手がける。
http://www.jura.fu-berlin.de/einrichtungen/we3/privdoz/determann_lothar/mitarbeiter/determann_lothar/publikationen.html（写真あり）
http://www.bakermckenzie.com/files/Uploads/Documents/Asia%20Pacific/China%20Update%202010/Biographies/Lothar%20Determann.pdf（写真あり）
0136
DETTERBECK, Steffen （デッターベック、シュテフェン）
Dr. iur., o. Prof., Univ. Marburg
1956 年（Traunreut）
Staats- u. Verwaltungsrecht
1978 Studium Passau; 1983 I. SE; 1987 II. SE; 1989 Prom. Passau; 1993 Habil. Passau; 1994 Prof. Marburg; 2004 Richter am Hess. StaatsGH

B: Zum präventiven Rechtsschutz gegen ultra-vires-Handlungen öffentlich-rechtlicher Zwangsverbände (1990: D.); Streitgegenstand u. Entscheidungswirkungen im öff. Recht (1995: H.)
AL: Herbert Bethge (0052)
Q: K 1996, S. 234 (Red.)
備考: 師を通じて、数多い「シュテルン学派」へと連なる。問題関心は国家責任法、行政訴訟・憲法訴訟、(行政法各論としての)手工業者法(Handwerksrecht)。
http://www.uni-marburg.de/fb01/lehrstuehle/oeffrecht/detterbeck/detterbeck_vita
0137
DI FABIO, Udo(ディ・ファビオ、ウード)
Dr. iur., Dr. sc. pol., Prof., Univ. Bonn, Richter am BVerfG
1954年03月26日(Duisburg)
Öffentliches Recht, Wirtschafts-, Finanz- u. Umweltrecht
1970 Kommunalverwaltungsbeamter; Studium; 1982 I. SE; 1985 II. SE; Richter SG Duisburg; 1986 wiss. MA Bonn; 1987 Prom. Bonn; 1990 Prom. Sozialwiss. (Duisburg); 1993 Habil. Bonn; 1993 Prof. Münster (C3); WiAs Bonn; Prof. Münster; 1993 Prof. Trier (C4); 1997 o. Prof. München; 1999 Richter am BverfG (2. Senat); 2003 Prof. Bonn
B: Rschutz im parlamentarischen Untersuchungsverfahren (1988: D.); Offener Diskurs u. geschlossene Systeme (1991); Risikoentscheidungen im Rstaat (1994: H.)
MH: Fritz Ossenbühl, Freiheit, Verantwortung, Kompetenz (Ges. Abhandl.) (1994; m. Manfred Schröder/Wolfgang Löwer/Thomas von Danwitz)
AL: Fritz Ossenbühl (0631)
Q: K 1996, S. 235
備考: 第56回大会(1996年)第2テーマ副報告。ドイツ再統一後、めっきり報告者の数が多くなった学会で、珍しく伝統的な2人報告者制で報告した。市職員(中級職)を経て大学教授となる。現在は、連邦憲法裁判所判事である。苗字にも示されているように、イタリア系移住者の末裔。
http://jura.uni-bonn.de/?id=2416 (写真あり)
http://www.bundesverfassungsgericht.de/richter/difabio.html (写真あり)
http://de.wikipedia.org/wiki/Udo_Di_Fabio
0138
故 **DICKE, Detlev Christian**(ディッケ、デトレフ・クリスツィアン) 瑞

Dr. iur., o. Prof., Univ. Freiburg (Fribourg) /CH
1943 年 10 月 04 日 (Chrzanów/Polem)　1992 年 11 月 07 日 (Bösingen/CH)
Staats-, Verwaltungs- u. Völkerecht
1963–66 Studium Frankfurt/M. (1963 Studienaufenth. London; 1964 Studienaufenth. Modena); 1967 I. SE; 1967–71 Hiwi. Bochum; 1968 Prom. Bochum; 1968–71 GRef. Hamm; 1971–73 WiAs Bochum; 1973- WiAs Münster; 1976 Habil. Münster; 1977 o. Prof. Fribourg
B: Verf.rechtl. Möglichkeiten u. Grenzen d. Wirtschaftslenkung in Italien u. d. BRD (1969: D.); D. administr. Organisation d. Entwicklungshilfe durch UNO (1972); D. Intervention m. wirtschftl. Mitteln im VR (1978: H); D. Verhältnis d. Schweiz zum real existierenden Westeurop. Bdesstaat (1991)
AL: Ingo von Münch (0602)
Q: K 1983, S. 678; K 1987, S. 739; CV
備考：1977 年入会。学位論文では、独伊を比較したスイスの国際法・ヨーロッパ法学者。
http://de.wikipedia.org/wiki/Detlev_Christian_Dicke（写真あり）
訃報：http://de.wikipedia.org/wiki/Datei:Uni-Professor_Detlev_Dicke_gestorben.pdf

0139
DIETZ, Andreas（ディーツ、アンドレアス）
Dr. iur., PD, Univ. Augsburg
1967 年（Pforzheim）
Öffentliches Recht
1987–91 Studium Bayreuth; 1991 I. SE; 1994 II. SE; 1994–97 Richter auf Probe am VG Bayreuth, daneben Dozent der IHK für Oberfranken; 1997–98 Ref. als Regierungsrat bei der Regierung von Schwaben; 1998–2004 Abteilungsleiter für Öffentliche Sicherheit am Landratsamt Aichach-Friedberg; 2004 Ref. als Oberregierungsrat im Bayer. Staatsministerium des Innern; 2004–06 Beurlaubung aus dem Staatsdienst, Planungsbeauftragter im Planungsstab von Ministerpräsident Dr. Stoiber in der Landesleitung der CSU, verantwortlich für die Bereiche des Bayer. Staatsministerium des Innern sowie für Europaangelegenheiten; 2006 Richter am Bayer. VG Augsburg
D: Die Erstattungsfähigkeit behördlicher Aufwendungen in Verfahren vor den Verwaltungsgerichten, 2004
H: 不明

備考: 実務家教員(裁判官)。
http://www.jura.uni-augsburg.de/fakultaet/lehrstuehle/appel/lehrbeauftragte/dietz_andreas/
0140
DIETLEIN, Johannes（ディートライン、ヨハンネス）
Dr. iur., Prof., Univ. Düsseldorf
1963年02月19日（Köln）
Öffentliches Recht und Verwaltungslehre
Studium Bonn, Freiburg u. Münster; 1988 I. SE; 1992 II. SE; 1991 Prom. Münster; 1998 Habil. Köln; 1999 Prof. Düsseldorf
D: Die Lehre von den grundrechtlichen Schutzpflichten, Berlin 1992
H: Nachfolge im öffentlichen Recht, 1999
AL: Dirk Ehlers (0164); Klaus Stern (0863)
備考: 経済行政法の分野に業績が多い。
http://www.jura.uni-duesseldorf.de/dozenten/dietlein/dietlein.shtml（写真あり）
http://de.wikipedia.org/wiki/Johannes_Dietlein
0141
DIGGELMANN, Oliver（ディッゲルマン、オリヴァー）瑞
Dr. iur., Prof., Univ. Zürich
1967年8月30日（Bern）
Völkerrecht, Öffentliches Recht und Rechtsphilosophie
1986–92 Studium Zürich; 1995–98 Ass. Zürich; 1998 Prom. Zürich; 2001–04 Oberass. Zürich; 2004 Habil. Zürich; 2004–06 Professurleiter für Völkerrecht Budapest; 2006（Zweit-）Habil. Univ. Pécs（Ungarn）; 2006 Prof. Budapest; 2010 Prof. Zürich
D: Anfänge der Völkerrechtssoziologie, Zürich 2000
H: Der liberale Verfassungsstaat und die Internationalisierung der Politik, Bern 2005
AL: Luzius Wildhaber (0957 欧州人権裁判所長官)
備考: スイス人として、ハンガリーの大学に在籍していた国際法学者。第70回大会（2010年）第1テーマ副報告(主報告は Martin Nettesheim)。現地で教授資格を取り直し、最近母校(ツューリッヒ大学)へ戻った。
http://www.ivr.uzh.ch/institutsmitglieder/diggelmann/oliver.html（写真あり）
http://de.wikipedia.org/wiki/Oliver_Diggelmann
0142
DITTMANN, Armin（ディットマン、アルミン）

Dr. iur., o. Univ.-Prof., Univ. Stuttgart-Hohenheim
1945 年 08 月 14 日（Uelzen/Niedersachsen）
VL: Öffentliches Recht
1965–69 Studium Hamburg u. Tübingen; 1969: I SE Tübingen; 1970–73 GRef. u. WiAs Tübingen; 1973 II. SE Stuttgart; 1974 Prom. Tübingen; 1974– WiAs; 1982 Habil. Tübingen; 1982 Prof. Hamburg; 1983 Prof. Stuttgart-Hohenheim
B: Bildungsplanung als Gemeinschaftsaufgabe (1975: D.); Schulträgerschaft zw. Kreisen u. Gemeinden (1978); D. Bdesverw. (1983: H.); Rfragen d. Gesetzes üb. d. elektromagnetische Verträglichkeit von Geräten (EMVG) (1994)
MH: FS Thomas Oppermann (1981)
AL: Thomas Oppermann (0630)
Q: K 1996, S. 246; Wer ist wer 1996/97
備考 **1**：1983 年入会。第 54 回大会（1994 年）第 1 テーマ報告（4 人の報告者の 1 人）。教育・文化法の研究に取り組む。日本ドイツ研究所主催のシンポジウム（1994 年）の際、来日経験あり。
備考 **2**：Opperman を通じ、Herbert Krüger（ 0478 ）→ Rudolf Smend（ 0839 ）へと連なる。
https://www.uni-hohenheim.de/1597.html?typo3state=persons&lsfid=871
（写真あり。業績目録もある）
0143
故 **DOCHOW, Carl Hermann Franz** （ドッヒョー、カール［カルル］・ヘルマン・フランツ）
Dr. iur., Dr. phil., ao. Prof., Univ. Heidelberg
1875 年 01 月 27 日（Halle an der Saale）　1932 年 04 月 19 日（Heidelberg）
Staats- u. Verwaltungsrecht
1897 Studium Halle; 1900 Prom. (phil.) Halle; 1901 Handelskammersekretär Halle; 1905 Mitarbeiter statistisches Amt Berlin; 1906 Habil. Halle; 1907 PD Heidelberg; 1910 LB TH Karlsruhe; 1914–1918 Kriegsdienst; 1915 ao. Prof. Halle; 1920–32 Dozent Handelshochschule Mannheim
B: Vereinheitlichung d. Arbeiterschutzes durch Staatsvertretung (1907: H.); Auswärtige Verw. (1916); Organisation der inneren Verw. in Preußen (2. A. 1908; m. Gerhard Anschütz); Bearb. d. 4. A. d. Dt. VerwR von Georg Meyer (1913–14); Mitarb. d. 5. A. d. Preuß. StaatsR von Rönne/Zorn III (1916–19); Verwaltung u. Wirtschaft (1921); Gewerbeordnung (1922); GewerbebetriebsR (1923)

Q: K 1925, S. 165; Wer ist's 1922, S. 291; Heidelb. GL, S. 50; CV/ Diss.
備考：戦前原始会員（1924年入会）。Adolph Heinrich Dochow（1844–1881年 刑法学者 ADB Bd. 47, S. 736–737 http://www.catalogus-professorum-halensis.de/dochowheinrich.html）の子息。戦前の行政法学者。Internationales Öffentliches Recht（「国際公法」と訳すと国際法と誤解されるので、敢えて訳さない）を提唱した。当初、経歴はよく分からなかったが、このような時、ケープラーの下記サイトは有益な情報源となる（とはいえ、ソースは多くの場合、本書も参照している Kürschners Gelhertenkalender なのではあるが）。
http://www.koeblergerhard.de/juristen/tot/totdSeite114.html
0144
故 **DOEHRING, Karl**（デーリング［ドェーリング］、カール［カルル］）
Dr. iur., Dr. h. c., em. Prof., Univ. Heidelberg
1919年03月17日（Berlin-Wilmerdorf） 2011年03月24日（Heidelberg）
VL: Deutsches u. ausländisches öffentliches Recht u. Völkerrecht
1937–48 Wehrdienst u. Kriegsgefangenschaft; 1948–52 Studium Heidelberg; 1951 I. SE Heidelberg; 1951 Ass. MPI/Heidelberg; 1954 II. SE Heidelberg/Stuttgart; 1954 Ref. MPI/Heidelberg; 1955–61 RA Heidelberg/Mannheim; 1958 Prom. Heidelberg; 1961–62 LA Heidelberg; 1962 Habil. Heidelberg; 1962 PD Heidelberg; 1964 Hon.Prof ebd.; 1968 o. Prof. ebd.; 1963 MPI Heidelberg; 1981–85 Vors. d. Dt. Ges. f. VR; em. Direktor MPI/Heidelberg; Membre de l'Inst. de Droit Intern.
B: D. Rpflicht d. Staates z. Schutz seiner Staatsbürger gegen auswärtige Macht (1958: D.); D. Einwirkung d. all. Regeln d. völkerrechtl. FremdenR auf d. dt. VerfR (1962: H.); SelbstbestimmungsR als Gsatz d. VRs (1973); StaatsR d. BRD (3. A. 1984); Allg. StaatsL (1991)
H: FS Ernst Forsthoff (1967)
AL: Ernst Forsthoff (0206). Hermann Mosler (0589)
AS: Rudolf Dolzer (0147); Kay Hailbronner (0284); Matthias Herdegen (0322); Juliane Kokott (0455); Dietrich Murswiek (0603); Georg Ress (0688); Hermann Soell (0841); Torsten Stein (0856)
Q: K 1996, S. 249; Wer ist wer 1996/97; CV
L: FS 1985 (Die Autorität d. Rechts; hrsg. v. T. Stein); FS 1989 (Staat u. Völkerrechtsordnung; hrsg. von K. Hailbronner/ G. Ress/T. Stein; Publikationen, S. 1057–1067)
備考：1964年入会。第32回大会（1973年）第1テーマ主報告。Forsthoff

(国内法)及び Mosler (国際法)の門下生として、大学とマックスプランク研究所を本拠に "ハイデルベルク学派" を育成した名伯楽。長寿でもあった。
http://de.wikipedia.org/wiki/Karl_Doehring
0145
故 **DOHNA, Alexander Graf zu**(ドーナ、アレクサンダー・グラーフ・ツー)
Dr. iur., o. Prof., Univ. Bonn
1876 年 06 月 29 日(Potsdam)　1944 年 12 月 25 日(Bad Godesberg)
Strafrecht, Rechtsphilosophie
1895–98 Studium Rom, Lausanne, Freiburg/Br. u. Berlin; 1898 Ref.; 1902 Prom. Berlin; 1904 Habil. Halle an der Saale; 1904 PD Halle; 1913 ao. Prof. Königsberg/Pr.; 1920 o. Prof. Heidelberg; 1926 Bonn
B: Stellung der Buße (1902: H.); Rwidrigkeit (1905: H.); Willensfreiheit u. Verantwortlichkeit (1907); Strafverfahren (1913)
AL: Franz von Liszt (Berlin、刑法)
AS: Ernst Friesenhahn (0211)
Q: K 1935, S. 240; Wer ist's 1922, S. 295; Heidelb. GL, S. 50/51; NDB 4 (1959), S. 53/54
L: Alexander Fürst zu Dohna-Schlobitten, Erinnerungen eines alten Ostpreußen (1991)
備考: 1932 年入会。このように、戦前は刑法学者もドイツ国法学者協会に加入していたことがあった。Gustav Radbruch と一緒に口述試験を受験した(ラートブルフ「心の旅路」72 頁)。ちなみに、この人物のフルネームは Burggraf u. Graf Alexander Georg Theobalt zu Dohna-Schlodien である。
http://de.wikipedia.org/wiki/Alexander_Graf_zu_Dohna-Schlodien (写真あり)
0146
DOLDERER, Michael(ドルデラー、ミヒャエ[ー]ル)
Dr. iur., PD, Univ. Konstanz, Richter am Landessozialgericht
1965 年
Planungsrecht
Studium; I. SE; 1994 Prom. Konstanz; II. SE; WiAs Konstanz; 1998 Habil. Konstanz; PD
D: Isolierte Festsetzungen in weiträumigen Textbebauungsplänen, Berlin 1995
H: Objektive Grundrechtsgehalte, Berlin 2000
AL: Winfried Brohm (0086)
備考: 実務家教員(裁判官)。計画法を研究するが、極めて情報に乏しい。なお、師の Brohm は Martin Bullinger (0100) の門下生。後者の師である

Hans Schneider（0786）を経由して、Werner Weber（0935）→ Carl Schmitt（0780）へと連なる。
http://www.jura.uni-konstanz.de/der-fachbereich/privatdozenten-apl-professoren/
http://www.koeblergerhard.de/Rechtsfakultaeten/Konstanz180.htm
0147
DOLZER, Rudolf（ド[ー]ルツァー、ルードルフ）
Dr. iur., Dr., LL.M.; Prof., Univ. Bonn
1944 年 08 月 13 日（Sudetnland）
VL: Dt. u. ausl. öff. Recht, Völkerrecht u. Europarecht
1963–65 Studium Tübingen（Soziologie u. RW）; 1965–66 Fulbright Stipendiat Gonzana Univ./USA（1966 M.A:）; 1969–70 Studium Heidelberg; 1969 I. SE Heidelberg; 1970 Prom. Heidelberg; 1970–71 Hiwi Heidelberg; 1971–72 Studium Harvard Law School（1972 LL.M.）; 1972–75 Rref Karlsruhe u. WiAs MPI/Heidelberg; 1975 II. SE; 1975–77 Harvard Law School; 1977 WissRef. MPI/Heidelberg; 1980 LA Heidelberg; 1984 Habil. Heidelberg; 1989–96 o. Prof. Mannheim（1992–1996 beurlaubt）; 1992–96 Ministerialdirektor im Bundeskanzleramt; 1996 Prof. Bonn
B: D. staatstheoretische u. staatsrechtliche Stellung d. BVerfG（1972: D.）; Verfas.konkretisierung durch d. BVerfG u. durch polit. Verf.organe（1982）; Eigentum, Enteignung u. Ensschädigung im geltenden VR（1985: H.）; D. völkerrechtl. Status d. Falkland-Inseln（Malvinas）im Wandel d. Zeit（1986）
AL: Karl Doehring（0144）
Q: CV
備考：1985 年入会。国際法学者。師の Doehring を通じて、Ernst Forsthoff（0206）→ Carl Schmitt（0780）に連なる。
http://www.jura.uni-bonn.de/fileadmin/Fachbereich_Rechtswissenschaft/Einrichtungen/Institute/Voelkerrecht/Prof._Dr._Dr._Rudolf_Dolzer/LEBDOLZE.E.pdf
0148
DÖRR, Dieter（デル[デァ][ドェル][ドェァ]、ディーター）
Dr. iur., Prof., Univ. Mainz
1952 年 04 月 17 日（Tübingen）
VL: Staats-, Verwaltungs- u. Völkerrecht
WS1971/72– SS1971 Studium Univ. d. Saarlandes; 1972–74 Ziviler Ersatzdienst; SS 1974-WS 1977/78 Studium Saarland; 1977 I. SE

Saarbrücken; 1977–78 Hiwi Saarbrücken; 1978–80 RRef. Saarbrücken; 1978–83 Hiwi Saarbrücken; 1980 II. SE; 1983 Prom. Saarbrücken; 1984 Hiwi Köln; 1987 Habil. Köln; 1995 Prof. Mainz
B: Faires Verfahren (1984: D.); D. dt. Handelsflotte u. d. GG (1987: H.); Europ. Medienpolitik im Lichte der Maastricht-Entscheidung (1995); D. publizistische Leistung d. privaten Rdfk.s (1996); Medienvielfalt ohne Kontrolle? (1997); Die Verf.beschwerde in der Prozeßpraxis (1997)
AL: Hartmut Schiedermair (0752)
Q: CV
備考: メディア法の分野に造詣が深い。師の Schiedermair は Hermann Mosler (0589) の門下生であり、その師である Richard Thoma (0886) を通じて、この学統は更に Heinrich Rosin (非会員、Freiburg、刑法、1855–1927年) → Otto von Gierke (非会員、Berlin → Breslau → Heidelberg → (wieder) Berlin、1841–1921年) へと至る。
http://www.jura.uni-mainz.de/doerr/ (写真あり)
http://de.wikipedia.org/wiki/Dieter_D%C3%B6rr
0149
DÖRR, Oliver (デル、オリヴァー)
Dr. iur., Prof., Univ. Osnabrück
1964年 (Berlin)
Öffentliches Recht, Europarecht, Völkerrecht und Rechtsvergleichung
1983–88 Studium FU Berlin; 1989 I. SE; 1992 II. SE; 1989–96 Wiss. MA FU Berlin; 1995 Prom. Berlin; 1997–2002 WiAs. Berlin; 2002 Habil. Berlin; 2004 Prof. Osnabrück
D: Die Inkorporation als Tatbestand der Staatensukzession, Berlin 1995
H: Der europäisierte Rechtsschutzauftrag deutscher Gerichte, Tübingen 2003
AL: Albrecht Randelzhofer (0676)
備考: ヨーロッパ法学者。
http://www.doerr.jura.uni-osnabrueck.de/1188.htm (写真あり)
0150
故 **DRATH, Martin** (ドラート、マルティン[マーティン])
Dr. iur., o. Prof., FU Berlin, Richter am BverfG a. D.
1902年09月12日 (Blumberg)　1976年04月14日 (Karlsruhe)
Öffentliches Recht u. Staatslehre
Studium Leipzig, Rostock, Göttingen und Kiel; 1927 Prom. Kiel; 1926/27 Mitglied der SPD; 1931 nebenamtl. Assistent Berlin; 1932

Dozent Akademie der Arbeit der Univ. Frankfurt; 1933–39 (nach der Machtergreifung) als Buchhalter und Wirtschaftsprüfer tätig; 1939 bis 1945 in die Militärverwaltung eingezogen; 1946 Habil. FU; 1945 LB Jena; 1946 PD FU; 1948 o. Prof. FU; 1951–63 Richter am BVerfG
D. Wahlprüfungsrecht b. d. Reichstagswahl (1927: D.); Grund u. Grenzen d. Verbindlichkeit d. Rechts (1963; Nachdr. 1996); Rechts- u. Staatslehre als Sozialwissenschaft. Gesammelte Schriften über eine soziokulturelle Theorie des Staates u. des Rechts (1977; Ausgew. u. eingel. von Ernst E. Hirsch)
AL: Walter Jellinek (0395); Hermann Heller (0313)
Q: K 1950, S. 368; Nek. K 1976, S. 3648; D. BVerfG 1951–1971, S. 216
L: Gesammelte Schriften (1977; siehe oben)
備考：戦後原始会員（1950年入会）。第9回大会（1950年）第1テーマ副報告（H.9)。戦中は辛酸をなめ、草創期の連邦憲法裁判所判事をつとめた（1951年～1963年）。
http://de.wikipedia.org/wiki/Martin_Drath

0151
DREIER, Horst (ドライアー、ホルスト)
Dr. iur., o. Prof., Univ. Würzburg
1954年09月07日（Hannover）
Öffentliches Recht, Rechtstheorie, Verwaltungswissenschaften
1975–81: Studium Hannover; 1985 Prom. Würzburg; 1989 Habil. Würzburg; 1990 Prof. Heidelberg; 1991–95 Prof. Hamburg; 1995 Prof. Würzburg
B: Rlehre, Staatssoziologie u. Demokratietheorie bei Hans Kelsen (1986; 2. A. 1990: D.); Hierarchische Verwaltung im demokratischen Staat (1991: H.); Dimension d. Grechte (1993)
AL: Hasso Hofmann (0349)
Q: K 1996, S. 259
備考：2004年及び2005年の協会理事長（副理事長は、Fridhelm Hufen 及び Peter Michael Huber)。人間の尊厳を基礎に、基本法を解釈。惜しくも、連邦憲法裁判所入りは果たせなかった。師の H. Hofmann から遡ると、Alfred Voigt (0913) → Walter Jellinek (0395) を経て、Otto Mayer (0562) へと至る。
http://www.jura.uni-wuerzburg.de/lehrstuehle/dreier/prof_dr_horst_dreier/ (Vita; 写真あり)
http://de.wikipedia.org/wiki/Horst_Dreier (写真あり)

0152
DREIER, Ralf（ドライアー、ラルフ）
Dr. iur., em. Prof., Univ. Göttingen
1931 年 10 月 10 日（Bad Oeynhausen/Westf.）
VL: Staats- u. Verwaltungsrecht, Rechtsphilosophie u. Kirchenrecht
Allgemeine Rechtstheorie（Rechtsphilosophie, Rechtssoziologie）
1953–57 Studium Hamburg, Freiburg/Br. u. Münster; 1957 I. SE Hamm; 1963 II. SE Düsseldorf; 1963 Prom. Münster; 1963–67 Hiwi u. WiAs Münster; 1967–69 Stip. DFG; 1970 Habil. Münster; 1972 Wiss.R u. Prof. Göttingen; 1973 o. Prof. ebd.; emer.
B: Zum Begriff d. "Natur d. Sache"（1965: D.）; D. kirchl. Amt（1972: H.）; Was ist u. wozu Allg. Rtheorie?（1975）; Recht – Moral – Ideologie（1981）; Rbegriff u. Ridee（1986）; Recht – Staat- Vernunft（1991）; Jurist. Vergangenheitsbewältigung（1995）
AL: Hans Julius Wolff（0978）
AS: Robert Alexy（0008）
Q: K 1996, S.259; Wer ist wer 1996/97; CV; Hikasa, S. 93
備考：1970 年入会。ヴォルフ（ミュンスター）学派の俊秀。
http://de.wikipedia.org/wiki/Ralf_Dreier

0153
DROEGE, Michael（ドレーゲ、ミヒャエ[ー]ル）
Dr. iur., Prof., Univ. Osnabrück
1973 年 7 月 23 日（Helmstedt）
Öffentlichen Recht, Finanz- und Steuerrecht sowie Staatskirchenrecht
1994–98 Studium Bielefeld; 1999 I. SE; 2004 II. SE; 1999 Wiss. MA Bielefeld u. FFM, 2007 HVW Speyer; 2003 Prom.; 2009 Habil. Frankfurt/M.; 2010 Prof. Osnabrück
D: Staatsleistungen an Religionsgemeinschaften im säkularen Kultur- und Sozialstaat, Berlin 2004
H: Gemeinnützigkeit im offenen Steuerstaat, Tübingen 2010
AL: Joachim Wieland（0954）
備考：税財法・教会公法学者
https://www.instfsr-os.de/index.php?id=490&L=cgtmaqpssfg（写真あり）
https://www.instfsr-os.de/fileadmin/Website_Dateien/freie_dateien_Institut/Prof_Droege/Droege_cv.pdf（写真あり）

0154
DRÜEN, Klaus-Dieter（ド[ゥ]リューエン、クラウス・ディーター）

Dr. iur., Prof., Univ. Düsseldorf
1969 年 (Moers/Niederrhein)
Deutsches und Europäisches Steuerrecht, Bilanzrecht, Staats- und Verwaltungsrecht
1988 Berufsausbildung in der Finanzverwaltung NRW (Dipl. Finanzwirt); Studium Hagen u. Bochum; 1994 Wirtschaftswiss. Vordiplom; 1996 I SE; 1999 II. SE; 1998 Prom. Bochum; 2000–06 WiAs Bochum; 2005 Habil. Bochum; 2008 Prof. Düsseldorf
D: Periodengewinn und Totalgewinn, Berlin 1999
H: Die Indienstnahme Privater für den Vollzug von Steuergesetzen, Bochum 2005
備考：税務署勤務を皮切りに、経済学を修めた税法学者。
http://www.jura.uni-duesseldorf.de/dozenten/drueen/kddrueen/vita.shtml (写真あり)
0155

故 **DÜRIG, Günter** (デューリ[ッ]ヒ、ギュンター)
Dr. iur., em. o. Prof., Univ. Tübingen
1920 年 01 月 25 日 (Breslau)　1997 年 11 月 22 日 (Tübingen)
Öffentliches Recht
1938 Fahnenjunker, 1946 Studium München; 1949 Prom. München; 1953 Habil. München; 1953–55 PD München; 1955 beamt. ao. Prof. Tübingen; 1956 o. Prof. Tübingen; 1982 Ende der Lehrtätigkeit; 1985 em.; Richter VwGH Baden-Württ.
B: Der Dt. Staat 1945 u. seither (1955; VVDStRL); Kommentar z. GG (1958; 7. A. 1989; m. Theodor Maunz/Roman Herzog); Gesammelte Schriften 1952–1983 (1984; Hrsg. von Walter Schmitt Glaeser, Peter Häberle, Hartmut Maurer)
AL: Willibalt Apelt (0013)
AS: Georg Brunner (0093); Hartmut Maurer (0558); Jost Pietzcker (0656); Dieter H. Scheuing (0749); Walter Schmitt Glaeser (0782)
Q: K 1996, S. 266; AöR 110, JZ (1985), S. 223 (von Hartmut Maurer)
L: Gesammelte Schriften (1984; siehe oben); FS 1990 (D. Akzeptierte GG; hrsg. v. H. Maurer i. V. m. Peter Häberle/W. Schmitt Glaeser/ Wolfgang Graf Vitzthum); Würdigung, NJW 1990, S. 305 (Hermann Weber); Nachruf, NJW 1997, S. 305 (Peter Häberle), Nachruf, AÖR 1997, S. 134 (Walter Schmitt Glaeser)
備考 1：1954 年入会。第 13 回大会 (1954 年) 第 1 テーマ副報告では、国家 4 要素説 (周知の 3 要素に "国民心理" を加える) を主張。「マウンツ＝デュー

リヒ」のコメンタールでわが国にも著名。1950年代から70年代にかけて、Otto Bachof（ 0025 ）とともに Tübingen 大学の "花形教授" であった。戦争中に受けた砲弾や銃弾のかけらが体のありこちに残り、文字どおり満身創痍の状態にあった。兄に Walter Dürig（神学者 1913–1992 年）がいる。
備考 2: なお、師の Apelt は Otto Mayer（ 0562 ）の門下生。
http://de.wikipedia.org/wiki/G%C3%BCnter_D%C3%BCrig
0156
DURNER, Wolfgang（ドゥルナー、ヴォルフガング）
Dr. iur., Dr. phil., LL.M.（London）, Prof., Univ. Bonn
1967 年
Öffentliches Recht, Recht der Wasser- und Entsorgungswirtschaft
1987–93 Studium Würzburg, Berlin（FU）, München und LSE; 1993 Master of Laws; 1994 I. SE; 1998 II. SE; 1995 Prom. München（Politikwiss.）; 1999–2001 RA München; 2000 jur. Prom. FU Berlin; 2001–04 Ass. München; 2004 Habil. München; 2005 Prof. Bonn
D: Antiparlamentarismus in Deutschland, Würzburg 1997
H: Konflikte räumlicher Planungen. Verfassungs-, verwaltungs- und gemeinschaftsrechtliche Regeln für das Zusammentreffen konkurrierender planerischer Raumansprüche, Tübingen 2005
AL: Hans-Jürgen Papier（ 0636 ）
備考: 水法・道路法、廃棄物法などを研究。第 70 回大会（2010 年）第 4 テーマ副報告(主報告は、Johannes Hellermann)。
http://www.jura.uni-bonn.de/index.php?id=1583（写真あり）
http://jura.uni-bonn.de/index.php?id=1669
0157
故 **DYROFF, Anton**（ディロフ[デュロフ]、アント[ー]ン）
Dr. iur., a. Prof., Univ. München, Geheimer Regierungsrat
1864 年 03 月 05 日（Aschaffenburg） 1948 年 06 月 23 日（Ostermünchen/Bayern）
Staats-, Verwaltungs-, Kirchenrecht
Studium München; 1889 I. SE, 1891 II. SE; 1897 Regierungsassessor d. bay. Kultusministerium; 1902 o. Prof. München; 1912 Spezialref. im Kultusminsit. f. d. Kirchengemeindeordnung
B: Rsatzung u. Gesetz zunächst nach bayer. Staatsrecht (1889); Wiederaufn. d. Verfahr. i. VerwR (1889); Endbesch. od. Zwischenbesch.? (1893); Bay. Verw.gerichtsgesetz. Kommentar (1894; 5. A. 1917); Beendigg. d. Regentsch. i. Bay. bei Lebz. d. Königs (1904); Entwicklg. d. bay. StaatskirchenR bez. d. Ortskirchenvermögen (1905); Entw. e.

bay. Kirchengem.-Ordng. m. Begründg.（1907）; Kommentar zur Bay. Kirchengem.-Ordng.（1912）
Q: Wer ist's 1922, S. 318; K 1935, S. 258; NDB, Bd. 4, S. 212（Adolf Dyroffの項）
備考: 戦前原始会員（1924年入会）。教会法学者。この分野で、実務と理論の双方を架橋した。
http://de.wikipedia.org/wiki/Anton_Dyroff

E

|0158|
EBERHARD, Harald (エーベルハルト、ハラルド) |墺|
Dr. iur., PD, Univ. Wien
1978 年 02 月 27 日
Verfassungsrecht und Verwaltungsrecht
1997–2001 Studium Wien; 2002 Prom. Wien; 2002–08 Univ.Ass Wien; 2008 Wiss. MA am VerfGH; 2010 Habil. Wien
D: 特定できなかった。
H: 特定できなかった。
AL: Theo Öhlinger (|0627|)
備考: 憲法と行政法の双方で活躍。
http://www.publiclaw.at/pl/index.php?option=com_content&task=view&id=53&Itemid=57 (写真あり)

|0159|
EBERLE, Carl-Eugen (エーベルレ[エーバーレ]、カール[カルル]=オイゲーン)
Dr. iur., Prof., Justitiar des ZDF/Mainz
1946 年 06 月 17 日 (Glück in Lahr/Baden)
Öffentliches Recht u. Verwaltungswissenschaft, Recht u. Verw.informatik, Medienrecht
1964 Austauschschüler Wolverhampton/England; 1966–70 Studium Freiburg/Br. u. München; 1970 I. SE; 1971–74 RRef. Regensburg; 1971–74 Hiwi Regensburg; 1974 II. SE München; 1974 WiAs Konstanz; 1975 Prom. Regensburg; 1982 Habil. Konstanz; 1982 PD Speyer; 1984–90 Prof. Hamburg; 1990 Justitiar ZDF; 30. 06. 2011 im Ruhestand
B: Organisation der automatisierten Datenverarbeitung in d. öff. Verwaltung (1976); Rdfk.übertragung (1976: D.); Raumordnungspläne (1982: H.)
AL: Steinmüller (Regensburg); Winfried Brohm (|0086|)
Q: K 1996, S. 272; CV
備考: 1984 年入会。大学ではなく放送局(ドイツ第 2 放送)に、イン・ハウス・ローヤー (Justitiar) として長らく在職していた。メディア法が専門。師

の Brohm は、Martin Bullinger（ 0100 ）の門下生。後者の師である Hans Schneider（ 0786 ）を経由して、更に Werner Weber（ 0935 ）→ Carl Schmitt（ 0780 ）へと連なる。
http://www.unternehmen.zdf.de/index.php?id=113（写真あり）
http://www.mainzer-medieninstitut.de/personen/carl-eugen-eberle.php
（写真あり）
0160
故 **EBERS, Godehard Josef**（エーベルス［エーバース］、ゴーデハルト・ヨーゼフ）墺
Dr. iur., o. Prof., Univ. Innsbruck/Österr.
1880 年 09 月 22 日（Salzwedel/Provinz Sachsen） 1958 年 05 月 18 日（Igls/Innsbruck）
Kirchenrecht, Staatslehre, Staatsrecht, Völkerrecht
1901 Studium Theologie u. Philosophie Breslau; 1903 RW Breslau; 1906 Prom.; 1908 Habil. Breslau; 1908 PD Breslau; 1910 ao. Prof. Münster; 1919–35 o. Prof. Köln; 1936 o. Prof. Innsbruck; 1938 pens.; 1945 wieder o. Prof. Innsbruck; 1946–50 Mitglied VfGH Wien, 1953 emer.; Hon.-Prof., 1955 a. D.
B: D. Devolutionsr. vrnhml. nach kath. KirchenR (1906: D.); D. Lehre v. Staatenbunde (1910: H.); Ital. u. dt. Garantiegesetz (1915); D. Papst u. d. röm. Kurie (1916); D. Verf. d. Dt. Reich, in: Staatslexikon; Staat u. Kirche im neuen Dtland (1933); Grundriß d. kathol. Kirchenrechts (1949); D. Recht d. Codex Iuris Canonici, 3 Bde (1950)
AL: Siegfried Brie（ 0082 ）
AS: Karl Maria Hettlage（ 0330 ）; Heinrich Kipp（ 0427 ）
Q: Wer ist's 1922, S. 321; K 1935, S. 260; K 1950, S. 381/382; Nek. K 1961, S. 2368; CV/Diss.; 没 CV
L: AöR 83 (1958), S. 369
備考：戦前原始会員（1924 年入会）を経て、戦後原始会員（1950 年入会）。戦中・戦後にドイツとオーストリアを行き来した教会法学者。
Lieselotte Steveling, Juristen in Münster, Münster 1999, S. 146 FN 53（Google Books で閲覧が可能）
http://rektorenportraits.uni-koeln.de/rektoren/godehard_ebers/（写真あり）
http://www.freidok.uni-freiburg.de/volltexte/5466/pdf/Hollerbach_Ueber_Godehard_Josef_Ebers.pdf
0161
EBSEN, Ingwer（エプゼン、イングヴァー）

Dr. iur., Prof., Univ. Frankfurt/M.
1943 年 04 月 06 日（Kiel）
VL: Staats- und Verwaltungsrecht sowie Rechtstheorie
1962–64 Studium Kiel, Genf, Edinburgh u. Mainz; 1969 I. SE Mainz; 1969–71 Hiwi Mainz; 1973 Prom. Mainz; 1973 Wiss. MA Frankfurt/M.; 1974 II. SE Mainz; 1975 Akad.Rat z. A.; 1977 Akad.Rat; 1983 Habil. Frankfurt; 1983 PD Frankfurt; 1985 Prof. Münster; 1992 Frankfurt
B: Gesetzesbindung u. "Richtigkeit" d. Entscheidung (1974: D.); D. BVerfG als Element gesellschaftl. Selbstregulierung (1985: H.); Verbindliche Quotenregelungen für Frauen u. Männer in Parteistatuten (1988); Militärische Bodennutzung (1988)
AL: Otto Mühl, J. Bärmann (Mainz: Zivilrecht); Klaus Friedrich Arndt (非会員、行政学、Frankfurt 大), Erhard Denninger (0132)
Q: K 1996, S.274; CV; CV/Diss.; http://www.rz.uni-frankfurt.de/presse/brosch/fb0102.htm
備考：1985 年入会。師と同じ Frankfurt 大学に戻った。
http://web.uni-frankfurt.de/fb01/Ebsen/（写真あり）

0162
ECKHOFF, Rolf（エックホ[ッ]フ、ロルフ）
Dr. iur., Prof., Univ. Regensburg
1958 年 1 月 21 日（Gevelsberg/Westf.）
Öffentliches Recht, Steuerrecht und Europarecht
1978–80 Studium Politologie, Neuere Geschichte u. Philosophie Münster; 1978–84 Studium RW Münster; 1984 I. SE; 1990 II. SE; 1991 Prom. Münster; 1985–86 Wiss. HK Münster (Röm. Recht); 1986–88 Wiss. HK Münster; 1991 RA Münster; 1991–97 WiAs Münster; 1999 Habil. Münster; 2000 Prof. Regensburg
D: Der Grundrechtseingriff, Köln 1992
H: Rechtsanwendungsgleichheit im Steuerrecht, Köln 1999
AL: Dieter Birk (0060)
備考：この 10 年で税法学者が着々と育ってきている感じを受けるが、そのうちの一人。
http://www.uni-regensburg.de/Fakultaeten/Jura/eckhoff/ls_inhaber.shtml
（写真あり）

0163
EGLI, Patricia（エグリ、パトリツィア）瑞 女性
Dr. iur., LL.M. (Yale), PD, Univ. St. Gallen, RA

1972 年 12 月 23 日
Öffentliches Recht, Europarecht und Völkerrecht
1993–97 Studium Gallen, Freiburg i.Ue. u. Lausanne; 1998 Lizentiat St. Gallen; 1998–99 WM 50% Zürich; 1999–2000 Ass. zu 50% (J. Kokott, St. Gallen); 2001–01 Studienaufenthalt MPI Heidelberg; 2001 Prom. Zürich; 2003 Anwaltspatent Kanton St. Gallen; 2003–06 Oberass. Gallen; 2006–07 LL.M. Studium Yale LS/USA; 2007–09 Stipendium der Habil.; 2010 Habil.; 2006 LA St. Gallen
D: Drittwirkung von Grundrechte, Zürich 2002
H: Die Bundestreue in der Schweizer Rechtsordnung, Zürich/St. Gallen/Baden-Baden 2010
備考: スイスの女性ヨーロッパ法・国際法学者。
http://www.patriciaegli.ch/home.html（写真あり）
0164
EHLERS, Dirk（エーラース、ディルク［ディァク］）
Dr. iur., Prof., Univ. Münster
1945 年 05 月 18 日（Flensburg）
VL: Staatsrecht, Verwaltungsrecht und Kirchenrecht
1965–69 Studium Kiel u. Freiburg/Br.; 1970 I. SE; 1970 RRef.; 1970–73 Aufbaustudium Konstanz; 1970–75 Hiwi Konstanz; 1973–74 GRef.; 1973 Prom. Konstanz; 1974 II. SE Stuttgart; 1975 WiAs Erlangen-Nürnberg; 1981 Habil. Erlangen-Nürnberg; 1981 PD Münster; 1982 Prof. Münster
B: Entkonfessionalisierung des Religionsunterricht (1975: D.); Verw. in Privatrechtsform (1984: H.); D. gerichtl. Rschutz d. Gemeinde gegenüber VA d. Finanzamtes im Gewerbesteuerverfahren (1986)
MH: FS Klaus Obermayer (1986; m. Richard Bartlspreger/Dietrich Pirson u.a.)
AL: Ekkehart Stein (0854); Klaus Obermayer (0620)
Q: K 1996, S. 281; CV; CV/Diss.
備考 1: 1983 年入会。第 51 回大会（1991 年）第 2 テーマ報告。2010 年及び 2011 年（つまり本書刊行時）の協会理事長（副理事長は、Wolfgang Höfling 及び Oliver Lepsius）。Giesbert Uber (0896) の講座後継者。経済行政法を中心に研究。1996 年に来日。
備考 2: 師の Obermayer は Johannes Heckel (0302) の門下生であり、後者の師は Friedrich Giese (0240)。
http://www.jura.uni-muenster.de/go/organisation/institute/oeffentliches-recht/wv/organisation.html

http://de.wikipedia.org/wiki/Dirk_Ehlers
0165
EHMKE, Horst（エームケ、ホルスト）
Dr. iur., em. o. Prof., Freiburg/Br., RA, MdB
1927 年 02 月 04 日（Danzig）
Öffentliches Recht
1943 Kriegsdienst u. russ. Gefangenschaft; 1946–51 Studium Göttingen u. Princeton/USA (RW, Polit. Wiss. u. Gesch.). 1951 I. SE Celle; 1952–56 Ref.; 1952 Prom. Göttingen; 1956 II. SE Düsseldorf; 1956 wissMA Köln; 1958 Stud.Aufenth. Berkeley/USA; 1960 Habil. Bonn; 1960 PD Bonn; 1961 ao. Prof. Freiburg/Br.; 1963 o. Prof. ebd. (1966–67 Dekan); 1967–69 Staatssekr. Bundesjustizmin., 1969–74 Bundesmin. d. Justiz, f. bes. Aufgaben u. Leit. Bundeskanzleramt (1969), f. Forschung u. Technologie u. f. d. Post- u. Fernmeldewesen (1972). Stv. Vors. SPD-Bundestagsfrakt. (1977–91); MdB (1969–94)
B: Grenzen d. Verfassungsänderung (1953: D.); Ermessen u. unbestimmter Rbegriff (1960: H.); Wirtschaft u. Verfass. (1961); D. Verf. rechtsprechung d. Supreme Court z. Wirtsch.regulierung (1961); Karl v. Rotteck (1964); Politik d. prakt. Vernunft. Aufsätze u. Referate (1969); Politik als Herausforderung I, II (1974/79); D. Portrait (1980); Beitr. z. Verf.theorie u. Verf.politik (1981); Mittendirin (1994)
H: FS Ulrich Scheuner (1973; m. Joseph. H. Kaiser/Wilhelm A. Kewenig)
AL: Rudolf Smend (0839); Ulrich Scheuner (0750)
Q: K 1996, S. 282; Wer ist wer 1996/97（写真あり）; Amtliche Handbuch des BT, 10. Wahlperiode, S. 83（写真あり）
L: Karl Günter Simon: D. Kronprinzen (1969)
備考 1: 1961 年入会。第 20 回大会（1961 年）第 1 テーマ副報告。1966 年及び 1967 年の協会副理事長（理事長は Otto Bachof、いま一人の副理事長は Karl August Bettermann）。"スメント三高弟"の一人（ヘッセ、ボイムリンと並ぶ）。SPD に所属。1953 年の学位論文は、憲法調査会の改憲の動きに関連して、わが国でも広く紹介された。
備考 2: 師の一人 Scheuner を通じて、Heinrich Triepel (0891) → Karl Binding（非会員、Basel → Freiburg/Br. → Straßburg → Leipzig、刑法学、1841–1920 年）へと連なる。なお、スメントの系譜は、同人の項目（ 0839 ）を参照。
http://www.chronikderwende.de/lexikon/biografien/biographie_jsp/key=ehmke_horst.html

http://www.spiegel.de/thema/horst_ehmke/
http://de.wikipedia.org/wiki/Horst_Ehmke（写真あり）
0166
EHRENZELLER, Bernhard（エーレンツェラー、ベルン[ベァン]ハルト］）瑞
Dr. iur., Prof. Univ. Sankt Gallen
1953年09月05日
Öffentliches Recht
Studium Freiburg im Ue; 1979/80 Ass. Basel; 1984 Prom. Basel; 1980–86 Jur. Sekretär des Justiz-Dep. des Kantons Solothurn; 1993 Habil. Basel; 1991–97: Per. MA von Bundesrat Arnold Koller; 1993 PD Basel; 1997 Prof. St. Gallen
D: Die Diözesankonferenz des Bistums, Basel 1985
H: Legislative Gewalt und Außenpolitik, Basel u. FFM 1993
AL: Luzius Wildhaber (0957)
備考：スイスの国際法・憲法学者。
http://www.irp.unisg.ch/org/irp/web.nsf/c2d5250e0954edd3c12568e40 027f306/ec0dbe33
http://www.alexandria.unisg.ch/persons/person/E/Bernhard_Ehrenzeller
（写真あり）
0167
故 **EICHENBERGER, Kurt** (アイヒェンベルガー、クルト[クァト]）瑞
Dr. iur., Dr. h.c., em. o. Prof. Basel/CH
Staatsrecht, Verwaltungsrecht, Politologie, allgemeine Staatslehre
1922年06月16日（Burg in Aargau）　2005年01月01日
VL: Öffentliches Recht
Studium Zürich (Geschichtswiss.); 1944–48 Studium Bern; 1948 Prom. Bern; 1959 Habil. Bern; 1950 RA-Ex. Aargau; 1949–52 Gerichtsschreiber Baden; 1952–59 Beamter Aargau; 1959 Richter OG Aargau; 1960 PD Bern; 1963 ao. Prof. Basel; 1963 o. Prof. ebd.
B: D. oberste Gewalt im Bunde (1949: D.); D. richterl. Unabhängigkeit als staatsrechtl. Problem (1960: H.); Leistungsstaat u. Demokratie (1969); D. Staat d. Gegenwart (1980); Kommentar d. Verf. d. Kantons Aargau (1986)
MH: Hans Huber: Ausgew. Aufsätze (1971; m. Richard Bäumlin/Jörg Paul Müller); FS Hans Huber (1981; m. J. P. Müller)
AL: Hans Huber (0365)
AS: Georg Müller (0596); René A. Rhinow (0689); Rainer J. Schweizer (0818)

Q: K 1996, S.285（Red.）
L: FS 1982（Staatsorganisation u. Staatsfunktionen im Wandel; hrsg. v. G. Müller/R. A. Rhinow/Gerhard Schmid/Luzius Wildhaber）; FS 1990（FS für K. E., alt Oberrichter, Beinwil am See; hrsg. v. Aargauischen Juristenverein）; FS 1993（Zur Funktion d. Rechts für d. Reform staatl. Institutionen; hrsg. v. G. Müller/R. A. Rhinow/G. Schmid/R. J. Schweizer/L. Wildhaber）
備考：1964年入会。第40回大会（1981年）第1テーマ報告。スイス政府（連邦・州双方）の各種審議会委員として活躍した。
http://ius.unibas.ch/lehre/emeriti/rhinow/
http://www.unigeschichte.unibas.ch/materialien/rektoren/kurt-eichenberger.html（肖像写真）
0168
EIFERT, Martin（アイフェルト［アイファート］、マルティン）
Dr. iur., LL.M.（UC, Berkeley）, Univ.-Prof., Univ. Gießen
1965年（Frankfurt/M.）
Staatsrecht, Verwaltungsrecht, Verwaltungswissenschaft, Rechtsvergleichung
1987–92 Studium Hamburg, Genf und Berkeley; 1993 LL.M. Univ. of California/Berkeley; 1993–97 Wiss. MA Hamburg; 1996 II. SE; 1998 Prom. Hamburg; 1999–2004 Wiss. Ref. Hamburg; 2005 Habil. Hamburg; 2006 Prof. Gießen
D: Grundversorgung mit Telekommunikationsleistungen im Gewährleistungsstaat, Baden-Baden 1998
H: Electronic Government. Das Recht der elektronischen Verwaltung, Baden-Baden 2006
AL: Wolfgang Hoffmann-Riem（ 0346 ）
備考：研究領域は Regulierung, Medienrecht, E-Government, Recht und Innovation とある。
http://www.recht.uni-giessen.de/wps/fb01/ma/dat/Eifert/Martin_Eifert/（写真あり）
http://www.zmi.uni-giessen.de/home/profil-meifert.html
http://www.recht.uni-giessen.de/wps/fb01/ma/pub/Eifert/Martin_Eifert/
0169
EKARDT, Felix（エッカルト、フェーリクス）
Dr. iur., Prof., Univ. Rostock
Öffentliches Recht, Finanzrecht, Verwaltungswissenschaft, Rechtsphilosophie

1972 年 4 月 1 日（West-Berlin）
1991–97 Studium der RW u. Sozial- u. Religionswiss. Berlin und Marburg; 1997 I. SE; 1999 II. SE; 2000 Prom. Halle; 2001 Grad eines Magisters Marburg (religions- und sozialwissenschaftliche Studien); 2003 LLM. Leipzig (EuropaR); 1995–2003 RA; 2003 Habil. Rostock; 2003–08 Juniorprof. Bremen; 2009 Prof. Rostock
D: Steuerungsdefizite im Umweltrecht, Berlin 2001
H: Theorie der Nachhaltigkeit, Baden-Baden 2010
AL: Monika Böhm (0071)
備考： 下記記事（ウィキペディア）の寸評を借りると、この人物はein deutscher Jurist, Philosoph und Soziologe とのこと。持続可能性と環境政策の研究に取り組む。
http://www.felix-ekardt.eu/de/werdegang.html（写真あり）
http://de.wikipedia.org/wiki/Felix_Ekardt
0170
ELICKER, Michael （エ[ー]リッカー、ミヒャエ[ー]ル）
Dr. iur., Prof., Univ. des Saarlandes
1970 年
Staats- und Verwaltungsrecht, Steuer- und Finanzrecht sowie Verfassungsgeschichte
Studium Univ. des Saarlandes; 1997 Wiss. MA; 1999 Prom. Saarland; 2001 WiAs; 2004 Habil. Saarland; Prof. Saarland
D: Die Abgabe nach § 16 des neuen Postgesetzes als verfassungswidrige Sonderabgabe, Saarbrücken 1999
H: Entwurf einer proportionalen Netto-Einkommensteuer, Köln 2004
AL: Rudolf Wendt (0945)
備考： 若手税法学者。
http://wendt.jura.uni-saarland.de/Mitarbeiter/DrMichaelElicker/Haupt.htm
http://www.uni-saarland.de/de/campus/fakultaeten/professuren/rechts-und-wirtschaftswissenschaft/rechtswissenschaften-fr-11/professuren-fr-11-rechtswissenschaften/prof-dr-rudolf-wendt/personen/prof-dr-michael-elicker/vita.html
http://www.blumers-partner.de/Dateien/VitaElicker.pdf（写真あり）
0171
EMMERICH-FRITSCHE, Angelika （エ[ン]メリヒ＝フリッチェ、アンゲ[ー]リカ） 女性
Dr. iur., PD, Univ. Erlangen-Nürnberg; RA

1961 年
Staats- und Verwaltungsrecht, Völkerrecht, Europarecht, Rechtsphilosophie
1981–86 Studium Passau, Erlangen und Genf; 1987 I. SE; 1990 II. SE; 1998 Prom. Bayreuth; 1998 WiAs/Oberass. Erlangen-Nürnberg; 2006 Habil. Erlangen-Nürnberg; 2007 Zulassung als RA; 2009 RA-Partnerin
D: Der Grundsatz der Verhältnismäßigkeit als Direktive und Schranke der EG-Rechtsetzung, Berlin 2000
H: Vom Völkerrecht zum Weltrecht, Berlin 2007
AL: Rudolf Streinz (0874)
備考：実務家教員（弁護士）。「世界法」を構想する。
http://www.steuerrecht.wiso.uni-erlangen.de/Main/person.php?id=25
（写真あり）
http://www.emmerich-fritsche.de/pages/beruflicher-werdegang.php
http://www.emmerich-fritsche.de/pages/publikationen.php
0172
ENDERS Christoph （エンダース、クリストフ）
Dr. iur., U. Prof., Univ. Leipzig
1957 年 10 月 10 日（Stuttgart）
VL: Öffentliches Recht, Rechts- und Staatsphilosophie
1976–82 Studium Freiburg/Br.; 1982 I. SE; wiss. MA Freiburg; nach dem Rechtsreferendariat wiss. MA ebd.; 1995 Prom. Freiburg; 1996 Habil. Ebd.; 1996 Prof. Mainz; 1998 Prof. Leipzig
D: Kompensationsregelungen im Immissionsschutzrecht, Berlin 1996
H: Die Menschenwürde in der Verfassungsordnung, Tübingen 1997
AL: Ernst-Wolfgang Böckenförde (0067); Dietrich Murswiek (0603)
備考：環境法を研究。なお、師の Böckenförde は Hans Julius Wolff (0978) の門下生であり、さらにその師は Friedrich Giese (0240) である。
http://www.uni-leipzig.de/~oeru/ （写真あり）
http://de.wikipedia.org/wiki/Christoph_Enders
0173
ENGEL, Christoph （エンゲル、クリストフ）
Dr. iur., Prof., Univ. Bonn
1956 年 02 月 22 日（Köln）
Wirtschaftsrecht, Recht und Ökonomie, Recht und politische Wissenschaften, Medienrecht, Umweltrecht, öffentliches Recht
Studium; 1981 I. SE; 1987 II. SE; 1988 Prom. Tübingen; 1992 Habil. Hamburg; 1992 Prof. Osnabrück; 2003 Prof. Bonn

B: VR als Tatbestandsmerkmal deutscher Normen (1989: D.); Vorsorge gegen die Konzentration im priv. Rdfk m. d. Mitteln d. RundfunkR (1991); Planungssicherheit für Unternehmen durch VA (1992: H.); Privater Rdfk. vor der EMRK (1993); Gemischtwirtschaftl. Abfallsorgung (1995); MedienordnungsR (1996)
MH: FS Dietrich Rothoef (1991; m. Helmut Weber)
AL: Meinhard Hilf (0338)
Q: K 1996, S. 297
備考1: 2008年及び2009年の協会副理事長 (理事長はHelmuth Schulze-Fielitz、いま一人の副理事長はMichael Holoubek)。ヨーロッパ法が国内法に及ぼす影響を、主に放送・情報法の分野で探ろうとしている。
備考2: 師のHilfは、Hermann Mosler (0589) の門下。後者はRichard Thoma (0886) を経て、更にHeinrich Rosin (非会員、Freiburg、刑法、1855–1927年) → Otto von Gierke (非会員、Berlin → Breslau → Heidelberg → (wieder) Berlin、1841–1921年) へと連なる。
http://www.mpg.de/315070/erforschung_gemeinschaftsgueter_wissM (写真あり)
http://www.coll.mpg.de/engel.html (写真あり)
http://de.wikipedia.org/wiki/Christoph_Engel_ (Jurist)

0174
ENGLISCH, Joachim (エングリッシュ、ヨア[ー]ヒム)
Dr. iur., Prof., Univ. Münster
1973年
Steuerrecht, Öffentliches Recht, Europarecht
1993–98 Studium RW u. BWL Saarbrücken, Salamanca (Spanien) u. Köln; 1998 I. SE; 2001 II. SE; 2001–04 Wiss. MA Köln; 2004–07 WiAs Köln; 2004 Prom. Köln; 2007 Habil. Köln; 2008 Prof. Augsburg; 2010 Prof. Münster
D: Dividendenbesteuerung. Europa- und verfassungsrechtliche Vorgaben im Vergleich der Körperschaftsteuersysteme Deutschlands und Spaniens, Köln 2004
H: Wettbewerbsgleichheit im internationalen Handel, Köln 2006
備考: 競争法の分野を研究する若手研究者。アウクスブルク大学では、Wolfgang Jakob (0389) の講座後継者であった。
http://www.jura.uni-muenster.de/go/organisation/institute/oeffentliches-recht/st/lehrstuhl-fuer-oeffentliches-recht-und-steuerrecht/organisation.html (写真あり)

0175
ENNUSCHAT, Jörg (エヌーシャ[ト]、イェルク)
Dr. iur., Prof., Univ. Konstanz
1965 年 (Gießen)
Öffentliches Recht und Europarecht
1985–91 Studium Bochum; 1991 I. SE; 1996 II. SE; 1991–98 Wiss. HK, später Wiss. MA u. WiAs Bochum; 1995 Prom. Bochum; 2003 Habil. Köln; 1998–2004 WiAs, später Akad. Rat Köln; 2004 Prof. (C 3) Bielefeld; 2005 Prof. (W 3) Konstanz
D: Militärseelsorge. Verfassungs- und beamtenrechtliche Fragen der Kooperation von Staat und Kirche, Berlin 1996
H: Infrastrukturgewährleistung durch Privatisierung und Regulierung, 2002 (公刊を確認することができなかった)
AL: Peter J. Tettinger (0882)
備考: 主に地方自治法を研究。業績の中には、珍しい研究対象として、師との共著による「宝くじ法」の構造分析を行っている (Peter J. Tettinger/Jörg Ennuschat, Grundstrukturen des deutschen Lotterierechts, München 1999, 165 S.)。
http://www.uni-konstanz.de/FuF/Jura/ennuschat/vita.php (写真あり)

0176
EPINEY, Astrid (エピネ、アストリート) 瑞 女性
Dr. iur., Prof., associée, Univ. Fribourg/CH
1965 年 07 月 09 日 (Mainz)
VL: Staatsrecht, Völkerrecht und Europarecht
1984–89 Studium Mainz; Lausanne; Mainz; I. SE; 1989–91 (Teilzeit-) Studium Lausanne (Abschluß: Licence en droit, mention droit suisse); 1991 Prom. Mainz; 1994 Habil. ebd.; 1994 Prof. Fribourg; 1996 ord. Prof. ebd.
B: D. völkerrechtl. Verantwortlichkeit v. Staaten f. rechtswidriges Verhalten im Zusammenhang m. Aktionen Privater (1992); D. Stellenwert d. europ. GemeinschaftsR i. Integrationsverträgen (1992); Umgekehrte Diskriminierung (1995); UmweltR i. d. EU (1997)
AL: Eckart Klein (0436)
備考 1: ドイツ出身で、スイスで活躍する女性ヨーロッパ法・国際法学者。ドイツ国際法学会理事。
備考 2: 師の E. Klein は、Hermann Mosler (0589) の門下生。その師である Richard Thoma (0886) を通じて、この学統は更に Heinrich Rosin (非会員、Freiburg、刑法、1855–1927 年) → Otto von Gierke (非会員、

Berlin → Breslau → Heidelberg → (wieder) Berlin、1841–1921 年) へと
至る。
http://www.weblaw.ch/de/content_edition/jusletter/information/
impressum.asp?name=epiney
http://www.dgfir.de/gesellschaft/organisation/
http://de.wikipedia.org/wiki/Astrid_Epiney
0177
EPPING, Volker（エッピング、フォルカー）
Dr. iur., Univ.-Prof., Leibniz Univ. Hannover
1959 年（Dortmund）
VL: Öffentliches Recht
1980–86 Studium Bochum; 1982–85 Stud. HK Bochum (Hermann Dilcher, ZivilR); 1986 I. SE; 1986–88 Wiss. HK Bochum; 1989–97 zunächst wiss. MA, dann WiAs ebd.; 1989 II. SE; 1992 Prom. Bochum; 1996 Habil. ebd.; 1999 Prof. Münster; 2001 Univ.-Prof. Hannover
D: Grundgesetz und Kriegswaffenkontrolle, Berlin 1993
H: Die Außenwirtschaftsfreiheit, Tübingen 1998
AL: Knut Ipsen（ 0377 ）
備考：国際法学者。師の K. Ipsen → Eberhard Menzel（ 0573 ）を経て、Friedrich Giese（ 0240 ）へと至る。
http://www.jura.uni-hannover.de/epping_lehrstuhlinhaber.html（写真あり）
http://www.jura.uni-hannover.de/654.html
0178
ERBEL, Günter（エァベル[エルベル]、グンター）
Dr. iur., em. Prof., Univ. Bonn
1936 年 07 月 12 日（Rheydt/Nordrh.-Westf.）
VL: Staats- u. Verwaltungsrecht
1953–54 Austauschschüler Maryland/USA; 1957–62 Studium Köln, Bonn u. Marburg/Lahn; 1962 I. SE Düsseldorf; 1962–63, 1964–65 Hiwi Bonn; 1963 Ref.; 1965 Prom. Köln; 1965 Studium Speyer; 1967 II. SE NRW; 1967 WiAs Bonn; 1968; 1970 Akad.Rat; 1972 Habil. Bonn; 1972 PD Bonn; 1974 apl. Prof. ebd.; 1982 o. Prof. ebd., emer.
B: Inhalt u. Auswirkungen d. verfassungsrechtl. Kunstfreiheitsgarantie (1966: D.); D. Sittengesetz als Schranke d. Grechte (1971: H.); D. Unmöglichkeit v. VAten (1972: H.); D. Polizei (1975); Auf d. Wege z. einem bdeseinheitl. PolizeiR (1977); Öfftl.-recht. Klausurenlehre, Bd. 1 (1977; 2. A. 1989); Bd. 2 (1981; 2. A. 1991)

AL: Hans Peters (0649); Jürgen Salzwedel (0729)
Q: K 1996, S. 301, CV; CV/Diss.
備考: 1973 年入会。警察法を研究。
http://www.koeblergerhard.de/juristen/alle/alleeSeite216.html
0179
ERBGUTH, Wilfried（エルプグート［エァプグート］、ヴィルフリート）
Dr. iur., Prof., Univ. Rostock
1949 年 05 月 04 日（Rostock/Mecklenburg）
VL: Staatsrecht, Verwaltungsrecht, Verwaltungswissenschaft
1967–72 Studium Münster/Westf.; 1972 I. SE Hamm; 1975 II. SE; 1975 Prom. Münster; 1975–78 VerwRichter (1975–76 Beurlaubung: Tätigkeit am Zentraninst f. Raumplanung Münster); 1978–80 Doz. FH Öff. Verw NRW/Bielefeld; 1979 Prof. edb.; 1980–82 Prof. FH Öff. Verw. Abt. Münster; 1982 Umweltbundesamt/Berlin; 1982 Wiederaufnahme FH Abt. Münster; 1986 Habil. Münster; 1986 PD Münster; 1989 Prof. Bochum; 1992 o. Prof. Rostock
B: Probleme d. geltenden LandeplanungsR (1975: D.); Raumordnungs- u. LdesplanungsR (1983); Rsystematische Grunfragen des UmweltR (1987: H.)
MH: Symposium Werner Hoppe (1996; mit Janbernd Oebbecke, Hans-Werner Rengeling u.a.)
AL: Werner Hoppe (0360)
Q: K 1996, S. 301/302; CV
備考: 1987 年入会。建築法、計画法、環境法などを研究。なお、師の Hoppe は Christian-Friedrich Menger (0571) の門下生。後者の師は Hans Julius Wolff (0978) であり、さらにその師は Friedrich Giese (0240) である。
http://www.jura.uni-rostock.de/Erbguth/Erbguthneu/Index.htm（写真あり）
http://de.wikipedia.org/wiki/Wilfried_Erbguth
0180
ERICHSEN, Hans-Uwe（エーリヒゼン、ハンス＝ウーヴェ）
Dr. iur., em. o. Prof., Univ. Münster
1934 年 10 月 15 日（Flensburg）
Öffentliches Recht u. Europarecht
1955–58 Studium Freiburg/Br., Hamburg u. Kiel; 1959 I. SE; 1959 Ref. u. nebenan Korr. Ass. Kiel; 1963 Prom. Kiel; 1964 II. SE; 1964–67 WiAs Kiel; 1967–69 WiAs Münster; 1969 Habil. Münster; 1970 o. Prof. Bochum; 1981 o. Prof. Münster (1986–90 Rektor); emer.

B: D. Verhältnis v. Hoher Behörde u. Besond. Ministerrat nach d. Vertrage über d. Gründung d. EG f. Kohl u. Stahl (1966: D.); D. Konnexität v. Aufgabe u. Finanzierungskompetenz im Bund-Länder-Verhältnis (1968); Verf.- u. verwlt.rechtsgeschichtl. Glagen d. Lehre v. fehlerhaften belastenden VA u. seiner Aufhebung im Prozeß (1971: H.); Verstaatlichung d. Kindeswohlentscheidung? (1978); StaatsR u. VerfassungsGer.barkeit I (3. A. 1982); II (2. A. 1979); Verwaltungsrecht u. Verwaltungsgerichtsbark. I (2. A. 1984); Elternrecht, Kindeswohl, Staatsgewalt (1985); Gemeinde u. Private im wirtschaftl. Wettbewerb (1987); Z. Umsetzung d. Richtlinie d. Rates über d. freien Zugang zu Informationen über d. Umwelt (1992)
MH: FS Christian-Friedrich Menger (1985; m. Werner Hoppe/Albert von Mutius)
AL: Georg Dahm (非会員、Kiel、国際法); Christian-Friedrich Menger (0571)
AS: Walter Krebs (0472)
Q: K 1983, S. 870; Wer ist wer 1996/97; CV; Hikasa, S. 94 f.
備考1: 1970年入会。第35回大会 (1976年) 第2テーマ主報告。1984年及び1985年の協会副理事長 (理事長は Hans Heinrich Rupp、いま一人の副理事長は Peter Häberle)。
備考2: 師の一人でもある Christian-Friedrich Menger (0571) の講座後継者。ミュンスター大学学長次代から、つい先頃まで、長らくドイツ学長会議議長をつとめた。日笠94頁には「エリクセン」と表記されているが、御本人に確認したところでは、上述の通りである。
備考3: なお、Georg Dahm については、Jost Delbrück (0131) の項目末尾を参照。
http://www.munzinger.de/search/portrait/hans+uwe+erichsen/0/19750.html
http://de.wikipedia.org/wiki/Hans-Uwe_Erichsen
0181
故 **ERLER, Georg Heinrich Johannes** (エァラー[エルラー]、ゲーオルク・ハインリヒ・ヨハンネス)
Dr. iur., Prof., Univ. Göttingen
1905年01月20日 (Münster/Westf.) 1981年03月10日 (Göttingen)
Öffentliches, Internationales u .anglo-amerikanisches Recht
Studium; 1928 Ass. Münster; 1928 Prom. Münster; 1933 NSDAP, NSRB (Bezirksführer); 1934 Landgerichtsrat Münster; 1935 Lektor für rechtswiss. Schrifttum bei der Reichsstelle zur Förderung des dt.

Schrifttums; 1938 trotz Scheiterns zweier Habilitationsanträge in Münster ao. Prof. Göttingen (Duzfreund Karl Siegerts, Vertretung des LS Gerhard Leibholzs); Lektor für das Reichsrechtsamt, Beiträge mit antisemitischem Inhalt; 1939 in Südafrika in engl. Gefangenschaft; 1943 auf Antrag Rudolf Smends in Abwesenheit o. Prof.; 1945 Internierung Australien, 19. 07. 1945 Entlassung durch Militärregierung unter Fortfall der Bezüge, 1948 Rückkehr nach Dtland, 1952 Lehrauftrag für intern. WirtschaftsR; 1953 Hon.-Prof.; 01. 04. 1954 o. Prof. Univ. Göttingen (Nachfolge Herbert Kraus), 1960 Richter Europäischer Kernenergiegerichtshof Paris
B: D. Recht d. nationalen Minderheiten (1931); Intern. Privatrecht (1949); Austoralien (1949)
AL: Ottmar Bühler (0097)
Q: K 1950, S. 427; JZ 1981, S. 493 (von Dietrich Rauschning); AöR 100 (1975); AöR 106 (1981), S. 462–464 (Nachruf; von Georg Erler); CV/Diss.
L: FS 1965 (Wirtschaft u. Atomenrgie im intern. Recht)
備考: 1952年入会。第18回大会 (1959年) 第1テーマ主報告。ご覧のように、数奇な運命をたどった人物。
Lieselotte Steveling, Juristen in Münster, Münster 1999, S. 404f. (Google Books で閲覧が可能)
http://www.koeblergerhard.de/juristen/alle/alleeSeite231.html
0182
故 **ERMACORA, Felix** (エァマッコラ、フェーリクス) 墺
Dr. iur., em. o. Prof., Univ. Wien/Österr.
1923年10月13日 (Klagenfurt) 1995年02月24日 (Wiesbaden)
Öffentliches Recht u. Rechtsphilosophie
Studium; 1948 Prom.; 1951 Habil. Innsbruck; 1953 Habil. Wien; 1961 ao. Prof. Innsbruck; 1961 o. Prof. Wien; emer.; 1971–90 Abg. zum Österr. Nationalrat
B: Zentralisation u. Dezentralisation (1952; D.); D. Verf.gerichtshof (1957); Allg. StaatsL (1970); MR in d. sich wandelnden Welt, Bd. I (1974); Griss einer allg. StaatsL (1979); Gdriss der MR in Österr. (1988); D. unbewältigte Friede. St. Germain u. d. Folgen (1989); Südtirol (1991); D. Sudetendeutschen Fragen (1992); MR ohne Wenn u. Aber (1993); D. dt. Vermögen in Polen (1996)
MH: FS Antoniolli (1979; m. Günter Winkler/Friedrich Koja/Heinz-Peter Rill/Bern-Christian Funk)

AL: Ludwig Adamovich Sen. (0005)
AS: Peter Pernthaler (0645)
Q: K 1983, S. 873; Hikasa, S. 96; Nek. K 1996, S. 1658
L: FS 1974 (D. Evolution d. öff. Recht; hrsg. v. Helga L. Stadler-Richter); FS 1988 (Fortschritt im Bewußtsein d. Grund- u. Menschenrechte; hrsg. v. Manfred Nowak u.a.; Schriftenverz., S. 651–676)
備考：1954年入会。戦後、オーストリア人としては初めて第16回大会（1957年）第2テーマで副報告に立った。長らくオーストリア国会（Nationalrat）の議員でもあった（1971–90年）。
http://www.aeiou.at/aeiou.encyclop.e/e752642.htm
http://de.wikipedia.org/wiki/Felix_Ermacora
0183
ERRASS, Christoph （エアラス、クリストフ）墺
Dr. iur., PD, Univ. St. Gallen, RA
1962年（Basel）
Öffentliches Recht
1983–85 Studium der Physik ETH (Eidgenössische Technische Hochschule) Zürich; 1985–89 Studium der RW Fribourg; 1993 Advokaturexamen Basel; 1993–96 Gerichtsschreiber am VersicherungsG des Kantons Aargau; 1998 Prom.; 1996–2006 Stellvert. Rechtsdienstchef u. MA im Bundesamt für Umwelt, Wald und Landschaft (BUWAL) bzw. Bundesamt für Umwelt (BAFU); 2007–09 Mitarbeit am NFP 59; 2007–09 Beratung BAFU; 2009 Habil.; 2009 PD St. Gallen; 2009 Gerichtsschreiber Schweizer. Bundesgerichts
D: Katastrophenschutz, Freiburg/Schweiz 1998
H: Kooperative Rechtssetzung, Zürich/St. Gallen 2010
備考：スイスの実務家教員。
http://www1.unisg.ch/org/rwa/web.nsf/SysWebRessources/CV_Christoph_Errass/$FILE/Lebenslauf_etc_Christoph_Errass+f%C3%B Cr+Lehrstuhl+Schindler.pdf
0184
故 **EVERS, Hans-Ulrich** （エーヴェルス［エーヴァース］、ハンス＝ウルリヒ）墺
Dr. iur., o. Prof., Univ. Salzburg/Österr.
1922年04月10日（Breslau）　1987年07月07日
VL: Staats- u. Verwaltungsrecht u. Rechtsphilosophie
1949–53 Studium Marburg/Lahn; 1953 I. SE; 1954 Prom. Marburg; 1953–56 Ger.Ref; 1956 Gr. SE; 1954–56 Hiwi Marburg; 1956–60 WA Marburg; 1959 Habil. Marburg; 1963 Prof. assoc. Lausanne/CH; 1964

o. Prof. TH Braunschweig/Dtland; 1971 o. Prof. Salzburg
B: D. Richter u. d. unsittliche Gesetz (1954: D.); Privatsphäre u. Ämter f. Verf.schutz (1960: H.); Verf.schutz (1966); Wer gibt d. Hochschulverfassung? (1967); Arbeitskampffreiheit, Neutralität, Waffengleichheit u. Aussperrung (1969); Bauleitplanung, Sanierung u. Stadtentwickl. (1972); D. bes. Gewaltverhältnis (1972); D. Recht d. Raumordnung (1973); D. Recht d. Energieversorgung (1974; 2. A. 1983); Regionalplanung als gemeinsame Aufgabe v. Staat u. Gemeinden (1976); Hochschullehreramt u. Abgeordnetenmandat (1976)
AL: Erich Schwinge (0820)
AS: Walter Berka (0050)
Q: K 1983, S. 889; CV; Hikasa, S. 97 f.; Nek. K 1992, S. 4253
備考：1961 年入会。第 23 回大会（1964 年）第 2 テーマ主報告。自然法に基づくプライバシー保護を研究。なお、Evers の相弟子としては、Karl Heinrich Friauf (0210) がいる。
http://www.uni-salzburg.at/portal/page?_pageid=845,249768&_dad=portal&_schema=PORTAL（写真あり）
http://www.koeblergerhard.de/juristen/alle/alleeSeite272.html

F

0185
FABER, Angela (ファーバー、アンゲラ) 女性
Dr. iur., apl. Prof. Deutscher Städtetag
1961 年 (Borken/Westfalen)
Öffentliches Recht, Europarecht, Umweltrecht
1980–86: Studium Münster; 1987 I. SE; 1989 II. SE; 1992 Prom. Münster; 1992–94 Beamtin im Presse- und Informationsamt der Bregierung/Bonn; 1994–2001 Leiterin der Freiherr-vom-Stein-Instituts, Münster; 2000 Habil. Münster; 2001–08 Hauptref. beim Landkreistag NRW in Düsseldorf; 2008 Hauptref. beim Deutschen Städtetag
D: Europarechtliche Grenzen kommunaler Wirtschaftsförderung, Köln 1992
H: Gesellschaftliche Selbstregulierungssysteme im Umweltrecht, Stuttgart 2001
AL: Werner Hoppe (0360)
備考: ドイツ市議会連合事務局に所属する実務家教員。
http://www.bkj-remscheid.de/index.php?id=1309 (写真あり)

0186
FABER, Heiko (ファーバー、ハイコ)
Dr. iur., U.Prof., Univ. Hannover, Richter Oberverwaltungsgericht Lüneburg
1937 年 10 月 01 日 (Wuppertal)
Öffentliches Recht
1957–63 Studium Bonn u. Berlin (1958–59 Wehrdienst); 1963 I. SE; 1966 II. SE; 1966 Prom. Bonn; 1963–65 HA Bonn; 1965–66 HA Kiel; 1963–65 Ger.Ref.; 1966 Ass. d. Hanseatischen OLG; 1966–68 WA Kiel; 1968–70 WA Konstanz; 1970–72 Stip. DFG; 1973 Habil. Konstanz; 1974–78 Prof. Frankfurt/M., 1978 Prof. Hannover; 2006 Ruhestand
B: Innere Geistesfreiheit u. suggestive Beeinflussung (1968: D.); Wirtsch.planung u. Bdesbankautonomie (1969); D. Verb.klage im Verw. prozeß (1972); D. OrganisationsR d. Planung (1973: H.); D. Macht d. Gemeinden (1982); VerwaltungsR (1987; 4. A. 1995); 40 Jahre GG

(1989)
AL: Helmut Ridder（ 0692 ）, Ulrich Scheuner（ 0750 ）; Ekkehart Stein
（ 0854 ）
Q: K 1996, S.313（Red.）; Wer ist wer 1996/97; CV; CV/Diss.; Hikasa,
S. 99
備考：1975 年入会。実務家教員（裁判官）。Ridder 及び Stein という "師弟
コンビ" に学んだことになる
http://www.jura.uni-hannover.de/person.html?&no_cache=1&tx_tkt3hislsf_pi2%5Bperid%5D=28478

0187
FAßBENDER, Bardo（ファスベンダー、バルドー）
Dr. iur., Univ.-Prof., Univ. der Bundeswehr München
1963 年（Königswinter am Rhein）
Öffentliches Recht, Völker- und Europarecht sowie Verfassungsgeschichte
Studium der RW, Geschichte u. Polit. Wiss. Bonn und der Yale LS; 1992 LL.M（Yale）; 1997 Prom. HU zu Berlin; 1989–91 Wiss. HK Bonn; 1995–98 Wiss. MA HU zu Berlin; 1998–2005 WiAs Ebd.; 2004 Habil. HU zu Berlin; 2008 Prof. Univ. der BW München
D: UN Security Council Reform and the Right of Veto, Martinus Nijhoff 1998
H: Der offene Bundesstaat, Tübingen 2007
AL: Christian Tomuschat（ 0890 ）
備考：国際法学者。なお、Kurt Faßbender（ 0188 ）の備考欄も参照のこと。
http://www.unibw.de/ifip/Voelkerrecht/unibw_folder.2007-08-08.1713991792/BiographischeInformationen（写真あり）

0188
FAßBENDER, Kurt（ファスベンダー、クルト[クァト]）
Dr. iur., Prof., Univ. Leipzig
1968 年（Königswinter/Rhein）
Öffentliches Recht, insbesondere Umwelt- und Planungsrecht
1988–92 Studium Trier; 1993 I. SE; 1998 II. SE; 1993–94 Wiss. MA Trier; 1994–96 Wiss. MA Bonn; 1998–2000 RA in Koblenz; 1999 Prom. Bonn; 2000–06 WiAs Bonn; 2006 Habil. Bonn; 2009 Prof. Leipzig
D: Die Umsetzung von Umweltstandards der Europäischen Gemeinschaft, Köln u.a. 2001
H: Werberecht – Ein Rechtsgebiet im Spannungsfeld unterschiedlicher

Rechtsebenen und Rechtsmaterien（公刊を確認できなかった）
AL: Rüdiger Breuer（ 0081 ）
備考：ヨーロッパ法、環境法を研究。生地と年齢から見て、Bardo Faßbende
（ 0187 ）の弟か。
http://www.uni-leipzig.de/~stvwr/index.php?option=com_content&vie
w=article&id=7&Itemid=3（写真あり）
0189
FASTENRATH, Ulrich（ファステンラート、ウルリヒ）
Dr. iur., Prof., TU Dresden
1949 年（Oldenburg）
Öffentliches Recht, Völkerrecht, Europarecht
Studium Frankfurt/M., Tübingen, Lausanne u. Marburg; 1974 I. SE;
1976 II. SE; 1977–88 WiAs München; 1985 Prom.; 1988 Habil. München; 1989 Prof. Köln; 1993 Prof. TU Dresden
B: Kompetenzverteilung i. Bereich d. auswärt. Gewalt（1986: D.）;
Lücken im VR（1991: H.）
AL: Bruno Simma（非会員、国際司法裁判所判事、1941 年生）
Q: K 1996, S. 318（Red.）
備考 1：国際法学者。ドイツ国際法学会理事。
備考 2：ちなみに師の Simma は、Heinrich Kipp（ 0427 ）の門下生。更に
後者の師である Godehard Josef Ebers（ 0160 ）を経て、Siegfried Brie
（ 0082 ）へと至る。
備考 3：なお Simma については、 0835 と 0836 の間に置いた「番外」を
参照。
http://tu-dresden.de/die_tu_dresden/fakultaeten/juristische_fakultaet/
jfoeffl3/inhaber（写真あり）
http://www.dgfir.de/gesellschaft/organisation/
0190
FECHNER, Frank（フェヒナー、フランク）
Dr. iur., Prof., TU Ilmenau
1958 年（Tübingen）
Öffentliches Recht, Staatsrecht, Europarecht, Medienrecht, Kulturverwaltungsrecht, Recht des geistigen Eigentums
Studium Tübingen, Lausanne; I. SE; II. SE; 1989 Prom.; 1996 Habil.
Tübingen; 2000 Prof. TU Ilmenau
B: Thomas Mann u. d. Demokratie（1990: D.）; Politik u. Postmoderne
（1990）; Rechtlicher Schutz archäologischen Kulturguts（1991）; Ein
Wegweiser zum Europ. Binnenmarkt（2. A. 1992）; Geistiges Eigentum

und Verfassung (1999: H.)
AL: Thomas Oppermann (0630)
備考 1: メディア法のほか、師の学風を継いで、文化法を研究。
備考 2: なお、Technische Universität Ilmenau は、テューリンゲン自由州 (Freistaats Thüringen) に所在する。工科大学としては 1992 年創立という若い学校だが、その前身の成立は 1894 年にまで遡る。入学定員は 6,500 人、教員数 92 人である (2010 年現在)。5 学部があり、うち Fechner は (日本風に表現すると) 経済学部法学科で教鞭を執っている (本書刊行現在、公法専攻長)。
http://www.tu-ilmenau.de/oer/team/prof-dr-iur-frank-fechner/（写真あり）

0191
FEHLING, Michael (フェーリング、ミヒャエ[ー]ル)
Dr. iur., Prof., Bucerius Law School Hochschule für Rechtswissenschaft
1963 年 (Bremen)
Öffentliches Recht mit Rechtsvergleichung
Studium Freiburg/Br.; 1988 I. SE; 1991 II. SE; 1993 Prom.; 1996 LL.M Univ. of California (Berkeley); 1996–2000 WiAs Freiburg; 2000 Habil. Freiburg; 2001 Prof. Bucerius LS
D: Die Konkurrentenklage bei der Zulassung privater Rundfunkveranstalter, Berlin 1994
H: Verwaltung zwischen Unparteilichkeit und Gestaltungsaufgabe, Tübingen 2001
AL: Martin Bullinger (0100); Thomas Würtenberger (0986)
備考 1: 運輸交通法、メディア法などを研究。第 70 回大会 (2010 年) 第 3 テーマ副報告 (主報告は、Elke Gurlit)。
備考 2: ブセリウス・ロースクール (Bucerius Law School) は、公教育の伝統が強かったドイツで、法学の分野では初めて設置が認められた私立大学で、ハンブルクに所在する。有名な新聞 ZEIT とその発行人でジャーナリストの Gerd Bucerius (1906–1995 年 CDU の政治家でもあった) が設立した財団、日本流に表現すれば学校法人 (ZEIT Stiftung Ebelin und Gerd Bucerius) が設置者である (Ebelin は、ブセリウスの夫人)。本書執筆時現在、入学定員は 545 人、教員数は 23 人である。
http://www.law-school.de/prof_dr_michael_fehling_llm.html?&L=0 (写真あり)
http://www.law-school.de/fileadmin/user_upload/medien/BLS-Publikationen/Fehling_Publikationen_22092010.pdf

0192
FEIK, Rudolf（ファイク、ルードルフ）墺
Dr. iur., ao. Univ.Prof., Univ. Salzburg
1965 年 09 月 01 日
VL: Verfassungs- und Verwaltungsrecht sowie Europarecht
Studium Salzburg; 1991 Sponsion ebd.; 1992 Prom. ebd.; 1993–97 Vertragsass. Salzburg; 1997 Univ.-Ass. ebd.; 2005 Habil. Salzburg; 2005 ao. Univ.Prof. Salzburg
備考：ザルツブルク大学生え抜きのヨーロッパ法、行政法研究者。
http://www.uni-salzburg.at/portal/page?_pageid=905,436092&_dad=portal&_schema=PORTAL（写真あり）
0193
FELIX, Dagmar（フェーリクス、ダクマール）女性
Dr. iur., Prof., Univ. Hamburg
1960 年 03 月 23 日（Wilhelmshaven）
Öffentliches Recht mit dem Schwerpunkt Sozialrecht
1978–84 Studium Passau; 1985 I. SE; 1988 II. SE; 1985 Ass. Passau; Akad. Rätin Passau; 1992 Prom. Passau; 1997 Habil. Passau; 1997 Oberass. Passau; 1999 Prof. Hamburg (C3); 2002 Prof. Hamburg (C4)
D: Das Remonstrationsrecht und seine Bedeutung für den Rechtsschutz des Beamten, Köln 1993
H: Einheit der Rechtsordnung, Tübingen 1998
AL: Otfried Seewald（ 0823 ）
備考：社会保障法に取り組む。なお師の Seewald は、Werner Thieme（ 0884 ）の門下生。後者の師は Hans-Peter Ipsen（ 0375 ）であり、更に Rudolf Laun（ 0501 ）へと連なる。
http://www.jura.uni-hamburg.de/personen/felix/（写真あり）
0194
FETZER, Thomas（フェッツァー、トーマス）
Dr. iur., Prof., Technische Univ. Dresden
1970 年
Öffentliches Recht
Studium; 2000 Prom. Mannheim, WiAs Mannheim, 2009 Habil. Mannheim, PD Mannheim; 2011 Prof. TU Dresden
D: Die Besteuerung des Electronic Commerce im Internet, Frankfurt/M. u.a. 2000
H: 公刊を確認できなかった。
AL: Hans-Wolfgang Arndt（ 0017 ）

備考: 情報法を研究する割には、極めて情報に乏しい。
http://tu-dresden.de/die_tu_dresden/fakultaeten/juristische_fakultaet/jfoeffl12/lehrstuhlinhaber/index_html (写真あり)
0195
FIEDLER, Wilfried (フィートラー、ヴィルフリート)
Dr. iur., em. o. Prof., Univ. des Saarlandes (Saarbrücken)
1940 年 12 月 22 日 (Hohenstadt/Nordmähren)
Staatsrecht, Verwaltungsrecht u. VR
1960–65 Studium Tübingen, Hamburg u. Freiburg/Br.; 1965 I. SE Freiburg; 1965–66 Univ. Grenoble/Frankreich (Stip. d. DAAD); 1966 Ger.Ref.; 1967 Certificat d'Etudes Supérieures de Droit (C.E.S.) Grenoble; 1968–70 Hiwi Freiburg; 1970 Prom. Freiburg; 1970–76 WA Freiburg; 1976 Habil. Freiburg/Br.; 1977 U.Prof. Kiel; 1984 o. Prof. Saarbrücken; 2002 emer.
B: Staatskontinuität u. Verf.rechtsprechung (1972: D.); Sozialer Wandel, Verf.wandel, Rsprechung (1972); Staats- u. völkerrechtl. Probleme d. Staatsuntergangs (1976); Funktion u. Bedeutung öff.rechtl. Zusagen im VerwR (1977: H.); D. Kontinuitätsproblem im VR (1978); Fortbildung d. Verf. durch d. BVerfG? (1979); D. erste dt. Nationalvers. 1848/49 (1980); D. materiell-rechtl. Bestimmungen d. VwVfG u. d. Systematik d. verw.rechtl. Handlungsformen (1980); VerfR u. VR. Gedächtnisschrift f. W. K. Geck (1989); Intern. Kulturgüterschutz u. Deutsche Frage (1991); D. Bild H. Hellers in d. Dt. Staatsrechtswiss. (1994); Kulturgüter als Kriegsbeute? (1995)
MH: GS Karl Wilhelm Geck (1989; m. Georg Ress)
AL: Konrad Hesse (0329)
Q: K 1996, S. 330; Wer ist wer 1996/97; CV; Hikasa, S. 100 f.
備考: 1977 年入会。Karl Wilhelm Geck (0231) の講座後継者。行政法では、公法上の確約論で知られる。
http://archiv.jura.uni-sb.de/FB/LS/Fiedler/
http://de.wikipedia.org/wiki/Wilfried_Fiedler
0196
故 **FINGER, August Anton Franz** (フィンガー、アウクスト[アォクスト]・アントン・フランツ)
Dr. iur., o. Prof., Univ. Halle an der Saale, Geheimer Justizrat
1858 年 04 月 02 日 (Lemberg/Polen) 1935 年 09 月 02 日 (Halle a. d. S)
Strafrecht, Rechtsphilosophie, Staats- u. Völkerrecht
1876–80 Studium Prag, Wien u. Leipzig; Gerichts-, Verwaltungsdienst

Österreich; 1881 Prom. Dt. Univ. Prag; 1890 Habil. Prag; 1890 PD Prag; 1891 ao. Prof. Prag; 1894 o. Prof. Prag（Strafrecht）; 1900 o. Prof. Würzburg; 1902 Halle（1909–10 Rektor）; 1926 emer.
B: D. objekt. Tatbest. als Strafzumessungsgrund（1888）; D. Begriff u.Gefahr u. s. Anwendg. i. StrafR（1888）; D. strafrechtl. Behandlung d. gemind. Zurechnungsfähigkeit（1905）; D. österr. Strafrecht（4. A. 1913）; Lehrbuch d. dt. StrafR（1904）
Q: KLK 1917, S. 410; Wer ist's, 1922, S. 391; K 1935, S. 319
L: DJZ 1928, S. 508（von Oetker）
備考：1928年入会。ボヘミア・モラヴィア地方の学者の家系。他の例（Alexander Graf zu Dohna（ 0145 ）、Eugen von Jagemann（ 0386 ））にも見られたように、戦前期には刑法学者も国法学者協会に加入していた。ハレ大学では、刑法・法哲学及び民法講座を保有。Gerichtssaal誌の編者であった。ドイツ人民党（Deutsche Volkspartei, DVP）に加入（1918–1932年）。
http://www.catalogus-professorum-halensis.de/fingeraugust.html（写真あり）
http://www.deutsche-biographie.de/sfz16113.html
 0197
FINK, Udo（フィンク、ウ［ー］ド）
Dr. iur., Prof., Univ. Mainz
1957年12月19日（Saarbrücken）
VL: Staatsrecht, Verwaltungsrecht und Völkerrecht
1978–84 Studium Saarland; 1984 I. SE; 1987 II. SE; 1985–90 wiss. MA Saarland; 1991 Prom. Saarland; 1990 wiss. MA, 1992 WiAs Köln; 1996 Habil. Köln; 1996 Prof. Göttingen; 2000 Prof. Mainz
D: Selbstbestimmung und Selbsttötung, Köln u.a. 1992
H: Kollektive Friedenssicherung, Frankfurt/M. u.a. 1996
AL: Hartmut Schiedermair（ 0752 ）
備考1：国際法・ヨーロッパ法研究者。
備考2：師の Schiedermair は Hermann Mosler（ 0589 ）の門下生であり、その師である Richard Thoma（ 0886 ）を通じて、この学統は更に Heinrich Rosin（非会員、Freiburg、刑法、1855–1927年）→ Otto von Gierke（非会員、Berlin → Breslau → Heidelberg →（wieder）Berlin、1841–1921年）へと至る。
http://www.jura.uni-mainz.de/fink/145.php
 0198
FISAHN, Andreas（フィザーン、アンドレア［ー］ス）
Dr. iur., Prof., Univ. Bielefeld

1960 年
Öffentliches Recht, insbesondere Umwelt- und Technikrecht, Rechtstheorie
1981–85 Studium RW, Philosophie, Politik u. Geschichte Würzburg, Köln, Marurg u. Göttingen; 1987 I SE; 1994 II. SE; 1987–91 Wiss. HK Göttingen; 1992 Prom. Göttingen; 1995 WiAs Bremen; 2001 Habil. Bremen; 2004 Prof. Bielefeld
D: Eine Kritische Theorie des Rechts, Aachen 1993
H: Demokratie und Öffentlichkeitsbeteiligung, Tübingen 2002
AL: Ralf Dreier (0152)
備考: 法理論から憲法原論を研究。
http://www.jura.uni-bielefeld.de/Lehrstuehle/Fisahn/Lehrstuhl/Fisahn.html（写真あり）
http://www.jura.uni-bielefeld.de/Lehrstuehle/Fisahn/Lehrstuhl/PersDaten.html

0199
FISCHER, Kristian (フィッシャー、クリスツィアン)
Dr. iur., apl. Prof., Univ. Mannheim, RA
1966 年 11 月 12 日（Bonn）
Öffentliches Recht, Europarecht und Rechtsvergleichung
1986–91 Studium Mannheim; 1988–94 Wiss. HK/Ang. Mannheim; 1991 I. SE; 1994 II. SE; 1993 Prom. Mannheim; 1995–96 Wiss. Ang. Mannheim; 1998–2001 WiAs Mannheim; 2000 Habil. Mannheim; 2001 Hochschuldozent Mannheim
D: Die Kollision von nationalem Berufsrecht mit der Niederlassungsfreiheit in der Europäischen Gemeinschaft, Frankfurt/M. u. a 1993
H: Strategien im Kreislaufwirtschafts- und Abfallrecht, Heidelberg 2001
AL: Hans-Wolfgang Arndt (0017)
備考: 環境法を研究する実務家教員（弁護士）。
http://www.taxlaw.uni-mannheim.de/mitarbeiter/ausserplanmaessige_professoren/prof_dr_kristian_fischer/index.html（写真あり）

0200
FISCHER-LESCANO, Andreas (フィッシャー＝レスカーノ、アンドレア[ー]ス)
Dr. iur., Prof., Univ. Bremen
1972 年
Öffentliches Recht, Europarecht, Völkerrecht, Rechtstheorie, Rechts-

politik
1994–99 Studium RW u. Philosophie Tübingen, Göttingen, Universidad Pontificia Comillas (ICADE) /Madrid u. Frankfurt/M.; 1999 I. SE; 2001 II. SE; 2001–04 Wiss. MA FFM; 2003 Prom. FFM; 2003–04 MA, MPI Heidelberg; 2004–06 Wiss. MA FFM; 2006 Akad. Rat FFM; 2007 Habil. FFM; 2008 Prof. Bremen
D: Globalverfassung, Weilerswist 2005
H: Rechtskollisionen in der Weltgesellschaft, Frankfurt/M. 2007
備考：ブレーメン大学の国際法学者。
http://www.zerp.uni-bremen.de//site.pl?user=_,1283757578,7sw9f3W AJXsA&area=Index-AFL-2&navigation-area=5&sub-navigation-area=190（写真あり）
http://de.wikipedia.org/wiki/Andreas_Fischer-Lescano

0201

故 **FLEINER, Fritz** （フライナー、フリッツ）瑞
Dr. iur., o. Prof., Univ. Zürich/CH
1867 年 01 月 24 日（Aarau/CH） 1937 年 09 月 20 日（Ascona/CH）
Staats-, Verwaltungs-, Kirchenrecht
1887 Studium Zürich, Leipzig, Berlin u. Paris; 1891 SE Arrau; 1890 Prom. Zürich; 1892 Habil. Zürich; 1892 PD Zürich; 1895 ao. Prof. Zürich; 1897 o. Prof. Basel; 1906 o. Prof. Tübingen; 1908 o. Prof. Heidelberg; 1915–36 o. Prof. Zürich/CH
B: Die rechtl. Stellung d. kath. Kirche zur obligator. Zivilehe des Kantons Aargau (1890: D.); D. trident. Ehevorsch. (1892: H.); D. Ehescheidg. Napoléons I. (1893); Umbildung civilrechtl. Institute durch d. öff. Recht (1906); Staatsrechtl. Gesetze Württembergs (1907); Institutionen d. dt. VerwR (1911; 8. A. 1928: auch japan., span., franz. u. neugriech.); Unitarismus u. Föderalismus i. d. Schweiz u. der USA (1931); Tradition, Dogma, Entwicklung als aufbauende Kräfte d. schweiz. Demokratie (1933)
AL: Gustav Vogt (Zürich、非会員、Staatsrecht、1829–1901 年)
Q: Wer ist's, 1922, S. 401; K 1935, S. 333; Nek. K 1950, S. 2380; CV/Diss.; Genealogie Oppermann, S. 199/200; Born, Geschichte, S. 160
L: FS 1927; FS 1937; Zaccaria Giacometti, F. F., in: SJZ 34 (1937), S. 145–149; Stolleis, Geschichte III, S. 408 m. w. N.; Meyer-Hesemann, Methodenwandel, S. 53 FN 1; Schultheß, Schweizer Juristen; Roger Müller: Verwaltungsrecht als Wissenschaft. Fritz Fleiner 1867–1937, Frankfurt/M. 2006

備考 1: 1929 年入会。第 6 回大会（1929 年）第 1 テーマ主報告（H. 6）。スイス生まれで、Otto Mayer（ 0562 ）の行政法学を継承し、発展させた。『行政法撮要』の「和訳」として、山田準次郎(訳)『獨逸行政法論』（1997 年・信山社）がある。
備考 2: Heidelberg における講座後継者は、Gerhard Anschütz（ 0011 ）。
http://www.unisg.ch/~/media/Internet/Content/Dateien/Schools/LS/Lehrstuhl%20Schindler/Kurzbiographien%20zum%20schweizerischen%20Verwaltungsrecht.ashx?fl=de（写真あり）
http://www.hls-dhs-dss.ch/textes/d/D15841.php

0202
FLEINER-GERSTER, Thomas Martin（フライナー＝ゲルスター［ゲァスター］、トーマス・マルティン［マーティン］）瑞
Dr. iur., Dr. h.c., LL.M., o. Prof., Univ. Freiburg i. Ue.（Fribourg）
1938 年 07 月 16 日
VL: Staats-, Verwaltungs- u. Völkerrecht
1958–65 Studium Zürich u. Paris; 1965 Prom. Zürich; 1967–68 Yale Law School（1968 LL.M.）; 1969 Ass.Prof. Freiburg i. Ue; 1971 Habil. ebd.; 1969 Assist.prof. Freiburg i. Ue.; 1970 PD Freiburg i. Ue.; 1970 o. Prof. Freiburg i. Ue.; emer.
B: D. Kleinstaaten i. d. Staatenverbindungen d. 20. JH.（1965: D.）; D. Delegation als Probl. d. Verf.- u. VerwR（1971: H:）; Recht u. Gerechtigkeit（1975）; Gzüge d. Allg. u. Schweiz. VerwR（1977; 2. A. 1980）; Allg. StaatsL（1980; 2. A. 1995）; Was sind MR（1996）
AL: Werner Kägi（非会員、Zürich、1909–2005 年）
Q: K 1983, S. 985; CV; CV/Diss.; Hikasa, S. 102
備考: 1972 年入会。第 45 回大会（1986 年）第 2 テーマ報告。1992 年及び 1993 年の協会副理事長（理事長は Thomas Oppermann、いま一人の副理事長は Hartmut Maurer）。なお、スイス出身の副理事長は Max Imboden（ 0374 ）以来の出来事。来日経験あり。
http://www.thomasfleiner.ch/index.php?page=45&lang=0（写真あり）

0203
故 **FLEISCHMANN, Max**（フライシュマン、マ［ッ］クス）
Dr. iur., em. o. Prof., Univ. Halle an der Saale
1872 年 10 月 05 日（Breslau） 1943 年 01 月 14 日（Berlin）
Saats-, Völker-, Kirchen-, Kolonialrecht
1891–94 Studium Rechts- u. Staatswiss. sowie neuere Geschichte Breslau; 1894 SE; 1896 Prom. Halle; 1900 Hilfsrichter Halle; 1902 Habil. Halle; 1902 PD Halle; 1911 ao. Prof. Königsberg/Pr.; 1915 o. Prof.

Königsberg; 1917–19 Senatsvorsitzender des Reichsschiedsgerichtes für die Kriegswirtschaft; 1921 Halle; 1930 Gesandter bei Haager Konferenz (Völkerrechtskodifikation); 1933 Gehalt gekürzt; 1935 Zwangspensionierung
B: D. pignus i. causa judicati captum (1896: D.); Kommentar zum Margarineges. (1898); D. Weg d. Gesetzgeb. in Preußen (1899: H.); VRsquellen (1905); Auslieferg. u. Nachteile nach dt. Kol.-Recht (1906); Über d. Einfluß d. röm. Rechts auf d. dt. StaatsR (1908); D. Juristenfakultät in Breslau (1911, in: DJZ); D. Maskat-Fall (1913); D. Tarifabreden i. Straßenbenutzungs-Verträge (1917); L'obligation imposée à l'Allemagne de réparer les conséquences des Mesures prises par elle en territoire ennemi occupé (1922)
AL: Wlassak, Leonhard, Fischer (ともに非会員、Breslau)
Q: Wer ist's, 1922, S. 403; K 1935, S. 334; NDB, Bd. 5, S. 236
L: Kurzbiographie, in: Göppinger, Juristen, S. 231 m. w. N.
備考：戦前原始会員（1924年入会）。1943年1月14日、ユダヤ人バッジ（ダビデの星）の着用を拒否してゲシュタポによりベルリンで逮捕され、自殺した国際法学者。植民地法を研究。なお、同姓同名人がいる（1884–1960年）ので、注意のこと（参照：http://www.koeblergerhard.de/juristen/alle/allefSeite197.html）。
http://www.catalogus-professorum-halensis.de/fleischmannmax.html（写真あり）

0204
FOLZ, Hans-Ernst（フォルツ、ハンス＝エルンスト[エァンスト]）
Lic. et. Dr. iur., em. Prof., Univ. Hannover
1933年04月18日（Saarlouis）
Öffentliches Recht
1952–56 Studium Saarbrücken u. Freiburg/Br.; 1957 I. SE; 1957–60 GerRef; 1961 Prom. Saarbrücken; 1964–68 Bearb. e. Habil.; 1968 Habil. Saarbrücken; 1968 PD Saarbrücken; 1971 Prof. ebd.; 1976 Prof. Linz/Österr.; 1980 Prof. Marburg/L.; 1987 Prof. Hannover; emer.
B: Staatsnotstand u. NotstandsR (1962: D.); D. rechtl. Schicksal d. Warndtkohleabgabe (1970: H.); Rfragen u. baul. Nutz. in bergbaubetroffenen Gebieten (1973/74); D. Geltungskraft fremder Hoheitsäußerungen (1975); D. kommun. Rücklagen aus Miteln d. Schlachthofgebührengesetze (1976); D. US-amer. Präs.wahl zw. Verf.normativität u. pol. Praxis (1989); D. soz. Marktwirtschaft als Staatsziel? (1994); D. Ausgleich v. Sachschäden im neuen BergR (1996)

MH: FS Ignaz Seidl-Hohenveldern (1988; m. Karl Heinz Böckstiegel/ Manfred Mössner u.a.)
AL: Werner Thieme (0884), Herbert Wehrhahn (0940); Ignaz Seidl-Hohenveldern (0826)
Q: K 1996, S. 349; CV; Hikasa, S. 103; Zehetner Franz (Hrsg.), FS für Hans-Ernst Folz, Wien 2003
備考：1970年入会。収用法を研究。
http://www.koeblergerhard.de/juristen/vips/viwfSeite40.html
0205
FOLZ, Hans-Peter (フォルツ、ハンス・ペーター)
Dr. iur., PD, Univ. Augsburg
1960年
Staatsrecht, Völkerrecht und Europarecht
1982 Studium Wien, Marburg, Genf, München; 1989 I. SE; 1992 II SE; 1992 Wiss. MA Bielefeld; 1997 Prom. Bielefeld; 1997 WiAs Augsburg; 2004 Habil. Augsburg
D: Demokratie und Integration, Heidelberg, 1999
H: 題名と公刊を確認できなかった。
AL: Christoph Vedder (0906)
備考：ヨーロッパ法学者のようであるが、詳細はよく分からなかった。
http://www.unibw.de/praes/universitaet/aktuelle-meldungen/fotos-fachtagung-europa/priv.-doz.-dr.-hans-peter-folz/view（写真あり）
http://www.koeblergerhard.de/Rechtsfakultaeten/Augsburg196.htm
0206
故 **FORSTHOFF, Ernst** (フォルストホ[ッ]フ、エルンスト[エァンスト])
Dr. iur., em. Prof., Univ. Heidelberg
1902年09月13日 (Mühlheim)　1974年08月13日 (Heidelberg)
Öffentliches Recht, Verfassungsgeschichte, Kirchenrecht
Studium Philosophie u. RW Freiburg, Marburg u. Bonn; 1925 Prom.; 1930 Habil. Freiburg/Br.; 1930 PD Freiberg; 1933 o. Prof. Frankfurt/ M.; 1935 Prof. Hamburg; 1936 (gegen seinen Willen) Prof. Königsberg/ Pr.; 1941 Lehrverbot Univ. Wien; 1943–46 o. Prof. Heidelberg; 1945 von der Ausübung der Lehre ausgeschlossen; 1949–67 o. Prof. Heidelberg (1952 Lehrtätigkeit); freiwill. vorzeit. em.
B: D. öffentl. Körperschaft im Bdesstaat (1931: H.; Neudr. 1995); D. Krise d. Gemeindeverwaltung (1932); D. Verwaltung als Leistungsträger (1938); Recht u. Sprache (1940); Grenzen d. Rechts (1941); Deutsche Verf.gesch. d. Neuzeit (1941; Nachdruck d. 4. A. 1989);

Lehrbuch des VerwR I , AT (1950; 10. A. 1973); D. Verf.widrigkeit
d. Zweigstellensteuer (1960); Rstaat im Wandel (1976)
H: FS Carl Schmitt (1959; m. Hans Barion, Werner Weber)
AL: Carl Schmitt (0780); Fritz Marschall Freiherr von Bieberstein
(0057)
AS: Willi Blümel (0064); Harald Bogs (0070); Winfried Brohm
(0086); Prodromos Dagtoglou (0122); Karl Doehring (0144); Rolf
Grawert (0255); Hans Hugo Klein (0438); Michael Ronellenfitsch
(0706); Roman Schnur (0791); Georg-Christoph von Unruh
(0903); Karl Zeidler (0991); Wilhelm G. Grewe (0257)
Q: K 1935, S. 341; K 1950, S. 497
L: FS 1967 (FG für E. F. zum 65. GT; hrsg. v. Karl Doehring); FS
1967 (Säkularisation u. Utopie. Erbacher Studien); FS 1974 (FS f. E.
F. zum 70. GT; hrsg. v. Roman Schnur); DÖV 1967, S. 628; DÖV
1972, S. 639; DÖV 1974, S. 596; DÖV 1984, S. 675; AöR 97 (1972),
S. 420 (von Werner Weber); AöR 99 (1974), S. 650–653 (Nachruf;
von Karl Doehring); Die Verwaltung 1/1975, S. 1–3 (Ernst Forsthoff,
von Klaus Vogel); Stolleis, Juristen, S. 212–213 m. w. N. (von Florian
Hermann); Meyer-Hesemann, Methodenwandel, S. 82; Hollerbach,
Kr, S. 36;
U: Ulrich Strost, Staat und Verfassung bei E. F., Frankfurt/M. 1978;
Strost, in: Heyen
備考：1932年入会し、戦後原始会員（1950年入会）。父親が教区牧師（Pfarrer）の家庭に育つ。師Schmittの取りなしで、フライブルク大学のFreiherr
v. Biebersteinの（ 0057 ）の弟子となった（Hollerbach, Kr., S. 36）。わが国
にも大きな影響を与えた「給付行政理論」の創唱者。いわゆる「シュミット
学派」に属する（フォルストホフとシュミットの間の書簡交換に関しては、
Dorothee Mußgnug/Reinhard Mußgnug/Angela Reinthal (Hrsg. von):
Ernst Forsthoff – Carl Schmitt. Briefwechsel 1926–1974, Berlin 2007.
592 S. が大変興味深い）。同書副題にも明瞭なように、両者はフォルストホ
フの死の年（1974年）まで書簡を交わしており、少なくともフォルストホフ
については、「シュミット学派」を語ることは間違いではない（なお、同書に
収録の書簡数は359点に及ぶ。年長のシュミット［1888年生まれ］は長命で、
1985年に没した）。第12回大会（1953年）第1テーマ主報告。Carl-Hermann
Ule (0901) と並び、日本公法学会名誉会員であった。
http://de.wikipedia.org/wiki/Ernst_Forsthoff
0207
FRANK, Götz（フランク、ゲッツ［ゴェッツ］）

Dr. iur., Dr. h.c., Prof., Univ. Oldenburg
1944 年 11 月 06 日（Wewelsburg/Westf.）
VL: Staats- u. Verwaltungsrecht
1964–69 Studium Frankfurt/M., Kiel u. Konstanz; 1969 I. SE; 1969–72 Aufbaustudium Konstanz; 1972 Prom. Konstanz; 1972–74 GerRef Konstanz u. nebenamtl. Hiwi Konstanz; 1974 II. SE; 1974–78 WissMA Frankfurt; 1978 AkadRat Hannover; 1979 Habil. Hannover; 1979 PD Hannover; 1983 apl. Prof. ebd.; 1990 Prof. Oldenburg
B: Abwehr völkerfriedensgefährd. Presse durch innerstaatl. Recht (1974: D.); Lokaler Infrastrukturmangel u. komm. Finanzausstatt. (1981: H.); Sozialstaatsprinzip u. Gesundheitssystem (1983); Verkehrsberuhigung u. VerkehrsR (1992)
AL: Ekkehart Stein (0854); Heiko Faber (0186)
Q: K 1996, S. 353; CV
備考 1: 1981 年入会。経済法を研究。
備考 2: 師の Faber は Ekkehart Stein (0854) の門下生。後者の師は Helmut Ridder (0692) で、Friedrich Klein (0437) を経て Friedrich Giese (0240) へと至る。
http://www.uni-oldenburg.de/index/personen/?username=GFrank
http://www.koeblergerhard.de/juristen/alle/allefSeite264.html

0208
FRANKENBERG, Günter （フランケンベルク、ギュンター）
Dr. iur., Dr. phil., Prof. Univ. zu Frankfurt/M.
1945 年 06 月 19 日（Karlshafen/Hessen）
Öfentliches Recht, Rechtsphilosophie, Rechtsvergleichung
Studium, 1972 I. SE; 1974 II. SE; 1978 Prom. (Dr. phil.) TU München; wiss. MA. MPI/Starnberg; 1981 Prom. (Dr. iur.) Bremen; 1984 Prof. FH Frankfurt/M.; 1993 o. Prof. FFM
D: (Dr. Phil.) Verrechtlichung schulischer Bildung, 1978; (Dr. iur.) Schulrech, Ffm 1984
H: 該当なし
AL: Ulrich K. Preuß (0667)
備考:「ブレーメン学派」ゆえに、教授資格論文が存在しない。なお、その学統は師のPreußを経て、Helmut Ridder (0692) → Friedrich Klein (0437) → Friedrich Giese (0240) へと至る。
http://www.jura.uni-frankfurt.de/fb/fb01/ifoer1/frankenberg/person.html（写真あり）
http://de.wikipedia.org/wiki/G%C3%BCnter_Frankenberg

[0209]
FRANZIUS, Claudio（フランツィウス、クラウディオ）
Dr. iur., PD, Humboldt-Univ. zu Berlin
1963 年
VL: Staats- und Verwaltungsrecht, Europarecht und Verwaltungswissenschaften
1985–88 Studium Ethnologie u. Politikwiss. Frankfurt/M. u. FU Berlin; 1986–92 Studium RW FU Berlin u. Univ. Paul Valéry/Montpellier; 1992 I. SE; 1995 II. SE; 1999 Prom.; 2007 Habil. HU Berlin; 1994–2000 Wiss. MA HU Berlin; 2000–03 Graduiertenkolleg; 2004 - 2007 WiAs HU Berlin
D: Die Herausbildung der Instrumente indirekter Verhaltenssteuerung im Umweltrecht der Bundesrepublik Deutschland, Berlin 2000
H: Gewährleistung im Recht, Tübingen 2009
AL: Michael Kloepfer（[0440]）
備考：自身のホームページから、独自の情報発信を試みるヨーロッパ法・環境法学者。わが国にも、知人が多い。
http://www.claudio-franzius.de/franziusc.htm（写真あり）

[0210]
FRIAUF, Karl Heinrich（フリーアゥフ、カール[カルル]・ハインリヒ）
Dr. iur., LL.M., em. o. Prof., Univ. Köln
1931 年 07 月 31 日（Treysa/Bez. Kassel）
VL: Öffentliches Recht einschließlich Finanz- u. Steuerrecht
1952–55 Studium Marburg/L. u. München; 1957–58 Harvard Law School/USA; 1956 I. SE Frankfurt/M.; 1956–60 GRef.; 1960 II. SE Hessen; 1958 LL.M. (Harvard); 1959 Prom. Marburg; 1960 WiAs Marburg; 1965 Habil. Marburg; 1965 PD Marburg; 1966 o. Prof. Köln; emer.
B: D. Staatenvertret. in supranation. Gemeinsch. (1960: D.); Verfassungsrechtl. Grenzen d. Wirtschaftslenk. u. Sozialgestalt. d. Steuergesetze (1966: H.); D. Staatshaushaltsplan im Spannungsfeld zw. Parlam. u. Reg. (1968); Gemeindl. Ausgleichsansprüche b. Hochschulbau (1972); Verfassungsrechtl. Probleme e. Reform d. Systems zur Finanzierung d. berufl. Bildung (1974); Verfassungsrechtl. Probleme d. Neuordnung d. Bildungswesens im Sekundarbereich (1975); D. Abgrenzung d. Ggbungskompetenzen im Bereich d. berufl. Bildung (1975); Rfragen d. Kreisumlage (1980); Gleichberechtig. d. Frau.als Verfassungsauftrag (1981); Grundrechtsprobl. b. d. Durchführung v.

Maßn. z. Gleichberechtig (1981); Steuergleichh. am Wohnungsmarkt (1985); Kommentar z. Gewerbeordnung (1988ff.); SteuerR u. VerfR (1989); D. apothekenrechtl. Verbot d. Fremd- u. Mehrbesitzes (1992); D. Übertragung öff. Verkehr-Infrastrukturaufgaben auf Private (1997)
AL: Erich Schwinge (0820)
AS: Wolfram Höfling (0347); Ulrich Karpen (0411); Michael Kirn (0431); Winfried Kluth (0441); Martin Oldiges (0628); Rudolf Wendt (0945)
Q: K 1996, S. 364; CV
L: FS 1996 (Hrsg. v. Rudolf Wendt/Wolfrum Höfling/Ulrich Karpen/ Martin Oldiges)
備考: 1966年入会。第27回大会 (1968年) 第1テーマ主報告。ケルン大学を本拠に、税財政法を研究。有能な門下も育成した。
http://de.wikipedia.org/wiki/Karl_Heinrich_Friauf
0211

故 **FRIESENHAHN, Ernst** (フリーゼンハーン、エルンスト[ェァンスト])
Dr. iur., Dr. iur. h.c., em. o. Prof., Univ. Bonn, Bundesverfassungsrichter a. D.
1901年12月26日 (Oberhausen/Rheinland)　1984年08月05日 (Bonn)
Staats- u. Verwaltungsrrecht
1920 Studium Nationalökonomie, 1921 RW u. Staatswiss. Tübingen u. Bonn; 1924 I. SE; 1925 Ass. Bonn; 1929 II. SE; 1928 Prom. Bonn; 1932 Habil. Bonn; 1932 PD Bonn; 1938 nbeamt. Prof. Bonn; 1939 apl. Prof. Bonn; 1946 o. Prof. Bonn; 190 em.
B: D. politische Eid (1928: D.); Staatsrechtslehrer u. Verfassung (1951); D. interne Schutz d. MR (1960); D. Verf.ger.barkeit in d. BRD (1963; auch jap.); D. Wandel d. Grechtsverständnisses (1974; auch jap.)
H: FG Otto Kunze (1969; m. Kurt Ballerstedt, Oswald von Nell-Breuning)
AL: Carl Schmitt (0780); Alexander Graf zu Dohna (0145), Richard Thoma (0886)
AS: Rüdiger Breuer (0081); Jochen Abraham Frowein (0216); Hans Meyer (0581); Peter Schneider (0789)
Q: K 1983, S. 1066
L: FS 1973 (BVerfG im dritten Jahrzehnt; Jochen A. Frowein/Hans Meyer/Peter Schneider); DÖV 1970, S. 90; DÖV 1971, S. 813; JZ 1971, S. 791 (von Jürgen Salzwedel); AöR 96 (1971), S. 572 (von Frowein); DÖV 1976, S. 852; DÖV 1981, S. 960; JZ 1981, S. 847 (von

Hans Schneider); DÖV 1984, S. 845; AöR 110 (1985), S. 99–102 (Nachruf; von Jochen Abr. Frowein); CV/Diss.

備考 1: 戦後原始会員（1950年入会）。1968年及び1969年の学会理事長（副理事長は、Werner Thieme 及び Helmuth Quaritsch）。"シュミット学派"と言われることがあるが、恩師 Schmitt とは袂を分かった。戦争中は弁護士になり、ナチスに抵抗した（ケーニヒスベルク大学への招聘が、反ナチス的傾向の故に阻止された）。第16回大会（1957年）第1テーマ主報告。草創期の連邦憲法裁判所判事であった（1951–1963年）。

備考 2: 師のうち Thoma は、Heinrich Rosin（非会員、Freiburg、刑法、1855–1927年）を通じて、Otto von Gierke（非会員、Berlin → Breslau → Heidelberg → (wieder) Berlin、1841–1921年）へと連なる。Friesenhahn はこの学統を主に国内法の分野に受け継いだ。なお、国際法の分野への継受は、Hermann Mosler（ 0589 ）が行った。Friesenhahn と Mosler という2人の名伯楽により、Gierke → Thoma の系譜は、現在まで脈々と伝えられている。

http://de.wikipedia.org/wiki/Ernst_Friesenhahn
 0212
故 **FRISCH, Hans Ritter von**（フリッシュ、ハンス・リッター・フォン） 墺
Dr. iur., em. o. Prof., TH Wien/Österr.
1875年08月14日（Wien）　1941年03月15日（Wien）
Öffentliches Recht
Studium Wien; 1900 Prom.; 1904 Habil. Heidelberg; 1904 PD Freiburg; 1906 o. Prof. Basel/CH; 1912 o. Prof. Cternowitz (1914 Rektor); 1919 TH Wien; 1933 beurlaubt; 1938 reaktiviert
B: D. Verantwortlichkeit d. Monarchen u. höchsten Magistrate (1904: H.; Neudr. 1970); D. Thronverzicht (1906); D. Fremdenrecht (1910); Widersprüche in d. Lit. u. Praxis d. Schweiz. Staatsrechts (1912); Platos Idealstaat im Lichte d. Gegenw. (1914: Rektoratsrede); D. Krieg im Wandel d. Jahrtausende (1914); D. völkerr. Begriff d. Extraterritorialität (1916); D. Monrodoktrin (1917); Baugesetzkunde (1921)
AL: Georg Jellinek（非会員、Wien）
Q: K 1925, S. 254/255
L: Hollerbach, in: Heyen, S. 293 Anm. 44
備考: 戦前原始会員（1924年入会）。ウィーン大学医学部教授の Anton Ritter von Frisch（1849–1917年）の子息で、ミュンヘン大学動物学教授 Karl von Frisch（1886–1982年）の兄。

Deutsches Literatur-Lexikon, hrsg. von Konrad Feilchenfeldt, Zürich u. München 2007, S. 30

Hans Ritter von Frisch (1904–1906), in: Frank Zeiler, Biographische Skizzen zum Lehrkörper der Freiburger Rechtsfakultät in den Jahren 1860–1918, S. 124 (http://www.freidok.uni-freiburg.de/volltexte/5871/pdf/Biographische_Skizzen.pdf)
0213
故 **FRÖHLER, Ludwig** (フレーラー[フロェーラー]、ルートヴィヒ)
Dr. iur., em. o. U.Prof., H. Linz/Österr.
1920 年 04 月 20 日 (Rohrstetten/Niederbayern) 1995 年 07 月 05 日 (Linz/Donau)
Öffentliches Recht, Allgemeine Staatslehre, Politische Wissenschaften
Studium München u. Innsbruck; Staatsdienst Bayerns; 1955–59 Oberverwaltungsgerichtsrat am Bayerischen VerwGH; Prom.; 1956 Habil. Erlangen; 1956 PD Erlangen; 1959 o. Prof. H. f. Wirtsch.- Soz.wiss. Nürnberg u. Univ. Erlangen-Nürnberg; 1965 o. Prof. H. Linz (1965–67 Gründungsrektor); emer.
B: Staatsaufsicht üb. d. Handwerkskammern (1957: H.); D. Recht d. Handwerksinnung (1959); D. HandwerksR d. EWG-Staaten (1960); D. Handwerk im gemeinsamen Markt (1961), Europ. KartellR (1962); Verf.- u. verw.rechtl. Probleme d. Staatsvertrags üb. d. Einrichtung d. Anstalt d. öff. Rechts "ZDF" (1963); Werbefernsehen u. Pressefreiheit (1965); D. verf.rechtl. Glegung d. sozial. Rstaats i. d. BRD u. i. d. Rep. Österr. (1967); D. staatsrechtl. Relevanz d. Mittelstandes (1966); D. WirtschaftsR als Instrument d. Wirtschaftspolitik (1968); D. Berufszulassungsrecht d. Handwerksord. (1971); D. interessenvertretende Funktion d. Handwerkskammer (1972); D. OrganisationsR d. Handwerksordnung (1973); Orientierungshilfe zur Strukturverbesserung d. Gemeinden i. Oberösterr. (1976)
AL: Otto Bachof (0025)
AS: Johann Hengstschläger (0316); Peter Oberndorfer (0621)
Q: K 1983, S. 1076; Hikasa, S. 104; Nek. K 1996, S. 1659
L: FS 1980 (Verwaltung im Dienste v. Wirtschaft u. Gesellschaft; hrsg.: Peter Oberdorfer/ Herbert Schambeck; Veröffentl., S. 543–545)
備考：1958 年入会。"アイエルマン＝フレーラー"の行政裁判法コメンタールで有名(ただし、現在では Eyermann のみが編者)。師の Bachof → Walter Jellinek (0395) を経て、Otto Mayer (0562) へと連なる。
http://de.wikipedia.org/wiki/Ludwig_Fr%C3%B6hler
0214
FROMONT, Michel (フロモン、ミシェル) 仏

Dr. iur., Dr. h.c., Prof., Univ. Paris I (Frankfreich)
1933 年 12 月 07 日 (Renners/Frankreich)
Rechtsvergleichung, Ausl. Recht
1951–58 Studium Paris (1956–58 Stip. d. MPI/Heidelberg); 1955 Diplomes d'etudes supérieures de droit public, de droit privé et d'économic (Paris); 1958 Prom. Paris; 1962 Habil.; 1962 Prof. Univ. de la Sarre; 1966 Prof. Dijion; 1974 Prof. Bourgogne; 1988 Prof. l'Univ. Paris I (Panthéon Sorbonne); 2001 emer.
B: La répartition des compétences entre les tribunaux civils et administr. en droit allemend (1960: D.); Rschutz gegenüber d. Verwaltung in Dtland, Frankr. u. d. Europ. Gem. (1967); Le droit économique francais (1973)
AL: Jean Rivero (Paris)
Q: K 1983, S. 1082; CV; Hikasa, S. 107 ff.
備考： 1964 年入会。仏独の公法学の橋渡し役。特に、欧州統合との関係でその役割が高まりつつある。他のフランス人メンバーとして、Christian Autexier (0022)、Guy Beaucamp (0040) 及び Olivier Jouanjan (0401) がいる。
http://www.puf.com/wiki/Auteur:Michel_Fromont
 0215
FROTSCHER, Werner (フロッチャー、ヴェルナー[ヴァナー])
Dr. iur., em. o. Prof., Univ. Marburg
1937 年 09 月 20 日 (Kiel)
Öffentliches Recht
1957–62 Studium Freiburg/Br. u. Kiel; 1962 I. SE SH; 1967 II. SE Hamburg; 1964 Prom. Kiel; 1974 Habil. Kiel; 1962 WA Kiel; 1974 PD Kiel; 1976 o. Prof. Hohenheim; 1983 o. Prof. Marburg; 2005 emer.; 1987–94 Richter am Hess. VwGH
B: D. Abgrenzung d. Zuständigkeit d. Gr. Senat d. oberen Bdesgerichte v. d. Zuständigkeit d BVerfG nach Art. 100 Abs. 1 Satz 1 GG (1964: D.); D. Ausgestaltung kommunaler Netzungsverhältnis b. Anschluß- u. Benutzungszwang (1974); D. Berufsbeamtentum im demokrat. Staat (1975); Reg. als Rbegriff (1975: H.); Wirtschaftsverf.- u. Wirtschaftsverw R (1988; 2. A. 1994)
AL: Christian-Friedrich Menger (0571), Georg-Christoph von Unruh (0903)
AS: Uwe Volkmann (0914); Urs Kramer (未入会、Passau、1971 年生まれ)

Q: K 1996, S. 372; CV; CV/Diss.; Hikasa, S. 116
備考: 1975年入会。基礎理論、憲法・行政史、経済法、地方自治法の分野を研究。
http://www.uni-marburg.de/fb01/lehrstuehle/oeffrecht/frotscher
http://de.wikipedia.org/wiki/Werner_Frotscher
参考: Urs Kramer: http://www.jura.uni-passau.de/1868.html（写真あり）

0216

FROWEIN, Jochen Abraham（フローヴァイン、ヨッヘン・アブラハム）
Dr. iur., Dr. h. c., M.C.L., em. o. Prof., MPI/Heidelberg
1934年06月08日（Berlin）
VL: Staatsrecht, Verwaltungsrecht u. Völkerrecht
1953–56 Kiel, Berlin u. Bonn; 1957–58 Univ. of Michigan Law School/USA; 1956 I. SE Köln; 1957–62 Ref.; 1962 II. SE NRW; 1958 M.C.L. (Michigan); 1961 Prom. Bonn; 1967 Habil. Bonn; 1962–66 Ref. MPI/Heidelberg; 1966–67 WA Bonn; 1967 PD Bonn; 1967–69 o. Prof. Bochum; 1969 o. Prof. Bielefeld; 1981 Heidelberg; 1972–75 Mitgl. Wiss. rat u. 1973–93 Europ. Menschenrechtskommiss.; 2002 emer.
B: D. selbständige Bdesaufsicht nach d. GG (1961: D.); D. polit. Bestätigung d. Beamten (1967); D. völkerrechtl. Stellung des de-facto-Regimes (1967: H); Zur völkerr. u. verf.rechtl. Gewährleistung d. Aussperrung (1976); Zur verf.rechtl. Lage d. Privatschulen (1979)
AL: Ernst Friesenhahn (0211)
AS: Ralf Alleweldt (0009); Georg Nolte (0615); Stefan Oeter (0625)
Q: K 1983, S. 1083; Wer ist wer 1996/97; CV; CV/Diss.
備考1: 1968年入会。第31回大会（1972年）第1テーマ主報告。マックスプランク研究所（ハイデルベルク）で活躍した国際法学者。1976年及び1977年の協会副理事長（理事長はPeter Badura、いま一人の副理事長はJosef Isensee）。さらに、2000年及び2001年の理事長（副理事長は、Jörn Ipsen及びHartmut Baucr）。
備考2: 師のFriesenhahnはRichard Thoma（ 0886 ）の門下生であり、Heinrich Rosin（非会員、Freiburg、刑法、1855–1927年）を経て、Otto von Gierke（非会員、Berlin → Breslau → Heidelberg →（wieder）Berlin、1841–1921年）へと連なる。
http://de.academic.ru/dic.nsf/dewiki/695954
http://www.munzinger.de/search/portrait/Jochen+Frowein/0/23444.html
http://de.wikipedia.org/wiki/Jochen_Abraham_Frowein

0217
FRYE, Bernhard（フリーェ、ベルン[ベァン]ハルト）
Dr. iur., PD, Univ., Richter am Finanzgericht
1964 年 03 月 18 日（Frankfurt/M.）
Staats- und Verwaltungsrecht, insbesondere Steuerrecht
1984–91 Studium Frankfurt/M.; 1991 I. SE; 1994 II. SE; 1995–2001 WiAs Leipzig; 2000 Prom. Leipzig; 2001 Richter in Thüringen; 2002–08 Richter beim Landgericht Mühlhausen; 2004 Ernennung zum Richter am LG; 2008 Richter beim Thüringer FinanzG; 2010 Habil. Leipzig
D: Die Staatsaufsicht über die öffentlich-rechtlichen Rundfunkanstalten, 2000
H: Die Gesamtrechtsnachfolge im Verwaltungsrecht, insbesondere im Einkommensteuerrecht, 2010
備考：実務家教員（裁判官）。税法学者。
http://www.uni-leipzig.de/steuerrecht/pd-dr-bernhard-frye.html（写真あり）

0218
FÜHR, Martin（フューア、マルティン）
Dr. iur., Prof., Hochschule Darmstadt
1958 年（Hamburg）
Öffentliches Recht, Rechtstheorie, Rechtsvergleichung, deutsches Umweltrecht, europäisches Umweltrecht, ökonomische Analyse des Rechts, Gesetzesfolgenforschung, e-government
Studium; I. SE; II. SE; 1984 wiss. MA. Öko-Institut e. V.; 1988 Prom. FFM; 1993 Prof. FH Fulda, 1995 FH Darmstadt, 2002 Habil. FFM; Prof. Darmstadt
D: Sanierung von Industrieanlagen, Düsseldorf 1989
H: Eigen-Verantwortung im Rechtsstaat, Berlin 2003
備考：昨今の流行分野をほぼ全て研究する。その意味で、時代背景が研究者に与える影響を一身に体現している。
http://www.suk.h-da.de/index.php?id=fuehr（写真あり）
http://www.sofia-darmstadt.de/fuehr-i.0.html

0219
FUNK, Bernd-Christian（フンク、ベルント[ベァント]＝クリスツィアン）墺
Dr. iur., o. Prof., Univ. Wien/Österr.
1943 年 09 月 14 日（Trofaiach/Steiermark）
VD: Österreichisches Verfassungs- u. Verwaltungsrecht

Studium Wien; 1968 Prom. Wien; 1974 Habil. Wien; 1968–74 WA Wien; 1974 PD Wien; 1978 Prof. Graz; 1999 Prof. Linz; 1999 Prof. Wien
B: D. verfahrensfreie VA (1975: H.); D. VA im Österr. Rsystem (1978)
MH: FS Walter Antoniolli (1979; m. Felix Ermacora u.a.); FS Ludwig Adamovich (1992; m. Hans R. Klecatsky u.a.)
AL: Walter Antoniolli (0012)
Q: K 1983, S. 1100; CV
備考：1976年入会。第46回大会（1987年）第1テーマ報告。オーストリアの憲法学者。
http://staatsrecht.univie.ac.at/funk/mitarbeiterinnen/ （写真あり）
http://de.wikipedia.org/wiki/Bernd-Christian_Funk

0220
FUNKE, Andreas （フンケ、アンドレア[ー]ス）
Dr. iur., PD, Univ. zu Köln
1972年（Wolfen/Sachsen-Anhalt）
VL: Öffentliches Recht, Europarecht, Völkerrecht und Rechtsphilosophie
1995 Studium Bonn u. Köln; 2000 I. SE; 2004 Prom. Würzburg, 2005 II. SE; 2005 wiss. MA. Köln; 2010 Habil. Köln; PD Köln
D: Allgemeine Rechtslehre als juristische Strukturtheorie, Tübingen 2004
H: Umsetzungsrecht, Tübingen 2010
AL: Horst Dreier (0151)
備考：若手の国際法学者。
http://www.voelkerrecht.uni-koeln.de/3051.html （写真あり）

0221
故 **FÜRSTENAU, Wilhelm Hermann E.** （フュルステナウ[フュルステンアウ]、ヴィルヘルム・ヘルマン・E）
Dr. iur., ao. Prof., Univ. Berlin, Oberverwaltungsgerichtsrat
1868年09月19日（Marburg）　1928年09月30日（Berlin）
Staats-, Verwaltungs-, Kirchenrecht
Studium Berlin; 1888 Ref.; 1891 Prom. Berlin; 1893 Ger.Ass.; 1898 Amtsgericht Oranienburg; 1900 Habil. Berlin; 1900 PD Berlin; 1901 LG Berlin; 1907 ao. Prof. Berlin; 1908 Geheimer Reg.Rat; 1910 Oberverw.-Ger.Rat; 1925 Senatspräsident OberverwG
B: D. Grechte d. Religionsfreiheit (1891: D.); Johann Wiclifs Lehre v. d. Einteilg. der Kirche u. d. Stellg. d. weltl. Gewalt (1900: H.)

Q: Wer ist's, 1922, S. 446; K 1928/29, S. 625; Nek. K 1931, S. 3511
L: DJZ 1928, S. 1394 (von Lindenau)
備考： 戦前原始会員（1924年入会）。実務家教員（行政裁判所裁判官）。なお、似通った名前の人物（Eduard Fürstenau）が同時代に存在する（21. Januar 1862 in Marburg；† 26. Mai 1938 in Berlin）が、フルネームは Eduard August Wilhelm Fürstenau であり、建築家でもあるので、別人と解した。生没地が一緒なので、兄弟なのかもしれないが、詳らかにし得なかった。
http://www.koeblergerhard.de/juristen/tot/totfSeite279.html
0222
故 **FUSS, Ernst-Werner** （フース、エルンスト［エァンスト］＝ヴェルナー［ヴェァナー］）
Dr. iur., o. Prof., Univ. Würzburg
1924年03月10日（Hamburg） 1982年04月13日（Würzburg）
Deutsches u. ausländisches öffentliches Recht, Völkerrecht, Europarecht
Studium RW u. Staatswiss. Hamburg, 1949 I. SE; 1950 Prom. Hamburg; 1952 II. SE; 1953 Ass. Hamburg, 1961 Habil. Hamburg; 1960 PD Hamburg; 1965 o. Prof. Mannheim; 1971 Prof. Würzbung
B: D. EG u. d. Rstaatsgedanke (1968); D. Grechtsschutz i. d. EG aus dt. Sicht (1975)
AL: Hans-Peter Ipsen (0375)
Q: K 1983, S. 1104/1105; 没; Hikasa, S. 118; Nachruf NJW 1982, 1924 (von Rainer Arnold)
L: AöR 107 (1982), S. 635–636 (Nachruf; von Dieter Blumenwitz); JZ 1982, S. 574 (von Manfred Zuleeg); Nachruf NJW 1982, S. 1924 (von Rainer Arnold)
備考1： 1961年入会。第23回大会（1964年）第2テーマ副報告。ヨーロッパ法学者として独自の境地を開拓しつつあったが、早逝した。
備考2： なお、師の H. P. Ipsen を通じて、Rudolf Laun (0501) に連なる。
http://www.koeblergerhard.de/juristen/alle/allefSeite454.html

G

0223
GÄCHTER, Thomas（ゲヒター、トーマス）瑞
Dr. iur., Prof., Univ. Zürich
1971 年 06 月 19 日（Zürich）
VL: Staatsrecht, Verwaltungsrecht und Sozialversicherungsrecht
1990–96 Studium Zürich; 1996–99 Ass. Zürich; 2001–04 Gerichtssekretär VG Zürich; 2002 Prom. Zürich; 2002 Habil. Zürich; 2004–06 a.o. Prof. Luzern (Teilamt); SNF-Förderungsprof. (Zürich, Teilamt); 2006 Prof. Zürich
D: Vereinfachte Abrechnung der Sozialversicherungsbeiträge in Privathaushalten und KMU, Zürich 2002
H: Rechtsmissbrauch im öffentlichen Recht, Zürich 2005
備考：同じ年（2002 年）に博論と教論の双方を達成するという快挙を成し遂げた（31 歳）。ケープラーも下記サイトで、感嘆符を付けて賞賛（?）している。社会保険法を中心に研究している。
http://www.rwi.uzh.ch/lehreforschung/alphabetisch/gaechter/person.html（写真あり）
http://www.koeblergerhard.de/juristen/vips/viwg.html

0224
GAITANIDES, Charlotte（ガイタニーデス、シャルロッテ）女性
Dr. iur., LL. M., Prof., Univ. Flensburg
1965 年 04 月 07 日（München）
VL: Öffentliches Recht einschließlich Europa- und Völkerrecht
1984–89 Studium Frankfurt/M.; 1989 I. SE; 1990 LL. M. Univ. Autónoma Barcelona, 1993 Prom. FFM; 1995 II. SE; 1997–2003 WiAS Univ. der BW/Hamburg; 2004 Habil. FFM; 2003–07 Akad. (Ober-) Rätin BW/Hamburg; 2009 Akad. (Ober-) Rätin Flensburg; 2010 außerplanm. Prof. Flensburg
D: Die Eingliederung der ehemaligen DDR in die Europäische Gemeinschaft unter dem Aspekt der staatlichen Beihilfen, Frankfurt/M. u.a. 1994
H: Das Recht der Europäischen Zentralbank, Tübingen 2005

AL: Manfred Zuleeg (1003)
備考: 大学の所在するフランクフルトに本拠を置く欧州中央銀行を題材に、教授資格論文を書いた。
http://www.iim.uni-flensburg.de/eustudies/front_content.php?idart=4188
(写真あり)

0225
GALLENT, Kurt (ガラン、クルト[クァト]) 墺
Dr. iur., Dr. rer. pol., U. Prof., Univ. Graz/Östrr., Obersenatsrat i. R.
1920年02月18日 (Graz/Steiermark) 2010年12月31日 (Graz)
VL: Verfassungs- u. Verwaltungsrecht
Polizei- u. OrdnungsR, Bau-, VerkehrsR, Verw.Verf.R
1938–44 Dt. Wehrmacht, Friedensdienst, sodann an verschied. Frontabschnitten; 1944–47 Kriegsgefangenschaft, UdSSR; 1949–59 Hilfsarbeiter, Straßenbahnangestellter; 1951–56 Studium Graz; 1961–63 Studium (Staatsswiss.) Graz; 1956 Prom. (jur.) Graz; 1963 (rer. pol.); 1978 Habil. Graz; 1959 Dienst Magistrat Graz (1971 Senatsrat u. Leiter d. Rechtsabt.); 1961 Verw.dienstprüfung; 1983 tit. ao. Prof. Graz
B: D. Einfluß d. österr. GewerbeO auf d. WirtschaftsO (1963: D.); Österr. GemeindeR (1978: H.); Gemeinde u. Verf. (1978); Katastrophe u. Notstand (1983); Ortspolizeil. Verordnungen (1984)
Q: K 1983, S. 1120; CV
備考: スイスの公務員として活躍し、1980年の入会時、すでに60歳であった。
http://www.koeblergerhard.de/juristen/vips/viwgSeite3.html
http://www.graz.at/cms/dokumente/10161989_410977/e7979f66/110120_nachruf.pdf

0226
GALLWAS, Hans-Ulrich (ガルヴァス、ハンス=ウルリヒ)
Dr. iur., em. Prof., Univ. München
1934年04月30日 (Breslau)
VL: Staats- u. Verwaltungsrecht
1954–58 Tübingen u. München; 1958 I. SE München; 1963 II. SE München; 1961 Prom. München; 1968 Habil. München; 1962–68 WiAs München; 1968 PD München; 1972 o. Prof. München; 1999 emer.
B: D. Mißbrauch v. Grechten (1962: D.; erschien 1967); Faktische Beeinträchtigungen i. Bereich der Grechte (1970: H.); Polizei u. Bürger (1994); Grechte (2. A. 1995)
AL: Theodor Maunz (0557)

Q: K 1983, S. 1121; CV; CV/Diss.
備考: 1969年入会。第29回大会（1970年）第2テーマ副報告。ミュンヘン（マウンツ）学派の一人。Kürschnerには入会の当初から最新版まで、毎回、所属機関・住所・専攻しか載っていない。見かけどおり、些細なことには構わない豪快な性格なのであろう。
http://de.wikipedia.org/wiki/Gallwas（写真あり）

[0227]
GAMPER, Anna （ガンパー、アンナ）[墺] [女性]
Dr. iur., Univ.-Prof., Univ. Innsbruck
1975年 (Innsbruck)
Öffentliches Recht, einschließlich Allgemeiner Staatslehre und öffentlich-rechtlicher Rechtsvergleichung
1993–97 Studium Innsbruck; 1997–99 Doktoratsstudium Innsbruck; 1998–99 VertragsAss. Innsbruck; 1999 Prom. Innsbruck; 1999–2004 Univ.-Ass. Innsbruck; 2004 Habil. Innsbruck; 2004 apl. Univ.-Prof. Innsbruck; 2008 Univ.-Prof. Innsbruck（Nachfolge Peter Pernthaler）
D: Die verfassungsrechtliche Grundordnung als Rechtsproblem, Wien 2000
H: Die Regionen mit Gesetzgebungshoheit, Frankfurt u. a. 2004
備考: インスブルック大学の生え抜きで、公法原論を開拓する女性研究者。
http://www.uibk.ac.at/oeffentliches-recht/mitglieder/gamper/index.html.de（写真あり）
http://www.publiclaw.at/pl/index.php?option=com_content&task=view&id=17&Itemid=48（写真あり）
http://de.wikipedia.org/wiki/Anna_Gamper

[0228]
GÄRDITZ, Klaus Ferdinand （ゲル[ゲァ]ディッツ、クラウス・フェルディナント）
Dr. iur., Prof., Univ. Bonn
1975年 (Trostberg/Oberbayern)
Öffentliches Recht, Völkerrecht und Europarecht
1995 Studium der Pharmazie Greifswald; 1995–98 Studium der RW Bonn; 1999 I. SE; 2001 II. SE; 2002 Prom. Bonn; 1999–2002 Wiss. MA Bonn (StrafR); 2002 VerwRichter in Rheinland-Pfalz; 2002–04 RA in Bonn; 2004–09 WiAs Bayreuth; 2009 Habil. Bayreuth; 2009 Prof. Bonn
D: Strafprozeß und Prävention, 2003 Tübingen
H: Hochschulorganisation und verwaltungsrechtliche Systembildung,

2009 Tübingen
AL: Wolfgang Kahl (0407)
備考：刑事法と行政法の交錯領域を研究する若手研究者。
http://jura.uni-bonn.de/index.php?id=3944（写真あり）
0229
GAS, Tonio（ガ［ー］ス、ト［ー］ニオ）
Dr. iur., Prof., Niedersächsisches Studieninstitut für kommunale Verwaltung/Hannover
1970 年（Hannover）
VL: Öffentliches Recht, Europarecht, Allgemeine Staatslehre und ausländisches öffentliches Recht
1990 Studium Passau, Tolouse I (1993 Licence en Droit), Hannover; 1996 I. SE; 2001 Prom. Osnabrück; 2003 II. SE; Wiss. MA. Osnabrück; 2010 Habil. Osnabrück; 2010 Prof. Nieders. Studieninstitut für kommunale Verwaltung Hannover
D: Affirmative Action in Südafrika unter Berücksichtigung verfassungsvergleichender Bezüge, Baden-Baden 2002
H: 公刊を確認できなかった。
備考：若手の国際法学者。
http://www2.uni-osnabrueck.de/career_service/foerderpreise/preistraeger_2001.cfm?f_pid=148（写真あり）
0230
GASSNER, Ulrich M.（ガスナー、ウルリヒ・M）
Mag. rer. publ., M. Jur., Dr. iur., Prof., Univ. Augsburg
1957 年 03 月 25 日（Freiburg/Br.）
VL: Öffentliches Recht, einschließlich Europarecht
1983 Studium Tübingen; 1987 I. SE; 1990 II. SE; 1994 WiAs Heidelberg; Prom. Tübingen (Dr. iur.); 1995 Habil. Tübingen; PD Tübingen, HVW Speyer (Mag. rer. publ.); 1996 Studium Oxford (M. jur.); 1997 Prof. Augsburg
D: Kriterienlose Genehmigungsvorbehalte im Wirtschaftsverwaltungsrecht, Berlin 1994
H: Heinrich Triepel: Leben und Werk, Berlin 1999
AL: Thomas Oppermann (0630)
Q: K 1996, S. 390
備考：教授資格論文では、当協会の先達で有名な国際法学者 Heinrich Triepel (0891) を取り上げた。なお Opperman を通じ、学統は Herbert Krüger (0478) → Rudolf Smend (0839) へと連なる。

http://www.jura.uni-augsburg.de/fakultaet/lehrstuehle/gassner/mitarbeiter/001_gassner_ulrich_m/（写真あり）
0231
故 **GECK, Wilhelm Karl**（ゲック、ヴィルヘルム・カール[カルル]）
Dr. iur., M.A., o. Prof., Univ. des Saarlandes (Saarbrücken), LGR a. D.
1923 年 05 月 30 日 (Wattenscheid-Höntrop) 1987 年 04 月 25 日 (St. Ingbert-Reichenbrunn)
VL: Deutsches u. ausländisches öffentliches Recht u. Völkerrecht
1941–46 Wehrdienst u. Kriegsgefangenschaft; 1946–49 Studium Frankfurt/M.; 1949–50 Studium Bucknell Univ./USA (Geschichte u. polt. Wiss.); 1949 I. SE Frankfurt/M.; 1954 II. SE Frankfurt; 1950 M.A. (Bucknell Univ.): 1953 Prom. Frankfurt/M.; 1961 Habil. Heidelberg; 1952–53 WiAs i. V. Frankfurt; 1953–54 WiAs Frankfurt; 1954–56 AmtsGRat; 1962 LG.Rat 1957–61 Ref. MPI/Heidelberg (Beurlaubung vom Justizdienst); 1961 WiMA am BverfG; 1962 PD Heidelberg; 1964 o. Prof Saarbrücken
B: D. Übertragung rechtsetzender Gewalt u. d. Ausübung delegierter Legislativbefugnisse i. d. Ver. Staaten v. Amerika (1953: D.); D. völkerrechtl. Wirkungen verf.widriger Verträge (1963: H.); Promotionsordnungen u. GG (1966; 2. A. 1969); Los Planes de Reforma de las Facultades de Derecho en la Rep. Fed. de Alemania (1979); Juristenausbild. u. Gerichtsverf.R i. d. BRD (japan.)
MH: FS Hermann Mosler (1983; m. Rudolf Bernhardt, Günther Jaenicke)
AL: Hermann Mosler (0589)
Q: K 1983, S. 1143; CV; Hikasa, S. 121
L: GS 1989 (VerfR u. VR; hrsg.: Wilfried Fiedler/Georg Ress; Jur. Veröffentl., S. 1023–1033)
備考: 1963 年入会。第 27 回大会（1968 年）第 2 テーマ副報告（なお、この年は世相を反映して、「大学における学生の地位」がテーマであった）。実務家としての経験が長い国際法学者。来日経験がある（日笠 121 頁参照）。
http://www.zaoerv.de/47_1987/47_1987_2_a_219_220.pdf
0232
GEIS, Max-Emanuel（ガイス、マ[ッ]クス＝エマヌェル）
Dr. iur., Prof., Univ. Erlangen-Nürnberg
1960 年 11 月 25 日 (Augsburg)
VL: Staats- und Verwaltungsrecht, Rechtsphilosophie und Sozialrecht

1988–94 Studium in Augsburg und Freiburg; 1988–94 Akad. Rat Regensburg; 1990 Prom. Regensburg; 1994 Habil. Regensburg; 1994 Prof. Augsburg; 1995 Prof. Konstanz; 2002 Prof. Erlangen-Nürnberg
D: Kulturstaat und kulturelle Freiheit, Baden-Baden 1990
H: Die öffentliche Förderung sozialer Selbsthilfe, Baden-Baden 1997
AL: Friedhelm Hufen（ 0370 ）
Q: K 1996, S. 395（Red.）
備考：エアランゲン大学では、Richard Bartlsperger（ 0031 ）の講座後継者。国家と個人の関係から始めて、近年では高等教育法・地方自治法なども開拓している。師Hufenを通じてHans-Peter Schneider（ 0787 ）→ Konrad Hesse（ 0329 ）に連なる。
http://www.oer1.jura.uni-erlangen.de/lehrstuhlteam/lehrstuhlinhaber.shtml（写真あり）

0233
GELATTA, Diana-Urania（ジェラッタ、ディアナ＝ウラニア）伊 女性
Dr. iur., Prof., Università degli Studi di Milano
備考：遺憾ながら情報が見つからず、詳細は不明である。ミラノ大学に所属。

0234
GELLERMANN, Martin（ゲラーマン、マルティン）
Dr. iur., apl. Prof., Univ. Osnabrück, RA
1961 年（Soest/Westfalen）
VL: Öffentliches Recht und Europarecht
1981–86 Studium Münster; 1986: I. SE; 1986–88 Wiss. HK Münster (ZivilR); 1990 II. SE; 1991–93 Wiss. MA Osnabrück; 1993 Prom. Osnabrück; 1994–99 WiAs Osnabrück; 2000 Habil. Osnabrück; 2001–05 PD Bielefeld u. Kassel; 2002 RA; 2003 apl. Prof. Osnabrück
D: Beeinflussung des bundesdeutschen Rechts durch Richtlinien der EG, dargestellt am Beispiel des europäischen Umweltrechts, Köln 1994
H: Grundrechte in einfachgesetzlichem Gewande, Tübingen 2000
備考：ヨーロッパ法研究する実務家教員（弁護士）。
http://www.m-gellermann.de/index1.html

0235
故 **GENZMER, Felix Stephan Hermann**（ゲンツマー、フェーリクス・シュテファン・ヘルマン）
Dr. iur., Dr. phil. h.c., em. o. Prof., Univ. Tübingen
1878 年 03 月 25 日（Marienburg/Westpreußen）1959 年 08 月 19 日（Tübingen）
Deutsches Recht und seine Geschichte, Staatsrecht, Verwaltungsrecht,

Strafrecht, Prozessrecht, Kriminologie
Studium Berlin, Marburg, Königsberg; 1899 Ger.Ref.; 1905 Ger.Ass.; 1906 pr. Reg.Ass.; 1912 Reg.Rat; 1920 Min.Rat; Prom. Königsberg/Pr.; Verwaltungsdienst, 1906 Regierungsas.; 1912 Regierungsrat; 1919 Ministerialrat Innenministerium Preußen; 1920 o. Prof. Rostock; 1922 o. Prof. Marburg/Lahn; 1924 o. Prof. Tübingen; 1945 entpf.; 1920 Mitgl. d. Staatsgerichtshofs f. d. Dt. Reich; 1945–47 Mitglied Gesetzgebungsausschuss Heidelberg
B: Zwei altdt. Heldenlieder (1937); German. Schöpfungssagen (1944); Die Edda. Sonderausg. 3. A. 1995); Das Niebelungenlied (Reclam)
AL: Kohlrausch（非会員、Königsberg）
Q: K. 1950, S. 570/571; Nek. K 1961, S. 2371
L: Genealogie Oppermann, S. 201; AöR 84 (1959), S. 491; CV/Diss.
備考：戦前原始会員（1924年入会）を経て、戦後原始会員（1950年）。法律よりも古ゲルマン研究の方が多いという、不思議な"公法学者"。西プロイセンの法律家一家に育ち、父（Stephan Genzmer, 1849–1917年）はプロイセン高等裁判所の部長判事、また弟（Erich Genzmer, 1893–1970年）はハンブルク大学の民法・ローマ法教授であった。
http://www.deutsche-biographie.de/artikelNDB_n06-195-04.html
http://de.wikipedia.org/wiki/Felix_Genzmer_（Rechtswissenschaftler）
0236

故 **GERBER, Hans**（ゲルバー、ハンス）
Dr. iur., o. Prof., Univ. Freiburg/Br.
1889年09月29日（Altenburg/Thüringen）　1981年10月16日（Freiburg/Br.）
Öffentliches Recht
–1912 Studium Heidelberg, München, Berlin u. Jena; 1913 Prom. Jena; 1923 Habil. Marburg, 1925–26 Lehrstuhlvertretung; 1923 PD Marburg; 1927 ao. Prof. Marburg; 1929 o. Prof. Tübingen; 1934 o. Prof. Leipzig; 1941 o. Prof. Freiburg/Br.; 1957 emer.
B: Das Verbot der reformatio in peius im Reichstrafprozess (1913: D.); Auf dem Weg zum neuen Reiche (1935); Der Wandel der Rechtsgestalt der Albert-Ludwigs-Universität zu Freiburg im Breisgau (1957)
AS: Gerd Roellecke (0703)
Q: K 1950, S. 572; Nek. K 1983, S. 4825; Hikasa, S. 130 (nichts)
L: FS 1970 (Beiträge zum HochschulR; hrsg. von Martin Bullinger/Konrad Hesse/Otto Kimmnich); DÖV 1959, S. 683; AöR 84 (1959), S. 122; AöR 94 (1969), S. 605 (von Franz Wieacker); AöR 106 (1981),

S. 651–654（Nachruf; von Martin Bullinger）; FS 1970
備考: 戦前原始会員（1924年入会）を経て、戦後原始会員（1950年）。戦前最後の第7回大会（1931年）第1テーマ主報告（H. 7）。Karl Zeidler（ 0991 ）が講座後継者。
http://uni-leipzig.de/unigeschichte/professorenkatalog/leipzig/Gerber_457/
（写真あり）

 0237
GERMANN, Michael（ゲル[ゲァ]マン、ミヒャエ[ー]ル）
Dr. iur., Prof., Univ. Halle-Wittenberg
1967年
Staats- und Verwaltungsrecht und Kirchenrecht
1987–89 Studium Tübingen; 1989–90 Genf; 1990–92 Erlangen; 1992 I. SE; 1994 II. SE; 1992 Wiss. MA Erlangen; 1999 Prom. Erlangen; 2001 Habil. Erlangen; 2002 Prof. Halle-Wittenberg; 2008 kooptiertes Mitglied der Theologischen Fakultät
D: Gefahrenabwehr und Strafverfolgung im Internet, Berlin 2000
H: Die Gerichtsbarkeit der evangelischen Kirche（公刊を確認できなかった）
AL: Heinz Christoph Link（ 0519 ）
備考: ルターゆかりの大学で活動する若手の教会法学者。
http://www.jura.uni-halle.de/lehrstuehle_dozenten/lehrstuhl_germann/germann/（写真あり）

 0238
GERSDORF, Hubertus（ゲアス[ゲルス]ドルフ、フーベルトゥス）
Dr. iur., Prof., Univ. Rostock
1962年10月29日（Hamburg）
VL: Staatsrecht, Verwaltungsrecht und Recht der Europäischen Gemeinschaften
1983 Studium Hamburg; 1988 I. SE; wiss. MA Hamburg; 1991 Prom. Hamburg; 1992–93 Ass. Hamburg; 1993–99 WiAs Hamburg; 1998 Habil. Hamburg; 1999 Prof. Rostock
D: Staatsfreiheit des Rundfunks in der dualen Rundfunkordnung der Bundesrepublik Deutschland, Berlin 1991
H: Öffentliche Unternehmen im Spannungsfeld zwischen Demokratie- und Wirtschaftlichkeitsprinzip, Berlin 2000
備考: 情報法・ニューメディア法を研究。
http://www.gersdorf.uni-rostock.de/sondernavigation/lehrstuhlinhaber/curriculum-vitae/（写真あり）

[0239]
GIEGERICH, Thomas (ギーゲリ[ッ]ヒ、トーマス)
Dr. iur., Prof., Univ. Kiel
1959 年 (Wiesbaden)
Öffentliches Recht mit dem Schwerpunkt Völkerrecht und Europarecht
1978 Studium Mainz; 1984 I. SE; LL. M. Univ. of Virginia; II. SE; 1991 Prom. Mainz; 1993 wiss. MA. am BverfG; 2001 Habil.; 2002 Prof. Bremen; 2006 Prof. Kiel
D: Privatwirkung der Grundrechte in den USA, Berlin 1992
H: Europäische Verfassung und deutsche Verfassung im transnationalen Konstitutionalisierungsprozeß, Berlin 2003
AL: Eckart Klein ([0436]); Helmut Steinberger ([0858])
備考: 教授資格論文は、1534 頁の厚さである。
http://www.internat-recht.uni-kiel.de/team/professores/giegerich/giegerich# (写真あり)

[0240]
故 **GIESE, Friedrich Diedrich Kaspar** (ギーゼ、フリードリヒ・ディートリ[ッ]ヒ・カスパー[ル])
Dr. iur., o. Prof., Univ. Frankfurt/M.
1982 年 08 月 17 日 (Eitorf/Sieg)　1958 年 04 月 25 日 (Wiesbaden)
Öffentliches Recht
1901 Studium Bonn; 1904 Prom. Bonn; 1908 Gerichtsassessor; 1910 Habil. Bonn; 1910 PD Bonn u. Greifswald; 1912 ao. Prof. Posen; 1914 o. Prof. Frankfurt/M.; 1920–25 Konsistorialrat; 1923–25 Mitglied VersorgungsG/Wiesbaden, 1931–45 Prof. TH Darmstadt; 1946 em.; 1946 GastProf. Mainz u. Speyer
B: Verfassung d. Dt. Reichs. Kommentar (1919; 8. A. 1931; Nachdr. 1995); D. Verfassungen u. Wahlgesetze d. Evangel. Ldeskirchen in Dtland (1930); Dt. VerwR (1931); Staatskirchenrecht (3. A. 1949); Religionsunterricht an Berufsschulen (1934); Dt. Staats- u. Rgeschichte (1947); Allg. VerwR (1948); Allg. StaatR (1949); Das Bonner GG (1949)
AL: Philip Zorn ([1002]), Fritz Stier-Somló ([0865])
AS: Friedrich Klein ([0437]); Eberhard Menzel ([0573]); Hans Julius Wolff ([0978])
Q: Wer ist's, 1922, S. 480; K 1950, S. 585; Nek. K 1961, S. 2371
L: FS 1953 (FS für F. G.; Vorwort von Friedrich Klein), S. 251–256 (Leben u. Werk); JZ 1952, S. 541 (von Hans Julius Wolff); JZ 1958,

S. 378 (von Friedrich Klein); DÖV 1952, S. 759; DÖV 1957, S. 580; DÖV 1958, S. 452; AöR 79 (1953/54), S. 497; AöR 83 (1958), S. 121
U: Michael Stolleis, F. G., in: Diestelkamp/Stolleis (Hrsg.), Juristen FFM, S. 117–127
備考1: 戦前原始会員（1924年入会）を経て、戦後原始会員（1950年）。Frankfurt大学法学部の創立スタッフでもあった。
備考2: 師のZornは、Josef Pözl（ミュンヘン大学、1814–1881年、公法、非会員）の門下生。なお、GieseはZornを経て、Ulrich Stutz（非会員、Bonn → Berlin、法史学・教会法、1868–1938年）に連なる。また、Gieseの相弟子としては、Friedrich Heyer（ 0335 ）及びJohannes Heckel（ 0302 ）がいる。
http://www.munzinger.de/search/portrait/Friedrich+Giese/0/5775.html
http://www.bautz.de/bbkl/g/giese_f.shtml
http://www.koeblergerhard.de/juristen/alle/allegSeite195.html
参考: http://de.wikipedia.org/wiki/Ulrich_Stutz

0241
故 **GLUM, Friedrich**（グルーム、フリードリヒ）
Dr. iur., Dr. sc. pol., Dr. med. h.c., Generaldirektor der Kaiser-Wilhelm-Gesellschaft/Berlin
1891年05月09日（Hamburg） 1974年07月14日（München）
Staats-, Verwaltungs-, Steuer-, Wirtschaftsrecht
1911 Studium Jura u. Nationalökonomie München, Kiel, Berlin u. Bonn; 1916 I. SE; 1920 Prom.; 1923 Habil. Berlin; 1923 PD Berlin; 1930 nb. ao. Prof. Berlin; 1922–37 Generaldirektor d. KW-Gesellschaft u. Generalsekretär Inst. f. ausl. öff. Recht u. VR/Berlin; 1937 Entlassung aus politischen Gründen; bis 1943 Hilfsarbeiter in der jur. Abt. des Stickstoff-Syndikates; 1945 Bayerische Staatskanzlei/München; 1950 zurück zur Kaiser-Wilhelm-Gesellschaft
B: D. staatsrechtl. Stellung d. Reichsreg. sowie d. Reichskanzlers u. d. Reichsfinanzministers i. d. Reichsregierung (1925: H.; Nachdr. 1995); Zum Problem d. Staatsautorität (1932)
Q: Nek. K 1976, S. 3652; 没
備考: 戦前原始会員（1924年入会）を経て、戦後原始会員（1950年）。実務家の道を歩み、学者としては議会制を研究。
http://de.wikipedia.org/wiki/Friedrich_Glum

0242
故 **GMELIN, Hans G. A.**（グメーリーン、ハンス・G・A）
Dr. iur., o. Prof., Univ. Gießen

1878 年 08 月 13 日（Karlsruhe） 1941 年 02 月 14 日（Gießen）
Öffentliches Recht, Vergleichende Verfassungsgeschichte, Kolonialrecht
1879 Studium RW u. Geschichte Tübingen, Heidelberg, München, Berlin, Bonn u. Freiburg/Br.; Spanien, Frankreich u. Italien; 1905 Prom.; 1906 Habil. Freiburg/Br.; 1912 ao. Prof. Kiel; 1913 o. Prof. Kiel; 1913 Prof. Gießen
B: Stud. z. spa. Verg.geschichte d. 19. Jh. (1905); Über Umfang d. kgl. Verordnungsrechts u. d. Recht z. Verhäng. d. Belagerszust. i. Italien (1907); Verf.entwicklung v. Algerien (1911)
AL: Richard Schmidt (0771)
Q: Wer ist's, 1922, S. 491; K 1935, S. 408
L: Hollerbach, in: Heyen, S. 294 FN 50 m. w. N.
備考：戦前原始会員（1924 年入会）。比較憲法史という珍しい分野の先駆者。なお、師 R. Schmidt は、Adolf Wach（Leipzig、民訴、非会員、1843–1926 年）の門下生。
Hans Gmelin (1906–1913), in: Frank Zeiler, Biographische Skizzen zum Lehrkörper der Freiburger Rechtsfakultät in den Jahren 1860–1918, S. 111f. (http://www.freidok.uni-freiburg.de/volltexte/5871/pdf/Biographische_Skizzen.pdf)
http://www.koeblergerhard.de/Rechtsfaecher/Verfassungsrecht501.htm
0243
GOERLICH, Helmut （ゲーアリヒ［ゴェーアリヒ］、ヘルムート）
Dr. iur., em. Prof., Univ. Leipzig
1943 年 07 月 27 日（Tübingen）
VL: Öffentliches Recht
1962–68: Frankfurt/M. u. Hamburg (RW, Geschichte u. Philosophie); 1970 Forschung: Cambrigde/England; 1968 I. SE Hamburg; 1969–72 Ref. Stuttgart; 1973 II. SE Hamburg; 1972 Prom. Hamburg; 1981 Habil. Hannover; 1972–74 WiAs Göttingen; 1974–78 WiAs Heidelberg; 1976–77 Forschung: Harvard Law School/USA; 1978–80 Stip. DFG; 1980 81 WiMA Hannover; 1981 Richter VerfG Hamburg; 1988 apl. Prof. Hannover; 1991 Prof. GSH Wuppertal; 1992 Prof. Leipzig（1995 Dekan）; 2008 emer.
B: Wertordnung u. GG (1973: D.); Grechte als Verfahresngarantien (1981: H.); "Formenmißbrauch" u. Kompetentenverhältnis (1987)
AL: Hans-Peter Schneider (0787)
Q: K 1996, S. 424; CV
備考：1983 年入会。師 H.-P. Schneider を通じて、Konrad Hesse (0329)

に連なる。
http://www.uni-leipzig.de/~staat/html/goerlich.html（写真あり）
http://de.wikipedia.org/wiki/Helmut_Goerlich

0244

GÖLDNER, Detlef Christoph（ゲルトナー［ゴェルトナー］、デ［ー］トレフ・クリストフ）
Dr. iur., PD, Univ. Kiel
1934年04月17日（Berlin）
Öffentliches Recht u. Methodenlehre
1953–57 Kiel u. Bonn（RW, Philosophie, Theologie）; 1957 I. SE; 1957–62 Ref. SchH, Berlin u. Österr.; 1962 II. SE; 1962–69 MA in Anwaltskanzlei; Hiwi u. AG-Leiter Kiel; MA im Landeskirchenamt Hannover; 1968 Prom. Kiel; 1976 Habil. Tübingen; 1969 Richter; 1973–75 Stip. DFG; 1976 PD Tübingen
B: Verf.prinzip u. Privatrechtsnorm i. d. verf.konformen Ausleg. u. Rfortbildung（1969: D.）; Integration u. Plulalismus im demokrat. Rstaat（1977: H.）
AL: Karl Larenz（Kiel、非会員、民法）; Otto Bachof（ 0025 ）
Q: K 1983, S. 1224; CV
備考1: 1977年入会。実務家教員（裁判官）。
備考2: 師のBachofを通じて、Walter Jellinek（ 0395 ）→ Otto Mayer（ 0562 ）へと連なる。
http://www.koeblergerhard.de/juristen/alle/allegSeite287.html

0245

故 **GÖNNENWEIN, Otto**（ゲネン［ゴェネン］ヴァイン、オットー）
Dr. iur., Dr. phil., Prof., Univ. Heidelberg
1896年05月16日（Heilbronn）　1963年01月09日（Heidelberg）
Deutsche Rechtsgeschichte u. Öffentliches Recht
Studium Philosophie, Geschichte, Volkswirtschaft u. RW Tübingen und Heidelberg; 1917 Prom.（Dr. phil.）Heidelberg; 1919 I. SE; 1921 II. SE; 1940 Prom. Tübingen; 1946 Habil. Heidelberg; 1946 PD Heidelberg; 1949 o. Prof. Heidelberg; 1952–63 Studienleiter Verwaltungs- und Wirtschaftsakademie（VWA）Württemberg
B: D. Stapel. u. Niederlagsrecht（1939）; D. Freiheit d. Flußschiffahrt（1940）
AL: Walter Jellinek（ 0395 ）
AS: Rolf Grawert（ 0255 ）; Hermann Soell（ 0841 ）
Q: K 1950, S. 602; Nek. K 1966, S. 2812; AöR 88（1963）, S. 224;

DÖV 1963, S. 139; JZ 1963, S. 228 (von Bader); CV/Diss.
備考：戦後原始会員（1950年）。第9回大会（1950年）第2テーマ副報告。1930～1948年にはシュヴェニンゲン市長（Oberbürgermeister der Stadt Schwenningen）をつとめ、また戦後はヴュルテンベルク・バーデン州（現在のバーデン・ヴュルテンベルク州の前身）議会議員、バ・ヴュ州制憲議会議員を経て、1953年以降その死までバ・ヴュ州議会議員であり、州FDP総裁をつとめた。
http://de.wikipedia.org/wiki/Otto_G%C3%B6nnenwein
0246
故 **GÖRG, Hubert** （ゲルク［ゴェルク］、フーベルト［フーバート］）
Dr. iur. utr., o. Prof., Univ. Marburg/Lahn, Min.Rat a. D.
1903年11月12日（Wegeringhausen/Nordrh.-Westf.） 1991年03月13日（Rösrath/ Nordrh.-Westf.）
Öffentliches Recht
1922–25 Studium Marburg u. Köln; 1925 Prom. Marburg; Habil.; 1925 I. SE; 1929 II. SE; 1930 höhere Verw.beamten-Laufbahn: Min.-Rat; 1953 o. Prof. HVW/Speyer; 1954 Prof. Marburg
B: Finanzgerichtsordnung. Kommentar (1966)
AS: Norbert Achterberg (0003)
Q: K. 1983, S. 1229; CV/Diss.
備考：1956年入会。行政実務家。1961年から1974年まで、ライン・ベルク郡議会議員（Mitglied des Kreistages des Rheinisch-Bergischen Kreises）であった。CDUに所属。
http://de.wikipedia.org/wiki/Hubert_G%C3%B6rg
0247
GÖRISCH, Christoph （ゲー［ゴェー］リッシュ、クリストフ）
Dr. iur., PD, Univ. Münster
1970年（Göttingen）
1990–95 Studium Marburg u. Bonn; 1995 I. SE; 1996–98 Wiss. MA Bonn; 1998 Prom. Münster; 2000 II. SE; Wiss. HK Münster; 2000 II. SE, 2000–08 WiAs Münster; 2008 Habil. Münster; 2008 Akad. Oberrat
AL: Bodo Pieroth (0655)
備考：国内法と国際法をほどよく絡め、また教会法も研究する。
http://www.jura.uni-muenster.de/index.cfm?objectid=670848E9-B6F2-D641-5DF806FEBC720FDF（写真あり）
0248
GORNIG, Gilbert-Hanno Michael （ゴルニヒ、ギールベルト・ハンノ・ミ

ヒャエ[ー]ル)
Dr. iur. utr., Prof., Univ. Marburg
1950 年 10 月 09 日（Deggendorf/Niederbayern）
VL: Öffentliches Recht, Völkerrecht u. ausländisches öffentliches Recht
1971–76 Studium Regensburg（RW u. pol. Wiss.）; 1976 I. SE; 1976–79 Ref. Nürnberg; 1979 Hiwi Würzburg; 1984 Prom. Würzburg; 1986 Habil. ebd.; 1979–86 Akad. Rat Würzburg; 1986 Akad. ORat ebd.; 1989 Prof. Göttingen; 1995 o. Prof. Marburg
B: D. sachbezogene hoheitliche Maßnahme（1985: D.）; D. Refoulement-Verbot im VR（1987）; Libertad de opinión y de presa a la luz de la conception marxista-lenista（1987）; Äußerungsfreiheit u. Informationsfreiheit als MR（1988: H.）; D. Hitler-Stalin-Pakt（1990）; D. Memelland（1991）; Staatennachfolge u. Einigung Dtlands（1992）; D. Nördliche Ostpreußen（1995）
H: FG Dieter Blumenwitz（1989）
AL: Dieter Blumenwitz（ 0065 ）
Q: K 1996, S. 432; CV
備考： ご本人の記述によると、「憲法、行政法、国際法、ヨーロッパ法に関する著作、10 カ国語で 200 本」とある。
http://www.voelkerrecht.com/（写真あり）

0249
GÖTZ, Volkmar（ゲッツ[ゴェッツ]、フォルクマー[ル]）
Dr. iur., em. o. Prof., Univ. Göttingen
1934 年 11 月 28 日（Plauen/Vogtland）
VL: Staatsrecht, Verwaltungsrecht u. Völkerrecht
1954–57 Studium Frankfurt/M.; 1957 I. SE Frankfurt; 1958–62 Ref. Hessen; 1962 II. SE Hessen; 1958–59 Hiwi Frankfurt; 1959–61 Verw. e. WiAs Frankfurt; 1962 WiAs; 1964 Forschung: Georgetown Univ./USA; 1960 Prom. Frankfurt/M.; 1966 Habil. ebd.; 1966 PD Frankfurt; 1967 o. Prof. Göttingen; 2003 emer.
B: Sachmängelbeseitigung b. Kauf（1960: D.）; Recht d. Wirtsch.subventionen（1966: H.）; Bauleitplanung u. Eigentum（1969）; Allg. Polizei- u. OrdnungsR（1970; 12. A. 1995）; Bekämpfung d. Subventionserschleichung（1974）; D. Verw.handeln（1976; 4. A. 1997 als "Allg. VerwR"）
MH: FS Werner Weber（1974; m. Hans Schneider）; Kolloquium Güntehr Jaenicke zum 70. GT（1984; m. Karl-Heinz Böckstiegel/Peter Selmer）

AL: Günther Jaenicke（ 0385 ）
AS: Reinhard Hendler（ 0315 ）
Q: K 1996, S. 427
備考 1: 1967 年入会。第 41 回大会（1982 年）第 1 テーマ主報告。1990 年及び 1991 年の協会副理事長（理事長は Klaus Vogel、いま一人の副理事長は Hans-Jürgen Papier）。Werner Weber（ 0935 ）の講座後継者。警察法とヨーロッパ法の分野で業績が多い。とりわけ、軸足の一つをヨーロッパ農業法に置いている。若くして教授になったので、活躍期間が長い。来日経験あり。
備考 2: 師の Jaenicke は Hermann Mosler（ 0589 ）の門下生であり、後者を通じて Richard Thoma（ 0886 ）→ Heinrich Rosin（非会員、Freiburg、刑法、1855–1927 年）を経て、Otto von Gierke（非会員、Berlin → Breslau → Heidelberg →（wieder）Berlin、1841–1921 年）へと連なる。
http://www.koeblergerhard.de/Rechtsfaecher/Landwirtschaftsrecht21.htm

0250
GRABENWARTER, Christoph（グラーベンヴァルター、クリストフ）墺
Dr. iur., rer.soc.oec., Univ.-Prof., Wirtschaftsuniv. Wien, Verfassungsrichter
1966 年 8 月 4 日（Bruck/Mur）
VL: Verfassungsrecht, Verwaltungsrecht und Rechtsvergleichung
1988–91 Studium RW Wien; 1991 Prom. Wien; 1989 Studium Handelswiss. Wien; 1994. Prom. (rer.soc.oec.) Wien; 1988–97 Univ.Ass. Wien; 1997 Habil. Wien; 1997–99 Gastprof. Linz; 1999–2002 Univ.-Prof. Bonn; 2002–06 Univ.-Prof. Graz; Bonn; 2006–08 Univ.-Prof. WU Wien; 2008 Univ.-Prof. Ebd.
備考: 近年では、ヨーロッパ経済法に取り組む。
http://www.wu.ac.at/ioer/team2/teamgrab/cvgrabe（写真あり）
http://bach.wu-wien.ac.at/bachapp/cgi-bin/fides/fides.aspx/fides.aspx?search=true;person=true;show=pub;tid=7493;lang=DE
http://www.vfgh.gv.at/cms/vfgh-site/richter/grabenwarter.html

0251
故 **GRABITZ, Eberhard**（グラービッツ、エーバーハルト[エーベルハルト]）
Dr. iur., o. Prof., FU Berlin
1934 年 09 月 30 日（Cottbus）　1992 年 11 月 26 日（Berlin）
VL: Öffentliches Recht, Europarecht, Polit. Wissenschaft (unter bes. Berücksicht. d. politische Theorie u. Ideengeschichte)
1954–58 FU Berlin u. Hamburg; 1958 I. SE Hamburg; 1956–58 Mitgl.

d. Europa-Kollegs/Hamburg; 1959 Geschäftsführ. Mitgl. u. Ref. f. pol. Bildung/Bonn; 1960–64 Ref. Bonn u. Hamburg, Teilnahme an d. DoktorandenS v. Hans Peter Ipsen; 1964 II. SE Hamburg; 1964–65 Stip. VW; 1966 Verw. e. WiAs Hamburg; 1966 WiAs; 1966 Prom. Hamburg; 1973 Habil. Hamburg; 1970 WissRat Hamburg; 1971WissORat Hamburg; 1973 PD Hamburg; 1974 FU Berlin
B: GemeinschaftsR bricht nationales R (1966: D.); Europ. BürgerR zw. Staatsbürgerschaft u. Marktbürgerschaft (1970); Freiheit u. VerfasR (1976: H.);
AL: Hans-Peter Ipsen (0375)
Q: K 1983, S. 1259; Hikasa, S. 131; Nek. K 1996, S. 1659
L: Gedächtnisschrift für Eberhard Grabitz, herausg. von Albrecht Randelzhofer/Rupert Scholz/Dieter Wilke, München 1995
備考1: 1974年入会。欧州連合条約のコメンタールの編者となるなど、ヨーロッパ法の研究を中心に精力的な活動を続けていたが、惜しくも急逝した。
備考2: なお、師のH. P. Ipsenを通じて、Rudolf Laun (0501) に連なる。
http://www.koeblergerhard.de/Rechtsfaecher/Europarecht518.htm
0252
GRAMLICH, Ludwig (グラームリヒ、ルートヴィヒ)
Dr. iur. utr, Prof., TU Chemnitz-Zwickau (Fak. für Wirtschaftswissenschaften)
1951年01月28日 (Boxberg/Baden-Württ.)
Deutsches u. ausländisches öffentliches Recht, Völkerrecht u. Europarecht
1969–73 Studium Würzburg (RW u. BWL); 1973 I. SE Würzburg; 1974–76 Ref. Bamberg; 1974 Hiwi Würzburg; 1976 II. München; 1976 WiMA, dann WiAs Würzburg; 1978 Prom. Würzburg; 1983 Habil. Würzburg; 1983 PD Würzburg; 1992 Prof. Chemnitz
B: Europ. Zentralbank u. Art. 24 Abs. 1 GG (1979: D.); Rgestaltung, Regelungstypen u. Rschutz grenzüberschreitender Interventionen (1984: H.); BdesbankG – WährungsG – MünzG (1988); AußenwirtschaftsR (1991)
MH: Auf dem Wege zur Europ. Währungsunion. Symposium f. Hugo J. Hahn (1993; m. Albrecht Weber u.a.)
AL: Hugo J. Hahn (0283), Dieter Blumenwitz (0065)
P: 1979 Preis d. Unterfränkischen Gedenkjahrsstiftung
Q: K 1996, S. 438; Diss. CV
備考: 1984年入会。ヨーロッパ経済法を研究する。なおHahnは、Hubert

Armbruster (0015) の門下生。また、Blumenwitz は Friedrich Berber
(国際法、非会員) の門下生。
http://www.tu-chemnitz.de/wirtschaft/jura1/gramlich.php
http://www.uni-regensburg.de/Fakultaeten/Jura/manssen/rdi/OR/SS2007/Lebenslauf%20Prof.%20Gramlich%20kurz.pdf
http://de.wikipedia.org/wiki/Ludwig_Gramlich

0253
GRAMM, Christoph Gerhard (グラム、クリストフ・ゲル[ゲァ]ハルト)
Dr. iur., PD, MinRat, Bundesministerium der Verteidigung
1955 年？
Öffentliches Recht
Studium Freiburg/Br.; 1985 Prom. Freiburg; 1998 Habil. Freiburg im Breisgau; PD Freiburg/Br.
D: Zur Rechtsphilosophie Ernst Blochs, Freiburg 1987
H: Privatisierung und notwendige Staatsaufgaben, Berlin 2001
AL: Alexander Hollerbach (0353); Rainer Wahl (0921)
備考 1: Hollerbach の還暦祝賀論集の編者として名前をとどめるが、遺憾ながら、上記以外の詳細は分からなかった。名簿の肩書きからすると、行政実務家のようである。
備考 2: なお、師の Wahl は Ernst-Wolfgang Böckenförde (0067) の門下生。後者の師は Hans Julius Wolff (0978) であり、さらにその師は Friedrich Giese (0240) である。
http://www.koeblergerhard.de/Rechtsfakultaeten/FreiburgimBreisgau1070.htm

0254
GRASER, Alexander (グラーザー、アレクサンダー)
Dr. iur., Prof., Univ. Regensburg
1970 年
VL: Öffentliches Recht, Rechtsvergleichung, Rechtssoziologie und -theorie
Studium Konstanz, Oxford und Harvard; 1993 Diploma in Legal Studies; 1997–2006 Wiss. Ref. MPI Sozialrecht (München); 1994 I. SE; 1996 II. SE; 1997 LL.M.; 2000 Prom. München; 2006 Habil. München; 2006 Prof. Hertie (School of Governance/Berlin); 2010 Prof. Regensburg
D: Dezentrale Wohlfahrtsstaatlichkeit im föderalen Binnenmarkt?, Berlin 2001
H: Gemeinschaften ohne Grenzen, Tübingen 2009

備考：百貨店グループが 2003 年 10 月に創立した(日本流の表現をすれば)公共政策系専門職大学院(私立)に在職していたが、本書刊行直前に転籍した。
http://www.uni-regensburg.de/rechtswissenschaft/oeffentliches-recht/graser/team/alexander-graser/index.html (写真あり)

0255

GRAWERT, Rolf (グラーヴェルト[グラーヴァート]、ロルフ)
Dr. iur., em. o. Prof., Univ. Potsdam
1936 年 11 月 21 日 (Berlin-Lichtenberg)
Öffentliches Recht u. Verfassungsgeschichte
1956–60 Studium Heidelberg u. München; 1960 I. SE; 1966 II. SE; 1966 WiAs Heidelberg; 1969 WiAs Bielefeld; 1967 Prom. Heidelberg; 1972 Habil. Bielefeld; 1972 PD Bielefeld; 1974 o. Prof. Bochum (1990 Prorektor); 1993 Gründungsdekan d. Jurist. Fak. d. Univ. Potsdam; 2002 emer.
B: Verw.abkommen zw. Bund u. Lämdern i. d. BRD (1967: D.); Eine krit. Unters. d. gegenw. Staatspraxis m. e. Zusammenstell. d. zw. Bund u. Ländern abgeschl. Abkommen (1967); Staat u. Staatsangehörigkeit (1973: H.); Studien z. Beginn d. mod. Welt (1977); Instrumente d. sozialen Sicherung u. d. Währungssicherung i. d. BRD u. in Italien (1981); D. Kommunen im Länderfinanzausgleich (1989)
MH: FS Böckenförde (1995; m. Bernhard Schlink, Rainer Wahl)
AL: Otto Gönnenwein (0245), Ernst Forsthoff (0206); Ernst-Wolfgang Böckenförde (0067)
Q: K 1996, S. 440; Wer ist wer 1996/97; CV; CV/Diss.; Hikasa, S. 132
備考 1：1973 年入会。第 36 回大会 (1977 年) 第 2 テーマ副報告。連邦と州、州相互の関係という従来の研究が手薄な分野に取り組んだ。再統一後、ポツダム大学法学部の創設に汗をかいた。下記事は、「長持ち暖房器 (Dauerbrenner)」と賞している。
備考 2：なお、Böckenförde の師は Hans Julius Wolff (0978) であり、さらにその師は Friedrich Giese (0240) である。
http://www.uni-potsdam.de/portal/jun11/campus_leute/forum_grawert.htm (写真あり)
http://www.ruhr-uni-bochum.de/pressemitteilungen-2002/msg00038.html

0256

GREWE, Constance (グレーヴェ[グレーフェ]、コンスタンツェ) 女性
Dr. iur., Univ.-Prof. Université de Strasbourg, Vice-President of the Constitutional Court of Bosnia and Herzegovina

1946年 (Stuttgart)
Öffentliches Recht
1966 Studium Frankfurt/M.; 1979 Prom. Ph.D. à l'université de Caen; 1981–83 Prof. Univ. of Chambéry; 1983–97 Prof. Caen; 1997 Prof. Robert Schuman; 2004 Judge at the Constitutional Court of BiH
D: Le système politique ouest-allemand, Paris, Presses Univ. de France, 1986
H: 不明
備考: ボスニア・ヘルツェゴヴィナ憲法裁判所副長官だが、詳細はよく分からない。
http://www.ccbh.ba/eng/article.php?pid=1023&kat=503&pkat=527
http://en.wikipedia.org/wiki/Constance_Grewe

0257
故 **GREWE, Wilhelm G.** (グレーヴェ[グレーフェ]、ヴィルヘルム・G)
Dr. iur., Dr. h.c.; em. o. Prof., Univ. Freiburg/Br., Botschafter a. D.
1911年10月16日 (Hamburg) 2000年01月11日 (Bonn)
Rechtswissenschaft
Studium Hamburg, Berlin, Freiburg/Br. u. Frankfurt/M.; 1934 I. SE; 1936 Prom. Hamburg; 1939 II. SE; 1941 Habil.; 1943 ao. Prof. Berlin; 1945 Prof. Göttingen; 1947–55 o. Prof. Freiburg; 1955 Leiter d. pol. Abt. des ausw. Amtes Deutschlands, 1958 Botschafter Washington; 1962 Botschafter NATO; 1971 Botschafter Tokio; 1947 Mitgl. Intern. Schiedshofes im Haag
B: Gnade u. Recht (1936: D.); Nürnberg als Rfrage (1947); Satzung d. VN (1948); Ein Besatzungsstatut f. Dtland (1948); Dt. Außenpolitik d. Nachkriegsjahre (1960); Rückblenden 1976–1951 (1979); Spiel d. Kräfte i. d. Weltpolitik (1970; 2. A. 1981); Epochen d. VölkerRgeschichte (1984; 2. A. 1988); Friede durch Recht? (1985); D. amerik.-sowjetischen Gipfeltreffen seit Roosevelt u. Stalin (1987); Machtprojektionen u. Rschranken (1991)
AL: Ernst Forsthoff (0206)
AS: Thomas Oppermann (0630)
Q: K 1996, S. 444
L: FS 1981 (Im Dienste Dtlands u. des Rechts; hrsg.: Th. Oppermann/ Hans Schneider; Bibliogr., S. 655–660); W. G. Grewe: Riskante Karrieren, FAZ vom 10. Juli 1993, Nr. 157 (写真あり)
備考: 戦後原始会員 (1950年入会)。第12回大会 (1953年) 第2テーマ主報告。戦中の困難な時期を生き抜いた。駐日ドイツ大使として、東京に駐箚し

ていた時代がある (1971年〜1979年)。
http://de.wikipedia.org/wiki/Wilhelm_Grewe

0258

GREWLICH, Klaus Werner（グレーフリッヒ、クラウス・ヴェルナー）
Dr. iur., LL.M. (Berkeley), PD, Prof., Botschafter der BRD a.D.
1943年09月16日（Konstanz）
Öffentliches Recht, Wirtschaftsvölkerrecht, Europarecht, Kommunikationsrecht
Studium RW, Wirtschaftswiss. u. Philosophie Berlin (FU), Aix-en-Provence, Freiburg/Br., Berkeley/USA u. Lausanne; I. SE; 1970 LL. M.; 1971 Prom. Freiburg; 1972 II. SE; 1974 OECD/Paris; 1976 auswärtiger Dienst; 1979 Mitg. in Kabinetten der EU-Kommission u. FAST-Team/GDXII; 1980 Prom. (Dr. sc. econ.) Lausanne; 1982 Planungsstab; 1986 Leiter des Ref. für intern. Technologie u. Kommunikationspolitik; 1990 Leiter Geschäftsbereich Intern. Deutsche Telekom; 1996 geschäftsführendes Mitglied Vorstand CEPI/Brüssel; 1997 Prof. Europa-Kolleg Brüssel; 1997 PD Freiburg; 1999 politische Abteilung AA/Berlin, Vertreter der Bundesregierung im Verwaltungsrat der EU-Aufbauagentur für Kosovo, Serbien u. Montenegro, 2001 Botschafter Aserbeidschan; 2006–08 Botschafter Kirgisistan
D: Schutz gegen Willkür bei der Vergabe von Forschungs- und Entwicklungsaufträgen, Berlin 1992
H: Konflikt und Ordnung in der globalen Kommunikation, Baden-Baden 1997
AL: Konrad Hesse (0329); Martin Bullinger (0100)
備考：多彩な経歴及び才能を持つ外交官会員。近年では、サイバースペースの法律問題の研究に取り組んでいる。
http://www.koeblergerhard.de/Rechtsfakultaeten/FreiburgimBreisgau1070.htm
http://de.wikipedia.org/wiki/Klaus_Werner_Grewlich

0259

GRIGOLEIT, Klaus Joachim（グリゴライト、クラウス・ヨアヒム）
Dr. iur., Univ.-Prof., Univ. Dortmund, Fakultät Raumplanung
1963年07月04日（Ratingen）
Raumplanungs- und Umweltrecht
1984–90 Studium Freiburg/Br.; 1990 I. SE; 1993 II. SE; 1993 Wiss. MA, dann Ass. FU Berlin; 1996 Prom. FU Berlin; 2003 Habil. FU Berlin

D: Die Anordnung der sofortigen Vollziehbarkeit gemäss § 80 Abs. 2 Nr. 4 VwGO als Verwaltungshandlung, Baden-Baden 1997
H: Bundesverfassungsgericht und deutsche Frage, Tübingen 2004
AL: Ulrich Battis (0033)
備考：苗字、生年（1964年）及び同じ生地（Ratingen）からして、ミュンヘン大学の民法教授 Hans Christoph Grigoleit は、この人物の弟かと推測される。
http://www.raumplanung.tu-dortmund.de/rur/cms/de/Personen/Fachgebietsleitung/Grigoleit.html（写真あり）

0260
GRILLER, Stefan （グリ［ッ］ラー、シュテファン）墺
Dr. iur., U. Prof., Univ. Salzburg
1956年06月15日（Wien）
Öffentliches Recht und Europarecht
1974–78 Studium Wien; 1978 Prom. Wien; 1978–91 zunächst Univ., später Oberass. WU Wien; 1988 Habil. WU Wien; 1991 Prof. WU Wien; 2010 Prof. Salzburg
B: D. Übertragung v. Hoheitsrechten auf zwischenstaatl. Einrichtungen (1989: H.); Zur Systembildung im WirtschaftsR (1989); Europ. Normung u. Rangleichung (1990); GZ d. Rechts d. EU (2. A. 1997)
MH: FS Heinz Peter Rill (1995; m. Karl Korinek u.a.)
AL: Heinz Peter Rill (0695)
Q: K 1996, S. 445
備考：ヨーロッパ法、とりわけ競争法を研究。
http://www.uni-salzburg.at/portal/page?_pageid=905,435619&_dad=portal&_schema=PORTAL（写真あり）

0261
GRIMM, Dieter （グリム、ディーター）
Dr. iur., LL.M., em. o. Prof., Univ. FU Berlin, Bundesverfassungsrichter a. D.
1937年05月11日（Kassel）
Öffentliches Recht
1957–62 Studium Frankfurt/M., Freiburg/Br. u. Berlin; 1962/63 Studium Paris (RW u. Politik); 1964/65 Studium Harvard LS/USA; 1962 I. SE Frankfurt; 1963 Ref.; 1966 Fortsetzung d. Ref.; 1967 II. SE Wiesbaden; 1966–67 WiMA MPI/Frankfurt; 1967- Ref. ebd.; 1965 LL.M. (Harvard); 1971 Prom. Frankfurt/M., 1979 Habil. Frankfurt/M.; 1979 PD Frankfurt; 1979 o. Prof. Bielefeld; 1999 Prof. HU Berlin;

1987–99 Richter am BVerfG
B: Solidarität als Rprinzip (1973: D.); Verfassung und Privatrecht im 19. Jahrhundert (1979: unveröffentlichte Habilitationsschrift); Einf. in d. Recht (2. A. 1991); Recht u. Staat d. bürgerl. Gesellschaft (1987); Dt. Verf.gesch., Bd. I (1988; 3. A. 1995), Bd. II (1996); D. Zukunft d. Verf. (1991; 2. A. 1994); Braucht Europa eine Verf.? (1995)
AL: Helmut Coing (Frankfurt/M.、法史学、非会員), Michael Stolleis (0871)
AS: Marion Albers (0007); Gertrude Lübbe-Wolff (0528); Helge Rossen-Stadtfeld (0708); Ulli F. H. Rühl (0718)
Q: K 1996, S. 445; Wer ist wer 1996/97; CV; CV/Diss.
備考：1980年入会。学位論文では、デュギーの社会連帯論を扱った。Konrad Hesse (0329) の後任として、連邦憲法裁判所第1部判事に任命された (1987年6月26日)。この人物は「スマートだが熱弁をふるう」(戸波江二・ジュリ948号16頁)。憲法史 (公法史) にも興味を示す。第42回大会 (1983年) 第1テーマ副報告 (なお、同じテーマの主報告は、やはり連邦憲法裁判所判事に任命されることになる Udo Steiner (0859) が行っている)。
http://de.wikipedia.org/wiki/Dieter_Grimm
http://www.koeblergerhard.de/Rechtsfakultaeten/FrankfurtamMain670.htm

0262
GROH, Kathrin (グロー、カトリ[ー]ン) 女性
Dr. iur., Dr. habil., PD, Univ. Bielefeld
Öffentliches Recht, Staatstheorie und Staatskirchenrecht
1961年1月20日 (Dortmund)
1989–95 Studium Bielefeld; 1991–98 Stud./Wiss. HK Bielefeld; 1995 I. SE; 1998 II. SE; 1998–2001 Wiss. MA Bielefeld; 2003 Prom. Bielefeld; 2003–04 Wiss. MA Bielefeld; 2008 Habil. Bielefeld
D: Selbstschutz der Verfassung gegen Religionsgemeinschaften, Berlin 2004
H: Demokratische Staatsrechtslehrer in der Weimarer Republik, Tübingen 2010
AL: Joachim Wieland (0954); Christoph Gusy (0275)
http://www.jura.uni-bielefeld.de/Lehrstuehle/Groh/Lebenslauf/Lebenslauf2008.pdf
備考：教授資格論文では、ワイマール期の民主的国法学者「ビッグ5」にして、当協会の先輩会員でもある5人、すなわち Hugo Preuß (0666), Gerhard Anschütz (0011), Richard Thoma (0886), Hans Kelsen

(0417 ）及び Hermann Heller（ 0313 ）を取り上げ、分析している。
0263
故 **GRÖLL, Florian**（グレル［グロェル］、フロ［ー］リアン）
Dr. iur., Prof., Univ. Graz/Österr.
1899 年 10 月 14 日（Wien） 1980 年 09 月 19 日（Klagenfurt）
LV: Verfassugs-, Verwaltungslehre u. Verwaltungsrecht
1917 Wehrdienst; 1927 Prom. Wien; 1928–47 Beamter Wien; 1949–64 Magistratsdirktor Klagenfurt; 1962 Habil. Graz; 1962 ao. Prof. Graz
B: Verwaltungsrecht (1942); D. Österreicher hat ein Vaterland (1955); Gemeindefreiheit (1962: H.)
AL: Erwin Melichar（ 0569 ）
Q: K 1966, S. 728; Nek. K 1983, S. 4826; 没
備考：1970 年入会。Melichar は 1913 年生まれなので、弟子の方が師よりも 14 歳も年上という珍しい師弟関係に相成った（後述の Werner von Simon［ 0836 ］と Joseph H. Kaiser［ 0408 ］の関係も同様）。
http://www.koeblergerhard.de/juristen/alle/allegSeite447.html
0264
GROMITSARIS, Athanasios（グロミツァリス、アタナシオス）希
Dr. iur., PD., Univ. Siegen
1958 年
Öffentliches Recht, Europarecht, Rechtsvergleichung, Rechtsphilosophie, Rechtssoziologie
Studium Athen; 1987 Prom. Münster; 2005 Habil. Jena
D: Theorie der Rechtsnormen bei Rudolph von Ihering, Berlin, 1989
H: Rechtsgrund und Haftungsauslösung im Staatshaftungsrecht, Berlin, 2006
備考：4 人目のギリシャ系会員。しかも、最も若い会員だが、詳細を明らかにし得なかった。イェーリングの法思想を探求。他のギリシャ系会員については、Wassilios Skouris（ 0837 ）の備考 3 を参照。
http://www.uni-siegen.de/fb5/rechtswissenschaften/nowak/team/gromitsaris.html?lang-de（写真あり）
http://www.koeblergerhard.de/juristen/alle/allegSeite449.html
0265
GRÖPL, Christoph（グレープル、クリストフ）
Dr. iur., Prof., Univ. des Saarlandes
1966 年（Erlangen）
Staats- und Verwaltungsrecht, insb. Finanz- und Steuerrecht, sowie Verwaltungslehre

1986–91 Studium RW mit wirtschaftswiss. Zusatzausb. Bayreuth, Genf (Schweiz) u. München; 1991 I. SE; 1994 II. SE; 1993 Prom. München; 1994–94 WiAs Würzburg; 1996–97 Ref. im Bay. Staatsministerium; 2000 Habil. Regensburg; 2003 Prof. Saarbrücken
D: Die Nachrichtendienste im Regelwerk der deutschen Sicherheitsverwaltung, Berlin 1993
H: Haushaltsrecht und Reform, Tübingen 2001
備考：財政法学者。
http://www.uni-saarland.de/de/campus/fakultaeten/professuren/rechts-und-wirtschaftswissenschaft/rechtswissenschaften-fr-11/professuren-fr-11-rechtswissenschaften/groepl/groepl.html（写真あり）
http://de.wikipedia.org/wiki/Christoph_Gr%C3%B6pl
0266
GRÖSCHNER, Rolf（グレッシュナー［グロエッシュナー］、ロルフ）
Dr. iur., o. Prof., Univ. Jena
1943 年 12 月 04 日（Nürnberg）
Öffentliches Recht
1968–74 Studium BWL Nürnberg u. München; 1974–78 Studium RW Erlangen u. München; 1978 I. SE; 1976–89 WiAs, später Akad. Rat Erlangen; 1981 Prom. Erlangen; 1990 Habil. Erlangen; 1990 PD Erlangen; 1991 Prof. Mainz（C3）; 1993 o. Prof. Jena（C4）
B: Dialog u. Jurisprudenz (1982: D.); D. Überwachungsrechtsverhältnis (1992: H.); Menschenwürde u. Sepulkralkultur i. d. grundgesetzl. Ordnung (1995)
MH: Wilhelm Henke: Ausg. Aufsätze (1994)
AL: Wilhelm Henke（ 0317 ）
AS: Katharina Sobata（旧姓）→ 現 Katharina Gräfin von Schlieffen（ 0760 ）
Q: K 1996, S. 449
備考 1：シンガーソングライターとしても活躍。詳しくは、下記記事を参照。
備考 2：師の Henke は、Werner Weber（ 0935 ）の門下生。後者の師は、Carl Schmitt（ 0780 ）。
http://www.recht.uni-jena.de/o02/werdegang.html
http://de.wikipedia.org/wiki/Rolf_Gr%C3%B6schner
0267
GROß, Thomas（グロ［ー］ス、トーマス）
Dr. iur., Prof., Univ. Frankfurt/M.
1964 年

Staats- und Verwaltungsrecht, Rechtsvergleichung und Verwaltungswissenschaften
1985–89 Studium Tübingen, Genf und Heidelberg; 1992 Prom. Heidelberg; 1993 II. SE; 1993 WiAs Heidelberg; 1998 Habil. Heidelberg; 1999 Prof. Gießen; 2010 Prof. Frankfurt
D: Die Autonomie der Wissenschaft im europäischen Rechtsvergleich, Baden-Baden 1992
H: Das Kollegialprinzip in der Verwaltungsorganisation, Tübingen 1999
AL: Eberhard Schmidt-Aßmann（0775）
備考：若手の行政法学者。来日経験あり。
http://www.jura.uni-frankfurt.de/ifoer1/gross/Person/index.html（写真あり）

0268
GROTE, Rainer（グローテ、ライナー）
Dr. iur., PD, MPI Heidelberg
1961 年
Studium Bielefeld, Genf u. Göttingen; 1994 Prom.; wiss. Ref. Heidelberg; Ref. am MPI/Heidelberg; 2002 Habil. Göttingen; Prof. Giessen
D: Das Regierungssystem der V. Französischen Republik, Baden-Baden 1995
H: Der Verfassungsorganstreit, Tübingen 2010
備考：極めて情報に乏しい。
http://www.heidelberg-center.uni-hd.de/english/cv_grote.html（写真あり）
http://www.recht.uni-giessen.de/wps/fb01/home/summer_program_law/1002283/（写真あり）
http://www.koeblergerhard.de/juristen/alle/allegSeite476.html

0269
故 **GRUNDMANN, Siegfried**（グルントマン、ズィークフリート）
Dr. iur., em. ao. Prof., Univ. München
1916 年 02 月 25 日（Chemnitz） 1967 年 03 月 30 日（München）
Kirchenrecht, Staats- u. Verwaltungsrecht
1935–39 Studium Leipzig, Freiburg/Br. u. München; 1939 I. SE München; 1939–45 Wehrdienst; 1940 Prom. München; 1945–49 russ. Kriegsgefangenschaft; 1949 Referendar OLG München; 1952 II. SE; 1952–58 Ev.-Luth. Landeskirchenrat/München; 1956 Habil. München; 1958 pl. ao. Prof. Mahrburg/L.; 1959 o. Prof. München; emer.
B: Die Reichsverfassung des Freiherrn vom Stein (1940: D.); D.

Zusammenschlußbewegung d. Weltluthertums, insb. d. Luther. Weltbund (1956, erschien. 1957 als "D. Luth. Weltbund. Glagen, Herkunft u. Aufbau": H.); Abhandlungen zum KirchenR (1969; hrsg.: Heinz-Christoph Link)
H: FS Johannes Heckel (1959); Ev. Staatslexikon; Gesammelte Aufsätze von Johannes Heckel (1964)
AL: Johannes Heckel (0302)
AS: Heinz-Christiph Link (0519), Reinhold Zippelius (1000)
Q: K 1961, S. 612; Nek. K 1970, S. 3419; AöR 92 (1967), S. 413 (von Reinhold Zippelius); JZ 1967, S. 324 (von Nörr)
備考: 1959年入会。教会法学者として、師でもあるJohannes Heckel (0302) の講座を受け継いだが、51歳で早逝した。なお、Heckelの師は、Friedrich Giese (0240)。
http://www.koeblergerhard.de/ZRGHerausgeberchronologischmit Daten20050901.htm
0270

GRUPP, Klaus (グルップ、クラウス)
Dr. iur. utr., em. o. Prof., Univ. des Saarlandes (Saarbrücken)
1940年02月05日 (Berlin)
VL: Staats- u. Verwaltungsrecht sowie Verfassungsgeschichte der Neuzeit
1959–65 Studium FU Berlin; 1965 I. SE Berlin; 1966–69 Ref.; 1969 II. SE Berlin; 1969–70 WiAs (Teilzeit) FU; 1979–80 Reserch Ass. (Teilzeit) Univ. of Georgia/USA; 1971 WiAs (Teilzeit) FU; 1972–75 WiAs FU; 1976–81 WiAs Mannheim; 1980 Stip. DFG; 1981–83 HS-As. Mannheim; 1983 Ref. HVW/Speyer; 1971 Prom. Köln; 1985 Habil. Mannheim; 1985 PD Mannheim; 1987 o. Porf. Saarbrücken; emer.
B: Die Stellung d. Rechnungshöfe i. d. BRD (1972: D.); D. Wirtschaftskontrolle (1985: H.)
MH: Kommunale Selbstverw. in Dtland u. Europa (Symposion zum 65. GT von Willi Blümel; 1996; m. Michael Ronellenfitsch)
AL: Klaus Stern (0863); Gerd Roellecke (0703); Willi Blümel (0064)
Q: K 1996, S. 460; Diss. CV
備考: 1986年入会。Willi Blümel (0064) の講座後継者。財政・会計法に強い。
http://archiv.jura.uni-saarland.de/FB/LS/Grupp/Lehrstuhl/grupp.htm

0271
GRZESZICK, Bernd (グルツェスチック、ベルント[ベァント])
Dr. iur., Prof., Univ. Hamburg
1965 年 12 月 23 日（Erkelenz）
Öffentliches Recht, Verfassungslehre und Rechtsphilisophie
1986–92 Studium Bonn, Freiburg/Br. und Heidelberg; 1992 I. SE; 1993–94 Studium Cambridge; 1993 II. SE; 1994 LL.M; 1995 Prom. Freiburg/Br.; 1996 WiAs Mannheim, dann Köln; 2001 Habil. Köln; 2003 Prof. Münster; 2004 o. Prof. Erlangen; 2009 Prof. Mainz; 2010 Prof. Hamburg
D: Vom Reich zur Bundesstaatsidee, Berlin 1996
H: Rechte und Ansprüche. Eine Rekonstruktion des Staatshaftungsrechts aus den subjektiven öffentlichen Rechten, Tübingen 2002
AL: Thomas Würtenberger (0986)
備考：憲法学者。
http://de.wikipedia.org/wiki/Bernd_Grzeszick

0272
GUCKELBERGER, Annette (グッケル[クッケル]ベルガー、ア[ン]ネッテ)
女性
Dr. iur., Prof., Univ. des Saarlandes
1968 年 04 月 19 日（Hechingen）
Öffentliches Recht, Europarecht und Rechtsvergleichung
Studium Tübingen und Fribourg/CH; 1994 I. SE; 1997 II. SE; 1996 Prom. Tübingen; 1997 Wiss. MA Speyer; 2003 Habil. Speyer; 2006 Prof. Univ. des Saarlandes.
D: Vorwirkung von Gesetzen im Tätigkeitsbereich der Verwaltung, Tübingen 1997
H: Die Verjährung im öffentlichen Recht, Tübingen 2004
AL: Günter Püttner (0672)
備考：法律の失効や公法上の時効といった地味目の、しかし重要なテーマの研究に取り組む。
http://guckelberger.jura.uni-saarland.de/Homepage/Prof.%20Dr.%20Guckelberger2.html

0273
GUNDEL, Jörg (グンデル、イェルク)
Dr. iur., Prof., Univ. Bayreuth
1967 年（Erlangen）
Öffentliches Recht, Völker- und Europarecht sowie Medienrecht

1986–1992 Studium Erlangen-Nürnberg und Aix-Marseille（1989–1990）; 1990 Maître en Droit; 1992 I. SE; 1995 II. SE; 1992–96 Wiss. MA Erlangen-Nürnberg; 1996 Prom. Erlangen-Nürnberg; 1996–97 Wiss. MA FU Berlin; 1997–2003 WiAs FU Berlin; 2002 Habil. FU Berlin; 2005 Prof. Bayreuth
AL: Helmut Lecheler（ 0504 ）
D: Die Einordnung des Gemeinschaftsrechts in die französische Rechtsordnung, Berlin 1997
H: Medienverwaltungsrecht im Bundesstaat. Tübingen 2010
備考：ヨーロッパ法・メディア法・比較法を研究する。
http://www.oer5.uni-bayreuth.de/de/team/owner_of_chair/Gundel_Joerg/index.html（写真あり）
0274

GURLIT, Elke（グル［グァ］リット、エルケ）女性
Dr. iur., Univ.-Prof., Univ. Mainz
1959年
Öffentliches Recht, Rechtsvergleichung, Europarecht
1978–85 Einstufige JA Bremen; 1988 Prom. Bremen; 1987–90 Wiss. MA Bremen; 1990–92 Wiss. MA FU Berlin; 1992–98 WiAs FU Berlin; 2000 Habil. FU Berlin; 2002 Prof. Mainz
D: Die Verwaltungsöffentlichkeit im Umweltrecht, Düsseldorf 1989
H: Verwaltungsvertrag und Gesetz, Tübingen 2000
AL: Philip Kunig（ 0488 ）
備考1：大きな問題（憲法・ヨーロッパ法）から、細かな問題（行政法）まで、幅広に研究。第70回大会（2010年）第3テーマ報告（副報告は、Michael Fehling）。
備考2：Kunig及びその師のIngo von Münch（ 0602 ）を通じて、Ottmar Bühler（ 0097 ）に連なる。
http://www.jura.uni-mainz.de/gurlit/105.php
0275

GUSY, Christoph（グズィ［ー］、クリストフ）
Dr. iur., Prof. an der Univ. Bielefeld
1955年02月08日（Bottrop/Westf.）
Staatslehre u. Öffentliches Recht
1973–77 Studium Bochum; 1977 I. SE; 1984 II. SE; 1975–77 Hiwi Bochum; 1978–79 Hiwi Bochum; 1979 wiss. MA Fernuniv. Hagen; 1979 Prom. Bochum; 1983 Habil. Hagen; 1983 PD Bochum; 1988 Prof. Mainz; 1992 Prof. Halle-Wittenberg; 1993 o. Prof. Bielefeld（1995–97

Dekan)
B: AsylR u. Asylverfahren i. d. BRD (1980: D.); AsylR (1981); VR u. Politik im Prozeß d. friedl. Beilegung d. Nord-Süd-Konflikts (1981); Vom Verbändestaat u. Neokorporatismus? (1981); "Verf.politik" zw. Verf.interpretation u. Rpolitik (1983); Parlamentarischer Ggeber u. BVerfG (1985: H.); Richterl. PrüfungsR (1985); Legitimtät im demokrat. Pluralismus (1987); D. Verfassungsbeschwerde (1988); Weimar – d. wehrlose Republik? (1991: H.); D. Lehre vom Parteienstaat i. d. Weimarer Republik (1993); PolizeiR (3. A. 1996); Privatisierung von Polizeikosten? (1996)
AL: Ulrich Battis (0033)
Q: K 1996, S. 466; CV
備考：師弟間の共著が多いのは、それだけ関係が密なのであろう。
http://www.jura.uni-bielefeld.de/lehrstuehle/gusy/lehrstuhl/lehrstuhlinhaber （写真あり）
http://de.wikipedia.org/wiki/Christoph_Gusy

0276
GYGI, Fritz (ギーギ[ィ]、フリッツ) 瑞
Dr. iur., o. Prof., Univ. Bern/CH
1921 年 02 月 02 日（Kappeln bei Arrberg/Bern） 1989 年 06 月 30 日
VL: Staats- u. Verwaltungsrecht
Studium Bern; 1946–68 RA; 1946 Prom. Bern; 1954 Habil. Bern; 1954 PD Bern; 1962 ao. Prof. ebd.; 1968–87 o. Prof. Bern
B: D. autonomen Gemeindesteuern in Kanton Bern (1947: D.); InterventionsR u. Interventionsverwaltung (1958: H.); Handkommentar z. bern. G. über d. Verw.rechtspflege (1966); Bdesverw.rechtspflege (1979); VerwR (1986)
AL: Ernst Blumenstein (Bern、非会員)
Q: K 1983, S. 1362; CV; Hikasa, S. 133; Nek. K 1992, S. 4256
L: FG Fritz Gygi 1986 (Beiträge zum Verf.- u. VerwR; ohne Verfasserangabe)
備考：1969 年入会。公法と経済の関係の研究に取り組んだ。
http://www.unisg.ch/~/media/Internet/Content/Dateien/Schools/LS/Lehrstuhl%20Schindler/Kurzbiographien%20zum%20schweizerischen%20Verwaltungsrecht.ashx?fl=de（写真あり）

H

0277

HAACK, Stefan（ハーク、シュテファン）
Dr. iur., Prof., Univ. Bonn
1975 年 06 月 20 日（Karl-Marx-Stadt/ jetzt Chemnitz）
VL: Öffentliches Recht, Europarecht und Allgemeine Staatslehre
1994–99 Studium Leipzig; 1996–99 Stud. HK Leipzig; 1999 I. SE; 1999–2001 Wiss. MA Leipzig; 2001 Prom. Leipzig; 2003 II. SE; 2003–09 WiAs Leipzig; 2007 Habil. Leipzig; 2009 Prof. Bonn (W2)
D: Widersprüchliche Regelungskonzeptionen im Bundesstaat, Berlin 2002
H: Verlust der Staatlichkeit, 2007 Tübingen
AL: Christoph Degenhart（ 0129 ）
備考1：旧西独に生まれて旧東独地域の大学に職を得る者が多い中で、旧東独時代のライプツィヒ大学から生い立った若手の国際法学者。
備考2：師を通じて、Peter Lerche（ 0515 ）ほか数多い「ミュンヘン学派」の一員に数えられる。なお同学派は、その領袖 Theodor Maunz（ 0557 ）から Hans Nawiasky（ 0608 ）, Edmund Bernatzik（非会員、Basel → Graz → Wien、1854–1919 年）を経て、Paul Laband（非会員、Königsberg → Straßburg、1838–1918 年）へと到達する。
備考3：ちなみに、従来の（俸給表）C3-Prof., C4-Prof. という表記（C4 が、正教授［Ordninarius］に相当する）は、2002 年 2 月 16 日の大学教員給与改革法（Professorenbesoldungsreformgesetz, ProfBesReformG）により改正され、現在では——上記経歴中に見えるように——俸給表規則 W（Besoldungsordnung W）が定めるところとなり、W1, W2 及び W3 の 3 等級に分かれる（この点も含め、詳細は http://de.wikipedia.org/wiki/Professur を参照。なお、同記事はドイツのほか、スイス及びオーストリアにも言及しており、有益である）。
http://www.jura.uni-bonn.de/index.php?id=4038（写真あり）

0278

HÄBERLE, Peter（ヘーベルレ［ヘーバーレ］、ペーター）
Dr. iur., Dr. h.c., o. Prof., Univ. Bayreuth, ständ. Gastprof., Hochschule St. Gallen

1934年05月13日(Göppingen/Baden-Württ.)
VL: Öffenttliches Recht u. Rechtsphilophie
1953–57 Studium Tübingen, Bonn, Freiburg/Br. u. Montpellier/Frankreich; 1957 I. SE Freiburg; 1958–63 Ref. Freiburg; 1963 II. SE; 1961 WiAs Freiburg; 1964–65 Geschäftsführ. Ass. am Inst. f. öff Recht Freiburg; 1961 WiAs am Inst. f. öff. Recht ebd.; 1961 Prom. Freiburg; 1969 Habil. ebd.; 1969 PD Freiburg; 1969 o. Prof. Marburg/L.; 1976 o. Prof. Augsburg; 1981 Prof. Bayreuth; 1981 Prof. H. St. Gallen; emer.
B: Wesensgehaltsgarantie d. Art. 19 Abs. 2 GG (1962; 3. A. 1983: D.); Öfftl. Interesse als jurist. Problem (1970: H.); Verfassung als öfftl. Prozeß (1978; 2. A. 1996); Kommentierte Verf.rechtsprechung (1979); Kulturpolitik in d. Stadt e. Verf.auftrag (1979); D. Verf. d. Pluralismus (1980); KulturverfR im Bdesstaat (1980); Klassikertexte im Verf.leben (1981); Erziehungsziele u. Orientierungswerte im Verf.staat (1981); VerfL als Kulturwiss. (1982, 2. A. in ital. Übers. 1995); D. GG d. Literaten (1983); Verf.schutz d. Familie (1984); Feiertagsgarantien als kulturelle Identitätselemente d. Verf.staates (1987); D. Menschenbild im Verf.staat (1988); D. Sonntag als Verf.prinzip (1988); Rvergleichung im Kraftfeld d. Verf.staates (1992); Europ. Rkultur (1994); Wahrheitsprobleme im Verf.staat (1995); Europ. Rkultur (1997)
MH: Konrad Hesse: Ausgewählte Schriften (1984; m. Alexander Hollerbach); Gesammelte Schriften von Günter Dürig (1984; m. Walter Schmitt Glaeser/Hartmut Maurer); FS Dürig (1990)
AL: Konrad Hesse (0329)
AS: Alexander Blankenagel (0062); Helmuth Schulze-Fielitz (0810); Ingolf Pernice (0644)
Q: K 1996, S. 476; Wer ist wer 1996/97; Hikasa, S. 134
L: FS 1995 (D. multikulturelle u. multi-ethische Gesellschaft; hrsg.: Thomas Fleiner-Gerster)
備考: 1970年入会。Konrad Hesse門下の俊秀として、立憲国家の様々な問題を先進的に開拓する。1984年及び1985年の副理事長(理事長はHans Heinrich Rupp、いま一人の副理事長はHans-Uwe Erichsen)。その博士論文は3版を重ねた。著作の表題にも現われているように、天才的なひらめきと豊かな構想力を持つ憲法思想家。「スメント学派」との評(藤田391頁注5)。この人物が「発言すると、彼のしぐさやユーモラスな発言内容のために『好意的』な笑いが起きる」(戸波江二・ジュリ948号16頁)。近年では「ヨーロッパ憲法」に思いを寄せる。兼任教授をしているSt. Gallen大学校まで週に1度、遠路を鉄道で通っていた。そのピアノ演奏には定評がある。

http://www.bieur.uni-bayreuth.de/de/index.html
http://de.wikipedia.org/wiki/Peter_H%C3%A4berle
0279
HÄDE, Ulrich（ヘーデ、ウルリヒ）
Dr. iur.; Prof., Europa-Univ. Viadrina Frankfurt (Oder)
1960 年 08 月 02 日（Heinebach/Hessen）
Öffentliches Recht, insbesondere Verwaltungsrecht, Finanzrecht und Währungsrecht
1981–86 Studium Würzburg; 1986 I. SE; 1989 II. SE; 1991 Prom. Würzburg; 1991 Regierungsrat Finanzministerium Bayern; 1992 WiAs Würzburg; 1996 Habil. Würzburg; 1997 Prof. Frankfurt/Oder
B: Geldzeichen im Recht der BRD (1991: D.); Finanzausgleich (1997: H.)
AL: Hugo J. Hahn（ 0283 ）
備考：財政法も研究。なお師の Hahn は、Hubert Armbruster（ 0015 ）の門下生。
http://www.rewi.euv-frankfurt-o.de/de/lehrstuhl/or/finanzrecht/index.html（写真あり）
0280
HAEDRICH, Martina（ヘーデリ[ッ]ヒ、マルティーナ）女性
Dr. iur., Prof., Univ. Jena
1948 年 01 月 30 日（Sankt Petersburg）
Öffentliches Recht, Völkerrecht, Europarecht, Menschenrechtschutz, Umweltschutz, Vereinte Nationen, Recht und Kultur
Studium Jena; 1976 Prom. Jena; 1985 Habil. Jena; 1989 Prof. Jena
D: Das Prinzip der Gleichberechtigung und des Selbstbestimmungsrechts der Völker und die Menschenrechte im Prozess völkerrechtlicher Rechtsbildung, Jena 1985
H: 特定できなかった。
備考：国際法学者。この人物も、旧東地域に生まれ育ったがために、割を食った感がある。
http://www.recht.uni-jena.de/o06/（写真あり）
0281
HÄFELIN, Ulrich（ヘーフェリーン、ウルリヒ）
Dr. iur., o. Prof., Univ. Zürich/CH
1924 年 03 月 26 日（Winterthur/CH）
Öffentliches Recht, Verfassungsrecht, insb. vergleichendes Verfassungsrecht

1942–53 Studium Zürich（RW, Philosophie, Geschichte u. Soziologie; in ihrem Anfang durch längere militärische Dienstleistungen unterbrochen）; 1953–58 Ass. Zürich; 1958–59 Stip. Univ. Mainz（BRD）; 1959–61 Constitutional Adviser d. Libyschen Regierung; 1953 Prom. Zürich; 1961 Habil. ebd.; 1961 PD Zürich; 1963 Assistenzprof. ebd.; 1969 ao. Prof. ebd.; 1972 o. Prof. ebd.; 1990 emer.
B: D. Rpersönlichkeit d. Staates I（1959: H.）; Rechte u. Pflichten d. Bürgers i. d. Referendumdemokratie（1962）
MH: FS Werner Kägi（1979; m. Walter Haller/Dietrich Schindler）
AL: Zaccaria Giacometti（非会員、Zürich）
AS: Tobias Jaag（ 0381 ）
Q: K 1996, S. 477（Red.）; CV; CV/Diss.; Hikasa, S. 150
L: FS 1989（FS f. U. H. zum 65. GT; hrsg.: Walter Haller/Alfred Kölz/Georg Müller/Daniel Thürer; Verzeichnis d. Publik., S. 583）
備考：1965年入会。ジャコメッティ門下として、ずっとZürich大学で過ごした。この人物の教授資格論文はドイツ語文献のみならず、フランス語、イタリア語文献まで視野に収めており、時代を超えてその輝きを失わない。予告されていた第2部が刊行されなかったのは、誠に残念。
http://www.koeblergerhard.de/juristen/alle/allehSeite50.html
0282
HAFNER, Felix（ハフナー、フェーリクス）瑞
Dr. iur., Prof., Univ. Basel/CH
1956年
Kirchenrecht u. Öffentliches Recht
1975 Studium Philosophie, Theologie, RW Basel u. Freiburg/Br.; 1981 WiAs Basel; 1984 Prom. Basel; 1988 Verwaltungsjurist Justizdepartement Kanton Basel-Stadt; 1992 Habil. Basel; 1997 Tit.-Prof. Basel; 2001 o. Prof. Basel
D: Die Beteiligung der Kirchen an der politischen Gestaltung des pluralistischen Gemeinwesens, Basel u. a. 1985
H: Kirchen im Kontext der Grund- und Menschenrechte, 1992 Freiburg/Ue.
Q: K 1996, S. 481（Red.）
備考：スイスの国際法・教会法学者。ドイツ国際法学会理事。
http://ius.unibas.ch/lehre/dozierende/oeffentliches-recht/profil/person/hafner_felix/（写真あり）
http://www.dgfir.de/gesellschaft/organisation/

0283
HAHN, Hugo J. (ハーン、フーゴー・J)
Dr. iur., Dr. h. c., LL.M., em. o. Prof., Univ. Würzburg
1927 年 01 月 15 日（Dieburg/Hessen）
Staats- u. Völkerrecht, Vergleichung im öffentlichen Recht
1946–50 Studium Frankfurt/M.; 1951–52 Studium Harvard Law School/USA; 1952–53 Studium Paris; 1950 I. SE Frankfurt; 1953–56 Ref.; 1956 II. SE; 1950–51 Ass. MPI/Heidelberg; 1953–56 Justitiar Dt.-Amer. Wirtsch.verb./Frankfurt; 1952 LL.M. (Harvard); 1952 Prom. Frankfurt/M.; 1965 Habil. Mainz; 1956–58 Bundesmin. f. Atomfragen (u.a. Mitgl. dt. Deleg. f. Gründung v. EWG u. Euratom); 1965 PD Mainz; 1969 o. Prof. H. f. Sozial- u. Wirtsch.wiss. Linz/Österr.; 1974 o. Prof. Würzburg; 1995 em.
B: D. Streit um d. Erdöl im Küstenmeer d. Verein. Staaten (1953: D.); Rfragen d. Diskontsatzfestsetzung (1966: H.); D. Geld im Recht d. parlament. Diplomatie (1970); D. WährungsR d. Eurodevisen (1973); D. OECD (1976); Funktionenteilung im VerfR Europ. Organisationen (1977); Aufwertung u. Abwertung im Internat. Recht (1979); Bardepot u. WährungsR (1980); WährungsR u. Gestaltwandel d. Geldes (1981); D. Dt. Bdesbank im VerfR (1982); WährungsR (1990); VerwR (Fallsammlung) (1992); D. Vertrag v. Maastricht als völkerrechtl. Übereinkunft u. Verfassung (1992); D. Vertrag als völkerrchtl. Übereinkunft u. Verf. (1993)
H: FS F. A. Mann (1977)
AL: Hermann Mosler (0589); Hubert Armbruster (0015)
AS: Bruno Binder (0059); Ludwig Gramlich (0252); Ulrich Häde (0279); Albrecht Weber (0933)
Q: K 1996, S. 486; Wer ist wer 1996/97; CV; Hikasa, S. 152
備考：1966 年入会。昨今何かと話題の欧州通貨統合の法律問題に先駆的に取り組んできた。
http://www.koeblergerhard.de/Rechtsfakultaeten/FrankfurtamMain670.htm

0284
HAILBRONNER, Kay (ハイルブロンナー、カイ)
Dr. iur. utr, LL.M., o. Prof., Univ. Konstanz
1943 年 07 月 05 日（Ulm/Donau）
VL: Öffentliches u. Völkerrecht
Europarecht, Intern. See- u. Luftfahrtrecht, Weltraumrecht, Rechts-

vergleichung
1962–66 Studium Tübingen u. Heidelberg; 1968/69 Studium Inst. of Air a. Space Law, McGill Univ., Montreal/Kanada; 1966 I. SE Heidelberg; 1966–70 Ref. Karlsruhe; 1970 II. SE Stuttgart; 1971–74 WiAs Heidelberg, nebenamtl. Ref. MPI/Heidelberg; 1974 hauptamtl. Ref. MPI/ebd.; 1969 LL.M. (Montreal); 1972 Prom. Heidelberg; 1977 Habil. Heidelberg
B: D. Schutz d. Luftgrenzen (1972: D.); Luftpiraterie in rechtl. Sicht (1972); D. Freiheit d. Forch. u. Lehre als FunktionsR (1979: H.); Entwicklungstendenzen im intern. WirtschaftsR (1981); D. nation. Alleingang im EG-Binnenmarkt (1989); Ausländerrecht. Kommentar (1991); Rstellung u. Tätigkeitsbereich d. öff.-rechtl. Pflicht- u. Monopolversicherungsanstalten i. d. EG (1991); Einbürgerung v. Wanderarbeitnehmern u. doppelte Staatsangehörigkeit (1992); D. Rstellung der De-facto-Flüchtlinge in d. EG-Staaten (1993); Reform d. Asylrechts (1994)
MH: FS Karl Doehring (1989; hrsg. Georg Ress, Torsten Stein)
AL: Karl Doehring (0144)
Q: K 1983, S. 1418; CV
備考：1978年入会。第56回大会（1996年）第1テーマ報告（4人の報告者の1人）。師のDoehringを通じて、Ernst Forsthoff（ 0206 ）→ Carl Schmitt（ 0780 ）に連なる。
http://migration.uni-konstanz.de/content/hailbronner/de/vita.htm
http://de.wikipedia.org/wiki/Kay_Hailbronner

0285
HAIN, Karl Eberhard（ハイン、カール［カルル］・エーベルハルト［エーバーハルト］）
Dr. iur., Prof., Univ. zu Köln
1960年03月18日（Hachenburg/Rheinland-Pf.）
VL: Öffentliches Recht, Rechtsphilosophie
1978 Studium Gießen; 1986 I. SE; 1990 II. SE; 1990 Wiss. MA Göttingen; 1993 Prom. Göttingen; 1998 Habil. Göttingen; 2003 Prof. Mainz; 2008 Prof. Köln
D: Rundfunkfreiheit u. Rundfunkordnung, Baden-Baden 1993
H: Die Grundsätze des Grundgesetzes, Baden-Baden 1999
AL: Christian Starck (0852)
備考：メディア法学者。
http://www.medienrecht.jura.uni-koeln.de/1968.html（写真あり）

0286
HALLER, Herbert Heinz (ハラー、ヘルベルト・ハインツ) 墺
Mag. et. Dr. iur., em. ao. Prof., WU Wien/Österr.
1940 年 02 月 07 日（München）
Öffentliches Recht, insb. Verfassungsgerichtsbarkeit, Verwaltungsverfahren u. Writschaftsverwaltung
1958–63 Studium Wien; 1963 Prom. Wien; 1978 Habil. WU Wien; 1963–65 teilzeitl. Ass. am Inst. f. Höhere Studien (Ford-Inst.) Wien; 1963–67 zuerst teilzeitl. Ass., dann UAs. am Inst. Wien; 1967–69 Stip. AvH-Stiftung: München; 1970–74 Schriftführer am österr. VfGH; Ass. am Inst. WU Wien; 1978 PD Wien; 1985 U.Prof. WU Wien; 2005 emer.
B: D. Individualantrag zur Gesetzes- u. Verordnungsprüfung (1976); D. Verf.novelle, 2 Teile (1976); Ist Hans Kelsen d. Schöpfer d. österr. Verf.ger.barkeit? (1977); D. Ausschaltung d. VfGH im Jahre 1933 (1978); D. Prüfung v. Gesetzen (1979: H.);
AL: Heinz Peter Rill (0695)
Q: K 1996, S. 489; CV
備考：1980 年入会。第 52 回大会（1992 年）第 1 テーマ報告（なお、この年は初めて報告者が 4 人立った）。2003 年から 7 年間、オーストリア憲法裁判所判事であった。
http://de.wikipedia.org/wiki/Herbert_Haller

0287
HALLER, Walter Dolf (ハラー、ヴァルター・ドルフ) 瑞
Dr. iur., o. Prof., Univ. Zürich/CH
1939 年 07 月 29（Colombo/Sri Lanka）
Staats- u. Verwaltungsrecht
1958–62 Studium Zürich; 1963 Studium Univ. Stockholm/Schweden; 1969 visiting reserch scholar Univ. Michigan Law School; 1965–67 BezirksG Uster; 1967 Anwaltspr.; 1967–68 jur. Sekretär OG Zürich; 1965 Prom. Zürich; 1971 Habil. Zürich; 1970 Ass. von Werner Kägi; 1971 PD Zürich; 1975 ao. Prof. ebd.; 1979 o. Prof. ebd.; 2004 emer.
B: D. schwed. Justitieombudsman (1964: D.); D. Beanspruchung d. amerik. Stimmbürger (1971); Supreme Court u. Politik i. d. USA (1972: H.)
MH: FS Werner Kägi (1979; m. Ulrich Häfelin/Dietrich Schindler); FS U. Häfelin (1989; m. Georg Müller/Daniel Thürer u.a.)
AL: Werner Kägi（非会員、Zürich、1909–2005 年）

Q: K 1996, S. 489/490; CV; CV/Diss.; Hikasa, S. 165
備考：1973 年入会。
http://www.walter-haller.ch/
0288
HALTERN, Ulrich （ハルテルン［ハルターン］、ウルリ［ッ］ヒ）
Dr. iur., Univ.-Prof., Univ. Hannover
Öffentliches Recht, Völker- und Europarecht, Rechtsvergleichung und Rechtsphilosophie
1967 年
Studium Bochum, Genf, Yale u. Harvard; 1993 I. SE; 1993–94 Wiss. MA Bochum; 1995 LL. M (Yale); 1994–96 Ass. Harvard LS; 1998 II. SE; 1998 Prom. Bochum; 2000–03 WiAs HU Berlin; 2003 Habil. HU Berlin; 2004 Univ.-Prof. Hannover
D: Verfassungsgerichtsbarkeit, Demokratie und Mißtrauen, Berlin 1998
H: Europarecht und das Politische, Tübingen 2005
AL: Knut Ipsen (0377); Dieter Grimm (0261)
備考：国際法・ヨーロッパ法学者。
http://www.jura.uni-hannover.de/434.html （写真あり）
0289
故 **HAMEL, Walter** （ハーメル、ヴァルター）
Dr. iur., Prof., Univ. Marburg an der Lahn
1896 年 10 月 28 日（Berlin）　1979 年 08 月 05 日（Marburg/Lahn）
Öffentliches Recht, Rechtsgeschichte, IPR
1917–21 Studium Berlin; 1925 Prom. Bonn（商法）; 1929 Habil. Greifswald; 1929 PD Greifswald; 1941 PD Marburg; 1945 apl. Prof. Marburg
B: Die Rechtsnatur der offenen Handelsgesellschaft (1928: D.); D. Wesen d. Staatsgebietes (1933); Reich u. Staat im Mittelalter (1944); D. Bekenntnisfreiheit (1950); D. Bedeutung d. Grechte im zosialen Rstaat (1957); Dt. StaatsR, 2 Bde. (1971/74)
AL: Göppert (非会員、Bonn), Ulrich Scheuner (0750)
Q: CV/Diss.; K 1950, S. 698; Nek. K 1983, S. 4827
L: AöR 104 (1979), S. 500–501 (Nachruf; von Peter Häberle)
備考：戰後原始会員（1950 年入会）。戰中・戰後初期の国際法学者。
http://www.koeblergerhard.de/juristen/alle/allehSeite119.html
0290
HAMMER, Felix （ハ［ン］マー、フェーリクス）
Dr. iur., apl. Prof., Univ. Tübingen, RA/Bischöfliches Ordinariat Rottenburg

1957 年 07 月 12 日（Stuttgart）
VL: Öffentliches Recht und Kirchenrecht
1978–85 Studium Tübingen u. Würzburg; 1985 I. SE; 1988 II. SE; 1985–99 Wiss. MA u. WiAsTübingen; 1993 Prom. Tübingen; WiAs Tübingen; 1999 Habil. Tübingen; 2001 RA; 2002 Justitiar und Kanzler der Diözese Rottenburg-Stuttgart
D: Die geschichtliche Entwicklung des Denkmalrechts in Deutschland, Tübingen 1995
H: Rechtsfragen der Kirchensteuer, Tübingen 2002
AL: Martin Heckel（ 0303 ）
備考： 教会の顧問弁護士をすることで、研究と実務の架橋を試みている。
http://www.maccari.de/de/lawyer/index.php?id=20
http://www.servat.unibe.ch/staatsrechtslehre/wiw/hammer,_felix.html
（写真あり）
http://www.drs.de/index.php?id=2668（写真あり）
0291
HAMMER, Stefan（ハ[ン]マー、シュテファン）墺
Dr. iur., ao. Univ.-Prof., Univ. Wien
1955 年
Verfassungsrecht, Verwaltungsrecht, Rechtsphilosophie
1975 Studium RW, Orientalistik, Islamkunde Wien; 1981 Prom. Wien; 1994 Ass.-Prof. Wien; 2004 Habil.; ao. Univ.-Prof. Wien
D: 不明
H: 不明
AL: Theo Öhlinger（ 0627 ）
備考： 遺憾ながら、詳細は不明である。
http://staatsrecht.univie.ac.at/ao-professoren/hammer
http://www.univie.ac.at/vicisu/images/stories/CVs/CV_Stefan_Hammer.doc
0292
HANGARTNER, Yvo（ハンガルトナー、イーヴォ）瑞
Dr. rer. pol., o. Prof., Hochschule St. Gallen/CH
1933 年 02 月 24 日
Öffentliches Recht
1952–56 Studium Hochschule St. Gallen; 1959 Prom. St. Gallen; 1972 Habil. ebd.; 1956–59 Ass. St. Gallen; 1959/60 jur. MA d. Gebäudeversicherungsanstalt d. Kantons St. Gallen; 1960–70 Chef d. Rechtsdienstes d. Staatskanzlei ebd.; 1972 ao. Prof. St. Gallen, 1975 o. Prof. ebd.

B: Widerruf. u. Änderung v. VAten aus nachträgl. eingetretenen Gründen (1959: D.); D. Kompetenzverteilung zw. Bund u. Kantonen (1974: H.); Gzüge d. schweizer. StaatsR, 2 Bde. (1980/1982)
AL: Willi Geiger（非会員）, Hans Nawiasky（ 0608 ）
Q: K 1983, S. 1442; CV; CV/Diss.
備考：1980年入会。第54回大会（1994年）第1テーマ報告(4人の報告者の1人)。
http://www.koeblergerhard.de/juristen/vips/viwhSeite27.html
 0293
HÄNNI, Peter （ヘ[ン]ニ、ペーター）[瑞]
Dr. iur., o. Prof., Univ. Fribourg/CH
1950年09月16日（Forst bei Thun）
Staats- u. Verwaltungsrecht
1975 Studium Freiburg/Ue.; 1978 Ass. Freiburg/Ue.; 1982 Prom. Freiburg/Ue.; 1983 RA; 1984 LL.M (Yale); 1988 Habil. Freiburg/Ue.; 1992 o. Prof. Freiburg im Üchtland
B: D. Treupflicht im öff. DienstR (1987: D.); D. Klage auf Vornahme e. Verwaltungshandlung (1988: H.); Rechte u. Pflichten im öff. DienstR (1993)
AL: Thomas Fleiner-Gerster（ 0202 ）
Q: K 1996, S. 478
備考1：第51回大会（1991年）第2テーマ報告。かつて30年以上前にOtto Bachof（ 0025 ）が教授資格論文で取り扱った義務付け訴訟の問題を、スイスについて論じた。
備考2：なお周知のことかと思われるが、ドイツのフライブルク（Freiburg im Breisgau）とスイスのフライブルク（フリブールのドイツ語表記 Freiburg im Üchtland）を区別するために、前者は Freiburg/Br.、また後者は Freiburg/Ue. と略記する慣わしである。
http://www.unifr.ch/spc/UF/95octobre/haenni.html
http://www.unifr.ch/oeffrecht/haenni（写真あり）
 0294
HANSCHEL, Dirk （ハンシェル、ディルク）
Dr. iur., PD, M.C.L., Univ. Mannheim
1969年12月24日（Düsseldorf）
VL: Öffentliches Recht, Völkerrecht, Europarecht und Rechtsvergleichung
1991 Studium Marburg, London u. Heidelberg; 1997 SE; 2003 Prom. Mannheim; 2003 Wiss. MA/Ass. Mannheim; 2004 II. SE; WiAs Mann-

heim; 2010 Habil. Mannheim
D: Verhandlungslösungen im Umweltvölkerrecht 2003
H: 確認できなかった。
AL: Eibe Riedel (0693)
備考： 国際環境法の研究に取り組む。
http://www.jura.uni-mannheim.de/dozenten/apl_professoren_privatdozenten/hanschel_dirk_dr_iur_m_c_l/index.html（写真あり）
0295
HARATSCH, Andreas （ハラ［ッ］チュ、アンドレア［ー］ス）
Dr. iur., Prof., Univ. Hagen
1963 年（Mainz）
Öffentliches Recht, Völkerrecht, Europarecht
1982 Studium Mainz; 1988 I. SE; 1992 II. SE; 1997 Prom. Mainz; WiAs Potsdam; 2003 Habil. Potsdam; wiss. Ref. Bonn; 2007 Prof. Hagen
D: Die Befreiung von Verbindlichkeiten nach Art. 135a Abs. 2 GG, 1998
H: 特定できなかった。
備考： 国際人権法の研究者。
http://www.fernuni-hagen.de/ls_haratsch/ （写真あり）
0296
HÄRTEL, Ines （ヘ［ー］ルテル［ヘァテル］、イーネス） 女性
Dr. iur., Prof., Univ. Bochum
1970 年
VL: Öffentliches Recht, Europarecht und Rechtsvergleichung
1991–95 Studium; 1995 I. SE; 1998 II. SE; 2001 Prom. Göttingen; 2002 Wiss. MA Göttingen; 2005 Habil. Göttingen; 2009 Prof. Bochum
D: Düngung im Agrar- und Umweltrecht, Berlin 2002
H: Handbuch Europäische Rechtsetzung, Berlin/Heidelberg 2006
AL: Volkmar Götz (0249); Christian Starck (0852)
備考： ヨーロッパ農業法・消費者保護法を研究する。
http://homepage.ruhr-uni-bochum.de/ls-haertel/ineshaertel.html（写真あり）
0297
HARTMANN, Bernd （ハルトマン、ベルント［ベァント］）
Dr. iur., PD, Univ. Münster
1973 年 11 月 13 日（Recklinghausen）
VL: Öffentliches Recht und Verwaltungswissenschaften

1994 Studium Münster u. Univ. René Descartes Paris V; 1999 I. SE; 2002 LL. M. (Univ. of Virginia); 2004 Prom. Münster; 2005 wiss. MA Münster; II. SE; 2007 akad. Rat; 2011 Habili. Münster, PD Münster
D: Volksgesetzgebung und Grundrechte, Berlin 2005
H: Öffentliches Haftungsrecht, 2011
備考: 若手の憲法学者。
http://www.bernd-j-hartmann.de/ 写真あり
0298

HASE, Friedhelm (ハーゼ、フリートヘルム)
Dr. iur., Prof., Univ. Bremen
1949年 (Korbach/Hessen)
Öffentliches Recht und Sozialrecht
1967–72 Studium Marburg und Gießen; 1972 I. SE; 1977 II. SE; 1972–74 Wiss. MA Gießen; 1978–81 Wiss. MA Gießen; 1981 Prom. Gießen; 1985–88 Ref. Dt. Rentenversicherungsträger, 1989–98 Prof. Bamberg, 1998–2009 Prof. Siegen; 2000 Habil. Gießen; 2005 Mitgl. des Bundesschiedsamtes für die vertragszahnärztl. Versorgung; 2009 Prof. Bremen
D: Richterliches Prüfungsrecht und Staatsgerichtsbarkeit, Bremen 1981
H: Versicherungsprinzip und sozialer Ausgleich, Tübingen 2000
備考: 社会法を研究。
http://www.jura.uni-bremen.de/typo3/cms405/index.php?id=564 (写真あり)
0299

HATJE, Armin (ハーチェ、アルミン)
Dr. iur., Prof., Univ. Hamburg
1959年 (Hamburg)
Studium Hamburg u. Lausanne; 1984 I. SE; 1987 Prom. Hamburg; 1990 II. SE; 1990 MA Europ. Hochschulinstitut Florenz, 1991 WiAs Freiburg/Br.; 1996 Habil.; 1998 o. Prof. Bielefeld; 2006 Prof. Hamburg
D: Der Rechtsschutz der Stellenbewerber im europäischen Beamtenrecht, Baden-Baden 1988
H: Die gemeinschaftsrechtliche Steuerung der Wirtschaftsverwaltung, Baden-Baden 1998
AL: Jürgen Schwarze (0815)
備考: ヨーロッパ経済法学者。なお、学統は師の Schwarze が Werner von Simson (0836) の門下生であり、後者を通じて Joseph Kaiser (0408) → Ulrich Scheuner (0750) → Heinrich Triepel (0891) → Karl Binding

(非会員、Basel → Freiburg/Br. → Straßburg → Leipzig、刑法学、1841–1920 年) へと連なる。
http://www.jura.uni-hamburg.de/personen/hatje/ (写真あり)

0300
故 **HAVERKATE, Görg** (ハーファーカーテ、ゲルク[ゴェァク])
Dr. iur., U. Prof., Univ. Heidelberg
1942 年 08 月 02 日 (Essen)　2006 年 12 月 30 日 (Bretagne)
Öffentliches Recht und Allgemeine Staatslehre
1964–68 Studium Münster/Westf. u. Tübingen; 1969 I. SE Hamm; 1969–73 Ref. Köln; 1973 II. SE NRW; 1973 Verw. e. Ass.stelle, dann WiAs Köln; 1977 RA; 1976 Prom. Köln; 1981 Habil. Köln; 1981 PD Köln; 1984 Prof. Frankfurt/M.; 1989 Prof. Heidelberg
B: Gewißheitsverlust im jurist. Denken (1977: D.); Rfragen des Leistungsstaats (1983: H.); VerfL (1992); Normtext – Begriff – Telos (1996)
AL: Martin Kriele (0475)
Q: K 1996, S. 515; CV
備考: 1983 年入会。第 46 回大会 (1987 年) 第 2 テーマ副報告。社会法学者。下記ケープラーの記述によると、水辺での事故死の模様 (tragischer Tod im Meer vor der bretonischen Küste)。
http://www.jura-hd.de/haverkate/prof._dr._haverkate.html
http://www.koeblergerhard.de/juristen/vips/viwhSeite48.html
http://de.wikipedia.org/wiki/G%C3%B6rg_Haverkate

0301
HEBELER, Timo (ヘーベラー、ティモ)
Dr. iur., Univ.-Prof., Univ. Trier
1974 年 12 月 8 日 (Rotenburg an der Fulda)
Öffentliches Recht, Sozialrecht und Verwaltungswissenschaft
1995 Studium Gießen; 2000 I. SE; 2004 II. SE; 2000–01 Studium Speyer; 2001 Prom. Gießen; 2000 Wiss. MA Gießen; 2007 Habil. Gießen; 2009 Univ.-Prof. Potsdam; 2011 Prof. Trier
D: Generationengerechtigkeit als verfassungsrechtliches Gebot in der sozialen Rentenversicherung, Baden-Baden 2001
H: Verwaltungspersonal – Eine rechts- und verwaltungswissenschaftliche Strukturierung, Baden-Baden 2008
備考: 行政組織法の研究に取り組む。
http://www.uni-trier.de/index.php?id=39417 (写真あり)

0302
故 **HECKEL, Johannes Wilhelm Otto** (ヘッケル、ヨハンネス・ヴィルヘル

ム・オットー)
Dr. theol. h. c., Dr. iur., em. o. Prof., Univ. München
1889 年 09 月 24 日(Kammerstein)　1963 年 07 月 15 日(Tübingen)
Kirchenrecht u. Staatsrecht
Studium München; 1912 I. SE; 1914 Kriegsfreiwilliger; 1915 Kriegsdienst, Kriegsverletzung, 1919 II. SE; 1922 Prom. Würzburg; 1923 Habil. Berlin; 1923 PD Berlin; 1926 nbeamt. ao. Prof. Berlin, 1928 o. Prof. Bonn; 1934 o. Prof. München; 1945 Amtsenthebung, im Entnazifizierungsverfahren freigesprochen; 1948 o. Prof. München,; 1951 Gerichtspräsident vereinigte evangelisch-lutherische Kirche Deutschland; 1957 emer.
B: Kirchl. Autonomie u. staatl. Stiftungsrecht (1932); Das blinde, undeutliche Wort 'Kirche'. Gesammelte Aufsätze (1964; hrsg.: Siegfried Grundmann)
AL: Ulrich Stutz (非会員、Bonn → Berlin、法史学・教会法、1868–1938 年)
AS: Siegfried Grundmann (0269); Klaus Obermayer (0620)
Q: K 1935, S. 501; K 1950, S. 737; Nek. K 1966, S. 2813
L: FS 1959 (Für Kirche u. Staat; hrsg. v. Siegfried Grundmann); DÖV 1959, S. 858; AöR 84 (1959), S. 490; AöR 89 (1964), S. 113
備考: 戦前原始会員(1924 年)を経て、戦後原始会員(1950 年入会)。Martin Heckel (0303) の父。教会法学者。
http://de.wikipedia.org/wiki/Johannes_Heckel
0303
HECKEL, Martin (ヘッケル、マルティン[マーティン])
Dr. iur., em. o. Prof., Univ. Tübingen
1929 年 05 月 22 日(Bonn)
Öfftenliches Recht u. Kirchenrecht
1948–52 Studium München; WS 1952/53-SS 53 Gasthörer Heidelberg; 1952 I. SE München; 1952–53 Ref. Heidelbrg; 1957 II. SE München; 1956 Verw. e. WiAs München; 1957 WiAs München; 1955 Prom. Heidelberg, 1960 Habil. Heidelberg; 1960 PD Heidelberg; 1960 o. Prof. Tübingen; 1997 emer.
B: Staat u. Kirche n. d. Lehren d. ev. Jursten Dtlands i. d. ersten Hälfte d. 17. Jhs (D.: Teil I, in: Savigny-Zs, Kan. Abt. 42 (1956), S. 117–247; Teil II, Kan. Abt. 43 (1957); S. 202–308); Studien zur Verf. gebung d. ersten dt. Nationalversammlung vom Jahre 1848 u. 1849 (1960: H.); Staat – Kirche – Kunst (1968); Korollarien zur Säklarisierung (1981); Dtland im konfessionellen Zeitalter (1983); D. theol.

Fakultäten im weltlichen Verf.staat (1986); D. Menschen im Spiegel d. reformatorischen Theologie (1987), Organisationsstrukturen d. Theologie in der Univ. (1987) Gesammelte Schriften. Staat, Kirche, Recht, Geschichte, 2 Bde. (1989); D. Vereinigung d. Evang. Kirchen in Dtland (1990); Gleichheit od. Privilegien? D. Gleichheitssatz im Staatskirchenrecht (1993)
AL: Hans Schneider (0786)
AS: Klaus Schlaich (0758); Karl-Hermann Kästner (0412)
Q: K 1996, S. 516 (Red.); Wer ist wer 1996/97; CV
備考: 1961年入会。第26回大会 (1967年) 第1テーマ主報告。1988年及び1989年の協会理事長(副理事長は、Erhard Denninger 及び Christian Starck)。2代続きの教会法学者。Johannes Heckel (0302) の子息。教会と国家の関係、教会法学史を一貫して研究。師の H. Schneider は Werner Weber (0935) の門下生。後者を通じて、Carl Schmitt (0780) に連なる。
http://www.evangelischer-kirchenbezirk-tuebingen.de/news/2009/06/heckel.php
0304

HECKER, Jan (ヘッカー、ヤン)
Dr. iur., PD, Univ. Frankfurt/Oder
1967年
Öffentliches Recht und Europarecht
Studium RW u. Politik Freiburg/Br., Grenoble, Göttingen u. Cambridge; 1997 Prom. Göttingen; 1997–99 RA Berlin u. Köln; 1999 BM des Innern (2006 Rechtsreferendar); 2005 Habil. Frankfurt/Oder; 2011 Richter am BVerwG
D: Europäische Integration als Verfassungsproblem in Frankreich, Berlin 1998
H: Marktoptimierende Wirtschaftsaufsicht, Tübingen 2007
備考: 実務家教員(連邦憲法裁判所判事)。
http://www.koeblergerhard.de/juristen/alle/allehSeite305.html
0305

HECKMANN, Dirk (ヘックマン、ディルク[ディァク])
Dr. iur., U. Prof., Univ. Passau
1960年09月15日 (Remscheid)
Öffentliches Recht, Rechtstheorie, Sicherheitsrecht, Internetrecht
1978–83 Studium Trier; 1983 I. SE; 1986 II. SE; 1991 Prom. Freiburg/Br.; 1995 Habil. Freiburg; 1996 o. Prof. Passau; 2003 Wahl zum neben-

amtlichen Richter am Bayerischen Verfassungsgerichtshof
D: Der Sofortvollzug staatlicher Geldforderungen, Berlin 1992
H: Geltungskraft und Geltungsverlust von Rechtsnormen, Tübingen 1997
AL: Thomas Würtenberger (0986)
備考：警察法、電子政府法、社会セキュリティー法などの研究に取り組む。その系譜は、Würtenberger → Reinhold Zippelius (1000) → Siegfried Grundmann (0269) → Johannes Heckel (0302) を経て、Friedrich Giese (0240) へと連なる。
http://www.jura.uni-passau.de/heckmann.html（写真あり）
http://de.wikipedia.org/wiki/Dirk_Heckmann
0306
HEINIG, Hans Michael（ハイニッヒ、ハンス・ミヒャエ[ー]ル）
Dr. iur., Prof., Univ. Göttingen
1971 年 03 月 09 日（Lingen）
Öffentliches Recht, insb. Kirchen- und Staatskirchenrecht
1991 Studium RW, Geschichts- u. Sozialwiss. Hamburg, Hannover u. Bochum; 1998 I. SE; 2002 Prom. Düsseldorf; 2004 II. SE; WiAs Heidelberg; 2008 Habil. Heidelberg; Prof. Göttingen
D: Öffentlich-rechtliche Religionsgesellschaften, Berlin 2003
H: Der Sozialstaat im Dienst der Freiheit, Tübingen 2008
備考：他校出身で、法学以外の素養も含め、ゲッティンゲン大学の伝統を受け継ぐ教会法学者。
http://de.wikipedia.org/wiki/Hans_Michael_Heinig
0307
HEINTSCHEL VON HEINEGG, Wolff（ヘンチェル・フォン・ハイネック、ヴォルフ）
Dr. iur., Prof., Univ. Frankfurt/Oder
1957 年 02 月 12 日（Kettwig/jetzt Essen）
VL: Öffentliches Recht
1977– Studium Bochum; 1983 I. SE; 1983 WiAs Bochum; 1986 II. SE; 1988 Prom. Bochum; 1995 Habil. Bochum; 1995 PD Bochum; 1995 o. Prof. Augsburg; 2000 Prof. Frankfurt/O.
B: Der Ägäis-Konflikt (1989: D.); Seekriegsrecht u. Neutralität im Seekrieg (1995: H.); Hrsg. mit V. Epping u. H. Fischer: Brücken bauen und begehen – Festschrift für Knut Ipsen zum 65. Geburtstag (2000)
AL: Knut Ipsen (0377)
備考：国際法学者。K. Ipsen の師 Eberhard Menzel (0573) を経て、Fried-

rich Giese（ 0240 ）へと至る。
http://www.rewi.europa-uni.de/de/lehrstuhl/or/voelkerrecht/inhaber/index.html（写真あり）

0308
HEINTZEN, Markus（ハインツェン、マルクース）
Dr. iur., Prof., FU Berlin
1960年07月19日（Eitorf）
Öffentliches Recht, Staats- u. Verwaltungsrecht
1979–84 Studium RW u. Philosophie Bonn; 1984 I. SE; 1985–88 WiAs-Wiss. HK Bonn; 1987 Prom. Bonn; 1989 II. SE; 1994 Habil Bonn; 19 PD; 1994 Prof. Halle-Wittenberg; 1997 Prof. FU Berlin
B: Auswärtige Beziehungen privater Verbände (1988: D.); Private Außenpolitik (1989); Die Kategorie der Kompetenz im Bundesstaatsrecht (1994: H.)
MH: Auf dem Wege zu einer Europ. Staatlichkeit (1993; m. Thomas von Danwitz, Stefan Korioth, Michael Reinhardt u.a.)
AL: Josef Isensee（ 0379 ）
備考：ホームページの記述によると、研究の重点は「憲法の全領域、ことに連邦憲法、行政法総論、大学法、ヨーロッパ憲法理論」とのこと。師を通じて、巨大な「ミュンヘン学派」へと連なる。
http://www.jura.fu-berlin.de/einrichtungen/we3/professoren/ls_heintzen/mitarbeiter/heintzen_markus/persinfo/bio.html
http://de.wikipedia.org/wiki/Markus_Heintzen

0309
HEITSCH, Christian（ハイチュ、クリスツィアン）
Dr. iur., apl. Prof., Univ. Trier
1962年（Göttingen）
1983–89 Studium Regensburg, London u. Göttingen; 1992 Prom. Regensburg; WiAs Regensburg; 2001 Habil. Trier; apl. Prof. Trier
D: Genehmigung kerntechnischer Anlagen nach deutschem und US-amerikanischem Recht, 1993
H: Die Ausführung der Bundesgesetze durch die Länder, Tübingen 2001
備考：税法学者。
http://www.brunel.ac.uk/about/acad/bls/staff/staff/christianheitsch
http://www.baumann-rechtsanwaelte.de/anwa_neu/m_heitsch.htm

0310
故 **HELD, Hermann Josef**（ヘルト、ヘルマン・ヨーゼフ）

Dr. iur., U. Prof., Univ. Kiel
1890 年 12 月 28 日（Freiburg/Br.） 1963 年 09 月 08 日（Malente）
Staats- u. VerwR, Völkerrecht, IPR, Ausl. Recht
Studium Freiburg/Br.; 1920 Prom. Freiburg/Br.; Studium Heidelberg u. Cambridge; 1921–1937 Dezernent; 1927 Habil. Kiel; 1927 PD Kiel; 1942 apl. Prof. Kiel
B: Gebiet u. Boden i. d. Rgestalten d. Gebietshoheit u. Dinglichkeit (1937); Wirtschaftl. Gleichberechtigung (1937); VerwR (1949)
Q: K 1928/29, S. 879; K 1950, S. 755/756
備考: 戦後原始会員（1950 年入会）。民商法を（も）専攻した。
http://www.koeblergerhard.de/juristen/alle/allehSeite406.html
0311

故 **HELFRITZ, Hans**（ヘルフリッツ、ハンス）
Dr. iur., Dr. phil., em. o. Prof., Univ. Erlangen, Geheimer Regierungsrat
1877 年 02 月 21 日（Greifswald） 1958 年 05 月 09 日（Erlangen）
Öffentliches Recht, insb. Kommunalrecht
Studium Greifswald u. Berlin; 1905 Prom. (Dr. iur.) Greifswald; 1911 Prom. (Dr. theol.) Greifswald u. Oldenburg; 1914 Habil. Berlin; Stadtsynd. Greifswald; Reg.Ass. Aurich, zugleich weltliche Konsist. Ratsstelle Aurich; Regierungsrat; Hilfsarbeiter des Kultusministeriums, zugleich PD Berlin; Geheimer Regierungsrat 1914–1918 Kriegsteilnahme; 1919–45 o. Prof. Breslau
B: D. geschichtl. Bestand u. d. legislat. Verwertbarkeit v. Abbitte, Ehrenerklärung u. Widerruf (1905: D.); D. Finanzen d. Stadt Greifswald zu Beginn d. 19. Jh. u. i. d. Gegenw. (1911); Die Vertretung d. Städte u. Landgemeinden nach außen i. d. Gemeinderecht d. österr. Provinz Preußens (1916; H.); Grundriß d. Pr. Kommunalrechts (1922; 3. A. 1932); Allg. StaatL (1924; 5. A. 1949); Geschichte d. Pr. Heeresverwaltung (1938)
AL: Wilhelm Kahl (0106)
AS: Günther Küchenhoff (0482); Hans Peters (0649); Hans Ulrich Scupin (0821); Gerhard Wacke (0917)
Q: CV/Diss.; Wer ist's 1922, S. 614/615; K 1928/29, S. 881; K 1950, S. 756/757; Nek. K 1961, S. 2374; 没
L: JZ 1952, S. 124 (von Gerhard Wacke); DÖV 1957, S. 114; AöR 83 (1958), S. 121; DÖV 1958, S. 418
備考: 戦前原始会員（1924 年入会）を経て、戦後原始会員（1950 年入会）。第

2回大会（1925年）第2テーマ報告（H. 2）。ヴァイマル共和制憲法に対しては、批判的な態度を取った。
http://de.wikipedia.org/wiki/Hans_Helfritz_（Staatsrechtler）
0312
故 **HELLBLING, Ernst Carl**（ヘルブリング、エァンスト［エルンスト］・カール［カルル］）墺
Dr. iur., em. o. U.Prof., Univ. Salzburg/Österr.
1901年01月02日（Wien） 1985年01月14日（Wien）
VL: Dt. Rechtsgeschichte (1948); Verwaltungslehre u. österreichisches Verwaltungsrecht (1950); Österreichisches Verfassungsrecht u. Allgemeine Staatslehre (1962)
1920–24 Studium Wien; 1924 Prom. Wien; 1925–26 Rechtspraxis; 1927 Verw.beamter Wien; 1938 Zwangspensionierung; 1948 Obersenatsrat Wien; 1948 Habil. Wien; 1948 PD Wien; 1954 tit. ao. Prof. Wien; 1959 o. Prof. Wien; 1965 i. R. Obersenatsrat Wien; 1965 o. Prof. Salzburg; 1971 emer.
B: Glegung Strafrechtsquellen d. österr. Erbländer v. Beginn d. Neuzeit bis z. Theresiana (1948: H., Neudruck 1996, hrsg.: Ilse Reiter); Kommentar zu d. Verw.verfahrensG, 2 Bd. (1953/54); Österr. Verf.- u. Verw.geschichte (1956; 2. A. 1974); Probleme d. Verw.Verf.G im Lichte d. Allg. SozialversicherungsG (1957); Zusammenfass. aller einschläg. Verfahren zu e. SozialGer.barkeit als Probl. u. Reformziel (Gutachten zum 2. ÖJT; 1964); Bundes-Verf.novellen u. Verf.kontinuität (1967); D. Kuenringer (1975); Entwicklungstendenzen d. Verwaltung (1981)
AL: Hans Planitz, Rodolf Köstler (Wien: Dt. Recht u. Österr. Verf.- u. Verw.geschichte); Adolf Julius Merkl (0576), Ludwig Adamovich Sen. (0005); Walter Antoniolli (0012), Günther Winkler (0965)
Q: K 1983, S. 1565/1566; Nek. K 1987, S. 5371; 没
L: FS 1971 (FS für E. C. H. zum 70. GT; hrsg. von Hans Lenze u.a); Staatsbürger (1976; von Theo Mayer-Maly); Österr. JZ H 5/6 (1976; von Karl Marschall); FS 1981 (Aus Österreichs Rechtsleben in Geschichte u. Gegenwart; hrsg. v. Rechtswiss. Fak. d. Univ. Salzburg; Veröffentl., S. 745–751); Referate u. Disskussionsbeiträge zu H.s Zusammenfassung (siehe oben) (2. ÖJT: 1965; von Friedrich Steinbach/Theodor MAyer-Maly)
備考：47歳にして教授資格を取得、65歳（!）で教授になった。1971年に70歳で入会。その著『墺国憲法・行政法史』（上記）はスタンダードワーク。生

涯におよそ 400 本の論文を執筆した。少しずつ教授免許を拡張していった関係で、指導教授の数が多い。手術を受けたが、その後に死亡（nach Operation und Schenkelhalsbruch）。
http://www.koeblergerhard.de/Rechtsfakultaeten/Salzburg209.htm
0313
故 **HELLER, Herrmann Ignaz**（ヘラー、ヘルマン・イグナツ）
Dr. iur., Prof., Univ. Frankfurt/M.
1891 年 07 月 17 日（Teschen） 1933 年 11 月 05 日（Madrid/Spanien）
Staatslehre
Studium Wien, Graz, Innsbruck u. Kiel; Prom.; 1919 Habil. Kiel; 1920 PD Kiel; Direktor Volksbildungsamt Leipzig; 1926–28 Direktor Kaiser-Wilhelm-Institut/Berlin; 1928 ao. Prof. Berlin; 1932 o. Prof. Frankfurt; 1933 Ausbürgerung, Emigration Spanien
B: Hegel u. d. nationale Machsstaatsgedanke (1921: H.?); Sozialismus u. Nation (1925); D. polit. Ideenkreise (1926); Souveränität (1927); Staatslehre (6. A. 1983); Gesammelte Schriften, 3 Bde. (2. A. 1992; hrsg.: Ch. Müller)
AL: Gustav Radbruch（非会員、Kiel）
AS: Friedrich Klein (0437); Martin Drath (0150)
Q: K 1928/29, S. 882; Kurzbiographie, in: Göppinger, Juristen, S. 287 m. w. N.
L: Ilse Staff, H.H., in: Diestelkamp/Stolleis (Hrsg.), Juristen FFM, S. 187–199; Christoph Müller, H. H. (1891–1933), in: Kritische Justiz (Hrsg.), Streitbare Juristen, S. 268–281 m. w. N. (S. 269 に肖像写真); Ch. Müller, H. H. (1891–1933), in: Henrichs u.a. (Hrsg.), Deutsche Juristen jüdischer Herkunft, S. 767–780 m. w. N. (S. 768 に肖像写真); Ch. Müller/Ilse Staff (Hrsg.), GS für H. H. Der soziale Rstaat (1984); Ch. Müller/I. Staff, Staatslehre i. d. Weimarer Republik. Zu Ehren H. H. (1985), Wyduckel, S. 301; Stolleis, Juristen, S. 281–282 m. w. N. (von Nikolaus Urban); DEJ, S. 483 m. w. N.
U: Stephan Albrecht: H. H.s Staats- u. Demokratieauffassung (1983); Wolfgang Schluchter: Entscheidung f. d. sozialen Rstaat. H. H. u. d. staatstheoret. Diskussion i. d. Weimarer Republik (1983); Gerhard Robbers, H. H.: Staat u. Kultur (1983); Eun-Jeung Lee: Der soziale Rstaat als Alternative zur autoritären Herrschaft. Zur Aktualisierung d. Staats- u. Demokratietheorie H. H..s (1994); Wilfried Fiedler: D. Bild H. H.s in d. dt. Staatsrechtswiss. (1994); Michael W. Hebeisen: Souveränität in Frage gestellt. D. Souveränitätslehren v. Hans Kelsen,

Carl Schmitt u. H. H. im Vergleich (1995); Albrecht Dehnhard: Dimensionen staatlicher Handelns. Staatstehorie in d. Tradition H. H.s (1996)
備考：戦前原始会員（1924年入会）を経て、戦後原始会員（1950年入会）。第4回大会（1927年）第2テーマ主報告（H. 4）。後世の若き政治・憲法学者を魅了して止まない国家思想家の一人。父親は弁護士で、SPDに所属した。
http://de.wikipedia.org/wiki/Hermann_Heller_ (Jurist)
Die Wirklichkeit des Staates als menschliche Wirksamkeit - Über Hermann Heller (Teschen 1891–Madrid 1933)
http://archiv.jura.uni-saarland.de/FB/LS/Fiedler/Fiedler/Aufsaetze/heller.html

0314
HELLERMANN, Johannes（ヘラーマン、ヨハンネス）
Dr. iur., Prof., Univ. Bielefeld
1957年03月30日（Unna/Nordrh.-Westf.）
Verfassungsrecht, Verwaltungsrecht, deutsches Wirtschaftsrecht, europäisches Wirtschaftsrecht
1974 Studium Bielefeld u. Freiburg/Br.; 1980 I. SE; 1984 wiss. MA. Freiburg; 1989 Rechtsamt Stadt Freiburg; 1991 wiss. MA. Bielefeld; 1992 Prom. Freiburg; 1998 Habil. Bielefel; 2000 Prof. Münster; 2002 Prof. Bielefeld
D: Die sogenannte negative Seite der Freiheitsrechte, Berlin 1993
H: Örtliche Daseinsvorsorge und gemeindliche Selbstverwaltung, Tübingen 2000
AL: Ernst-Wolfgang Böckenförde (0067); Joachim Wieland (0954)
備考1：第70回大会（2010年）第4テーマ報告（副報告者は、Wolfgang Durner）。
備考2：なお、WielandはBöckenfördeの門下生。後者の師はHans Julius Wolff（ 0978 ）であり、さらにその師はFriedrich Giese（ 0240 ）である。
http://www.jura.uni-bielefeld.de/Lehrstuehle/Hellermann/index.html
（写真あり）

0315
HENDLER, Reinhard（ヘントラー、ラインハルト）
Dr. iur., U. Prof., Univ. Trier
1947年10月02日（Niedernwöhren/Schamburg-Lippe）
VL: Öffentliches Recht u. Verwaltungslehre
1967–73 Studium Göttingen; 1973 I. SE Niedersachsen; 1975–78 Ref.; 1978 II. SE Niedersachsen; 1978 WiAs Göttingen; 1976 Prom. Götin-

gen; 1983 Habil. ebd.; 1983 As (C1); 1983 PD Göttingen; 1984 Prof. Konstanz; 1994 Regensburg; 1999 Prof. Trier
B: Gemeindl. Selbstverw.R u. Raumordnung (1972); D. bürgerschaftl. Mitwirkung an d. städtebaul. Planung (1976: D.); Selbstverw. als Ordnungsprinzip (1983: H.); D. Sonderabfallabgabe (1996); Allg. VerwR (1997)
AL: Volkmar Götz (0249)
Q: K 1996, S. 538; CV
備考：1984年入会。師のGötzは、Günther Jaenicke（0385）の門下。後者の学統は、その師Hermann Mosler（0589）→ Richard Thoma（0886）→ Heinrich Rosin（非会員、Freiburg、刑法、1855–1927年）を経て、Otto von Gierke（非会員、Berlin → Breslau → Heidelberg →（wieder）Berlin、1841–1921年）へと連なる。
http://www.uni-trier.de/index.php?id=8243
http://de.wikipedia.org/wiki/Reinhard_Hendler

0316
HENGSTSCHLÄGER, Johann（ヘンクストシュレーガー、ヨーハン）墺
Dr. iur., o. U. Prof., Univ. Linz/Österr.
1940年07月15日（Lichtenberg/Oberösterreich）
VL: Verfassungs- u. Verwaltungsrecht
1966–70 Studium Linz; 1970 As. am Inst. Linz; 1970 Prom. Linz; 1977 Habil. Linz; 1977 PD Linz; 1978 ao. Prof. ebd.; 1988 o. Prof. ebd. (1990 Praerektor; 1991 Rektor)
B: D. BudgetR d. Bundes (1977: H.); Rfragen d. Kontrolle kommunaler Unternehmungen (1980); D. Rechnungshof (1982); Haushaltskontrollrechtl. Probl. Universitärer Drittmittelforschung (1989); D. Genehmigungspflichten d. Rechnungshofes (1990)
MH: FS Schambeck 1994 (m. Herbert Franz Köck, Karl Korinek)
AL: Herbert Schambeck (0740), Ludwig Fröhler (0213)
Q: K 1996, S. 539 (Red.); CV; Hikasa, S. 167
備考：1979年入会。オーストリア会計法の研究者。第52回大会（1992年）第2テーマ報告（なお、このテーマでは初めて5人という多くの報告者が立った）及び第54回大会（1994年）第2テーマ報告（4人の報告者の1人）。
http://fodok.jku.at/fodok/person.xsql?PER_ID=917
http://www.servat.unibe.ch/staatsrechtslehre/wiw/hengstschlaeger,_johannes.html

0317
故 **HENKE, Wilhelm**（ヘンケ、ヴィルヘルム）

Dr. iur., o. Prof., Univ. Erlangen-Nürnberg
1926年05月02日 (Göttingen)   1992年07月17日 (Göttingen)
Öffentliches Recht
1943–47 Kriegsdienst und -gefangener; 1948–53 Studium RW, Geschichte, Philosophie u. Theologie Göttingen u. Tübingen; 1953 I. SE; 1959–60 Ger.Ass.; 1958 WiAs Göttingen; 1955 Prom. Göttingen; 1963 Habil. Göttingen; 1963 PD Göttingen; 1967 o. Prof. Erlangen-Nürnberg; 1989 emer.
B: D. verf.gebende Gewalt d. Volkes (1958: D.); D. Recht d. polit. Parteien (1963: H.); D. subj.-öffentl. Recht (1968); D. Recht d. Wirtschaftssubventionen als öffentliches VertragsR (1979); Recht u. Staat (1988); Ausgewählte Aufsätze (1994; hrsg.: Rolf Gröschner, J. Schnapp)
AL: Werner Weber (0935)
AS: Rolf Gröschner (0266)
Q: CV; K 1983, S. 1584/1585; Nek. K 1996, S. 1660
L: Ausgewählte Aufsätze (siehe oben)
備考： 1964年入会。第28回大会 (1969年) 第2テーマ主報告。その中で、「法関係 (Rechtsverhältnis)」ということを強調した。「保守的」との評もあるが、その豊かな構想力と史的背景に裏打ちされた精緻な理論は魅力と示唆に富む。今回の補訂作業で、法学の他に若き日、歴史学、哲学、神学を学んでいた背景を知り、さもありなんと改めて感じた。残念ながら、他界した。なお、師のW. WeberはCarl Schmitt (0780) の門下生。

0318
故 **HENRICH, Walter** (ヘンリ[ッ]ヒ・ヴァルター)
Dr. phil., Dr. iur., Dr. rer. pol., em. o. Prof., Univ. Würzburg
1888年04月18日 (Hermannstadt, Siebenb.)   1955年05月08日 (Würzburg)
Staatsrecht, Allgmeine Staatslehre
Prom.; 1922 Habil. Wien; ao. Prof. an der Deutschen TH Brünn, PD an der Univ. Prag u. Brünn; 1922 PD Wien; Ministerialsekretär im Bundesministerium für Soziale Verwaltung (Wien); 1928 ao. Prof. an der Deutschen TH Brünn; PD an der Deutschen Univ. Prag; ao. Prof. an der Deutschen TH Brünn; Prof. Würzburg; emer.
MA: Kritik d. Gebietstheorien (1925); Verf. als Rinhaltsbegriff (1931; m. Alfred Verdroß); D. österr. Verf.gerichtshof als Prüfer d. Gesetze u. Verordnungen (1933)
Q: K 1928/29, S. 896; K 1935, S. 523; Nek. K 1961, S. 2374

備考：戦前原始会員（1924年入会）を経て、戦後原始会員（1950年入会）。
0319
HENSE, Ansgar（ヘンゼ、アンスガール）
Dr. iur., PD, Direktor des Institutes für Staatskirchenrecht der Diözesen Deutschlands/Bonn
1965年
Öffentliches Recht
1997 Prom. Freiburg/Br.; WiAs TU Dresden; apl. Prof. TU Dresden
D: Glockenläuten und Uhrenschlag, Berlin 1998
H: 特定できなかった。
備考：教会法学者であるが、極めて情報に乏しい。
http://www.institut-staatskirchenrecht.de/publikationen.html
0320
故 **HENSEL, Albert**（ヘンゼル、アルベルト［アルバート］）
Dr. iur., o. Prof., Univ. Königsberg/Pr.
1895年02月09日（Berlin） 1933年10月18日（Pavia/Italien）
Öffentliches Recht
Prom.; 1922 Habil. Bonn; 1922 PD Bonn; 1923 ao. Prof. Bonn; 1929 o. Prof. Königsberg/Pr.; 1933 Vertreibung durch die Nazis; Forschungsaufenthalt beim Finanzinstitut in Pavia/Italien
B: D. Finanzausgleich im Bdesstaat i. seiner staatsrechtl. Bedeutung (1922: H.); Zur Dogmatik d. Begriffs "Steuerumgehung" (1923); Steuerrecht (1924; 2. A. 1927; 1986 Nachdruck d. 3. A. von 1933); Rfälle aus d. SteuerR (1924); KommunalR in Dtland (1928)
Q: K 1928/29, S. 897; Kurzbiographie, in: Göppinger, Juristen, S. 287 m. w. N.
L: Paul Kirchhof, A. H. (1895–1933), in: Henrichs u.a. (Hrsg.), Deutsche Juristen jüdischer Herkunft, S. 781–791 m. w. N. (S. 782 に肖像写真); Steuer u. Wirtschaft 1933, S. 44; Vierteljahresschrift für Steuer- u. Finanzrecht 1933, S. 457 ff.
備考：戦前原始会員（1924年入会）。第3回大会（1926年）第2テーマ主報告（H. 3）。ドイツ税法学開拓の祖の一人。Otto Mayer（ 0562 ）の租税権力関係説に対して、租税債務関係説を主張。注目すべき研究を次々に発表したが、ナチスの迫害を受けた。イタリアに移ったが、狭心症で早逝した（享年38歳）。
http://de.wikipedia.org/wiki/Albert_Hensel_(Steuerrechtler)
0321
HERBST, Tobias（ヘルプスト［ヘァプスト］、トビアス）

Dr. iur., PD, Humboldt-Univ. zu Berlin
1960 年
Öffentliches Recht, Rechtsphilosophie und Europarecht
1982–85 Studium der Physik und Mathematik Göttingen und Bonn; 1984 Vordiplom Physik; 1985 Vordiplom Mathematik; 1985–91 Studium RW Würzburg; 1991 I. SE; 1994 II. SE; 1994–2001 Wiss. MA HU Berlin; 2002 Prom. Berlin; 2002–03 Wiss. MA Berlin; 2003–09 WiAs Berlin; 2010 Habil. Berlin（HU）
D: Legitimation durch Verfassunggebung, 2003
H: Zur Methodik der Kompetenzabgrenzung,
AL: Hasso Hofmann（ 0349 ）; Alexander Blankenagel（ 0062 ）
備考: 数学の素養を法学に結びつける。
http://www.tobias-herbst.de/（写真あり）
0322

HERDEGEN, Matthias（ヘァデーゲン、マティーアス）
Dr. iur., Prof., Univ. Bonn
1957 年 03 月 02 日（Schwarzenbach am Wald/Bayern）
VL: Deutsches und ausländisches öffentlichesRecht, Völkerrecht und Europarecht
1976–81Studium Heidelberg u. Cambridge; 1983 Prom. Heidelberg; 1985 II. SE; 1989 Habil. Heidelbrg; 1990 Prof. Bonn; 1991 o. Prof. Konstanz; 1995 o. Prof. Bonn
B: D. Haftung d. EWG f. fehlerhafte Rsetzungsakte（1983）; Gewissensfreiheit u. Normativität d. positiven Rechts（1989）; D. Verf.änderungen im Einigungsvertrag（1991）; D. friedliche Nutzung d. Kernenergie in Lateinamerika（1991）; Intern. Wirtschaftsrecht（1995; auch jap. Übers.）; Europarecht（1997）
AL: Karl Doehring（ 0144 ）
Q: K 1996, S. 546（Red.）
備考 1: 国際経済法を研究。ポッドキャストを用いて、情報発信している（http://jura.uni-bonn.de/index.php?id=5386）。
備考 2: 師 Doehring を通じて、Ernst Forsthoff（ 0206 ）→ Carl Schmitt（ 0780 ）に連なる。
http://jura.uni-bonn.de/index.php?id=922（写真は http://www.jura.uni-bonn.de/index.php?id=5554）
http://de.wikipedia.org/wiki/Matthias_Herdegen
0323

HERMES, Georg（ヘルメス、ゲ[ー]オルク）

Dr. iur., Prof., Univ. Frankfurt/M.
1958年（Dortmund）
1976–81 der RW u. Politkwiss. Bonn, Genf u. Friburg/Br.; 1981 I. SE; 1986 Prom. Freiburg; 1988 II. SE; 1988–89 RA; 1989–92 wiss. MA am BverfG; 1992–95 Stip. DFG; 1997 Habil. Freiburg; 1998 Univ.-Prof. Frankfurt/M.
D: Das Grundrecht auf Schutz von Leben und Gesundheit, Heidelberg 1987
H: Staatliche Infrastrukturverantwortung, Tübingen 1998
AL: Rainer Wahl（ 0921 ）
備考：主に基本権を研究。なお、師の Wahl は Ernst-Wolfgang Böckenförde （ 0067 ）の門下生。後者の師は Hans Julius Wolff（ 0978 ）であり、さらにその師は Friedrich Giese（ 0240 ）である。
http://www.jura.uni-frankfurt.de/fb/fb01/ifoer1/hermes/person/index.html（写真あり）
http://de.wikipedia.org/wiki/Georg_Hermes_（Jurist）
0324
故 **HERRFAHRDT, Heinrich**（ヘルファールト、ハインリヒ）
Dr. iur., em. o. Prof., Univ. Marburg an der Lahn
1890年02月22日（Genthin）　1969年09月12日（Marburg/Lahn）
Staatslehre, Staat u. Recht Ostasiens
1911 Studium Bonn u. München; 1910 Prom. Bonn; I. SE; Kriegsdienst/Gefangenschaft; 1919 WiAs Bonn; 1923 II. SE; 1925 Amtsgericht Berlin; 1926 Habil. Greifswald; Landgerichtsrat; 1926 PD Greifswald; 1932 ao. Prof. Greifswald; 1933 o. Prof. Greifswald; 1939–1941 Kriegsdienst; 1945 Vertreter Landesgerichtspräs., Eröffnung LG Marburg, 1946 Entlassung, 1948 Prof. Marburg; Abteilungsleiter Staat und Recht Ostasiens, 1958 emer.
B: Lücken im Recht (1915: D.); Aufbau d. neuen Staates (1932); Revolucion y ciencia del dereccho (1932); Das Chin. StGB m. Cang Chungkong (1938); Sun Yatsen (1948)
AL: Ernst Zitelmann（非会員、Bonn）
Q: K 1950, S. 783; Nek. K 1970, S. 3421; CV/Diss.
L: FS 1961 (FG für H.H.; hrsg. v. Erich Schwinge; insb. S. 1–3); AöR 95 (1970), S. 301 (von Walter Hamel)
備考：1928年入会を経て、戦後原始会員（1950年入会）。戦後第1回目の通算第8回大会（1949年）第2テーマ副報告（H. 8）。ご覧のとおり、2度にわたる大戦に応召するという、辛酸をなめた世代の人物。

http://www.koeblergerhard.de/juristen/alle/allehSeite529.html
0325
HERRMANN, Christoph（ヘルマン、クリストフ）
Dr. iur., Prof., Univ. Passau
1973 年（Düsseldorf）
Staats- und Verwaltungsrecht, Völkerrecht, Europarecht, europäisches und internationales Wirtschaftsrecht
Studium Bayreuth u. London; 1999 I. SE; 2000 LL. M. (London); 2002 Prom. Bayreuth; 2003 WiAs München; 2005 II. SE; 2009 Habil. München; 2009 Prof. Passau
D: Richtlinienumsetzung durch die Rechtsprechung, Berlin 2003
H: Währungshoheit, Währungsverfassung und subjektive Rechte, Tübingen 2010
備考：国際経済法研究者。
http://www.jura.uni-passau.de/1420.html（写真あり）
0326
HERRMANN, Günter（ヘルマン、ギュンター）
Dr. iur., Prof., Univ. Mainz, RA
1931 年 03 月 31 日（Leipzig）
VL: Öffentliches Recht
1954–57 Studium Tübingen, Köln u. Bonn; 1957 I. SE Düsseldorf; 1957–61 Ref.; 1961 II. SE Düsseldorf; 1961–70 Syndikusanwalt d. WDR/Köln; 1969–70 Stip. DFG; 1971 Kommisarisch Justitiar WDR; 1971–74 Justitiar d. ebd.; 1961 Prom. Köln; 1969–73 LA. Bochum; 1974 Habil. Mainz; 1974 Prof. Mainz; 1961–71 Syndikusanwalt Westdeutscher Rundfunk; 1971–86 Justitiar WDR, 1986–89 Intendant SFB, 1989 Autor, Gutachter, RA
B: Johann Nikolaus Hert u. d. dt. Statutenlehre (1961: D.); Fernsehen u. Hörfunk i. d. Verf. d. BRD (1974: H.); Rdfk.gesetze (2. A. 1977); RdfkR (1994); D. Bayer. MedienR kurz vor der Jahrtausendwende (1996)
AL: Hans Brack（非会員、Köln）; Walter Rudolf（ 0715 ）, Hans Heinrich Rupp（ 0722 ）
Q: K 1996, S. 551; Hikasa, S. 169
備考：1975 年入会。放送・ニューメディア法を先駆的に研究した。なお、師のうち Rudolf は Adolf Schüle（ 0805 ）の門下生であり、学統はその師である Richard Thoma（ 0886 ）→ Heinrich Rosin（非会員、Freiburg、刑法、1855–1927 年）を経て、Otto von Gierke（非会員、Berlin → Breslau →

Heidelberg → (wieder) Berlin、1841–1921 年) へと連なる。
http://www.rechtsleben.net/
0327
HERZOG, Roman (ヘァツォーク、ローマン)
Dr. iur., Hon.Prof., HVW/Speyer, Bundespräsident a. D.
1934 年 04 月 05 日 (Landshut)
VL: Staatslehre, Verfassungsrecht u. Verwaltungsrecht
1953–57 Studium München; 1957 I. SE München; 1957 Ref.; 1961 II. SE München; 1958 Verw. e. WiAs am Inst. München; 1960 WiAs ebd.; 1958 Prom. München; 1964 Habil. ebd.; 1964 PD München; 1966 o. Prof. FU Berlin; 1969 o. Prof. HVW/Speyer; 1984 Hon.Prof. HVW/Speyer; 1986 Hon.Prof. Tübingen; 1971–80 Vorsitzender EKD-Kammer f. öfftl. Verantw.; 1973–78 Staatsekr. u. Bevollm. d. Ldes Rheinland-Pfalz beim Bund, 1978–83 Vorsitzender Ev. Arbeitskr. CDU/CSU; 1978 Kultusmins. d. Ldes Baden-Württ.; 1978–80 Minister für Kultus u. Sport, 1980–83 Innenms. Baden-Württ.; 1979–83 Bdesvorstand CDU; 1983–87 Vizepräsident u. 1987–94 Präsident des BVerfG/Karlsruhe; 1994–99 Bundespräsident
B: Grechtsbeschränkung nach d. GG u. EMRK (1958: D.); D. Wesensmerkmale d. Staatsorganisation in rechtstheoret. u. entwicklungsgeschichtl. Sicht (1964: H.); Allg. StaatsL (1971); Staaten d. Frühzeit (1988; 2. A. 1997); D. BVerfG u. d. Anwendung einfachen GesetzesR (1991); Staat u. Recht im Wandel (1993); Wahrheit u. Klarheit (1995); Vision Europa (1996)
MH: FS Wolfgang Zeidler, 2 Bde. (1987; mit Dieter C. Umbach u.a)
AL: Theodor Maunz (0557)
Q: K 1996, S. 555 (Red.); Wer ist wer 1996/97; CV
L: Kai Diekmann u.a.: R. H.. Der neue Bundespräsident im Gespräch (1994); Wener Filmer u.a.: R. H.. Die Biographie (1994); Wolfgang Wiedemeyer: R. H., Der erste gesamtdeutsche Präsident (1994); Herzog, Der unbequeme Präsident. R. H. im Gespräch (1995; m. Manfred Bissinger u.a.); Stefan Reker: R. H. (2. A. 1995)
備考: 1965 年入会。第 24 回大会 (1965 年) 第 2 テーマ副報告。連邦憲法裁判所長官を経て、第 7 代 (再統一の後初代) 連邦大統領に就任した (1994 年〜1999 年)。2 期目は辞退することを早々に表明した。
http://de.wikipedia.org/wiki/Roman_Herzog
0328
HESELHAUS, Sebastian (ヘーゼルハウス、ゼバスツィアン) 瑞

Dr. iur., Prof., Univ. Luzern
1960 年（Münster/Westf.）
1981 Studium RW, Politikwiss. u. Philosophie Gießen; 1987 I. SE; 1988 wiss MA Gießen; 1999 Prom. Gießen
D: Abgabenhoheit der Europäischen Gemeinschaft in der Umweltpolitik, 2001
H: Ein Recht auf Konsultation. Eine verwaltungs- und verfassungsrechtliche Untersuchung der Beteiligung Privater an Verfahren der Exekutive unter Einbeziehung des europa- und völkerrechtlichen Regelungsrahmens, 2011（im Erscheinen）
備考：国際法、国際人権法を研究。
http://www.unilu.ch/deu/prof._dr._sebastian_heselhaus_29667.html（写真あり）

0329
故 **HESSE, Konrad**（ヘッセ、コンラート）
Dr. Dres. iur., h. c., em. o. Prof., Univ. Freiburg/Br., Bundesverfassungsrichter a. D.
1919 年 01 月 29 日（Königsberg/Preußen）　2005 年 03 月 15 日（Merzhausen）
Staats-, Verwaltungs- u. Kirchenrecht
Studium Breslau u. Göttingen u. Mainz; 1950 Prom. Göttingen; 1955 Habil. ebd.; 1955 PD Göttingen; 1956 o. Prof. Freiburg/Br.; 1961–75 Richter VGH Mannheim; 1975–87 Bundesverfassungsrichter
B: D. Rschutz durch staatl. Gerichte im kirchl. Bereich (1956: H.); D. normative Kraft d. Verfassung (1959); D. unitar. Bdesstaat (1962); Gzüge d. VerfR d. BRD (1967, 20. A. 1995; auch jap. Übers.); Ausgew. Schriften (1984; hrsg.: Peter Häberle/Alexander Hollerbach); VerfR u. PrivatR (1988)
AL: Rudolf Smend (0839)
AS: Winfried Brohm (0086); Wilfried Fiedler (0195); Peter Häberle (0278); Alexander Hollerbach (0353); Friedhelm Hufen (0370); Klaus Kröger (0476); Friedrich Müller (0595); Christian A. L. Rasenack (0679); Hans-Peter Schneider (0787); Rudolf Steinberg (0857)
Q: K 1996, S. 557; Wer ist wer 1996/97
L: Ausgewählte Schriften 1984 (siehe oben); FS 1990 (VerfR zw. Wissenschaft u. Richterkunst; hrsg.: H.-P. Schneider/R. Steinberg i. V. m. P. Häberle/A. Hollerbach/W. Fiedler/Fr. Müller)

備考：1956年入会。第17回大会（1958年）第1テーマ主報告。1972年及び1973年の協会理事長（副理事長は、Peter Lerche 及び Hans Heinrich Rupp）。いわゆる"スメント三高弟"の一人（藤田364頁注10。他は、Horst Ehmke（ 0165 ）と Richard Bäumlin（ 0037 ））。父親は、経済学の教授。1975年から1987年まで、連邦憲法裁判所判事であった。
http://de.wikipedia.org/wiki/Konrad_Hesse
0330
故 **HETTLAGE, Karl Maria** （ヘットラーゲ、カール［カルル］・マリア）
Dr. iur., em. o. U. Prof., Univ. Mainz, Hon.-Prof. Bonn, Staatssekretär im Bundesministerium des Finanzen a. D.
1902年11月28日（Essen）　1995年09月03日（Bonn）
Öffentliches Recht, Finanzwissenschaft
1911–20 Bürgermeister Eschweiler (Nordrhein-Westf.); Studium Köln u. Münster; 1926 Prom. Köln; 1930 Regierungsassessor Köln; 1930 Habil. Köln; 1930 PD Köln; 1933 Gründungsmitglied der NS-Akademie für Deutsches Recht; 1934–38 Stadtkämmerer von Berlin; 1936 apl. Prof. Berlin; 1938–51 Vorstandsmitglied der Commerz- und Privatbank; bis 1945 Speers Vertreter; 1951 o. Prof. Mainz; 1958 Leiter der Haushaltsabteilung des BM der Finanzen; 1959–62 Staatssekretär im Finanzministerium; 1965–76 Präsident des ifo (Institut für Wirtschaftsforschung e. V.) u. 1966 Mitglied im Wissenschaftsrat; 1967–69 Staatssekretär im Finanzministerium
B: Das preußische vereinfachte Gemeindefinanzgesetz (Kommentar, 1934); Die wirtschaftliche Betätigung der Gemeinden (1935); Gemeindewirtschaftsrecht (1937); Die Finanzverfassung im Rahmen der Staatsverfassung (1956); Wirtschaftsordnung und Finanzpolitik (1965)
AL: Godehard Josef Ebers（ 0160 ）; Fritz Stier-Somló（ 0865 ）
Q: K 1983, S. 1638; CV/Diss.; Nek. K 1996, S. 1661
L: DÖV 1967, S. 783; DÖV 1972, S. 747; 1977 DÖV, S. 822; DÖV 1982, S. 379
備考：1932年入会し、戦後原始会員（1950年入会）。第14回大会（1955年）第1テーマ主報告。1956年及び1957年の協会副理事長（なお理事長は Adolf Schüle、いま一人の副理事長は Hans Spanner）。
http://de.wikipedia.org/wiki/Karl_Maria_Hettlage（写真あり）
0331
HEUN, Werner （ホイン、ヴェルナー）
Dr. iur., Prof., Univ. Göttingen
1953年09月25日（Frankfurt/M.）

Öffentliches Recht, Verfassungsgeschichte
1972–77 Studium Lausanne u. Würzburg; 1974 Stud. u. zuletzt Wissenschaftliche u. HK Würzburg; 1977 I. SE; 1980 II. SE; 1980 Wiss. HK Köln; 1983 Prom.; 1988 Habil. Bonn; 1990 PD Bonn; 1990 U-Prof. Göttingen
B: D. Mehrheitsprinzip in der Demokratie (1983: D.); D. BudgetR im Reg.system der USA (1989); Staatshaushalt u. Staatsleitung (1989: H.); Funktionell-rechtl. Schranken d. Verf.Ger.barkeit (1992)
AL: Georg Brunner (0093); Martin Kriele (0475); Klaus Schlaich (0758)
Q: K 1996, S. 559 (Red.)
備考：なお、師のうち Schlaich は、Martin Heckel (0303) の門下生。後者は Hans Schneider (0786) → Werner Weber (0935) を経て、Carl Schmitt (0780) へと至る。
http://www.staatslehre-goettingen.de/assets/docs/person/lebenslauf.pdf
0332
HEY, Johanna (ハイ、ヨハンナ) 女性
Dr. iur., Prof., Univ. zu Köln
1970 年 8 月 14 日 (Hamburg)
1990–94 Studium der Humanmedizin und RW Würzburg; 1994 I SE; 1997 II. SE; 1996 Prom. Köln; 2002 Habil. Köln; 2002–06 Prof. Düsseldorf; 2006 Prof. Köln
D: Harmonisierung der Unternehmensbesteuerung in Europa, Köln 1997
H: Steuerplanungssicherheit als Rechtsproblem, Köln 2002
備考：女性の税法研究者は、（当協会の会員としては）初めてではないかと思われる。
http://steuerrecht.uni-koeln.de/153.html（写真あり）
http://de.wikipedia.org/wiki/Johanna_Hey
0333
故 **HEYDTE, Friedrich August Ludwig Alphons Maria Freiherr von der** (ハイテ、フリードリヒ・アウクスト・ルートヴィヒ・アルフォンス・マリーア・フライヘル・フォン・デア)
Dr. iur. utr., Dr. rer. pol., em. o. U. Prof., Univ. Würzburg
1907 年 03 月 30 日 (München)　1994 年 07 月 07 日 (Landshut)
Völkerrecht, Staatsrecht, Politische Wissenschaft
1925 Offiziersanwärter Reichswehr/Unteroffizier; 1926 Austritt; 1925 Studium RW u. Volkswirtschaft München, 1926 Innsbruck; 1927 Graz,

Innsbruck, Wien u. Berlin; 1931 Graz; 1932 Abschluss; 1932 Prom. Graz; 1932 Assistent Hans Kelsens Köln; 1933 nach Entlassung Kelsens ebenfalls entlassen; Assistent von Alfred Verdross Konsularakademie Wien; 1934 Genf, Paris u. Rom; 1935 Assistent Karl Gottfried Hugelmanns Münster; 1936 Verlust der Stelle/Offizier Reichswehr; 1939 Kriegsakademie, Fallschirmjäger, lose Verbindung zum Widerstand; 1944 Kriegsgefangenschaft; 1947 Entlassung; 1949 Habil. München; 1949 PD München; 1951 o. Prof. Mainz; Richter Landesverwaltungsgericht Rheinland-Pfalz; 1954 Würzburg (Nachfolge Walter Henrich); 1962 Auslöser der Spiegel-Affäre; 1975 em.; 1966–70 Mitgl. d. Bayer. Ldtags
B: D. Weißblaubuch z. dt. Bdesverf. (1948); D. Geburtsstunde d. souveräne Staats (1952: H.); Lehrb. d. VR, 2 Bde. (1958–60); D. moderne Kleinkrieg als wehrpolit. u. militär. Problem (1972)
AL: Hans Kelsen (0417); Alfred Verdroß (非会員、Wien); Erich Kaufmann (0414)
AS: Reiner Schmidt (0770); Peter Wittig (0972); Franz Mayer (0559)
Q: K 1983, S. 1646/1647
L: FS 1977 (Um Recht u. Freiheit, 2 Bde.; hrsg. v. Heinrich Kipp/Franz Mayer); AöR 102
備考：戦後原始会員（1950年）。第13回大会（1954年）第1テーマ主報告。バイエルンの保守的な政治家としても知られた。ご覧のとおりの、豪快な生き方。しかも、著名人の謦咳に接した。
http://de.wikipedia.org/wiki/Friedrich_August_von_der_Heydte
0334
HEYEN, Erk Volkmar (ハイエン、アーク［エァク］・フォルクマー［ル］)
Dr. iur., Dr. Lic. phil., Prof., Univ. Greifswald
1944年02月11日（Swinemünde/Pommern）
VL: Rechts- u. Sozialphilosophie u. öffentliches Recht
SS 1963 Studium Kiel (Phil. Fak.; RW u. Philosophie); 1963/64 Studium Faculté et des Sciences Economiques d Univ. Paris (Öff. Recht, Politikwiss. u. Rechtsphilosophie); WS 1964/65–WS 1967/68 Studium Kiel; WS 1967/68–WS 1968/69 Studium Kiel (Soziologie u. Volkswirtschaft); SS 1970–SS 1972 Konstanz (Philosophie, Soziologie u. Politikwiss.); 1968 I. SE Schleswig; 1973 II. SE Hamburg; 1973 WiAs Speyer; 1979 Ref. am Forsch.Inst. Speyer; 1973 Prom. Konstanz; 1981 Habil. Speyer; 1981 Wiss.Ref. MPI/Frankfurt/M.; 1981 PD Speyer;

1993 Prof. Greifswald
B: D. staatstheoret. u. rechtstheoret. Problem d. Beliehenen (1973: D.); D. Bdesrat (1981); Otto Mayer (1981: H.); Profile d. dt. u. franz. Verw.wiss. 1880–1914 (1989)
H: Ottto Mayer: Kleine Schr. z. öff. Recht, 2 Bde. (1981); D. Gesch. d. Verw.rechtswiss in Europa (1982); Wiss. u. Recht d. Verw. seit d. Ancien Régime (1984); FS Hans Ryffel (1984)
AL: Ekkart Stein (Konstanz); Hans Ryffel (非会員、Speyer); Helmut Quaritsch (0673)
Q: K 1996, S. 560; CV
備考：1982年入会。その教授資格論文（1981年）は、Alfons Hueberの博士論文とともにドイツにおける"Otto Mayer研究ルネッサンス"を画するものであった（マイアーの項（ 0562 ）参照）。ドイツを含むヨーロッパ行政諸学史に興味を示す。なお、師であるQuaritschは、Hans-Peter Ipsen（ 0375 ）の門下生。後者を通じて、Rudolf Laun（ 0501 ）に連なる。
http://www.rsf.uni-greifswald.de/heyen/person.html（写真あり）
http://de.wikipedia.org/wiki/Erk_Volkmar_Heyen

0335
故 **HEYER, Friedrich**（ハイアー、フリードリヒ）
Dr. iur., entpfl. o. U. Prof., Univ. Bonn
1878年06月26日（München-Gladbach）　1973年07月14日（Bonn）
Kirchen-, Staats- u. Verwaltungsrecht
Studium Theologie, RW u. Geschichte Innsbruck u. Freiburg/Br.; 1900 Heidelberg; 1902 erste theol. Prüfung; 1915–16 Kriegsdienst; RW Bonn; 1916–19 Verhandlungskommissär Vertrag zwischen Preußen und Vatikan; 1917 Prom. Bonn; 1917 Ass. Berlin; 1919 Habil. Bonn; 1919 PD Bonn; 1921 o. Prof. Breslau; 1928 o. Prof. Bonn (Nachfolge Carl Schmitt); Mitarbeiter Staatslexikon (Görres-Gesellschaft); 1943 vom Dienst entbunden; 1945 wieder auf Lehrstuhl zurückgerufen; 1948 emer.
B: Zwei Rezensionen zur Kirchenrechtsgeschichte (1917: D.); Geschichte d. kanonischen Ehenichtigkeitsprozesses (1919: H.)
AL: Ulrich Stutz (非会員、Bonn → Berlin、法史学・教会法、1868–1938年)
Q: K 1970, S. 1142; Nek. K 1976, S. 3656; 没
L: JZ 1959, S. 517 (von Ulrich Scheuner)
備考：1932年入会を経て、戦後原始会員（1950年）。在野の研究者から身を起こし、一貫してカノン法を研究した。95歳(!)で没した。なお、同名の神学者（Heidelberg大学。1908年生まれ）がおり、専門が似通っているので、

文献調査の際に注意のこと。
http://www.koeblergerhard.de/juristen/alle/allehSeite607.html
|0336|
故 **HEYLAND, Carl**（ハイラント、カール［カルル］）
Dr. iur., Amtsrichter a. D., em. o. Prof., Univ. Gießen
1889年06月28日（Münster/Westf.） 1952年02月11日（Gießen）
Staats- u. Verwaltungsrecht, Beamtenrecht, Völkerrecht（Besatzungsrecht）
1907 Studium München, Gießen u. Marburg; 1913 Prom. Gießen; 1923 Habil. Gießen; 1923 PD Gießen; 1929 apl. ao. Prof. Gießen, 1941 o. Prof. Gießen; 1946 Entlassung; LB Gießen; 1949 Lehrbeauftragter TH Darmstadt
B: Dt. BeamtenR (1938); D. Berufsbeamtentum im neuen demokrat. dt. Staat (1949); D. WiderstandsR d. Volkes in verf.widrige Ausübung d. Staatsgewalt (1949)
AL: Gerhard Anschütz（|0011|）
Q: K 1950, S. 805
L: DÖV 1952, S. 213; JZ 1952, S. 285（von Friedrich Giese）
備考：戦前原始会員（1924年）入会を経て、戦後原始会員（1950年入会）。その抵抗権論は、わが国にも紹介された。
http://www.reference-global.com/doi/abs/10.1515/juru.1952.1952.9.360
|0337|
HIDIEN, Jürgen W.（ヒディーン、ユルゲン・W）
Dr. iur., Prof. Fachhochschule für Finanzen des Landes NRW
1954年03月21日（Neuwied）
Öffentliches Recht
Studium Bochum, Berlin (FU) u. Münster; I. SE; 1981 Prom. Münster; II. SE; 1983–89 berufliche Tätigkeit in der Finanzverwaltung des Bundes und des Landes NRW, zuletzt als stellvertretender Leiter eines Finanzamts; 1985/86 Ecole Nationale d´Administration (ENA) /Paris; 1998 Habil. Kiel, PD; 1990 Prof. Fachhochschule für Finanzen des Landes NRW
D: Gemeindliche Betätigungen rein erwerbswirtschaftlicher Art und "öffentlicher Zweck" kommunaler wirtschaftlicher Unternehmen, Berlin 1981
H: Der bundesstaatliche Finanzausgleich in Deutschland, Baden-Baden 1999
AL: Edzard Schmidt-Jortzig（|0777|）

備考：財政法学者。その学統は、Schmidt-Jortzig → Dietrich Rauschning (0680) → Eberhard Menzel (0573) → Friedrich Giese (0240) と連なる。
http://www.hidien.de/index.html（写真あり）

0338
HILF, Meinhard（ヒルフ、マインハルト）
Dr. iur., em. U. Prof., Bucerius Law School
1938 年 12 月 11 日（Eberswalde）
Öffentliches Recht unter Einschluß des Völker- u. Europarecht
1960–65 Studium Genf, München u. Hamburg; 1965 I. SE Hamburg; 1965–68 Ref. Karlsruhe; 1968 II. SE Stuttgart; 1966–73 Wiss. MA bzw. wiss. Ref. MPI/Heidelberg; 1973 Wiss. MA BVerfG; 1973–76 Verw. Rat d. EG-Kommission/Brüssel; 1977–80 Wiss. Ref. MPI/Heidelberg; 1980 Jur. Dienst d. EG-Kommission; 1972 Prom. Heidelberg; 1981 Habil. Heidelberg; 1982 o. Prof. Bielefeld; 1991 Hamburg; 2004 Bucerius Law School; 2007 emer.
B: D. Auslegung mehrsprächiger Verträge (1973: D.); D. Organisationsstruktur d. EG (1980: H.)
AL: Klaus Vogel (0911); Hermann Mosler (0589)
Q: K 1996 , S. 564
備考 1：1983 年入会。第 53 回大会（1993 年）第 1 テーマ報告（なお、このテーマの報告者の数は異例の 4 人）。日本でも話題になったブセリウス・ロー・スクール（私立）に移籍した国際法学者。ドイツ国際法学会理事。
備考 2：なお、師の Mosler は Richard Thoma (0886) の門下生であり、この学統は更に Heinrich Rosin（非会員、Freiburg、刑法、1855–1927 年）→ Otto von Gierke（非会員、Berlin → Breslau → Heidelberg → (wieder) Berlin、1841–1921 年）へと至る。
備考 3：ブセリウス・ロースクールについては、Michael Fehling (0191) の項目備考 2 を参照。
http://www.law-school.de/prof_em_dr_meinhard_hilf.html?&L=qlsvtfumfuho
http://www.dgfir.de/gesellschaft/organisation/

0339
HILL, Hermann（ヒル、ヘルマン）
Dr. iur., Prof., HVW/Speyer, Staatsminister a. D.
1951 年 10 月 29 日（Dörrbach/Hunsrück）
Öffentliches Recht u. Verwaltungslehre
1970–74 Studium Mainz; SS 1977 ErgänzungsStudium HVW/Speyer;

1977–79 Forsch.ref. Bonn/Mainz; 1975 I. SE Mainz; 1975–77 Ref. Mainz u. Saarburg; 1977 II. SE RhLPf; 1979 Prom. Mainz; 1984 Habil. Kiel; 1980 C1-Ass. Kiel; 1984 PD; 1985 Prof. Heidelberg; 1986 Prof. Speyer; 1989 Minister für Bundes- und Europaangelegenheiten Rheinland-Pfalz; 1991 Prof. Speyer
B: D. Rolle d. Bürgers i. d. Gemeindeverfas. unter d. Einfluß d. Territorialreform (1979: D.); D. fehlerhafte Verfahren u. seine Folgen im VerwR (1986: H.); D. polit.-demokrat. Funktion d. kommunalen Selbstverwaltung nach d. Reform (1987)
AL: Albert von Mutius (0606), Hans Heinrich Rupp (0722)
Q: K 1996, S. 564 (Red.); CV; CV/Diss.
備考1： 1985年入会。第47回大会（1988年）第2テーマ報告。州大臣もつとめた行政法学者。
備考2： なお、師のMutiusはChristian-Friedrich Menger (0571)の門下生。後者の師はHans Julius Wolff (0978)であり、更にはFriedrich Giese (0240)へと連なる。
http://www.hfv-speyer.de/Hill/Lehrstuhlinhaber.htm

0340
HILLGRUBER, Christian（ヒルグルーバー、クリスツィアン）
Dr. iur., Prof., Univ. Bonn
1963年（Darmstadt）
Öffentliches Recht, Völkerrecht, Rechtsphilosophie
Studium Köln; 1988 I. SE; 1991 Prom. Köln; 1992 II. SE; WiAs Köln; wiss. MA. am BVerfG; 1997 Habil. Köln; 1998 Prof. Heidelberg; 1998 o. Prof. Erlangen-Nürnberg; 2002 Prof. Bonn (Nachfolge Josef Isensees)
D: Der Schutz des Menschen vor sich selbst, München 1992
H: Die Aufnahme neuer Staaten in die Völkerrechtsgemeinschaft, Frankfurt/M. 1998
AL: Hartmut Schiedermair (0752)
備考： ヨーロッパ法・国際法学者。師のSchiedermairはHermann Mosler (0589)の門下生であり、その師であるRichard Thoma (0886)を通じて、この学統は更にHeinrich Rosin（非会員、Freiburg、刑法、1855–1927年）→ Otto von Gierke（非会員、Berlin → Breslau → Heidelberg → (wieder) Berlin、1841–1921年）へと至る。
http://jura.uni-bonn.de/index.php?id=2056（写真あり）
http://de.wikipedia.org/wiki/Christian_Hillgruber

0341

故 **HIPPEL, Ernst von**（ヒッペル、エルンスト[エァンスト]・フォン）
Dt. jur., em. o. Prof., Univ. Köln
1895 年 09 月 28 日（Straßburg/Elsaß） 1984 年 09 月 26 日（Perscheid/Oberwesel am Rhein）
Öffentliches Recht, Staatsphilosophie u. ihre Geschichte, Theorie d. Rechts
Teilnahme als Kriegsfreiwilliger am 1. Weltkr.; 1918–21 Studium Köln, Göttingen u. Freiburg i. Br. (Germanistik, dann Rechts- u. Staatswiss.); 1921 Prom. Heidelberg; Ass. Berlin; 1924 Habil. Heidelberg; 1924 PD Heidelberg; ao. Prof. Heidelberg; 1929 o. Prof. Rostock; 1929 o. Prof. Königsberg/Pr.; 1940 o. Prof. Köln
B: D. Lehre Montesquieus v. d. Dreiteilung d. Gewalten u. d. Grad ihrer Verwirklich. i. d. Verf.gen d. Dt. Reichs v. 1871 u. 1919 u. d. Verf.gen d. Preuß. Staates v. 1850 u. 1920 (1921: D.); Untersuchungen z. Problem d. fehlerhaften Staatsaktes (1924: H.; 2. A. 1960; Neudr. 1995); D. Sinn d. Staates u. d. Lehre v. d. Staatsformen bei Platon (1927); D. franz. Staat d. Gegenwart (1928); D. Bolschewismus u. seine Überwindung (1931; 4. A. 1953); D. richterl. PrüfungsR, in: Hdb. d. Dt. StaatsR, Anschütz/Thoma (1932); Einführ. in d. Rtheorie (1932; 4. A. 1955; Nachdr. 1996); D. Krise d. Rgedankens (1932); D. Univ. im neuen Staat (1933); Die Krieger Gottes (1936); Bacon u. Goethe als Staatsdenker (1941); RechtsG u. NaturG (1942; 2. A. 1949); Vom Wesen d. Demokratie (1947); Gewaltenteilung im mod. Staat (1948); Die Kries d. Staatsgedankens u. d. Grenzen d. Staatsgewalt (1950); Gesch. d. Staatsphilosophie, 2 Bde (1955/57); Allg. StaatsL (1963)
AL: Paul Schoen (0794); Gerhard Anschütz (0011); Richard Thoma (0886)
AS: Wilhelm Wertenbruch (0951)
Q: K 1983, S. 1675; Nek. K 1987, S. 5318; Hikasa, S. 173
L: Hippel: Meine Kindheit im kaiserl. Dtland (1975); FS 1965 (Staat – Recht – Kultur); AöR 90; AöR 100; 日笠
備考 1: 1925 年に入会し、戦後原始会員（1950 年入会）。第 5 回大会（1928 年）第 2 テーマ副報告及び第 10 回大会（1951 年）第 1 テーマ主報告。自然法論を説いた。
備考 2: 父は刑法学者の Robert von Hippel（1866–1951 年）であり、弟（Fritz Hippel 民訴 1897–1991）も法学者であった。
備考 3: なお、Anschütz の門下生としては他に、Fritz Marschall Freiherr

von Bieberstein (0057), Carl Heyland (0336), Gerhard Lassar (0499) 等がいる。
http://www.munzinger.de/search/portrait/ernst+von+hippel/0/3482.html

0342
HOBE, Stephan（ホーベ、シュテファン）
Dr. iur., Prof., Univ. Köln
1957年（Bremen）
Allgemeine Statslehre, öffentliches Recht, Völkerrecht, Europarecht
Studium Kiel; I. SE; II. SE; 1987; LL.M (McGill Univ. Montreal); 1991 Prom. Kiel; 1996 Habil. Kiel; 1997 Prof. Köln
D: Die rechtlichen Rahmenbedingungen der wirtschaftlichen Nutzung des Weltraums, 1992
H: Der offene Verfassungsstaat zwischen Souveränität und Interdependenz, 1998
AL: Jost Delbrück (0131)
備考1：国際法学者。講座は、航空法・宇宙法（Luft- u. Weltraumrecht）。ドイツ国際法学会理事。
備考2：なお、師のDelbrückはEberhard Menzel (0573) の門下生。
http://www.ilwr.de/index.php?lang=de&pg=direktor（写真あり）
http://www.dgfir.de/gesellschaft/organisation/

0343
HOCHHUTH, Martin（ホッホ［ホーホ］フート、マルティン）
Dr. iur., apl. Prof., Univ. Freiburg/Br.
Staats- und Verwaltungsrecht, Rechts- und Staatsphilosophie
1970年頃（Eschwege/hess.-thüring. Grenzgebiet）
Schauspielschule Hamburg; Studium der RW, Politik und Philosophie Hamburg, Konstanz u. Freiburg/Br.; 1998 Prom. Freiburg; WiAs ebd.; 2005 Habil. ebd.;
D: Relativitätstheorie des Öffentlichen Rechts, Baden-Baden 2000
H: Die Meinungsfreiheit im System des Grundgesetzes, Tübingen 2007
AL: Ernst-Wolfgang Böckenförde (0067); Dietrich Murswick (0603)
備考：法学の前に演劇を学んでいた故か、生年が不明。神戸大学でセミナー開催の実績がある（http://www.cdams.kobe-u.ac.jp/events.htm）。
http://www.jura.uni-freiburg.de/institute/ioeffr3/personen/hochhuth（写真あり）
http://www.jura.uni-wuerzburg.de/index.php?id=35102

0344
故 **HOEGNER, Wilhelm**（ヘークナー［ホェークナー］、ヴィルヘルム）

Dr. iur., Staatsrat, Staatsminister a. D., Hon.U. Prof., Univ. München
1887 年 09 月 23 日（München） 1980 年 03 月 05 日（München）
Bayerische Verfassung
1907–11 Berlin, München u. Erlangen; 1911 Prom.; 1914 Kriegsfreiwilliger; 1917 I. SE; 1919 II. SE; 1919–20 RA; 1920 III. Staatsanwalt; 1925 Amtsrichter; 1929 II. Staatsanwalt; 1933 Landgerichtsrat; 1924–30 Mitglied des Landtags; 1930–33 Mitglied des Reichstages; 1. Mai 1933 aus dem Staatsdienst entlassen u. emigrierte im Juli nach Tirol; 1934 Exil in die Schweiz; 1936 Schriftsteller in Zürich; 1939/40 Entwurf einer Reichsverfassung, 1943–45 Vorschlag für die Neugliederung Deutschlands, Formulierung Gesetzestexte für die Errichtung eines bayerischen Staates im Rahmen eines föderalistischen Systems; 1945 Zuruckkehren nach Deutschland; Leitung zum Wiederaufbau der Justizverwaltung (i. A. des bayer. Ministerpräsidenten Fritz Schäffer); Senatspräsident des Oberlandesgerichts München; 1946 Vorsitzender des Vorbereitenden Verfassungsausschusses, Mitglied der Verfassunggebenden Nationalversammlung; 1946 Vorsitzender der bayeri. SPD; 1946 Justizminister u. stellvertretender Ministerpräsident; 1946 Hon. Prof. München; 1947 Senatspräsident am OberlandesG München; 1948–50 Generalstaatsanwalt am Bayerischen Obersten LG; 1950 Innenminister; 1954–57 Bayerischer Ministerpräsident; 1958–1962 Leitung der Landtagsfraktion der SPD; 1958–70 Präsident des Bayerischen Landtags; 1961 Mitglied des Deutschen Bundestages
D: Die bedingte Strafaussetzung nach dem Vorentwurf, 1911
Q: K 1983, S. 1696; Nek. K. 1987, S. 5318
L: DÖV 1972, S. 639
備考： 戦後原始会員（1950 年入会）。SPD の政治家で、多彩な経歴を持つ。終戦直後には、バイエルン首相をつとめた。
http://de.wikipedia.org/wiki/Wilhelm_Hoegner

0345
故 **HOFFMANN, Gerhard** (ホフマン、ゲルハルト［ゲアハルト］)
Dr. iur., Dr. h.c., em. o. Prof., Univ. Marburg an der Lahn
1917 年 06 月 21 日（Weissenfels an der Saale） 2009 年 03 月 26 日
Öffentliches Recht, insb. Völkerrecht
1936–40 Studium Halle, München, Königsberg/Pr. u. Jena; 1940 I. SE Jena; 1940–45 Wehrdienst; 1946–51 als Ass. im Anwaltsdienst Weissenfels; 1952–55 jur. Vorb.dienst Bayern; 1955 II. SE München; 1957 RA; 1952–55 Vertreter d. Syndikus d. Univ. Erlangen; 1956–60 WiAs

Erlangen; 1952 Prom. Erlangen; 1960 Habil. ebd.; 1960–1962 PD Erlangen; 1962 o. Prof. Marburg
B: D. Völkerrechtssubjektivität d. Individuums im gegenw. VölkerR (1952: D.); D. Mensch als Völkerrechtssubjkt (1960: H.); Strafrechtl. Verantwortung im VR (1962); D. dt. Teilung (1969)
AL: Alfred Voigt (0913), Hans Spanner (0845)
AS: Norbert Achterberg (0003)
Q: K 1996, S. 584; C
備考1: 1917年入会。戦争の影響を最も顕著に受けた世代の一人。10年以上遅れている。しかのみならず、学位論文にせよ教授資格論文にせよ、そのテーマは実に含蓄に富む。
備考2: Voigt は Walter Jellinek (0395) の門下生であり、後者の師は Otto Mayer (0562) である。
http://www.uni-marburg.de/fb01/lehrstuehle/oeffrecht/hoffmann/nachruf_hoffman (訃報、写真あり)
0346

HOFFMANN-RIEM, Wolfgang （ホフマン＝リーム、ヴォルフガング）
Dr. iur., LL.M., Prof., Univ. Hamburg, Bundesverfassungsrichter a. D.
1940年03月04日 (Hannover)
VL: Staats- u. Verwaltungsrecht, Wirtschaftsrecht und Finanz u. Steuerrecht
1959–66 Studium Hamburg, Freiburg/Br., München u. Berkeley/USA; 1964 I. SE Hamburg; 1970 II. SE Hamburg; 1964–70 Wiss. MA Hamburg; 1970–72 WiAs Hamburg; 1972–73 Stip. DFG; 1973–74 WiAs Hamburg; 1965 LL.M. Berkeley; 1968 Prom. Hamburg; 1974 Habil. ebd.; 1974 Prof. Hamburg (1977–79 Sprecher des FB); 1995 Senator der Justiz Hamburg; 1999–2008 Richter BVerfG (erster Senat)
B: Rfragen d. Währungsparität (1969: D.); Redaktionsstatute im Rdfk (1972); Innere Pressefreiheit als polit. Aufgabe (1979); Rdfkfreiheit durch Rdfkorganisation (1979); Interessenzuordnung im Handwerk (1980); Kommerzielle Fernsehen (1981); Konfliktmittler in Verw. verhandlungen (1989); Rdfkaufsicht im Ausland (1989); The Fourtieth Anniversary of the West Germany Constitution (1989); Erosionen d RdfkR (1990); RdfkR neben WettbewerbsR (1990); PersonalR d. Rdfkaufsicht (1990)
AL: Gerhard Wacke (0917)
Q: K 1996, S. 586 (Red.); Wer ist wer 1996/97

備考: 1976 年入会。第 40 回大会（1981 年）第 2 テーマ報告。放送法の研究と並んで、日本の行政指導に似た非権力的行政作用にいち早く目を向けたほか、近年の共同研究「行政法の改革」の動向が注目される（なお、当初は単なる Hoffmann であったが、1969 年に Hoffmann-Riem と改姓しているので、業績調査の際には注意されたい）。連邦憲法裁判所判事でもあった。
http://www.jura.uni-hamburg.de/personen/hoffmann-riem/（写真あり）
http://de.wikipedia.org/wiki/Wolfgang_Hoffmann-Riem

0347
HÖFLING, Wolfram（ヘーフリング［ホェーフリング］、ヴォルフルム）
Dr. iur., Prof., M.A., Univ. Köln
1954 年
Öffentliches Recht
Studium Köln; I. SE; II. SE; 1987 Prom. Köln; 1992 Habil. Köln; 1992 Prof. Heistelberg; 1993 Prof. Gießen; 1998 Prof. Köln
B: Offene Grechtsinterpretation (1987: D.); Vertragsfreiheit (1991); StaatsschuldenR (1994: H.)
AL: Karl Heinrich Friauf (0210)
Q: K 1996, S. 574 (Red.)
備考: 2010 年及び 2011 年（つまり本書刊行時）の協会副理事長（理事長は Dirk Ehlers、いま一人の副理事長は Oliver Lepsius）。一貫してケルン大学で生い立ち、母校に戻った。なお、Friauf の師は Erich Schwinge（ 0820 ）。
http://www.uni-koeln.de/jur-fak/inststaa/index.htm
http://de.wikipedia.org/wiki/Wolfram_H%C3%B6fling

0348
HOFMANN, Ekkehard（ホ［ー］フマン、エッケハルト）
Dr. iur., Prof., Univ. Würzburg
1966 年 09 月 05 日
VL: Staatsrecht, Verwaltungsrecht, Europarecht und Rechtstheorie
1988–93 Studium Hamburg; 1993 I. SE; 1997 Prom. Hamburg; 1998 II. SE; Staatsexamen; 2006 Habil. Hamburg; 2010 Prof. Würzburg
D: Der Schutz vor Immissionen des Verkehrs, Baden-Baden 1997
H: Abwägung im Recht, Mohr Siebeck, Tübingen 2007
備考: 廃棄物法、税法を研究。
http://www.jura.uni-wuerzburg.de/lehrstuehle/hofmann/prof_dr_hofmann/lebenslauf/（写真あり）

0349
HOFMANN, Hasso（ホ［ー］フマン、ハッソ［ー］）
Dr. iur. utr., em. Prof., Humboldt-Univ. zu Berlin

1934 年 08 月 04 日（Würzburg）
Öffentliches Recht, Rechts- u. Staatsphilosophie
1954–59 Studium Heidelberg, München und Erlangen-Nürnberg; 1959 I. SE Erlangen; 1964 II. SE München; 1964 WiAs Erlangen; 1968 OberAs Erlangen; 1964 Prom. Erlangen, 1970 Habil. Erlangen; 1970 PD Erlangen; 1973 Wiss.Rat Erlangen; 1975 apl. Prof.; 1976 o. Prof. Würzburg; 1992 Humboldt/Berlin
B: Legitimität ggn Legalität. D. Weg d. pol. Philosophie Carl Schmitts (1964: D.; 3. A. 1995); Repräsentation (1974; 2. A. 1990); Legitimität u. Rgestaltung (1977); Rfragen d. Atomaren Entsorgung (1981); Recht – Politik – Verf. (1986); Privatwirtschaft u. Staatskontrolle b. d. Energieversorgung durch Atomkraft (1989); Verfassungsrechtl. Perspektiven (1995); Neuere Entwicklungen i. d. Rphilosophie (1996); Bibliothek d. Geschichte u. Politik
H: FS Alfred Voigt (1993)
AL: Alfred Voigt (0913)
Q: K 1996, S. 586/587; Wer ist wer 1996/97; CV; Hikasa, S. 174
備考： 1971 年入会。学位論文ではカール・シュミットを論じた。第 41 回大会（1982 年）第 1 テーマ副報告。Voigt の師は Walter Jellinek (0395) であり、後者は Otto Mayer (0562) の門下生。
http://de.wikipedia.org/wiki/Hasso_Hofmann
0350

HOFMANN, Rainer （ホフマン、ライナー）
Dr. iur., Dr., U. Prof., Univ. Frankfurt/M.
1953 年
1972–77 Geschichts- und Jurastudium Freiburg/Br., Lausanne u. Heidelberg; 1977 I. SE; 1982 II. SE; 1978–79 Erwerb des Docteur d'Université en Droit/Univ. Montpellier; 1982–86 Wiss. Ref. am MPI/Heidelberg; 1986 Prom. Heidelberg; 1986–87 Wiss. MA am BverfG; 1988–93 Wiss. Ref. am MPI/Heidelberg; 1993 Habil. Heidelberg; 1994–97 Prof. Köln; 1998–2004; Prof. Kiel; 2007 Prof. Frankfurt/M.
D: Le lock-out en droit allemand (Thèse du Doctorat d'Université, Montpellier 1979); Die Ausreisefreiheit nach Völkerrecht und staatlichem Recht, Berlin 1988
H: Grundrechte und grenzüberschreitende Sachverhalte, Berlin 1994
B: FS Rudolf Bernhardt (1995; m. Ulrich Bayerlin/Michael Bothe)
AL: Rudolf Bernhardt (0051)
AS: Franz Merli (0577)

備考1: 国際法・ヨーロッパ法研究者。ドイツ国際法学会理事。
備考2: 師の Bernhard は、Hermann Mosler（ 0589 ）の門下生。後者を通じて、その学統は Richard Thoma（ 0886 ）→ Heinrich Rosin（非会員、Freiburg、刑法、1855–1927 年）→ Otto von Gierke（非会員、Berlin → Breslau → Heidelberg →（wieder）Berlin、1841–1921 年）へと至る。
http://www.jura.uni-frankfurt.de/ifoer1/hofmann/Zur_Person/index.html（写真あり）
http://www.dgfir.de/gesellschaft/organisation/
0351
HOHMANN, Harald（ホーマン、ハラルド）
Dr. iur., PD, RA, Hohmann & Partner Rechtsanwälte
1956 年 06 月 05 日（Triberg/Schwarzwald）
Internationales WirtschaftsR, UmweltR, Datenschutz- und VerwR
1976–83 Studium RW, Politikwiss. u. Soziologie Münster u. Genf; 1985 I. SE; 1988 II. SE; 1988- Wiss. MA Tübingen, Frankfurt/M.; 1992 Prom. FFM; 1996 RA FFM; 1999 Habil. FFM
D: Präventive Rechtspflichten und -prinzipien des modernen Umweltvölkerrechts, Berlin 1992
H: Angemessene Außenhandelsfreiheit im Vergleich, Tübingen 2002
AL: Michael Bothe（ 0076 ）
備考1: 下記 URL の中には、日本語表記のページが散在する。日系企業への法的支援も試みている様子。使用可能言語に、「Japanisch（Anfänger）」とあり、教授資格論文準備中に滞日経験がある。
備考2: なお師の Bothe は、Rudolf Bernhardt（ 0051 ）の門下で、後者の師は Hermann Mosler（ 0589 ）。Mosler を通じて、その学統は Richard Thoma（ 0886 ）→ Heinrich Rosin（非会員、Freiburg、刑法、1855–1927 年）→ Otto von Gierke（非会員、Berlin → Breslau → Heidelberg →（wieder）Berlin、1841–1921 年）へと至る。
http://www.hohmann-partner.com/team_hohmann.htm（写真あり）
0352
HÖHN, Ernst（ヘーン[ホェーン]・エルンスト[エァンスト]）瑞
Dr. iur., o. Prof., Hochschule St. Gallen/CH
1930 年 06 月 13 日（Olten）
VL: Öffentliches Recht mit bes. Berücksicht. d. Verwaltungs- u. Steuerrechts
1949–54 Studium Zürich; 1956–59 Nach Gerichtspraxis Sekretär d. Erziehungsdirektion d. Kantons Zürich; 1959–64 Steuerkommissär Zürich; 1965–67 Abt.chef Steueramt Zürich; 1954 Prom. Zürich; 1962

Habil. St. Gallen; 1962 PD St. Gallen; 1966 Prof. ebd.; 1986 im Ruhestand
B: D. Besteuerung d. privaten Gewinne (1955: D.); GewohnheitsR im VerwR (1960: H.); D. Besteuerung d. Kapitalgesellschaften u. ihrer Teilhaber, SteuerR (1972; 5. A. 1986); DoppelbesteuerungsR (1973); Interkantonales SteuerR (1983); Praktische Methodik d. Ggbung (1993)
AS: Klaus A. Vallender (0905)
Q: K 1996, S. 575 (Red.); CV/Diss.
備考：1980年入会。このように、スイスでは——ドイツに比べると——実務家から大学教授になるケースが多い印象を受ける。
Festschrift 1995, hg. v. Cagianut Francis/Vallender Klaus A. (Schriftenverzeichnis S. 517–)
http://www.koeblergerhard.de/juristen/alle/allehSeite776.html
0353
HOLLERBACH, Alexander (ホラーバ[ッ]ハ、アレクサンダー)
Dr. iur., em. o. Prof., Univ. Freiburg/Br.
1931年01月23日 (Gaggenau/Baden)
Rechts- u. Staatsphilosophie, Geschichte der Rechtswissenschaft, Kirchen- u. Staatskirchenrecht
1950–54 Studium Freiburg/Br., Bonn u. Heidelberg; 1954 I. SE Freiburg; 1954–59 Ref. Baden-Württ.; 1959 II. SE Stuttgart; 1954/55 Hiwi Freiburg; 1955–56 Ass. ebd.; 1956 HiWi ebd.; 1957 Verw. e. WiAs ebd. (Erik Wolf); 1959 WiAs ebd.; 1957 Prom. Freiburg; 1964 Habil. ebd.; 1964 PD Freiburg; 1966 o. Prof. Mannheim (WH); 1969 o. Prof. Freiburg
B: D. Rgedanke b. Schelling (1957: D.); Verträge zw. Staat u. Kirche in d. BRD (1965: H.); Neuere Entwicklungen d. kath. KirchenR (1974); D. Juridica i. d. Histor. Bibliothek i. Ludwig-Wilhelm-Gymnasium (1992)
H: Erik Wolf: Ausgew. Schriften, 2 Bde. (1972); 30 Jahre Verf. v. Baden-Württ. (1984)
MH: FS Erik Wolf (1962); FS Wolf (1972); Konrad Hesse, Ausgew. Schriften (1984; m. Peter Häberle)
AL: Erik Wolf (刑事法); Thomas Würtenberger (刑事法― 0986 の父); Konrad Hesse (0329)
AS: Gerhard Robbers (0700); Joachim Lege (0505); Alfred Rinken (0697); Joachim Bohnert (非会員), Christof Gramm (0253), Urs Kindhäuser (非会員)

Q: K 1983, S. 1746; Wer ist wer 1996/97; CV; Hikasa, S. 176
L: Hollerbach, Savigny-Zs, S. 343; Verfassung – Philosophie – Kirche (FS für Alexander Hollerbach zum 70. Geburtstag), hrsg. von Joachim Bohnert u.a., Berlin 2001
備考 1: 1965 年入会。第 26 回大会 (1967 年) 第 1 テーマ副報告。1970 年及び 1971 年の協会副理事長 (理事長は Hans Schneider、いま一人の副理事長は Hans F. Zacher)。「スメント学派」との評 (藤田 391 頁注 5) は、師の一人 (Hesse) が "Smend 三高弟" の一人だからであろう。その重厚な研究は、多士済々の Freiburg 大学の公法学の系譜に更に深みを与えた。
備考 2: なお、師の一人に挙げられている Würtenberer は現在フライブルク大学に奉職する同名の公法学者 (0986) の父で、刑法・法哲学者であることに、注意されたい。
http://de.wikipedia.org/wiki/Alexander_Hollerbach
0354

故 **HOLLÓS, Franz-Tibor** (ホロス[ホロッシュ]、フランツ=ティボーァ)
Dr. iur., Prof., Univ. Würzburg
1906 年 02 月 01 日 (Szécsény/Ungarn)　1954 年 05 月 25 日 (Würzburg)
Völkerrecht, insb. Verwaltaltung des internationalen Verkehrs, Diplomatie u. Kirchenrecht
Studium Prag; 1945 Ausweisung, Studium Erlangen; 1946 Prom.; kommissarischer Vertreter der ord. Professur für Staatsrecht; 1947 Habil. Erlangen; 1948 o. Prof. Würzburg
B: D. Rverhältnisse d. Strahover Gherrschaft zu. Anfang d. 15. Jh. (1946: D.); D. Senat d. Römischen Pontifex unter bes. Berücks. seiner diplom. Tätigkeit (1947: H.); Kontroverse über d. gegenwärt. Status Dtlands (1948); D. gegenwärt. Rstellung d. katho. Kirche in Dtland (1948); Staatskirchenrecht (1948)
AL: Hans Liermann (0517)
Q: K 1950, S. 852; Nek. K. 1961, S. 2375
備考: 戦後原始会員 (1950 年入会)。ハンガリー生まれ。48 歳で、術後に死亡した。
http://www.koeblergerhard.de/juristen/alle/allehSeite794.html
0355

HOLOUBEK, Michael (ホルーベ[ッ]ク、ミヒャエ[ー]ル) 墺
Dr. iur., Univ.-Prof. Mag. Dr., Wirtschaftsuniv. Wien/Österr., Verfassungsrichter
1962 年 11 月 05 日 (Wien)
VL: Öffentliches Recht

1982–86 Studium Wien; 1987 Post-Graduate Lehrgang Wien; 1986/1987 Gerichtspraxis; 1987/1988 Ass. Wirtschaftsuni. Wien; 1989 Prom. WU; 1989/1990 wiss. MA am VerfGH; 1990–97 Univ.Ass WU; 1996 Habil. WU; 1998 Univ.Prof. WU Wien
B: Rdfk.freiheit u. Rdfk.monopol (1990: D.); Grechtl. Gewährleistungspflichten (1997: H.)
AL: Karl Korinek (0462)
備考：2008年及び2009年の協会副理事長（理事長はHelmuth Schulze-Fielitz、いま一人の副理事長はChristoph Engel）。一貫して基本権論を研究。
http://www.wu.ac.at/ioer/team2/team/cv（写真あり）
http://www.vfgh.gv.at/cms/vfgh-site/richter/holoubek.html
0356

HÖLSCHEIDT, Sven (ヘルシャイト、スヴェン)
Dr. iur., apl. Prof., FU Berlin, Ministerialrat
1955年（Wuppertal）
Europarecht, öffentliches Recht
1974–80 Studium Bochum und Münster; 1983–84 Wiss. HK Münster;1985–87 Wiss. MA Münster; 1987 Eintritt in die Verwaltung des Dt. Bundestages; 1988 Prom. Münster; 2000 Habil. Kiel; 2008 apl. Prof. FU Berlin
D: Der Haushaltsausschuss des Deutschen Bundestags, Rheinbreitbach 1988
H: Das Recht der Parlamentsfraktionen, Rheinbreitbach 2001
備考：実務家教員(議会)。
http://www.jura.fu-berlin.de/einrichtungen/we3/honorarprofs/hoelscheidt_sven/mitarbeiter/hoelscheidt_sven/lebenslauf.pdf（写真あり）
0357

故 **HOLSTEIN, Günther** (ホ[一]ルシュタイン、ギュンター)
Dr. iur., o. Prof., Univ. Greifswald
1892年05月22日（Berlin） 1931年01月11日（Kiel）
Kirchenrecht, Staatsrecht, Verwaltungsrecht
Studium München u. Berlin; 1914 Gerichtsreferendar Berlin; 1914 Kriegsdienst/Verwundung; 1920 Prom. Berlin; 1921 Habil. Bonn; 1922 Prof. Greifswald; 1924 o. Prof. Greifswald; 1928 Prom. (Dr. theol.); 1930 Prof. Kiel; Mitglied Generalsynode Altpreußen
B: D. Lehre von d. öff.-rechtl. Eigentumsbeschränkung (1921: H.); Staatsphilosophie Schleiermachers (1922); Theorie d. Verordnung im

franz. u. belg. VerwR（1923）
AL: Erich Kaufmann（ 0414 ）
Q: K 1925, S. 418
L: AöR 59（1931）, S. 1（von Rudolf Smend）; Wyduckel, S. 300; Klaus Rennert, Die "geistigewissenschaftliche Richtung" in der Staatsrechtslehre der Weimarer Republik. Untersuchungen zu Erich Kaufmann, Günther Holstein u. Rudolf Smend, Berlin 1987（Schriften zum Öffentlichen Recht, Bd. 518）
備考：戦前原始会員（1924 年入会）。その特色ある方法（national-konservative Grundhaltung）に関しては、上記「参考文献」欄所掲の Rennert 論文を参照。師 Kaufmann は、Albert Hänel（非会員）の門下生。
http://de.wikipedia.org/wiki/G%C3%BCnther_Holstein
0358
HOLZINGER, Gerhart（ホルツィンガー、ゲルハルト［ゲァハルト］）墺
Dr. iur., Prof., Präsident des Österreichischen Verfassungsgerichtshofs
1947 年 6 月 12 日（Gmunden/OÖ）
Grund- und Menschenrechte
–1972 Studium Salzburg; 1972 Prom. Salzburg; 1973–75 Univ.ass. Salzburg; 1975–95 Tätigkeit im Verfassungsdienst des Bundeskanzleramt; 1984 als Leiter dieser Sektion; 1992 Ernennung zum Sektionschef im Bundeskanzleramt; 1995 Generalsekretär der Österr. Juristenkommission; 2000–08 Präsident der Österr. Juristenkommission; 1997 Habil. Graz; 2002 Univ.-Prof; 1995 Mitglied des VerfGH; wiederholt zum Ständigen Ref.gewählt; 2008 Präsident des VerfGH
D: 不明
H: Der Verfassungsgerichtshof – Organisation, Funktion und Arbeitsweise, 1997
備考：コリネック（Karl Korinek（ 0462 ））の後任のオーストリア憲法裁判所長官。
http://www.vfgh.gv.at/cms/vfgh-site/richter/holzinger.html（写真あり）
http://de.wikipedia.org/wiki/Gerhart_Holzinger
0359
HOLZNAGEL, Bernd（ホルツナーゲル、ベルント［ベァント］）
Dr. iur., LL.M., Prof., Univ. Münster
1957 年 09 月 19 日（Lehrte/Niedersachsen）
1976–1984 Studium RW u. Soziologie Berlin（FU）u. McGill Univ. Montréal; I. SE; 1984 Soziologiediplom; 1986 LL. M.; 1990 Prom.; 1991 II. SE; 1991 Hochschulass. Hamburg; 1996 Habil. Hamburg; 1997

Prof. Univ. Münster
D: Konfliktlösung durch Verhandlungen. Aushandlungsprozesse als Mittel der Konfliktbewältigung bei der Ansiedlung von Entsorgungsanlagen für besonders überwachungsbedürftige Abfälle in den Vereinigten Staaten und der Bundesrepublik Deutschland, Baden-Baden 1990
H: Rundfunkrecht in Europa, Tübingen 1996
AL: Wolfgang Hoffmann-Riem (0346)
備考：放送法に造詣が深い。
http://www.uni-muenster.de/Jura.tkr/oer/mitarbeiter/holznagel/ （写真あり）

0360
故 **HOPPE, Werner** （ホッペ、ヴェルナー[ヴェァナー]）
Dr. iur., em. o. Prof., Univ. Münster, RA
1930年06月18日（Münster） 2009年07月09日（Münster）
VL: Staatsrecht, Verwaltungsrecht, Recht d. Europ. Gemeinschaftsrecht Raumplanungsrecht
1951–54 Studium Münster (RW u. Philosophie); 1954 I. SE; 1954 Ref.; 1959 II. SE NRW; 1957 Prom. Münster (Zivilrecht); 1959 RA; 1969 auch Notar; 1970 Habil. ebd.; 1970 PD Münster; 1972 o. Prof. Münster; 1995 emer.
B: D. Begriffe Gebietskörperschaft u. Gemeindeverband u. d. Rcharakter d. nordrhein-westfäl. Landschaftsverbände (1958: D.); Organstreitigkeiten vor d. Verwaltungs- u. Sozialgerichten (1970: H.); Rschutz bei d. Planung v. Straßen u. anderen Verkehrsanlagen (1971; 2. A. 1981; m. Hans Schlarmann); Eingriffe in Leitungsrechte durch Straßenbaumaßnahmen (1979); D. wirtschaftl. Vertretbarkeit im UmweltschutzR (1984); Nordrh.-westf. Staats- u. Verwaltungsrecht (1986); Nationalpark-Verordnung. "Niedersächs. Wattenmeer" u. bergbauliche Berevhtigungen (1987); Geigentumsschutz b. heranrückendem Bergbau (1988); D. Spannungsverhältnis v. Bergwerkseingentums u. Oberflächeneigentum im Lichte d. VerfR (1991).
MH: FS Christian-Friedrich Menger (1985; m. Hans-Uwe Erichsen/Abbert von Mutius)
AL: Karl Zuhorn (Zivilrechtler: Münster); Hans Julius Wolff (0978)
AS: Janbernd Oebbecke (0623); Hans-Werner Rengeling (0686)
Q: K 1996, S. 599; Wer ist wer 1996/97
L: Symp. Emeritierung 1996 (Abwägung im Recht; hrsg: Wilfried Erbguth/Janbernd Oebbecke/Hans-Martin Rengeling u.a.)

備考：1971年入会。第38回大会（1979年）第2テーマ副報告。1996年及び1997年の協会副理事長（理事長はWalter Rudolf、いま一人の副理事長はEckart Klein）。弁護士・公証人の経験が長く、弁護士を兼業していた。実務家からの信頼も厚く、その知識に関しては学界でも一目置かれる存在であった。
http://www.westfaelische-nachrichten.de/lokales/muenster/nachrichten/1090748_Lebenslauf_von_Prof._Dr._Werner_Hoppe.html
http://de.wikipedia.org/wiki/Werner_Hoppe_（Jurist）

0361
HORN, Hans-Detlef (ホルン［ホーン］、ハンス・デトレフ)
Dr. iur., Prof., Univ. Marburg
1960年09月21日（Frankfurt am Main）
Öffentliches Recht, Verfassungsrecht, Verwaltungsrecht, Europarecht, öffentliches Wirtschaftsrecht, Sicherheitsrecht, Ordnungsrecht
Studium Bayreuth; 1989 Prom. Bayreuth; 1992 II. SE; 1998 Habil. Bayreuth; 1999 Prof. Marburg; 2003 Richter VerwGH Hessens im zweiten Hauptamt
D: Experimentelle Gesetzgebung unter dem Grundgesetz, 1989
H: Die grundrechtsunmittelbare Verwaltung, 1999
AL: Walter Schmitt Glaeser （0782）
備考：銀行マンを経て、大学教授となった。
http://www.uni-marburg.de/fb01/lehrstuehle/oeffrecht/horn
http://de.wikipedia.org/wiki/Hans-Detlef_Horn

0362
HÖSCH, Ulrich (ヘッシュ［フェッシュ］、ウルリヒ)
Dr. iur., apl. Prof., Univ. Bayreuth, RA
1964年（Frankfurt/M.）
Staatsrecht, Verfassungsrecht, Umweltrecht, Wirtschaftsverwaltungsrecht, öffentliches Wirtschaftsrecht, Wettbewerbsrecht
1986–90 Studium Bayreuth; 1993 Prom. Bayreuth; 1994 II. SE; 1994–96 RA; 1994–2000 WiAs Bayreuth; 1999 Habil. Bayreuth
D: Der Einfluss der Freiheit des Warenverkehrs (Art. 30 EWGV) auf das Recht des unlauteren Wettbewerbs, Frankfurt/M. u. a. 1994
H: Die kommunale Wirtschaftstätigkeit, Tübingen 2000
AL: Wilfried Berg （0048）
備考：実務家教員（弁護士）。環境法を中心に、行政側の訴訟代理人としての活動を行っている。
http://www.juradvance.de/index.php?option=com_content&view=artic

le&id=2&Itemid=2（写真あり）
http://anwaltauskunft.de/anwaltsuche+543f17ebd9d464531d61fcdeaa3
6678f

0363

HOTZ, Reinhold（ホッツ、ラインホルト）瑞
Dr. iur., Prof., Univ. St. Gallen/CH
1946年02月28日（Wald/Kanton Zürich）
VL: Staatsrecht, Verwaltungsrecht, Rechtsetzungslehre
1966–73 Studium Zürich; 1977 Aufenthalt Univ. Kent; Cambridge; 1973–75 Ger.Praxis; 1975 Fähigkeit zum RA; 1975–82 Verw.praxis u. Habil; 1972 lic. iur. Zürich; 1973 Prom. Zürich; 1981 Habil. Zürich; 1982 RA; 1991 Tit.-Prof. Sankt Gallen; 1993 Richter Kassationsgericht Sankt Gallen; 1999 Präsident; 1997 weiters Richter fürstlicher oberster Gerichtshof Liechtenstein
B: D. Hauptpflicht d. Beamten gegenüber d. Staat (1973: D.); Methodische Rsetzung - eine Aufgabe d. Verw. (1983: H.)
Q: K 1996, S. 604 (Red.); CV
備考：ザンクト・ガレン大学の実務家教員（弁護士）。
http://www.koeblergerhard.de/Rechtsfakultaeten/SanktGallen52.htm

0364

故 **HUBER, Ernst Rudolf**（フーバー、エルンスト［エァンスト］・ルードルフ）
Dr. iur., o. Prof., Univ. Göttingen
1903年06月08日（Idar Oberstein/Rheinland-Pfalz） 1990年10月28日（Freiburg/Br.）
VL: Staatsrecht, Verwaltungsrecht, Staatskirchenrecht, Arbeitsrecht, Wirtschaftsrecht (1931); Kirchenrecht (1932)
1921 Studium Geschichte, Literatur, Philologie, Philosophie u. Volkswirtschaft Tübingen; Unterbrechung wegen Inflation, Mitarbeit im Betrieb des Vaters (Kaufmann); 1922 Studium Nationalökonomie u. RW München; 1924 Studium Bonn; 1927 Prom. Bonn; 1928 wiss. HK Bonn; 1930 II. SE; 1931 Habil. Bonn; 1932 auf Vorschlag Carl Schmitts Politikberater der Präsidialkabinette; 1933 WiAs Seminar für Kirchenrecht; 1933 o. Prof. Kiel; 1937 o. Prof. Leipzig; 1941–44 o. Prof. Straßburg; Flucht über den Rhein; 1944 Univ. Heidelberg, Lehrauftrag, 1945 entlassen, 19-seitiges Exposé über bisherige Tätigkeit; 1948 vor dem Untersuchungsausschuss in Neustadt im Schwarzwald als Mitläufer (4) eingestuft; 1949 nach Freiburg/Br. gezogen; 1950 Entnazifizierungsverfahren mit gleichem Ergebnis wiederholt; 1952 Lehrauftragter Freiburg/

Br. (durch Wilhelm Grewe und Franz Wieacker); Herbst 1955 Aufnahme in die Vereinigung der deutschen Staatsrechtslehrer; 1957 Prof. Hochschule Wilhelmshaven, 1961 Berufung nach Münster vereitelt, 1962 (durch Übernahme der Hochschule) Prof. Göttingen, 1968 emer.
B: D. Garantie d. kirchl. VermögensR i. d. WRV (1927: D.; Nachdr. 1995); Verträge zw. Staat u. Kirche im Dt. Reich (1930); D. Dt. Reich als Wirtsch.staat (1931); Wirtsch.verw.recht, 2 Bde (1932: H.; 2. A. 1953/54); Dt. Verf.Gesch. seit 1789, 8 Bde. (1957–1990); Dokmente zur Dt. Verf.Gesch., 5 Bde. (1961–1996)
AL: Carl Schmitt (0780)
Q: K 1983, S. 1788/1789; Nek. K 1992, S. 4258
L: FS 1973 (FS für E. R. H. zum 70. GT; hrsg. v. Ernst Forsthoff/ Werner Weber u.a.); Stolleis, Jursiten, S. 297–298 (von Florian Hermann); AöR 98
U: Max-Emanuel Geis, Kulturstaat u. kulturelle Freiheit. Eine Untersuchung d. Kulturstaatskonzepts von Ernst Rudolf Huber aus verf. rechtl. Sicht (1990)
備考：1932 年入会。戦前・戦中の活動の故に、戦後すぐには学会に復帰できず、ようやく1956年に至って再入会を果たした。Ernst Forsthoff (0206)、Ernst Friesenhahn (0211)、Werner Weber (0935) 等とともに、いわゆる「シュミット学派」に数えられる。憲法史の浩瀚な研究で"贖罪"を果たした。
http://uni-leipzig.de/unigeschichte/professorenkatalog/leipzig/Huber_474/ （写真あり）
http://de.wikipedia.org/wiki/Ernst_Rudolf_Huber
0365

故 **HUBER, Hans** （フーバー、ハンス）瑞
Dr. iur., Dr. h.c., o. Prof., Univ. Bern/CH
1901年05月24日 (St. Gallen/CH)　1987年11月13日 (Muri bei Bern)
Staatslehre, Staats- u. Verwaltungsrecht
Studium; 1926 RA Zürich, 1926 Prom. Bern; Sekretär BG Lausanne, 1934 Bundesrichter, 1946 Prof. Bern, Mitarbeit Bundesverfassungsrevision; emer.
B: Staat u. Verbände (1958); D. Recht im techn. Zeitalter (1960); Berner Kommnetar z. ZGB (1962); D. verf.rechtl. Bedeutung d. Vertragsfreiheit (1966); Weltweite Interdependenz (1969); Rtheorie – VerfR – VR (Ausgew. Aufsätze 1950–1970) (1971: FG Hans Huber; hrsg.: Richard Bäumlin/Kurt Eichenberger/Jörg Paul Müller)

AL: Walter Burckhardt（非会員 Bern）
AS: Richard Bäumlin（ 0037 ）; Kurt Eichenberger（ 0167 ）; Jörg Paul Müller（ 0597 ）
Q: K 1983, S. 1790; Hikasa, S. 179; Nek. K 1992, S. 4258
L: FS 1961（VerfR u. Verf.wirklichkeit）; FG 1971（Ausgew. Aufsätze; siehe oben）; FS 1981（Recht als Prozeß u. Gefüge; hrsg.: K. Eichenberger/J. P. Müller）; AöR 96（1972）, S. 286（von Otto Bachof）; 日笠
備考： 1959年入会。スイス公法学界の長老であった。
http://www.koeblergerhard.de/juristen/alle/allehSeite906.html
 0366

HUBER, Peter Michael（フーバー、ペーター・ミヒャエ［ー］ル）
Dr. iur., Univ.-Prof., Univ. München, Bundesverfassungsrichter
1959年01月21日（München）
Öffentliches Recht, Staats- u. Verwaltungsrecht
1979 Studium München u. Genf; 1984 I. SE; 1987 II. SE; 1988 Prom. München, 1991 Habil. München; 1988–91 WiAs München; 1991/92 Univ.-Prof. Augsburg, 1992 Jena; 2001 Prof. Bayreuth; 2002 Prof. München; 2009 Innenminister Thüringen; 2010 Richter BVerfG（zweiter Senat）
B: Grechtsschutz durch Organisation u. Verfahren（1988）; Konkurrenzschutz im VerwR（1991: H.）; Allg. VerwR（1992; 2. A. 1997）; Maastricht. E. Staatsstreich?（1993）; D. planungsbedingte Wertzuwachs als Gegenstand städtebaul. Verträge（1995）; D. Recht d. Europäischen Integration（1996）
AL: Peter Badura（ 0026 ）
Q: K 1996, S. 608（Red.）; Wer ist wer 1996/97
備考1： 連邦憲法裁判所判事。2004年及び2005年の協会副理事長（理事長は Horst Dreier いま一人の副理事長は Fridhelm Hufen）。ミュンヘン大学では、師でもある Peter Badura の講座後継者。
備考2： Badura は Alfred Voigt（ 0913 ）の門下生であり、後者は Walter Jellinck（ 0395 ）を経て、Otto Mayer（ 0562 ）へと連なる。
http://de.wikipedia.org/wiki/Peter_M._Huber
http://www.bundesverfassungsgericht.de/richter/huber.html（写真あり）
 0367

故 **HÜBNER, Rudolf Emil Gustav**（ヒューブナー、ルードルフ・エミール・グスタフ）
Dr. iur., Dr. phil. h. c., em. o. Prof., Univ. Jena, Geheimer Justizrat
1864年09月19日（Berlin） 1945年08月07日（Darmstadt）

Deutsches u. öffentliches Recht
1883 Studium Geschichte u. RW Berlin, Straßburg, Berlin; 1888 Prom. Berlin; 1891 Habil. Berlin; 1891 PD Breslau; 1895 ao. Prof. Bonn; 1895 etasmäß. Prof. Bonn; 1904 o. Prof. Rostock; 1913 o. Prof. Gießen, 1913 o. Prof. Halle/S.; 1921 o. Prof. Jena
B: D. donation. post obitum u. d. Schkgn. m. Vorbehalt d. Nießbrauchs i. ält. dt. Recht (1888: D.); Gerichtsstruktur d. fränk. Zeit (1891–93); Immobiliarprozeß d. fränk. Zeit (1893: H.); J. Grimm u. d. dt. Recht (1895), Gzüge d. dt. PrivartR (1908; 3. A. 1919); D. parl. Reg. Englds i. Vergangenheit u. Gegenwart (1918); D. Staatsform d. Republik (1919); Goethe als Kenner u. Liebhaber d. Rgeschichte (1932)
AL: Brunner, Beseler
Q: CV/Diss., KLK 1917, S. 747; Wer ist's 1922, S. 698; K 1935, S. 590; Nek. K 1950, S. 2419
L: DEJ, S. 484 m. w. N.; FS 1935
備考：戦前原始会員（1924年）。父親（Emil Hübner）は言語学の大学教授であり、2人の兄弟（Heinrich Hübner u. Ulrich Hübner）はともに画家であった。
http://cpr.uni-rostock.de/metadata/cpr_professor_000000001145（写真あり）
http://www.catalogus-professorum-halensis.de/huebnerrudolf.html
http://de.wikisource.org/wiki/Rudolf_H%C3%BCbner

0368
HUFELD, Ulrich（フーフェルト、ウルリヒ）
Dr. iur., Univ.-Prof., Univ. der Bundeswehr Hamburg
1967年10月28日（Mainz）
Öffentliches Recht und Steuerrecht
1988–93 Studium Heidelberg; 1993 I SE; 1996 II. SE; 1996 Prom. Heidelberg; 1996–2002 WiAs Heidelberg; 2002 Habil. Heidelberg; 2003–08 Prof. Deutschsprachige Andrássy Univ. Budapest (dort als Gründungsdekan); apl. Prof. Heidelberg; 2009 Univ.-Prof. Univ. der Bundeswehr Hamburg
D: Die Verfassungsdurchbrechung, Berlin 1997
H: Die Vertretung der Behörde, Tübingen 2003
AL: Reinhard Mußgnug (0605)
備考：税法学者。
http://www.hsu-hh.de/steuerrecht/index_3FLGye919q4I2u1j.html

|0369|
故 **HUGELMANN, Karl Gottfried** （フーゲルマン、カール［カルル］・ゴットフリート）
Dr. iur., em. o. Prof., Univ. Münster
1879年09月26日（Wien） 1959年10月01日（Göttingen）
Deutsche Rechtsgeschichte, Kirchenrecht, öffentliches Recht, insb. Nationalitätenrecht u. seine Geschichte
Studium Wien u. Tübingen; 1905 Justizdienst; Prom.; 1909 Habil. Wien; 1909 PD Wien; 1918 ao. Prof. Tübingen; Staatsdienst Ministerium für Volksgesundheit; 1919 Mitglied Fünferdelegation Verfassungsausschuss Weimar; 1922 Bundesratsmitglied (Christlich-Soziale Partei); 1923 Bundesratsvizepräsident; 1932 o. Prof. Wien; 1933 Parteiaustritt; 1934 Prof. Münster (1935–1937 Rektor); emer.; 1944 LB Göttingen
B: D. dt. Königswahl i. corp. iur. can. (1898, 1909); Dt. Rgedanken im allg. bürgerl. Gesetzb. (1911); D. "concordantia catholica" d. Niclaus Cusanus (1913); D. Wahl Konrads IV. z. Wien i. Jahr 1237 (1914); D. Recht d. Agrargemeinsch. Ten. i. d. dt. Alpenländern (1916); Grundriß d. österr. VerfGesch. (1933); D. Reichsgedanke bei Nikolaus von Kues (1943)
Q: Wer ist's (1922), S. 701/702; KLK 1917, S. 749; K 1950, S. 880; 没（Todesfall）
L: FS 1959 (FS für K. G. H., 2 Bde., hrsg. v. Wilhelm Wengler); Dau, FS-Register, S. 510
備考：1929年入会を経て、戦後原始会員（1950年入会）。父親（Karl Heinrich Hugelmann, 1844–1930年）も法律学者であった。
http://www.parlament.gv.at/WW/DE/PAD_00684/pad_00684.shtml
http://www.munzinger.de/search/portrait/Karl+Gottfried+Hugelmann/0/5983.html
http://de.wikipedia.org/wiki/Karl_Gottfried_Hugelmann

|0370|
HUFEN, Friedhelm （フーフェン、フリートヘルム）
Dr. iur., Prof., Univ. Mainz
1944年12月24日（Winterberg）
Staats- u. Verwaltungsrecht, Verwaltungslehre, Rechtsphilosophie
1964–69 Studium Münster u. Freiburg/Br. (RW, Volkswirtschaft u. Politikwiss.); 1969–70 Studium Princeton Univ./USA; 1967–69 Hiwi u. wiss. MA Freiburg; 1969 I. SE; 1972–75 Ref. Karlsruhe u. Freiburg; 1975 II. SE Stuttgart; 1971–75 Wiss. MA Freiburg; 1974 Prom. Frei-

burg, 1982 Habil. Hannover; 1976 Akad.Rat Hannover; 1983–86 Prof. Augsburg, 1986–93 Prof. Regensburg; 1993 Prof. Mainz
B: Gleichheitssatz u. Bildungsplanung (1975: D.); D. Freiheit d. Kunst in staatl. Institut (1982: H.); Fehler im Verw.verfahren (2. A. 1991); Verf.rechtl. Maßstäbe d. LebensmittelstrafR (1987); Verw.prozeßR (1994; 2. A. m. Nachtrag 1997)
AL: Konrad Hesse (0329); Hans-Peter Schneider (0787)
AS: Max-Emanuel Geis (0233)
Q: K 1996, S. 614; Wer ist wer 1996/97; CV
備考：1983年入会。第47回大会（1988年）第2テーマ報告。2004年及び2005年の協会副理事長（理事長はHorst Dreier、いま一人の副理事長はPeter Michael Huber）。Hans Heinrich Rupp (0722) の講座後継者。
http://www.jura.uni-mainz.de/hufen/147.php
http://de.wikipedia.org/wiki/Friedhelm_Hufen

0371
HUSTER, Stefan (フ[ー]スター、シュテファン)
Dr. iur., Univ.-Prof., Univ. Bochum
1964年12月31日（Gütersloh/Westf.）
Staats- und Verwaltungsrecht, Sozialrecht, Europarecht und Rechtsphilosophie
1984 Studium der Philosophie Bielefeld; 1985 Doppelstudium der RW und der Philosophie Bielefeld; 1987 Fortsetzung des Doppelstudiums Frankfurt/M.; 1990 I. SE; 1995 II. SE; 1990 Wiss. MA Heidelberg; 1993 Prom. Heidelberg; 1995 Wiss. MA Heidelberg; 1996 WiAs Heidelberg; 2001 Habil. Heidelberg; 2002 Oberass. Heidelberg; 2003 Univ.-Prof. FernUniv.Hagen; 2004 Univ.-Prof. Bochum
D: Rechte und Ziele. Zur Dogmatik des allgemeinen Gleichheitssatzes, Berlin 1993
H: Die ethische Neutralität des Staates, Tübingen 2002
備考：ヨーロッパ社会法を研究する。
http://www.ruhr-uni-bochum.de/oer2/huster.html（写真あり）

I

0372
IBLER, Martin（イープラー、マルティン）
Dr. iur., Prof., Univ. Konstanz
1955年06月17日（Bad Harzburg）
Staatsrecht, Verwaltungsrecht
1977 Studium Göttingen; 1981 I. SE; 1983 II. SE; 1983–89 RA; 1987 Prom. Göttingen; 1997 Habil. Göttingen; PD Göttingen; Oberass.; 2001 Prof. Konstanz
D: Die Schranken planerischer Gestaltungsfreiheit im Planfeststellungsrecht, 1988
H: Rechtspflegender Rechtsschutz im Verwaltungsrecht, 1999
AL: Volkmar Götz（ 0249 ）
備考：行政法研究者。師の Götz は、Günther Jaenicke（ 0385 ）の門下。後者の学統は、その師 Hermann Mosler（ 0589 ）→ Richard Thoma（ 0886 ）→ Heinrich Rosin（非会員、Freiburg、刑法、1855–1927年）を経て、Otto von Gierke（非会員、Berlin → Breslau → Heidelberg →（wieder）Berlin、1841–1921年）へと連なる。
http://www.uni-konstanz.de/FuF/Jura/ibler/wb/pages/deu/zur-person.php
http://de.wikipedia.org/wiki/Martin_Ibler

0373
ILIOPOULOS-STRANGAS, Julia（イリオポロス＝ストランガス、ユ［ー］リア）女性 希
Dr. iur., Prof., Univ. Athen
1949年（Athens）
Verfassungsrecht
1967 High School Diploma; 1973 Law Degree Univ. Athen; 1974 Appointed Attorney at Law Athens Court of First Instance; 1975–79 Graduate Studies Univ. Hamburg; 1980–81 Fellow Europa Kolleg Hamburg; 1982–84 Research and Teaching Ass. Hamburg; 1984 Doctoral degree Hamburg; 1986–92 Research Fellow and Legal Counsel at the Marangopoulos Foundation of Human Rights; 1990 Elected Assis-

tant Prof. Univ. of Athens; 1996 Elected Associate Prof. Athens
D: Immediate and Retroactive Application of Laws, 1984
H: 不明
備考 1: 上述のように、ドイツではなく母国ギリシャの方式で教授になり、その資格においてドイツ国法学者協会の会員に推薦された憲法学者。あるサイトの記述によると、"First Greek Professor to gain a tenure in Constitutional Law in Germany" とのこと (http://www.juridicas.unam.mx/wccl/en/curriculum/julia_iliopoulos_strangas.htm)。
備考 2: なお他のギリシャ系会員については、Wassilios Skouris (0837) の備考 3 を参照。
http://www.newacropolismuseum.gr/eng/cv/iliopoulou_eng.html (写真あり)
http://www.enelsyn.gr/en/CV/Julia_Iliopoulos-Strangas.htm
0374
故 **IMBODEN, Max**（インボーデン［イムボーデン］、マックス）瑞
Dr. iur., o. Prof., Univ. Basel/CH
1915 年 09 月 19 日 (St. Gallen/CH)　1969 年 04 月 07 日 (Basel)
Staats- und Verwaltungsrecht
Studium Bern und Zürich; 1940 Prom. Zürich; 1944 Habil. Zürich; 1949 ao. Prof. Zürich, 1953–69 Prof. Basel (Nachfolger von Erwin Ruck); 1960–64 Mitglied großer Rat Basel; 1965–67 Nationalratsabgeordneter (Aus Verwaltungsgerichtsbarkeit)
B: Bundesrecht bricht kantonales Rech (1940: D.); Der nichtige Staatsakt, Zürich 1944; Montesquieu u. d. Lehre d. Gewaltentrennung (1959; Nachdruck 1967)
AL: Zaccaria Giacometti (非会員、Zürich)
AS: Peter Saladin (0728); Luzius Wildhaber (0957)
Q: K 1961, S. 854; Dau, Festschriftenregister, S. 511
L: GS 1972 (D. Staat als Aufgabe; hrsg. v. Peter Saladin/Luzius Wildhaber); AöR 94 (1969), S. 602 (von Hans Huber)
備考: 1959 年入会。戦前戦後を通じ、初めてのスイス人会員として第 18 回大会 (1959 年) 第 2 テーマ主報告に立った。1960 年及び 1961 年の協会理事長 (理事長は Ulrich Scheuner、いま一人の副理事長は Christian-Friedrich Menger。なお、協会の理事職もスイス人会員としては初の事例)。行政契約に関する研究が有名。54 歳で早世した。
http://www.hls-dhs-dss.ch/textes/d/D6393.php
http://www.iusfull.ch/letztehefte/documents/ius_full_2_2010_74-77.pdf
http://www.unisg.ch/~/media/Internet/Content/Dateien/Schools/LS/

Lehrstuhl%20Schindler/Kurzbiographien%20zum%20schweizerischen%20Verwaltungsrecht.ashx?fl=de（写真あり）
0375

故 **IPSEN, Hans-Peter**（イ［一］プゼン、ハンス＝ペーター）
Dr. iur., Dr. h.c., em. o. Prof., Univ. Hamburg
1907年12月11日（Hamburg）　1998年02月02日（Mölln bei Hamburg）
Öffentliches Recht, Europarecht
Studium; 1932 Prom. Hamburg; 1937 Habil. Hamburg; 1937 PD Hamburg; 1939 o. Prof. Hamburg; 1973 em.
B: Widerruf gült. VAte (1932: D.); Politik u. Justiz (1937: H.); Von Groß-Hamburg z. Hansestadt Hamburg (1938); Aktionär u. Sozialsicherung i. Verkehrs- u. Energiewirtschaft (1949); Üb. d. GG (1950; 3. A. 1969); D. finale Sozialisierungsbegriff (1953); Rdfk.gebühr (1953); Öff. Subventionierung Privater (1956); Hamburgs Verf. u. Verw. (1956); Hamburg. Staats- u. VerwR (5. A. 1975); Berufsausbildgs R f. Handel, Gewerbe u. Industrie (1967); Außenwirtschaft u. Außenpolitik (1967); Fusionsverf. EG (1969); Verf.perspektiven d. EG (1970); Europ. GemeinschaftsR (1972); Mitbestimmung i. Rdfk. (1972); Panzer im Naturschutzpark (1975); Kartellrechtl. Preiskontrolle als Verf.frage (1976); Presse-Grosso im Verf.rahmen (1980); Rdfk im Europ. GemeinschaftsR (1983); Europ. GemeinschaftsR in Einzelstudien (1984); Öff. WirtschaftsR (1985); Staatsrechtslehrer unter dem GG (1993)
H: FS Friedrich Schack (1966)
MH: FS Rolf Stödter (1979; m. Karl H. Necker)
AL: Kurt Perels (0643); Rudolf Laun (0501)
AS: Hans Peter Bull (0099); Ernst-Werner Fuß (0222); Eberhard Grabitz (0251); Wolfgang Martens (0549); Gert Nicolaysen (0612); Gunther Schwerdtfeger (0819); Giesbert Uber (0896); Klaus Vogel (0911); Werner Thieme (0884)
Q: K 1996, S. 624; H. P. I. 1907–1998, Münster u a 2001
L: FS 1977 (Hamburg, Dtland, Europa; hrsg. v. Rolf Stödter/Werner Thieme), AöR 103, S. 1–8; DÖV 1977, S. 852; Lüneburger Symposien f. H. P. I. zum 80. GT (1988; hrsg. v. G. Nicolaysen/Helmut Quaritsch; Schriften v. H. P. I. 1977–1987, S. 97–110)
備考1：戦後原始会員（1950年）。第10回大会（1951年）第2テーマ主報告及び第25回大会（1966年）第2テーマ主報告。1952年及び1953年の協会副理事長（理事長は、Hans Julius Wolff、いま一人の副理事長はWolfgang

Abendroth)。さらに 1974 年及び 1975 年の協会理事長（副理事長は、Vogel 及び Fritz Ossenbühl)。ヨーロッパ法研究の先駆者としても知られ、北ドイツ（ハンブルク）を代表する公法学者。1977 年の祝賀論文の表題が、この人物の"守備範囲"を実にうまく表現している。当学会の歴史研究も試みる（上述 1993 年著作）。学会終身名誉理事長。数多くの門下生を育成した北ドイツの名伯楽。

備考 2: 戦前、協会の理事会は 3 年任期制と 2 年任期制とが混在していた。そして、1949 年に再建された段階の理事会（理事長 Erich Kaufmann、副理事長 Walter Jellinek 及び Werner Weber）は 3 年任期制であった。これは戦後の混乱に伴う再建時の特例措置と見られ、以後、イプゼンが副理事長をつとめたこの時代から現在に至るまで、協会理事会は 2 年任期制で推移してきている。なお、副理事長は 2 人おり、戦前・戦後を通じて筆頭副理事長は、理事長に次ぐ年齢者である。これに対し、いま一人の副理事長は若年者が選ばれ、「書記」（議事録作成）及び会計帳簿の管理に従事していた（いる）ようである。

http://de.wikipedia.org/wiki/Hans_Peter_Ipsen
0376
IPSEN, Jörn（イ［ー］プゼン、ヨルン［イォェルン］）
Dr. iur., o. Prof., Univ. Osnabrück
1944 年 06 月 17 日（Weihe/Kreis Harburg）
VL: Öffentliches Recht u. Juristische Methodenlehre
1966–70 Studium München u. Göttingen; 1970 I. SE Celle; 1973–76 Ref. Celle; 1976 II. SE Niedersachsen; 1971 HiWi Göttingen; 1976 WissAng. ebd.; 1977 WiAs ebd.; 1978 Stip. DFG; 1974 Prom. Göttingen; 1980 Habil. ebd.; 1980 PD Göttingen; 1981 o. Prof. Osnabrück
B: RichterR u. Verf. (1975: D.); Rfolgen d. Verf.widrigkeit v. Norm u. Einzelakt (1980: H.); Staatsorg.R (2. A. 1989); Niders. KommunalR (1989); Niders. GefahrenabwehrR (1995); StaatsR I (9. A. 1997); II (1997)
H: Kontinuität od. Reform–D. Gemeindeverf. auf dem Prüfstand (1990); Sparkassen im Wandel (1993); Privatisierung öffctl. Aufgaben (1994)
AL: Dietrich Rauschning（0680）
Q: K 1996, S. 624; Wer ist wer 1996/97; CV
備考 1: 1981 年入会。第 48 回大会（1989 年）第 2 テーマ報告。2000 年及び 2001 年の協会副理事長（理事長は Jochen Abraham Frowein、いま一人の副理事長は Hartmut Bauer）。Hans-Peter Ipsen（0375）とは親戚関係にはないようだが、Knut Ipsen（0377）の弟に当たる。

備考2: Rauschning の師は Eberhard Menzel (0573) で、更に Friedrich Giese (0240) へと連なる。
http://www.joernipsen.de/vita.php
http://de.wikipedia.org/wiki/J%C3%B6rn_Ipsen
0377
IPSEN, Kunt (イ[ー]プゼン、クヌート)
Dr. iur., Dres. h.c., LL.D. h.c., em. o. Prof., Univ. Bochum
1935年06月09日 (Hamburg)
VL: Öffentliches Recht
1959–62 Studium Kiel; 1962 I. SE; 1964–67 Ref.; 1967. II. SE; 1967 WiAs Kiel; 1971–72 Stip. DFG; 1967 Prom. Kiel; 1973 Habil. Kiel; 1973 PD Kiel; 1974 o. Prof. Bochum (1979–89 Rektor); 1991–93 Gründungsrektor Europa-Univ. Frankfurt/O.; Mitglied des ständigen Schiedshofs in Den Haag, 1993 o. Prof. Bochum; 2000 emer.
B: Rgrundlagen u. Institutionalisierung d. atl.-westeurop. Verteidigung (1967: D.); Biologische und chemische Kampfmittel im Völkerrecht (1972: H.)
MH: FS Eberhard Menzel (1976; m. Jost Delbrück/Dietrich Rauschning)
AL: Eberhard Menzel (0573)
AS: Wolff Heintschel von Heinegg (0307); Volker Epping (0177)
Q: K 1996, S. 624; Wer ist wer 1996/97; CV
備考1: 1974年入会。国際法学者。
備考2: Jörn Ipsen (0376) の兄。兄弟会員としては、他に Kirchhof 兄弟 (0428、0430) 及び Klein 兄弟 (0436、0438) がいる。
備考3: Eberhard Menzel (0573) の講座後継者。なお Menzel は、Friedrich Giese (0240) の門下生。
http://www.uni-protokolle.de/nachrichten/id/60888/
http://de.wikipedia.org/wiki/Knut_Ipsen
0378
故 **ISAY, Ernst** (イーザイ、エルンスト[エァンスト])
Dr. iur., PD, Univ. Bonn
1880年08月04日 (Trier) 1943年07月17日 (Sao Paulo/Brasilien)
IPR, Völkerrecht, preußisches Baurecht
1899–1902 Bonn, München u. Berlin; 1907 Prom. Bonn; 1919 Habil. Bonn; 1914–18 Soldat im 1. Weltkrieg auf dem Balkan; 1924 Oberlandesgerichtsrat in Hamm, dann in Köln; 1928–1933 Oberverwaltungsgerichtsrat in Berlin; daneben ab 1919 PD Münster; 1925 PD Münster;

1929 Dt. Staatspartei; 1933 (aus rassistischen Gründen) vom OVerwG Berlin entlassen u. Lehrbefugnis (venia legendi) in Münster entzogen; 1940 nach Brasilien emigriert. Isay erhielt dort aber keine Arbeitserlaubnis als Jurist und musste von der Arbeit seiner Kinder leben.
B: Kommentar zum Reichs- u. StaatsangehörigkeitsG u. zu d. dt. Staatsangehörigkeitsverträgen (1929; Nachdr. 1995); D. preuß. Bau- u. WohnungsR (1933); Intern. FinanzR (1934)
Q: K 1935, S. 626; CV/Diss.
L: Kurzbiographie, in: Göppinger, Juristen, S. 289 m. w. N.
備考：戦前原始会員（1924年入会）。国際法学者。ナチスの迫害のため、国外脱出した。
http://de.wikipedia.org/wiki/Ernst_Isay
0379
ISENSEE, Josef（イーゼンゼー、ヨ[ー]ゼフ）
Dr. iur., em. Prof., Univ. Bonn
1937年06月10日（Hildesheim/Hannover）
VL: Staats- u. Verwaltungsrecht sowie Steuerrecht
1957–61 Studium Freiburg/Br., Wien u. München; 1961 I. SE München; 1961 Ref.; 1966 II. SE; 1962 Ass. Erlangen; 1967 Prom. Erlagen-Nürnberg; 1970 Habil. Erlangen-Nürnberg; 1970 PD Erlangen-Nürnberg; 1971 o. Prof. Saarbrücken; 1975 Bonn; 2002 emer.
B: Subsidiaritätspzinzip u. Bonner GG (1967: D.); D. legalisierte WiderstandsR (1969); Beamtenstreik (1971); Umverteilung durch Sozialversicherungsbeiträge (1973); D. typisierende Verw. (1976: H.); Wer definiert d. Feiheitsrechte? (1980); Privatautonomie d. Individualversich. u. soziale Selbstverw. (1980); Grecht u. Demokratie (1981); D. Grechte auf Sicherheit (1983); Freiheit ohne Pflichten? (1983); Braucht Dtland e. neue Verf.? (1992); Am Ende d. Demokratie - oder am Anfang? (1995); D. Volk als Grund d. Verf (1995)
AL: Walter Leisner (0508)
AS: Otto Depenheuer (0133); Markus Heintzen (0308)
Q: K 1996, S. 626; Wer ist wer 1996/97; CV; Hikasa, S. 181
備考1：1971年入会。第32回大会（1973年）第1テーマ副報告及びドイツ再統一に関する第49回臨時大会報告（1990年）。W. Leiser 門下の逸材。師に倣ってか、著作の量が群を抜いて多く、日本でも良く知られた憲法学者。1976年及び1977年の協会副理事長（理事長は Peter Badura、いま一人の副理事長は Jochen Abraham Frowein）。
備考2：師の Leisner は、Theodor Maunz（ 0557 ）の弟子。巨大な「ミュ

ンヘン学派」の一角を占める。
http://www.jura.uni-bonn.de/index.php?id=843
http://de.wikipedia.org/wiki/Josef_Isensee

0380
ISMER, Roland（イスマー[ル]、ローラント）
Dr. iur., Prof., Univ. Erlangen-Nürnberg, MSc Econ. (LSE)
1974年（Stade/Niedersachsen）
VL: Staats- und Verwaltungsrecht, nationales und internationales Steuer- und Wirtschaftsrecht
1993–98 Studium Konstanz, Genf u. München; 1994–95 Studium VWL Konstanz; 1995 Vordiplom VWL; 1998 I. SE; 1999 Diploma in Economics LSE; 2000 Master Economics LSE; 2000–02 Wiss. MA München; 2002 II. SE; 2004–06 RA u. Steuerberater München; 2005 Prom. München; 2005 Steuerberaterexamen; 2006–09 WiAs München; 2009 Habil. München; 2009 Prof. Erlangen-Nürnberg; 2010 Prof. Mannheim
D: Bildungsaufwand im Steuerrecht, Köln
H: Klimaschutz als Rechtsproblem, 2011 Tübingen
AL: Moris Lehner（0506）
備考：経済学も学び、税理士試験にも合格し、これらの知見を駆使して新境地を開拓しようとしている。
http://www.steuerrecht.wiso.uni-erlangen.de/Main/person.php?id=18
（写真あり）

J

0381
JAAG, Tobias（ヤーク、トビ[ー]アス）瑞
Dr. iur., LL.M., Prof., Univ. Zürich/CH
1947年（Zürich）
Staats- u. Verwaltungsrecht
1964–65 AFS-Austauschschüler Colorado/USA; 1967/68 Sprachaufenthalt Paris; 1968–72 Studium Zürich; 1974–75 Studium Univ. of Michigan/USA; 1972–74 Ass. Zürich; 1976–78 Praktikum BG Zürich; 1976–81 OAss. Zürich; 1981 RA; 1975 LL.M. (Michigan); 1976 Prom. Zürich; 1984 Habil. Zürich; 1984 PD Zürich, 1990 Prof. Zürich
B: D. Zweite Kammer im Bdesstaat (1976: D.); D. Abgrenzung zw. Rsatz u. Einzelakt (1985: H.)
AL: Ulrich Häfelin 0281
Q: K 1996, S. 629 (Red.); CV
備考: 1986年入会。第52回大会（1992年）第1テーマ報告（なお、この年は初めて報告者が4人立った）及び第54回大会（1994年）第2テーマ報告（4人の報告者の1人）。
http://www.rwi.uzh.ch/lehreforschung/alphabetisch/jaag/person.html
（写真あり）

0382
JACHMANN, Monika（ヤッハマン、モ[ー]ニカ）女性
Dr. iur., Univ.-Prof., Richterin am Bundesfinanzhof
1963年（Freising/Bayern）
VL: Staatsrecht, Verwaltungsrecht, Steuerrecht, Rechtsphilosophie
1983 Studium Regensburg; 1987 I. SE; 1990 II. SE; 1991 Prom. Regensburg; 1990–93 Regierungsrätin Finanzministerium Bayern; 1994 WiAs Regensburg; 1996 Habil. Regensburg; 1996 Prof. Heidelberg; 1997 o. Prof. Jena; 2001 Prof. Hamburg; 2004 Richterin Bundesfinanzhof (IX. Senat)
D: Vereinbarungen über Erschließungsbeiträge im Rahmen von Grundstücksverträgen mit Gemeinden, 1991
H: Die Fiktion im öffentlichen Recht, Berlin 1998

AL: Udo Steiner (0859)
備考： 実務家教員。財政法学者、連邦財政裁判所判事。Steiner は Klaus Obermayer (0620) の門下生。後者の師 Johannes Heckel (0302) を経て、Friedrich Giese (0240) へと至る。
http://www.jura.uni-muenchen.de/personen/jachmann_monika/index.html
http://www.bundesfinanzhof.de/content/ix-senat-vermietung-und-verpachtung-private-ver%C3%A4u%C3%9Ferungsgesch%C3%A4fte 0383

故 **JACOBI, Erwin** （ヤコビー、エァヴィン）
Dr. iur., em. o. Prof., Univ. Leipzig/DDR (damals)
1884 年 01 月 15 日（Zittau/Sachsen） 1965 年 04 月 05 日（Leipzig）
Staats- u. Verwaltungsrecht, Kirchenrecht, Arbeitsrecht
1903 Studium München, Greifswald u. Leipzig; 1904 Leipzig; 1907 Prom. Leipzig; 1912 Habil. Leipzig; 1912 PD Leipzig; Justizdienst, gefördert von Ulrich Stutz; Justizdienst, 1916 pl. ao. Prof. Leipzig; 1920 o. Prof. Greifswald; 1920–33 u. 1945–58 o. Prof. Leipzig (1933–1945 aus rassischen Gründen dienstfrei gestellt, auf Grund des Berufsbeamtengesetzes in den Ruhestand versetzt); 1945 o. Prof. Leipzig (1949–1958 Dekan); 1958 em.
B: Einfluß der Exkommunikation und der delicta mere ecclesiastica auf die Fähigkeit zum Erwerb und zur Ausübung der Patronatstätigkeit (1907: D.); Patronate juristischer Personen (1912: H.); Glehren d. ArbeitsR (1927); Parlament. Untersuchngsausschuß (1927: DJT 1926); Reichsverf.änderung (1929, in: FG d. Jur. Fak. Leipzig; D. Rverordnungen (1932, in: Hdb. d. Dt. StaatsR II)
AL: Otto Mayer (0562); Emil Friedberg; Rudolf Sohm （共に非会員）
AS: Gerhard Schnorr (0790)
Q: K 1950, S. 899; Nek. K 1966, S. 2815; SBZ-Biographie, S. 160; Kurzbiographie, in: Göppinger, Juristen, S. 342 m. w. N.
L: FS 1957 (FS für E. J.); AöR 79 (1953/54), S. 369; JZ 1954, S. 103 (von Walter Jellinek); AöR 84 (1959), S. 121; JZ 1964, S. 72 (von Hans Thieme); AöR 89 (1964), S. 109 (von M. Baring); JZ 1965, S. 420 (von Hans Thieme); DÖV 1965, S. 620; AöR 90 (1965) Erhard Pätzold, Erwin Jacobi (1884–1965), in: G. Handel/H. Piazza/ G. Schwendler/D. Wittig (Hrsg.), Namhafte Hochschullehrer der Karl-Marx-Univ. Leipzip, Bd. 3, Leipzig 1983, S. 58–66 m. w. N.
備考： 戦前原始会員（1924 年入会）を経て、戦後原始会員（1950 年入会）。第

1 回大会（1924 年）第 2 テーマ副報告（H. 1）。Otto Mayer（ 0562 ）門下の労働法学者。生粋のザクセンっ子。戦中（ナチス政権掌握時に は、辛酸をなめた。分裂時に、旧東ドイツにとどまった。その後も、学会の折には Leibzig から通っていた。
http://uni-leipzig.de/unigeschichte/professorenkatalog/leipzig/Jacobi_69/（写真あり）
http://www.bautz.de/bbkl/j/jacobi_e.shtml
http://personen-wiki.slub-dresden.de/index.php/Jacobi,_Erwin
http://de.wikipedia.org/wiki/Erwin_Jacobi_（Jurist）
参考: Otto Mayer http://uni-leipzig.de/unigeschichte/professorenkatalog/leipzig/Mayer_100
Gotthold Julius Rudolph Sohm http://uni-leipzig.de/unigeschichte/professorenkatalog/leipzig/Sohm_1003/
0384
JAECKEL, Liv（イェッケル、リーヴ）女性
Dr. iur., PD, Technische Univ. Dresden
1969 年
Öffentliches Recht, Verwaltungsrecht
Studium RW u. Philosophie Münster u. Leipzig; 2000 Prom. Leipzig; WiAs Leipzig; 2008. Habil. Leipzig
D: Schutzpflichten im deutschen und europäischen Recht, Baden-Baden 2001
H: Gefahrenabwehrrecht und Risikodogmatik, Tübingen 2010
備考: 遺憾ながら、甚だ情報に乏しい。
http://www.koeblergerhard.de/juristen/alle/allejSeite19.html
0385
故 **JAENICKE, Günther**（イェーニッケ、ギュンター）
Dr. iur., em. o. Prof., Univ. Frankfurt/M.
1914 年 01 月 05 日（Halle/S.） 2008 年 01 月 02 日
Deutsches u. ausländisches öffentliches Recht, Völkerrecht
Studium Halle u. Heidelberg; 1937 Prom. Heidelberg; Kaiser-Wilhelm-Institut für ausländisches öffentliches Recht u. VR/Berlin; 6 Jahre Kriegsdienst; 1945 Wirtschaft, von Bilfinger in das in Heidelberg neu entstehende MPI; 1954 Abteilungsleiter; 1956 wiss. Mitglied; 1957 Habil. Heidelberg; PD Heidelberg; Richter, Synd., RA; 1959 o. Prof. Frankfurt/M.; 1982 emer.; 1973–95 Richter am Europ. Nuclear Energy Tribunal
D: Der Begriff der Diskriminierung im modernen Völkerrecht, 1940

H: Entscheidungen des deutschen Reichsgerichts in völkerrechtlichen Fragen, 1960
MH: FS Hermann Mosler (1983; m. Rudolf Bernhardt/Wilhelm Karl Geck)
AL: Karl Bilfinger (0058), Herbert Krüger (0478); Hermann Mosler (0589)
AS: Volkmar Götz (0249)
Q: K 1961, S. 867; K 1966; S. 1049; K 1987, S. 2033; Wer ist wer 1996/97; CV/Diss
L: FS 1984 (Finanzverf. d. EG; hrsg. v. Karl-Heinz Böckstiegel/V. Götz/Peter Selmer); Wiss. Kolloquium 75. GT (1989; hrsg. v. Europa-Inst. d. Uni d. Saarlandes); Nachruf NJW 2008/7/XIII (von Michael Bothe)
備考：1958年入会。第20回大会（1961年）第2テーマ主報告。戦争の影響で割を食った世代。その結果、戦後に教授資格を取得している（Otto Bachof（ 0025 ）なども同様）。師のうち、Moslerの学統はRichard Thoma (0886) → Heinrich Rosin（非会員、Freiburg、刑法、1855-1927年）を経て、Otto von Gierke（非会員、Berlin → Breslau → Heidelberg → (wieder) Berlin、1841-1921年）へと連なる。
http://de.wikipedia.org/wiki/G%C3%BCnther_Jaenicke
 0386

故 **JAGEMANN, Friedrich Max Ludwig Eugen von** (ヤーゲマン、フリードリヒ・マックス・ルートヴィヒ・オイゲーン・フォン)
Dr. iur., o. Hon.Prof., Univ. Heidelberg, Wirkl. Geh. Rat, Gesandter a. D.
1849年05月25日（Karlsruhe） 1926年08月15日（Heidelberg）
Staatsrecht, Kriminalwesen
Studium Berlin, Brüssel u. Heidelberg; 1870–71 Feldzug; 1867 Studium Berlin, Brüssel u. Heidelberg; 1872 I. SE; 1872 Prom. Heidelberg; 1874 II. SE; 1874 Anwaltsgehilfe; 1877 Staatsanwalt Mosbach; 1879 Landgerichtsrat Mosbach; 1881 Dienst im Justizministerium Baden; 1889 Mitbegründer (Liszt) internationale kriminalistische Vereinigung; 1893–98 Gesandter Badens preußischer Hof, Bundesratsbevollmächtigter; 1898 Geheimrat, 1903 Prof. Heidelberg
B: Die Daraufgabe – vergleichende Rechtstudie (1873; D.); Dt. Reichsverfassung (1904); Zur Reichsfinanzreform (1905); Jugendschutz (1911);
AL: Rudolf Gneist (非会員、Berlin)
Q: Wer ist's 1922, S. 720; K 1926, S. 830; CV/Diss.

L: Heidelberger GL, S. 124; NDB (1974), S. 293/294; Jagemann, 25 Jahre d. Erlebens u. Erfahrens (1925)
Autobiographie Fünfundsiebzig Jahre des Erlebens und Erfahrens, 1925
備考：戦前原始会員（1924年入会）。普仏戦争（！）に参戦した。本書に収録した会員のうち、3番目に年長者（最古参は1838（天保9）年生まれのSiegfried Brie（ 0082 ）、次は1846（弘化3）年生まれのOtto Mayer（ 0562 ））。古き時代のドイツ（バーデン）の大立て者。刑事法の著作が多い。父は刑法学者Ludwig von Jagemann。
http://www.koeblergerhard.de/juristen/tot/totjSeite16.html
 0387
JAHNDORF, Christian （ヤーンドルフ、クリスツィアン）
Dr. iur., PD, Univ. Münster
1966年07月27日（Hagen）
Staatsrecht, Verwaltungsrecht, Steuerrecht und Europarecht
1987–91 Studium Münster; 1991–95 Wiss. MA Münster; 1995 Prom. Münster; 1995 I. SE; 1997 II. SE; 1997–2000 WiAs Münster; 2002 Habil. Münster; 2005 RA
D: Die europäische wirtschaftliche Interessenvereinigung im Ertragsteuerrecht, 1995（刊行を確認できなかった）
H: Grundlagen der Staatsfinanzierung durch Kredite und alternative Finanzierungsformen, Heidelberg 2003
AL: Dieter Birk (0060)
備考：若手の税財政法学者。
http://www.jura.uni-muenster.de/index.cfm?objectid=AAD49858-DC44-AEE7-7361939AD8B8808B
 0388
故 **JAHRREIß, Hermann** （ヤー[ル]ライス、ヘルマン）
Dr. iur., Dr. h.c. mult., em. o. Prof., Univ. Köln
1894年08月19日（Dresden）　1992年10月23日（Köln）
Verfassungsrecht, Völkerrecht, Rechtsphilosophie
Studium Leipzig; 1922–27 Richter am Amts- u. LandsG Leipzig; 1921 Prom. Leipzig; 1923 Habil. Leipzig; 1924–26 PD Leipzig; 1926 nbeamt. ao. Prof. Leipzig; 1927 ao. Prof. Leipzig; 1932 o. Prof. Greifswald; 1937 o. Prof. Köln; 1962 emer.
B: D. Problem d. rechtl. Liquidation d. Weltkrieges f. Dtland (1924: H.; Nachdr. 1970); D. Recht u. d. Gestaltungen d. Selbstverw.gedankens (1932, in: FG Richard Schmidt); Das Recht (1934, in: FG François Gény); D. Bruch d. zwischenstaatl. Friedens u. seine Strafbarkeit

(1948: Rgutachten); Demokratie (1949, in: FS Richard Thoma); Mensch u. Staat (1957; hrsg.: Konran Löw)
MH: FS Karl Carstens 1984 (m. Klaus Stern u.a)
AL: Richard Schmidt (0771)
AS: Karl Carstens (0113); Heinz Wagner (0920)
Q: K 1950, S. 909; Nek. K 1996, S. 1661
L: Gesammelte Aufsätze 1957 (siehe oben); FS 1964 (FS H. J. zu seinem 70. GT gewidmet; hrsg.: Karrl Carstens/Hans Peters); FS 1974 (FS f. H. J. zum 80. GT; hrsg.: Inst. f. VR u. ausl. öff. Recht d. Univ. zu Köln); AöR (1964), S. 372 (von Hans Peters); AöR 99 (1974); JöR 35 (1986); S. 125–131
備考1: 1925年入会を経て、戦後原始会員（1950年入会）。1954年及び1955年の協会理事長（副理事長は、Fridrich Klein 及び Hans Schneider）。数多い学会会員の中で最も長寿に数えられる一人（98歳）。その門下から、ドイツ連邦共和国大統領（Karl Carstens (0113)）が出た。
備考2: なお、師の R. Schmidt は、Adolf Wach (Leipzig、民訴、非会員、1843–1926年) の門下生。

http://uni-leipzig.de/unigeschichte/professorenkatalog/leipzig/Jahrreiss_229/（写真あり）

http://rektorenportraits.uni-koeln.de/rektoren/hermann_jahrreiss/（肖像画あり）

http://www.munzinger.de/search/portrait/Hermann+Jahrreiss/0/10768.html

http://de.wikipedia.org/wiki/Jahrreiss

0389
JAKOB, Wolfgang （ヤ[ー]コブ、ヴォルフガング）
Dr. iur., em. o. Prof., Univ. Augsburg
1941年11月12日 (Aschaffenburg/Bayern)
VL: Staatsrecht, Verwaltungsrecht, Finanz- u. Steuerrecht
1960–64 Studium Würzburg u. München; 1969 Univ. Besancon/Frankreich; 1964 I. SE München; 1969 II. SE München; 1966 Prom. München; 1974 Habil. München; 1969–74 RegRat u. ORegRat Bay. Staatsmin. d. Finanzen, gleichz. 1971 WiAs München; 1974 PD München; 1974 o. Prof. Augsburg; 1980 Steuerberater
B: D. SteuererfindungsR d. Gemeinden u. d. kommunale Selbstverwaltung (1966: D.); Sachsteuerung durch Finanzierung (1974: H.); Kommunaler Heheitswechsel u. Kontinuität ortsrechtl. Regelungen (1974); Umsatzsteuer (1992); AO (2. A. 1996); Einkommensteuer (2.

A. 1996)
AL: Hans Spanner (0845), Theodor Maunz (0557)
Q: K 1996, S. 636 (Red.); Wer ist wer 1996/97; CV; CV/Diss.
L: FS 1991 (Wege zum SteuerR; hrsg. v. Rolf Wittmann u.a.; Bibliogr., S. 131–138)
備考1: 1975年入会。税法の専門家。売上高税、税法総論、財政法を中心に研究した。
備考2: なおSpannerの師は、Ludwig Adamovich (0005)。
http://www.jura.uni-augsburg.de/fakultaet/lehrstuehle/kirchhof/emeritus/wolfgang_jakob/ (写真あり)

0390
JANKO, Andreas (ヤンコ[ー]、アンドレアース) 墺
Dr. iur., Univ.-Prof., Mag. Dr., Univ. Linz
1965年10月3日
Öffentliches Recht
1988 Mag. iur. Linz; 1992 Dr. iur. Linz; 1988–2001 Univ.ass. Linz; 2001–02 MA am Verfassungsdienst des Amtes der OÖ Landesregierung; 2002 Verleihung der Lehrbefugnis als Universitätsdozent für Öffentliches Recht; 2002 Außerordentl. Univ.-Prof. Linz; 2004 Univ.-Prof. für Öffentliches Recht Linz (Nachfolge Herbert Schambeck)
D: 確認できなかった。
H: Gesamtänderung der Bundesverfassung, Wien 2004
備考: リンツ大学出身で、母校に戻った。
http://www.stapol.jku.at/Mitarbeiterseiten/Andreas/Ja_tabellarischer%20Lebenslauf%20(7-2010).pdf
https://fodok.jku.at/fodok/person.xsql?PER_ID=1126#pub

0391
JANSSEN, Albert (ヤンセン、アルベルト[アルバート])
Dr. iur., apl. Prof., Niedersächsischer Landtagsgsdirektor
1939年11月06日 (Pillau/Ostpreußen)
Staats- u. Verwaltungsrecht, Kirchenrecht u. Juristische Methodenlehre
1960–65 Studium Marburg/Lahn, Heidelberg u. Göttingen; SS 1971 Studium Speyer; 1967 I. SE Celle; 1973 II. SE Oldenburg; 1973–78 Verw.Beametr; 1978 Beurlaubung für d. Abfas. Habil.; 1981 Wiederaufnahme des Dienstes; 1982 Min.Rat; 1972 Prom. Göttingen; 1987 Habil. Freiburg/Br.
B: Otto von Gierkes Methode d. geschichtl. Rechtswiss. (1972: D.); Über d. Grenzen d. legislativen ZugriffsR (1987: H.; erschien 1990);

D. Streikrecht d. Angestellten u. Arbeiter im öff. Dienst u. d. 'Dritte Weg' d. Kirchen (1982); D. Behandlung d. Petitionen auf kommunaler Ebene (1987)
AL: Karl Kroeschel（非会員、Göttingen、法史学）; Ernst-Wolfgang Böckenförde（ 0067 ）
Q: K 1996, S. 638 (Red.); CV
備考 1: 本業は尚も公務員のようである。
備考 2: なお、Böckenförde の師は Hans Julius Wolff（ 0978 ）であり、さらにその師は Friedrich Giese（ 0240 ）。
http://www.koeblergerhard.de/juristen/alle/allejSeite65.html
0392
JANZ, Norbert（ヤンツ、ノルベルト）
Dr. iur., PD, Univ. Potsdam
1966 年（Berlin）
Staats- und Verwaltungsrecht, Verfassungsgeschichte und Staatskirchenrecht
1986–92 Studium FU Berlin und München; 1992 I. SE; 1995 II. SE; 1996–2008 Wiss. MA Potsdam; 2002 Prom. Potsdam; 2009 Habil. Potsdam
D: Das Weisungsrecht nach Art. 85 Abs. 3 GG, Berlin 2003
H: Parlamentarische Demokratie ohne Parlament?（公刊を確認できなかった）
AL: Michael Nierhaus（ 0614 ）
備考: 若手の憲法学者。
http://www.uni-potsdam.de/pd-janz/lebenslauf.html
0393
JARASS, Hans Dieter（ヤーラス、ハンス・ディーター）
Dr. iur., LL.M., U.-Prof., Univ. Münster/Westf.
Staats- u. Verwaltungsrecht, Umwelt- u. Planungsrecht, Verwaltungslehre
1945 年 09 月 29 日（Deggendorf/Oberbayern）
1965–70: TU München, Univ. München u. Regensburg (RW, Mathematik u. Politikwiss.); 1968 Sprachaufenthalt Lyon/Frankreich; 1971 Georgetown Univ. Law School/USA; 1971–72 Harvard Law School (RW u. Soziologie); 1970: I. SE München, 1971 Ref.; 1972–74 Fortsetzung d. Ref.; 1974: II. SE München; 1971 HiWi München; 1974 WiAs ebd.; 1972 LL.M. (Harvard); 1974 Prom. München, 1977 Habil. München; 1978 Prof. Berlin (FU), 1982 o. Prof. Bochum, 1995 Münster

B: Executive Inform. Systems and Congress (1974; Master-Thesis); Politik u. Bürokratie als Elemente d. Gewaltenteilung (1975: D.); D. Freiheit massenkommunikativer Vermittlung (1976: H.); WirtschaftsverwR (1980; 2. A. 1984); Freiheit d. Rdfks v. Staat (1981); BImSchG. Komm. (1983; 3. A. 1996); Konkurrenz, Konzentrat u. Bindungswirkung v. Genehmigungen (1984); Wirtsch.verwR u. Wirtsch.verfR (2. A.; 1984); Ordnung d. Rdfk.s (1986); Gutachten f. d. 56. Dt. JT (1986); Umweltverträglichkeitsprüfung b. Industrievorhaben (1987); Neues UmweltR u. bestehende Anlagen (1987); Umweltverträglichkeitsprüfung b. Industrieanlagen (1987); EG-Richtlinie z. Umweltverträglichkeitsprüfung (1989); KartellR u. LdesRdfk.R (1991); Rechnungsprüfung bei Rdfk.anstalten (1992); Gfragen d. innerstaatliche Bedeutung d. EG-Rechts (1994); Europ. EnergieR (1996); Wirtsch. verwR (3. A. 1997)
AL: Peter Lerche (0515)
Q: K 1996, S. 639 (Red.); Wer ist wer 1996/97; CV; Hikasa, S. 182
備考：1978年入会。第50回大会（1990年）第2テーマ副報告。基本法コンメンタールなどで知られる。
http://www.jura.uni-muenster.de/go/organisation/institute/oeffentliches-recht/iup/organisation.html
http://de.wikipedia.org/wiki/Hans_D._Jarass
0394

故 **JEND'HEUR, Bernd** (**Bernhard**)（ジャンデール［ジョンドェール］、ベルント［ベァント］(ベルン［ベァン］ハルト)
Dr. iur., Prof., Univ. Rostock
1956年02月06日（Mannheim）　1997年02月15日（Mannheim）
Öffentliches Recht, Verfassungsrecht, Rechtsphilosophie
1988 Prom. Heidelberg; 1993 Habil. Hamburg; 1993 PD Hamburg; 1994 Prof. Bochum; 1996 Prof. Rostock
B: Sprachliches Referenzverhalten bei d. jur. Entscheidungstätigkeit (1989: D.); Verf.rechtl. Schutzgebote zum Wohl d. Kindes u. staatl. Interventionspflichten aus d. Garantienorm d. Art. 6 Abs. 2 S. 2 GG (1993: H.).
AL: Friedrich Müller (0595)
AS: Wolfrum Cremer (0120)
Q: K 1996, S. 641
備考：教育法を研究し始めていたが、早世した。なお、師 Müller を通じて、Konrad Hesse (0329) に連なる。

http://cpr.uni-rostock.de/metadata/cpr_professor_000000002145（写真あり）
http://www.koeblergerhard.de/juristen/alle/allejSeite79.html
0395
故 **JELLINEK, Walter**（イェリネク、ヴァルター）
Dr. iur., em. o. Prof., Univ. Heidelberg
1885年07月12日（Wien/Österr.） 1955年06月09日（Heidelberg）
Staatsrecht, Verwaltungsrecht
Studium Heidelberg, Freiburg/Br., Berlin u. Straßburg; 1908 Prom. Straßburg; 1912 Habil. Leipzig; 1912 PD Leipzig; 1919 o. Prof. Kiel; 1929–35 o. Prof. Heidelberg; 1935 Entlassung; 1945 reakt. o. Prof. Heidelberg
B: Der fehlerhafte Staatsakt und seine Wirkungen, 1908 Neudruck 1974 (D.); Gesetz, Gesetzesanwendung und Zweckmäßigkeitserwägung, 1913 Neudruck 1964 (H.); VerwR (1948; Neudruck d. 3. A. 1931)
AL: Paul Laband（非会員、Königsberg → Straßburg、1838–1918年）、Otto Mayer（0562）
AS: Otto Bachof（0025）; Helmut Rumpf（0721）; Alfred Voigt（0913）; Karl Zeidler（0991）; Reinhard Höhn（非会員）
Q: K 1950, S. 919; Kurzbiographie, in: Göppinger, Juristen, S. 342 m. w. N.
L: GS 1955 (Forschungen u. Berichte aus d. öff. Recht; hrsg.: O. Bachof/Martin Drath/Otto Gönnenwein u.a.; siehe insb. S. 645/646); JZ 1955, S. 429/430 (Nachruf; von Otto Bachof); AöR 80 (1955), S. 257; DÖV 1955, S. 353; DÖV 1956, S. 33–38 (von Erwin Jacobi); DEJ, S. 486 m. w. N.; Heidelberger GL, S. 127
備考1：戦前原始会員（1924年入会）を経て、戦後原始会員（1950年入会）。第2回大会（1925年）第1テーマ主報告（H. 2），戦後第1回目の通算第8回大会（1949年）第1テーマ主報告（H. 8）。Georg Jellinek（1851年～1911年。Zu ihm Stolleis, Juristen, S. 323 f.）と Camilla Jellinek（1860年～1940年，女権拡張運動家）の子息。
備考2：ハイデルベルク大学では Richard Thoma（0886）の講座を受け継いだ（イェリネクの講座後継者は、Hans Schneider（0786））。
備考3：1931年に解散した国法学者協会が、戦後同じ名前（Vereinigung der Deutschen Staatsrechtslehrer e.V.）で1949年に再建された際の初代副理事長で、副理事長を3年間つとめた（なお、理事長は Heinrich Triepel、いま一人の副理事長は Werner Weber）。
http://histvv.uni-leipzig.de/dozenten/jellinek_w.html

http://de.wikipedia.org/wiki/Walter_Jellinek
0396
故 **JERUSALEM, Franz Wilhelm**（イェルーザレム、フランツ・ヴィルヘルム）
Dr. iur., em. o. Prof., Univ. Frankfurt/M.
1883年06月21日（Ürdingen am Rhein） 1970年08月29日（München）
Allgemeine Staatslehre, Staats- u. Verwaltungsrecht
1907 Prom. Bonn; 1911 Habil. Jena; 1911 PD Jena; 1925 ao. Prof. Jena; 1931 o. Prof. Jena; 1945 o. Prof. Frankfurt
B: Gsätze d. franz. KolonialR (1909: D.); KriegsR u. Kodifikation (1918); VR u. Soziologie (1921); Soziologie d. Rechts (1925); Gzüge d. Soziologie (1930); D. StaatsGer.barkeit (1930); Über d. Begriff d. Nation (1932); Der Staat (1934); Kritik d. Rechtswiss. (1947); Demokratie – richtig gesehen (1947); Kritik d. RW (1948); D. Staatsidee d. Föderalismus (1949; Nachdr. 1996); D. Recht d. Montanunion (1954)
Q: K 1935, S. 617; K 1961, S. 886/887; Nek. K 1970, S. 3423; CV/Diss.
備考1: 戦前原始会員（1924年入会）を経て、戦後原始会員（1950年入会）。ドイツ公法学における法社会学の草分け。
備考2: 学会名簿（H. 1）には"Jerusalem, Dr. J. W."とあり、同じく戦後再建後の学会誌第1号（H. 8）には"Jerusalem, Dr. Franz"とあるため、同姓別人の可能性も存したが、Kürschner 1950年版には"Jerusalem, Franz W."とあったので、両者を同一人物とみなした。
http://de.wikipedia.org/wiki/Franz_Wilhelm_Jerusalem
0397
故 **JESCH, Dietrich**（イェッシュ、ディートリヒ）
Dr. iur., o. Prof., Univ. Marburg an der Lahn
1923年07月04日（Sebnitz/Sachsen） 1963年06月15日（Würzburg）
Öffentliches Recht
1948–51 Studium Erlangen; 1951 I. SE; 1955 II. SE; 1955 Prom. Erlangen; 1959 Habil. Tübingen; 1959 PD Tübingen; 1963 o. Prof. Marburg
B: D. Bindung d. Zivilrichters an VAte (1956: D.); Gesetz u. Verwaltung (1961; 2. A. 1968: H.)
AL: Pohle（非会員、Erlangen）; Otto Bachof（ 0025 ）
Q: CV; K 1961, S. 887; 没
L: AöR 88 (1963), S. 347–349 (Nachruf; von Otto Bachof); AöR 88 (1963), S. 349–351 (Veröffentlichungen); DÖV 1963, S. 543; JZ 1963,

S. 572（von Hoffmann）
備考1: 1961年入会。父親も裁判官であった。H. H. Rupp（(0722)）と並び、Otto Bachof門下の俊秀として活躍が期待されていたが、惜しくも若くして交通事故死した（39歳）。
備考2: なお、BachofはWalter Jellinek（ 0395 ）の門下生であり、後者の師はOtto Mayer（ 0562 ）である。

0398
JESTAEDT, Matthias（イェーシュテット、マティアス）
Dr. iur., Prof., Univ. Erlangen-Nürnberg
1961年12月08日（Bonn）
Öffentliches Recht einschließlich Staatskirchenrecht sowie Rechtstheorie
1981–86 Studium Bonn; 1992 Prom.; 1992–94 Wiss. MA Bonn; 1994–1999 WiAs Bonn; 1999 Habil. Bonn; 2002 Prof. Erlangen-Nürnberg
D: Demokratieprinzip und Kondominialverwaltung, Berlin 1993
H: Grundrechtsentfaltung im Gesetz, Tübingen 1999
AL: Josef Isensee（ 0379 ）
備考: 教会法学者。
http://www.rph2.jura.uni-erlangen.de/Lehrstuhlteam-Jestaedt.htm（写真あり）

0399
JOCHUM, Georg（ヨッフム、ゲ[ー]オルク）
Dr. iur., Prof., Zeppelin Univ./Friedrichshafen
1968年
Öffentliches Recht, Europarecht, Steuer- und Wirtschaftsrecht
1988–93 Studium Köln und Clermont-Ferrand; 1993 I. SE; 1997 II. SE; 1996 Prom. Köln; 2003 Habil. Konstanz; 2007–09 Prof. Konstanz; 2009 Prof. Zeppelin University
D: Materielle Anforderungen an das Entscheidungsverfahren in der Demokratie, Berlin 1997
H: Die Steuervergünstigung, Berlin 2006
備考1: ヨーロッパ経済法・租税法学者。
備考2: ブセリウス・ロースクール、ヘァティ大学と並び、伝統的なドイツの大学制度からすると異例な、ツェッペリン大学に奉職している。
備考3: ちなみに、ボーデン湖（Bodenseeコンスタンツ湖とも呼ばれる）は、かつてツェッペリン伯爵が初めて飛行船の飛行実験に成功した場所であり、同大学はこの故事に因んだ名前を戴いている。
http://www.wilms-schaub.com/anwaelte_jochum.htm（写真あり）

http://zeppelin-university.net/deutsch/lehrstuehle/europarecht/
Europarecht_Publikat_vorZU.pdf

0400
JOCHUM, Heike（ヨッフム、ハイケ）女性
Dr. iur., Prof., Univ. Osnabrück
1968年6月1日（Rodalben）
Staats- und Verwaltungsrecht, Europarecht, Wirtschafts- und Steuerrecht sowie Verwaltungslehre
1994–1998 Studium Univ. des Saarlandes; 1998 I. SE; 2000 SE; 1998–2000 Wiss. MA U. des Saarlandes; 2000 Prom. Saarland; 2000–2004 WiAs; 2001–02 Aufbaustudium Speyer; 2002 Magisterprüfung Speyer; 2004 Habil. U. des Saarlandes; 2004 Oberass.; 2006 Prof. Osnabrück
D: Zur Frage der Verfassungsmäßigkeit des Lizenzversagungsgrundes § 6 Abs. 3 Satz 1 Nr. 3 PostG, Berlin 2001
H: Verwaltungsverfahrensrecht und Verwaltungsprozeßrecht, Tübingen 2004
AL: Rudolf Wendt（0945）
備考：紙幅の関係で上記経歴には掲げなかったが、「銀行ウーマン」としてのキャリアを7年間積んだ後に学業を志し、遅咲きの税法学者になった。
https://www.instfsr-os.de/index.php?id=462&L=0（写真あり）
http://de.wikipedia.org/wiki/Heike_Jochum（写真あり）

0401
JOUANJAN, Olivier（ジュアンジャン、オリヴィエ）仏
Dr. iur., Prof., Robert-Schuman-Univ./Straßburg
1961年3月14日（Lille/Frankreich）
Öffentliches Recht
Studium der RW und der Philosophie Lille und Paris; 1985–88 Ass. Univ. Dijon (1985–1988, 1989–1991); 1988–89 Stipendiat am MPI Heidelberg (1988–89); 1989–91 Ass. Dijon; 1990 Prom. Dijon; 1991–92 Dozent (maître de conférences) Dijon; 1992 Agrégation de droit public u. Prof. Dijon; 1994 Prof. Robert-Schuman-Univ.
D: Le principe d'égalité devant la loi en droit allemand, 1991
H: 確認できなかった。
AL: Michel Fromont（0214）
備考：「フランス生まれ」とあるので、上記のように氏名を表記した。仏独の比較法研究者。
http://www.jura.uni-freiburg.de/institute/ioeffr2/personen/jouanjan
http://fr.wikipedia.org/wiki/Olivier_Jouanjan

K

0402

KADELBACH, Stefan（カーデルバッハ、シュテファン）
Dr. iur., LL.M., Prof., Univ. Frankfurt/M.
1959年
Öffentliches Recht, Europarecht, Verwaltungsrecht, Völkerrecht, weiter Völkerrechtstheorie, Menschenrechte, humanitäres Völkerrecht, internationales Umweltrecht
Studium Frankfurt/M. u. Charlottesville/Virginia; 1984 I. SE; 1988 II. SE; 1988 LL. M.; 1991 Prom. FFM; 1996 Habil. FFM; PD FFM; 1998 o. Prof. Münster; 2004 Frankfurt/M.
B: Zwingendes VR（1992: D.）; Allgemeines Verwaltungsrecht unter europäischem Einfluss, Tübingen 1999
AL: Ingolf Pernice（ 0644 ）; Manfred Zuleeg（ 1003 ）
備考1: 国際法学者。来日経験あり。
備考2: なお、師のZuleegはIgnaz Seidl-Hohenveldern（ 0826 ）の門下生で、後者はVerdross、Hans Kelsen（ 0417 ）を経て、Edmund Bernatzik（非会員、Basel → Graz → Wien、1854–1919年）、Paul Laband（非会員、Königsberg → Straßburg、1838–1918年）へと連なる。
http://www.jura.uni-frankfurt.de/ifoer1/kadelbach/index.html

0403

故 **KAFKA, Gustav Eduard**（カーフカ、グースタフ・エドゥアルト）墺
Dr. iur., o. Prof., Univ. Graz
1907年02月04日（München）　1974年01月17日（Graz/Österr.）
VL: Allgeine Staatslehre, österreichisches Verfassungsrecht
–1933 Studium RW u. VWL Leipzig, München u. Kiel; 1933 Ass. (Sachsen); 1933 Prom. (Dr. phil.), Syndikus Industrieunternehmen, Exportleiter; 1933–38 aus rassischen u. pol. Gründen nicht übernommen, Tätigkeit in der Privatwirtschaft; 1938 Flucht nach Frankreich; 1939 nach Holland; 1940 dort durch Gestapo verhaftet; 1941 vom VolksGH zu 5 Jahren Gefängnis verurteil (durch 18 Gefängnisse wandern mußte); 1945 Flucht in Graz, Dolmetscher, Ankläger am Militärgericht; 1948 Referent Sicherheitsdirektion Graz; 1953 Lektor Styria-

Verlag; 1955 Habil. Graz; 1955 UD Graz; ao. Prof. HWH/Wien, 1965 o. Prof. Graz
B: Begriff d. Richtlinie im SozialversicherungsR (1938: D.); Verfassungskrisen als verfassungsrechtliches Problem (1955: H.)
AL: Lutz Richter (0691)
AS: Christian Brünner (0094); Wolfgang Mantl (0545)
Q: K 1961, S. 913; Nek. K 1976, S. 3658; 没
備考1: 1956年入会。第17回大会 (1958年) 第1テーマ副報告。戦争で割を食った世代。戦後に教授資格を取得。オーストリア人としては初めて、合目的的解釈と社会学的観点を加味して形式的法実証主義を批判した。父親は、ヴュルツブルク大学教授の Gustav Kafka (言語学・心理学 1883～1953年)。
備考2: 講座後継者は、Ludwig K. Adamovich Jun. (0004)
http://agso.uni-graz.at/bestand/22_agsoe/22bio.htm
Norbert Leser, Grenzgänger: Österreichische Geistesgeschichte in Totenbeschwörungen, Bd. 1, Graz 19981, S. 200

0404
KÄGI-DIENER, Regula (ケーギ=ディーナー、レグラ) 瑞 女性
Dr. iur., Titularprof., Univ. St. Gallen, RA
Öffentliches Recht
1950年04月19日 (Bauma/Zürich)
Staatsrecht, Föderalismus, Sprachenrecht, Grundrechte
1969–73 Studium Zürich; 1976 RA; 1979 Prom. Zürich; 1980–90 Kant. Verwaltung; 1992 selbständige Rechtsberaterin; 1994 Habil. Basel; 1998 Titularprof. St. Gallen; DEA en Études Genre Univ. Genf und Lausanne
D: Justiz und Verwaltung aus der Sicht des Problems der Bindung des ordentlichen Richters an Verwaltungsakte, Zürich 1979
H. Entscheidfindung in komplexen Verwaltungsverhältnissen, Basel u. a. 1994
備考1: スイスの憲法学者。言語法 (Sprachenrecht) という珍しい分野を研究している。多言語国家に生まれた故なのかもしれない。
備考2: Titularprofessor の属性に関しては、ウィキペディアドイツ語版の当該項目の解説を参照。
http://www.alexandria.unisg.ch/persons/person/K/Regula_Kaegi
http://www.genderportal.unisg.ch/org/opsy/gs.nsf/wwwPubInhalteGer/Regula?opendocument (写真あり)

0405
KAHL, Arno (カール、アルノ[―]) 墺

Dr. iur., Univ.-Prof., Univ. Innsbruck
1970 年 2 月（Innsbruck）
Gemeinderecht; öffentliches Wirtschaftsrecht mit den Schwerpunkten Verkehrsrecht, Energierecht, Grundfreiheiten, Vergaberecht, Wettbewerbs- und Beihilfenrecht
1989–93 Diplomstudium; 1995 Prom.; 1994 Univ.-Ass. Innsbruck; 2003 Ass.-Prof. Innsbruck; 2003 Habil. Innsbruck; 2004 o.Univ.-Prof; 2007 zu 50% an der WU Wien als Univ.-Prof. tätig.
D: Die Streitverkündung (§ 21 ZPO), Wien 1998
H: Der öffentliche Personennahverkehr auf dem Weg zum Wettbewerb, Wien 2005
備考：オーストリアの若手行政法学者。
http://www.publiclaw.at/pl/index.php?option=com_content&task=view&id=9&Itemid=49

0406
故 **KAHL, Wilhelm**（カール、ヴィルヘルム）
Dr. iur., Dr. theol. h.c., Dr. med., phil. et rer. pol. h.c., o. U.Prof., Berlin, Geheimer Justizrat
1849 年 06 月 17 日（Kleinheubach/Unterfranken） 1932 年 05 月 14 日（Berlin）
Staatsrecht, Verwaltungsrecht, Kirchenrecht u. Strafrecht
Studium Erlangen u. München; 1873 Prom. Erlangen; 1876 Habil. München (Kirchen-, Staats- u. StrafR); 1895 Dr. theol. h.c. Bonn; 1910 Dr. med. h.c. Erlangen; 1876 PD München; 1879 ao. Prof. Rostock; 1879 o. Prof. Rostock; 1883 o. Prof. Erlangen; 1888 o. Prof. Bonn; 1895 o. Prof. Berlin (1908/09 Rektor)
B: D. Selbständigkeitsstellung d. protest. Kirche in Bayern (1874: D.); Über d. Temporaliensperre (1876: H.); D. dt. Amortisationsges. (1879); D. obere Kirchenger. f. d. Großherzogtümer Meckbg. (1880); Lehrsyst. d. KirchenR u. d. Kirchenpolitik (1894); D. Konfess. d. Kind. aus gemisch. Ehen (1895); Ebenbürtigk. u. Thronfolgerecht d. Grf. z. Lippe-Biesterf. (1896); D. Bedeutung d. Tolelanzantr. f. Staat u. evang. Kirche (1902); Einheit im Gebiete d. dt. VerwR (1902)
AS: Gerhard Anschütz (0011); Hans Helfritz (0311)
Q: Wer ist's 1922, S. 748; K 1925, S. 459/460; Dau, FS-Register, S. 514
L: DEJ, S. 487 m. w. N.; FS 1923
備考 1：戦前原始会員（1924 年入会）。神学と医学の博士号も取得。刑事法と

教会法を研究。1919 年にはヴァイマル制憲議会に所属し、その死までライヒスターク議員であった（国民自由党 [Nationalliberale Partei, NLP] を経て、1918 年にはドイツ人民党 [Deutsche Volkspartei, DVP] の結党に関与、名誉総裁）。

備考 2：2 人の門下生（Helfritz 及び Anschütz）を媒介に、Fritz Marschall Freiherr von Bieberstein（0057）、Carl Heyland（0336）、Ernst von Hippel（0341）、Günther Küchenhoff（0482）、Gerhard Lassar（0499）、Hans Peters（0649）、Hans Ulrich Scupin（0821）Gerhard Wacke（0917）等を生み出すことになる。

備考 3：エアランゲンでは、Friedrich Julius Stahl（非会員、1802–61 年）、Adolf von Scheurl（非会員、1811–93 年）と続いた教会法講座を受け継いだ。

http://www.hli.jura.uni-erlangen.de/geschichte/（写真あり）
http://cpr.uni-rostock.de/nav?path=~searchdocdetails-indexcpr&id=cpr_professor_000000002484&offset=0
http://de.wikipedia.org/wiki/Wilhelm_Kahl（写真あり）

0407
KAHL, Wolfgang（カール、ヴォルフガング）
Dr. iur., Prof., Univ. Heidelberg
1965 年 4 月 11 日（München）
VL：Öffentliches Recht, Europarecht und Verfassungsgeschichte der Neuzeit
1985–90 Studium der RW und der Politikwissenschaft（mit dem Nebenfach Neuere und neueste Geschichte）Augsburg und München; 1990 I. SE; 1994; WS 1992/93 DHV Speyer; 1995 Magisterprüfung; 1990–94 Wiss. HK Augsburg; 1992 Prom. Augsburg; 1994–99 WiAs; 1999 Habil. Augsburg; 2000 Oberass. Augsburg; 2000 Prof. Gießen; 2004 Prof. Bayreuth（Nachfolge: Peter M. Huber）; 2009 Prof. Heidelberg（Nachfolge: Eberhard Schmidt-Aßmann）
D：Umweltprinzip und Gemeinschaftsrecht, Heidelberg 1993
H：Die Staatsaufsicht, Tübingen 2000
AL：Reiner Schmidt（0770）
備考：ヨーロッパ環境法学者。Kahl が 3 人に増えた。
http://www.jura-hd.de/kahl/lebenslauf.html

0408
故 **KAISER, Joseph Heinrich**（カイザー、ヨ[ー]ゼフ・ハインリヒ）
Dr. iur., Dr. rer. pol. h.c., em. Prof., Univ. Freiburg/Br.
1921 年 04 月 12 日（Altenhundem/Westf.）　1998 年 11 月 19 日（Freiburg/

Br.)
Deutsches u. ausländisches öffentliches Recht, Völkerrecht, Recht der Gemeinschaftsmarktes u. Kirchenrecht
(nach dem Kriegsdienst) 1943 Studium Münster, Berlin, München, Tübingen u. Ann Arbor/USA; 1949 Prom. Tübingen; 1954 Habil. Bonn; 1954/55 Angehöriger d. Ausw. Amtes; 1954 PD Bonn; 1955 o. Prof. Freiburg; emer.
B: D. polit. Klausel d. Konkordate (1949: D.); D. polit. Streik (1955, 2. A. 1959); D. Repräsentation organisierter Interessen (1956; 2. A. 1978: H.); Prolegomena zu e. R.lehre v. Ges. u. Staat (1956); Z. Anwend. v. Art. 85 Abs. 3 d. EWG-Vertrages auf Gruppen v. Kartellverträgen (1964); Presseplanung (1972); D. Parität d. Sozialpartner (1973); Press Planung (1975); D. Recht d. Presse-Grosso (1979); Im Streit um e. Staatsoberhaupt (1988)
MH: FS Ulrich Scheuner (1973; m. Horst Ehmke/Wilhelm A. Kewenig); FS P. J. Zeops (1973); FS E. Günther (1977)
AL: Adolf Julius Merkl (0576); Ulrich Scheuner (0750)
AS: Jürgen Becker (0044); Werner von Simson (0836)
Q: K 1996, S. 663; Wer ist wer 1996/97; Hikasa, S. 186
備考1: 1955年入会。第23回大会(1964年)第1テーマ主報告。1962年及び1963年の協会副理事長(理事長はHerbert Krüger、いま一人の副理事長はHans Ulrich Scupin)。"シュミット学派"と評される(碩学 p. 9)が、師の一人(Scheuner)はRudolf Smend (0839)の門下である。
備考2: その学統は、Scheunerを媒介にHeinrich Triepel (0891) → Karl Binding (非会員、Basel → Freiburg/Br. → Straßburg → Leipzig、刑法学、1841–1920年)へと連なる。
http://de.wikipedia.org/wiki/Joseph_Heinrich_Kaiser
0409

KALTENBORN, Markus (カルテンボルン[ボーン]、マルクース)
Dr. iur., Univ.-Prof., Univ. Bochum
1966年 (Oberhausen)
Öffentliches Recht einschließlich Sozialrecht, Rechtstheorie
1985–91 Studium Bochum und Münster; 1991 I. SE; 1996 II. SE; 1994 RA in Accra (Ghana); 1997 Prom. Münster; 1997–2004 Wiss. MA Bochum; 2004 Habil. Bochum; 2005 08 Univ.-Prof. Siegen; 208 Univ.-Prof. Bochum
D: Entwicklungsvölkerrecht und Neugestaltung der internationalen Ordnung, Berlin 1998

H: Streitvermeidung und Streitbeilegung im Verwaltungsrecht, Baden-Baden 2007
備考：医事法を研究。
http://www.ruhr-uni-bochum.de/ls-kaltenborn/kaltenborn.html（写真あり）

0410
KÄMMERER, Jörn Axel（ケメラー、イェルン・アクセル）
Dr. iur., Prof., Bucerius Law School (Hamburg)
1965 年 (Braunschweig)
Internationales Wirtschaftsrecht, Recht staatsfreier Räume, Europäisches Wettbewerbsrecht, öffentliche Unternehmen, Privatisierung und Regulierung, Föderalismus
1984–90 Studium Tübingen und Univ. d'Aix-en-Provence/Marseille II; 1988 Maîtrise en droit; 1991 I. SE; 1995 II SE; 1991–95 Wiss. HK Tübingen; 1993 Prom. Tübingen; 1995–2000 WiAs Tübingen; 2000 Habil. Tübingen; 2000 Prof. Bucerius Law School
D: Die Antarktis in der Raum- und Umweltschutzordnung des Völkerrechts, Berlin 1994
H: Privatisierung. Typologie - Determinanten – Rechtspraxis – Folgen, Tübingen 2001
備考 1：幅広いので、研究動向を特定するのが難しいが、民営化論を手がけている。
備考 2：ブセリウス・ロースクールについては、Michael Fehling（0191）の備考 2 を参照。
http://www.law-school.de/prof_dr_joern_axel_kaemmerer.html?&L=0
（写真あり）

0411
KARPEN, Ulrich（カルペン、ウルリヒ）
Dr. iur., Prof., Univ. Hamburg
1938 年 08 月 09 日 (Danzig/Preußen)
Staats- und Verwaltungsrecht
1958–65 Studium Kiel u. Köln (1959–60 Wehrdienst); 1973 Studium Pennsylvania State Univ. u. Berkeley; 1965 I. SE Köln; 1966–69 Ref.; 1969 II. SE Düsseldorf; 1960–66 HiWi Präs. d. Görres-Gesellschfat; 1965–66 Verw. e. WiAs Köln; 1968–71 Ass. d. Rektors Köln; 1971–73 WiAs Köln; 1970 Prom. Köln, 1981 Habil. ebd.; 1981 PD Köln; 1983 U.Prof. Hamburg
B: D. Verweisung als Mittel d. Ggbungstechnik (1970: D.); Hochschul-

lehrernachwuchs u. Forschungssicherung (1976; 6. A. 1985); Rfragen d. lebenslangen Lernens (1979); Wirtschaftsordnung u. GG (1979: H.; 2. A. 1983); Gemeinnützige Stiftungen im pluralalist. Rstaat (1980); Hochschulplanung u. GG, 2 Bde. (1981: H.; erschein 1987); Wissenschaftsfr. u. Hochschulfinanzierung (1983); D. geschichtl. Entwicklung d. liberalen Rstaates (1985); Hochschulrecht. Hdb. d. Hochschulplanung u. -verwaltung (1986); Auslegung u. Anwendung d. GG (1987); Berufslenkung durch Qualifikationshürden (1989); Schließung e. Hochschule wegen Studentenmangels (1989); Soziale Marktwirtschaft u. GG (1990); D. Rmoral d. GG (1992); D. Rsaat d. GG (1992); Status u. Besoldung v. Hochschullehrern, 2 Bde. (1994); Hamburgensien (1994)
AL: Hans Peters (0649), Karl-Heinrich Friauf (0210)
Q: K 1996, S. 673; Wer ist wer 1996/97（写真あり）; CV
備考 1: 1982年入会。大学法に造詣が深い。
備考 2: なお、Friaufの師はErich Schwinge（ 0820 ）。
http://www.jura.uni-hamburg.de/personen/karpen/
http://de.wikipedia.org/wiki/Ulrich_Karpen

0412
KÄSTNER, Karl-Hermann（ケ[ー]ストナー、カール[カルル]＝ヘルマン）
Dr. iur., Prof., Univ. Halle-Wittenberg
1946年04月26日（Orlishausen/Thüringen）
VL: Öffentliches Recht und Kirchenrecht
1966–71 Studium Tübingen u. Genf; 1971 I. SE; 1974 Prom. Tübingen; 1975 II. SE; Ass. Tübingen; 1979–91 Richter am VG Sigmaringen; 1990 Habil. Tübingen; 1991–94 Prof. Mannheim; 1993–94 Richter im Nebenamt am VerwGH Baden-Württemberg; 1994–97 o. Prof. Halle-Wittenberg; 1997 o. Prof. Tübingen
B: Anton Menger (1841–1906). Leben u. Werk (1974: D.); Staatl. Justizhoheit u. religiöse Freiheit (1991: H.)
AL: Martin Heckel (0303)
Q: K 1996, S. 660
備考 1: 教会法学者。博論では、経済学者カール・メンガーの兄で、ヴィーン大学教授アントン・メンガー（民訴法。生存権の提唱者）を取り上げた。公務に就いた（裁判官）ため、学位と教授資格の取得の間に時間が空いたが、この間に母校に戻った。
備考 2: なお、師のM. HeckelはHans Schneider（ 0786 ）の門下生。後者は更にWerner Weber（ 0935 ）を通じて、Carl Schmitt（ 0780 ）に連なる。

http://www.jura.uni-tuebingen.de/professoren_und_dozenten/kaestner/
prof_kaestner（写真あり）

0413

KAUFMANN, Christine（カウフマン、クリスツィーネ）瑞 女性
Dr. iur., Prof., Univ. Zürich
1962年5月24日（Zürich）
Staats-, Verwaltungs- und Völkerrecht
–1987 Studium Zürich; 1987–91 Ass. Zürich; 1990 Prom. Zürich; 1991–2000 Schweiz. Nationalbank, zulezte als Direktorin den Personaldienst; 2001 Habil. Zürich; 2001 Director of Legal Research am World Trade Institute (WTI) der Univ. Bern; 2002 Assistenzprof. Zürich; 2003 o. Prof. Zürich
D: Hunger als Rechtsproblem, Zürich 1991
H: 公刊を確認できなかった。
AL: Daniel Thürer（ 0887 ）
備考：カウフマンの名前どおり、当初は銀行に勤務していた。グローバル化と国家の関係を考究するスイスの女性研究者。
http://www.ivr.uzh.ch/institutsmitglieder/kaufmann/christinekaufmann.html（写真あり）
http://de.wikipedia.org/wiki/Christine_Kaufmann_（Rechtswissenschafterin）

0414

故 **KAUFMANN, Erich**（カウフマン、エーリヒ）
Dr. iur., em. o. Prof., Univ. Bonn
1880年09月21日（Demmin/Pommern）　1972年11月05日（Karlsruhe）
Öffentliches Recht, Völkerrecht, Rechtsphilosophie
1898 Studium Berlin, Heidelberg, Halle u. Erlangen; 1906 Prom. Halle; 1908 Habil. Kiel; 1908 PD Kiel; 1912 ao. Prof. Königsberg/Pr.; 1913 o. Prof. Königsberg; 1917 o. Prof. Berlin; 1920 o. Prof. Bonn (1927–33 Hon.Prof. Berlin); 1934 o. Prof. Berlin; Rechtsberater des auswärtigen Amts; 1933 Entzug der Honorarprofessur, Aufhebung der Beurlaubung, rückwirkend zum 01. 11. 1934 an Univ. Berlin versetzt; 31. 03. 1935 (auf Mitbetreiben Carl Schmitts) emeritiert; 1939 Flucht nach Holland 1945 o. Prof. München; 1950 emer., 1950–58 Rechtsberater Bundeskanzleramt
B: Gesammelte Schriften, 3 Bde (1960; hrsg.: A. H. van Scherpenberg; Bd. I: Autorität u. Freiheit; Bd. II: Der Staat i.d. Rgemeinschaft d. Völker; Bd. III: Ridee u. Recht)
AL: Georg Jellinek（非会員、Heidelberg）; Albert Hänel（非会員、Königs-

berg → Kiel、1833–1918 年)
AS: Friedrich Augst von der Heydte (0333); Karl Josef Partsch (0637); Günther Holstein (0357)
Q: K 1935, S. 651; K 1950, S. 967; Nek. K 1976, S. 3659; Kurzbiographie, in: Göppinger, Juristen, S. 342 f. m. w. N.; Orden pour le mérite, Bd. 2, S. 388/389; CV; CV/Diss.; 没
L: DEJ, S. 487 m. w. N.; FS 1950 (Um Recht u. Gerechtigkeit; hrsg. v. Hermann Jahrreiß/Walter Jellinek/Rudolf Laun/Rudolf Smend); Manfred Friedrich: E. K. (1880–1972), in: Henrichs u.a. (Hrsg.), Deutsche Juristen jüdischer Herkunft, S. 693–704 m. w. N. (S. 694 に肖像写真); AöR 76 (1950/51), S. 257; JZ 1960, S. 762 (von Hans Peters); AöR 85 (1960), S. 353; AöR 95 (1970), S. 479; AöR 98 (1973), S. 115–118 (Nachruf; von Peter Lerche); JZ 1973, S. 133 (von Karl Josef Partsch)
U: Klaus Rennert, Die "geistigewissenschaftliche Richtung" in der Staatsrechtslehre der Weimarer Republik. Untersuchungen zu E. K., Günther Holstein u. Rudolf Smend (1987); Renate Zegler, D. Staatsrechtler E. K., in: Nehlsen/Brun (Hrsg.), Müchner rechtshist. Studien zum NS, S. 313–330
備考1: 戦前原始会員（1924年入会）を経て、戦後原始会員（1950年入会）。第3回大会（1926年）第1テーマ主報告（法律の前の平等 H. 3）は有名。その後、ナチスの迫害を受け、1939年にオランダへ逃亡。詳しくは数多くの研究を参照して頂くことにして、93歳で没した。
備考2: 国法学者協会が戦後同じ名前（Vereinigung der Deutschen Staatsrechtslehrer e.V.）で1949年に再建された際の初代理事長で、理事長を3年間つとめた（なお、副理事長は Walter Jellinek 及び Werner Weber）。戦後の第9回大会（1950年）でも、第1テーマで主報告を担当した（H. 9）。
備考3: Kaufmann の師である Albert Hänel とその系譜については、Rodolf Smend (0839) の項、備考2～備考4を参照されたい。
http://de.wikipedia.org/wiki/Erich_Kaufmann
0415
KAUFMANN, Marcel（カウフマン、マルセル）
Dr. iur., apl. Prof., Univ. Göttingen, RA
1966 年
VL: Öffentliches Recht, Europarecht und Rechtsphilosophie
1987–93 Studium Würzburg, Bonn und Göttingen; 1993 I. SE; 1998 Göttingen; 1997 Prom. Göttingen; 1998–2001 WiAs Göttingen; 2001 Habil. Göttingen; apl. Prof. ebd.

D: Europäische Integration und Demokratieprinzip, Baden-Baden 1997
H: Untersuchungsgrundsatz und Verwaltungsgerichtsbarkeit, 2001
備考：実務家教員（弁護士）。経済法学者
http://www.freshfields.com/people/profile/1/55024（写真あり）
0416
KELLER, Helen（ケラー、ヘレーン）瑞 女性
Dr. iur., Prof., Univ. Zürich
1964 年（Winterthur/Kanton Zürich）
Öffentliches Recht, Völkerrecht, Europarecht, Verfassungsvergleichung
1983–89 Studium Zürich; 1989–92 Assistenz Zürich; 1992–94 Assistenz Zürich; 1993 Prom. Zürich; 1996–2002 Oberass. Zürich; 2001 Prof. Univ. Luzern (neu gegründet); 2002 Habil. Zürich; 2004 Prof. Zürich
D: Umwelt und Verfassung, Zürich 1993
H: Rezeption des Völkerrechts, Berlin u. a. 2003
AL: Alfred Kölz; Heribert Rausch（共に非会員）
備考：有名な米国の三重苦の教育家・社会福祉家（スイス系アメリカ人1880〜1968年）と同姓同名のヨーロッパ法・国際法・環境法学者。
http://www.ivr.uzh.ch/institutsmitglieder/keller/HK.html（写真あり）
0417
故 **KELSEN, Hans**（ケ[ー]ルゼン、ハンス）
Dr. iur., em. Prof. of Political Science, Califonia/USA
1881 年 10 月 11 日（Prag）　1973 年 04 月 19 日（Califonia/USA）
Studium Wien; 1905 Konversion zum Katholizismus; 1906 Prom. Wien; 1908 Studienaufenthalt Heidelberg; 1911 Habil. Wien; PD; Militärdienst (zuletzt Referent des Kriegsministers); 1917 ao. Prof. Wien, Referent Kriegsminister Stöger-Steiner; 1918 Beauftragung mit der Ausarbeitung eines Verfassungsentwurfs für die Republik Österreich, Ernennung zum Verfassungsrichter auf Lebenszeit; 1919 o. Prof. Wien; 1929 Absetzung als Verfassungsrichter aufgrund eines Konflikts mit katholisch-konservativen Kreisen in Zusammenhang mit den sogenannten "Dispensehen"; 1930 Prof. Köln; 1933 Entlassung; 1934 Institut Universitaire des Hautes Études Genf; 1936 Prof. Prag; 1940 Harvard Law School; 1942 Prof. Berkeley/Kalifornien; 1945 Staatsbürgerschaft von USA; Institut des Hautes Etudes Genf; 1953–54 War College of the U. S. Newport/Rhode Island, i. R.
B: D. Staatslehre d. Dante Alighieri (1905: D.); Komm. z. österr. Reichsratswahlordnung (1907); Hauptprobleme d. Staatsrechtslehre (1911: H.); Grenzen zw. jurist. u. soziolg. Methode (1911); D. Verf.

gesch. d. Republ. Dt.-Österr. (Komm. 1919); Wesen u. Wert d. Demokratie (1920); Sozialismus u. Staat (1920); D. Problem. d. Souveränität u. d. Theorie d. VR (1920); Reine Rlehre (1934); Staatsform u. Weltanschauung (1933); Legal Technique in Intern. Law (1939); Law and Peace in Intern. Relations (1942); Society and Nature (1943; auch span.); Peace through Law (1944); Vergeltung u. Kausalität (1945); General Theory of Law and State (1945; 3. A. 1949); The Law of the United Nations (1950)

AL: Edmund Bernatzik (非会員、Basel → Graz → Wien、1854–1919年)
AS: Adolf Julius Merkl (0576); Alfred Verdross-Drossberg (非会員、Ignaz Seidl-Hohenveldern (0826) の師)
Q: Wer ist's 1922, S. 772; K 1950, S. 980/981; Nek. K 1980, S. 4463; Kurzbiographie, in: Göppinger, Juristen, S. 293 f. m. w. N.
L: FS 1931 (Geselleschaft od. Geschichte?, Staat u. Recht; hrsg. Alfred Verdroß); FS 1961 (H. K. zum 80. GT); FS 1964; FS 1971 (FS für H. K. zum 90. GT; hrsg. v. Adolf J. Merkl/René Marcic/A. Verdroß/Robert Walter); GS 1974 (H. K. zu Gedenken; hrsg. v. H.K.-Inst.); GS 1982 (D. RRL in wiss. Diskussion; hrsg. v. H.K.-Inst.; Bibliogr., S. 215–221); Österr. Juristen, S. 290; AöR 77 (1951/52), S. 456; JZ 1952, S. 20 (von Walter Jellinek); AöR 86 (1961), S. 484; AöR 91 (1966), S. 560; DÖV 1967, S. 48; AöR 97 (1972), S. 143 (von Robert Walter); AöR 98 (1973), S. 407–409 (Nachruf; von Hans Spanner); DÖV 1973, S. 450); Ehrendoktoren der Universität Salzburg (1968), S. 20–23; Stolleis, Juristen, S. 344–346 m. w. N. (von Rudolf Thienel); DEJ, S. 488–489 m. w. N.; Horst Dreier, Hans Kelsen (1881–1973), in: Henrichs u.a. (Hrsg.), Deutsche Juristen jüdischer Herkunft, S. 705–732 m. w. N. (S. 706 に肖像写真); Klaus Günther, H. K. (1881–1973), in: Kritische Justiz (Hrsg.), Streitbare Juristen, S. 367–379 m. w. N. (S. 369 に肖像写真);
U: Albert Vonlanthen: Zu H. K.s Anschauung über d Rnorm (1965); Raimund Hauser: Norm, Recht u. Staat. Überleg. zu H. K.s Theorie d. RRL (1968); R. A. Métall: H. K.. Leben u. Werk (1969; auch jap. Übers.); Wolfgang Schild: D. RRL. Gedanken zu H. K. u. Robert Walter (1975); Jürgen Behrend: Untersuchungen zur Stufenbaulehre Adolf Merkls u. H. K.s (1977); HKI (Hrsg.): RRL u. marxist. Rtheorie (1978); HKI (Hrsg.): D. Einfluß d. RRL auf d. Rtheorie in verschiedenen Ländern, 2 Bde. (1978/83); Opalek Kazimierz: Überleg. zu H. K.s 'Allgemeine Theorie d. Normen' (1980); Georg Schmitz: D.

Vorentwütfe H. K.s f. d. österr. Bdesverf. (1981); Werner Krawietz/ Ernst Topitsch/Peter Koller (Hrsg.): Ideologiekritik u. Demokratietheorie bei H. K. (1982); W. Krawietz/Helmut Schelsky (Hrsg.): Rsystem u. gesellschaftl. Basis bei H. K. (1984); Friedrich Koja: H. K. D. Reinheit d. Rlehre (1988); Rainer Lippold: RRL u. Strafrechtsdoktrin (1989); Horst Dreier: Rlehre, Staatssoziologie, u. Demokratietheorie bei H. K. (2. A. 1990); Rudolf Thienel: Kritische Rationalismus u. Jurisprudenz. Zugl. eine Kritik an H. K.s Konzept e. sozialtechinol. Jurisprudenz (1991); Michael Pawlik: RRL u. d. Rtheorie H. L. A. Harts (1993); Michael W. Hebeisen: Souveränität in Frage gestellt. D. Souveränitätslehren v. H. K., Carl Schmitt u. Hermann Heller im Vergleich (1995); A. Carrino/G. Winkler (Hrsg.): Rerfahrung u. RRL (1995)

備考1: 戦前原始会員（1924年入会）。第5回大会（1928年）第1テーマ副報告（H. 5）。1929年及び1931年協会副理事長（1930年には学会は開かれていない。なお、理事長はCarl Sartorius、いま一人の副理事長はOtto Koellreutter)。ナチスの政権掌握に伴い、学会の解散を決議したときの学会副理事長となった。なお、Werner Krawietz（ 0471 ）、Robert Walter（ 0929 ）及びGünther Winkler（ 0965 ）の項も参照されたい。

備考2: ちなみに、師のBernatzikは、Paul Laband（非会員、Königsberg → Straßburg、1838–1918年）の門下生。

http://de.wikipedia.org/wiki/Hans_Kelsen

0418

KEMPEN, Bernhard (ケンペン［ケムペン］、ベルン［ベァン］ハルト)

Dr. iur., Prof., Univ. Köln

1960年01月31日（Saarbrücken）

Öffentliches Recht, Völkerrecht, internationales Wirtschaftsrecht und Wirtschaftsverwaltungsrecht

1978–82 Studium Saarbrücken, 1983 I. SE; 1986 II. SE; WiAs Köln, 1988 Prom. Köln; 1994 Habil. Köln, 1995 o. Prof. Würzburg; 2001 Prof. Köln

D: Die Formenwahlfreiheit der Verwaltung, München 1989

H: Die deutsch-polnische Grenze nach der Friedensregelung des Zwei-plus-Vier-Vertrages, Frankfurt/M. u. a. 1997

AL: Hartmut Schiedermair (0752)

備考1: 国際法・国際経済法学者。

備考2: 師のSchiedermairはHermann Mosler（ 0589 ）の門下生であり、その師であるRichard Thoma（ 0886 ）を通じて、この学統は更にHeinrich

Rosin（非会員、Freiburg、刑法、1855–1927 年）→ Otto von Gierke（非会員、Berlin → Breslau → Heidelberg →（wieder）Berlin、1841–1921 年）へと至る。
http://www.voelkerrecht.uni-koeln.de/index.php?id=146
http://de.wikipedia.org/wiki/Bernhard_Kempen_（Jurist）
0419
KERSTEN, Jens（ケル[ケァ]ステン、イェンス）
Dr. iur., Prof., Univ. Bayreuth
1967 年 09 月 29 日（Marburg/L.）
Staatsrecht, Verwaltungsrecht, Europarecht, Verfassungsgeschichte, Rechtssoziologie
1989–94 Studium Heidelberg, Leeds（UK）und Bonn; 1994 I. SE; 1998 II. SE; 1995 Wiss. MA HU Berlin; 1999 Prom. Berlin; 2004 Habil. Berlin; 2006 Prof. Dortmund; 2007 Prof. Bayreuth;
D: Georg Jellinek und die klassische Staatslehre, Tübingen 2000
H: Das Klonen von Menschen, Tübingen 2004
備考 1：博論では古典（ゲオルク・イェリネク）を、また教論では最先端テーマ（クローン技術）を取り上げた。
備考 2：
http://www.jura.uni-muenchen.de/personen/kersten_jens/index.html（写真あり）
http://de.wikipedia.org/wiki/Jens_Kersten
0420
故 **KEWENIG, Wilhelm Alexander**（ケ[ー]ヴェニヒ、ヴィルヘルム・アレクザンダー）
Dr. iur., LL.M., o. Prof., Univ. Kiel（beurl.）
1934 年 06 月 20 日（Köln）　1993 年 06 月 18 日（Frankfurt/M.）
Völkerrecht, Staatsrecht
1954–60 Studium Freiburg/Br., Bonn, Paris u. Köln, Beirut（RW u. pol. Wiss.）; 1958 I. SE; 1960–62 Ref.; 1963 II. SE NRW; 1960–62 Hiwi Bonn; 1964 WiAs ebd.; 1965 67 Stip. DFG (gleichz. Harvard Law School/USA); 1962 Prom. Köln; 1966 LL.M. (Harvard); 1969 Habil. Bonn; 1969 PD Bonn; 1971 Prof. Kiel; 1974/1975 Rektor Kiel; 1976–79 Vorsitzender Wissenschaftsrat; 1981 Abgeordneter Berlin, Senator für Wissenschaft und kulturelle Angelegenheiten, 1983 Senator für Wissenschaft und Forschung, 1986 Senator für Inneres, 1989 freiwilliges Ausscheiden, RA Frankfurt/M.
B: D. Koexistenz d. Religionsgemeinsch. im Libanon (1965: D.); D.

Gsatz d. Nichtdiskriminierung im VR d. inetern. Handelsbeziehungen (1969: H.); Staatsrechtl. Probl. parlamental. Mitregierung (1970); D. GG d. Nichtdiskriminierung im VR d. intern. Handelsbeziehg. (1972); Zu Inhalt u. Grenzen d. Rdfkfreiheit (1978); Entwicklungslinien d. völker- u. staatsrechtl. Status v. Berlin (1984)
MH: FS Ulrich Scheuner (1973; m. Horst Ehmke/Josef H. Kaiser)
AL: F. A. Mann, Koscht (Köln), Ulrich Scheuner (0750)
AS: Eibe Riedel (0693); Siegfried Magiera (0537)
Q: K 1983, S. 2037; CV; Hikasa, S. 197; Nek. K 1996, S. 1662
L: Gedächtnissymp. f. W. K. (Politik u. Recht, 1996; hrsg.: Siegfried Magiera/Karl M. Meessen/Hans Meyer)
備考1: 1970年入会。1971年にCDUに入党し、政治畑で活躍した実務家教員。
備考2: 師Scheunerを通じて、Heinrich Triepel (0891) → Karl Binding (非会員、Basel → Freiburg/Br. → Straßburg → Leipzig、刑法学、1841–1920年) へと連なる。
http://de.wikipedia.org/wiki/Wilhelm_A._Kewenig
0421

KHAKZADEH-LEILER, Laimiss (カクツァデー＝ライラー、ライミス) 墺 女性
Dr. iur., ao. Univ.-Prof., Univ. Innsbruck
1975年 (Salzburg)
VL: Verfassungs- und Verwaltungsrecht
1994 Studium Innsbruck; 1999 Spons. zur Mag. iur.; 2000 Prom. Innsbruck; 2000–06 Univ.Ass. Innsbruck; 2006–10 Ass.Prof. Innsbruck; 2007–10 Inhaberin einer vom FWF geförderte Elise-Richter-Stelle; 2010 Habil. Innsbruck; 2010 ao. Prof. Innsbruck
D: Rechtsfragen des Lawinenschutzes, Wien 2004
H: Die Grundrechte in der Judikatur des Obersten Gerichtshofs, Wien 2011
備考: スイス固有の法慣習を研究。
http://www.uibk.ac.at/oeffentliches-recht/mitglieder/khakzadeh-leiler/
0422

KHAN, Daniel-Erasmus (カーン、ダ[ー]ニエル・エラスムス)
Dr. iur., Prof., Univ. der Bundeswehr München
1961年06月30日 (Marburg/L.)
VL: Staats- und Verwaltungsrecht, Völkerrecht, Europarecht, Verfassungs- und Völkerrechtsgeschichte

Studium München; WiAs Univ. München; 1996 Prom. München, 2002 Habil. München; 2006 Prof. Univ. der Bundeswehr München
D: Die Vertragskarte – völkerrechtliche Untersuchung zu einem besonderen Gestaltungsmittel in der internationalen Rechtsetzung, 1996
H: Die deutschen Staatsgrenzen, 2003
AL: Bruno Simma（非会員、国際司法裁判所判事、1941年生）
備考1: 国際法学者。
備考2: なお、師のSimmaについては、0835 と 0836 の間に置いた「番外」を参照。
http://www.unibw.de/ifip/Voelkerrecht/profkhan/lebenslaufkhan（写真あり）

0423
KHOL, Andreas (コール、アンドレア[ー]ス) 墺
Dr. iur., U. Prof., Univ. Wien/Öster., Nationalratspräsident a. D.
1941年07月14日（Bergen/Rügen）
Österreichisches Verfassungsrecht u. das Recht der Internationalen Organisationen
1959–63 Studium Innsbruck; 1963 Prom. Innsbruck; 1964 HSAs Wien; 1966 Sekretär beim Verfassungsgerichtshof Österreich und Generalsekretär der österreichischen Gesellschaft für Außenpolitik; 1969–70 OberAss. ebd.; 1969 Habil. Wien; 1969 PD Wien; 1969–73 Beamter im Sekretariat des Europarats; 1974 Tätigkeit in der europäischen Menschenrechtskomm.; 1980 tit. ao. Univ.-Prof.; 1983 Nationalratsabgeordneter Österreichs (ÖVP); 1992–99, 2000 Klubobmann der österreichischen Volkspartei; 1999–2000 Dritter Nationalratspräsident Österreichs, 2002 Präsident des österreichischen Nationalrats
B: D. Menschenrechtskatalog d. Völkergemeinschaft (1968: D.); Zw. Staat u. Weltstaat (1969); D. Schutz d. Grechte d. Menschen in Österr. (1970: H.)
Q: K 1983, S. 2038; CV
備考: 1973年入会。オーストリア下院である国民議会（Nationalrat）議長であった。
http://de.wikipedia.org/wiki/Andreas_Khol（写真あり）

0424
KILIAN, Michael (キリア[ー]ン、ミヒャエ[ー]ル)
Dr. iur., Prof., Univ. Halle-Wittenberg, Richter am LVG Sachsen-Anhalt
1949年02月13日（Geislingen/Baden-Württ.）

Öffentliches Recht, öffentliches Finanzrecht, Völkerrecht
1968 Studium Tübingen, 1973 I. SE; 1976 II. SE; 1978 WiAs Tübingen; 1986 Prom Tübingen.; 1990 Habil. ebd.; 1990 PD Tübingen; 1990 Prof. Heidelberg; 1992 Prof. Halle-Wittenberg
B: UwSz. durch Intern. Organisationen (1987: D.); Nebenhaushalte d. Bundes (1993: H.)
AL: Thomas Oppermann (0630)
Q: K 1996, S. 697
備考 1: 国際法・ヨーロッパ法学者。
備考 2: 師の Oppermann を通じ、Herbert Krüger (0478) → Rudolf Smend (0839) へと連なる。
http://kilian.jura.uni-halle.de/pof._d._mchael_klian/
http://de.wikipedia.org/wiki/Michael_Kilian_ (Jurist)

0425

故 **KIMMINICH, Otto** (キミニ[ッ]ヒ、オットー)
Dr. iur. (habil.), M.A., o. Prof., Univ. Regensburg
1932 年 04 月 01 日 (Niklasdorf/Obersudetenland)　1997 年 08 月 12 日 (Regensburg)
Öffentliches Recht, weiter Politikwissenschaft, Staatsrecht, Völkerrecht, Verwaltungswissenschaft
1950–53 Studium Erlangen u. Würzburg (RW u. Volkswirtschaft); 1953–54 Studium Univ. of Virginia/USA; 1954–55 Studium Würzburg; 1955 I. SE; 1955–59 Ref.; 1959 II. SE Bayern; 1959 WiAs Würzburg; 1960–61 Reg.Ass.; 1961 WiAs Würzburg; 1954 M.A. (Economics) Univ. of Virginia; 1957 Prom. Würzburg; 1961 Habil. ebd.; Verw. beamter; 1961–63 PD Würzburg; 1963 o. Prof. Univ. Bochum; 1967 o. Prof. Regensburg
B: The Nationalization of the Bank of England (1954: M.A.); D. Recht d. Nachteile im modernen VR (1957: D.); D. intern. Rstatus d. Flüchtlings (1962: H.); Rüstung u. polit. Spannung (1964); AsylR (1968); VR im Atomzeitalter (1968); D. Münchner Abkommen (1968); D. Souveränität d. BRD (1970); Dt. Verf.gesch. (1971, 2. A. 1987); D. Moskauer Vertrag 1973 (2. A. 1973); Einführ. in d. öfftl. Recht (1972); D. Moskauer Vertrag (1972); Humanit. VR – Humanit. Aktion (1972); D. Recht d. UwSzes (1972, 2. A. 1974); MR (1973); AtomR (1974); Fluchthilfe u. Flucht aus d. DDR i. d. BRD (1974); D. Gvertrag (1974); Einf. in das VR (1975, 6. A. 1997); Eigentum – Enteignung – Entschädigung (1976); Schutz d. Menschen in bewaffneten Konflikten

(1979); D. Recht d. Heimat (1979); D. Aufenth. v. Ausländern i. d. BRD (1980); Gutachten f. d. 53. Dt. JT (1980); Macht – Recht – Ethos (1982); D. Schutz kommunaler Unternehmen gegen konfiskatorische Eingriffe (1982); Gprobleme d. AsylR (1983); R.problme d. polyethischen Staatsorg. (1985); UwSz – Prüfstein d. Rstaatlichkeit (1987); Religionsfreiheit als MR (1990); D. MR i. d. Friedensregelung nach d. 2. Weltkrieg (1992); Dtland u. Europa (1992); D. völkerrechtl. Hintergrund d. Aufnahme d. Heimatvertriebenen in Bayern (1993)
AL: Hermann Raschhofer (Würzburg、国際法、非会員、1905–1979 年)
AS: Hartmut Krüger (0477)
Q: K 1996, S. 697/698; Wer ist wer 1996/97; CV; Hikasa, S. 206
L: Karl Pfluger: O. K. (Sudetenland II) (1971)
備考： 1964 年入会。第 25 回大会 (1966 年) 第 1 テーマ主報告。師 Raschhofer を通じて、Viktor Bruns (0095) → Heinrich Triepel (0891) へと連なる。ズデーテン地方 (現チェコ) からの引き揚げ者であった。その視点から、難民問題に取り組んだ。
http://www.koeblergerhard.de/juristen/vips/viwkSeite45.html
0426
KINGREEN, Thorsten (キングレーン、トル[トァ]ステン)
Dr. iur., Prof., Univ. München
1965 年 05 月 13 日 (Bremen)
Öffentliches Recht, Europarecht und Sozialrecht
1986–92 Studium Marburg und Université de Genève; 1992 I. SE; 1996 II. SE; 1992–93 Wiss. MA Marburg; 1993–94 Wiss. MA Münster; 1995 Prom. Münster; 1996–2002 WiAs Münster; 2001 Habil. Münster; 2002 Univ.-Prof. Bielefeld; 2003 Univ.-Prof. Regensburg; 2011 Prof. München
D: Die verfassungsrechtliche Stellung der nichtehelichen Lebensgemeinschaft im Spannungsfeld zwischen Freiheits- und Gleichheitsrechten, Berlin 1995
H: Das Sozialstaatsprinzip im europäischen Verfassungsverbund, Tübingen 2003
AL: Bodo Pieroth (0655)
備考： 社会法を研究。第 70 回大会 (2010 年) 第 2 テーマ副報告 (主報告は、Joachim Lege)。
http://www.uni-regensburg.de/Fakultaeten/Jura/kingreen/neu/shtml/5_1.shtml (写真あり)
http://de.wikipedia.org/wiki/Thorsten_Kingreen

0427

故 **KIPP, Heinrich Georg** (キップ、ハインリヒ・ゲ[ー]オルク) 墺
Dr. iur., em. U.Prof., Univ. Innsbruck/Österr.
1910年05月22日（Krefeld-Uerdingen bei Düsseldorf） 1993年09月07日（Innsbruck）
Völkerrecht, Rechtsphilosophie, Dt. Verf. u. VerwR
Studium Köln; 1932 I. SE; 1934 Prom. Köln; 1936 II. SE; 1937 Rhenania-Ossag (Shell); 1937 Habil. Köln; 1938 Justizdienst Memmingen, Wehrdienst, 1941 NSDAP, Amtsgerichtsrat, Saarlautern, Internierungslager (07. 03. 1946 entlassen); Richter Memmingen; 1949 Justizministerium Rheinland-Pfalz (Süsterhenn); 1950 Verfassungsabteilung Bundesinnenministerium Deutschland Bonn; Kulturabteilung; Verfassungsabteilung; 1952 Ministerialrat; 1956 Habil. Würzburg; 1956 PD Würzburg; 1959 o. Prof. Innsbruck; 1980 emer.
B: Mod. Probl. d. KriegsRs i. d. Spätscholastik (1935: D.); StaatsL (1947; 2. A. 1949); NaturR u. VR im MA (1951); UNESCO (1957: H.)
AL: 戦前：Godehard Josef Ebers (0160); 戦後：Friedrich Augst von der Heydte (0333)
AS: Bruno Simma (非会員、国際司法裁判所判事、1941年生)
Q: K 1983, S. 2055/2056; Nek. K 1996, S. 1662
備考1：1957年入会。ドイツに生まれ、オーストリアの大学に長らく奉職した。戦後に教授資格を取り直した。
備考2：なお、Simmaの門下生については、「番外」として、Michael Silagi (0835) と Werner von Simson (0836) の間、すなわち Simma がもし当協会の会員ならば位置すべき場所に、集約してあるので、参照願いたい。
http://www.koeblergerhard.de/juristen/vips/viwkSeite48.html

0428

KIRCHHOF, Ferdinand (キルヒホーフ、フェルディナント)
Dr. iur., o. Prof., Univ. Tübingen, Bundesverfassungsrichter
1950年06月21日（Osnabrück）
Öffentliches Recht, Finanzrecht
1971–75 Studium Freiburg/Br. u. Heidelberg; 1975 I. SE; 1976–78 Ref.; 1978 II. SE; 1976 HiWi Heidelberg; 1979–81 Ass. ebd.; Forsch. Ref. Speyer; 1982 RegRat Speyer; 1983 ORegRat; 1981 Prom. Heidelberg; 1985 Habil. HVW/Speyer; 1986 o. Prof. Tübingen; 2007 Richter des BverfG; 2010 Vizepräsident des BverfG, Vorsitzender des Ersten Senats

B: D. Höhe d. Gebühr (1981: D.); Private Rsetung (1987: H.); D. steuerl. Doppelbelastung d. Zigaretten (1990); Tätigkeitsfelder d. Dt. Bundepost POSTBANK (1990); Griß d. AbgabenR (1991); D. Rmäßigkeit d. Kreisumlage (1995)
MH: FS Willi Geiger (1989; m. Hans Joachim Faller)
AL: Hans Schneider (0786); Detlef Merten (0578)
Q: K 1996, S. 699; CV
備考1: 1986年入会。第52回大会（1992年）第1テーマ報告（なお、この年は初めて報告者が4人立った）。2006年及び2007年の協会副理事長（理事長は Fridrich Schoch、いま一人の副理事長は Bodo Pieroth）。Paul Kirchhof (0430))の弟。兄弟そろって財政法を研究している。そして、兄弟そろって連邦憲法裁判所判事となった（ただし、任期はずれている）。なお、兄弟の父も裁判官（連邦通常裁判所の判事）であった（同名の Ferdinand Kirchhof）。連邦憲法裁判所副長官（長官は、Andreas Voßkuhle (0916))。
備考2: なお、師の Merten は Karl-August Bettermann (0053) の門下生であり、Eduard Bötticher（民訴、非会員）へと連なる。
http://www.jura.uni-tuebingen.de/professoren_und_dozenten/kirchhof/curriculum-vitae/Curriculum%20Vitae.pdf
http://www.bundesverfassungsgericht.de/richter/kirchhof.html
http://de.wikipedia.org/wiki/Ferdinand_Kirchhof
0429

KIRCHHOF, Gregor (キルヒホーフ、グレゴール)
Dr. iur., PD, Univ. Bonn
1971年12月14日（Heidelberg）
Öffentliches Recht mit Steuerrecht und Europarecht
Studium Freiburg/Br., München und London; 1998 I. SE; 2000 II. SE; 2000–03 Wiss. MA München; 2003–08 WiAs Bonn; 2009 Akad. Oberrat Bonn; 2005 Prom. Bonn; 2008 Habil. Bonn
D: Die Erfüllungspflichten des Arbeitgebers im Lohnsteuerverfahren, 2005 Berlin
H: Die Allgemeinheit des Gesetzes, Tübingen 2009
AL: Udo Di Fabio (0137)
http://www.jura.uni-bonn.de/fileadmin/Fachbereich_Rechtswissenschaft/Einrichtungen/Lehrstuehle/Oerecht5/Kirchhof/G._Kirchhof__zur_Person_0910.pdf（写真あり）
備考: Paul Kirchhof (0430) の子息で、Ferdinand Kirchhof (0428) の甥。法律家（裁判官）一家の薫陶か。なお師の Di Fabio も、連憲裁判事である。

| 0430 |

KIRCHHOF, Paul (キルヒホーフ、パウル[パォル])
Dr. iur., Prof., Univ. Heidelberg, Bundesverfassungsrichter a. D.
1943 年 02 月 21 日 (Osnabrück)
VL: Staats- u. Verwaltungsrecht, insb. Wirtschaftsverwaltungsrecht, Finanz- u. Steuerrecht sowie Verwaltungslehre
1962–66 Studium Freiburg/Br. u. München; 1966 I. SE München; 1966–69 Ref. Karlsruhe; 1969 II. SE Stuttgart; 1970 WiAs Heidelberg; 1968 Prom. München; 1974 Habil. Heidelberg; 1975 o. Prof. Münster, 1981 o. Prof. Heidelberg; 1987–99 Richter am BVerfG
B: D. Begriff d. hoheitsrchtl. Befugnisse in Art. 33 Abs. 4 d. GG (1968: D.); Besteuerungsgewalt u. GG (1973); Verwalten durch "mittelbares" Einwirken (1973: H.; erschein 1976); Verwalten u. Zeit (1975); Unterschiedl. Rwidrigkeit in e. einheitl. Rordnung (1978) D. Verf.auftrag z. Länderfinanzausgleich (1982); Verf.rechtl. Beurteilung d. Abwasserabgabe d. Bdes (1983); D. Rechtspflege zur Übertrag. v. Zweigstellen n. einer kommunalen Neuglieder (1984); D. Steuerwerte d. Gbesitzes (1985); Wiss. in verfaßter Freiheit (1986); D. Bestimmtheit u. Offenheit d. Rsprache (1987); D. Ggbungsauftr. z. Schutz d. geist. Eigentums ggüb. mod. Vervielfältigungstechniken (1988); Empfiehlt es sich, d. EinkommensteuerR z. Beseitig. v. Ungleichbehandl. u. z. Vereinfach. neu zu ordnen? (1988: DJT); Brauchen wir e. erneuertes GG? (1992); D. kulturellen Voraussetzungen d. Freiheit (1995); Stetige Verfassung u. politische Erneuerung (1995); D. kulturellen Voraussetzungen d. Freiheit (1995)
MA: FS Klaus Vogel (1996; m. Dieter Birk/Moris Lehner)
H: Klaus Vogel, D. offene Finanz- u. Steuerrecht (Gesammelte Schriften; 1991)
MH: FS Franz Klein (1994; m. Klaus Offerhaus u.a.); FS Dietrich Meyding (1995; m. Wilhelm Bühler u.a.)
AL: Peter Lerche (| 0515 |), Klaus Vogel (| 0911 |)
Q: K 1996, S. 699/700; K 1987, S. 2245; Wer ist wer 1996/97; CV; CV/ Diss.; Hikasa, S. 209
備考: 1975 年入会。第 39 回大会 (1980 年) 第 2 テーマ副報告。Josef Isensee (| 0379 |) と並び、8 巻ものの『ドイツ連邦共和国憲法ハンドブック』の共編者として名を連ねるところに、この人物の重要度が現われている。税財政法に明るい。Ferdinand Kirchhof (| 0428 |) の兄。もうひとりの学者裁判官 Dieter Grimm (| 0261 |) との共編で、学生向けに連邦憲法裁判所主要判

例集を出している。
http://www.jura-hd.de/kirchhof/prof._kirchhof.html（写真あり）
http://www.bundesverfassungsgericht.de/richter/kirchhof.html（写真あり）
http://de.wikipedia.org/wiki/Paul_Kirchhof
0431
KIRN, Michael（キルン［キァン］、ミヒャエ［ー］ル）
Dr. iur. Prof., Hochschule der Bundeswehr/Hamburg
1939 年 04 月 30 日（Ravensburg/Württemberg）
Staats- u. Verwaltungsrecht, Staatslehre u. Rechtsphilosophie
1958–63 Tübingen u. FU Berlin; 1963 I. SE Tübingen; 1963–66 Ref. Tübingen; 1966 II. SE Stuttgart; 1963/64 Ass. Tübingen; 1964–67 Ass. ebd.; 1967–75 Ass. Köln; 1972 Prom. Köln; 1976 Habil. ebd.; 1976 PD Köln; 1976 Prof. Hochschule der Bundeswehr
B: Verf.umsturz od. Rkontinuität? (1972: D.); Hegels Rphilosophie als Integrationslehre (1976: H.); D. Computer u. d. Menschenbild d. Philosophie Leibniz' Monadologie u. Hegels philos. System a. d. Prüfstand (1985); Hegels Phänomenologie d. Geistes u. d. Sinnenlehre Rudolf Steines (1989); D. dt. Staat in Europa (1991); Aufgaben u. Ziele d. verein. Dtland (1991)
AL: Martin Kriele (0475), Karl-Heinrich Friauf (0210)
Q: K 1996, S. 701; CV; CV/Diss.
備考：1977 年入会。Kriele 門下生らしい、法哲学的内容の研究を発表している。
http://www.forum-dreigliederung.de/alsodrei/
http://de.wikipedia.org/wiki/Michael_Kirn
0432
KIRSTE, Stephan（キル［キァ］ステ、シュテファ［ー］ン）
Dr. iur., Prof., Andrássy Gyula Deutschsprachige Univ. Budapest
1962 年
VL: Öffentliches Recht, Rechtsphilosophie, Verfassungsgeschichte der Neuzeit und Rechtssoziologie
1982 Studium Regensburg; 1985–87 Studium der Neueren u. Neuesten Geschichte als Zweitstudium; 1987 Zwischenprüfung in Neuerer u. Neuester Geschichte; 1990 I. SE; 1994 II. SE; 1990–1997 Wiss. Ang. Freiburg; 1997 Wiss. MA Jena; 1997 Prom. Freiburg/Br.; 1997–2004 Wiss. Ang., 1998 WiAs Heidelberg; 2004 Habil; 2009 Prof. Budapest
D: Die Zeitlichkeit des positiven Rechts und die Geschichtlichkeit des

Rechtsbewußtseins, Berlin 1998
H: Theorie der Körperschaft des öffentlichen Rechts（公刊を確認できなかった）
AL: Winfried Brugger（ 0089 ）
備考：経歴には記載しなかったが、様々な研究組織を立ち上げている。オルグ力に優れているようである。
http://www.andrassyuni.hu/deutsch/list.php?konyvtar=admin/data/00000003/_fix/00000000/_fix/00000003/_fix/00000000/_fix/00000013&id=1（写真あり）
http://www.uni-heidelberg.de/institute/fak2/brugger/kirste/vita.htm（写真あり）
0433
KISCHEL, Uwe（キッシェル、ウーヴェ）
Dr. iur., Prof., Univ. Greifswald
1964 年 09 月 23 日（Rinteln）
VL: Öffentliches Recht, Völkerrecht, Europarecht und Rechtsvergleichung
1984–91 Studium RW, Volkswirtschaftslehre u. Französisch Göttingen, Lausanne, Hamburg u. Marburg; 1991–92 Wiss. MA am MPI Hamburg（Ulrich Drobnig）; 1992 Prom. Marburg; 1993 LL.M.（Yale Law School）; 1994 Attorney-at-law（New York）; 1995–98 Wiss. MA am BVerfG; 1995–98 WiAs Mannheim; 2002 Habil. Mannheim; 2003 Prof. Greifswald
D: State Contracts, Stuttgart 1992
H: Die Begründung, Tübingen 2003
AL: Eibe Riedel（ 0693 ）
備考：比較公法学者。
http://www.uni-greifswald.de/~lo7/bio.htm
http://de.wikipedia.org/wiki/Uwe_Kischel
0434
故 **KISKER, Gunter**（キ[ー]スカー、グンター）
Dr. iur., em. o. Prof., Univ. Gießen
1925 年 02 月 20 日（Bielefeld） 2005 年 03 月 02 日（Gießen）
Öffentliches Recht
1943–45 Wehrdienst; 1948–54 Studium Göttingen u. Tübingen（Philosophie, Geschichte u. RW）; 1955–57 Studium Ohio State Univ./USA; 1954 I. SE Tübingen; 1955–61 Ref.; 1961 II. SE Stuttgart; 1961 Ass. Tübingen; 1962 Prom. Tübingen; 1967 Habil. ebd.; 1967 PD Tübin-

gen; 1967 o. Prof. Gießen; emer.
B: D. Rückwirkung v. Gesetzen im anglo-amerikanischen Recht (1962: D.); Völkerrechtl. Strukturprinzipien im dt. BdesstaatsR (1967: H.); Insichprozeß u. Einheit d. Verwaltung (1969); Kooperation im Bdesstaat (1971)
AL: Hans Schneider (0786); Adolf Schüle (0805); Otto Bachof (0025)
Q: K 1996, S. 701 (Red.); Wer ist wer 1996/97; CV; CV/Diss.
備考 1: 1968 年入会。第 32 回大会 (1973 年) 第 2 テーマ主報告。会計法を研究。
備考 2: 師の Bachof を通じ、Walter Jellinek (0395) を経て Otto Mayer (0562) へと連なる。
http://www.koeblergerhard.de/juristen/alle/allekSeite265.html
0435
KLECATSKY, Hans Richard (クレカツ[ス]キー、ハンス・リ[ー]ヒャルト) 墺
Dr. iur., em. o. U.Prof., Univ. Innsbruck/Österr., Bundesminister f. Justiz a. D.
1920 年 11 月 06 日 (Wien)
VL: Allgemeine Staatslehre, Österreichisches Verfassungsrecht, Verwaltungslehre u. Österreichisches Verwaltungsrecht
1938–40 Studium Wien; 1940 I. SE; 1940–44 Ref. (1940–45 Wehrdienst); 1945–46 Fortsetzung d. Ref.; 1946–47 Bundesminist. f. Justiz; 1947 Richteramtpr.; 1947–51 VwGH; 1959 VwGH.Rat; 1947 Prom. Wien; 1964 Habil. Innsbruck; 1964 PD Innsbruck; 1965 o. Prof. Innsbruck; 1966–70 Bdesminister f. Justiz (parteilos); emer.
B: D. Rstaat zw. heute u. morgen (1967); Staat u. Verkehr (1968); D. verf.rechtl. Problematik d. mod. Wirtsch.staates (1968); D. österr. BedsverfR (1973; 3. A. 1982)
MH: GS Hans Weiler (1976; m. Friedrich Kohl); FS A. Kostelecky (1990); FS Ludwig Adamovich (1992; m. Bernhard-Christian Funk u.a.)
AL: Felix Ermacora (0182)
AS: Siegbert Morscher (0588)
Q: K 1996, S. 705; CV
L: FS 1980 (Auf dem Weg zur Menschenwürde u. Gerechtigkeit; hrsg. Ludwig Adamovich/Peter Pernthaler); FS 1990 (Pax et Iustitia: hrsg.: Heribert Franz Kaluza); FS 1990 (Recht als Aufgabe u. Verantwortung; hrsg. S. Morscher/P. Pernthaler/Norbert Wimmer; Verzeichnis d. Ver-

öffentl., S. 305–310)
備考：1965 年入会。オーストリアで、連邦司法大臣をつとめた。
http://de.wikipedia.org/wiki/Hans_Klecatsky
0436
KLEIN, Eckart（クライン、エッカルト）
Dr. iur. utr., em. o. U.Prof., Univ. Potsdam
1943 年 04 月 06 日（Oppeln/Oberschlesien）
Öffentliches Recht einschließlich Völkerrecht, Europarecht
1964–68 Studium Freiburg/Br., Göttingen, Lausanne u. Heidelberg; 1968 I. SE Heidelberg; 1968–71 Ref. Karlsruhe; 1971 II. SE Stuttgart; 1968–71 HiWi Heidelberg u. WiAs MPI/Heidelberg; 1972 WissRef. MPI; 1972–76 WiAs Heidelberg; 1972 Southern Methodist Univ./USA (2 Mon.); 1974–76 Wiss. MA BVerfG; 1976 Wiss.Ref. MPI; 1973 Prom. Heidelberg; 1980 Habil. ebd.; 1980 PD Heidelberg; 1981 Prof. Mainz; 1994 Prof. Potsdam; emer.
B: D. verf.rechtl. Problematik d. ministerialfreien Raumes (1974: D.); BVerfG u. Ostverträge (1977); D. territoriale Reichweite d. Wiedervereinigungsgebotes (1979); Statusverträge in VR (1980: H.); D. SelbstbestimmungsR d. Völker u. d. dt. Frage (1990); Diplomat. Schutz im Hinblick auf Konfiskationen dt. Vermögens durch Polen (1992); D. Verf.entwicklung in Dtland nach d. Wiedervereinigung (1994)
MH: FS Ernst Benda (1995; m. Eckart Gebauer/Karl Kreuzer)
AL: Hermann Mosler（ 0589 ）
AS: Mattias Pechstein（ 0641 ）
Q: K 1996, S. 706; Wer ist wer 1996/97; CV
備考 1：1981 年入会。国際法学者。第 50 回大会（1990 年）第 1 テーマ報告。1996 年と 1997 年の協会副理事長（理事長は Walter Rudolf、いま一人の副理事長は Werner Hoppe）。Hans Hugo Klein（ 0438 ）の弟。ドイツ国際法学会理事。
備考 2：師の Mosler は Richard Thoma（ 0886 ）の門下生であり、この学統は更に Heinrich Rosin（非会員、Freiburg、刑法、1855–1927 年）を経て Otto von Gierke（非会員、Berlin → Breslau → Heidelberg →（wieder）Berlin、1841–1921 年）へと至る。
http://www.uni-potsdam.de/u/ls_klein/bio.htm
http://www.dgfir.de/gesellschaft/organisation/
0437
故 **KLEIN, Friedrich**（クライン、フリードリヒ）
Dr. iur., pl. ao. Prof., Univ. Münster/Westf.

1908年12月10日（Bamberg） 1974年03月25日（Marburg/Lahn）
Völkerrecht, Staatsrecht, Verwaltungsrecht, Steuerrecht
Studium München u. Frankfurt/M.; 1933 Prom. Frankfurt; 1939 Habil. Frankfurt; 1940 PD Frankfurt; Praxis d. Finanzverwaltung; 1944 pl. ao. Prof. Münster; 1950 o. Prof. Münster (1965–67 Rektor)
B: Institution. Garantien u. Rinstitutsgarantien (1934: D.); D. unmittelb. Haftung im VR (1940: H.); Steuermerkblatt f. Hochschullehrer (1946; 2. A. 1949); Neues dt. VerfR (1949); Zur Praxis d. Anerkennung neuer Staaten durch d. BRD (1964)
AL: Friedrich Giese (0240), Hermann Heller (0313)
AS: Günther Barbey (0029); Detlef Christian Dicke (0138); Werner Krawietz (0471); Erich Küchenhoff (0481); Hans-Werner Rengeling (0686); Helmut Ridder (0692); Dieter Wilke (0958)
Q: K 1950, S. 1012/1013; Nek. K 1976, S. 3659
L: AöR 99 (1974), S. 647–650 (Nachruf; von Dieter Wilke); GS 1977 (GS für F. K.; hrsg. Dieter Wilke u.a.; insb. S. V–IX)
備考：戦後原始会員（1950年入会）。戦後第1回目の通算第8回大会（1949年）第2テーマ報告（H. 8）。1954年及び1955年の協会副理事長（理事長はHermann Jahrreiß、いま一人の副理事長はHans Schneider）。ボン基本法コメンタール『マンゴルト・クライン』は余りにも有名。ミュンスター大学法学部を、戦後再建した世代。Ottmar Bühler（ 0097 ）の講座後継者。
http://www.koeblergerhard.de/juristen/alle/allekSeite297.html
0438

KLEIN, Hans Hugo（クライン、ハンス・フーゴー）
Dr. iur., U.Prof., Univ. Göttingen; Bundesverfassungsrichter a. D., Staatssekretär u. MdB a. D.
1936年08月05日（Karlsruhe/Baden）
VL: Öffentliches Recht
1954–57 Studium Heidelberg u. München; 1957 I. SE Heidelberg; 1958–61 Ref.; 1961 II. SE Stuttgart; 1961–63 Reg.Ass.; 1963 WiAs Heidelberg; 1965 Reg.Rat; 1961 Prom. Heidelberg; 1967 Habil. ebd.; 1967 PD Heidelberg; 1969 o. Prof. Göttingen; 1972–83 MdB, 1982/83 Parlam. Staatssekr. Bundesjustizmin.; Mitglid der CDU; 1983–96 Richter am BVerfG
B: D. Bedeutung d. Sachzusammenhangs f. d. Verf.auslegung (1961: D.); Verf-, u. verw.rechtl. Probleme staatl. Teilnahme am Wirtschaftswettbewerb (1965: H.); Demokratisierung d. Univ. (1968); D. Teilnahme d. Staates am wirtschaftl. Wettbewerb (1968); BVerfG u.

Staatsraison (1968); Grechte im demok. Staat (1972; Neudruck 1974); D. Rdfk.freiheit (1978)
AL: Ernst Forsthoff (0206)
Q: K 1996, S. 707; Wer ist wer 1996/97; CV; CV/Diss.; Hikasa, S. 210
備考: 1968年入会。第37回大会（1978年）第1テーマ副報告。Eckart Klein (0436) の兄。連邦憲法裁判所第2部に所属した。CDUに所属する政治家でもある。1972年から1983年まで、連邦議会議員でもあった。
http://de.wikipedia.org/wiki/Hans_Hugo_Klein

0439
KLEY, Andreas （クライ、アンドレア[ー]ス）瑞
Dr. rer. publ., Prof., Univ. Zürich
1959年（St. Gallen）
Öffentliches Recht, Verfassungsgeschichte sowie Staats- und Rechtsphilosophie
1980–84 Studium der Staatswiss. u. Intern. Beziehungen St. Gallen; 1984–87 Ass. am Schweizerischen Institut für Verwaltungskurse; 1988–89 Ausserordentl. Gerichtsschreiber am BezirksG St. Gallen; 1989 Prom. (Dr.rer.publ.) St. Gallen; 1990 Patentierung zum RA; 1990–97 RA; 1991 Lehraufträge St. Gallen; 1992 Forschungsaufenthalt am MPI/Heidelberg; 1995 Habil. St. Gallen; 1997–2005 Prof. Bern; 2005 Prof. Zürich
D: Grundpflichten Privater im schweizerischen Verfassungsrecht, St. Gallen 1989
H: Der richterliche Rechtsschutz gegen die öffentliche Verwaltung, Zürich 1995
備考1: 珍しい分野として、リヒテンシュタイン（公国）法を研究している。
備考2: 同公国（Fürstentum Liechtenstein）は、人口わずか3万5千人のミニ国家である。30年戦争を終結させたウェストファリア条約（1648年）の調印の際には、その小ささの故に、条約に名前を書き入れるのを忘れられた(!)、という逸話を持つ。小ささは現在も変わらず、独自の外交も通貨も持たず、スイスに依存している。その関係は、学術・法制の分野にも及び、同国に大学は存在しない。また、同公国の憲法裁判所及び行政裁判所の裁判官は、いずれもスイス出身の当協会会員が就任している（憲法裁にはKlaus Berchtold (0047) とKlaus Vallender (0905) が、また行政裁にはPeter Bußjäger (0107) が、それぞれ裁判官に就任している）。その意味では、Kleyの行うリヒテンシュタイン法研究も同じ観点から捉えられ、一種の「委託研究」と理解される。
http://www.rwi.uzh.ch/lehreforschung/alphabetisch/kley/ka/person.html

（写真あり）
http://www.liechtenstein-institut.li/Default.aspx?TabId=495&ctl=PV_Profil_Detail&ID=5&mid=1038（写真あり）
0440
KLOEPFER, Michael（クレッパー[クロェプ[ッ]ファー]、ミヒャエ[ー]ル）
Dr. iur., o. Prof., Humboldt-Univ. zu Berlin
1943年09月01日（Berlin-Dahlem）
VL: Staats- u. Verwaltungsrecht, Steuer-, Finanz- u. Wirtschaftsrecht
1962–67 Studium FU Berlin; 1967 I. SE Berlin; 1967–71 Ref. Berlin u. München; 1971 München; 1967–68 WiAs FU; 1968 WiAs München; 1969 Prom. München; 1973 Habil. München; 1973 PD München; 1974 Prof. FU Berlin; 1976 o. Prof. Trier (1979–80 Dekan); 1992 o. Prof. Humboldt
B: Grechte als Entstehenssicherung u. Bestandsschutz (1970: D.); Zum UmweltschutzR i. d. BRD (1972); Vorwirkung v. Gesetzen (1973: H.); Zum Grecht auf UwSz (1978); Systematisierung d. UmweltR (1978); Öffentl. Recht (1976, 84); Datenschutz als Grundrecht (1980); Gleichheit als Verfassungsfrage (1981); Kernkraftwerk u. Staatsgrenze (1981); UwSz (1981–95); Chemikaliengesetz (1982); UmweltR (1989); Umweltstaat (1989); Zur Rumbildung durch Uwsz (1990); D. UmwelR in d. dt. Einigung (1991)
AL: Fritz Werner（0949）; Karl-August Bettermann（0053）; Peter Lerche（0515）
AS: Theodor Schilling（0753）; Klaus Messerschmidt（0579）
Q: K 1983, S. 2107; Wer ist wer 1996/97; CV; Hikasa, S. 211
備考：1974年入会。第40回大会（1981年）第1テーマ報告。Karl August Bettermann（0053）の講座後継者。来日経験あり。研究の重点としては、憲法、環境法、財政法、環境国家の法律問題、ドイツ及び外国の環境法の法典化、憲法と複数の法秩序の相互浸透など。
http://kloepfer.rewi.hu-berlin.de/werdegang.html
http://de.wikipedia.org/wiki/Michael_Kloepfer
0441
KLUTH, Winfried（クルート、ヴィンフリート）
Dr. iur., Prof., Univ. Halle-Wittenberg
1959年01月20日（Bonn）
Staatsrecht, Verwaltungsrecht, weiter Staatsorganisationsrecht, Wirtschaftsrecht, Europarecht, Finanzrecht, Gesundheitsrecht, Medizinrecht
1979 Studium Bonn u. Münster, 1984 I. SE; 1987 Prom. Münster, 1991

II. SE.; 1992 WiAs Köln; 1996 Habil. Köln; 1997 Prof. München, 1998 Prof. Halle
B: Grenzen kommunaler Wettbewerbsteilnahme (1988: D.); D. demok. Legitimation d. Europäischen Union (1995); Funktionale Selbstverwaltung (1997: H.)
AL: Karl Heinrich Friauf (0210)
備考1: 地方自治法を研究。
備考2: なお、Friaufの師は Erich Schwinge (0820)。
http://kluth.jura.uni-halle.de/kluth/ (写真あり)
http://de.wikipedia.org/wiki/Winfried_Kluth
0442
KMENT, Martin (クメント、マルティン)
Dr. iur., LL.M., Prof., EBS-Law School/Wiesbaden
1975年
VL: Deutsches und ausländisches öffentliches Recht, Europarecht sowie Völkerrecht
Studium Münster u. Cambridge (UK); 2000–02 Wiss. Ref. Münster; 2002 Prom. Münster; 2002 LL.M. Cambridge; 2002 Wiss. MA Münster; 2009 Habil. Münster; 2011 Prof. EBS LS
D: Rechtsschutz im Hinblick auf Raumordnungspläne, Münster 2002
H: Grenzüberschreitendes Verwaltungshandeln, Tübingen 2010
AL: Hans Dieter Jarass (0393)
備考1: 広域行政のスキームを研究。
備考2: EBS Law Schoolは、財団法人 Stiftung zur Förderung der European Business School が開設するロースクールで、2011年9月1日にヘッセン州学芸省 (HMWK) により設置認可された (日本流に表現すると) 私立大学である。詳しくは、下記サイトを参照されたい。
http://www.jura.uni-hamburg.de/personen/kment (写真あり)
http://www.ebs.edu/index.php?id=11589 (写真あり)
0443
KNAUFF, Matthias (クナウフ、マティアス)
Dr. iur., PD, Univ. Würzburg
1978年 (Leipzig)
Öffentliches Recht
1997–2002 Studium Würzburg mit Auslandssemester in Bergen (Norwegen); 2002 I. SE; 2006 II. SE; 2002–04 Wiss. MA Würzburg; 2004 Prom. Würzburg; 2006–09 Wiss. MA Würzburg; 2009 Habil. Würzburg
D: Der Gewährleistungsstaat, Berlin 2004

H: Der Regelungsverbund, Tübingen 2010
AL: Helmuth Schulze-Fielitz (0810)
備考: 保証国家、公私協働、PPP などを研究。来日経験あり。
http://www.jura.uni-wuerzburg.de/index.php?id=101056 (写真あり)
0444
KNEIHS, Benjamin (クナイス、ベンヤミン) 墺
Dr. iur., Univ.-Prof., Univ. Salzburg
1971 年 02 月 02 日 (Wien)
Verfassungsrecht und Verwaltungsrecht
1989–1995 Studium Wien; 1995 Magister der RW; 1996 zunächst Vertragsass., ab 1. Jänner 1997 Univ.-Ass. WirtschaftsUniv. Wien; 1998 Prom. Wien; 1998–99 Dienstzuteilung als verf.rechtl. MA am VerfGH; 2004 Habil Wien; 2008–09 Univ. Prof. Graz; 2009 Prof. Salzburg
D: Grundrechte und Sterbehilfe, Wien 1998
H: Privater Befehl und Zwang, Wien u. a. 2004
AL: Heinz Peter Rill (0695)
備考: 国家と個人の関係を研究する。オーストリアの若手研究者。
http://www.uni-salzburg.at/portal/page?_pageid=905,1269628&_dad=portal&_schema=PORTAL (写真あり)
0445
KNEMEYER, Franz-Ludwig (クネ[一]マイアー、フランツ=ルートヴィヒ)
Dr. iur., em. Prof., Univ. Würzburg
1937 年 05 月 03 日 (Münster/Westf.)
Öffentliches Recht
1957–61 Studium Münster u. München; 1961 I. SE Hamm; 1965 II. SE Düsseldorf (NRW); 1961 HiWi Münster; 1966 WiAs Bochum; 1964 Prom. Münster; 1969 Habil. Bochum; 1969 PD Bochum; 1970 o. Prof. Würzburg; 2004 emer.
B: D. Notariat im Fürstbistum Münster (1964: D.); Lehrfreiheit (1969); Regierungs- u. Verwaltungsreformen in Dtland zu Beginn d. 19. Jh. (1970: H:); Verw.gerichtl. Rschutz geg. Eingemeindungen im Rahmen d. Bay. Kreisgebietsreform (1971); D. öff. Einrichtungen d. Gemeinden (1973); Bayer. KommunalR (1973; 9. A. 1996); Stadt-Umland-Planung (1975); Entwick. im HschulverfR (1975); Kommun u. Medien (1978); Gebietsreform u. Ldesplanung (1980); Bay. VerwR (1981; 4. A. 1995); Bankgeheimnis (1986); Europ. Charta d. kommun. Selbstverw. (1989); Prüfe Dein Wissen: Polizei- u. OrdnungR (1990; 2. A. 1994); Aufbau kommun. Selbstverw. i. d. DDR (1990); D. Dt.

Juristen-Fakultätentag (1992); Europa d. Regionen (1994); D. bay. GemeindeO 1808–1945 (1994); Bürgerbeteiligung u. Kommunalpolitik (1995); Bay. KommunalR (9. A. 1996)
AL: Walter Rudolf (0715)
Q: K 1983, S. 2129/2130; Wer ist wer 1996/97; CV
備考1: 1970年入会。第35回大会（1976年）第2テーマ副報告。ドイツを含むヨーロッパの地方自治法制度及び警察法に造詣が深い。来日経験あり。
備考2: なお、師のRudolfはAdolf Schüle （ 0805 ）の門下生であり、学統はその師であるRichard Thoma （ 0886 ）→ Heinrich Rosin（非会員、Freiburg、刑法、1855–1927年）を経て、Otto von Gierke（非会員、Berlin → Breslau → Heidelberg →（wieder）Berlin、1841–1921年）へと至る。
http://www.jura.uni-wuerzburg.de/professoren/knemeyer/knemey.htm
http://de.wikipedia.org/wiki/Franz-Ludwig_Knemeyer
0446
KNIES, Wolfgang （クニース、ヴォルフガング）
Dr. iur., Prof., Univ. des Saarlandes (Saarbrücken)
1934年11月09日（Mainz）
VL: Staatsrecht, Verwaltungsrecht, Finanz- u. Steuerrecht
1954–58 Studium Mainz u. München; 1958 I. SE München; 1963 II. SE München; 1958–59 Hiwi München; 1959 Verw. e. WiAs am Inst. (Karl Engisch, Reinhart Maurasch); 1960 am Inst. d. öff. Rech; 1963 WiAs ebd.; 1966 Prom. München; 1970 Habil. ebd.; 1970 PD München; 1971 o. Prof. Saarbrücken; 1976–80 Richter am VfGH d. Saarlandes; 1980–84 Min. f. Kultus, Bildung u. Sport d. Saarl.; 1984/85 Min. f. Rechtspflege u. Bundesratsangelegenh. d. Saarl., 1987/88 Kultusmin. Nieders.
B: Schranken der Kunstfreiheit als verfassungsrechtl. Problem (1966: D.); Steuerzweck u. Steuerbegriff (1971: H.; erschien 1976)
AL: Theodor Maunz (0557), Peter Lerche (0515); Hans Spanner (0845)
AS: Franz Ruland (0719)
Q: K 1996, S. 724; Wer ist wer 1996/97; CV; Hikasa, S. 218
備考1: 1971年入会。Hans Zacher （ 0989 ）の講座後継者。CDU党員として州大臣を歴任し、実務と理論を統合しようとしている。
備考2: MaunzとLercheという師弟の門下に学んだ。
備考3: なおSpannerの師は、Ludwig Adamovich Sen （ 0005 ）。
http://de.wikipedia.org/wiki/Wolfgang_Knies

0447
KNÖPFLE, Franz (クネップ[フ]レ、フランツ)
Dr. iur., Dipl.-Volksw., em. Prof., Univ. Augsburg
1926 年 08 月 27 日 (Lindau/Baden)
VL: Staats- u. Verwaltungsrecht
1946–49 Freiburg/Br. u. München; 1954–55 Studienaufenthalt Columbia Univ./USA; 1949 I. SE; 1949–53 Ref.; 1952 Diplom-Volkswirte München; 1953 höh. Verw.dienst Bayern; 1955–58 erster jur. Staatsbeameter Landratsamt; 1958 Bay. Staatskanzlei; 1958 ORegRat; 1960 RegDir; 1952 Prom. München; 1960 Reg.Dir.; 1965 Habil. München; 1965 PD München; 1966 o. Prof. HVW/Speyer (1969–71 Rektor), 1972 Augsburg (1973–79 Präsident); 1998 emer.
B: D. allg. Schadenverhütungsklage (1952: D.); Verf.verständnis u. Verf.ger.barkeit (1964: H.); D. Einvernehmen d. Gemeinde nach § 36 BBauG u. raumordnungsrechtl. Vorgaben (1984); Zuständigkeit d. Rechnungshöfe f. d. Prüfung d. Körperschaften d. öff. Rechts (1987); Rechnungsprüfung bei Rdfk.anstalten u. Parlament (1990), Information d. Parlaments üb. d. Finanzgebaren öff.-rechl. Rdfk.anstalten (1990)
AS: Rupert Stettner (0864)
Q: K 1996, S. 726 (Red.); Wer ist wer 1996/97; CV
L: FS 1996 (D. Verw.staat im Wandel; hrsg.: Detlef Merten/ Reiner Schmidt/Rupert Stettner)
備考: 1966 年入会。財政法研究者。
http://www.jura.uni-augsburg.de/fakultaet/lehrpersonen/emeriti/knoepfle/mitarbeiter/knoepfle/index.html
http://de.wikipedia.org/wiki/Franz_Kn%C3%B6pfle

0448
KOCH, Hans-Joachim (コッホ、ハンス゠ヨアヒム[ヨアーヒム])
Dr. iur., Prof., Univ. Hamburg
1944 年 10 月 11 日 (Leipzig)
Öffentliches Recht u. Rechtsphilosophie
1964–69 Studium Frankfurt/M.; 1969 I. SE; 1970 Ref.; 1971–72 WiAs Frankfurt; 1971 Prom. Frankfurt; 1978 Habil. ebd.; 1978 PD Frankfurt; 1978 Prof. Hamburg
B: Zur Analyse richterl. Entscheidungen (1971: D.); Unbestimmte Rbegriffe u. Ermessensermächtigungen im VerwR (1978: H.); Bodensanierung nach d. Verursacherprinzip (1985); Grenzen d. R.verbindlichkeit techn. Regeln im öff. BauR (1986); Immissionsschutz durch

BauR (1991)
AL: Erhard Denninger (0132), Hans Meyer (0581)
Q: K 1996, S. 729; Wer ist wer 1996/97; CV; CV/Diss.
備考 1: 1979 年入会。環境法を研究。
備考 2: なお、師のうち Denninger は Peter Schneider (0789) の、また H. Meyer は Ernst Friesenhahn (0211) の門下生である。P. Schneider の師は Friesenhahn なので、結局 Koch の学統は、両師を通じて直接・間接に、Friesenhahn → Richard Thoma (0886) → Heinrich Rosin (非会員、Freiburg、刑法、1855–1927 年) → Otto von Gierke (非会員、Berlin → Breslau → Heidelberg → (wieder) Berlin、1841–1921 年) へと収斂する。
http://www.forschungsstelle-umweltrecht.de/index.php?83
http://de.wikipedia.org/wiki/Hans-Joachim_Koch
0449
KOCH, Thorsten (コッホ、トル[トァ]ステン)
Dr. iur., apl. Prof., Univ. Hannover
1960 年 09 月 10 日 (Braunschweig)
Öffentliches Recht
1981–87 Studium Osnabrück; 1990 I. SE; 1990 Wiss. MA Osnabrück; 1991 akad. Rat Osnabrück; 1993 Prom. Osnabrück; 1999 Habil. Osnabrück; Prof. Osnabrück
D: Der rechtliche Status kommunaler Unternehmen in Privatrechtsform, Baden-Baden 1994
H: Der Grundrechtsschutz des Drittbetroffenen, Tübingen 2000
AL: Jörn Ipsen (0376)
備考 1: 公営企業改革や第三者の法的地位論などを研究。
備考 2: 師の Ipsen を通じて、Dietrich Rauschning (0680) → Eberhard Menzel (0573) → Friedrich Giese (0240) へと連なる。なお、同じ大学の哲学部に Torsten Koch が居るので、注意のこと (専門は心理学)。
http://www.koeblergerhard.de/Rechtsfakultaeten/Osnabrueck118.htm
0450
KÖCK, Wolfgang (ケック[コェック]、ヴォルフガング)
Dr. iur., Prof., Univ. Leipzig
1958 年
Umweltrecht
Studium Bremen; 1990 Prom. Bremen; 2000 Habil. Bremen; 2001 Prof. Leipzig
D: Die Sonderabgabe als Instrument des Umweltschutzes, Baden-Baden 1991

H: Maßstäbe der Risikobewertung im Umweltrecht, unter besonderer Berücksichtigung des Stoffrechts, Bremen 2000 (unveröffentlicht)
備考：ブレーメン学派。環境法を専攻する。
http://www.ufz.de/index.php?de=1777（写真あり）
0451

故 **KOELLREUTER, Theodor Otto** （ケルロイター［コェルロイター］、テーォドァ・オットー）
Dr. iur., em. o. Prof., Univ. München
1883 年 11 月 26 日 (Freiburg/Br.)　1972 年 02 月 23 日 (Freiburg/Br.)
Wissenschaftliche Politik u. öffentliches Recht, insb. angelsächsisches öffentliches Recht
Studium Rom, Grenoble, Berlin u. Freiburg/Br.; 1905 II. SE; 1908 Prom. Freiburg; 1912 Habil. Freiburg; 1912 PD Freiburg; 1914–18 Kriegsdienst; 1918 ao. Prof. Freiburg; 1920 o. Prof. Halle; 1921 o. Prof. Jena; 1933 o. Prof. München; 1949 em.
B: Richter u. Master (1908: D.); VerwR u. Verw.-Rsprechung i. mod. Engl. (1912: H.); Parteien u. Verf. im heutigen Dtland (1932); D. nationale Rstaat (1932); D. nationale Revolution u. d. Rform (1933); Volk u. Staat i. d. Verf.krise (1933); Grundriß d. Allgem. StaatsL (1933); D. dt. Führerstaat (1934); D. Gestaltung d. dt. polit. Einheit (1934); Dt. VerwR (1935; 3. A. 1938); Führung u. Verwaltung (1938); D. heutige Staatsaufbau Japans (1941); D. polit. Entwicklung d. heutigen Japans (1944); Gfragen d. VerwR (1955)
AL: Richard Schmidt (0771)
AS: Arnold Köttgen (0464); Carl-Hermann Ule (0901)
Q: Wer ist's 1922, S. 824; K 1935, S. 708; K 1950, S. 1056/1057; CV/Diss.
L: DÖV 1953, S. 760, AöR 79 (1953/54), S. 370; AöR 89 (1964), S. 112; Hollerbach, Freiburg LS, in: Heyen (Hrsg.), S. 294;
U: Stolleis, O. K., in: NDB, Band 12, S. 324 f.; Jörg Schmidt, T. O. K., in: Nehlsen/Brun (Hrsg.), Müchner rechtshist. Studien zum NS, S. 331–346
備考：戦前原始会員（1924年入会）。1929年及び1931年協会副理事長（1930年には学会は開かれていない。なお、理事長は Carl Sartorius、いま一人の副理事長は Hans Kelsen）。ナチスの政権掌握に伴い、学会の解散を決議した時の学会副理事長となった。著作リストを一瞥すれば明白なように、ナチスとの仲がとかく取り沙汰された人物。Carl Schmitt (0780) とは犬猿の仲であった。戦前（昭和13年）に来日したことがあり、ゆえに日本に関する

著作が含まれているとともに、邦訳などもある。
http://www.catalogus-professorum-halensis.de/koellreutterotto.html（写真あり）
Otto Koellreutter (1912–1919), in: Frank Zeiler, Biographische Skizzen zum Lehrkörper der Freiburger Rechtsfakultät in den Jahren 1860–1918, S. 129 f. (http://www.freidok.uni-freiburg.de/volltexte/5871/pdf/Biographische_Skizzen.pdf)
http://de.wikipedia.org/wiki/Otto_Koellreutter
0452
KOENIG, Christian （ケーニヒ［コェーニ［ッ］ヒ］、クリスツィアン）
Dr. iur., Dr. iur. habil., LL.M. (London), U.-Prof., Univ. Bonn
1961 年 03 月 05 日 (Münster/Westf.)
Staats-, Verwaltungs- u. Europarecht
Studium Berlin, Mainz u. LSE; 1988 Prom. Marburg/L.; 1993 Habil. ebd.; 1993 PD Marburg; 1994 Prof. Mainz; 1995 Prof. Marburg; 1999 Prof. Bonn
B: D. nationale Befreiungskrieg im mod. humanitären VR (1988: D.); D. öff.-rechtl. Verteilungslenkung (1994: H.)
AL: Eibe Riedel (0693)
Q: K 1996, S. 738; Wer ist wer 1996/97
備考1: ヨーロッパ法学者。特に、競争法分野を研究。Walter Rudolf (0715) の講座後継者。
備考2: 師の Riedel は、Jost Delbrück (0131) の門下生。後者の師は Eberhard Menzel (0573) で、Friedrich Giese (0240) へと至る。
http://jura.uni-bonn.de/index.php?id=4659（写真あり）
http://www.profkoenig.de/index.html（写真あり）
0453
故 **KÖHLER, Ludwig von** （ケーラー［コェーラー］、ルートヴィヒ・フォン）
Dr. rer. pol., Dr. iur. h.c., em. Prof., Univ. Tübingen, Staatsminister a. D.
1868 年 10 月 20 日 (Elberfeld)　1953 年 09 月 26 日 (Ludwigsburg)
Verwaltungsrecht u. Verwaltungslehre, Sozial-Versicherung
1889 Studium RW u. Kameralwissenschaft Tübingen; 1890 Prom. Tübingen; 1919 Habil. Tübingen; 1919 PD Tübingen; 1921 o. Prof. Tübingen; 1933 em.
B: Das württembergische Gewerbe-Recht von 1805–1870 (1890: D.); Glehren des Dt. VerwR (1935)
AL: H. Lehmann

Q: K 1950, S. 1055
L: Born, Geschichte, S. 164, JZ 1953, S. 646 (von Wilhelm Merk)
備考：戦前原始会員（1924年入会）を経て、戦後原始会員（1950年入会）。第2回（1925年）第2テーマ報告（H. 2）。古き時代の行政法学者。ナチスには一定のスタンスを保って臨んでいた（Michael Stolleis の見解）。
http://de.wikipedia.org/wiki/Ludwig_von_K%C3%B6hler
http://www.koeblergerhard.de/Rechtsfaecher/Verwaltungsrecht1060.htm

0454
故 **KOJA, Friedrich**（コーヤ、フリードリヒ）墺
Dr. iur., Dr. rer. oec., Dr. h.c., o. U.Prof., Univ. Salzburg/Österr.
1933年01月29日（Leoben/Steiermark）　1999年04月12日（Salzburg）
Verfassungsrecht, Allgemeine Staatslehre, Allgemeines Verwaltunsrecht, Österreichisches Verwaltungsrecht
1951–55 Studium Innsbruck; 1957 Östrr. VfGH; 1955 Prom. Innsbruck (Dr. iur.); 1956 Prom. (Dr. rer. oec.); 1966 Habil. Wien; 1966 PD Wien; 1968 o. Prof. Salzburg
B: Wirtschaftsmacht u. WirtschaftsR (1956: D.); D. VerfR d. österr. Bdesländer (1967: H.; 2. A. 1988); D. freie Mandat d. Abgeordneten (1971); D. pol. Auftrag d. Univ. (1972); Wiss.freiehit u. Univ. (1976); Gemeindeverbände u. Bdesverf. (1979); D. Staatsnotstand als R.begriff (1979); Konkordat u. Wiss.freiheit (1980); Hans Kelsen od. d. Reinheit d. R.lehre (1988); Allg. StaatsL (1993)
MA: FS Robert Walter (1991; hrsg.: Heinz Mayer)
MH: FS Walter Antoniolli (1979; m. Felix Ermacora u.a.)
AL: Walter Antoniolli (0012)
AS: Harald Stolzlechner (0872)
Q: K 1983, S. 2195; CV
L: FS 1993 (Reformstrebungen im österr. Bdesstaatssystem; hrsg. v. Heinz Schäffer/H. Stolzlechner); FS 1998 (Staat Verfassung Verwaltung; hg. v. Schäffer Heinz)
備考：1968年入会。共編の行政裁判所判例の分析書は有益。
Symposion zum Gedenken an Friedrich Koja <2004, Salzburg>
http://www.koeblergerhard.de/juristen/vips/viwkSeite90.html

0455
KOKOTT, Juliane（コ[ー]コット、ユリアーネ）
Dr. iur. utr., S.J.D., LL.M., Prof., Univ. Sankt Gallen, Generalanwältin am Gerichtshof der Europäischen Gemeinschaften/Luxemburg

1957 年 06 月 18 日（Frankfurt/M.）
VL: Deutsches und ausländisches öffentliches Recht, Völkerrecht und Europarecht
Studium Bonn u. Genf; I. SE Bonn/Köln; 1983 LL.M. (Amercan Univ./Washington); 1985 Prom. Heidelberg; 1987 II. SE Stuttgart; 1990 S.J.D. (Harvard); 1992 Habil. Heidelberg; 1984–92 MPI/Heidelberg; 1992 PD Heidelberg; 1993 Prof. Augsburg; 1993/94 Prof. Heidelberg; 1994 Prof. Düsseldorf; 1999 Prof. HS Sankt Gallen; 2003 Generalanwältin am EuGH
B: D. Interamerikanische System z. Schutz d. MR (1986: D.); Burden of Proof in Human Rights Law (1990); Beweislastverteilung u. Prognoseentscheidungen b. d. Inanspruchnahme v. Grund- u. Menschnrechten (1993: H.)
AL: Karl Doehring（0144）
Q: K 1995, S. 747; Wer ist wer 1996/97（写真あり）
備考1：ホームページには、「研究の重点：国際法、とりわけ人権、国際環境法。ヨーロッパ法、公法における比較法」とある。2003 年からは、ヨーロッパ裁判所（EuGH）の法務官（Generalanwältin）として活躍。
備考2：師の Doehring を通じて、Ernst Forsthoff（0206）→ Carl Schmitt（0780）に連なる。
http://www.rwa.unisg.ch/org/rwa/kokott.nsf/SysWebRessources/%5BDE%5D/$FILE/2010-04+Lebenslauf+Kokott,+Juliane+%5BDE%5D.pdf
http://de.wikipedia.org/wiki/Juliane_Kokott
http://curia.europa.eu/jcms/jcms/Jo2_7026/（写真あり）
0456
KOLONOVITS, Dieter（コロノヴィッツ、ディーター）墺
Dr. iur., ao. Univ.-Prof., Univ. Wien
1969 年
Verfassungs- und Verwaltungsrecht
Studium Wien; 1992 Sponsion (Mag. iur); 1993–95 Doktoratsstudium, 1993/1994 Postgraduate-Studium als Fulbright Stipendiat; 1995 Prom. Wien; 1994 Ass. Wien; 1999 Habil. Wien; 2000 ao. Univ.-Prof. Wien
D: Minderheitenschulrecht im Burgenland, Wien 1996
H: Sprachenrecht in Österreich, Wien 1999
備考：一貫して少数者の権利の問題に取り組み、その関係から教育法も研究している。
http://www.univie.ac.at/medizinrecht/institut/kolonovits-Dateien/dieterdaten.htm（写真あり）

0457
KÖNIG, Doris (ケーニヒ[コェーニ[ッ]ヒ]、ド[ー]リス) 女性
Dr. iur., Prof., Bucerius Law School/Hamburg
1957 年（Kiel）
VL: Öffentliches Recht, einschließlich allgemeine Staatslehre, Völker- und Europarecht
Studium Kiel u. Univ. of Miami LS (M. C. L.); 1980 I. SE; 1986 II. SE; 1989 Prom. Kiel; 1989 Richterin LG Hamburg; 1992 WiAs Kiel; 1998 Habil. Kiel; 2000 Prof. Bucerius LS
D: Durchsetzung internationaler Bestands- und Umweltschutzvorschriften auf hoher See im Interesse der Staatengemeinschaft, 1990
H: Die Übertragung von Hoheitsrechten im Rahmen des europäischen Integrationsprozesses, 2000
AL: Jost Delbrück (0131)
備考：国際法・ヨーロッパ法学者。Delbrück の師は、Eberhard Menzel (0573)。
http://www.law-school.de/prof_dr_doris_koenig_mcl.html?&L=0 （写真あり）

0458
KÖNIG, Klaus (ケーニヒ[コェーニ[ッ]ヒ]、クラウス[クラォス])
Dr. iur., Dr. rer. pol., em. Univ.-Prof., HVW/Speyer, Ministerialdirektor a. D.
1934 年 04 月 21 日（Bad Schwarzbach/Schlesien）
Öffentliches Recht u. Verwaltungslehre
1954–58 Studium München u. Münster/Westf. (RW u. Staatswiss.); SS 1961 Studium Speyer; 1961–62 Studium Graz (Staatswiss.); 1958 I. SE Hamm; 1959 Ref.; 1965 II. SE; 1965 Wiss.Ref. Speyer; ORegRat Staatskanzlei Mainz; 1961 Prom. (Dr. iur.) Münster; 1962 Prom. (Dr. rer. pol.) Graz; 1970 Habil. HVW/Speyer; 1965 Ass. jur.; 1971 Reg. Dir.; 1971 o. Prof. Speyer (1974–76 Rektor); 1982–87 Ministerialdir. Bundeskanzleramt; emer.
B: D. Wirkung mitteldt. Hoheitsakte i. d. westdt. Rordnugen (1962: D.); D. Anerkennung ausl. VA (1965: D.); Interessen verw.wisenschaftl. Erkenntnis (1970: H.); Erkenntnisinteressen d. Verw.wiss. (1970); Koordination u. integrierte Planung in d. Staatskanzleien (1976); Civil Service Reforms in Europe (1977); Education for Public Administration (1977); Curriculmentwick. z. FH f. öff. Verw. (1978); Entwick. d. inneren Verw.org. i. d. BRD (1978); Kritik öffentl. Auf-

gaben (1989); Verwaltungsstrukturen d. DDR (1991); Staatskanzleien. Funktionen u. Organisation (1993); Zur innenpolit. Agenda (1993); Instrumente u. Formen staatlichen Handelns (1993); Transformation e. real-sozialistischen Verw. in e. klassisch-europ. Verwaltung (1993); Zur Aufgaben- u. Vermögenstransformation (1994); Vermögenszuordnung im Aufgabenzuschnitt d. öff. Sektors d. neuen Bdesländer (1994); Materialien z. Org. u. Reform v. Ldesverw.gen (1995)
AL: Carl-Hermann Ule (0901); Erwin Melichar (0569)
Q: K 1996, S. 739/740; Wer ist wer 1996/97; CV; Hikasa, S. 220
L: FS 1995 (Arbeitender Staat; 1995; hrsg. Beck u.a.)
備考：1971年入会。公法学と政治学・行政学の狭間での業績が多い。行政法・行政学の分野では、疑いもなく最も業績の多い研究者の一人に数えられる。師Uleは Otto Koellreuter (0451) の門下生で、後者の師は Hermann Jahrreiß (0388)。更にその師 Richard Schmidt (0771) を媒介に、Adlof Wach（非会員、Leipzig、民訴、1843–1926年）へと連なる。
http://www.hfv-speyer.de/koenig/Prof.htm

0459
KOPETZKI, Christian (コペッツキ［ー］、クリスツィアン) 墺
Dr. iur., Dr. med., U. Prof., Univ. Wien/Österr.
1954年10月22日（Wien）
Staats- u. Verfassungsrecht, Verwaltungsrecht, Ärztliche Rechts- u. Standeskunde, Rechtsmedizin
Studium Wien; 1979 Prom. (iur.); 1984 Prom. (med.); 1995 Habil. Wien; 1995 PD Wien; 1997 ao. Prof. Wien; 2002 Univ.-Prof. Wien
B: Organgewinnung zu Zwecken d. Transplantation (1988); Turnusärzte u. Famulanten (1990); UnterbringungsG (1991); UnterbringungsR, 2 Bde. (1995); Griß d. UnterbringungsR (1997)
MH: R.sprechung d. VfGH (1985; m. Benjamin Davy/Ulrike Davy/Steffan Griller)
Q: K 1996, S. 752
備考：1985年の共著を出したときは、4人とも助手であったが、この間にその全てが教授になった。その中でも、法学のみならず、医学の学位を取得している。臓器移植法の問題に取り組む。
http://www.univie.ac.at/medizinrecht/institut/kopetzki-Dateien/kopdaten.htm（写真あり）

0460
故 **KOPP, Ferdinand Otto** (コップ、フェルディナント・オットー)
Dr. iur., o. U.Prof., Univ. Passau

1932 年 01 月 12 日（Garmisch-Partenkirchen/Bayern）　1995 年 07 月 02 日（München）
VL: Staats- u. Verwaltungsrecht
1950–55 Studium Colleg of St. Thomas, St. Paul/USA (1 Jahr) u. München (RW, Wirtschaftswiss. u. moderne Fremdsprachen: Eng., Franz., Russ., Ital., Span., Portg., Arab., Jap., u. Chin.); 1955 Diplomvolkswirt München; 1956 Diplomkaufmann München; 1956 I. SE; 1960 II. SE München; 1962–63 Vereinte Nation (Beratung zur liby. Regierung); 1963 Reg.Rat; 1965 VwGer.Rat München; 1966 ORegRat; 1967 OVwRichter; 1957 Prom. München; 1969 Habil. München; 1978 o. Prof. Passau
B: Histor. u. zeitgemäße Auslegung v. Gesetzen (1958: D.); Principles of Administrative Law in Libya (1963); VerfR u. VwVfR (1971: H.); Gutachten f. d. 54. Dt. JT (1982); VerwGO (1991); VerwGO. Kommentar (10. A. 1994); VwVerfG. Kommentar (6. A. 1997)
AL: Karl Engisch（München、非会員）; Hans Spanner（ 0845 ）
Q: K 1983, S. 2210; CV; Hikasa, S. 225; Nek. K 1996, S. 1663
備考：1970 年入会。豊かな実務経験に基づく 2 冊のコメンタールでお馴染み。一風変わった語学及び外国法習得歴が興味深い。なお Spanner の師は、Ludwig Adamovich（ 0005 ）。
http://de.wikipedia.org/wiki/Ferdinand_O._Kopp
0461
故 **KORDT, Erich**（コルト、エーリヒ）
Dr. iur., apl. Prof., Univ. Köln, Ministerialdirigent a. D.
1903 年 12 月 10 日（Düsseldorf）　1969 年 11 月 11 日（Düsseldorf）
Völkerrecht
1928 Prom. Tübingen; im Ausw. Amt; 1928 diplomatischer Dienst Genf, Bern; 1936 Botschafter London (mit Ribbentrop); Verbindung zu Widerstandsgruppen (Canaris, Beck, Oster); 1938 Ministerbürochef, 1941 Gesandter Tokio, Nanking; 1948 Zeuge bei Nürnberger Kriegsverbrecherprozessen; 1948 Habil. München; Neuaufbau diplomatischer Dienst Bonn; 1950 PD Köln; 1958 apl. Prof. Köln
B: Stellung d. brit. Dominien zum Mutterland (1928: D.); D. Außenpolitik d. Driten Reiches (1947; 2. A. 1948: H., auch ital.); Nicht aus den Akten (1950)
AL: Heinrich Pohl（ 0662 ）, Karl Sartorius（ 0732 ）
Q: K 1961, S. 1053; Nek. K 1976, S. 3660; CV; CV/Diss.
備考：1952 年入会。外交官としての経歴が長く、戦前には在日ドイツ公使

だったこともある。兄（Theodor Kordt, 1893–1962 年）も外交官であった。
http://de.wikipedia.org/wiki/Erich_Kordt
0462
KORINEK, Karl（コ［ー］リネク、カール［カルル］）墺
Dr. iur., o. Prof., Univ. Wien/Österr., Mitg. des Österr.VfGH
1940 年 12 月 07 日（Wien）
VL: Österreichisches Verfassungsrecht, Allemeines Verwaltungsrecht u. Besonderes Verwaltungsrecht
1958–63 Studium Wien; 1963–64 Rechtspraktikant Wien; 1964 Rechtskonsulent d. Bundeskammer; 1963 Prom. Wien; 1970 Habil. Salzburg; 1973 o. Prof. Graz; 1976 o. Prof. WU Wien; 1978 Mitglied des österr. VerfGHs; 1995 o. Prof. Wien; 1999 Vizepräsident; 2003 Präsident des ö. VerfGH; 2008 a. D.
B: Wirtschaftl. Selbstverw. (1970: H.); Verf.rechtl. Aspekte d. Raumplanung (1971); Verf.rechtl. Eigentumschutz u. Paumplanung (1977); D. PetitionsR im demokr. Rstaat (1977); Ministerverantwortlichkeit (1986); Entwicklungstendenzen i. d. G.rechtsjudikatur des VfGH (1992); G.lagen staatl. Privatwirtschaftsverwaltung (1993)
MA: GS f. Fritz Schönherr (1985; hsrg. v. Walter Barfuß u.a.); FS Gerhard Frotz (1993; hrsg.: Michael Enzinger u.a.); FS Walter Robert (1991; hrsg.: Heinz Mayer); FS Walter Schwarz (1991; hrsg.: Oswin Martinek u.a.); GS f. Kurt Ringhofer (1995; hrsg.: Robert Walter u.a.); FS Karl Hempel (1997; hrsg.: H. Mayer)
H: FS Karl Wenger (1983); FS Heinz Peter Rill (1995; m. Stefan Griller u.a.)
AL: Friedrich Koja（0454）
AS: Christian Brünner（0094）
Q: K 1983, S. 2216; CV; Hikasa, S. 227
備考：1972 年入会。第 39 回大会（1980 年）第 1 テーマ報告。1994 年及び 1995 年の協会副理事長（理事長は Walter Schmitt Glaeser、いま一人の副理事は Hans-Peter Schneider）。オーストリア公法学界の中心人物の一人。憲法裁判所長官もつとめた。
http://de.wikipedia.org/wiki/Karl_Korinek
0463
KORIOTH, Stefan（コ［ー］リオト、シュテファン）
Dr. iur., Prof., Univ. München
1960 年
Öffentliches Recht, Verfassungsgeschichte, Staatslehre, Kirchenrecht

1980 Studium Mannheim u. Bonn; 1985 I. SE; 1990 II. SE; 1990 Prom. Bonn; WiAs Bonn; 1996 Habil. Bonn; 1996 o. Prof. Greifswald; 2000 Prof. München

B: Integration u. Bdesstaat. E. Beitrag zur Staats- u. VerfL Rudolf Smends (1990: D.); Der Finanzausgleich zwischen Bund und Ländern (1997: H.)

H: Auf dem Wege zu einer Europ. Staatlichkeit (1993; m. Thomas von Danwitz, Markus Heintzen, Michael Reinhardt u.a.)

AL: Klaus Schlaich (0758)

備考1: 師でもある故 Klaus Schlaich の著作『連邦憲法裁判所』の加筆補訂を引き継いでいる。博論では、スメントの統合理論に取り組んだ。

備考2: なお、師の Schlaich は Martin Heckel (0303) の門下生。後者は Hans Schneider (0786) → Werner Weber (0935) を経て、Carl Schmitt (0780) へと至る。

http://www.jura.uni-muenchen.de/personen/korioth_stefan/index.html
(写真あり)

0464

故 **KÖTTGEN, Arnold** (ケットゲン[コェットゲン]、アルノルト)
Dr. iur., o. Prof., Univ. Greifswald
1902年02月22日 (Bonn)　1967年02月10日 (Göttingen)
Staats- u. Verwaltungsrecht

Studium Marburg/Lahn, Graz, München u. Jena; 1924 Prom. Jena; 1928 Habil. Jena; 1928 PD Jena; 1928 Gastdozent Riga; 1931 o. Prof. Greifswald; NSDAP; 1939 Generalpolizeidezernent u. Abwehrbeauftragter im neu eingerichteten Regierungsbezirk Kattowitz (mit Auschwitz) = "Zivilverwalter Oberschlesien"; 1943 o. Prof. WU Berlin; 1945 russische Gefangenschaft (Internierungslager Neubrandenburg); Generalref. für Verfassungsrecht Bundesinnenministerium; 1948 GastProf. Köln; 1951 Prof. Speyer; 1952 o. Prof. Göttingen

B: D. dt. Berufsbeamtentum u. d. parlam. Demokratie (1928: H.; Nachdr. 1978); Krise d. kommunalen Selbstverw. (1932); Dt. UniversitätsR (1933; Nachdr. 1996); Dt. Verwaltung (3. A. 1944); D. rechtsfähige Verw.einheit (1939; Nachdr. 1995); D. Gemeinde u. d. Bdesgesetzgeber (1957); D. Grecht d. dt. Univ. (1959); Gemeindl. Daseinsvorsorge u. gewerbl. Unternehmerinitiative (1961); D. heutige Spielraum kommunaler Wirtschaftsförderung (1963); D. Fondsverw. i. d. BR (1965)

AL: Otto Koellreuter (0451)

AS: Martin Stock（ 0867 ）; Fritz Werner（ 0949 ）
Q: K 1950, S. 1066/1067; Nek. K 1970, S. 3424
L: AöR 92 (1967), S. 414 (Nachruf; von Fritz Werner); DÖV 1967, S. 380; JZ 1967 (von Peter Badura); In Memoriam A. K., 1968 (Bibliogr., S. 24 ff.)
備考1: 1929年入会し、戦後原始会員（1950年入会）。戦中は、師とともにナチスに入党した。戦前の第6回大会（1929年）第2テーマ副報告（営造物）と、戦後第16回大会（1957年）第2テーマ主報告（組織権力）は、共に有名。Werner Weber（ 0935 ）がその講座を継承した。1958年及び1959年の協会副理事長（理事長はHans Peters、いま一人の副理事長はOtto Bachof）。
備考2: 師Koellreuterは、Hermann Jahrreiß（ 0388 ）の門下生。後者は師Richard Schmidt（ 0771 ）を媒介に、Adlof Wach（非会員、Leipzig、民訴、1843–1926年）へと連なる。
http://www.koeblergerhard.de/juristen/alle/allekSeite583.html
 0465
KOTULLA, Michael（コトゥーラ、ミヒャエール）
Dr. iur., Prof., Univ. Bielefeld
1960年06月19日（Hannover）
Staatsrecht, Verwaltungsrecht, Verfassungsgeschichte der Neuzeit, weiter Umweltrecht, Beamtenrecht
1984 Studium Marburg; 1985 Studium Geschichte Marburg; 1989 I. SE; 1991 Prom. Marburg; 1993 II SE; 1993 Magister Artium Marburg; 1993 WiAs u. LB TU Cottbus; 1999 Habil. Lüneburg; 1999 Prof. Bielefeld
D: Die Tragweite der Grundrechte der revidierten preußischen Verfassung vom 31. 01. 1850, 1992
H: Rechtliche Instrumente des Grundwasserschutzes, 1998
AL: Eibe Riedel（ 0693 ）; Edmund Brandt（ 0077 ）
備考: 環境法に関する著作が多い。
http://www.jura.uni-bielefeld.de/lehrstuehle/kotulla/lehrstuhl （写真あり）
 0466
KOTZUR, Markus（コッツール［コッツーア］、マルクース）
Dr. iur., Prof., Univ. Leipzig
1968年07月29日（Coburg）
VL: Öffentliches Recht, Völker- und Europarecht
1988 Studium Freiburg/Br. u. Bayreuth; 1993 I. SE; Studium Duke Univ. Durham/North Carolina; 1994 LL. M.; 1996 II. SE; 1997 WiAs

Bayreuth, 2000 Prom. Bayreuth; 2002 Habil. Bayreuth; 2005 Prof. Leipzig
D: Theorieelemente des internationalen Menschenrechtsschutzes, 2001
H: Grenznachbarschaftliche Zusammenarbeit in Europa, 2004
AL: Peter Häberle（ 0278 ）
備考：ヨーロッパ法と人権法の交錯領域を研究。
http://www.uni-leipzig.de/~eurlaw/cms/cms/upload/Forschung/Kotzur-Lebenslauf_-_neu.pdf
http://de.wikipedia.org/wiki/Markus_Kotzur

0467
KRAJEWSKI, Markus（クライェフスキー、マルクース）
Dr. iur., Prof., Univ. Erlangen-Nürnberg
1969 年（Den Haag/Niederlande)
Öffentliches Wirtschaftsrecht, europäisches Wirtschaftsrecht, Wirtschaftsvölkerrecht
1991 Studium RW, Wirtschaftswiss. u. Politikwiss. Hamburg, Studium internation. Beziehungen Florida State Univ. Tallahassee/USA; 1995 Master of Science in International Affairs (M. S.); 1997 I. SE; wiss. MA. Hamburg; 2001 Prom. Hamburg; II. SE; 2003 Juniorprof. Univ. Potsdam; 2010 Prof. Erlangen-Nürnberg
D: Verfassungsperspektiven und Legitimation des Rechts der Welthandelsorganisation, Berlin 2001
H: Grundstrukturen des Rechts öffentlicher Dienstleistungen, Heidelberg 2011
備考：経済法と規制緩和論の研究に取り組む。
http://www.jura.uni-erlangen.de/professoren/krajewski.shtml （写真あり）

0468
故 **KRAUS(E), Herbert** （クラウス［クラウゼ］、ヘルベルト［ヘルバート］)
Dr. iur., em. o. Prof., Univ. Göttingen
1884 年 01 月 02 日（Rostock) 1965 年 03 月 15 日（Göttingen)
Öffentliches Recht, Allgemeine Staatslehre, anglo-amerikanisches Recht
1903 Studium Geschichte, Philosophie u. RW Heidelberg, Leipzig u. Berlin; 1907 Prom. Berlin; 1911 Studienaufenthalt Columbia Univ. New York, Harvard Univ., Sorbonne Paris; 1913 Habil. Leipzig; 1913 PD Leipzig; 1914 Rechtsberater deutsche Verwaltung Belgien; 1917 Teilnahme Friedensverhandlungen von Brest-Litowsk; 1920 ao. Prof. Königsberg/Pr.; 1921 o. Prof. Königsberg; 1928 o. Prof. Göttingen,; 1937–45 Zwangspensionierung; 1945–47 Verteidiger Nürnberger Kriegs-

verbrecherprozesse; 1947 Prof. Göttingen; 1953 em.
B: D. auswärtige Dienst d. Dt. Reiches, Diplomatie u. Konsularwesen (1932); The Crisis of German Democracy (1932); D. Krise d. zwischenstaatl. Denkens (1933); D. ausw. Stellung d. BRD nach d. Bonner GG (1950; Neudr. 1996)
AL: Franz von Liszt (非会員、Berlin、刑事法)
AS: Walter Rudolf 0715
Q: Wer ist's 1922, S. 850; K 1935, S. 728; K 1950, S. 1099/1100
L: FS 1954 (Mensch u. Staat in Recht u. Geschichte; isnb. S. 461/462: Curriculum Vitae); FS 1964 (Recht im Dienste d. Menschenwürde)
備考: 戦前原始会員（1924年入会）を経て、1952年入会。国際法の立場からナチスを批判した廉で、1937年に強制退官させられ、その措置はドイツ敗戦（1945年）まで続いた。第1次世界大戦ではブレスト・リトフスク条約交渉に、また第2次世界大戦ではニュルンベルク裁判に、国際法学者として関与した。苗字に関して、Krauseとの表記も見られる。先祖の一人に、Kantの良き友人であった哲学者 Frierich Christian Kraus がいる。
http://de.wikipedia.org/wiki/Herbert_Kraus

0469
KRAUSE, Peter Friedrich Wilhelm (クラウゼ[クラォゼ]、ペーター・フリードリヒ・ヴィルヘルム)
Dr. phil., em. Prof., Univ. Trier, Richter LSG Mainz
1936年02月27日 (Osnabrück)
Staats- u. Verwaltungsrecht einschließlich Sozialrecht, Rechtsphilosophie
1957–62 Studium Univ. des Saarlandes (Saarbrücken) (RW, Philosophie, Soziologie u. Geschichte); 1962 I. SE Saarbrücken; 1963–66 Ref.; 1966 II. SE Saarbrücken; 1966–67 Verw. e. WiAs Saarbrücken; 1967–72 WiAs ebd.; 1966 Prom. Saarbrücken (Dr. phil.); 1973 Habil. Saarbrücken; 1973 PD Saarbrücken; 1975 o. Prof. Trier; 2002 emer.
B: Die Lehre v. d. Arbeit in d. Philosophie d. dt. Idealismus (1966: D.); Rformen d. Verw.handelns (1974: H.); D. Risiko d. Straßenverkehrsunfalls (1975); Kommentar zum SGB, Teil IV (1978); D. Neukonzeption d. SozialhilfeR (1978); Gutachten f. d. 52. Dt. JT (1978); Eigentum an subj. öff. Rechten (1982)
AL: Kopper (非会員、Mainz); Hans F. Zacher 0989
AS: Maximilian Wallerath 0926
Q: K 1983, S. 2262; Wer ist wer 1996/97; CV; Hikasa, S. 238
備考1: 1974年入会。第45回大会（1986年）第2テーマ報告。師 (Zacher)

と同様、社会法を研究する。

備考 2: なお師の Zacher は、Hans Nawiasky（ 0608 ）の門下生であり、後者は Edmund Bernatzik（非会員、Basel → Graz → Wien、1854–1919 年）を経て、Paul Laband（非会員、Königsberg → Straßburg、1838–1918 年）へと連なる。

0470

KRAUSNICK, Daniel（クラウスニク、ダ［ー］ニエル）
Dr. iur., PD, Univ. Erlangen-Nürnberg
1971 年 12 月 31 日（Stuttgart）
VL: Staats- und Verwaltungsrecht, Europarecht, Medien- und Wissenschaftsrecht
1993–97 Studium Tübingen u. München; 1997 I. SE; 1999 II. SE; 2000–02 wiss. MA Konstanz; 2002–08 WiAs Erlangen-Nürnberg; 2003 Prom. Tübingen; 2008 Wiss. MA Erlangen-Nürnberg; 2010 Habil. Erlangen-Nürnberg
D: Das deutsche Rundfunksystem unter dem Einfluss des Europarechts, Berlin 2005
H: Staat und Hochschule im Gewährleistungsstaat, 2010
AL: Thomas Oppermann（ 0630 ）; Max-Emanuel Geis（ 0233 ）
備考: テュービンゲンでの師オッパーマンの衣鉢を継いで、教育法を研究する。
http://www.oer3.rw.uni-erlangen.de/lehrstuhlvertretung.shtml（写真あり）

0471

KRAWIETZ, Werner（クラーヴィ［ッ］ツ、ヴェルナー［ヴェァナー］）
Dr. iur., Dr. rer. pol., Dr. iur. h.c., em. U.Prof., Univ. Münster/Westf.
1933 年 12 月 14 日（Beuthen/Oberschlesien）
VL: Öffentliches Recht, Rechtstheorie, Rechtssoziologie
1954–60 Studium Freiburg/Br., Graz u. Münster/Westf.; 1960–63 Münster (Phil. u. Soziogie); 1958 I. SE Hamm; 1959 I. volkswirtsch. Ex. Graz; 1960 II. volkswirtsch. Ex. ebd.; 1963 II. SE Düssendolf (NRW); 1958–63 Übungsass. Münster; 1964–66 Pers. Ref. d. Rektors Münster; 1966 WiAs Münster; 1960 Prom. (Dr. rer. pol.) Graz; 1965 Prom. (Dr. iur.) Münster; 1974 Habil. Münster; 1974 PD Münster; 1974 Wiss.Rat u. Prof. Münster; 1979 o. Prof. Münster; emer.
B: Umfang u. Besonderheiten d. richterl. Überprüfung wirtschaftl. MaßnahmeG nach dt. u. österr. Recht (1960: D. rer. pol.); D. pos. Recht u. s. Funktion (1967: D. jur.); Theorie u. Technik d. Begriffs-

jurisprudenz (1976); Jurist. Entscheidung u. wissenschaftl. Erkenntnis (1974: H.; erschien 1978); Recht als Regelsystem (1984)
MH: FS Hans Ulrich Scupin (1983; m. N. Achterberg/D. Wyduckel); FG Ota Weinberger (1984; m. Günther Winkler u.a.); GS Ilmar Tammelo (1984; m. Theo Mayer-Maly u.a.); FG Alois Troller (1987; m. Walter Ott); FS Ernesto Garzon Valdes (1992, m. Georg Henrik von Wright); FS Kazimierz Opalek (1993; m. Jerzy Wroblewki); FS Rüdiger Schott (1993, m. Leopold Pospisil u.a.)
AL: Hans Julius Wolff (0978), Friedrich Klein (0437); Helmut Schelsky (非会員、1912–1984年、社会学者); Hans Ulrich Scupin (0821)
Q: K 1996, S. 770/771; Wer ist wer 1996/97, CV
L: FS 1993 (Rechtsnorm u. Rechtswirklichkeit; hrsg.: Aulis Aarnio/Stanly L. Paulson/Ota Weinberger/Dieter Wyduckel u.a.. 写真あり; Bibliogr., S. 797–831)
備考: 1975年入会。実定公法学者というよりも、法理論家。"ミュンスター学派"の一人。
http://www.jura.uni-muenster.de/go/organisation/mitglieder.html?suche=Werner%20Krawietz

0472
KREBS, Walter (クレープス、ヴァルター)
Dr. iur., Prof., FU Berlin
1946年05月16日 (Mettmann/Rheinland)
VL: Öffentliches Recht u. Verwaltungslehre
1964–70 Studium Frnkfurt/M. u. Münster/Westf.; 1970 I. SE Hamm; 1973–76 Ref.; 1976 II. SE Düsseldorf (NRW); 1970–73 HiWi u. Verw. e. WiAs Bochum; 1976 WiAs Bochum; 1982 WiAs Münster; 1974 Prom. Bochum; 1983 Habil. Münster; 1983 PD Münster; o. Prof. Bielefeld; o. Prof. Münster; o. Prof. FU Berlin
B: Vorbehalt d. Gesetzes u. Grechte (1975: D.); Kontrolle in staatl. Entscheidungsprozessen (1983: H.)
AL: Hans-Uwe Erichsen (0180)
Q: K 1987, S. 2476; CV
備考1: 1984年入会。行政法学者。第52回大会 (1992年) 第2テーマ報告 (なお、このテーマでは初めて5人という多くの報告者が立った)。下記サイトは、データに乏しい。
備考2: なお、Erichsen は Christian-Friedrich Menger (0571) の門下生。後者の師は Hans Julius Wolff (0978) であり、さらにその師は Friedrich Giese (0240) である。

http://www.jura.fu-berlin.de/einrichtungen/we3/professoren/ls_krebs/mitarbeiter/krebs_walter/persinfo/bio.html

0473
KRESSEL, Eckhard（クレッセル、エックハルト）
Dr. iur., apl. Prof., Univ. Würzburg
1950年
VL: Öffentliches Recht, Arbeits- und Sozialrecht
Studium RW u. Slavistik Würzburg; 1988 Daimler-Benz AG; 1994 Leitung im Bereich Arbeits- und Sozialrecht; 1994 apl. Prof. Würzburg; 2002 Leitung Personal im Werk Wörth der Truck Group; 2005 Leitung Personal der Mercedes Car Group; 2007 Leitung der Personal- und Arbeitspolitik
B: Öffentl. HaftungsR u. sozialrechtl. Herstellungsanspruch (1990)
AL: Michael Wollenschläger 0983
Q: K 1996, S. 776 (Red.)
備考：実業界（自動車メーカー）で活躍のようであるが、詳細はよく分からない。社会保険法を研究。
http://www.lean-dialog.de/index.php?id=121（写真あり）
http://www.jura.uni-wuerzburg.de/lehrstuehle/nn/prof_dr_kressel/

0474
KRIEGER, Heike（クリーガー、ハイケ）女性
Dr. iur., Prof., Freie Univ. Berlin, Richterin des Verfassungsgerichtshofes des Landes Berlin
1950年
VL: Öffentliches Recht, Völkerrecht, Europarecht und Rechtsvergleichung
1987–93 Studium Göttingen, National University of Singapore u. Bonn; 1993 I. SE; 1998 II. SE; 1991–99 MA Göttingen; 1998 Prom. Göttingen; 1999–2004 WiAs Göttingen; 2004 Habil. Göttingen; 2004–06 Oberass. Göttingen; 2006 Univ.-Prof. FU Berlin; 2007 Richterin des VerfGH des Landes Berlin
D: Das Effektivitätsprinzip im Völkerrecht, Berlin 2000
H: Streitkräfte im demokratischen Verfassungsstaat（公刊を確認し得なかった）
AL: Dietrich Rauschning 0680 ; Georg Nolte 0615
備考：国際法学者。とりわけ、地域紛争に興味を抱き研究。
http://www.jura.fu-berlin.de/einrichtungen/we3/professoren/ls_krieger/index.html（写真あり）

http://de.wikipedia.org/wiki/Heike_Krieger
0475
KRIELE, Martin (クリーレ、マルティン[マーティン])
Dr. iur., LL.M., em. o. Prof., Univ. Köln
1931年01月19日 (Opladen/Rheinland)
VL: Öffentliches Recht, Rechts- u. Staatsphilosophie
1951–53 Studium Staatl. Hochschule f. Musik Frankfurt/M.; 1953–57 Studium Freiburg/Br., Münster/Westf. u. Bonn; 1963–64 Stip. Yale/USA; 1957 I. SE Hamm; 1957–62 Ref. Münster u. Bonn; 1962 II. SE Düsseldorf (NRW); 1962–63 WiAs Münster; 1962–63 RA; 1964 Stip. DFG; 1963 Prom. Münster; 1964 LL.M. (Yale); 1966 Habil. Münster; 1967 PD Münster; 1967 o. Prof. Köln; 1996 em.
B: Kriterien d. Gerechtigkeit (1963: D.); Theorie d. Rgewinnung (1967: H.; 2. A. 1976); Einfüh. in d. Staatslehre (1975, 5. A. 1994; auch jap. Übers.); Legitimitätsprobleme d. BR (1977); D. MR zw. Ost u. West (1977, 2. A. 1979); Recht u. prakt. Vernunft (1979); Befreiung u. polit. Aufklärung (1980, 2. A. 1986); Nicaragua.- das blutende Herz Amerikas (1985, 4. A. 1986); D. demokr. Weltrevolution (1987, 2. A. 1988); Freiheit u. Befreiung (1988); Recht – Vernunft – Wirklichkeit, Ausgew. Beitr. 1959–1990 (1990); D. nicht-therapeutische Abtreibung vor d. GG (1992); Anthroposophie u. Kirche (1996)
AL: Hans Julius Wolff (0978)
AS: Görg Haverkate (0300); Michael Kirn (0431)
Q: K 1983, S. 2289/2290; Wer ist wer 1996/97; CV; Hikasa, S. 245;
L: FS 1997 (Staatsphilosophie u. Rechtspolitik; hrsg.: Görg Haverkate u.a.); Ausgew. Beitr. 1990 (siehe oben)
備考: 1967年入会。第29回大会 (1970年) 第1テーマ副報告。1986年及び1987年の協会副理事長(理事長はHans F. Zacher、いま一人の副理事長はChristian Tomuschat)。前述の"ミュンスター学派"(0471)に連なる。法学の前に音楽を学んでいた。
http://www.martinkriele.info/mk_01.html
http://de.wikipedia.org/wiki/Martin_Kriele
0476
KRÖGER, Klaus (クレーガー[クロェーガー]、クラウス[クラォス])
Dr. iur., em. Prof., Univ. Gießen
1929年07月07日 (Meldorf/Holstein)
VL: Verfassungsrecht, Verwaltungsrecht u. politische Wissenschaft
1949–53 Studium Kiel, Bonn u. Freiburg/Br.; 1953 I. SE Freiburg; II.

SE Stuttgart; 1953 WiAs Freiburg; 1964 WiAs Gießen; 1961 Prom. Freiburg; 1970 Habil. Gießen; 1970 PD Gießen; 1971 Gießen; emer.
B: D. Recht d. freien Meinungsäußerung d. Beamten im pol. Bereich (1961: D.); WiderstandsR u. demok. Verf. (1971:); D. Ministerverantwortlichk. in d. Verf.ordnung d. BRD (1972: H.); Grechtstheorie als Verf.problem (1978); Entwick. d. inneren Verw.organisation i. d. BRD (1978); Einführ. in d. jüngere dt. Verf.geschichte (1806–1933) (1988); Einf. in d. Verfassungsgesch. d. BRD (1993)
AL: Konrad Hesse (0329), Karl Zeidler (0991); Helmut Ridder (0692)
Q: K 1996, S. 781; Wer ist wer 1996/97; CV; Hikasa, S. 247
備考： 1971年入会。憲法史も含め、基本権論を中心に研究を重ねた憲法学者。
http://www.koeblergerhard.de/Rechtsfakultaeten/Giessen540.htm
0477
故 **KRÜGER, Hartmut** （クリューガー［クルューガー］、ハルトムート）
Dr. iur., Prof., Univ. Köln
1943年08月30日（Greifswald） 1998年07月08日
Deutsches u. Europäisches Wissenschaftsrecht
1964–66 Studium Freiburg/Br. u. Kiel; 1970 Studium Speyer; 1968 I. SE Kiel; 1969 Ref. Schleswig; 1972 II. SE Hamburg; 1972 RegRat; 1973 WiAs Regensburg; 1972 Prom. Kiel; 1983 Habil. Regensburg; 1983 PD Regensburg; 1986 Prof. Köln
B: Jurist. Aspekte d. parität. Mitbestimmung (1972); Mitbestimmung (1973: D.); Kriterien verf.gemäßer Organisation d. wissenschaftl. Hochschulen in Österr. u. BRD (1983: H.); R.vergleichung i. WissenschaftsR (1992)
AL: Werner Thieme (0884), W. Harms (非会員); Otto Kimmnich (0425)
Q: K 1996, S. 786; CV; CV/Diss.
備考 1： 1985年入会。第15回大会（1956年）第2テーマ主報告。
備考 2： 師の Kimmnich を通じて、Hermann Raschhofer（Würzburg、国際法、非会員、1905–1979年）→ Viktor Bruns (0095) → Heinrich Triepel (0891) へと連なる。
http://www.wissrecht.uni-koeln.de/institut/
0478
故 **KRÜGER, Herbert** （クリューガー［クルューガー］、ヘルベルト［ヘルバート］）
Dr. iur., em. o. Prof., Univ. Hamburg
1905年12月14日（Krefeld） 1989年04月25日（Hamburg）

Allgemeine Staatslehre, Völkerrecht, Staats- u. Verwaltungsrecht, Außenpolitik
1924 Studium Köln, Heidelberg u. Berlin; 1928 I. SE; 1932 II. SE; 1934 Prom. Berlin (テーマは刑法); 1936 Habil. Berlin; 1936 PD Berlin; 1937 o. Prof. Heidelberg; 1942 Prof. NS-Kampfuniv. Straßburg; 1944 Kriegsdienst Ostfront; 1951 Geschäftsführer Verband Deutscher Reeder; 1955 Prof. Hamburg; 1971 emer.
B: Führer und Führung (1935); Das Verhältnis von Recht und Wirklichkeit in der Rechts- und Staatslehre des 19. Jahrhunderts (1936: H.); Gutachten f. d. 46. Dt. JT (1966); Allg. StaatsL (1964)
AL: Rudolf Smend (0839)
AS: Günther Jaenicke (0385); Thomas Oppermann (0630); Dietrich Guido Rauschning (0680); Dieter Suhr (0878)
Q: K 1983, S. 2308; Nek. K 1992, S. 4261
L: FS 1977 (Finis Germaniae?; hrsg. v. Ingo v. Münch/Th. Oppermann/Rolf Stödter); DÖV 1970, S. 849; AöR 100 (1975); DÖV 1975, S. 761; DÖV 1985, S. 1012; AöR 111 (1986), S. 162 (von Brun-Otto Bryde)
備考: 戦後原始会員 (1950年入会)。1962年及び1963年の協会理事長 (副理事長は、Joseph Heinrich Kaiser 及び Hans Ulrich Scupin)。スメント学派。
http://de.wikipedia.org/wiki/Herbert_Kr%C3%BCger
0479

KRUGMANN, Michael (クルークマン、ミヒャエール)
Dr. iur., PD, Univ. Hamburg
1960年
Öffentliches Recht, Völkerrecht, Rechtstheorie
1982–88 Studium Hamburg; 1988 I. SE; 1993 II. SE; 1993 RA LG Hamburg; 1995 Prom. Hamburg; 2001 RA OLG Hamburg; 2004 Habil. Hamburg; 1989–2004 Wiss. HK , wiss. MA, WiAs u. Lehrbeauftragter Helmut-Schmidt-Univ./Univ. der Bundeswehr Hamburg
D: Evidenzfunktionen, Berlin 1996
H: Das Recht der Minderheiten, Berlin 2004
備考: 詳細は不明。国際法・憲法の原理論に興味を抱いているようである。
http://www.jura.uni-hamburg.de/personen/krugmann
0480

KUBE, Hanno (クーベ、ハンノ)
Dr. iur., Univ.-Prof., Univ. Mainz

1970 年
Öffentliches Recht, Finanz- und Steuerrecht, Europarecht
1989–94 Studium Heidelberg und Genf; 1994 I. SE; 1998 II. SE; 1995–96 Wiss. MA Heidelberg; 1998 Prom. Heidelberg; 1999 Wiss. MA Heidelberg; 1999–2003 WiAs Heidelberg; 2003 Habil. Heidelberg; 2004 Prof. Kath. Univ. Eichstätt-Ingolstadt; 2005 Prof. Mainz
D: Eigentum an Naturgütern, Berlin 1999
H: Finanzgewalt in der Kompetenzordnung, Tübingen 2004
AL: Paul Kirchhof (0430)
備考: 税財政法学者。
http://www.jura.uni-mainz.de/kube/135.php

0481
故 **KÜCHENHOFF, Erich** (キュッヒェンホ[ッ]フ、エーリ[ッ]ヒ)
Dr. iur., em. Prof., Univ. Münster
1922 年 06 月 30 日 (Liegnitz)　2008 年 05 月 23 日 (Münster)
Allgemeine. Staatslehre u. Politische Wissenschaften, insb. Institutionslehre, Vergleichende Herrschaftslehre u. politische Theorie; Öffentliches Recht, insb. Staatstrecht u. staatsanhängiges Verw- u. Wirtschaftsrecht; Allgemeine Wissenschaftslehre u. Rechtstheorie
1946–50 Studium Münster/Westf.; 1950 I. SE Hamm; 1950 Verw. WiAs Münster; 1956 Prom. Münster; 1965 Habil. Münster; 1965 PD Münster; Prof. Münster; emer.
B: Ausdrückl., stillschweig. u. ungeschriebenes Recht in d. bundesstaatl. Kompetenzverteil. (1957: D.); Wiedervereinigung durch Transföderation (1959); Präsentationskapitulation d. Bdeskanzlers gegenüber d. Bdespräs.? (1966); Möglichkeiten u. Grenzen begriffl. Klarheit i. d. Staatsformenlehre (1967: H.); Mißtrauensantrag u. Vertrauensfrage-Ersuchen; zwei zuläss. Mittel parlament. Regierungskontrolle m. untersch. Funktionen (1967); Bild-Verfälschungen, 2 Bde. (1972); D. Darst. d. Frau u. d. Behandl. v. Frauenfragen im Fernsehen (1975); Eine Bdesverf. f. d. Dt. Volk bedarf d. Sozialen Grechtsbestimmungen (1992)
AL: Hans Julius Wolff (0978), Friedrich Klein (0437)
Q: K 1983, S. 2325; Wer ist wer 1996/97; CV
備考: 1966 年入会。若き日に、Fridrich Klein の助手として基本法コメンタール『マンゴルト＝クライン』の編集に従事した。伯父である Günther Küchenhoff (0482) との共著『一般国家学』(いわゆる Küchenhoff/Küchenhoff) も有名。州及び市の地方政治家としても活躍した。

http://cgi.uni-muenster.de/exec/Rektorat/upm.php?rubrik=Alle&neu=0&monat=200806&nummer=09965
http://de.wikipedia.org/wiki/Erich_K%C3%BCchenhoff
0482
故 **KÜCHENHOFF, Günther** (キュッヒェンホ[ッ]フ、ギュンター)
Dr. iur. habil., em. o. Prof., Univ. Würzburg
1907 年 08 月 21 日 (Breslau) 1983 年 02 月 14 日 (Würzburg)
Rechtsphilosophie, Öffentliches Recht, Allgemeine Staatslehre, Arbeitsrecht, Arztrecht, Weltraumrecht
1925 Studium RW, Philosophie u. Nationalökonomie Breslau; 1928 I. SE; 1929 Prom. Breslau; Fakultätsass. Breslau; II. SE; Richter; 1934 Amtsgerichtsrat, Landgerichtsrat; 1936 Hilfsrichter OLG Breslau; 1939 Habil. Breslau; 1940 PD Breslau; Oberlandesgerichtsrat; 1942–43 OLG Stettin; 1943 PD Greifswald; russische Kriegsgefangenschaft, Vertreibung; 1949 Syndikus ärztlicher Berufsorganisationen; 1951 RA Werl/Westfalen; 1955 kommissarischer Vertreter Würzburg; 1956 o. Prof. Würzburg; 1975 emer.
B: Das Recht der Beiträge nach § 9 des preußischen Kommunalabgabengesetzes vom 14. 07. 1893 (1929: D.); NaturR u. Christentum (1947); StaatsR, Allg. Teil (1951); D. Wesen d. BauR (1953); Staat u. Gewissen (1959); NaturR u. LiebesR (1962); Rbesinnung (1973); KommunalR, PolizeiR (1974); Neugestaltung d. Geschichte im Recht (1977); SozialR (1980); Blick aus d. Zukunft (1981)
AL: Hans Helfritz (0311)
AS: Walter Schmitt Glaeser (0782); Christian Starck (0852)
Q: K 1983, S. 2235/2236; CV; CV/Diss.; Dau, FS-Register, S. 520; 没
L: FS 1967 (Staat u. Gesellschaft; hrsg.: Franz Mayer); FS 1972 (Recht u. Staat; hrsg. v. Michael Wollenschläger u.a.); GS 1987 (Recht u. Rechtsbesinnung; hrsg. v. M. Wollenschläger u.a.; Veröffentl., S. 495–499); AöR 102 (1976), S. 108; JZ 1983, S. 631 (von Christian Starck); AöR 109 (1983), S. 303–305 (Nachruf; von Rainer Arnold)
備考：戦後原始会員（1950 年入会）。Wilhelm Laforet (0492) の講座後継者。宇宙法研究の先鞭をつけた。なお、Erich Küchenhoff (0481) とは、伯父甥の関係に立つ。
http://de.wikipedia.org/wiki/G%C3%BCnther_K%C3%BCchenhoff
0483
KUCSKO-STADLMAYER, Gabriele (クスコー＝シュタードルマイアー、ガブリエーレ) 墺 女性

Dr. iur., ao. Univ.-Prof., Univ. Wien, Ersatzmitglied des Verfassungsgerichtshofes
1955 年 12 月 19 日（Wien）
Verfassungs- und Verwaltungsrecht
1973–77 Studium Wien; 1975 Studienass. Univ. Wien (ZivilR); 1977 Mag.iur. und Dr.iur. Wien; 1978 Univ.Ass. Wien; 1978–84 Tätigkeit am Hans-Kelsen-Institut Wien; 1980–81 Gerichtspraxis; 1985 Habil. Wien; 1993 Ao. Univ.-Prof. Wien; 1995 Ersatzmitglied VerfGH Österreich; 2006 Univ.-Prof. Wien
D: 不明
H: Das Disziplinarrecht der Beamten, Wien 1985
備考：ヨーロッパ行政法を研究。欧州オンブズマンに興味を示す。
http://www.kucsko-stadlmayer.at/cv.html（写真あり）
http://www.vfgh.gv.at/cms/vfgh-site/richter/ersatzmitglieder.html
0484
KUGELMANN, Dieter（クーゲルマン、ディーター）
Dr. iur., Prof., Deutsche Hochschule der Polizei in Münster
1963 年（Landau in der Pfalz）
Öffentliches Recht, Völkerrecht, Europarecht und Verfassungsgeschichte
–1989 Studium Mainz und Dijon; 1990 I. SE; 1993 II. SE; 1991 Prom. Mainz; 1992–94 Wiss. MA Mainz; 1994–2000 WiAs Mainz; 2000 Habil. Mainz; 2008 Univ.-Prof. Deutsche Hochschule der Polizei in Münster
D: Der Rundfunk und die Dienstleistungsfreiheit des EWG-Vertrages, Berlin 1991
H: Die informatorische Rechtsstellung des Bürgers, München 2001
AL: Walter Rudolf（0715）
備考 1：ヨーロッパ法学者。
備考 2：東西ドイツの再統一により、1990 年代の初頭、旧東ドイツに所在した大学の新増設及び再編が行われた。その結果、（当時の）若い世代の就職が加速し、当協会への加入者も急増した。同様の現象は、1960 年代終わりから 70 年代初めにかけての、旧西ドイツ地域における大学（法学部の）新設時にも見られた。この 2 つのピークに加え、協会への入会申請基準が緩和され、この者の例に顕著なように、日本流に表現すると「大学校」に勤務する者も入会できるようになったことが、このところの協会の会員数が急増している要因を形作っている。
http://www.dhpol.de/de/hochschule/Fachgebiete/kugelmann.php（写真あり）
http://de.wikipedia.org/wiki/Dieter_Kugelmann

0485
KÜHLING, Jürgen（キューリング、ユルゲン）
Dr. iur., Univ.-Prof., Univ. Regensburg
1971 年
Öffentliches Recht, einschließlich Rechtsvergleichung; Europarecht; deutsches und europäisches Wirtschaftsrecht, insbesondere Telekommunikationsrecht
1990–95 Studium Trier und Nancy II; 1994–95 Master-Studium（Master in Legal Theory, LL.M.）, KUB und FUSL Brüssel; 1997 I. SE; 1999 II. SE; 1998 Prom. Bonn; 1999–2003 Wiss. Ref. Bonn; 2003 Habil. Bonn; 2004–07 Prof. Univ. Karlsruhe; 2007 Prof. Regensburg
D: Die Kommunikationsfreiheit als europäisches Gemeinschaftsgrundrecht, Berlin 1999
H: Sektorspezifische Regulierung in den Netzwirtschaften, München 2004
備考：不動産法（Immobilienrecht）をはじめインフラ法を研究する。なお、同姓同名の元連邦行政裁判所及び元連邦憲法裁判所裁判官が居る（1934 年生まれ。現在は弁護士）ので、文献調査の際には特に注意のこと。
http://irebs.de/lehrstuhl_immobilienrecht/cms/front_content.php?idart=98

0486
KÜHNE, Jörg-Detlef（キューネ、イェルク［ヨェルク］＝デ［ー］トレフ）
Dr. iur., em. o. Prof., Univ. Hannover
1943 年 03 月 06 日（Wriezen/Oder）
Öffentliches Recht u. Verfassungsgeschichte
1962–66 Studium FU Berlin, Freiburg/Br. u. Bonn（RW u. Geschichte）; 1972 Studienaufenthalt auf Zypern; 1966 I. SE Hamm; 1974 II. SE NRW; 1968–72 HiWi Bonn; 1974 WiAs Bonn; 1979–81 Stip. DFG; 1970 Prom. Bonn; 1983 Habil. Bonn; 1983 PD Bonn; 1984 Prof. Köln; 1988 Prof. Hannover; 2008 emer.
B: D. Abgeordnetenbestechung（1971: D.）; R.entwicklung d. Bauleitplanung im räuml. Bereich des Landes NRW（1976）; Grechtl. Wohnungsschutz u. Vollstreckungsdurchsuchungen（1980）; D. Reichsverfassung d. Paulskirche（1983: H.; 2. A. 1997）
MH: FS Partsch（1989）
AL: Karl Josef Partsch（ 0637 ）
Q: K 1996, S. 794; Wer ist wer 1996/97; CV
備考 1：1984 年入会。州法を含め、憲法史の観点から憲法を研究した。
備考 2：師の Partsch は、Erich Kaufmann（ 0414 ）の門下生。後者の師

は、Albert Hänel（非会員）。Hänel は Carl Friedrich von Gerber（1823–1891 年）の相弟子で、両者の師である（国家法人説を最初に唱えたことで有名な）Wilhelm Eduard Albrecht（1800–1876 年）を経て、Carl Friedrich Eichhorn（1781–1854 年）へと連なる。
http://www.jura.uni-hannover.de/emeriti.html

0487

故 **KULISCH, Max**（クーリシュ、マックス）墺
Dr. iur., o. Prof., em. Univ. Innsbruck/Österr.
1870 年 05 月 13 日（Bodenbach in Böhmen）　1946 年 11 月 15 日（Innsbruck）
Staats- u. Verwaltungsrecht
Studium Wien; 1895 I. SE; 1896 Prom. Wien; Studium Staatsrecht, Verwaltungsrecht Heidelberg（G. Meyer u. G. Jellinek）, Berlin（H. Preuss）u. Straßburg（P. Laband u. O. Mayer）; 1897 II. SE; 1900–06 Verwaltungsdienst Böhmen/Tirol; 1902 Habil. Prag; 1902 PD Dt. Univ. Prag; 1906 ao. Prof. Innsbruck; 1909 o. Prof. Innsbruck; 1930 Mitglied d. VerfGH; 1939 Entlassung
B: Beiträge zum österreichischen Parlamentsrecht（1900）; System des österreichischen Gewerberechts（1905）
Q: K 1935, S. 756
L: ÖBL, Bd. 5, S. 341
備考: 戦前原始会員（1924 年入会）。戦前のオーストリアで、議会法・営業法などを研究。教授免許を少しずつ拡張していった。ドイツの諸大学では、当時の名だたる教授連の講義を聴いている（上記経歴欄の括弧内に記された人名を参照）。
http://epub.oeaw.ac.at/oebl/oebl_K/Kulisch_Max_1870_1946.xml
http://www.uibk.ac.at/ipoint/dossiers/uni–im-rueckspiegel/792779.html
（写真あり）

0488

KUNIG, Philip（クーニ[ッ]ヒ、フィ[ー]リプ）
Dr. iur., Prof., FU Berlin
1951 年 05 月 12 日（Osnabrück）
VL: Staatsrecht, Verwaltungsrecht, Völkerrecht u. Rechtsvergleichung im öffentlichen Recht
Staatslehre, Umweltrecht
1970–76 Hamburg（Sinologie, Chin. Geschichhte u. RW）; 1976 I. SE Hamburg; 1976–80 Ref. Hamburg; 1980 II. SE Hamburg; 1978–81 Wiss. MA Hamburg; 1981 WiAs Hamburg; 1980 Prom. Hamburg; 1985

Habil. Hamburg; 1985 PD Hamburg; 1987 Prof. Heidelberg; 1992 o. Prof. FU
B: D. völkrerrechtl. Nichteinmischungsprinzip (1981: D.); D. Rstaatsprinzip (1986: H.); D. Schutz d. Sonntags im verf.rechtl. Wandel (1989)
AL: Ingo von Münch (0602)
Q: K 1996, S. 803; CV
備考1: 1986年入会。先に中国語を学び、後から法学に転向した。環境法に関心が強い。来日経験もある。
備考2: 師のMünch及びHans-Jürgen Schlochauer (0763) を通じて、Ottmar Bühler (0097) に連なる。
http://www.jura.fu-berlin.de/einrichtungen/we3/professoren/ls_kunig/mitarbeiter/kunig_philip/persinfo/bio.html
http://de.wikipedia.org/wiki/Philip_Kunig

0489
KÜPPER, Herbert (キュッパー、ヘルベルト)
Dr. iur., Prof., Institut für Ostrecht/Regensburg
1964年10月10日 (Frechen)
Staats- und Verwaltungsrecht, Völkerrecht und Ostrecht
1983–89 Studium Köln; 1989–94 Übersetzer, Lektor, redaktioneller Mitarbeiter und Autor bei einem Verlag, Köln; 1986–87 Studium College London (KQC); 1989 I. SE; 1994 II. SE; 1990–91 Lehrer für Deutsch als Fremdsprache an der Novoschool, Budapest; 1995–97 Wiss. MA beim Bundesverband Information und Beratung für NS-Verfolgte e.V., Köln; 1997 Prom. Köln; 1997–2003 WiAs Institut für Ostrecht der Univ. zu Köln; 2002 Habil. Köln; 2007 Honorarprof. Andrássy Gyula Deutschsprachige Univ. Budapest
D: Das neue ungarische Minderheitenrecht, München u. a. 1998
H: Kollektive Rechte in der Wiedergutmachung von Systemunrecht, Frankfurt/M. u. a. 2003
備考: 東欧法の研究者。2010年、名古屋大学に客員教授として滞在。ご覧のように、多彩な経歴がある。
http://www.ostrecht.de/index.php?id=132 (写真あり)
http://www.ostrecht.de/fileadmin/user_upload/Lebenslauf_Prof_Kuepper.doc

L

0490
LACHMAYER, Konrad（ラッハマイアー、コンラート）墺
Dr. iur., PD, Univ. Wien
1978年（Wien）
Staats- und Verwaltungsrecht
1996–2000 Studium Wien; 2002 Prom. Wien; Vertragsass. Wien; 2004 Univ.-Ass. Wien; PD Wien
D: Beiräte in der Bundesverwaltung, 2003
H: 特定できなかった。
AL: Bernd-Christian Funk（ 0219 ）
備考: 本書に収録の人物の中で、刊行時現在、最も若い世代の一人。オーストリアの国際法・憲法学者。
http://staatsrecht.univie.ac.at/funk/mitarbeiterinnen/（写真あり）

0491
LADEUR, Karl-Heinz（ラデーア、カール・ハインツ）
Dr. iur., Prof., Univ. Hamburg
1943年5月22日（Wuppertal）
Öffentliches Recht, Verwaltungswissenschaft
Studium Köln u. Bonn; 1971–76 WiAs Gießen; 1976 Prom. Bremen; 1977 Ass.-Prof. Bremen; 1982 Habil. Bremen; 1983 Prof. Bremen; 1994 Prof. Hamburg
D: Rechtssubjekt und Rechtsstruktur, Gießen 1978
H: 特定できなかった。
備考:「ブレーメン学派」ゆえに、当協会とは一定の緊張関係に立つ時期があったが、入会した。日本でも、「ポストモダン」論で有名になった。
http://www.jura.uni-hamburg.de/personen/ladeur（写真あり）

0492
故 **LAFORET, Wilhelm**（ラフォレ、ヴィルヘルム）
Dr. iur., o. Prof., Univ. Würzburg
1877年11月19日（Edenkoben/Pfalz） 1959年09月14日（Würzburg）
Staats- u. Verwaltungsrecht, Gemeinde-, Polizei-, Beamtenrecht, Sozialversicherung

1896 Studium Staatswiss. u. RW München; 1898 I. SE; 1901 Prom. Heidelberg; 1905 II. SE; 1905 Verwaltungsdienst Bayern; 1909 Ministerium des Innern Bayern; 1922 Oberregierungsrat, Ministerialrat Ministerium des Innern; 1927 o. Prof. Würzburg; 1945 auf Weisung der Militärregierung entlassen, Einstufung als Entlasteter; 1946 Spruchkammer Entlasteter, Gründungsmitglied CSU, 1946–49 MdL Bayern; 1948 Mitglied parlamentarischer Rat; 1948 Präsident des Verwaltungsgerichtshofs, 1949–53 MdB; 1951 emer.
B: Die strafrechtliche Rechtsfähigkeit (1901: D.); Vew.hdb. f. Bayern (1934); Dt. VerwR (1937); D. Nutzungsrechte am Stumpfwald (1939) HSR: Würzburger staatswiss. Abhandlungen; Veröffentl. d. Sektion f. Rechts- u. Staatswiss. d. Görres-Gesellschaft (1927–35)
AL: Karl von Lilienthal（非会員、刑事法）
Q: K 1950, S. 1152
L: FS 1952 (Verf. u. Verw. in Theorie u. Wirklichkeit); DÖV 1952, S. 692; AöR 78 (1952/53), S. 497; DÖV 1957, S. 801; AöR 82 (1957), AöR 84 (1959), S. 493
備考： 1932年入会を経て、戦後原始会員（1950年入会）。講座の後継者は、Günther Küchenhoff（ 0482 ）。刑事法学者としてスタートし、バイエルン行政法を研究。戦後は、CSUの政治家として、制憲議会議員及び連邦議会議員を歴任した。
http://www.kas.de/wf/de/71.6042/
http://www.kas.de/upload/dokumente/verlagspublikationen/ParlamentarischerRat/ParlamentarischerRat_laforet.pdf
http://www.bpb.de/themen/MFQMYV,0,0,Wilhelm_Laforet_(CSU).html（写真あり）
http://de.wikipedia.org/wiki/Wilhelm_Laforet

0493
故 **LAMP, Karl**（ランプ、カール[カルル]）墺
Dr. iur., o. Prof., Univ. Innsbruck/Österr.
1866年01月17日（Graz） 1962年03月24日（Innsbruck）
Staats- u. Verwaltungsrecht, Völkerrecht u. Rechtsphilosophie
Studium Straßburg, Heidelberg u. Graz; 1891 Prom.; Richter; Verw. beamter/Stadt Graz; 1902 Habil. Graz; 1902 PD Graz; 1908 ao. Prof. Univ. Czernowitz; 1910 o. Prof. Czernowitz; 1911 o. Prof. Innsbruck; 1925 Gründer Institut für Sozialforschung; 1933 Zwangsemeritierung
B: Das Zweikammersystem der österreichischen Bundesverfassung (1921)

Q: Wer ist's 1922, S. 890; VVDStRL, 1924, Anhang
備考: 戦前原始会員（1924年入会）。労働法・社会法研究の先駆者。
http://www.koeblergerhard.de/juristen/tot/totlSeite20.html
http://www.uibk.ac.at/ipoint/dossiers/uni-im-rueckspiegel/792779.html
（写真あり）
0494
LANG, Heinrich （ラング、ハインリヒ）
Dr. iur., Prof., Univ. Greifswald
1955年08月24日（Pirmasens）
Öffentliches Recht, Sozial- und Gesundheitsrecht
1978 Studium FH München (Jugend- und Erwachsenenbildung); 1982 Diplomprüfung; 1984–90 Studium der RW Köln; 1990 I. SE; 1994 II. SE; 1994–97 Wiss. MA Köln; 1996 Prom. Köln; 1997–99 WiAs Hannover; 1997–98 Wiss. MA am Thüringer VerfGH; 1999 WiAs Köln; 2003 Oberass. Köln; 2003 Habil. Köln; 2004 Prof. Rostock; 2009 Prof. Greifswald
D: Subjektiver Rechtsschutz im Wahlprüfungsverfahren, Berlin 1997
H: Gesetzgebung in eigener Sache, Tübingen 2007
AL: Wolfram Höfling (0347)
備考: 法学を学ぶ前の資格と経歴（社会教育 Dipl. Sozialpäd.）を活かし、社会法・厚生保健法に一境地を開きつつある。
http://www.sozial-gesundheitsrecht.de/ （写真あり。業績リストは PDF）
0495
LANGE, Klaus （ランゲ、クラウス[クラォス]）
Dipl.-Volkswirt., Dr. iur., Prof., Univ. Gießen
1939年08月06日（Dessau/Anhalt）
VL: Öffentliches Recht
1958–66 Studium Marburg/Lahn, Paris, München u. Göttingen; 1963 I. SE Celle; 1965 Diplom-Volkswirt Göttingen; 1969 II. SE Niedersachsen; 1969 WiAs Göttingen; 1967 Prom. Göttingen; 1972 Habil. Göttingen; 1972 PD Göttingen; 1974 apl. Prof. Bochum; 1975 Wiss. Rat u. Prof. Bochum; 1978 o. Prof. Gießen (1989–91 Vizepräsident); emer.
B: D. Org. d. Region (1968: D.); Verkehr u. öfftl. Recht (1974: H.); Möglichkeit u. Grenzen gemeindl. Wirtschaftsförd. (1981: Rgutachten); D. Grunsätze z. Entsorgungsvorsorge f. Kernkraftwerke (1990); D. WeisungsR d. Bundes in d. atomrechtl. Auftragsverw. (1990); Kommunale Frauenbeauftragte (1993); Fehler u. Fehlerfolgen im atomrechtl.

Genehmigungsverfahren (1994)
AL: Werner Weber (0935)
AS: Monika Böhm (0071)
Q: K 1996, S. 820; Wer ist wer 1996/97; CV; Hikasa, S. 253
備考1: 1973年入会。第44回大会 (1985年) 第2テーマ主報告。原子力法を研究。ヘッセン州憲法裁判所にも所属し、判事及び長官をつとめた。
備考2: 師のW. Weberを媒介に、Carl Schmitt (0780) に連なる。
http://www.prof-lange.de/lebenslauf.html

0496
LANGENFELD, Christine (ランゲンフェルト、クリスティーネ) 女性
Dr. iur., Prof., Univ. Göttingen
1962年8月16日 (Luxemburg)
VL: Deutsches und ausländisches öffentliches Recht, Europa- und Völkerrecht
1980–86 Studium Trier, Mainz u. Dijon; 1986 I. SE; 1991 II. SE; 1986–87 Wiss. MA Mainz; 1989 Prom. Mainz; 1991 Wiss. MA Univ. d. Saarlandes; 1991–97 Wiss. Ref. am MPI Heidelberg; 2000 Habil. U. d. Saarlandes; 2000 Prof. Göttingen
D: Die Gleichbehandlung von Mann und Frau im Europäischen Gemeinschaftsrecht, Baden-Baden 1990
H: Integration und kulturelle Identität zugewanderter Minderheiten in der Bundesrepublik Deutschland, Tübingen 2001
AL: Eckart Klein (0436); Georg Ress (0688)
備考: ヨーロッパ法研究者。
http://www.uni-goettingen.de/de/28561.html (写真あり)

0497
故 **LANGER, Gottfried** (ランガー、ゴトフリート)
Dr. iur., o. Prof., Univ. Halle an der Saale
1896年03月18日 (Dresden)　1979年08月02日 (Halle/S.)
VL: Staatsrecht, Kirchenrecht und Deutsche Rechtsgeschichte, Völkerrecht
Studium Rechts- und Staatswiss. Freiburg/Br. u. München; als Fahnenjunker, später Leutnant, am Ersten Weltkrieg teilnehmen; 1916 an beiden Armen verwundet, 1917 Schädelverletzung; Aus der engl. Kriegsgefangenschaft in die Schweiz überstellt, (nach der Heimkehr) Studium Leipzig; 1919 I. SE; 1920 II. SE; 1921 Prom. Leipzig; 1922 Staatsanwaltschaft Bautzen; 1923 Finanzamt Dresden; 1924 Regierungsassessor Bautzen; 1922–24 TH Dresden; 1925 Regierungsrat; Finanz-

ämter Dresden, Freital u. Leipzig; 1926–28 für wiss. Arbeiten beurlaubt; 1928 Habil. Leipzig; 1928 PD Leipzig; erneut am Finanzamt Leipzig; 1930 Habil (zusätzlich für Völkerrecht); 1931 npl. ao. Prof. Riga (Dt. Univ.); 1931 npl. ao. Prof. Leipzig u. gleichzeitig o. Prof. Riga; 1937–1945 o. Prof. Halle; 1935 überführt in die neue Wehrmacht; 1939–40 im Auftrag des OKW als Oberleutnant zur besonderen Verfügung zum Amt Ausland Abwehr abgeordnet. 1940 Gaubeauftragter für das militärische Vortragswesen im Wehrkreis IV, 1941 (nach Auseinandersetzung mit Mitarbeitern der Gauleitung) von dem Amt abgeben; 1945 von der Uni entlassen; 1945 Finanzamt Halle; 1946–50 UB Halle; 1945–51 Mitherausgeber des Loseblattwerkes »Das Recht in der Provinz Sachsen/im Land Sachsen-Anhalt« u. Gutachter der Landesregierung; 1951 Universitäts- und Landesbibliothek Halle
B: Zum Problem d. Rschutzes wirtschaftl. Minoritäten (1932, in: FS Richard Schmidt); Zur Rstellung d. kath. Kirche in Kursachsen (1934, in: FS Alfred Schulze); Von Arbeit u. Ansehen d. Hallischen Rechtsfak. in zweieinhalb Jh. (1944, in: Uni-FS)
AL: Richard Schmidt (0771)
Q: K 1950, S. 1167; Nek. K 1983, S. 4835
備考1： 1929年入会。第一次大戦で受傷。帰郷後、ザクセン法を研究。第二次世界大戦に再び応召。大学解雇後は、不遇な人生を送った。運命とはいえ、過酷な試練に堪えて生きた同人の姿に、感銘を深くした。
備考2： なお師 R. Schmidt は、Adolf Wach（Leipzig、民訴、非会員、1843–1926年）の門下生。
http://www.koeblergerhard.de/juristen/alle/alleSeite82.html
0498
LASKOWSKI, Silke Ruth（ラスコフスキー、ズィルケ・ルート）女性
Dr. iur., Prof., Univ. Kassel
1965年
Staats- und Verwaltungsrecht, Europarecht, Völkerrecht
Studium Heidelberg u. Hamburg; 1991 I. SE; 1995 II. SE; 1995–96 Forschungstätigkeit für das Umweltbundesamt; 1997 Prom. Hamburg; 1997–2004 WiAs Hamburg; 2001 Ref. BM für Familie, Senioren, Frauen, Jugend/Berlin; 2002–05 Geschäftsführerin der Forschungsstelle Hamburg; 2006 Habil. Hamburg; 2006–08 Wiss. Dienst des Landtags Schleswig-Holstein; 2009 Prof. Kassel
D: Die Ausübung der Prostitution, Frankfurt/M. u. a. 1997
H: Das Menschenrecht auf Wasser, Tübingen 2010

備考：環境法学者。水法を人権として把握しようと試みる。
http://cms.uni-kassel.de/unicms/index.php?id=laskowski（写真あり）
0499
故 **LASSAR, Gerhard**（ラッサー[ル]、ゲルハルト[ゲァハルト]）
Dr. iur., ao. Prof., Univ. Hamburg
1888 年 12 月 16 日（Berlin） 1936 年 01 月 06 日（Berlin）
Studium Berlin; 1910 I. SE; 1918 Prom. Berlin; 1920 Habil. Berlin; 1920 PD Berlin; 1925 ao. Prof. Hamburg; 1933 zwangsweise in den Ruhestand versetzt
B: Grundbegriffe des preuss. Wegerechts (1910: D.); D. Erstattungsanspruch im Verw.- u. FinanzR (1921: H.)
AL: Gerhard Anschütz (0011)
Q: K 1935, S. 780
L: AöR 83 (1958), S. 379–382 (Nachruf; von Friedrich Schack); JZ 1959, S. 761 (von Gerhard Wacke); Kurzbiographie, in: Göppinger, Juristen, S. 225 m. w. N.
備考：戦前原始会員（1924 年入会）。第 2 回大会（1925 年）第 1 テーマ副報告（H. 2）。1931 年 12 月 05 日の講演の中でナチスを批判し、強制退官させられた後に病没。London School of Economics からの招聘状が、病没の後に到着。
http://www.koeblergerhard.de/juristen/alle/allelSeite106.html
0500
LAUBINGER, Hans-Werner（ラウビンガー[ラォビンガー]、ハンス＝ヴェルナー[ヴェァナー]）
Dr. iur., M.C.L., em. Prof., Univ. Mainz
1936 年 08 月 09 日（Hannover）
Öffentliches Recht u. Verwaltungslehre
1956–60 Studium Marburg, München u. Göttingen; 1961 I. SE; 1962 M.C.L. (Univ. of Chicago); 1967 Prom. Göttingen; II. SE; 1974 Habil. HVW/Speyer; 1970–77 Wiss Ref. Speyer; 1977–81 WissR u. Prof. Mannheim; 1981 Mainz; 2001 emer.
B: D. VA m. Doppelwirkung (1967: D.); Beamtenorg. u. Ggbung (1974: H.); Gutachten üb. eine künftige gesetzl. Regelung für Massenverfahren im VwVerfahren im VwVfR u. im VerfahrensR für d. VerwGerichte (1975); Gesetzesvollzug u. Personalaufwand (1976)
MH: FS Ule (1977; m. Klaus König/Frido Wagener)
AL: Carl-Hermann Ule (0901)
Q: K 1996, S. 825

備考1: 1976年入会。二重効果的(または復効的)行政行為を論じた博士論文は、その秀逸なネーミングと時宜を得て、ただちにわが国にも紹介された。師Uleとの行政手続法の共著も有名。
備考2: UleはOtto Koellreuter(0451)の門下生で、後者の師はHermann Jahrreiß(0388)。更にその師Richard Schmidt(0771)を媒介に、Adlof Wach (非会員、Leipzig、民訴、1843–1926年)へと連なる。
http://www.jura.uni-mainz.de/laubinger/89.php
http://de.wikipedia.org/wiki/Hans-Werner_Laubinger
0501

故 **LAUN, Rudolf Edler von** (ラウン[ラォン]、ルードルフ・エードラー・フォン)
Dr. iur., em. o. Prof., Univ. Hamburg
1882年01月01日(Prag)　1975年01月20日(Ahrensburg)
Öffentliches Recht, Staatslehre, Staats-, Verwaltungs- u. Völkerrecht, Rechtsphilosophie, Erkenntnistheorie
1901–06 Studium Wien u. Paris; 1906 Prom.; 1908 Habil. Wien; 1908 PD Wien; 1908 Verwaltungsdienst Handelsministerium; 1917–18 Verfassungsreferent Ministerratspräsidium; 1918 Titel und Charakter eines o. Prof. verliehen; Friedensdelegationsmitglied Saint Germain; 1911 ao. Prof. Wien; 1914–16 Kriegsdienst; 1916–17 Kriegsministerium/Wien; 1919 o. Prof an der neu gegründeten Univ. Hamburg; 1935 Visiting Prof. Michigan/USA; 1949–55 Staatsgerichtshofspräsident Berlin; 1950 emer.; weitere 5 Jahre mit Vertretung des Lehrstuhls beauftragt, Nachfolger Ingo von Münch
B: Recht z. Gewerbebet. (1908); Freies Ermessen u. s. Grenze (1910: H.); Üb. dt. u. franz. Verw.-Rpflege (1913); Internalis d. Meereng. u. Kanäle (1917); Dt.-österr. Fried.-Vert. v. Versailles (1921); Arb. üb. nat. Frage i. Politik, Staats- u. VR (1917–22); D. Wandel d. Ideen Staat u. Volk als Äußerung d. Weltgewissens (1933); La Démocratie (1934); Recht u. Sittlichkeit (3. A. 1935; Nachdr. 1995)
AL: Edmund Bernatzik (非会員、Basel → Graz → Wien、1854–1919年; zu ihm siehe Ludwig Adamovich, in: NDB 2 (1950), S. 103; Brauneder, Juristen, S. 141, 312 f.); Adolf Menzel (0572)
AS: Hans-Peter Ipsen (0375); Borris Meissner (0568); Rolf Stödter (0868)
Q: Wer ist's 1922, S. 904/905; K 1950, S. 1176
L: FS 1948 (FS zu Ehren v. Prof. Dr. iur. R. L; hrsg.: Gustav C. Hernmarck); FS 1953 (Gegenwartsprobleme d. intern. Rechts u.

Rechtsphilosophie; hrsg.: D. S. Constantopoulos u.a.); FS 1962 (FS für R. L. zu seinem 80. GT); FS 1972 (Intern. Recht u. Diplomatie, Jg. 1972, S. 5–291; hrsg. v. Boris Meissner u.a.); AöR 87 (1962), S. 106 (von Rolf Städter); AöR 92 (1967), S. 134 (von Hans Peter Ipsen); DÖV 1967, S. 47; AöR 97, S. 145 (von Thomas Oppermann); AöR 100 (1975), S. 471–473 (Nachruf; von Ingo von Münch);
備考: 戦前原始会員(1924年入会)を経て、戦後原始会員(1950年入会)。自殺した Kurt Perels (0643) (1878～1933年)の講座後継者。その教授資格論文『自由裁量とその限界』は恩師 Bernatzik の裁量論と共に、わが国の議論にも影響を与えた。Hamburg を拠点に国際法も研究。その礎の上に、戦後に Hans-Peter Ipsen (0375) 等が生い立つことに。
http://de.wikipedia.org/wiki/Rudolf_Laun
0502
LAURER, Hans René (ラウラー[ラォラー]、ハンス・ルネ) 墺
Dr. iur., Dr. rer. pol., em. ao. U. Prof., WU Wien/Österr., RA
1944年06月23日(Wien)
VL: Öffentliches Recht
1962–66 Studium HWH/Wien; 1966 Ass HWH; 1967 Prom. (Dr. iur.) Wien; 1970 Prom. (Dr. rer. pol.); 1973 Habil. HWH/Wien; 1973 Doz. H. f. Welthandel; 1975 ao. Prof. ebd. (jetzt umbenannt WU); 1972–76 Bundeskanzleramt; 1975 ao. Prof. HWH/Wien; emer.
B: Wirtschafts- u. Steueraufsicht üb. Kredit- u. Versicherungsunternehmen (1972: H.); Aktuelle Probleme d. österr. Agrarmarktrechts (1977); D. parlamentar. Untersuchungsausschuß (1984)
MA: FS Robert Walter (1991; hrsg.: Heinz Mayer); GS Kurt Ringhofer (1995; hrsg.: Eobert Walter u.a.)
AL: Robert Walter (0929)
Q: K 1996, S. 827 (Red.); CV
備考: 1980年入会。オーストリアの経済法学者。現在では、法律事務所を経営している。守備範囲は、Bank- und Kapitalmarktrecht, Baurecht, Transportrecht, Umweltrecht, Verfassungsrecht, Grundrechtsschutz
http://www.mcadvo.at/AT/de/rechtsanwalt_wien/133_2001296ef_Hans_Rene_Laurer_1010_Wien.html
0503
故 **LAYER, Max** (ライアー、マックス) 墺
Dr. iur., em. o. Prof., Univ. Graz/Österr., Hofrat
1866年09月17日(Graz)　1941年01月24日(Wien)
Staats- u. Verwaltungsrecht

Studium Graz, Wien u. Heidelberg; 1889 Prom.; Verwaltungsdienst Statthalterei Graz; 1902 Habil. Graz; 1902 PD Graz; 1903 ao. Prof. Graz; 1908 o. Prof. Wien; Gutachter Bundesverfassungsentwurf; 1924–1929 Mitglied VfGH; 1928 o. Prof. Wien; 1933 Zwangspensionierung
B: Principien d. EnteignungsR (1902: H.)
Q: K 1935, S. 784
L: Ö.Juristen, S. 276 ff. m. w. N.; ÖBL, Bd. 5, S. 55
備考: 戦前原始会員（1924年入会）。第5回大会（1928年）第2テーマ主報告（H.5）。オーストリア憲法の起草者。父親は弁護士であった（August Layer）。
http://www.biographien.ac.at/oebl/oebl_L/Layer_Max_1866_1941.xml
http://www.koeblergerhard.de/juristen/alle/allelSeite133.html
0504
LECHELER, Helmut (レ[ッ]ヒェラー、ヘルムート)
Dip. Kfm., Dr. iur., o. Prof., FU Berlin
1941年02月13日（Bamberg）
Völkerrecht, Europarecht
1960–65 Studium Erlangen u. Bonn (RW u. BWL); 1965 I. SE; 1969 II. SE; 1970 Diplom f. Kaufleute; 1969 WiAs Erlangen; 1967 Prom. Erlangen; 1976 Habil. Erlangen; 1976 PD Erlangen; 1979–81 o. Prof. Marburg; 1981–92 Prof. Erlangen; 1992 Prof. FU; 2006 emer.
B: D. EuGH u. d. allg. Rgrundsätze (1971: D.); Personalpolitik u. Personalführung i. d. öff. Verw. (1972); D. Personalgewalt öfftl. Dienstherren (1977: H.); Arbeitsmarkt u. öfftl. Dienst; Verwaltungslehre (1988); Grenzen für d. Abbau von Staatsleistungen (1989); DDR – Verw. im Umbau (1990); D. Interpret. d. Art. 48 Abs. 4 EWGV u. ihre Konsequenzen f. d. Beschäftigung im (nationalen) öffentl. Dienst (1990); Unrecht in Gesetzesform? Gedanken zur 'Radbruch'schen Formel' (1993); D. Subsidiarität als Strukturprinzip einer EU (1993)
AL: Walter Leisner (0508)
AS: Arnulf Schmitt-Kammler (0783)
Q: K 1996, S. 829; Wer ist wer 1996/97; CV
備考1: 1977年入会。第43回大会（1984年）第1テーマ副報告。ヨーロッパ裁判所の判例分析から各国に共通する「法の一般原則」を抽出した学位論文以来、ヨーロッパ法を研究。特に、国内公務員法との接点の問題を探る。
備考2: 師のLeisnerを通じて、巨大な「ミュンヘン学派」に連なる。
http://www.jura.fu-berlin.de/einrichtungen/we3/profs_em/lecheler_

helmut/mitarbeiter/lecheler_helmut/bio.html

0505

LEGE, Joachim（レーゲ、ヨアヒム）
Dr. iur., Prof., Univ. Greifswald
1957年07月27日（Lübeck）
VL: Öffentliches Recht und Rechtsphilosophie
1977–82 Bielefeld u. Freiburg/Br.; 1982 I. SE; 1986 II. SE; 1986 RA Freiburg; 1987–95 WiAs Erlangen-Nürnberg; 1994 Prom. Erlangen-Nürnberg; 1995–97 Stip. DFG; 1997 Habil. Freiburg/Br.; 1998 Prof. TU Dresden; Prof. Greifswald
D: Zwangskontrakt und Güterdefinition, Berlin 1994
H: Pragmatismus und Jurisprudenz, Tübingen 1999
AL: Reinhold Zippelius（1000）; Alexander Hollerbach（0353）
備考1: 遺伝子工学法（Bio- und Gentechnikrecht）の研究者。第70回大会（2010年）第2テーマ報告（副報告は、Thorsten Kingreen）。
備考2: なお、Hollerbach は Konrad Hesse（0329）の門下生。
http://www.rsf.uni-greifswald.de/lege/personen/lehrstuhlinhaber.html
（写真あり）
http://de.wikipedia.org/wiki/Joachim_Lege

0506

LEHNER, Moris（レーナー、モ[ー]リス）
Dr. iur., U. Prof., Univ. München
1949年
Öffentliches Recht u. Steuerrecht
Studium Heidelberg; I. SE; II. SE; 1981 Prom. Heidelberg; RA Heidelberg, Bonn u. München; 1992 Habil. München; 1994 o. Prof. FU Berlin (FU); 1998 Prof. München
B: Möglichkeiten zur Verbesserung des Verständigungsverfahrens auf der Grundlage des EG-Vertrages (1982: D.); EinkommensteuerR u. SozialhilfeR (1993: H.); EuropaR u. Intern. SteuerR (1994); SteuerR im Europ. Binnenmarkt (1996)
MA: FS Klaus Vogel (1996; m. Paul Kirchhof/Dieter Birk)
AL: Klaus Vogel（0911）
Q: K 1996, S. 834 (Red.)
備考: ヨーロッパ法と税法・社会法との境界領域を開拓している。
http://www.jura.uni-muenchen.de/personen/lehner_moris/lebenslauf/index.html

|0507|
故 **LEIBHOLZ, Gerhard** (ライプホルツ、ゲルハルト[ゲァハルト])
Dr. iur., Dr. phil., em. o. Prof., Univ. Göttingen
1901年11月15日 (Berlin)　1982年02月19日 (Göttingen)
Politik, Allgemeine Staatslehre
1919 Studium RW, Philosophie u. Wirtschaftswiss. Heidelberg u. Berlin; 1921 Prom. (Dr. phil) Heidelberg; 1922 I. SE; 1925 Prom. (Dr. iur.) Berlin; 1926 II. SE; Richter Berlin (beurlaubt für Tätigkeit am KWI für ausländ. öffentl. Recht u. VR, Victor Bruns, Italienreferat); 1928 Habil. Berlin; 1928 PD Berlin; 1929 Prof. Greifswald (Nachfolge Günther Holstein); 1931 o. Prof. Göttingen (gegen Fakultätsmehrheit); 1933 als Frontkämpfer nicht entlassen; 1935 für Tätigkeit in Universitätsbibliothek beurlaubt; 1935 wegen jüdischer Herkunft von Lehre ausgeschlossen (Nachfolger Georg Erler); 31. 12. 1935 auf Antrag Zwangsemeritierung mit erheblichem Ruhegehalt; 1938 über die Schweiz nach England emigriert; 1940–1947 Gastprof. in Oxford; 1945 Rückkehrangebot nach Göttingen abgelehnt, ab Juni 1947 Gastprof. in Göttingen; 1947 Prof., 1950 Nachfolge Rudolf Smend abgelehnt; 1958 o. Prof. Göttingen, 1970 emer.; 1951–1971 Richter am BVerfG
B: D. Gleichheit vor d. Gesetz (1925: D.); Über d. Wesen d. Repräsentation (1928: H.); Auflösung d. lib. Demokratie in Dtland (1933); Christianity, Politics a. Power (1942); Natural Law (1945)
AL: Heinrich Triepel (|0891|), Richard Thoma (|0886|)
AS: Andreas Sattler (|0734|)
Q: K 1950, S. 1189/1190; Nek. K 1983, S. 4836; 没
L: FG 1966, 2 Bde. (D. moderne Demokratie u. ihr Recht; hrsg. K. D. Bracher/Rdudolf Smend u.a.); FS 1982 (D. Gleichheitssatz im. mod. Verf.staat; hrsg. v. Christoph Link); AöR 96 (1971), S. 568 (von Rudolf Smend); JZ 1971, S. 701 (von Christoph Linck); JZ 1981, S. 791 (von Link); JZ 1982, S. 218 (von Karl Zeidler); AöR 109 (1982), S. 153 160 (Nachruf; von Ch. Link); JöR 35 (1986), S. 133–142 (von H. J. Rinck); Kurzbiographie, in: Göppinger, Juristen, S. 346 m. w. N.; Hikasa, S. 255
備考1: 1924年に入会し、戦後原始会員 (1950年入会)。戦前最後の第7回大会 (1931年) 第2テーマ副報告 (H. 7)。ヴァイマル共和制の成立に際会し、これを肯定。ナチスを批判して、イギリスに亡命した。ドイツ敗戦後、帰国して大学に復職し、さらには連邦憲法裁判所入りし、20年間判事をつとめた。戦後第24回大会 (1965年) 第1テーマ主報告。

備考 2: 戦後ドイツの公法学は、このように旧体制との厳しい対決を迫られた世代の研究者たちによって再建されたことを忘れてはならない。
http://www.bautz.de/bbkl/l/Leibholz.shtml
http://www.deutsche-biographie.de/sfz49937.html
http://de.wikipedia.org/wiki/Gerhard_Leibholz

0508
LEISNER, Walter (ライスナー、ヴァルター)
Dr. iur. mult., em. o. Prof., Univ. Erlangen
1929 年 11 月 11 日 (München)
Staatsrecht, Verwaltungsrecht u. ausländisches öffentliches Recht
1949–53 Studium München; 1951/52 53/54 54/55 Univ. Paris (Licence en Droit; Diplome d'Etudes supérieures de Droit romain et d'Histoire du Droit; Diplome d'Etudes supérieures de Droit public); SS 1952 Studium Oxford; 1954–56 Studium Univ. Rom; 1956–58 Studium München (Philosophie); 1953 I. SE München; 1954–58 Ref.; 1958 II. SE München; 1956–59 Privatass. von Theodor Maunz; 1958–60 Stip. DFG; 1953 Prom. München; 1956 Doctuer en Droit (Paris); Dottore in Giurisprudenza (Rom); 1960 Habil. München; 1960 PD München; 1961 o. Prof. Erlangen-Nürnberg; 1998 emer.
B: Verf.gebung u. Verf.kontrolle in Frankreich u. Dtland (1957: D.); Grechte u. PrivatR (1960: H.); Von d. Verf.mäßigkeit d. Gesetze zur Gesetzmäßigkeit der Verfassung (1964); Bay. VerwR i. d. Rsprechung (1965); Öffentlichkeitsarbeit der Regierung (1966); Werbefernsehen u. öfftl. Recht (1967); D. bay. G.rechte (1968); Verf.rechtl. Grenzen d. Erbschaftsbesteuerung (1970); Effiziens als Rprinzip (1971); Sozialbind. d. Eigentums (1972); Geigentum u. Versorgungsleistungen (1973); Sozialversich. u. Privatversich. (1974); D. Berufsbeamtentum im demok. Staat (1975); Pressegleichheit (1976); Wertzuwachssteuerung u. Eigentum (1978); Demokratie – Selbstzerstörung e. Staatsform? (1979); D. Gleichheitsstaat (1980); D. Demokr. Anarchie (1982); D. Lenkungsauflage (1982); D. Führer (1983); Waldsterben (1983); Kostendeckung (1984); BerufsordnungsR u. Werbeverbot (1984); D. Triumph (1985); Selbstbedienungsgroßhandel u. VerfR (1986); D. Triumph (1987); D. Staatsrenaissance (1987); UwSz durch Eigentümer (1987); Selbstbedienungsgroßhandel u. Verf.R (1987); Legitimation d. Berufsbeamtentums (1988); D. Monumentalstaat (1989); Staatl. Rechnungsprüfung Privater (1990); D. Staatseinung (1991); D. Unsichtbare Staat (1994); Beamtentum (1995); D. Verfassungsrechtl. Belastungsgrenze d. Unter-

nehmen (1996)
AL: Theodor Maunz (0557); René Capitant (非会員、Paris); G. Rizzo (非会員、Rom)
AS: Josef Isensee (0379)
Q: K 1996, S. 838 (Red.); Wer ist wer 1996/97
L: Leisner: Staat. Schriften z. StaatsL u. StaatsR (1997; hrsg.: Josef Isensee)
備考1: 1961年入会。第20回大会（1961年）第2テーマ副報告。"兄弟子"のPeter Lerche（ 0515 ）に比べると地味な存在ではあるが、若い時代にはイギリス、フランス、イタリアの各大学で学び、特に仏伊では学位を取得している。現代国家と財産権論を中心に、毎年のように単著を刊行してきた実力派。この人物が「淡々としかも力強く発言すると、場内がしんと静まりかえる」（戸波江二・ジュリ948号16頁）。定年を迎えて、論文集が出版された。
備考2: 巨大な「ミュンヘン学派」の一角を占めるとともに、自らも優秀な門下生（Isenseeほか）を育成した。
http://www.koeblergerhard.de/Rechtsfaecher/Grundrecht238.htm

0509
LEISNER, Walter Georg （ライスナー、ヴァルター・ゲーオルク）
Dr. iur., PD, Univ. Hamburg, RA, Fachanwalt für Steuerrecht
1973年（München）
Staats- und Verwaltungsrecht, Steuerrecht
1993–1998 Studium München u. Hamburg; 1998 I. SE; 2000 II. SE; 2002 Prom. Hamburg; 2006 Habil. Hamburg
D: Denkmalgerechte Nutzung, Berlin 2002
H: Existenzsicherung im Öffentlichen Recht, Tübingen 2007
備考: 実務家教員（弁護士）。税法学者。生地と名前から、Walter Leisner（ 0508 ）との関係が推認されるが、詳細は確認できなかった。
http://www.jura.uni-hamburg.de/personen/leisner
http://www.leisner-steinbacher-kollegen.de/rechtsanwalt_priv-doz_dr_leisner.php（写真あり）

0510
LEISNER-EGENSPERGER, Anna （ライスナー＝エゲンスペルガー、アンナ）
女性
Dr. iur., Univ.-Prof., Univ. Jena
1970年（München）
Staatsrecht, Verwaltungsrecht, Rechtsphilosophie, Steuerrecht
1989–94 Studium München; 1994 I. SE; 1996 II. SE; 1994–97 Wiss.

MA München; 1996–97 Regierungsrätin z. A. im Bay. Staatsmin.für Wirtschaft, Verkehr und Technologie, in Nebentätigkeit MA München; 1997–98 Wiss. MA München; 1998 Prom. München; 2001 Habil. München; 2002 Prof. Jena
D: Die Leistungsfähigkeit des Staates. Verfassungsrechtliche Grenze der Staatsleistungen?, Berlin 1998
H: Kontinuität als Verfassungsprinzip, Tübingen 2002
AL: Klaus Vogel (0911); Udo Di Fabio (0137)
備考： 若手の憲法学者。この人物も同様に、Walter Leisner (0508) との縁戚関係が推認される。
http://www.recht.uni-jena.de/o08/vita.html（写真あり）
0511
LEITL-STAUDINGER, Barbara （ライトル＝シュタウディンガー、バルバラ）
墺 女性
Dr. iur., Univ.-Prof., Univ. Linz
1974 年（Oberösterreich）
Öffentliches Recht
1992–99 Diplomstudien der BWL, Handelswiss. und RW Linz; 1999–2001 Doktoratstudium Linz; 1999–2005 Univ.-Ass. Linz; 2004 Habil. Linz; 2005 MA beim Amt der OÖ Landesregierung (Verfassungsdienst); 2005 Univ.-Prof. Linz
D: Missbrauchsaufsicht über Telekommunikationsunternehmen, Wien 2001
H: Regulierungsbehörden im österreichischen Recht, Wien 2006
備考： マルチメディア法を研究。
http://www.vwrecht.jku.at/institut/universitaetsprofessoren/barbara_leitl_staudinger/de/（写真あり）
http://de.wikipedia.org/wiki/Barbara_Leitl-Staudinger
0512
LENZE, Anne （レンツェ、アンネ） 女性
Dr. iur., Prof., Hochschule Darmstadt
1959 年
VL: Öffentliches Recht, Europarecht und Sozialrecht
1979 Studium der evang. Theologie Bochum; 1980 Studium der RW Bochum; 1980–85 Studium Bremen; 1985 II. SE; 1988 Prom. Bremen; 1993–95 Aufbaustudium des Europ. und Intern. Rechts Bremen (LL. M. Eur.); 1986–89 Wiss. MA Bremen; 1989–96 Richterin am SozialG Bremen; 1996 Prof. Darmstadt; 2004 Habil. Frankfurt/M.

D: Hausfrauenarbeit, Baden-Baden 1989
H: Staatsbürgerversicherung und Verfassung, Tübingen 2005
備考： かつて裁判官として実務に従事した、家族法・青少年法・社会法の分野を研究している。
http://www.sozarb.h-da.de/kontakt/lehrende/anne-lenze/index.htm （写真あり）
http://de.wikipedia.org/wiki/Anne_Lenze
0513
LEWINSKI, Kai von （レヴィンスキー、カイ・フォン）
Dr. iur., PD, Humboldt-Univ. Berlin, RA
1975 年
Staats- und Verwaltungsrecht, Finanzrecht und Rechtsgeschichte der Neuzeit
1991–96 Studium Heidelberg, Berlin (FU) u. Freiburg; 1994 I. SE; 1996 II. SE; 2000 Prom. Freiburg; 2000–02 RA Frankfurt/M.; 2002–04 RA Berlin; 2004–10 WiAs Berlin (HU); 2010 Habil. Berlin
D: Deutschrechtliche Systembildung im 19. Jahrhundert, Frankfurt/M. 2001
H: Öffentlichrechtliche Insolvenz und Staatsbankrott, Tübingen 2011
AL: Michael Kloepfer (0440)
備考： 実務家教員（弁護士）。弁護士法を研究。
http://s6.rewi.hu-berlin.de/index.php?path=./jura/rewi/lwk （写真あり）
0514
LEPSIUS, Oliver （レプジウス［レプズィウス］、オリヴァー）
Dr. iur., Prof., Univ. Bayreuth
1964 年
Öffentliches Recht, ausländisches Öffentliches Recht und Rechtsphilosophie
Studum Bonn u. München sowie Univ. of Chicago; 1993 LL.M.; 1993 Prom. München; 2000 Habil. München; 2001 Prof. Heidelberg; 2002 Prof. Bayreuth (Nachfolger von Peter Häberle)
D: Die gegensatzaufhebende Begriffsbildung, München 1994
H: Besitz und Sachherrschaft im öffentlichen Recht, Tübingen 2002
備考 1： 2010 年及び 2011 年の協会副理事長（理事長は Dirk Ehlers、いま一人の副理事長は Wolfgang Höfling）。刑事法と行政法の交錯領域を研究。
備考 2： なお、元国防相（CSU）による盗用疑惑で話題になった博士論文を審査する巡り合わせになった（下記参考参照）。
http://www.oer4.uni-bayreuth.de/de/Lepsius_Oliver/index.html

http://de.wikipedia.org/wiki/Oliver_Lepsius（写真あり）
参考：http://de.wikipedia.org/wiki/Verfassung_und_Verfassungsvertrag
関連：カール＝テオドール・ツー・グッテンベルク（日本版 Wikipedia の記事参照）

0515
LERCHE, Peter（レルヒェ［レァヒェ］、ペーター）
Dr. iur., em. Prof., Univ. München
1928 年 01 月 12 日（Leitmeritz/Böhmen）
VL: Staats- u. Verwaltungsrecht
1948–1951 Studium München; 1952 Prom. München; 1958 Habil. München; 1958 PD München; 1960 o. Prof. Berlin (FU); 1965 München; 1996 emer.
B: Ordentl. Rechts- u. Verw.rechtsweg (1953: D.); Übermaß u. VerfR (1961: H.); Verfas.fragen um Sozialhilfe u. Jugendwohlfahrt (1963); Z. Kompetenzbereich d. Dtland.funks (1963); Rprobleme d. Werbefernsehens (1965); Werbung u. Verf. (1966); Verf.rechtl. Zentralfragen d. Arbeitskampfes (1968); Aktuelle föderalist. Verf.fragen (1968); Rdfk. monopol (1970); Verf.srechtl. Fragen z. Pressekonzentration (1971); Verbeamtung als Verf.auftrag? (1973); Fernsehabgabe u. Bdeskompetenz (1974); Verf.rechtl. Aspekte d. 'inneren Pressefreiheit' (1974), Ldesbericht: Rdfk.org. u. Kommunikationsfreiheit (1979); Bay. SchulR u. Gesetzesvorbehalt (1981); Kernkraft u. rechtl .Wandel (1981); Städte- u. Kabelkommunikation (1982); Presse u. private Rdfk. (1984); Gutachten f. d. 56. Dt. JT (1986); Grechtsfragen e. gemeinschaftsrechtl. Verbots mittelbarer Werbung (1990)
MH: FG Theodor Maunz (1971; m. Hans Spanner/Hans Zacher/Peter Badura); FS Maunz (1981; m. Zacher/Badura)
AL: Theodor Maunz (0557)
AS: Alexander Blankenagel (0062); Christoph Degenhart (0129); Hans Dieter Jarass (0393); Paul Kirchhof (0430); Michael Kloepfer (0440); Wolfgang Knies (0446); Dieter Peter Lorenz (0523); Christian Graf von Pestalozza (0647); Rupert Scholz (0796); Rupert Stettner (0864)
Q: K 1983, S. 2478/2479; Wer ist wer 1996/97; Hikasa, S. 260
L: FS 1993 (Wege u. Verfahren d. Verf.lebens; hrsg.: Peter Badura/R. Scholz; Bibliogr., S. 979–994)
備考：1959 年入会。第 21 回大会（1962 年）第 1 テーマ副報告。1972 年及び 1973 年の協会副理事長（理事長は Konrad Hesse、いま一人の副理事長は

Hans Heinrich Rupp)。さらに、1982年及び1983年の理事長（副理事長は、Walter Schmitt Glaeser及びEberhard Schmidt-Aßmann)。第1次国家試験を2番、第2次試験を3番の席次でパスした秀才。教授資格論文が優れていたため、早くから日本でもその名を知られてきた。門下生の数の多さでは、同じ「ミュンヘン学派」のKlaus Stern (0863) と双壁を成す。放送関係を中心に、訴訟に関する鑑定書を数多く執筆している。趣味が一風変わっていて面白い（＝Nilpferdkunde)。
http://de.wikipedia.org/wiki/Peter_Lerche
0516
LIENBACHER, Georg（リーンバッハー、ゲーオルク）墺
Dr. iur., Prof., Wirtschaftsuniv. Wien, Verfassungsrichter
1961年02月21日（Hallein bei Salzburg)
VL: Verfassungs- und Verwaltungsrecht einschließlich ihrer Bezüge zum Europarecht
1981–85 Studiums Salzburg; 1985 Prom. Salzburg; 1985 Gerichtspraxis Salzburg; 1983–86 Studium Politikwiss. u. Publizistik; 1985 Univ.-Ass. Salzburg; 1990 Ref. Bundeskanzleramt-Verfassungsdienst; 1991 Ministersekretär des Vizekanzlers u. Bundesministers für Föderalismus und Verwaltungsreform; 1992–96 LA Europakademie des Bundes; 1996 Definitivstellung Salzburg; 2000–04 stv. Leiter der Kommission des Menschenrechtsbeirates für Oberösterreich und Salzburg; 2000 Forschungsaufenthalt Uni. Bonn; 2001 Habil. Salzburg; 2001–03 a.Univ.-Prof. Salzburg; 2002–05 Senatsvorsitzender der Bundes-Vergabekontrollkommission; 2003 Univ.-Prof. WU Wien (Nachfolge Heinz Peter Rill); 2011 Mitglied des Verfassungsgerichtshofes
D: 題名と公刊を確認できなかった。
H: Kompetenzverteilung im Bundesstaat. Strukturprobleme dargestellt am Beispiel des Grundverkehrsrechts, 2001
備考：司法・行政両分野での実務経験も豊富で、オーストリア公法学界の中核になりつつある。研究の重点は、国家組織・行政改革、欧州統合、土地・環境法制、行政手続法制、教会公法と幅広い。オーストリア憲法裁判所判事。
http://www.wu.ac.at/ioer/team2/teamlien/cvlienb（写真あり）
http://www.vfgh.gv.at/cms/vfgh-site/richter/lienbacher.html
0517
故 **LIERMANN, Hans**（リーアマン、ハンス）
Dr. iur., em. o. U.Prof., Univ. Erlangen
1893年04月23日（Frankfurt/M.） 1976年02月22日（Erlangen)
Kirchenrecht, deutsche u. bayerische Rechtsgeschichte

1911 Studium Freiburg/Br. u. Halle; 1914 I. SE (Naumburg); Kriegsfreiwilliger, Verwundung, 1916 Kriegsgericht Freiburg; Studium Freiburg; 1919 I. SE (Baden); 1920 Prom. Freiburg; 1921 II. SE; 1922 RA Freiburg; 1926 Habil. Freiburg; 1926 PD Freiburg; 1927 Lehrbefugnis erweitert auf Kirchenrecht; 1929 o. Prof. Erlangen (Nachfolge Emil Sehling); 1931 o. Prof. Erlangen; 1961 emer.
B: Die Finanzhoheit des Reiches und der Länder (1920: D.); Das deutsche Volk als Rechtsbegriff im Reichsstaatsrecht der Gegenwart (1927: H.); Dt. ev. KirchenR (1933); Dt.-ev. DiasporaR (1934); Sind d. preuß. Brüdergemeinen Körperschaften d. öff. Rechts? (1937); Franken u. Böhmen (1939); D. Jurist u. d. Kirche (1973)
AL: Wilhelm van Calker (0109)
AS: Dietrich Pirson (0658)
Q: K 1950, S. 1215; Nek. K 1976, S. 3663
L: FS 1964 (FS für H. L.; hrsg. v. Klaus Obermayer u.a.); AöR 88 (1963), S. 222 (von K. Obermayer); JZ 1973, S. 256 (von Dietrich Pirson); AöR 98 (1973); JZ 1976, S. 453 (von Bader); Hollerbach, Z. f. ev. KR, S. 32
備考1: 1928年に入会し、戦後原始会員（1950年入会）。教会法の研究者。その講座後任は、Klaus Obermayer (0620)。
備考2: 師van Calkerは Heinrich Rosin（非会員、Freiburg、刑法、1855–1927年）の門下生で、後者の師は有名な Otto von Gierke（非会員、Berlin → Breslau → Heidelberg → (wieder) Berlin、1841–1921年）。
備考3: van Calkerの系譜は教会法なので、ギールケの公法学への学統は、いま一人の相弟子である Richard Thoma (0886) によって受け継がれた、と見るべきであろう（詳細は、Thomaの項を参照）。
http://www.hli.jura.uni-erlangen.de/geschichte/
http://www.bautz.de/bbkl/l/liermann.shtml

0518
LINDNER, Josef Franz (リントナー、ヨーゼフ・フランツ)
Dr. iur., PD, Univ. München, Ministerialrat
1966年07月12日
1985–90 Studium München; 1991 I. SE; 1993 II. SE; 1995 Prom. München; 2004 Habil. München; Ministerialrat im Bayer. Staatsministerium für Wissenschaft, Forschung u.Kunst
D: Die verfassungsrechtliche Dimension der polizeirechtlichen Adressatenpflichten, München 1997
H: Theorie der Grundrechtsdogmatik, Tübingen 2005

備考: 目下は、実務家(行政官)が本業。教育法を研究。
http://www.jura.uni-muenchen.de/personen/lindner_josef/lebenslauf.html

0519
LINK, Heinz-Christoph (リンク、ハインツ＝クリストフ)
Dr. iur., em. o. Prof., Univ. Erlangen
1933 年 06 月 13 日 (Dresden)
Staats-, Verwaltungs-, Kirchenrecht
1952–59 Studium Marburg/Lahn, Köln u. München (zuerst Medizin, dann RW); 1959 I. SE; 1964 II. SE; 1960 Verw. e. WiAs München; 1963 WiAs ebd.; 1965 Stip. DFG; 1963 Prom. München; 1970 Habil. München; 1960–70 WiAs. München; 1970–71 PD München; 1971–77 o. Prof. Wien; 1977–79 o. Prof. Salzburg, 1979–86 o. Prof. Göttingen, 1986 Erlangen; 2001 emer.
B: D. Glagen d. Kirchenverfas. im luth. Konfessionalismus d. 19. Jh. insb. bei Theodosius Harnack (1966: D.); D. Grenzen d. Staatsgewalt i. d. dt. Staatslehre d. 17. u. 18. Jh. (1970: H.); Herrschaftsord. u. bürgerl. Freiheit (1979); Hugo Grotius als Staatsdenker (1983)
MH: Siegfried Grundmann: Abhandl. zum KirchenR (1969); D. Gleichheitssatz im mod. Verf.staat (80. GT. v. Gerhard Leibholz 1982); Axel Freiherr von Campenhausen: Gesammelte Schriften (1995/96)
AL: Siegfried Grundmann (0269); Axel Freiherr von Campenhausen (0111)
Q: K 1996, S. 855; Wer ist wer 1996/97; CV
備考 1: 1971 年入会。第 48 回大会 (1989 年) 第 1 テーマ主報告。教会法学者。Göttingen では Gerhard Leibholz (0507) の講座を受け継いだ。
備考 2: 師の von Campenhausen は、Rudolf Smend (0839) に連なる。
http://www.hli.jura.uni-erlangen.de/geschichte/ (写真あり)
http://www.koeblergerhard.de/juristen/alle/allelSeite330.html

0520
LIPPHARDT, Hanns-Rudolf (リップハルト、ハンス＝ル[ー]ドルフ)
Dr. iur., apl. Prof., Univ. Heidelberg, RA
1934 年 09 月 17 日 (Geisenheim/Rheingau)
VL: Öffentliches Recht u. Kirchenrecht
1954–58 Studium Frankfurt/M. u. Freiburg/Br.; 1958 I. SE Freiburg; 1958–63 Ref. Bayern; 1963 II. SE München; 1964–69 HiWi u. WiAs Freiburg; 1971–77 WiAs Heidelberg; 1971 Prom. Freiburg; 1977 Habil.

Heidelberg
B: D. Gleichheit d. pol. Parteien vor d. öff. Gewalt (1975: D.); D. kontingentierte Debatte (1976: H.); Kirchl. Ämterbesetzung u. staatl. BedenkenR (1976)
AL: Konrad Hesse (0329); Dietrich Pirson (0658)
Q: K 1996, S. 858 (Red.); CV
備考：1978年入会。実務家教員（弁護士）。教会法学者。
http://www.koeblergerhard.de/juristen/alle/allelSeite343.html
0521
LISTL, Joseph (リストル、ヨ[ー]ゼフ)
Dr. iur., em. o. Prof., Univ. Augsburg (Kath.-Theol. Fakultät)
1929年10月21日 (Maria-Ort bei Regensburg)
VL: Kirchenrecht u. Staatsrecht
1948–50 Studium Orden d. Gesellschaft Jesu (Theologie); 1950–53 Studium Hochsch. f. Phil. Berchmanskolleg Pullach bei München (Philosophie); 1953 Licentiatus in Pilosophia; 1953–55 Praktische Erziehungstätigkeit am Kolleg St. Blasien/Schwarzwald; 1955–59 Studium Phil.-Theol. Hochsche St. Georgen in Frankfurt/M.; 1959 Licentiatus in Sacra Theologia; 1959–60 Studium Pastoraltheologie am Kolleg Oude Addij in Drongen bei Gent/Belgien; 1960 Studium Bonn (RW); 1966 I. SE Köln; 1970 Prom. Bonn; 1977 Habil. Bochum; 1977 PD Bochum; 1977 o. Prof. Augsburg (Kath.-Theol. Fakultät); emer.
B: D. Grecht d. Religionsfreiheit in d. Rsprechung d. Gerichte d. BRD (1970: D.); D. Gvorstellungen d. römischen Kirchenrechtswissenschaft zum Verhältnis von Kirche u. Staat vom Ende d. Aufklärung bis zum Zweiten Vatikanischen Konzil (1977: H.); Kirche u. Staat in d. neueren kath. Kirchenrechtswiss. (1978); Kirche im freiheitlichen Staat (Schriften zum StaatskirchenR u. KirchenR), 2 Bde. (1996; hrsg.: Josef Isensee/Wolfgang Rüfner u.a.)
H: Ulrich Scheuner: Schriften zum StaatskirchenR (1972)
MH: Ulrich Scheuner: Ges. Schr. (1978; m. Wolfgang Rüfner); FS Paul Mikat (1989; m. Dieter Schwab u.a.); FS Georg Mai (1991; m. Winfried Aymans u.a.)
AL: Ulrich Scheuner (0750)
Q: K 1983, S. 2528/2529; Wer ist wer 1996/97; CV
L: Gesammelte Schriften 1996 (herg. von Isensee u.a.; siehe oben)
備考1：1978年入会。哲学・神学を究めた後に、法学を修めた。偶然なのであろうが、苗字がLで始まる教会法研究者が4人続いた（ただし、Liermann

とLinkが新教であるのに対して、Listlはカトリック教会法である)。なお、1996年の論文集の題名が、かつて自らが恩師 (Scheuner) のために編集した書名と"本歌取り"の関係に立っている。趣味欄にはStaats- u. Kirchengeschichteと記述されており、骨の髄まで学問好きのようである。

備考2: 師のScheunerを通じて、Heinrich Triepel (0891) → Karl Binding (非会員、Basel → Freiburg/Br. → Straßburg → Leipzig、刑法学、1841–1920年) へと連なる。

0522

故 **LOEWENSTEIN, Karl** (レーヴェンシュタイン、カール[カルル])
Dr. iur, em. Prof., Univ. München
1891年11月09日 (München)　1973年07月10日 (Heidelberg)
Verfassungsrecht, Völkerrecht, Allgemeine Staatslehre
1910 Studium Paris, Heidelberg, Berlin u. München; 1919 RA; 1922 Prom. München; 1931 Habil. München; 1933 durch den NS-Kultminister Hans Schemm aus dem Staatsdienst entfernt; 1933 Emigration in die USA; 1934 ao. Prof. Yale, 1936 Prof. am Amherst College; 1941 Doktortitel entzogen; 1942–44 Berater für den amerik. Generalstaatsanwalt; 1957 nach München zurückgekehrt (Wiedergutmachung)
B: Volk u. Parlament n. d. Staatsauffas. d. franz. Nationalversamm. v. 1789 (1922: D.); D. brit. Parlamentswahlen im Nov. 1922 (1923); Minderheitsregierung i. Großbri. (1925); Erscheinungsformen d. Verf.änderung (1932); Über Wesen, Technik u. Grenzen d. Verf.änderung (1960); StaatsR u. Staatspraxis v. Großbritannien (1967); D. lyrische Werk (1971)
Q: K 1935, S. 835; Kurzbiographie, in: Göppinger, Juristen, S. 349 m. w. N.
L: FS 1971 (FS für K. L. aus Anlaß 80. GT; hrsg. v. Theodor Maunz u.a.); AöR (1971), S. 1971 (von Peter Lerche); JZ 1971, S. 700 (von Reinhold Zippelius); JZ 1974, S. 409 (von P. Schmidt); Markus Lang: Karl Loewenstein – Transatlantischer Denker der Politik (=Transatlantische historische Studien 28), Stuttgart 2007
備考: 1932年入会。ユダヤ系のゆえに、ナチスの迫害を受けて北米に亡命し、戦後帰国した。わが国でも訳書をはじめ、研究の蓄積がある。なお、ほぼ同時代に同姓同名の金融家がいる (1887–1976年)。
http://de.wikipedia.org/wiki/Karl_Loewenstein_(Jurist)

0523

LORENZ, Dieter Peter (ロ[ー]レンツ、ディーター・ペーター)
Dr. iur., em. o. Prof., Univ. Konstanz, Richter a. D. VerwGH Baden-

Württ.
1938年11月12日（München）
Rechtsvergleichung, Staats- u. Verwaltungsrecht u. allgemeine Rechtslehre
1957–61 Studium München; 1961 I. SE München; 1965 II. SE; 1965 WiAs München; 1968–71 Stip. DFG; 1965 Prom. München; 1971 Habil. München; 1971 PD München; 1974 o. Prof. Konstanz
B: D. Maßstab d. einsichtigen Menschen (1967: D.); D. Rschutz d. Bürgers u. d. Rweggarantie (1973: H.); Wiss.freiheit zw. Kirche u. Staat (1976); D. DrittsendungsR d. Kirchen, insb. im priv. Rdfk. (1988); LandesstraßenG Baden-Württ. Kommentar (1992)
AL: Karl Engisch (非会員、München、刑事法・法哲学); Peter Lerche (0515)
AS: Martin Burgi (0104)
Q: K 1996, S. 865; Wer ist wer 1996/97; CV; Hikasa, S. 263
備考: 1972年入会。基本権保護を行政手続・行政訴訟手続との関連で研究。また、道路法・環境法研究にも触手を伸ばした。
http://www.uni-konstanz.de/FuF/Jura/lorenz/Homepage.htm
http://de.wikipedia.org/wiki/Dieter_Lorenz

0524
LORZ, Ralph Alexander (ロルツ[ロァツ]、ラルフ・アレクサンダー)
Dr. iur., Prof., Heinrich-Heine-Univ. Düsseldorf
1965年（Nürnberg）
VL: Öffentliches Recht einschließlich Völker- und Europarecht sowie Rechtsphilosophie
1983–88 Studium RW u. VWL Mainz; 1986 Vordiplom VWL 1988 I. SE; 1988–90 Wiss. MA Marburg; 1992 Prom. Mainz; 1993 II. SE; 1993–94 Studium Harvard LS, LL.M; 1994 Praktikum bei der Anwaltsfirma Boston; 1994 New York State Bar Exam; 1995 Zulassung als "Attorney-at-Law"; 1994–2000 WiAs Mannheim; 1999 Habil. Mannheim; 2000 o. Prof. Düsseldorf
D: Modernes Grund- und Menschenrechtsverständnis und die Philosophie der Freiheit Kants, 1993
H: Interorganrespekt im Verfassungsrecht, 2001
AL: Eibe Riedel (0693)
備考: ニューヨーク州弁護士の資格を得、活動した後、ドイツに戻った。この活動歴からか、法と言語の問題に取り組む。師の人事異動に伴い、マインツからマンハイムへと移籍した。

http://www.jura.uni-duesseldorf.de/dozenten/lorz/Lebenslauf.shtml（写真あり）

0525
LOSCH, Bernhard（ロ[ッ]シュ、ベルン[ベァン]ハルト]）
Dr. phil., Dr. iur. habil., Prof., Belgische Univ.- Gesamthochschule Wuppertal
1942 年
Studium Germanistik, Geschichte, Geographie u. Empirischen Kulturwiss. Tübingen; Promotion (Dr. phil.); Studium RW Hamburg u. Tübingen; 1985 Promotion (Dr. iur.) Tübingen; 1988 Habilitation Tübingen; 1995 Prof. Wuppertal; 1998 Jean-Monnet-Professor für Europarecht
B: Weiterbildung als kommunale Aufgabe (1985); Ordnungsgundsätze d. Weiterbildung (1988); Wissensch.freiheit, Wissensch.schranken, Wissensch.verantwortung (1993)
AL: Günter Püttner (0672)
Q: K 1996, S. 870 (Red.)
備考 1: テュービンゲンで学んだ経験的文化研究（empirische Kulturwissenschaft）の手法と知見（その代表者は、Hermann Bausinger）を、法学と結びつけようと試みている。
備考 2: 師を通じて、数多い「シュテルン学派」へと連なる。
http://www2.uni-wuppertal.de/FB1/losch.html
http://www.presse-archiv.uni-wuppertal.de/html/module/medieninfos/namen/2006/1909_losch.htm（写真あり）

0526
LOSCHELDER, Wolfgang（ロ[ッ]シェルダー、ヴォルフガング）
Dr. iur., U.Prof., Univ. Potsdam
1940 年 07 月 25 日（Rom/Italien）
Verwaltungsrecht, Verwaltungsprozeßrecht u. Umweltrecht
1960–65 Studium Bonn; 1965 I. SE Köln; 1967 Ref.; 1971 SE NRW; 1965 Verw. e. WiAs Bonn; 1971 Verw. e. WiAs Bonn; 1972 WiAs Dekanat Bonn; 1976 Prom. Bonn; 1980 Habil. Bonn; 1980 PD Bonn; 1981 Prof. Bochum; 1991 Prof. Potsdam
B: Kommunale Selbstverw.garantie u. gemeindl. Gebietsgestaltung (1976: D.); Vom bes. Gewaltverhältnis zur öff.-rechtl. Sonderbindung (1982: H.); Zur Institutionalisierung d. engeren Staat/Bürger-Bez. (1982); D. Befugnis d. Ggebers z. Disposition zw. Gemeinde- u. Kreisebene (1986); D. Islam u. d. religionsrechtl. Ordnung d. GG, in:

Essener Gespräche Bd. 20 (1986); Strukturreform d. Bdeseisenbahnen durch Privatisierung? (1993)
AL: Jürgen Salzwedel (0729)
Q: K 1996 , S. 870 (Red.); Wer ist wer 1996/97; CV
備考：1982 年入会。公法以外には、教会公法、大学法、公務員法、食糧法などを研究。
http://www.uni-potsdam.de/u/vvu/
0527
LÖWER, Wolfgang (レーヴァー[ロェーヴァー]、ヴォルフガング)
Dr. iur., Prof., Univ. Bonn
1946 年 06 月 10 日 (Wuppertal)
Staats- u. Verwaltungsrecht, Wissenschaftsrecht
1966 Studium Bonn (1966–67 Wehrdienst); 1967–71 Wiederaufnahme des Studiums Bonn; 1971 I. SE Köln; 1973–75 Ref.; 1975 II.SE Düsseldolf; 1972 Verw. e. WiAs Bonn; 1973–75 Hiwi ebd.; 1976 Hiwi. u Verw. e. WiAs ebd.; 1976 WiAs ebd.; 1978 Prom. Bonn; 1984 Habil. Bonn; 1984 PD Bonn; 1984 U.Prof. Münster; 1985 o. Prof. FU Berlin; 1990 o. Prof. Bonn
B: Staatshaftung f. unterlassenes Verw.handelns (1979: D.); Verf.ger.barkeit im Bdesstaat (1984: H.); Energieversorgung zw. Staat, Gemeinde u. Wirtschaft (1989); Cessante ratione legis cessat ipsa lex - Wandlung einer gemeinschaftl. Auslegungsregel zu Verf.angebot? (1989); Fernmenldekompetenz u. Funkwellenzuteilung im Bdesstaat (1989); Energieversorgung zw. Staat, Gemeinde u. Wirtschaft (1989); Sondergesetzliche Gründung u. Auflösung v. Wasserverbänden (1996)
MH: Fritz Ossenbühl, Freiheit, Verantwortung, Kompetenz (Ges. Abhandl.) (1994; m. Manfred Schröder/Udo di Fabio/Thomas von Danwitz)
AL: Fritz Ossenbühl (0631)
Q: K 1996, S. 865
備考：1985 年入会。行政法学者。母校に戻った。
http://jura.uni-bonn.de/index.php?id=2055 (写真あり)
0528
LÜBBE-WOLFF, Gertrude (リュッベ[ルュッベ] = ヴォルフ、ゲルトルーデ [ゲァトルーデ]) 女性
Dr. iur., LL.M., Prof., Univ. Bielefeld, Richterin am BVerfG
1953 年 01 月 31 日 (Weitenfeld/Kärten)
VL: Öffentliches Recht, Verfassungsgeschichte der Neuzeit u. Rechts-

philosophie
1969–74 Studium Bielefeld u. Freiburg/Br.; 1974–75 Studium Harvard/USA; 1974 I. SE Freiburg; 1975–77 Ref. Freiburg; 1977 II. SE; 1979–81 WiAs Bielefeld; 1982 C1-Ass. Bielefeld; 1975 LL.M. (Harvard); 1980 Prom. Freiburg; 1987 Habil. Bielefeld; 1987 PD Bielefeld; 1988–1992 Leiterin d. Umweltsamtes d. Stadt Bielefeld; 1992 Prof. Bielefeld; 2002 Richterin BVerfG (zweiter Senat)
B: Rfolgen u. Realfolgen (1981: D.); D. Grechte als Eingriffsabwehrrechte (1987: H.); Modernisierung d. UmweltordnungsR (1996); D. Vollzug d. europ. UmweltR (1996)
AL: Dieter Grimm (0261)
Q: K 1996, S. 875; CV
備考：環境法研究者。言わば、母校に戻った格好。夫君も哲学の教授をしている。ホームページには、「目下の研究の重点：rationalな環境政策、rationalな環境法」とある。研究者になる前に、市の環境行政部局で実務経験を積んでいる。現在、連邦憲法裁判所判事（第2部に所属）。

http://www.bundesverfassungsgericht.de/richter/luebbe-wolff.html （写真あり）

http://www.jura.uni-bielefeld.de/Lehrstuehle/Luebbe-Wolff/index.html
0529

LUCHTERHANDT, Otto （ルヒターハント、オ[ッ]トー）
Dr. iur., Prof., Univ. Hamburg
1943年08月01日（Celle/Hannover）
Öffentliches Recht, Ostrecht u. Kirchenrecht
1965–70 Studium Freiburg/Br. u. Bonn; 1970 I. SE Köln; 1970–72 Ref. Düsseldorf (1. Teil); 1975 II. SE Düsseldolf; 1971–72 HiWi Köln; 1975–84 WiAs ebd.; 1974 Prom. Köln; 1985 Habil. Köln; 1991 o. Prof. Hamburg (Nachfolge Georg Geilke); emer.
B: D. Sowjetstaat u. d. Russisch-Orthodoxe Kirche (1976: D.); D. religiöse Gewissensfreiheit im Sowjetstaat, 2 Bde (1976); D. Gegenwartslage d. Ev. Kirche i. d. DDR (1982); Menschenrechtspolitik u. KSZE, 2 Bde (1985); Gpflichten als Verf.problem in Dtland (1988: H.)
AL: Borris Meissner (0568); Georg Brunner (0093)
Q: K 1996, S. 873 (Red.); CV
備考1：1987年入会。長らく、ソビエト・東欧における教会と宗教の法的分析に携わってきた実力派。
備考2：ドイツにおける東欧法（Ostrecht）研究に関しては、Meissner（1915年生まれ）を第1世代とすると、Brunner（1936年生まれ）が第2世代、そ

して Luchterhandt（1943 年生まれ）が第 3 世代である、といえよう。
備考 3： なお、Meissner の師は Rudolf Laun（ 0501 ）である。
http://www.jura.uni-hamburg.de/personen/luchterhandt
0530
故 **LÜCKE, Jörg**（リュ［ッ］ケ、イェルク［ヨェルク］）
Dr. iur., LL.M., U. Prof., Univ. Mainz, Reg.Dir. a. D.
1944 年 04 月 19 日（Göttingen） 2002 年 07 月 17 日（Bonn）
Staatsrecht, Umweltrecht, Gesetzgebungslehre, Finanzverfassungs- u. Abgabenrecht
1964 Studium Heidelberg u. Göttingen; 1970 I. SE; 1972 Prom. Göttingen; 1974 II. SE; Studium Univ. of California/Berkeley; 1975 LL. M.; 1976 Ref. Raumordnungsministerium Bonn; 1977 Regierungsrat; 1980 Ref. Justizministerium Bonn; 1984 Prof. Hamburg; 1993 Prof. Jena; 1994 Prof. Mainz
B: D. (Un-) Zumutbarkeit als allg. Grenze öff.-Rechtl. Pflichten d. Bürgers (1973: D.); Ein inetrn. "Recht auf Kommunikation"? (1979); D. Baugebot – ein wirksames Instrument des Bodesrechts? (1980); Begründungszwang u. Verfassung (1987); AIDS im amerik. u. dt. Recht (1989); Vorläufige Staatsakte (1991); D. Berufsfreiheit (1994)
AL: Hans Hugo Klein（ 0438 ）
Q: K 1996, S. 875
備考： 行政官時代に発表した複数論文を合わせて教授資格論文とした（kumulative Habilitation）。国家の自己肥大傾向、すなわち国家が有する Kompetenz-Kompetenz（権限お手盛り決定権）に歯止めをかける対抗手段として、権限拡張自己抑制自己決定権（Schranken-Schranken）を発見、提唱した。
http://de.wikipedia.org/wiki/J%C3%B6rg_L%C3%BCcke（写真あり）
0531
LÜHMANN, Hans（リューマン、ハンス）
Dr. iur., PD, Humboldt-Univ. zu Berlin
1961 年（Greiz /Thüringen）
1981–85 Studium Jena; 1985 Diplom-Jurist Jena; 1990 Prom. Jena; 1991 I. SE; 1994 II. SE; 1985–90 Ass. Jena; 1990–91 Ass. HU Berlin; 1993–94 Wiss. MA HU Berlin; 1994–97 Wiss. MA HU Berlin; 1997–2002 WiAs HU Berlin; 2003 Habil. HU Berlin
D: Die Staatshaftung in der DDR, Jena 1990
H: Die Staatsaufsicht in der Bundesrepublik Deutschland（公刊を確認できなかった）
AL: Gunnar Folke Schuppert（ 0811 ）

備考：旧東ドイツに生まれ育ち、東西ドイツ再統一時代に青春を過ごした世代。旧西ドイツの同世代研究者は、大学の数が急増したために、若くして（20代終わりから30代はじめ）教授になれた。それに比すると、旧東独出身で大学も旧東のためか、割を食った感は否めない。国家責任法を研究。
http://www.rewi.hu-berlin.de/~luehmann/page1.htm（写真あり）

0532
故 **LUKAS, Josef**（ルーカス、ヨーゼフ）
Dr. iur., o. Prof., Univ. Münster/Westf.
1875年08月03日（Graz/Österr.）　1929年11月23日（Münster）
Staatsrecht, Verwaltungsrecht, Kirchenrecht, Rechtsphilosophie, Völkerrecht, internationales Recht, Auslandsrecht
Studium Graz; 1899 Prom. Graz; 1902 Habil. Graz; 1904 ao. Prof. Czernowitz; 1909 ao. Prof. Königsberg/Pr.;1910 o. Prof. Münster
B: D. rechtl. Stellung d. Parlam. i. Ggbung (1901: D.); Üb d. Gesetzespublik. in Österr. u. Dtland (1903: H.); Z. Lehre v. Willen d. Gesetzgeb. (in: FS Paul Laband) (1908); Territorialitäts- u. Personalitätsprinzip im österr. NationalitätetR (Jb. d. öff. R II) (1908); D. organis. Grdged. d. neu. R.-Verf. (1920); Dtland u. d. Idee d. Völkerbundes (1921)
AS: Ulrich Scheuner（0750）
Q: Wer ist's 1922, S. 977; K 1925; Nek. K 1931, S. 3158
備考：戦前原始会員（1924年入会）。第6回大会（1929年）第1テーマ副報告（H. 6）。主に独墺両国に関して、法源論の比較研究をした。
Lieselotte Steveling, Juristen in Münster, Münster 1999, S. 138 FN 13（Google Booksで閲覧が可能）
http://www.koeblergerhard.de/Rechtsfakultaeten/Muenster705.htm

0533
LUTHER, Jörg（ルーター、イェルク）
Dr. iur., Ordinario di diritto pubblico all'Università del Piemonte Orientale
1959年（Marburg）
Öffentliches Recht
1983 Prom. Göttingen; 1989 RA Frankfurt/M.; Prof. Piemonte Orientale
備考：経歴は、よく分からなかった。憲法史を研究。東ピエモンテ大学教授。
http://www.sp.unipmn.it/php/showHomePage.php?who=luther&cosa=&idAbstr=0&L=DE（写真あり）
http://it.wikipedia.org/wiki/J%C3%B6rg_Luther

M

0534
MÄCHLER, August （メヒラー、アウクスト）瑞
Dr. iur., Prof., Univ. Zürich
1954 年 5 月 30 日
Staats- und Verwaltungsrecht sowie Rechtssetzungslehre
1974–79 Studium Zürich; 1979 lic. iur.; 1979–80 Praktika VerwG Schwyz/Anwaltskanzlei; 1980–84 Ass. Zürich; 1981 Anwaltspatent des Kantons Schwyz; 1987 Prom. Zürich; 1992/93 Forschungsaufenthalt am MPI Heidelberg; 1995 Eintritt in die Redaktion des Schweiz. Zentralblattes für Staats- und Verwaltungsrecht; 2002 PD Zürich; 2008 Titularprof. Zürich
D: Rahmengesetzgebung als Instrument der Aufgabenteilung, Zürich 1987
H: Vertrag und Verwaltungsrechtspflege, Zürich 2005
AL: Georg Müller (0596)
備考：スイス行政法、とりわけ地方自治法を研究。
http://www.rwi.uzh.ch/lehreforschung/tp/tit-maechler/person.html （写真あり）

0535
MAGEN, Stefan （マーゲン、シュテファン）
Dr. iur., Prof., Univ. Bochum
1966 年
Öffentliches Recht, Rechtsphilosophie und Rechtsökonomik
1988 Studium Philosophie u. RW Frankfurt/M. u. Bochum; 1992–98 stud. HK, wiss. HK u. wiss. MA Bochum; 1995 I. SE; 1996 M. A. Bochum; 1997 II. SE; 1998–2001 wiss. MA am BverfG; 2001 Senior Research Fellow MPI Bonn; 2003 Prom. FFM; 2005 Visiting Scholar Univ. of California/Berkeley; 2010 Habil. Bonn; 2010 Prof. Bochum
D: Körperschaftsstatus und Religionsfreiheit, Tübingen 2004
H: Gerechtigkeit als Proprium des Rechts, in Vorb.
AL: Michael Stolleis (0871)
備考：宗教と憲法の関係を研究。

http://www.ruhr-uni-bochum.de/ls-magen/magen.html（写真あり）
0536
MAGER, Ute（マーガー、ウーテ）女性
Dr. iur., Univ.-Prof., Univ. Heidelberg
1962年12月25日（Kiel）
Öffentliches Recht, Europarecht und Verfassungsgeschichte
Studium Kiel, Lausanne und FU Berlin; 1988 I. SE; 1991 II. SE; MA FU Berlin; 1991–95 Wiss. MA Berlin; 1994 Prom. Berlin; 1995–2002 WiAs Berlin; 2002 Habil. FU Berlin; 2005 Prof. Heidelberg
D: Der maßgebliche Zeitpunkt für die Beurteilung der Rechtswidrigkeit von Verwaltungsakten, Berlin 1994
H: Einrichtungsgarantien, Tübingen 2003
AL: Christian Graf von Pestalozza (0647); Philip Kunig (0488)
備考：教論で制度的保障を論じた女性憲法研究者。
http://www.jura-hd.de/mager/zur_person.html
0537
MAGIERA, Siegfried（マギーラ、ジークフリート［ズィークフリート］）
Dr. iur., M.A., o. Prof., HVW/Speyer
1941年10月05日（Ratibor/Oberschlesien）
VL: Öffentliches Recht
1961–65 Studium Kiel, Freiburg/Br. u. FU Berlin; 1965 I. SE Schleswig; 1967 Ref. Schleswig-Holstein; 1971 II. SE Hamburg; 1967–69 HiWi Kiel; 1967 M.A. (Kansas); 1969 Prom. Kiel; 1971 WiAs ebd.; 1978 Habil. Kiel; 1978 PD Kiel; 1980 Prof. Köln; 1984 o. Prof. Speyer
B: Party Finance and Government Regulation (1967: M.A:); D.Vorwahlen (Primaries) in d. Verein. Staaten (1971); Parlament u. Staatsleitung in d. Verf.ordnung d. GG (1979: H.); The Emergence of a "Europe of Citizens" in a Community without Frontiers (1989)
MH: Gedächtnissymposion Wilhelm A. Kewenig (1996; m. Karl M. Meessen/Hans Meyer).
AL: Wilhelm A. Kewenig (0420)
Q: K 1996, S. 889; Wer ist wer 1996/97; CV
備考：1979年入会。ヨーロッパ法学者。師のKewenigは、Ulrich Scheuner（ 0750 ）の門下生であり、後者はHeinrich Triepel（ 0891 ）を経て、Karl Binding（非会員、Basel → Freiburg/Br. → Straßburg → Leipzig、刑法学、1841–1920年）へと連なる。
http://www.hfv-speyer.de/magiera/Lehrstuhlinhaber.htm
http://de.wikipedia.org/wiki/Siegfried_Magiera

0538
MAHLMANN, Matthias（マールマン、マティアス）瑞
Dr. iur., Prof., Univ. Zürich
1970 年
VL: Öffentliches Recht, Europarecht, Rechtsphilosophie und Rechtssoziologie
Studium RW u. Philosophie Freiburg/Br., Berlin u. London (LSE); 1994 I. SE; 1999 II. SE; 1999 Prom. FU Berlin; 2005 Habil. FU Berlin; 2008 Prof. Zürich
D: Rationalismus in der praktischen Theorie, Baden-Baden 1999
H: Elemente einer ethischen Grundrechtstheorie, Baden-Baden 2008
AL: Hubert Rottleuthner（非会員、FU Berlin）
備考：憲法原論を研究。ドイツ出身で、スイスの大学に奉職する例は少ないように思われる。
http://www.rwi.uzh.ch/lehreforschung/alphabetisch/mahlmann/person.html（写真あり）

0539
MAJER, Diemut Anna Maria（マイアー、ディーム[―]ト・アンナ・マリーア）女性
Dr. iur., Prof., Fachhochschule für Öffentliche Verwaltung, Bunndeswehrverwaltung/Mannheim
1938 年 06 月 26 日（Großbettlingen/Württemberg）
VL: Verfassungsgeschichte der Neuzeit, Staats- u. Verwaltungsrecht
1957–61 Studium Freiburg/Br., Bonn u. FU Berlin (RW u. Pol. Wiss.); 1961–62 Studium am Bologna Center für Advanced Intern. Studies d. John-Hopkins-Univ. (Baltimore/USA) in Bologna/Italien (Pol. Wiss., VR u. Sprache: eng./franz./ital.); 1962 I. SE Freiburg; 1962–67 Ref. 1966 Prom. Freiburg/Br.; 1967 II. SE Stuttgart; 1963–67 HiWi Freiburg; 1968–70 WiAs Mannheim; 1972–74 Ass.Prof. FU; 1970–72 Stip. DFG; 1975–78 Wiss. MA BVerfG; 1984 Habil. Bern/CH; 1984 PD Bern; 1983 FH Mannheim
B: D. Folgen verf.widriger Normen im öff. Recht (1966: D.); "Fremdvölkische" im Dritten Reich (1981: H.); Verf.ger.barkeit u. Bund-Länder-Konflikte (1981); Rprinzipien d. NS-Staates (1986); Glagen d. nslist. Rsystems (1987: H.); NeutralitätsR u. Neutralitätspolitik (1987)
AL: Richard Bäumlin (0037)
Q: K 1996, S. 893; CV

備考：1986 年入会。ナチス法の研究をしてきた。本来なれば、70 年代半ばに教授資格を得るはずが、学位論文執筆から教授資格取得まで回り道をする結果となった。
http://www.koeblergerhard.de/juristen/alle/allemSeite40.html

0540

故 **MALLMANN, Walter**（マルマン、ヴァルター）
Dr. iur., em. o. Prof., Univ. Gießen
1908 年 07 月 16 日（Köln） 1982 年 12 月 21 日（Gießen）
Öffentliches Recht
1935 Studium Freiburg/Br., Münster/Westf. u. Marburg/L.; 1935 Prom. Marburg; zielte auf eine Habil. in Tübingen; 1937 als "politisch unzuverlässig" u. f. d. Hocuschullaufbahn ungeeignet eingestuft; 1937–46 Lektor bei d. C.H.Beck Verlagsbuchhandlung (abgesehen von mehrjährigem Wehrdienst); 1956 Hon.Prof. Tübingen (Verlags- u. PresseR); 1957 o. Prof. Frankfurt/M.; 1965 Gießen; 1973 emer.
B: D. Sanktion im Ggbungsverfahren (1938: D.)
Q: K 1961, S. 1261; 没
L: Walter Schmidt, W. M., in: Diestelkamp/Stolleis (Hrsg.), Juristen FFM, S. 306–318; FS 1978; AöR 103 (1978); JZ 1978, S. 451 (von Gebhardt); AöR 108 (1983), S. 1–4 (Nachruf; von Otto Bachof); JZ 1983, S. 220 (von Kübler);
備考：1958 年入会。第 19 回大会（1960 年）第 2 テーマ主報告。この人物が表現の自由を研究し、法治主義の確立を目指した理由は、その経歴に照らして明らかであろう。
http://www.koeblergerhard.de/juristen/alle/allemSeite51.html

0541

MANGOLDT, Hans von（マンゴルト、ハンス・フォン）
Dr. iur., em. Prof., Univ. Tübingen
1940 年 05 月 10 日（Tübingen）
Deutsches und ausländisches öffentliches Recht und Völkerrecht
1959–64 Studium FU Berlin u. Tübingen; 1963 I. SE Berlin; 1965 Ref.; 1968 II. SE Berlin; 1964–66 HiWi Köln; 1966–69 HiWi u. WiAs ebd.; 1969 Ref. MPI/Heidelberg; 1966 Prom. FU Berlin; 1973 Habil. Heidelberg; Prof. Tübingen; emer.
B: Vom heutigen Standort d. Bdesaufsicht (1966: D.); D. Schiedsger.barkeit als Mittel intern. Streitschlicht (1974); Universität u. Staat (1979); Anerkennung d. Staatsangehörigkeit u. effektive Staatsangeh. natürl. Person im VR u. i. IPR (1988); D. Verf. d. neuen Bdesländer

(1993; 2. A. 1997)
AL: Hermann Mosler (0589)
Q: K 1996, S. 896; CV
備考 1: 1974 年入会。2 代続きの国際法学者。Hermann von Mangoldt (0542) の子息。
備考 2: 類例としては、オーストリアの Adamovich 親子 (0004) 及び 0005)、またスイスの Schindler 親子 (0755 及び 0756) が挙げられる。(なお、テュービンゲンにはもう一人の "2 代目" 研究者 Martin Heckel (0303) (教会法) がいる)。
備考 3: 師の Mosler は Richard Thoma (0886) の門下生であり、この学統は更に Heinrich Rosin (非会員、Freiburg、刑法、1855–1927 年) を経て、Otto von Gierke (非会員、Berlin → Breslau → Heidelberg → (wieder) Berlin、1841–1921 年) へと至る。
http://www.jura.uni-tuebingen.de/professoren_und_dozenten/vonmangoldt
http://de.wikipedia.org/wiki/Hans_von_Mangoldt_(Jurist)

0542
故 **MANGOLDT, Hermann Hans von** (マンゴルト、ヘルマン・ハンス・フォン)
Dr. iur., em. Prof., Univ. Kiel, Minister a. D.
1895 年 11 月 18 日 (Aachen)　1953 年 02 月 24 日 (Kiel)
Öffentliches Recht (Staats-, Verwaltungs-, Völkerrecht)
1914 Baueleve der Kriegsmarine; 1916 Offizier; Studium Schiffsbauingenieurwesen TH Danzig; Eintritt in die Haff- und Flussflotille des ostpreuß. Freiwilligenkorps; 1919 Reichswasserschutz; 1922 Studium Königsberg/Pr.; 1926 I. SE; Ass. Institut f. LuftR Univ. Königsberg; 1928 Prom. Königsberg; 1931 Habil. Königsberg/Pr.; 1931 PD Königsberg; 1935 apl. Prof. Tübingen; 1936 beamt. ao. Prof. Tübingen; 1939 o. Prof. Tübingen; 1941 o. Prof. Jena; 1943 o. Prof. Kiel; 1946 Innenminister Schleswig-Holstein; 1947 Rektor Kiel
B: Geschriebene Verf. u. Rsicherheit i. d. Ver. Staaten v. Amerika (1932: H.); Rstaatgedanke u. Reg.formen i. d. Ver. Staaten v. Amerika (1938); Gsätzliches z. Neubau e. dt. Staatsgewalt (1947)
MH: Das Bonner GG. Kommentar, 14 Bde. (m. Friedrich Klein, Chrstian Starck)
AL: Ernst von Hippel (0341)
AS: Hartwig Bülck (0098); Walter Rudolf (0715)
Q: K 1950, S. 1281; Nek. K 1954, S. 2717

L: AöR 78 (1952/53), S. 257; DÖV 1953, S. 247; JZ 1953, S. 253 (von Viktor Böhmert); A. O. Rohlfs, H. v. M. (1895–1953). D. Leben d. Staatsrechtlers vom Kaiserreich bis zur Bonner Republik, Berlin 1997 (Diss. Kiel 1996)

備考1: 戦後原始会員（1950年入会）。Hans von Mangoldt (0541) の父。『マンゴルト・クライン（Mangoldt/Klein）』は、日本でもよく知られたボン基本法のコメンタール。ナチス体制下にあって、敵国（アメリカ）の自由主義体制を研究し賞揚したのは勇気ある行動であった。父親は、数学者の Hans Carl Friedrich von Mangoldt。

備考2: 師の von Hippel を通じて、Gerhard Anschütz (0011) に連なる。

備考3: なお原編者両名の没後、『マンゴルト・クライン』は、現在では Christian Starck (0852) が編集を引き継いでいる。

http://www.kas.de/wf/de/71.6047/
http://de.wikipedia.org/wiki/Hermann_von_Mangoldt

0543
MANN, Thomas（マン、トーマス）
Dr. iur., Prof., Univ. Göttingen
1963年02月12日 (Oberhausen/Rheinland)
Staats- und Verwaltungsrecht
1984–88 Studium Bochum; 1989 I. SE; 1993 II. SE; 1989/1990 Wiss. MA Bochum; 1991 Prom. Bochum; 1994–97 WiAs Bochum; 1999–2001 Akad. Rat Köln; 2001 Habil. Köln; 2001 Univ.-Prof. Bochum; 2002 Univ.-Prof. Göttingen; 2003 Richter am Nieders. OVG im 2. Hauptamt
D: Abfallverwertung als Rechtspflicht, Stuttgart u. a. 1992
H: Die öffentlich-rechtliche Gesellschaft, Tübingen 2002
AL: Peter Josef Tettinger (0882)
備考: Helen Keller (0416) と並び、著名人（作家）と同姓同名の会員。若手の行政法学者。経済行政法などを研究。
http://lehrstuhl.jura.uni-goettingen.de/tmann/（Person の項目に写真あり）
http://de.wikipedia.org/wiki/Thomas_Mann_（Jurist）

0544
MANSSEN, Gerrit（マンセン、ゲーリ[ッ]ト[ゲァリット]）
Dr. iur., Prof., Univ. Regensburg
1959年09月12日 (Leer/Ostfriesland)
Staats-, Verwaltungs- u. Sozialrecht
1980–86 Studium Regensburg u. Genf; 1986 I. SE; 1989 II. SE; 1990 Prom.; 1993 Habil.; 1994 Prof. Greifswald, 1967 Prof. Regensburg

1996 Richter am OVwG Greifswald
B: Stadtgestaltung durch öffentl. Bauvorschriften (1990: D.); Privatrechtsgestaltung durch Hoheitsakt (1994: H.); StaatsR I (1995)
AL: Udo Steiner (0859)
Q: K 1996, S. 897 (Red.); Wer ist wer 1996/97
備考1: 地方自治法を研究。メクレンブルク゠フォアポンメルン州の州法にも造詣が深い。
備考2: 師の Steiner は、Klaus Obermayer (0620) の門下生。後者の師 Johannes Heckel (0302) を経て、Friedrich Giese (0240) へと至る。
http://www.uni-regensburg.de/Fakultaeten/Jura/manssen/1Allgemeines/1Startseite/startseite.htm

0545
MANTL, Wolfgang (マントル、ヴォルフガング) 墺
Dr. iur., em. U.Prof., Univ. Graz/Österr.
1939年03月18日 (Wien)
VL: Allgemeine Staatslehre, Politikwissenschaft u. Österreichisches Verfassungsrecht
1957–61 Studium Wien; 1961 Sprachstudien in Cambridge, Dijon u. Grenoble; 1962 Stip. Sommerkurs d. Akad. f. Intern. Recht im Haag/Holland; 1962 HS-As Wien; 1965 HS-As Graz; 1974 OAs ebd.; 1961 Prom. Wien; 1974 Habil. Graz; 1974 PD Graz; 1977 ao. Prof. ebd.; 1979 o. Prof. ebd.; emer.
B: D. österr. Parteienstaat (1969: D.); D. gegenwärtige Auseinandersetzung um d. Verhältnis v. Repräsentation u. Identität (1974: H.); Repräsentation u. Identität (1975)
MH: FS Ludwig Adamovich (1992; mit Bernd-Christian Funk)
AL: Gustav Eduard Kafka (0403); Ludig Adamovich Jun. (0004)
Q: K 1996, S. 897; CV
備考: 1976年入会。第54回大会 (1994年) 第1テーマ報告 (4人の報告者の1人)。グラーツ大学で長年、デモクラシー論、政党法などを研究。
http://www.kfunigraz.ac.at/~mantl/mantl.html (写真あり)
http://de.wikipedia.org/wiki/Wolfgang_Mantl

0546
MARAUHN, Thilo, M. (マラウーン、ティロ・M)
Dr. iur., Prof., Univ. Gießen
1963年04月30日 (Lüdenscheid/Nordrhein-Westf.)
Öffentliches Recht, Völkerrecht und Europarecht
1983 Studium RW u. internat. Beziehungen Mannheim; 1985 Univ.

College of Wales Aberystwyth/Großbritannien; 1986 Bonn u. Heidelberg; 1990 I. SE; 1990–96 wiss. HK, wiss. MA MPI/Heidelberg; 1994 Prom. Heidelberg; 1995 Master of Philosophy (M. Phil.) Univ. of Wales; 1996 wiss. Ref. MPI/Heidelberg; 2000 Habil. Frankfurt/M.; 2001 Prof. Gießen;
D: Der deutsche Chemiewaffen-Verzicht, 1994
H: Rekonstruktion sozialer Grundrechte als Normkategorie (noch unveröffentlicht)
備考：国際法学者。ドイツ国際法学会理事。
http://www.cedep.org.py/heidelberg/media/tmarauhn.pdf（写真あり）
http://www.koeblergerhard.de/Rechtsfakultaeten/Luzern37.htm
http://www.dgfir.de/gesellschaft/organisation/
0547

故 **MARCIC, René**（マルチッチ、ルネ）
Dr. iur., o. Prof., Univ. Salzburg
1919年03月13日（Wien）　1971年10月02日（bei Gent/Belgien）
Rechts- u. Staatsphilosophie
1937 Studium Univ. Zagreb/Herzegowina; 1951 Prom. Graz; 1959 Habil. Wien; 1959 PD Wien; 1960–61 PD München (Polit. Wiss.); 1963 o. Prof. Salzburg (1966–67 Rektor); 1968 Prof. Salzburg (Phil. Fak.)
B: Martin Heidegger u. d. Existentialphilosophie (1948); Vom Gesetzesstaat zum Richterstaat (1959: H.); D. Krise d. Staatsgedankens i. d. Gegenwart (1960); Verf. u. Verf.ger.barkeit (1963); Mensch, Recht, Kosmos (1965); Verf.ger.barkeit u. RRL (1966); Geschichte d. Rphilosophie (1971; Nachdr. 1995)
AL: Adolf Julius Merkl (0576), Walter Antoniolli (0012); Alfred Verdroß（非会員、Wien）
Q: K 1961, S. 1267; Nek. K 1976, S. 3664. 没
L: DÖV 1971, S. 775; GS 1974 (Dimensionen d. Rechts, 2 Bde.; hrsg.: Michael Fischer u.a.); GS 1983 (D. Naturrechtsdenken heute u. morgen; hrsg.: Dorothea Mayer-Maly u.a.)
備考：「ケルゼン門下生」（碩学 114 頁）。在米のケルゼンを訪ね、London から Salzburg へ戻る途中、不慮の飛行機墜落事故のため、夫人と共に犠牲となった。
http://www.uni-salzburg.at/portal/page?_pageid=845,249768&_dad=portal&_schema=PORTAL （写真あり）
http://de.wikipedia.org/wiki/Ren%C3%A9_Marcic

0548

MARKO, Josepf (マルコ、ヨ[ー]ゼフ) 墺
Dr. iur., UD, Ass.-Prof., Univ. Graz
1955年
Allgemeine Staatslehre, österreichisches u. vergleichendes Verfassungsrecht sowie Politikwissenschaft
Studium Graz; 1977 Prom. Graz; 1979 Univ.-Ass. Graz; 1989 Ass.-Prof. Graz; 1994 Habil. Graz; 1997 ao. Univ.-Prof. Graz
B: Autonomie u. Integration (1995)
HM: Demokratie u. Wirtschaft (1985; m. Armin Stolz); Slowenien, Kroatien, Serbien (1991; m. Tomilav Boric); Rstaatlichkeit in Europa (1996; mit Rainer Hofmann/Josef Marko)
AL: Rainer Hofmann (0350)
Q: K 1996 (Red.)
備考1: 比較憲法の研究者。一貫して、グラーツ大学で育った。
備考2: このようなキャリアパスは日本とも共通するが、ドイツ語圏では異例。すなわち同地では Hausberufung は存在せず、母校に戻(れ)るのは「武者修行」を経た後になる。
http://www.kfunigraz.ac.at/~marko/index.htm (写真あり)

0549

故 **MARTENS, Wolfgang** (マルテンス、ヴォルフガング)
Dr. iur., o. Prof., Univ. Hamburg
1934年04月24日 (Wandsbek/Hamburg)　1985年07月22日 (Hamburg)
Öffentliches Recht
1953–56 Studium Hamburg; 1957 I. SE Hamburg; 1961 gr. SE; 1960 Prom.; 1968 Habil. Münster; Umhabil. Hamburg; 1969–73 o. Prof. Bochum (nebenamtl. Richter OVG Münster); 1973 o. Prof. Hamburg (nebenamt. Richter OVG Hamburg)
B: D. Verf.gehalt d. Wehrordnung im GG (1960: D.; erschien als "GG u. Wehrverf."); Wehrverf. (1961); Öffentlich als Rbegriff (1968: H.); D. Praxis d. Verw.verfahrens (1985)
MA: Gefahrenabwehr. Allg. PolizeiR (OrdnungsR) d. Bundes u. d. Länder (9. A. 1986; begr. Bill Drews, fortgef. v. Gerhard Wacke; m. Klaus Vogel)
MH: Allg. VerwR (10. A.; m. Hans-Uwe Erichsen)
AL: Hans-Peter Ipsen (0375)
Q: K 1983, S. 2649; Nek. K 1987, S. 5329
L: GS 1987 (GS für W. M.; hrsg.: Peter Selmer/Ingo von Münch;

Bibliogr., S. 903–909); JZ 1985, S. 882 (von Helmut Goerlich); AöR 111 (1986), S. 612 (Nachruf; von Klaus Vogel)
備考：1969年入会。第30回大会（1971年）第1テーマ主報告。1980年及び1981年の協会副理事長（理事長はGünther Winkler、いま一人の副理事長はMartin Bullinger）。Hans-Uwe Erichsen（ 0180 ）との共編の行政法教科書で有名。また、Bill Drews（プロイセン上級行政裁判所長官）及びGerhard Wacke（ 0917 ）共著の定評ある警察法教科書の改訂を、Klaus Vogel（ 0911 ）とともに引き継いだ。

0550

MARTI, Arnold（マルティ、アルノルト）瑞
Dr. iur., Titularprof., Univ. Zürich
1951年3月14日（Bettlach/Solothurn）
Staats- und Verwaltungsrecht
–1976 Studium Lausanne und Zürich; 1976 Lizentiat Zürich; 1985 Prom.; 1987 Anwaltspatent des Kantons Schaffhausen; 1999 Erteilung der VL Zürich; 2005 Titularprof. Zürich
D: Die Verwaltungsgerichtsbarkeit im Kanton Schaffhausen, Zürich 1986
H: 確認できなかった。
備考：スイスの司法行政畑を歩いた実務家教員。
http://www.rwi.uzh.ch/lehreforschung/tp/tit-marti/person.html（写真あり）
http://de.wikipedia.org/wiki/Arnold_Marti

0551

故 **MARTI, Hans**（マルティ［－］、ハンス）瑞
Dr. iur., ao. Prof., Univ. Bern/CH, Fürsprecher u. Notar
1915年01月14日（Bern/CH）　2003年
Verfassungsrecht, Notariatsrecht
Studium; Prom.; 1944 Habil. Bern; 1944 PD Bern; 1952 ao. Prof. Bern
B: D. Vorbehalt d. eigenen Rechtes im IPR d. Schweiz (Ordre public) (1940); D. Versorgerschaden (1942); D. VerordnungsR d. Bdesrates (1944); D. Vollmachtenbeschluß v. 30. III. 1939 (1944); Handels- u. Gewerbesfreiheit (1950); Glaubens- u. Kultusfreiheit (1951); Urbild u. Verf. (1958); Recht in neuer Sicht (1960); Problem d. staatsrechtl. Beschwerde (1962); Bernisches NotariatsR. Kommentar (1964); D. staatsrechtl. Beschwerde (1979); Bernisches NotariatsR (1983); Notariatsprozeß (1989)
MA: D. SachenR d. schweiz. ZBG (1942; m. Homberger)

Q: K 1996, S. 902
L: FS 1985 (Prof. Dr. H. M. zum 70. GT; hrsg. v. Verband bernischer Notare; Veröffentl., S. 9)
備考：1960年入会。業績欄や祝賀論文集に明らかなごとく、公証人法（Notariatsrecht）の研究をしてきた。
http://www.koeblergerhard.de/Rechtsfaecher/Verordnungsrecht8.htm
0552
MARTÍNEZ SORIA, José（マルティネス・ソリア、ホセ）西
Dr. iur., PD, Univ. Göttingen
1968年（Castellón）
Öffentliches Recht, Europarecht und Rechtsvergleichung
1987–92 Studium Göttingen; 1992 I. SE; 1997 II. SE; 1987–97 Studium der RW an der Universidad Nacional de Educación a Distancia – Spanische FernUniv., Madrid (Licenciado en Derecho); 1993–97 Wiss. HK Göttingen; 1995 Prom. Göttingen; 1997– Wiss. MA Göttingen; 2003 Habil. Göttingen
D: Die Garantie des Rechtsschutzes gegen die öffentliche Gewalt in Spanien, Berlin 1997
H: Das Recht der Europäischen Raumordnung, Tübingen 2010
AL: Volkmar Götz (0249)
備考：スペイン国籍。研究動向は定かではないが、国際法・ヨーロッパ法を研究か。
http://wwwuser.gwdg.de/~jmartin/curriculum.htm
0553
MARTINI, Mario（マルティーニ、マ[ー]リオ）
Dr. iur., Univ.-Prof., Deutsche Hochschule für Verwaltungswissenschaften Speyer
1969年
Staats- und Verwaltungsrecht mit Verwaltungswissenschaft sowie Europarecht
1991–95 Studium Mainz; 1995–98 Wiss. MA Mainz; 1998 I. SE; 2000 II. SE; 1998 Prom. Mainz; 2000–07 WiAs Bucerius Law School/Hamburg; 2006 Habil.; 2009 Prof. München; 2010 Prof. HVW Speyer
D: Integrierte Regelungsansätze im Immissionsschutzrecht, Köln 2000
H: Der Markt als Instrument hoheitlicher Verteilungslenkung, Tübingen 2008
AL: Hans-Werner Laubinger (0500)
備考：医事法、インターネット法などを研究。

http://www.mario-martini-online.de/（写真あり）
http://www.hfv-speyer.de/Martini/Lehrstuhlinhaber.htm（写真あり）
0554
MÄRZ, Wolfgang（メルツ［メァツ］、ヴォルフガング）
Dr. iur.,Prof., Univ. Rostock
1955 年（Augsburg）
Öffentliches Recht, weiter Verfassungsgeschichte
1976–84 Studium RW, Geschichte u. Philosophie München u. Tübingen; 1981 I. SE; 1984–96 wiss. HK, Ang. u. Ass. Tübingen; 1988 Prom. Tübingen; 1996 Habil. Tübingen; 1997 Prof. Rostock.
B: BdesR bricht LdesR (1989: D.); Bdeswehr in Somalia (1993); Die Diktatur des Reichspräsidenten (1997: H.)
MA: Restitutionsausschluß (1995; m. Wolfgang Graf Vitzthum)
AL: Wolfgang Graf Vitzthum（ 0910 ）
備考 1：行政法学者。
備考 2：師（Graf Vitzthum）は Werner von Simson（ 0836 ）の門下生。後者の師である Joseph Kaiser（ 0408 ）を通じて、Ulrich Scheuner（ 0750 ）→ Heinrich Triepel（ 0891 ）→ Karl Binding（非会員、Basel → Freiburg/Br. → Straßburg → Leipzig、刑法学、1841–1920 年）へと連なる。
備考 3：私事にわたるが、編者は学位論文を執筆した際、当時まだ助手であったこの人物に、出版の版下づくりを（むろん有償で）手伝ってもらった。
http://www.jura.uni-rostock.de/Maerz/index.html
0555
MASING, Johannes（マージング［マーズィング］、ヨハンネス）
Dr. iur., Prof., Univ. Freiburg/Br., Richter am Bundesverfassungsgericht
1959 年 01 月 09 日（Wiesbaden）
Studium RW, Philosophie, Musik (Klavier) Freiburg/Br.; 1985 I. SE; 1989 II. SE; 1992–96 wiss. MA. BverfG; 1996 Prom. Freiburg; 1997 Habil.; 1998 Prof. Augsburg; 2007 Freiburg; 2008 Richter am BVerfG (Nachfolge Wolfgang Hoffmann-Riem)
AL: Ernst-Wolfgang Böckenförde（ 0067 ）
備考 1：連邦憲法裁判所判事。
備考 2：なお、Böckenförde の師は Hans Julius Wolff（ 0978 ）であり、さらにその師は Friedrich Giese（ 0240 ）である。
http://www.jura.uni-freiburg.de/institute/ioeffr_5/de/downloads/lebenslaufmasing.pdf

http://www.bundesverfassungsgericht.de/richter/masing.html（写真あり）
http://de.wikipedia.org/wiki/Johannes_Masing

0556
MASTRONARDI, Philippe Andrea（マストロナルディ、フィ[ー]リッペ・アンドレア）瑞
Dr. iur., em. Prof., Univ. St. Gallen, Fürsprecher
1946年6月5日（Bern/Schweiz）
Staatstheorie, Staatsrecht und Verwaltungsrecht
1965–72 Studium Bern; 1972 Bernisches Fürsprecherpatent; 1978 Doktordiplom Bern; 1991 Habil. Bern; Prof. St. Gallen; emer.
D: Der Verfassungsgrundsatz der Menschenwürde in der Schweiz, Berlin, 1978
H: Kriterien der demokratischen Verwaltungskontrolle, Basel u. a. 1991
備考1: 実務家教員（弁護士）として、デモクラシー論を研究。
備考2: スイスの Fürsprecher は、ドイツの Rechtsanwalt に対応する職能名である。
http://www.unisg.ch/Schools/Law/Ueber%20LS/Dozierende.aspx?current=2&person=58003c3a-b0f2–47ba-9e98–175ad6db0099&name=Philippe_Mastronardi（写真あり）

0557
故 **MAUNZ, Theodor**（マウンツ、テーオドァ）
Dr. iur., em. o. Prof., Univ. München
1901年09月01日（Dachau/Oberbayern） 1993年09月10日（München）
Öffentliches Recht, Kirchenrecht, Staatsrecht, Verwaltungsrecht, Verwaltungswissenschaft, Steuerrecht, Finanzrecht, Völkerrecht
Studium München; I. SE; 1925 Prom. München; II. SE; 1932 Habil. München; 1932 PD München; 1935 ao. Prof. Freiburg/Br.; 1937 o. Prof. Freiburg; 1943–45 Wehrdienst (Luftwaffe), 1952–69 Univ. München, 1957 Kultusminister Bayern, 1964 Rücktritt wegen NS-Vergangenheit, Berater Gerhard Freys (Vorsitzender Deutsche Volksunion)
B: Hauptprobleme d. öff. SachenR (1933: H.); Gestalt u. Recht d. Polizei (1942); Dt. StaatsR (1951; ab 29. A. 1994; fortg. v. Reinhold Zippelius); Toleranz u. Parität im dt. StaatsR (1954)
AL: Hans Nawiasky (0608)
AS: Hubert Armbruster (0015); Hans-Ulrich Gallwas (0226); Roman Herzog (0327); Wolfgang Jakob (0389); Wolfgang Knies (0446); Franz Knöpfle (0447); Walter Leisner (0508); Peter Ler-

che (0515); Klaus Obermayer (0620); Walter Schick (0751); Heinrich Scholler (0795); Klaus Stern (0863)
Q: K 1983, S. 2675; Nek. K 1996, S. 1665
L: FS 1971 (FG für Th. M.; hrsg. v. Hanns Spanner/Peter Lerche/ Hans Zacher/Peter Badura); FS 1981 (FS für Th. M. zum 80. GT; hrsg. v. Lerche/Zacher/Badura); Stolleis, Jursten, S. 416 m. w. N. (von Michael Stolleis); Stolleis, in: FAZ; Peter Lerche, Th. M., in: Juristen im Porträt, S. 553 ff.（写真あり）
備考1：戦前に学界活動を始めていたが、協会へは戦後原始会員として入会（1950年）。第14回大会（1955年）第1テーマ副報告。フライブルクではWilhelm Freiherr van Calker (0109) の講座後継 (Hollerbach, S. 37)。ミュンヒェンではHans Nawiasky (0608) の講座を後継。Mangoldt-Kleinと並び有名な、ボン基本法コメンタール Maunz-Dürig の共編者の一人。しかし、ナチス国家観を法的に賞揚した"過去"が何かと取り沙汰される (Michael Stolleis)。
備考2：俊秀を集結したミュンヘン学派の総帥。その顔ぶれを見れば分かるとおり、質量ともに他の学派を遙かに凌駕する。
備考3：なお、この一大学派はMaunz の師 Edmund Bernatzik（非会員、Basel → Graz → Wien、1854–1919年）を通じて、Paul Laband（非会員、Königsberg → Straßburg、1838–1918年）へと連なる。
http://www.braunbuch.de/7-02.shtml#i04
http://de.wikipedia.org/wiki/Theodor_Maunz

0558

MAURER, Hartmut（マウラー[マォラー]、ハルトムート）
Dr. iur., em. o. Prof., Univ. Konstanz
1931年03月06日 (Stuttgart/Württ.)
VL: Öffentliches Recht u. Kirchenrecht
1950–54 Studium Tübingen u. Göttingen; 1954 I. SE Tübingen; 1955 Ref.; 1959 II. Stuttgart; 1957 WiAs Tübingen; 1957 Prom. Göttingen, 1965 Habil. Tübingen; 1965 PD Tübingen; 1969 o. Prof. Marburg; 1978 o. Prof. Konstanz; 1999 emer.
B: D. Verw.ger.barkeit d. ev. Kirche (1957: D.); D. Rfolgen d. Nichtigkeitserklärung v. Gesetzen (1965: H.); D. Verf.widrige Bdestagswahl (1969); Wehrbeauftragter u. Parlament (1965); Allg. VerwR (1980; 11. A. 1997); D. Gzgbskompetenz f. d. StaatshaftungsR (1981); Plebiszitäre Elemente i. d. repräsentativen Demokratie (1997)
AL: Werner Weber (0935); Günter Dürig (0155)
Q: K 1996, S. 913 (Red.); Wer ist wer 1996/97; CV; Hikasa, S. 265

備考：1966年入会。第43回大会（1984年）第2テーマ主報告。1992年及び1993年の協会副理事長（理事長はThomas Oppermann、いま一人の副理事長はThomas Fleiner-Gerster）。ドイツで最も広く読まれている行政法教科書の著者の学位論文が教会法（ただし、内容は行政裁判）であったことは、興味深い。Marburgでは、早逝したDietrich Jesch（0397）の講座を受け継いだ。
http://www.uni-konstanz.de/FuF/Jura/maurer/
http://de.wikipedia.org/wiki/Hartmut_Maurer
0559
故 **MAYER, Franz**（マイアー、フランツ）
Dr. iur., em. o. Prof., Univ. Regensburg
1920年05月29日（Mitterfels/Niederbayern）　1977年12月14日（München）
VL: Staats- u. Verwaltungsrecht
1938 Wehrdienst; 1941 Studium Bonn (1 Semester); Wehrdienst; 1945–49 jugosl. Kriegsgefangenschaft; 1945–48 Hochschulkurse im Kriegsgefangenlager Vrsac (unter d. Leitung Dr. Hans Brandt/Kiel); 1949–50 Studium München; 1950 I. SE München; 1953 II. SE München; 1951 Prom. München; 1958 Habil. Würzburg; 1954 Bay. Minst. d. Inneren; 1955 Reg.Rat; 1957 Oberreg.Rat; 1958 PD Würzburg; 1961 o. Prof. HVW/Speyer; 1965 Prof. Regensburg; emer.
B: D. Eigenständigkeit d. bay. VerwR (1958); Bay. Polizei- u. SicherheitsR (1959); Opportinitätsprinzip i. d. Verw. (1963); Ldesgesetzgeber u. Fernsehgebühr (1963)
AL: Friedrich Augst von der Heydte（0333）
AS: Hans Herbert von Arnim（0018）
Q: K 1966, S. 1547; Nek. K 1980, S. 4469; 没
L: Nachruf F. M., S. 35–36 (Curriculum Vitae); S. 37–48 (Bibliographie)
備考1：1959年入会。バイエルン警察法を研究した。
備考2：師のvon der Heydteは、Erich Kaufmann（0414）の門下生。後者の師はAlbert Hänel（非会員）。
http://www.koeblergerhard.de/juristen/alle/allemSeite195.html
0560
MAYER, Franz C.（マイアー、フランツ・C）
Dr. iur., Prof., Univ. Bielefeld
1968年
Öffentliches Recht, Europarecht, Völkerrecht, Rechtsvergleichung und

Rechtspolitik
1988–93 Studium der RW sowie der Politikwiss. und Neuere Geschichte Bonn, Paris u. München; 1993/94 MA Leipzig; 1994 I. SE; 1997 II. SE; 1995 LL.M. (Yale); 1997 Wiss. MA HU Berlin; 1999 Prom. München; 2001 WiAs HU Berlin; 2005 Habil. HU Berlin; 2007 Univ.-Prof. Bielefeld
D: Kompetenzüberschreitung und Letztentscheidung, München 2000
H: Die Internationalisierung des Verwaltungsrechts, Tübingen 2005
AL: Bruno Simma (非会員、国際司法裁判所判事、1941 年生); Ingolf Pernice (　0644　)
備考 1: 国際法学者。
備考 2: なお、師の Simma については、　0835　と　0836　の間に置いた「番外」を参照。
http://www.jura.uni-bielefeld.de/Lehrstuehle/Mayer/index.html (写真あり)

　0561　
MAYER, Heinz (マイアー、ハインツ) 墺
Dr. iur., Dr. rer. pol., o. Prof., Univ. Wien
1946 年 09 月 22 日 (Mürzzuschlag/Steiermark)
VL: Öffentliches Recht
1965–69 Studium Wien; 1970 UAs WU Wien; 1973 Verw.dienst; 1969 Prom. (Dr. iur.) Wien; 1973 Prom. (Dr. rer. pol.) Wien; 1975 Habil. WU Wien; 1977 Vorgetragender an der Verwaltungsakademie des Bundes/Wien; 1979 ao. Prof. Wien; 1983 Prof. Wien
B: D. Zuständigkeit d. Verw.behörden im Vollstreckungsverfahren (1974: D.); Staatsmonopole (1976: H.) D. Verordnung (1977); Genehmigungskonkurrenz u. Verfahrenskonzentration (1985); Bürgerbeteiligung zw. Rstaat u. Demokratie (1988); Funktion u. Grenzen d. Ger. barkeit im Rstaat (Gutachten zum 11. ÖJT: 1991); Wasserkraftwerke im VerwR (1991); Komm. zum österr. BVerf.R (1994); Rechtl. Aspekte landesübergreifender Stromversorgung (1994); D. österr. Bdes-VerfR (2. A. 1997)
MA: GS f. Kurt Ringhofer (1995)
H: FS Robert Walter (1991)
MH: FS Robert Walter (1990; m. Clemens Jabloner u.a.); FS Karl Hempel (1997; m. Fabian von Schlabrendorff u.a.)
AL: Robert Walter (　0929　)
Q: K 1996, S. 917; CV

備考: 1980 年入会。オーストリアの憲法・行政法を幅広く守備。恩師との共著が数多いので、Robert Walter の項も参照。
http://www.heinz-mayer.com/index.htm（写真あり）
0562
故 **MAYER, Otto**（マイアー、オットー）
Dr. iur., Dr. theol., Dr. rer. pol., em. o. Prof., Univ. Leipzig, Geheimer Hofrat
1846 年 03 月 29 日（Fürth/Bayern）　1924 年 08 月 08 日（Hilpertsau/Baden）
Verwaltungsrecht
Studium Erlangen, Heidelberg u. Berlin; 1868 I. SE; 1871 Staatsex.; 1869 Prom. Erlangen（民法）; 1891 Habil. Straßburg; 1872 Advokat Mühlhausen i. Els (Mouhlouse); 1882 ao. Prof. Straßburg; 1887 o. Prof. Straßburg (1902/03 Rektor); 1903 o. Prof. Leipzig (1913/14 Rektor); 1918 em.; Umzug nach Heidelberg
B: Die justa causa bei Tradition u. Usukapion (1871: D.); D. dingliche Wirkung d. Obligation (1878); Theorie des franz. VerwR (1886); Dt. VerwR (1895/96); Droit admin. allemand, 4 Bde. (1903–06); Jusiz u. Verwaltung (1902); D. Entschädigungspflicht d. Staates nach Billigkeits R (1904); D. jur. Person u. ihre Verwertbarkeit im öff. Recht (1908); D. StaatsR d. Kgr. Sachsen (1909)
AL: Paul Laband（非会員、Königsberg → Straßburg、1838–1918 年）
AS: Willibalt Apelt（ 0013 ）; Erwin Jacobi（ 0383 ）; Walter Jellinek（ 0395 ）
Q: KLK 1917, S. 1091; Wer ist's 1922, S. 1015; Heyen (siehe unten U), Otto Mayer, Zeittafel, S. 231
L: FS 1916 (FG für O. M.); Otto Mayer, Kleine Schriften zum öff. Recht, 2 Bde (1981; hrsg. Erk Volkmar Heyen); Selbstbiographie, in: H. Planitz (Hrsg.), Die Rechtswiss. in Selbstdarstellungen (1924), S. 153–176; E. V. Heyen, O. M., in: NDB 16 (1990), S. 550–552; Alfons Hueber, O. M., in: HRG III (1984), Sp. 402–405 m. w. N.; Stolleis, Juristen, S. 418–419 m. w. N.（von Walter Pauly）; DEJ, S. 270–273 m. w. N.（von Erwin Forster）; Fritz Fleiner, Ausgewählte Schriften u. Reden, S. 351–355
U: E. V. Heyen, O. M. Studien zu den geistigen Glagen seiner Verw. rechtswiss. (1981); A. Hueber, O. M. Die 'juristische Methode' im VerwR, (1982 肖像写真あり)
備考 1: 戦前原始会員（1924 年入会）。言わずと知れた「ドイツ行政法の父」。

その方法論は、日本の行政法学にも大きな影響を与えた。Eduard Dupré と の筆名(母方の氏を借用)で、文学評論活動も行っていた。
備考 2： 原始会員の中で O. Mayer は、2 番目に年長者であった（1846（弘化 3）年生まれ）。最年長は 1838（天保 9）年生まれの Siegfried Brie（0082） であり、O. Mayer に次ぐ古参会員は 1849（嘉永 2）年生まれの Eugen von Jagemann（0386）及び Wilhelm Kahl（0406）であった（あまり書きす ぎると「トリビア本」になるので、この辺でやめておく）。
http://www.uni-leipzig.de/unigeschichte/professorenkatalog/leipzig/Mayer_100（写真あり）
http://www.bautz.de/bbkl/m/mayer_o.shtml
http://de.wikipedia.org/wiki/Otto_Mayer

0563
MAYER-TASCH, Peter Cornelius（マイアー＝タ[ッ]シュ、ペーター・コルネーリゥス）
Dr. iur., Prof., Univ. München
1938 年 03 月 13 日（Stuttgart）
VL: Öffentliches Recht, Rechtsphilosophie u. Politikwissenschaft
1957–61 Studium Tübingen, Würzburg u. München; 1961–64 Studium Heidelberg u. Mainz; 1964 Studium Intern. Fak. f. Rechtsvergleichung in Straßburg/Frankreich; 1964 Diplom f. Rechtsvergl. I; 1964/65 Stip. Postgraduate School d. John Hopkins Univ./USA (VR u. Politikwiss.); 1965 Diplom ebd.; 1965 Studium Univ. Coinbra/Portugal; 1965 Diplom f. Rechtsvergl. II; 1961 I. SE München; 1964 Prom. Mainz; 1966–71 Ass Mainz; 1971 Habil. Mainz; 1971 PD Mainz; 1971 Prof. München
B: Thomas Hobbes u. d. WiderstandsR (1965: D.; auch jap. Übers.); Autonomie u. Autorität. Rousseau in d. Spuren v. Hobbes? (1968); Korporativismus u. Autoritarismus (1971: H.); UmweltR im Wandel (1978); Ökologie u. GG (1980); Aus d. Wörterbuch d. polit. Ökologie (1985); D. Bürgerinitiativbewegung (5. A. 1985); D. Luft hat keine Grenzen (1986); D. verseuchte Landkarte (1987); E. Netz f. Ikarus (1988); Transit (1990); Natur denken (1991); D. Politische Theorie d. Verf.staates (1991); Altlast Recht (1992); Hobbes u. Rousseau (3. A. 1992); Schon wieder mischen sie Beton (1994); Strom d. Lebens (1995)
AL: Peter Schneider（0789）
Q: K 1983, S. 2690/2691; Wer ist wer 1996/97; CV; Hikasa, S. 267
L: Persönlichkeiten Europas (Dtland), Luzern 1976.
備考 1： 1971 年入会。実定憲法学者というよりも、政治学者に近い。

備考 2: なお、師の P. Schneider は Ernst Friesenhahn（ 0211 ）の門下生であり、その学統は Richard Thoma（ 0886 ）を経由して、Heinrich Rosin（非会員、Freiburg、刑法、1855–1927 年）→ Otto von Gierke（非会員、Berlin → Breslau → Heidelberg →（wieder）Berlin、1841–1921 年）へと至る。
http://www.hfp.mhn.de/index.php/hfp-hochschule/personen-menu
http://www.perlentaucher.de/autoren/6699/Peter_Cornelius_Mayer-Tasch.html
http://de.wikipedia.org/wiki/Peter_Cornelius_Mayer-Tasch

0564
故 **MEDER, Walter**（メーダー、ヴァルター）
Dr. iur., em. o. Prof., FU Berlin
1904 年 01 月 25 日（Reval/Estland）　1986 年 07 月 30 日（Berlin/West）
Osteuropäisches Recht, Staatsrecht
1922 Studium Univ. Dorpat/Estland; 1927 II. SE; 1927 Prom. Dorpat; Wehrdienst Estland; 1929–31 LB Univ. Dorpat; 1930–33 Hauptschriftleiter "Dorpater Zeitung"; 1933–39 Wiss. MA am Inst. f. Heimforschung Dorpat; 1939 Umsiedlung nach Deutschland; wiss. MA Posen,; 1939–41 Lehrtät. Posen; 1941 Prom. Posen; 1941–45 Dolmetscher f. Russ. i. d. dt. Wehermacht; 1949 Habil. Marburg/Lahn; 1949 PD Marburg; 1953 pl. ao. Prof. FU Berlin; 1954 o. Prof. FU; 1972 em.
B: D. DekretR d. Staatspräs. in Estland (1936); D. Staatsangeh.recht d. UdSSR u. d. balt. Staaten (1950); Gzüge d. sowj. Staats- u. Rtheorie (1963); D. SowjetR. Gzüge d. Entwcklung 1871–1971 (1971)
AL: Victor Böhmert（ 0072 ）
Q: K 1983, S. 2697; Nek. K. 1987, S. 5329
備考 1: 1952 年入会。エストニア出身（Estland）で、Borris Meissner（ 0568 ）とともに、東欧法（ロシア法）研究の先駆け。現在の Alexander Blankenagel（ 0062 ）, Georg Brunner（ 0093 ）等につながる。
備考 2: なお、師の Böhmert は Richard Schmidt（ 0771 ）の門下であり、後者を媒介に Adolf Wach（Leipzig、民訴、非会員、1843–1926 年）へと連なる。

0565
MEESSEN, Karl Matthias（メーセン、カール［カルル］・マティーァス）
Dr. iur., o. Prof., Univ. Köln
1939 年 07 月 30 日（Freiburg im Br./Baden）
VL: Öffentliches Recht einschließlich Völkerrecht
1958–62 Studium München, Bonn u. LSE a. Polit. Science; 1963–64

Stip. Inst. Univ. de Hautes Etudes Intern. Genf/Schweiz; 1962 I. SE; 1963–67 Ref. Düsseldorf; 1967 II. SE Düsseldorf; 1962–63 HiWi Bonn; 1969 WiAs ebd.; 1966 Prom. Bonn; 1972 Habil. Bonn; 1967–73 RA; 1975 apl. Prof. Köln; 1975 WissR. u. Prof. ebd.; 1975 Prof. Köln; 1976 o. Prof. Augsburg (1979–83 Präs. d. Univ.); 1996 Prof. Jena; emer.
B: D. Option d. Staatsangehörigkeit (1966: D.); Völkerrechtl. Gsätze d. ineternation. KartellR (1972: H.; erschien 1975); KollisionsR d. Zusammenschlußkontrolle (1984); Intern. Law of Export Control (1991)
AL: Ulrich Scheuner (0750)
Q: K 2699; Wer ist wer 1996/97; CV; Hikasa, S. 269
備考1: 1973年入会。主に国際経済法を研究。
備考2: 師Scheunerを通じて、Heinrich Triepel (0891) → Karl Binding (非会員、Basel → Freiburg/Br. → Straßburg → Leipzig、刑法学、1841–1920年) へと連なる。

0566
MEHDE, Veith (メーデ、ファイト)
Dr. iur., Prof., Univ. Hannover
1969年
Staats- und Verwaltungsrecht, Verwaltungswissenschaft, Europarecht sowie Rechtsvergleichung
1990–96 Studium Hamburg; 1996–2000 Wiss. MA Hamburg; 1996 I. SE; 2001 II. SE; 2000–01 Aufbaustudium DHV Speyer; 2000 Prom. Hamburg; 2001 Mag. rer. pub. Speyer; 2001–06 WiAs Hamburg; 2005 Habil. Hamburg; 2006 Prof. Hannover
D: Neues Steuerungsmodell und Demokratieprinzip, Berlin 2000
H: Wettbewerb zwischen Staaten, Baden-Baden 2005
AL: Hans Peter Bull (0099)
備考: 電子政府論なども含め、行政法の分野に業績が多い。
http://www.jura.uni-hannover.de/419.html (写真あり)

0567
故 **MEINZOLT, Hans** (マインツォルト、ハンス)
Dr. iur., Dr. theo. h.c., Hon. Prof., TH München, Staatssekretär a. D.
1887年10月27日 (Bächingen/Schwaben)　1967年04月20日 (Weißling/Oberbayern)
Öffentliches Recht, Verwaltungsrecht
Teilnahme am I. Weltkrieg; 1919 Prom. Erlangen; 1920–30 Bay. Kultusministerium; 1930–33 Bezirksamtmann in Kirchheimbolanden/Pfalz;

1934–45; Leiter d. Rabteilung d. Ev.-Luth. Landeskirchenrats München; 1945 Bay. Staatsrat; 1947–59 Präs. d. Ev.-Luth. Landessynode; 1945–46, 1954–57 Staatssekretär im Bay. Kultusministrerium; 1946 LA Univ. u. TH Müchnen; 1948 Hon. Prof. TH München
B: Bay. Volksschirecht (1926; 2. A. 1930); Wer jeder vom staatsbürgerl. Leben wissen muß (1927); D. Gesetze üb. d. Haltung u. Krönung d. Bullen, Eber, Ziegenböcke u. Schafböcke (1930); D. dt. ev. Kirche (1933); KirchenG üb. d. Dienstverhältnis d. Pfarrer (1939); PfarrerG d. Ev.-Luth. Kirche in Bayern (1939); D. Bay. PfarrG (1939); Bay. SchulR (1958)
Q: K 1950, S. 1322/1323; Nek. K 1970, S. 3427; 没 CV
備考: 戦後原始会員 (1950年入会)。研究者というよりは、バイエルンの文部行政の実務家であった。
http://de.wikipedia.org/wiki/Hans_Meinzolt# (写真あり)
http://www.munzinger.de/search/portrait/Hans+Meinzolt/0/3285.html
0568
故 **MEISSNER, Boris** (マイスナー、ボ[ー]リス)
Dr. iur., em. o. Prof., Univ. Köln
1915年08月10日 (Pleskau)　2003年09月10日 (Köln)
Ostrecht, Diplomatische Geschichte, Völkerrecht
1932–35 Studium Univ. Dorpat/Estland (Wirtsch.wiss.); 1935 Dipl.-Volkswirt; 1935–39 Studium Dorpat (RW); 1940 Ger.Ref. in Posen; 1940 Ass. (K); 1940 WiAs Univ. Posen; WiAs Breslau; 1940–46 Wehrdienst u. Kriegsgefangenschaft; 1946–47 Wiss MA Hamburg; 1947–53 WiAs ebd.; 1953–59 Ausw. Amt (1956–58 Erst. Botschaftssekretär in Moskau); 1947–53 Ref. f. Ostrecht Univ. Hamburg; 1959–64 o. Prof. Kiel; 1964 o. Prof. Köln
B: Rußland im Umbruch (1951); Rußland, d. Westmächte u. Dtland (1953); D. Kommun. Partei d. SU vor u. nach dem Tode Stalins (1954); D. Ost-System (1955); D. Ende d. Stalin-Mythos (1956); D. Programm d. KPdSU 1903 bis 1961 (1962); D. Warschauer Pakt (1962); Partei, Staat u. Nation i. d. SU, Ausgew. Beiträge (1985); D. SU u. Dtland von Jalta bis zur Wiedervereinigung, Ausgew. Beiträge (1995); Vom Sowjetimperium zum eurasischen Staatensystem, Ausgew. Beiträge (1995)
AL: Erik von Sivers (非会員、Univ. Posen); Axel Freiherr von Freytagh-Loringhoven (非会員、Breslau); Rudolf Laun (0501)
AS: Georg Brunner (0093); Otto Luchterhandt (0529)

Q: K 1983, S. 2715/2716; Hikasa, S. 270
L: FS 1965（Macht u. Recht im kommunistischen Herrschaftssystem）; FS 1985（Sowjetsystem u. OstR; hrsg.: Georg Brunner u.a.; Verzeichnis d. Schriften, S. 847–886）
備考1: 1964年入会。Walter Meder（ 0564 ）と並び、ドイツにおける東欧法研究の先駆け。戦争が絡んだため、やや異例の経歴になっている（44歳で教授になった）。上記第2・第3世代の研究者を育成し、再統一までのドイツ現代史を観察してきた。
備考2: なお Dorpat（ポーランド語。ドイツ語表記では Tartu［タルトゥ］）はリトアニア第2の都市で、エストニア最古の大学があり、学術・文化の中心地。
備考3: Laun を師に仰ぐ Meissner の相弟子としては、他に Hans-Peter Ipsen（ 0375 ）及び Rolf Stödter（ 0868 ）がいる。
http://de.wikipedia.org/wiki/Boris_Meissner
 0569

故 **MELICHAR, Erwin**（メリヒャー［ル］・エルヴィン［ェァヴィン]）墺
Dr. iur., Dr. h.c., o. U.Prof., Univ. Wien/Österr., Präsident des VerfGH, a. D.
1913年09月26日（Wien）　2000年02月16日（Wien）
Öffentliches Recht
1936 Prom.; 1947/48 Habil. Wien; 1956 o Prof. Graz; 1963 o. Prof. Wien; 1983 emer.
B: Ger.barkeit u. Verw. im staatl. u. kanon. Recht (1948); Finanzverfahren u. Rstaat (1962); D. Entwicklung d. Grechte in Österr. (Gutachten zum 2. ÖJT: 1964); Von d. Gewaltentrennung i. formell. u. mater. Sinn unter Berücks. d. Abgrenz. v. Ger.barkeit u. Verwaltung (Gutachten zum 4. ÖJT: 1970)
AS: Florian Gröll（ 0263 ）; Klaus König（ 0458 ）; Detlef Merten（ 0578 ）
Q: K 1983, S. 2720; Hikasa, S. 275
L: FS 1983（Im Dienste an Staat u. Recht; hrsg. v. Heinz Schäffer i. V. m. K. König u. Kurt Ringhofer; Veröffentl., S. 451–462); Adamovich/Stohanzl, Referate u. Diskkussionsbeiträge zu Melichars Werk (4. ÖJT: 1972)
備考: 1958年入会。オーストリア公法学の戦後第1世代の一人。第17回大会（1958年）第2テーマ副報告。憲法裁判所長官であった。
http://www.aeiou.at/aeiou.encyclop.m/m507006.htm

0570
MENG, Werner (メンク、ヴェルナー[ヴァナー])
Dr. iur., U.Prof., Univ. des Saarlandes
1948 年
Europarecht, Völkerrecht, Verfassungsrecht, Verwaltungsrecht, internationales Wirtschaftsrecht
Studium Mainz u. Lausanne; 1973 I. SE; WiAs Mainz; Referent Bundesministerium für Wirtschaft/Bonn; 1979 II. SE; Prom. Mainz; RA; 1980–89 wiss. MA MPI/Heidelberg; 1981–82 Europ. Komm. Brüssel, 1985 Research Scholar Michigan (Ann Arbor); 1990 RA München; 1993 Habil. Mainz; o. Prof. Halle, 1999 Prof. Saarbrücken
B: Das Recht der internationalen Organisationen (1978: D.); Extraterritoriale Jurisdiktion im öff. WirtschaftsR (1994: H.)
AL: Walter Rudolf (0715)
備考1：国際法・国際経済法学者。
備考2：なお、師の Rudolf は Adolf Schüle (0805) の門下生であり、学統はその師である Richard Thoma (0886) → Heinrich Rosin (非会員、Freiburg、刑法、1855–1927 年) を経て、Otto von Gierke (非会員、Berlin → Breslau → Heidelberg → (wieder) Berlin、1841–1921 年) へと連なる。
http://www.uni-saarland.de/de/campus/fakultaeten/professuren/rechts-und-wirtschaftswissenschaft/rechtswissenschaften-fr-11/professuren-fr-11-rechtswissenschaften/prof-dr-w-meng/lehrstuhl/prof-dr-werner-meng.html (写真あり)

0571
故 **MENGER, Christian-Friedrich** (メンガー、クリスツィア[ー]ン＝フリードリヒ)
Dr. iur., em. U.Prof., Univ. Münster
1915 年 11 月 01 日 (Oppeln/Polen)　2007 年 01 月 07 日 (Münster)
Öffentliches Recht, insb. Verfassungsgeschichte, Verfassungsrecht, Verwaltungsrecht, Verwaltungsprozeßrecht
1934–38 Studium Heidelberg u. Göttingen; 1938 I. SE Celle; 1940 Prom. Berlin; 1949 II. SE; 1952 Habil. Münster; 1952 PD Münster; 1952 o. Prof. Hochschule für Sozialwissenschaften/Wilhelmshaven; 1955 o. Prof. HVW/Speyer, 1967 o. Prof. Kiel; 1967 o. Prof. Münster; 1982 em.
B: D. Begriff des sozialen Rstaat (1953); System d. verw.gerichtl. Rschutzes (1954); LdesR vor Bdesgerichten? (1963); Mod. Staat u.

Rsprechung (1968); Verf. u. Verw. in Gesch. u. Gegenw. (1972); Dt. Verfassungsgesch. d. Neuzeit (1975, 8. A. 1993)
AL: E. Wahl, W. Ebel（共に非会員、Berlin）; Hans Julius Wolff（ 0978 ）
AS: Hans-Uwe Erichsen（ 0180 ）; Werner Frotscher（ 0215 ）; Albert von Mutius（ 0606 ）
Q: K 1983, S. 2724/2725; Wer ist wer 1996/97; CV/Diss.; Hikasa, S. 278
L: FS 1982 (Probleme mehrstufiger Erfüllung v. Verw.aufgaben auf kommunaler Ebene; hrsg. v. A. v. Mutius); FS 1985 (System d. Verw. gerichtl. Rschutzes; hrsg.: H.-U. Erichsen/Werner Hoppe/A. v. Mutius; Bibliogr., S. 901–948)
備考1: 1954年入会。第15回大会（1956年）第1テーマ主報告。第1次と第2次国家試験の間に、戦争が入った。戦後のドイツ公法学を再建した世代の一人。1960年及び1961年の協会副理事長（理事長はUlrich Scheuner、いま一人の副理事長はスイスのMax Imboden）。
備考2: Hans Julius Wolff（ 0978 ）の講座後任者。現在では、Hans-Uwe Erichsen（ 0180 ）が受け継いでいる。なお学統は、Wolffを経て、Friedrich Giese（ 0240 ）へと連なる。
http://de.wikipedia.org/wiki/Christian-Friedrich_Menger

0572
故 **MENZEL, Adolf**（メンツェル、アードルフ）墺
Dr. iur., em. o. Prof., Univ. Wien/Österr., Hofrat, Vizepräsident d. österr. VerfGH a. D.
1857年07月09日（Reichenberg） 1938年08月12日（Wien）
Staatsrecht, Allgemeine Staatslehre, Soziologie
Studium Prag; 1882 Habil. Wien; 1889 ao. Prof.; 1894 o. Prof. Wien; 1919–1930 Vizepräs. VerfGH
B: Schuldübernahme (1884); D. Anfecht.recht d. Gläubiger (1886); Unfall- u. Krakenversich. (1889); Soz. Gedanken im BergR (1890); Arbeiterversich. nach österr. Recht (1893); Zur Frage d. Vereinfachung d. Arbeiterversich. (1905); Goethe u. d. griechische Philosophie (1932); Griechische Soziologie (1933)
Q: KLK 1917, S. 1110; Wer ist's 1922, S. 1030; K 1935, S. 893
備考: 戦前原始会員（1924年入会）を経て、戦後は1954年に入会。民事法研究から出発し、前世紀末から今世紀にかけて、オーストリア社会保険法を研究した。オーストリア憲法裁判所副長官をつとめた。
http://de.wikipedia.org/wiki/Adolf_Menzel

|0573|
故 **MENZEL, Eberhard**（メンツェル、エーバーハルト）
Dr. iur., o. Prof., Univ. Kiel
1911 年 01 月 21 日（Ulm） 1979 年 06 月 01 日（Kiel）
Staats- u. Verwaltungsrecht, Völkerrecht
Studium Frankfurt/M.; 1938 Prom. Frankfurt/M.; 1949 Habil. Frankfurt/M.; Prof. Kiel
B: VR (1962; 4. A. 1997; fortgef. v. Knut Ipsen)
AL: Friedrich Giese (|0240|)
AS: Jost Delbrück (|0131|); Karl-Ulrich Meyn (|0582|); Knut Ipsen (|0377|); Dietrich Rauschning (|0680|)
Q: K 1950, S. 1333; Nek. K 1983, S. 4838
L: FS 1976 (Recht im Dienst d. Friedens; hrsg.: J. Delbrück/Knut Ipsen/Dietrich Rauschning); DÖV 1976, S. 49; AöR 105 (1980), S. 650–651 (Nachruf; von Knut Ipsen)
備考：戦後原始会員（1950 年入会）。国際法学者。第 12 回大会（1953 年）第 2 テーマ副報告。
http://www.koeblergerhard.de/juristen/nvips/nviwmSeite236.html

|0574|
MENZEL, Jörg（メンツェル、イェルク）
Dr. iur., PD, Univ. Bonn
1965 年 1 月 31 日（Bonn）
Verfassungs- und Verwaltungsrecht, Völker- und Europarecht, Rechtsvergleichung
1986–92 Studium Bonn; 1992 I. SE; 1996 II. SE; 1998 Prom. Bonn; 1996–2003 WiAs Bonn; 2007 Habil. Bonn; PD Bonn
D: Landesverfassungsrecht, Stuttgart u.a. 2002
H: Internationales Öffentliches Recht, Tübingen 2009
AL: Wolfgang Löwer (|0527|)
備考：国際法学者。神戸大学に来日経験あり。
http://jura.uni-bonn.de/fileadmin/Fachbereich_Rechtswissenschaft/Einrichtungen/Lehrstuehle/Oerecht3/Lehrstuhlinhaber/Lebenslauf_Joerg_Menzel.pdf

|0575|
故 **MERK, Wilhelm**（メルク［メァク］、ヴィルヘルム）
Dr. iur., entpf. o. Prof., Univ. Tübingen
1887 年 04 月 11 日（Meersburg/Bodensee） 1970 年 05 月 05 日（Tübingen）

Öffentliches Recht
Studium Geschichte, Philosophie u. Germanistik; 1906 RW Berlin, Heidelberg u. Freiburg/Br.; 1910 I. SE; 1913 II. SE; 1913 Justizdienst Baden; 1914 zum Heer einberufen; 1918 entlassen; 1919 Verwaltung Baden; 1920 Regierungsrat; 1922 Prom. Freiburg; 1924 LB TH Karlsruhe; 1928 beurlaubt; 1928 Habil. Tübingen; 1928 PD Tübingen; 1932 apl. ao. Prof. Tübingen (Nachfolge Ludwig von Köhler); 1933–35 Publikationsbeschränkung; 1945 o. Prof. Tübingen; 1952 entpflichtet
B: Die Steuerschuld nach dem Reichsabgabenrecht (1922: D.); Hadb. d. bad. Verwaltung (1925–27); Steuerschuldrecht (1928, als Habilitationsschrift anerkannt); Verfassungsschutz (1935); Der Staatsgedanke im Dritten Reich (1935); D. Ggedanken d. neuen dt. VerwR (1944; unveröffentlicht); Deutsches Verwaltungsrecht Bd. 1f. 1962ff.
Q: K 1935, S. 895; K 1950, S. 1335; Nek. K 1976, S. 3665; 没CV
備考：1929年入会を経て、戦後原始会員（1950年入会）。ワイマール時代の前後を生きた行政法学者。VVDStRL 名簿には Ludwig Merk と記載されているが、Kürschners Gelehrten-Lexikon には Wilhelm Merk となっている。住所が一致する（Kaiserstr. 22）ので、同一人物とみなし、Wilhelm Merk と表記した。
http://www.koeblergerhard.de/juristen/nvips/nviwmSeite244.html
0576

故 **MERKL, Adolf Julius** (メルクル[メァクル]、アードルフ・ユーリウス)
Dr. iur., em. o. Prof., Univ. Wien/Österr.
1890年03月23日（Wien）　1970年08月22日（Wien）
Staatslehre u. Staatsrecht; Verwaltungslehre u. Verwaltungsrecht
1908–12 Studium Wien; 1913 Prom. Wien; 1915 Gerichtsdienst; 1917 Magistratsdienst Stadt Wien; 1919 Habil. Wien; 1919 PD Wien; 1921 ao. Prof. Wien; 1930 o. Prof. Wien; 1943–50 o. Prof. Tübingen; 1955 em.
B: D. Lehre v. d. Rkraft (1923: H.); Allg. VerwR (1927); Rfälle aus d. VerfR (1933); Rfälle aus d. VerwR u. Verw.prozeßR (1933); D. Verordnung im System d. Rquellen (1934); Gesammelte Schriften I (1993); I/2 (1995) (Hrsg.: Dorothea Mayer-Maly, Herbert Schambeck, Wolf-Dietrich Grussmann)
AL: Edmund Bernatzik (非会員、Basel → Graz → Wien、1854–1919年), Hans Kelsen (0417)
AS: Ernst Carl Hellbling (0312); Josef H. Kaiser (0408); René Marcic (0547); Helfried Pfeifer (0652); Herbert Schambeck (0740);

Robert Walter（0929）
Q: Wer ist' 1922, S. 1032; K 1935, S. 896; K 1950, S. 1336; Born, Geschichte.
L: FS 1970（FS für A. J. M. zum 80. GT; hrsg. v. Max Imboden/ Friedrich Koja/Kurt Ringhofer/R. Walter）; Ö. Juristen, S. 300 ff.; Ehrendoktoren, S. 24–27; AöR (1960), S. 353; JZ 1960, S. 198 (von R. Marcic); DÖV 1960, S. 260; DÖV 1970, S. 260; AöR 96 (1971), S. 109 (von Felix Ermacora); JZ 1971, S. 68 (Fr. Koja)
U: Jürgen Behrend: Untersuchungen zur Stufenbaulehre A. M.s u. Hans Kelsens (1977); Wolf-Dietrich Grussmann: A. J. M. - Leben u. Werk (1989); Herbert Schambeck: Das Leben und Wirken von A. J. M. (1990); Robert Walter (Hrsg.), A. J. M., Werk u. Wirksamkeit (1990)
備考: 戦前原始会員（1924年入会）を経て、戦後原始会員（1950年入会）。戦前最後の第7回大会（1931年）第1テーマ副報告（H. 7）。「ケルゼン門下生」（碩学 p. 114）。その法段階説は有名。1990年は、生誕100周年であった。
http://www.uni-protokolle.de/Lexikon/Adolf_Julius_Merkl.html
http://de.wikipedia.org/wiki/Adolf_Julius_Merkl
0577

MERLI, Franz（メルリー［メァリ］、フランツ）墺
Dr. iur., U.Prof., Univ. Graz
1958年（Graz）
Österreichisches Verfassungsrecht, vergleichendes Verfassungsrecht, österreichisches Verwaltungsrecht, vergleichendes Verwaltungsrecht, weiter österreichisches Staatsrecht, deutsches Staatsrecht, Rechtsvergleichung, Europarecht
Studium RW u. Slawistik Graz; Woronesch/UdSSR; 1980 Prom. Graz; 1994 Habil. Graz; 1995 Prof. Heidelberg; 1998 TU Dresden; 2006 Graz
B: Zivildienst und Rechtsstaat (1985: D.); Öffentl. Nutzungsrechte u. Gemeingebrauch (1995: H.)
AL: Rainer Hofmann（0350）
備考: スイスの憲法学者。ドイツの大学を経て、母校に戻った。
http://www.uni-graz.at/lebenslauf_profmerli-3.pdf（写真あり）
0578

MERTEN, Detlef（メルテン［メァテン］、デ［ー］トレフ）
Dr. rer. pol., Dr. iur., Prof., HVW/Speyer
1937年11月29日（Berlin）
Staats- u. Verwaltungsrecht, Sozialrecht

1956–60 Studium FU Berlin (RW u. Volkswirtschaft); 1960 I. SE; 1961–63 Studium Graz (Staatswiss.); 1963 Akad. f. intern. Recht Den Haag/Holland; WS 1963/64 Studium Speyer; 1964–65 HiWi FU Berlin; 1963 Prom. (Dr. rer. pol.) Graz; 1969 Prom. (Dr. iur.) FU; 1971 Habil. FU; 1971 Prof. Speyer; 1972 o. Prof. Speyer (1977–79 Rektor); emer.
B: D. Freiheit d. Wiss., Forschung u. Lehre nach dt. u. österr. VerfR (1963: D. rer. pol.); D. Inhalt d. Freizügigkeitsrechts (1969: D. jur.); Negative Grechte (1971: H.); Rstaat u. Gewaltmonopol (1975); Rechsstaatlichkeit u. Gnade (1978); D. Katte-Prozeß (1980); Gfragen d. Einigungsvertrages (1991); Verf.probleme d. Versorgungsüberleitung (1994); Zum SelbstverwR kassenärztl. Vereinigungen (1995); D. Selbstverwaltung im KrankenversicherungsR (1996)
MH: D. parlamentarische Reg.system d. BRD auf d. Prüfstand (Seminar z. 70. GT von Karl August Bettermann, 1983; m. Michael Kloepfer, Hans-Jürgen Papier); FS Carl-Hermann Ule (1987; m. Willi Blümel/ Helmut Quaritsch); D. Bedeutung d. EG für d. dt. Recht u. d. dt. Gerichtsbarkeit (Seminar z. 75. GT von Karl August Bettermann, 1989; m. Michael Kloepfer, Hans-Jürgen Papier); Kontinuität u. Diskontinuität i. d. dt. Verf.gesch. (Seminar z. 80. GT von Karl August Bettermann, 1994; m. Michael Kloepfer, Hans-Jürgen Papier); FS Franz Knöpfle (1996; m. Reiner Schmidt/Rupert Stettner)
AL: Ernst Melichar (0569); Karl-August Bettermann (0053); Helmut Quaritsch (0673)
AS: Ferdinand Kirchhof (0428)
Q: K 1983, S. 2739; Wer ist wer 1996/97; CV; Hikasa, S. 279
備考1: 1972年入会。行政法学者。第55回大会（1995年）第1テーマ報告。
備考2: なお、Bettermann は Eduard Bötticher（民訴、非会員）の門下生。
http://www.hfv-speyer.de/merten/Lehrstuhlinhaber.htm
http://de.wikipedia.org/wiki/Detlef_Merten

0579
MESSERSCHMIDT, Klaus （メッサーシュミット、クラウス）
Dr. iur., Prof., Humboldt-Univ. zu Berlin
1953年（Wiesbaden）
Staats- und Verwaltungsrecht sowie Finanzrecht
1973–78 Studium Frankfurt/M (FFM); 1978 I. SE; 1982 II. SE; 1982–87 Wiss MA Trier; 1986 Prom. Trier; 1987–92 Hochschulass. Trier; 1992–94 Habil.Stipendium; 1995–98 Mitglied des Beirates für

Naturschutz und Landschaftspflege beim BM für Umwelt, Naturschutz und Reaktorsicherheit; 1998 Habil. HU Berlin; 2001–03 Dozentur Univ. Riga (University of Latvia); Prof. HU zu Berlin
D: Umweltabgaben als Rechtsproblem, Berlin 1986
H: Gesetzgebungsermessen, Berlin 2000
AL: Michael Kloepfer (0440)
備考 1: 環境法学者。
備考 2: 師 Kloepfer を通じて、巨大な「ミュンヘン学派」へと連なる。
http://www.rewi.hu-berlin.de/lf/ap/mss/werdegang
0580
故 **MEYER, Ernst Wilhelm**（マイアー、エルンスト[エァンスト]・ヴィルヘルム）
Dr. iur., o. Prof., Univ. Frankfurt/M., Botschafter. a. D.
1892 年 04 月 02 日 (Leobschütz/Oberschlesien) 1969 年 05 月 15 日 (Berlin)
Außenpolitik; Staats-, Völker- u. Kirchenrecht; Kulturpolitik
Studium Breslau u. Straßburg; 1921 diplomatischer Dienst; 1923 Athen; 1925 Belgrad; 1926 Berlin; 1931 Gesandtschaftsrat Washington; 1937 Dienstaustritt; 1940 Prof. Bucknell Univ. Lewisburg/Pennsylvania (Politikwissenschaft); 1947 LB Marburg; Frankfurt/M.; 1949 o. Prof.; 1952–57 Botschafter Neu-Dehli; 1957–65 MdB (SPD)
B: Kampf um d. dt. Außenpolitik (1931); Die Grundlagen für den Frieden mit Deutschland (1950)
Q: K 1950, S. 1347; Nek. K 1970, S. 3428
備考: 戦後原始会員（1950 年入会）。外交官及び連邦議会議員であった。
http://www.koeblergerhard.de/juristen/alle/allemSeite345.html
0581
MEYER, Hans（マイアー、ハンス）
Dr. iur., Dr. h.c., Prof., Univ. Frankfurt/M., Rektor der Humboldt-Univ. Berlin
1933 年 03 月 16 日 (Aachen)
Staats-, Verwaltungs- u. Finanzrecht
1954–57 Studium Freiburg/Br., München u. Bonn; 1957 I. SE Köln; 1957–61 Ref.; 1961 II. Düssedolf; 1961–63 HiWi u. Verw. e. WiAs Bonn; 1963 WiAs ebd.; 1967 Prom.; 1970 Habil. Bonn; WiAs Bonn; 1972 ao. Prof. Bonn, 1974 o. Prof. Frankfurt/M.; 1996 Prof. Berlin (HU); 1996–2000 Präsident; 2001 emeritiert
B: D. Stellung d. Gemeinden i. d. Finanzverfassung d. Bundes (1967:

D.); Wahlsystem u. Verf.ordnung (1970: H.)
H: Parlamentsrechtliche Studien (ab1996)
MH: GS Wilhelm A. Kewenig (1996; m. Siegfried Magiera/Karl M. Meessen)
AL: Ernst Friesenhahn (0211)
AS: Hans-Joachim Koch (0448)
Q: K 1983, S. 2761; Hikasa, S. 285
備考1: 1971年入会。第33回大会（1974年）第1テーマ副報告。"熱血漢"をもって知られる。ある「学者によれば、『突飛な発言は彼の常だ』ということである」（戸波江二・ジュリ948号16頁）。他人の発言を聞いていて何かを思いつくと、"瞬間湯沸かし器"のごとくに即座に挙手する性癖があるらしい。編者も、すぐ前の席に座ったこの人物が手を挙げようとしたところを、隣の友人から「もう、おやめなさい」という感じで押さえられる場面を目撃した。Humboldt大学学長でもある。ホームページには、問題関心として「行政法総論、行政手続法、地方自治法、国家組織の諸問題、議会法、選挙の法律問題、財政制度の連邦国家的諸問題」、とある。
備考2: なお、師のFriesenhahnはRichard Thoma (0886) の門下生であり、その学統はHeinrich Rosin（非会員、Freiburg、刑法、1855-1927年）を経て、Otto von Gierke（非会員、Berlin → Breslau → Heidelberg → (wieder) Berlin、1841-1921年）へと連なる。
http://www.rewi.hu-berlin.de/lf/ap/myr/

0582
MEYN, Karl-Ulrich （マイン、カール[カルル]＝ウルリヒ）
Dr. iur., Prof., Univ. Jena
1939年12月13日（Hamburg）
VL: Öffentliches Recht
1959-64 Studium FU Berlin u. Kiel; 1965-66 Studium Kiel (VWL); 1965 I. SE Schleswig; 1965-71 Ref.; 1971 II. SE Hamburg; 1966 HiWi Kiel; WiAs Göttingen; 1977 Stip. DFG; 1979 WiAs Göttingen; 1973 Prom. Kiel; 1980 Habil. Göttingen; 1980 Prof. Hamburg; 1982 Prof. Osnabrück; 1992 Jena; 2004 emer.
B: D. Verf.konventionalregeln im Verf.system Großbritanniens (1973: D.); Gesetzesvorbehalt u. Rsetzungsbefugnis d. Gemeiden (1987); Kontrolle als Verf.prinzip (1980: H.)
MH: Jost Delbrück, D. Konstitution d. Friedens als Rordnung (1996; m. Klaus Dicke u.a.)
AL: Eberhard Menzel (0573); Jost Delbrück (0131)
Q: K 1987, S. 3038; CV

備考 1： 1981 年入会。途中で学位論文のテーマを変更した(同一テーマの論文が先に出された)ため、若干遅れた。大学法、議会制・代議制、テューリンゲン地方自治法を研究。
備考 2： Menzel 及び Delbrück という、師弟コンビの門下生となった。なお前者の師は、Friedrich Giese (0240)。
http://www.recht.uni-jena.de/o04/Mitarbeiter-Sekretariat/Professor/U-Prof.htm (写真あり)

0583
MICHAEL, Lothar (ミヒャエ[ー]ル、ロタール)
Dr. iur., Prof., Univ. Düsseldorf
1968 年 03 月 06 日 (Düsseldorf)
Öffentliches Recht und Rechtsphilosophie
1989–93 Studium Bayreuth und München; 1993 I. SE; 1996 II. SE; 1996 Prom. Bayreuth; 1997 WiAs Bayreuth; 2000–02 Habil.Stipendium; 2002 Habil. Bayreuth
D: Der allgemeine Gleichheitssatz als Methodennorm komparativer Systeme, Berlin 1997
H: Rechtsetzende Gewalt im kooperierenden Verfassungsstaat, Berlin 2002
AL: Peter Häberle (0278)
備考 1： 中堅の憲法学者。
備考 2： 師 Häberle は、Konrad Hesse (0329) の高弟。後者は更に Rudolf Smend (0839) に連なる。
http://www.jura.uni-duesseldorf.de/dozenten/michael/Personalien.shtml
(写真あり)

0584
故 **MIRBT, Hermann** (ミルプト[ミァプト]、ヘルマン)
Dr. iur., em. o. Prof., Univ. Halle an der Saale
1891 年 07 月 15 日 (Marburg/Lahn) 1968 年 10 月 13 日 (Berlin)
Öffentliches Recht
Studium Göttingen; 1919 Prom. Basel; 1921 Habil. Göttingen; 1926 ao. Prof. Göttingen, 1947 Prof. Halle (Nachfolge Rudolf Schranil), 1950 Flucht in den Westen (wegen vermeintlicher unmittelbarer Gefährdung); 1952–55 Senatsdirektor Berlin; 1956 em.
B: Grundriss des deutschen und preußischen Steuerrechts (1926); Beiträge zur Lehre vom Steuerschuldverhältnis (1927); Die Staatsaufsicht über die preußischen Industrie- und Handelskammern (1933)
Q: K 1935, S. 915; Nek. K 1970, S. 3428

備考: 戦前原始会員（1924年入会）を経て、戦後原始会員（1950年入会）。税財政法学者の先駆けのようであるが、詳しいことはよく分からない。
Fritz Loos, Rechtswissenschaft in Göttingen, Göttingen 1987, S. 347 FN 45
http://www.koeblergerhard.de/juristen/alle/allemSeite435.html

0585
MÖLLERS, Christoph (メ[モェ]ラース、クリストフ)
Dr. iur., Prof., Univ. Göttingen
1969年
Öffentliches Recht, Europa-Völkerrecht, Rechtsphilosophie
1989–93 Studium der RW, Philosophie u. Komparatistik Tübingen, Madrid u. München; 1994 I. SE; 1997 II. SE; 1995 LL.M. (Chicago); 1997–2000 WiAs Dresden; 2000 Prom. München; 2000–04 WiAs Heidelberg; 2004–05 Prof. Münster; 2005 Prof. Göttingen; 2008 Prof. HU zu Berlin
D: Staat als Argument, München 2000
H: Gewaltengliederung, Tübingen 2005
備考: 憲法原論の研究に取り組む若手研究者。Bernhard Schlink（ 0762 ）の講座を継承。
http://www.lehrstuhl-moellers.de/index.php?id=3（写真あり）

0586
MORGENTHALER, Gerd (モルゲンターラー、ゲルト[ゲァト])
Dr. iur., Prof., Univ. Siegen
1962年（Mosbach/Baden）
Öffentliches Recht einschließlich Finanz- und Steuerrecht sowie Verfassungsgeschichte der Neuzeit
–1987 Studium der RW und Volkswirtschaftslehre Heidelberg; 1987 I. SE; 1991 II. SE; 1991 Prom. Heidelberg; WiAs Heidelberg; 2001 Prof. Siegen
D: Die Lizenzgebühren im System des internationalen Einkommensteuerrechts, Heidelberg 1992
H: Freiheit durch Gesetz, Tübingen 1999
AL: Paul Kirchhof（ 0430 ）
備考: 税法学者。
http://www.uni-siegen.de/fb5/rechtswissenschaften/morgenthaler/team/morgenthaler/（写真あり）

0587
MORLOK, Martin (モル[モァ]ローク、マル[マー]ティン)

Dr. iur., Prof., Univ. Jena
1949 年
Öffentliches Recht, Rechtstheorie u. Rechtssoziologie
Studium RW u. Soziologie Tübingen, Marburg, Gießen u. Berkeley/Kalifornien; 1978–80 WiAs Augsburg; 1980 WiAs Hagen, 1986 Prom. Bayreuth; 1991 Habil. Hagen; 1991 Prof. Augsburg; 1993 Prof. Jena; 1997 Univ.-Prof. Hagen, 2002 Univ.-Prof. Düsseldorf
B: D. Folgen v. Verfahrensfehlern am Beispiel v. kommunalen Satzungen (1988: D.); Was heißt u. zu welchem Ende studiert man Verf. theorie? (1988); Selbstverständnis als Rkriterium (1993: H.)
AL: Peter Häberle (0278); Dimitris Th. Tsatsos (0894)
備考1: 政党法を研究。
備考2: Tsatsos の師は Karl Josef Partsch (0637) であり、Erich Kaufmann (0414) を経て、Albert Hänel (非会員) に連なる。
http://www.jura.uni-duesseldorf.de/dozenten/morlok/morlok.shtml
http://de.wikipedia.org/wiki/Martin_Morlok

0588
MORSCHER, Siegbert (モル[モァ]シャー、ジーク[ズィーク]ベルト) 墺
Dr. iur., o. U.Prof., Univ. Innsbruck/Österr.
1939 年 04 月 29 日 (Bludenz/Vorarlberg)
VL: Staatsrecht, Verwaltungsrecht u. Regierungslehre
1958–63 Studium Innsbruck; 1963–64 Ger.praxis Wien; 64–65 VwGH Wien; 1966–70 Bundesminist. f. Justiz; 1965 HS-As Innsbruck; 1963 Prom. Innsbruck; 1972 Habil. Innsbruck; 1973 ao. Univ.-Prof. Innsbruck; 1982 o. Univ.-Prof. Innsbruck, 1988–2004 Mitglied Verfassungsgerichtshof Österreich; 2007 emer.
B: D. parlament. Interpellation (1973: H.); Südtirols Verwalt. 1975 (1975); Naturschutz unter bes. Berücks. d. Landschaftsschutzes u. d. Landsch.pflege (1976); Das AbgabenR als Leistungsinstrument d. Gesellschaft u. Wirtschaft u. seine Schranken i. d. Grechten (Gutachten zum 8. ÖJT: 1982); Referat im 9. ÖJT (1987); D. Schutz d. persönl. Freiheit in Österr. (1990); D. VerfR d. österr. Bdesländer, Tirol. Kommentar (1991)
MH: FS Hans R. Klecatsky (1990; m. Peter Pernthaler u. Norbert Wimmer)
AL: Hans R. Klecatsky (0435)
Q: K 2831; CV
備考: 1974 年入会。Innsbruck 大学 "生え抜き" の一人。憲法・行政法を幅

広く研究。師との共著も多い
http://www.uibk.ac.at/ipoint/kopf_der_woche/500053.html
http://www.ufl.li/go/universitaet/who-is-who/m/siegbert-morscher-em-ouniv-prof/
0589
故 **MOSLER, Hermann** (モ[ー]スラー、ヘルマン)
Dr. iur., Dr. iur. h.c., em. o. Prof., Univ. Heidelberg
1912年12月26日 (Hennef/Rheinland) 2001年12月04日 (Heidelberg)
Öffentliches Recht, insb. Völkerrecht u. ausländisches öffentliches Recht
Studium Bonn; 1937 Prom. Bonn; 1946 Habil. Bonn; 1937–45 Ass. u. Ref. K.W.-Inst. f. ausl. öfftl. Recht u. VR/Berlin; 1946–49 RA u. PD Bonn; 1949–54 o. Prof. Frankfurt/M.; 1954 o. Prof. Heidelberg; 1976–85 Richter am Intern. Gerichtshof/Den Haag
B: Wirtschaftskonzession bei Änderung d. Staatshoheit (1948); D. Großmachtstellung im VR (1949); D. VR i. d. Praxis d. dt. Gerichte (1957); The Intern. Society as a Lrgal Community (1980)
AL: Richard Thoma (0886)
AS: Michael Bothe (0076); Karl Doehring (0144); Wilhelm Karl Geck (0231); Hugo J. Hahn (0283); Georg Ress (0688); Hartmut Schiedermair (0752); Helmut Steinberger (0858)
Q: K 1983, S. 2837; Wer ist wer 1996/97; Hikasa, S. 287
L: AöR 107 (1982), S. 630–632 (von Jochen Abr. Frowein)
備考 1: 戦後原始会員（1950 年入会）。日本選出の小田滋判事の同僚として、ハーグ国際司法裁判所裁判官も長年つとめたドイツ国際法学界の大御所。
備考 2: 師の Thoma は、Heinrich Rosin（非会員、Freiburg、刑法、1855–1927 年）を通じて、Otto von Gierke（非会員、Berlin → Breslau → Heidelberg →（wieder）Berlin、1841–1921 年）へと連なる。Mosler はこの学統を主に国際法の分野に受け継いだ。なお、国内法分野への継受は、Ernst Friesenhahn (0211) による。Mosler と Friesenhahn という 2 人の名伯楽により、Gierke → Thoma の系譜は、現在にも脈々と伝えられている。特に、Mosler に連なる学派に所属する者は、直接・間接で 30 人近くにも及ぶ一大勢力である。
http://www.bundesarchiv.de/cocoon/barch/1001/z/z1961z/kap1_1/para2_121.html
http://de.wikipedia.org/wiki/Hermann_Mosler
0590
故 **MÖßLE, Wilhelm** (メスレ[モェスレ]、ヴィルヘルム)
Dr. iur., Dr., phil., o. Prof., Univ. Bayreuth

1940 年 04 月 26 日（Adrazhofen in Allgäu/Bayern）　2002 年 02 月 24 日（Tunesien）
VL: Staats- u. Verwaltungsrecht sowie Verfassungsgeschichte
1959–65 Studium München（Geschichte, Polit. Wiss. u. Germanistik）; 1965–69 Studium München（RW）; 1972 Verw. e. WiAs München; 1969 I. SE München; 1969 Ref.; 1972 II. SE München; 1965 Prom.（Dr. phil.）München; 1971 Prom.（Dr. iur.）München; 1979 Habil. München; 1980 PD München; 1981 Prof.（C2）München; 1982 o. Prof. Bayreuth
B: Fürst Maximilian Wunibald von Waldburg-Zeil-Trauchburg 1750–1818（1968: D. phil.）; Bayern auf d. Dresdner Konferenzen 1850/51（1972: D. iur.）; Reg.funktionen d. Parlaments（1979: H., erschien 1986）; Inhalt, Zweck u. Ausmaß（1990）
AL: Sten Gagnèr（非会員、München、Rechtshistoriker）; Peter Badura（ 0026 ）
Q: K 1983, S. 2810; K 1987, S. 3080;
L: Nachruf – Professor Dr. Dr. Wilhelm Mößle, Peter Badura, AöR 2002, S. 474–475
備考 1: 1981 年入会。先に歴史・政治・哲学を学んでから法学に転じたため、教授資格取得までに通常より若干手間取った。
備考 2: 上記のごとく、師が訃報を記す逆順は、悲痛の極みである。なお、Badura は Alfred Voigt（ 0913 ）の門下生であり、Walter Jellinek（ 0395 ）を経て、Otto Mayer（ 0562 ）へと連なる。
備考 3: Sten Gagnèr を通じて、Michael Stolleis（ 0871 ）と相弟子の関係に立つ。
http://www.uni-bayreuth.de/departments/rw-web/pers/moessle.html

0591
MÖSSNER, Jörg Manfred Paul（メスナー［モェスナー］、イェルク［ヨェルク］・パウル［パォル］）
Dr. iur., U.Prof., Univ. Osnabrück, Richter am Niedersächsischen Finanzgericht a. D., Steuerberater
1941 年 10 月 01 日（Köln）
Finanz- u. Steuerrecht
Studium; 1967 Prom.; 1969 ak. Rat Köln; 1973 Prof. f. Völkerrecht Univ. d. Bundeswehr Hamburg; 1983 Prof. Osnabrück; 2006 emer.; 2000 Steuerberater; ab 2007 bei Pricewaterhouse Coopers
B: Die Völkerrechtspersönlichkeit und Völkerrechtspraxis der Barbareskenstaaten（1968: D.）

MH: FS Ignaz Seidl-Hohenveldern (1988; m. Karl Heinz Böckstiegel/ Hans-Ernst Folz u.a.)
AL: Ignaz Seidl-Hohenveldern (0826)
Q: Wer ist wer 1996/97
備考：国際法学者であるが、税財政法にも詳しい。
http://www.jura.uos.de/html/344_462.htm
http://de.wikipedia.org/wiki/J%C3%B6rg_Manfred_M%C3%B6ssner
0592

MÖSTL, Markus （メストル［モェストゥル］、マルクース）
Dr. iur., Prof., Univ. Bayreuth
1969 年 04 月 13 日（Weiden/Obepfalz）
Staatsrecht, Verwaltungsrecht, Europarecht
1989 Studium München u. Oxford; 1995 I. SE; 1997 II. SE; WiAs München; 1998 Prom. München; 2001 Habil. München, 2002 PD München; 2003 Prof. Bayreuth
D: Grundrechtsbindung öffentlicher Wirtschaftstätigkeit, 1999
H: Die staatliche Garantie für die öffentliche Sicherheit und Ordnung, Tübingen 2002
AL: Peter Badura (0026)
備考：ヨーロッパ憲法を研究。
http://www.oer2.uni-bayreuth.de/de/team/owner_of_chair/index.html
（写真あり）
0593

MUCKEL, Stefan （ムッケル、シュテファン）
Dr. iur., Prof., Univ. Köln
1961 年（Eschweiler/Rheinland）
Staats- und Verwaltungsrecht, Kirchenrecht
Studium Köln; 1989 Prom. Köln; 1991 II. SE; 1991WiAs Köln; 1996 Habil Köln; 1997 Prof. Bochum; 1998 o. Prof. Köln
B: Kriterien d. verf.rechtl. Vertrauensschutzes bei Gesetzesänderungen (1989: D.); Religiöse Freiheit und staatliche Letztentscheidung (1997: H.)
AL: Wolfgang Rüfner (0717)
備考 1：教会法学者。母校に戻り、師の講座を継いだ。
備考 2：師の Rüfner は Ulrich Scheuner (0750) の門下生で、後者は Heinrich Triepel (0891) → Karl Binding（非会員、Basel → Freiburg/Br. → Straßburg → Leipzig、刑法学、1841–1920 年）へと連なる。なお、Stefan Mückl (0594) の備考欄も参照されたい。

http://www.kirchenrecht.jura.uni-koeln.de/3471.html（写真あり）

0594
MÜCKL, Stefan （ミュックル、シュテファ[ー]ン）
Dr. iur., apl. Prof., Univ. Freiburg/Br.
1970 年（Hechingen）
Deutsches und ausländisches öffentliches Recht, Kirchenrecht, Europarecht
1991–95 Studium Passau und Freiburg; 1995 I. SE; 1999 II. SE; 1998 Prom. Freiburg/Br.; 1995–99 Wiss. MA Freiburg; 1999–2005 WiAs Freiburg; 2005 Habil. Freiburg
D: Finanzverfassungsrechtlicher Schutz der kommunalen Selbstverwaltung, Stuttgart u. a. 1998
H: Europäisierung des Staatskirchenrechts, Baden-Baden 2005
http://www.jura.uni-freiburg.de/institute/ioeffr4/personen/mueckl
備考：学問の伝統を受け継ぐ教会法学者。なお、Stefan Muckel（ 0593 ）と姓と名の双方が酷似しており、しかも両者とも専門が教会法なので、文献調査の際には要注意であろう。

0595
MÜLLER, Friedrich （ミュラー、フリードリヒ）
Dr. iur., o. Prof., Univ. Heidelberg
1938 年 01 月 22 日（Eggenfelden/Bayern）
VL: Staatsrecht, Verwaltungsrecht, Kirchenrecht, Rechts- u. Staatsphilosophie
1957–62 Studium Erlangen u. Freiburg/Br.; 1962 I. SE Freiburg; 1963–66 Ref.; 1967 II. SE Stuttgart; 1964 Verw. e. WiAs Freiburg; 1964 Prom. Freiburg; 1968 Habil. Freiburg/Br.; 1968 PD Freiburg; 1971 o. Prof. Heidelberg, emer.
B: Korporation u. Assoziation (1964: D.); Normstruktur u. Normativität (1968: H.); Normbereich v. Einzelgrundrechten i. d. Rsprechung d. BVerfG (1968); Fallanalysen zur jur. Methodik (1974; 2. A. 1989); Recht, Sprache, Gewalt (1975); Rechtsstaatl. Form – Demokr. Politik (1977); D. Einheit d. Verf. (1979); D. Recht d. Fr. Schule nach d. GG (2. A. 1982); Strukturierende Rlehre (1984; 2. A. 1994; brasil. Übers.); Entfremdung (2. A. 1985); 'RichterR' (1986); Arbeitsmethoden d. VerfR (1996; span. Übers.); Jurist. Methodik (6. A. 1995; franz. Übers.); Essais z. Theorie v. Recht u. Verfassung (1990); D. Positivität d. Grechte (2. A. 1990; brasil. Übers.); StrafR, Jugendschutz u. Freiheit d. Kunst (1993; jap. Übers.); Thesen zur Grechtsdogmatik

(1994; jap. Übers.); Fragment üb. verf.gebende Gewalt d. Volkes (1995)
AL: Konrad Hesse (0329)
AS: Bernd Jeand'Heur (0394); Bodo Pieroth (0655)
Q: K 1983, S. 3856/3857; CV; Hikasa, S. 288
L: FS 1981; V. Neumann, D. Werk v. F. M. (1980); Chr. Müler, Z. Radikalenfrage, zugl. Bemerk. z. Methodik F. M. (FS 1981); I. Maus, Z. Probl. d. Rationalitäts- u. Rstaatspostulats in d. gegenw. jurist. Meth. am Beisp.
備考：1970年入会。ミュンスター学派の師弟 Ralf Dreier (0152) 及び Robert Alexy (0008) と並び、実定公法学者よりも法思想家として名高い。その代表作『法学的方法』は日本でもよく知られている。Fedja Müller なる筆名での文学・評論活動も行う。
http://de.wikipedia.org/wiki/Friedrich_M%C3%BCller_(Rechtswissenschaftler)

0596
MÜLLER, Georg（ミュラー、ゲーオルク）瑞
Dr. iur., o. Prof., Univ. Zürich/CH
1942年09月30日（Untererlinsbach/Aargau）
VD: Staats- u. Verwaltungsrecht
1962–69 Studium Basel; 1975–76 Gast MPI/Heidelberg; 1964 Vorexamen; 1965 BG Zofingen; 1967 Lizenziat; 1971 Anwaltsex. Aargau; 1972 Reg.Rat Aargau; 1969 Prom. Basel; 1978 Habil. Basel; 1978 PD Basel; 1979 ao. Prof. Zürich; 1982 o. Prof. Zürich; 2006 emer.
B: D. Stabstelle d. Regierung als staatsrechtl. Problem (1970: D.); Inhalt u. Formen d. Rsetzung als Problem d. demok. Kompetenzordnung (1978: H.)
MH: FS Ulrich Häfelin (1989; m. Walter Haller/Daniel Thürer u.a.)
AL: Kurt Eichenberger (0167)
Q: K 1987, S. 3132; CV; Hikasa, S. 291
備考：1979年入会。第17回大会（1988年）第1テーマ副報告。Basel大学出身で、Zürich大学に移籍した。
http://www.rwi.uzh.ch/lehreforschung/alphabetisch/mueller/person.html

0597
MÜLLER, Jörg Paul（ミュラー、イェルク［ヨェルク］・パウル［パォル］）瑞
Dr. iur., LL.M., o. Prof., Univ. Bern/CH
1938年09月16日（St. Gallen/CH）
VD: Staats-, Verwaltungs- u. Völkerrecht; Einführung in die Rechts-

wissenchaft
1959–64 Studium Bern; 1967 Stip. Harvard; 1964–65 Substitut d. Ger. schreibers OG Thurgau; 1965 Anwaltsex.; 1965 RA; 1965 Ass. Bern; 1964 Prom. Bern; 1968 LL.M. (Harvard); 1970 Habil. Bern; 1970 o. Prof. Bern; 2001 emer.
B: D. Grechte d. Verf. u. d. Persönlichkeitsschutz d. Privatrechts (1964: D.); Estoppel and Acquiescence in Public Intern. Law (1968: LL.M.); Methodologies in Inetrn. Relations a. Intern. Law (1968); Vertrauensschutz im VR (1970: H.); Soziale Grechte i. d. Verf. (1973; 2. A. 1981); Gebrauch u. Mißbrauch d. DringlichkeitsR nach Art. 89 bis BVerf. (1977); Demokratische Gerechtigkeit (1993); D. Grechte d. schweizer. Bdesverf. (3. A. 1998)
MH: Hans Huber, Ausgew. Aufsätze (1971; m. Richard Bäumlin/Kurt Eichenberger); FG Hans Huber (1981; m. K. Eichenberger)
AL: Hans Huber (0365)
Q: K 1983; CV; Hikasa, S. 295
備考： 1971年入会。第39回大会（1980年）第1テーマ報告。師でもあるHans Huberの講座後継者。国際法における信頼保護の問題を研究してきた。
http://www.unibas.ch/index.cfm?uuid=EA4C84EAC09F28B634599B888E748330&&IRACER_AUTOLINK&&
http://www.forum.unibe.ch/de/pro_CHEU/CV_pdf/CV_JPMueller%20mit%20Foto.pdf
http://de.wikipedia.org/wiki/J%C3%B6rg_Paul_M%C3%BCller

0598
MÜLLER-FRANKEN, Sebastian （ミュラー＝フランケン、ゼバスツィア［ー］ン）
Dr. iur., Prof., Univ. Marburg
1963年12月05日（Manz）
Staatsrecht, Verwaltungsrecht, Finanzrecht und Steuerrecht
1985–90 Studium Heidelberg; 1990 I. SE; 1996 Prom. Mainz; 1995–2001 WiAs Passau; 2002 Habil. Passau; 2002–05 Oberass. Passau; 2005 Prof. Münster; 2006 Prof. Marburg
D: Die Befugnis zu Eingriffen in die Rechtsstellung des einzelnen durch Betriebsvereinbarungen, Berlin 1997
H: Maßvolles Verwalten, Tübingen 2004
備考： 憲法原論を研究する。
http://www.uni-marburg.de/fb01/lehrstuehle/oeffrecht/mueller-franken/
（写真あり）

0599
MÜLLER-TERPITZ, Ralf（ミュラー＝テル［テァ］ピッツ、ラルフ）
Dr. iur., Prof., Univ. Passau
1967 年（Rockenhausen/Rheinland-Pfalz）
Öffentliches Recht, Europarecht sowie Völkerrecht
1987–92 Studium Bonn und Genf; 1993 I. SE; 1996 II. SE; 1997 Prom. Bonn; 1998–2007 WiAs Bonn; 2005 Habil. Bonn; 1997 Prof. Passau
D: Die Beteiligung des Bundesrates am Willensbildungsprozess der Europäischen Union, Stuttgart u. a. 1999
H: Der Schutz des pränatalen Lebens, Tübingen 2007
AL: Wolfgang Löwer（ 0527 ）
備考：憲法と医事法の交錯領域(臓器移植、胎児の人権など)を開拓している。
http://www.jura.uni-passau.de/1125.html?&L=ht（写真あり）

0600
故 **MÜLLER-VOLBEHR, Jörg**（ミュラー＝ヴォルベーア、イェルク［ヨェルク］）
Dr. iur., Prof., Univ. Marburg an der Lahn
1936 年 04 月 01 日（Bremen）　2010 年 12 月 02 日
Öffentliches Recht u. Kirchenrecht
1955–59 Studium Freiburg/Br., Göttingen u. München; 1959 I. SE Freiburg; 1960–63 Ref.; 1963 II. SE Bremen, Hamburg u. Schleswig-Holstein in Hamburg; 1964–71 Landeskirchenrat d. ev.-luth. Landeskirche in Brauschweig; 1971–75 Oberkirchenrat; 1970 Prom. Göttingen; 1974 Habil. München; 1976–77 PD München, 1978 Prof. Marburg/L.; emer.
B: D. geistige Gerichte i. d. Braunschweig-Wolfenbüttelschen Landen (1970: D.); Fonds- u. Investitionskompetenz d. Bundes (1975: H.); Rschutz gegen verw.interne Weisungen mit Drittwirkung (1976)
AL: Karl Kroeschell（非会員、Göttingen、法史学）; Axel Freiherr von Campenhausen（ 0111 ）, Hans Spanner（ 0845 ）
Q: K 1983, 2890; Wer ist wer 1996/97; CV; Hikasa, S. 298
備考 1：1976 年入会。われわれ(日本人)には教会法はなかなか馴染みがないが、この人物の研究を見ていると、教会法が社会法とも繋がっていることが分かる。
備考 2：なお、von Campenhausen は Rudolf Smend（ 0839 ）に連なる。主に教会公法（Staatskirchenrecht）と新教（Evangelische Kirchenrecht）に関して研究した。
http://de.wikipedia.org/wiki/J%C3%B6rg_M%C3%BCller-Volbehr

0601
故 **MÜNCH, Fritz** (ミュンヒ、フリッツ)(Heidelberg)
Dr. iur., apl. Prof., Univ. Heidelberg
1906年04月08日 (Oberhomburg/Lothringen) 1995年10月29日
Völkerrecht, Staatsrecht
Studium Kiel, Paris u. Den Haag, 1931 Prom. Kiel; Kriegsteilnahme; Gefangenschaft; Justizdienst Nordrhein-Westfalen; 1951 Habil. Bonn; 1951 PD Bonn; 1955 apl. Prof. Heidelberg; 1955 wiss. Mitgl. MPI/Heidelberg; 1974 em.
B: Ist an d. Begriff d. völkerrechtl. Servitut festzuhalten? (1931); D. techn. Fragen d. Küstenmeere (1934); D. Menschenwürde als Gforderung unserer Verf. (1951); D. Bdesreg. (1954: H.; Nachdr. 1995)
AL: Walther Schücking (非会員、Kiel、国際法); Walter Schätzel (非会員、Bonn、国際法)
Q: K 1983, S. 2892; Hikasa, S. 299; Nek. K 1996, S. 1666
備考: 1956年入会。国際法学者。
http://de.wikipedia.org/wiki/Fritz_M%C3%BCnch

0602
MÜNCH, Ingo von (ミュンヒ、インゴ[—]・フォン)
Dr. iur., em. o. Prof., Univ. Hamburg, 2. Bürgermeister Hansestadt Hamburg a. D., ehem. Präsident d. Behörde f. Wiss. u. Forschung, u. d. Kulturbeh.
1932年12月26日 (Berlin)
VL: Öffentliches Recht
1951–54 Studium Frankfurt/M.; 1956 Law Session d. Salzburg Seminar in American Studies; 1956/57 Studium Speyer; 1957 Akad. f. Intern. Recht Den Haag/Holland; 1954 I. SE Frankfurt; 1954 Ref.; 1958 II. SE Frankfurt; 1957 Wiss. MA u. WiAs Frankfurt; 1958 Prom. Frankfurt; 1963 Habil. Frankfurt; 1963 PD Frankfurt; 1965 o. Prof. Bochum; 1973 o. Prof. Hamburg; 1997 em.
B: Freie Meinungsäußerung u. bes. Gewaltverhältnis (1957: D.); D. völkerrechtl. Delikt in d. mod. Entwickl. d. VRsgemeinschaft (1963: H.; 2. A. 1982); Übungsfälle zum Staats-, VerwR, VR (4. A. 1972); Gbegriffe d. StaatsR I (1979; 5. A. 1993 als StaatsR I); II (1977; 5. A. 1995); Intern. Seerecht (1985)
H: FS Hans-Jürgen Schlochauer (1981)
MH: GS Wolfgang Martens (1987; m. Peter Selmer)
AL: Helmut Ridder (0692), Hans-Jürgen Schlochauer (0763)

AS: Andreas von Arnauld (0016); Brunn-Otto Bryde (0096); Detlev Christian Dicke (0138); Philip Kunig (0488); Michael Schweitzer (0817)
Q: K 1983, S. 2892/2893; Wer ist wer 1996/97; CV; Hikasa, S. 301
備考：1964 年入会。第 31 回大会（1972 年）第 1 テーマ副報告。Herbert Krüger（ 0478 ）の講座後継者。とりわけ、ボン基本法の逐条解説書で名を成した。
http://de.wikipedia.org/wiki/Ingo_von_M%C3%BCnch
0603

MURSWIEK, Dietrich （ムルス［ムァス］ヴィーク・ディートリ［ッ］ヒ）
Dr. iur., U.Prof., Univ. Freiburg/Br.
1948 年 10 月 11 日（Hamburg）
Öffentliches Recht
1969–73 Studium Erlangen, Marburg u. Heidelberg; 1973 I. SE Heidelberg; 1975–78 Ref. Mannheim u. Heidelberg; 1978 II. SE Stuttgart; 1978–84 Wiss MA Saarbrücken; 1978 Prom. Heidelberg; 1984 Habil. Saarbrücken; 1984–86 PD Saarbrücken, HVW/Speyer; 1986 U.Prof. Göttingen; 1990 U.Prof. Freiburg
B: D. verf.gebende Gewalt nach d. GG f. f. BRD (1978: D.); D. staatl. Verantwortung f. d. Risiken d. Techinik (1984: H.); D. Subjekt d. SelbstbestimmungsR (1984); Uwsz als Staatszweck (1995)
AL: Karl Doehring (0144); Hartmut Schiedermair (0752)
Q: K 1987, S. 3186; CV
備考 1：1985 年入会。第 48 回大会（1989 年）第 2 テーマ報告。憲法・国際法・環境法を研究。
備考 2：師の Schiedermair は Hermann Mosler（ 0589 ）の門下生であり、その師である Richard Thoma（ 0886 ）を通じて、この学統は更に Heinrich Rosin（非会員、Freiburg、刑法、1855–1927 年）→ Otto von Gierke（非会員、Berlin → Breslau → Heidelberg →（wieder）Berlin、1841–1921 年）へと至る。
http://www.dietrich-murswiek.de/（写真あり）
http://de.wikipedia.org/wiki/Dietrich_Murswiek
0604

MUSIL, Andreas （ムズィール、アンドレアス）
Dr. iur., Prof., Univ. Potsdam
1971 年 7 月 23 日（Groß-Gerau）
Öffentliches Recht, Steuerrecht und Europarecht
1992–97 Studium FU Berlin; 1997 I. SE; 2001 II. SE; 1999 Prom.

Berlin; 1998–2002 Wiss. MA Berlin; 2002–07 WiAs Berlin; 2005 Habil. Berlin; 2007 Prof. Potsdam
D: Deutsches Treaty Overriding und seine Vereinbarkeit mit Europäischem Gemeinschaftsrecht, Berlin 2000
H: Wettbewerb in der staatlichen Verwaltung, Tübingen 2005
AL: Markus Heintzen (0308)
備考：研究対象は公法、租税法、ヨーロッパ法と幅広い。
http://www.uni-potsdam.de/verwaltungs_und_steuerrecht/Unterverzeichnis.html（写真あり）

0605
MUßGNUG, Reinhard（ム[ー]スヌ[ー]ク、ラインハルト）
Dr. iur., em. o. Prof., Univ. Heidelberg
1935 年 10 月 26 日（Mannheim）
VL: Staatsrecht, Verwaltungsrecht, Verfassungsgeschichte der Neuzeit u. Finanz- u. Steuerrecht
1954–57 Studium Heidelberg, Erlangen u. München; 1957 I. SE Heidelbrg; 1962 II. SE Stuttgart; 1957–62 HiWi Heidelberg; 1962–63 Verw. e. WiAs; 1963 ebd.; 1963 WiAs Heidelberg; 1964 Prom. Heidelberg; 1969 Habil. Heidelberg; 1971–75 o. Prof. FU Berlin, 1975–78 o. Prof. Mannheim; 1978 o. Prof. Heidelberg; emer.
B: D. Dispens v. gesetzl. Vorschriften (1964: D.); D. Haushaltsplan als Gesetz (1969: H.); D. Recht auf d. gesetzl. Verw.-beamten? (1970); D. Haushaltsplan als Gesetz (1976); Wem gehört Nofretete? (1977); MitbestimmungsR d. Personalräte an d. Univ. (1985); Quellen u. Texte zur Dt. Verf.gesch. (1990)
AL: Hans Schneider (0786)
AS: Klaus Grupp (0270)
Q: K 1983, S. 2905; Wer ist wer 1996/97; CV; Hikasa, S. 303
備考 1：1970 年入会。第 47 回大会（1988 年）第 2 テーマ報告。財政法研究に造詣が深い。
備考 2：師の H. Schneider は Werner Weber（0935）の門下生。後者を通じて、Carl Schmitt（0780）へと連なる。
http://www.jura-hd.de/mussgnug/lebenslauf.html
http://de.wikipedia.org/wiki/Reinhard_Mu%C3%9Fgnug

0606
MUTIUS, Albert von（ムーツィウス[ムチウス]、アルベルト[アルバート]・フォン）
Dr. iur., em. o. Prof., Univ. Kiel

1942 年 08 月 06 日（Swinemünde/Pommern）
Öffentliches Recht u. Verwaltungswissenschaft
1962–66 Studium Kiel (RW, VWL u. Soziologie); 1966 I. SE Schleswig; 1967–70 Ref.; 1970 II. SE Hamburg; 1967–70 HiWi Kiel; 1970 WiAs Münster; 1972 Stip. DFG; 1969 Prom. Kiel; 1974 Habil. Münster; 1974 PD Münster; 1974 WissR. u. Prof. Mainz; 1976 o. Prof. Mainz; o. Prof. Kiel; emer.
B: D. Widerspruchsverfahren d. VwGO als Verw.verfahren u. Prozeßvoraussetzung (1969: D.); D. Organisation als Grechtssubjekt (1974: H.); Gfälle zum KommunalR (1979); Gutachten f. d. 53. Dt. JT (1980); KommunalR (1996)
MH: FS Christian-Friedrich Menger (1985; m. Hans-Uwe Erichsen/ Werner Hoppe)
AL: Christian-Friedrich Menger (0571)
AS: Hermann Hill (0339); Friedrich Schoch (0793)
Q: K 1983, S. 2907; CV
備考：1975 年入会。第 42 回大会（1983 年）第 2 テーマ主報告。行政法学者。Georg-Christoph von Unruh (0903) の講座後継者。来日経験あり。
http://de.wikipedia.org/wiki/Albert_von_Mutius

N

0607
故 **NAUMANN, Richard**（ナウマン、リ[ー]ヒャルト）
Dr. iur., Prof., Univ. Hamburg, Senatspräsident
1906年02月17日（Ehrenfriederdorf/Erzgebirge） 1978年10月17日（Lüneburg）
Verfassungs-, Verwaltungs- u. Finanzrecht
1925–28 Studium Leipzig; 1929 I. SE; 1930 Prom. Leipzig; 1932 II SE; 1935–1938 WiAs Leipzig; 1938 Habil. Leipzig; 1938 PD Kiel; 1938 Wehrdienst; 1939 Dozent Kiel; 1940 ao. Prof. Kiel; 1942 o. Prof. Kiel; 1943 o. Prof. Innsbruck (wegen Wehrdienst Amt nicht angetreten); 1945 als Reichsdeutscher aus dem Lehrkörper ausgeschieden, 1946 Präs. d. OberverwG Niedersachsen und Schleswig-Holstein; Vizepräs. Staatsgerichtshof Niedersachsen; 1954 Hon.-Prof. Hamburg
D: Vom Staatsrecht der Neuengland-Kolonien im 17. Jahrhundert, 1930
H: Wandlungen im Recht des Widerrufs von Verwaltungsakten, 1939
AL: Richard Schmidt (0771); Paul Ritterbusch (0698)
Q: K 1950, S. 1437; Nek. K 1980, S. 4471
L: DÖV 1971, S. 128
備考1：戦後原始会員（1950年入会）。実務家教員（裁判官）。第13回大会（1954年）第2テーマ主報告。
備考2：なお、Ritterbusch は R. Schmidt の門下生であり、後者の師は Adolf Wach（Leipzig、民訴、非会員、1843–1926年）である。
http://www.koeblergerhard.de/Rechtsfaecher/Staatsrecht1228.htm

0608
故 **NAWIASKY, Hans**（ナヴィアスキー、ハンス）
Dr. iur., em. o. Prof., Univ. München
1880年08月24日（Graz/Österr.） 1961年08月11日（St. Gallen/CH）
Öffentliches Recht u. allgemeine Rechts- u. Staatslehre
1903 österr. Staatsdienst; Studium RW u. Staatswiss. Wien, u. Berlin; Wien, 1903 Prom. Wien, 1909 Habil. Wien; 1910 Lehrtätigkeit; Dienst in der Postverwaltung; Wehrdienst; Kriegsdienst; 1919 ao. Prof.; Aufbau der Verwaltungsakademie München; 1928 o. Prof. München;

1928–30 Ausschussmitglied zur Reichsreform; 1931 Debatte im Landtag Bayerns（Friedrich Lent）; Frühjahr 1933 Flucht in die Schweiz; LB HandelsHS St. Gallen; ao. Prof.; o. Prof.; schweizerisches Ins. für Verwaltungskurse; 1947 zusätzliche Lehrtätigkeit Univ. München; HS für politische Wissenschaften; Akademie für politische Bildung Tutzing; emer.

B: D. Frauen i. österr. Staatsdienste (1902); Dt. u. österr. PostR (1909); D. Ggedanken d. Reichsverf. (1920); D. Bdesstaat als Rbegründung (1920); Bay. VerfR (1923; Nachdr. 1978); D. Gprobleme d. Reichsverf, Teil 1 (1928; Nachdr. 1995); D. Reichsbahn im öff. Recht (1932); Staatstypen d. Gegenwart (1934); Rfragen d. wirtschaftl. Neubaues (1935); Aufbau u. Begriff d. Eidgenossenschaft (1937); Kantonales u. GemeindefinanzR d. Ostschweiz (1937); D. Schwewiz von außen gesehen (1940); Allg. Rlehre als System d. rechtl. Gbegriffe (1941; 2. A. 1948); D. rechtl. Organisation d. Betriebs (1943); Allg. StaatsL I (1945); Kann d. dt. Volk f. Demokratie u. Weltfrieden gewonnen werden? (1946)

AL: Hans Kelsen（ 0417 ）; Edmund Bernatzik（非会員、Basel → Graz → Wien、1854–1919 年）

AS: Yvo Hangartner（ 0292 ）; Theodor Maunz（ 0557 ）; Hans F. Zacher （ 0989 ）

Q: Wer ist's 1922, S. 1099; K 1950, S. 1438; Nek. K 1970, S. 3428; Kurzbiographie, in: Göppinger, Juristen, S. 352 f. m. w. N.

L: FS 1950 (Staat u. Wirtschaft; hrsg. v. Wolfhart u.a.); FS 1956 (Vom Bonner GG zur gesamtdt. Verf.; hrsg. v. Theodor Maunz); AöR 85 (1960), S. 353; JZ 1960, S. 762 (von Hans Peters); AöR 86 (1961), S. 349; JZ 1962, S. 324 (von Geiger); DEJ, S. 500 m. w. N.; Hans F. Zacher, Hans Nawiasky (1880–1961), in: Heinrichs u.a. (Hrsg.), Deutsche Juristen jüdischer Herkunft, S. 677–692 m. w. N. (S. 678 に肖像写真)

U: Florian Hermann, H. N., in: Nehlsen/Brun (Hrsg.), Münchner rechtshist. Studien zum NS, S. 411–444

備考1： 戦前原始会員（1924 年入会）を経て、戦後原始会員（1950 年入会）。1926～28 年協会副理事長（なお理事長は Richard Thoma、いま一人の副理事長は Rudolf Smend）。第 3 回大会（1926 年）第 1 テーマ副報告（H. 3）。Wien 大学から München 大学に移った。連邦国家に関する三層説（支分国家、中央国家に加え、両者を包含する第 3 の国家があると主張）は有名。

備考2： Theodor Maunz（ 0557 ）を育て、さらにその門下から Peter Ler-

che (0515), Klaus Stern (0863) 等が出たことにより、今日のドイツ公法学の最大学派の始祖となった。ちなみに、Bernatzik の師は Paul Laband (非会員、Königsberg → Straßburg、1838–1918 年)。
http://www.hls-dhs-dss.ch/textes/d/D46489.php
http://www.unisg.ch/~/media/Internet/Content/Dateien/Schools/LS/Lehrstuhl%20Schindler/Kurzbiographien%20zum%20schweizerischen%20Verwaltungsrecht.ashx?fl=de (写真あり)
http://de.wikipedia.org/wiki/Hans_Nawiasky

0609
NETTESHEIM, Martin（ネッテスハイム、マルティン）
Dr. iur., Prof., Univ. Tübingen
Öffentliches Recht, Europarecht und Völkerrecht
1964 年 4 月 17 日
1983–88 Studium der RW Freiburg/Br. und Berlin; 1983–87 Studium der VolksWL Freiburg/Br. u. Berlin; 1988 I. SE; 1993 II. SE; 1993 Prom. FU Berlin; 1999 Habil. Berlin
D: Ziele des Antidumping- und Antisubventionsrechts, München 1994
H: Die mitgliedstaatliche Durchführung von EG-Richtlinien, Berlin 1999
備考：ヨーロッパ法、国際経済法の研究者。第 70 回大会（2010 年）第 1 テーマ主報告（副報告は Oliver Diggelmann）。
http://www.jura.uni-tuebingen.de/professoren_und_dozenten/nettesheim/personen/nettesheim.htm (写真あり)
http://de.wikipedia.org/wiki/Martin_Nettesheim

0610
NEUMANN, Volker（ノイマン、フォルカー）
Dr. iur., Prof., Univ. Berlin (Humboldt)
1947 年 (Zittau/Pethau)
Verfassungsrecht, Sozialrecht (Leistungserbringungsrecht), allgemeine Staatslehre
Studium Heidelberg u. Frankfurt/M.; 1971 I. SE; 1975 II. SE; 1976–80 Studienleiter evang. Studienwerk e. V.; 1980 Prom. Gießen; 1980–92 Prof. FH Frankfurt/M.; 1991 Habil. FFM; 1992 Prof. Berlin (HU); 1995 Prof. Rostock; 2004 Prof. Berlin (HU)
D: Der Staat im Bürgerkrieg, 1980
H: Freiheitsgefährdung im kooperativen Sozialstaat, 1992
AL: Helmut Ridder (0692)
備考：社会法を研究。再び、フンボルト大学に戻った。

http://neumann.rewi.hu-berlin.de/（写真あり）
0611
故 **NEUWIEM, Erhard**（ノイヴィーム、エァハルト）
Dr. iur., Prof., Univ. Münster
1889 年 01 月 06 日（Schweidnitz/Schlesien） 1943 年 11 月 11 日（Münster)
Staatsrecht, Verwaltungsrecht, Kirchenrecht
1908–11 Studium RW u. Staatswiss. Breslau, 1911 I. SE; 1912 Prom. Breslau; 1916 II. SE; 1916 Habil. Breslau; 1920 ao. Prof. Greifswald (Nachfolge Carl Schmitt); 1922 o. Prof. ebd.; 1930 Prof. Münster (Nachfolge Josef Lukas); 1943 Tod bei Bombenangriff
B: Die kommunalen Zweckverbände in Preussen auf Grund des gemeinpreussischen Zweckverbandsgesetzes vom 19. Juli 1911 (1919: H.); Deutsches Verwaltungsrecht (1930. mit Friedrich Giese)
AL: Friedrich Giese (0240)
備考 1：戦前原始会員（1924 年入会）。第 2 次世界大戦中の爆撃で死亡した。
備考 2：当初の調査では、生 1906 年 02 月 17 日（Ehrenfriedensdorf/Erzgebirge），没 1978 年 10 月 17 日（Lüneburg）の NEUWIEM, Erhard (Dr. iur., Prof., Univ. Hamburg, Senatspräsiden) のデータを掲載していた（典拠：K 1950, S. 1437; Nek. K 1980, S. 4471, DÖV 1971, S. 128)。ところが、その後の追加調査で、下記ケープラー DB に掲載のデータ及び Juristen in Münster のデータとが一致することから、上記は同名別人であるとの判断の下、データを差し替えた。
Lieselotte Steveling, Juristen in Münster, Münster 1999, S. 264 FN 58
http://www.koeblergerhard.de/Rechtsfakultaeten/Muenster705.htm
0612
NICOLAYSEN, Gert（ニコライゼン、ゲルト[ゲァト]）
Dr. iur., Prof., Univ. Hamburg
1931 年 02 月 07 日（Hamburg)
VL: Öffentliches Recht, öffentliches Wirtschaftsrecht, Europarecht
1950–54 Studium Hamburg; 1954 I. SE Hamburg; 1954 Ref.; 1960 II. SE; 1958 Prom. Hamburg; 1973 Habil. Hamburg; 1960 wiss. Ref. Hamburg, 1970 wiss. Rat u. Prof. Hamburg, 1979 Prof. Hamburg
B: D. Enteignung subj.-öff. Rechte (1958: D.); D. Normierung wirtschaftspol. Zielsetzungen u. d. Grenzen ihrer Justiziabilität (1972: H.); Europ. Gemeinsch.recht (1979); Fördergewinne u. Verbrauchssteuer (1981); Bewilligung u. Förderabgabe nach d. BBergG (1982); EuropaR I (1991); Rfragen d. Währungsunion (1993); EuropaR II. D. Wirt-

schaftsrecht im Binnenmarkt (1996)
AL: Hans-Peter Ipsen (0375)
Q: K 1983, S. 2964; Wer ist wer 1996/97; CV
備考： 1974年入会。イプゼン等を第一世代とすると、オッパーマン（テュービンゲン大学）等と並び、ハンブルク大学における第2世代のヨーロッパ法研究者。
備考2： なお、師のH. P. Ipsenを通じて、Rudolf Laun (0501) に連なる。
http://www.jura.uni-hamburg.de/personen/nicolaysen/
0613
NIEDOBITEK, Matthias （ニードビテ[ー]ク、マティ[ー]アス）
Dr. iur., Univ.-Prof., Technische Univ. Chemnitz
1961年4月10日（Berlin）
Öffentliches Recht, Europarecht, Völkerrecht
1980–85 Studium FU Berlin; 1985 I. SE; 1988 II. SE; 1988 Wiss. Ref. HVW Speyer; 1992 Prom. Speyer; 1999 Institutsref. Speyer; 2000 Habil. Speyer; 2002 Prof. TU Chemnitz
D: Kultur und Europäisches Gemeinschaftsrecht, Berlin 1992
H: Das Recht der grenzüberschreitenden Verträge, Tübingen 2001
備考： ヨーロッパ法学者。
http://www.tu-chemnitz.de/phil/europastudien/euint/mitarbeiter/niedobitek.php
0614
NIERHAUS, Michael （ニ[ー]アハウス[ニ(ー)ァハォス]、ミヒャエ[ー]ル）
Dr. iur., em. o. Prof., Univ. Potsdam
1943年（Göttingen）
Staatsrecht, allgemeines Verwaltungsrecht, Kommunalrecht, Recht der öffentlichen Kreditwirtschaft
Studium Köln; 1972 Prom. Köln; 1988 Habil. Köln; 1990 Prof. Konstanz; 1993 Prof. Potsdam; 2008 emer.
B: Regionalprinzip u. Sparkassenhoheit im europ. Bankenbinnenmarkt (1993); Kommunale Selbestverw. (1996); Beweismaß und Beweislast (1989: H.)
MH: FS Klaus Stern (1993; m. Joachim Burmeister/Fritz Ossenbühl/Günter Püttner/Michel Sachs/Peter Tettinger); FS K. Stern (1997; m. J. Burmeister/G. Püttner/M. Sachs/Helmut Siekmann/P. Tettinger)
AL: Klaus Stern (0863)
備考1： 教授資格論文では、行政訴訟における主張・立証責任を論じた（このテーマは、ドイツでも論じられることが少ない）。その後、地方自治法、公債

法などの研究に取り組んだ。
備考2: 数多い「シュテルン学派」の一員。
http://www.uni-potsdam.de/u/ls_staatverwkom/（写真あり）
0615
NOLTE, Georg（ノルテ、ゲーオルク）
Dr. iur., Prof., Humboldt-Univ. zu Berlin
1959年10月03日（Bonn）
VL: Deutsches und vergleichendes Öffentliches Recht, Völkerrecht und Europarecht
1977 Studium Berlin（FU）u. Genf; 1982 I. SE; 1984 WiAs MPI Heidelberg; 1986 II. SE; 1987–99 Ref. MPI; 1991 Prom. Heidelberg; 1998 Habil. Heidelberg; 1999 Prof. Göttingen; 2004 Prof. München; 2008 Prof. Berlin（HU）
AL: Jochen Abraham Frowein（ 0216 ）
備考1: 国際法・ヨーロッパ法学者。ドイツ国際法学会副理事長。
備考2: 師の Frowein は、Ernst Friesenhahn（ 0211 ）の門下生。後者の師は Richard Thoma（ 0886 ）の門下生であり、その学統は Heinrich Rosin（非会員、Freiburg、刑法、1855–1927年）を経て、Otto von Gierke（非会員、Berlin → Breslau → Heidelberg →（wieder）Berlin、1841–1921年）へと至る。
http://nolte.rewi.hu-berlin.de/（写真あり）
http://www.dgfir.de/gesellschaft/organisation/（写真あり）
http://de.wikipedia.org/wiki/Georg_Nolte
0616
NOLTE, Martin（ノルテ、マルティン）
Dr. iur., Prof., Univ. zu Kiel
1967年05月03日（Lübeck）
VL: Öffentliches Recht einschließlich Europarecht sowie Sportrecht und Verwaltungslehre
1988 Studium Tübingen u. Kiel; 1993 I. SE; 1994 WiAs Kiel; 1997 Prom. Kiel; 1998 II. SE; 1999 WiAs Kiel; 2003 Habil. Kiel, 2004 PD Kiel; wiss. Oass. Kiel; Prof. Kiel
D: Die Erholungsfunktion des Waldes – einfachgesetzliche Rechtsansprüche des Erholungsuchenden und ihre Grenzen, 1999
H: Staatliche Verantwortung im Bereich Sport, 2004
AL: Albert von Mutius（ 0606 ）
備考: エンタメ法とはやや異なる問題関心から、スポーツ法の研究に取り組む。

http://de.wikipedia.org/wiki/Martin_Nolte

0617
NOVAK, Richard （ノ［ー］ヴァク、リ［ー］ヒャルト）墺
Dr. iur., o. Prof., Univ. Graz/Österr.
1939年08月17日（Wien）
VL: Allgemeine Staatslehre, Österr. Verfassungsrecht, Allgemeines u. Österreichisches Verwaltungsrecht
WS 1957/58 Studium TH Wien（Maschinenbau）; 1958–62 Studium Wien（RW）; 1962 Ger.praxis; 1963 Ass. Wien; 1964 Sprachstudien in Madrid; 1965 Sprachstudien in Grenoble; 1967 Ass.austausch in Bochum/Dtland; 1963 Prom. Wien; 1968 Habil. Wien; 1968 PD Wien; 1969 o. Prof. Graz
B: Über d. Amtstritt d. Bdespräsidenten（1965: D.）; D. Fehlerhaftigkeit v. Gesetzen u. Verordnungen（1967: H.）; D. Problem d. sozialen Grechte（1972）
Q: K 1983, S. 2998; CV; Hikasa, S. 305
備考：1969年入会。第40回大会（1981年）第1テーマ報告。法学の学習を始める前には、機械工学を学んでいた。
http://www.uni-graz.at/opvwww/opvwww_mitarbeiterinnen.htm

0618
NOWAK, Carsten （ノ［ー］ヴァク、カルステン）
Dr. iur., Univ.-Prof., Europa-Univ. Viadrina Frankfurt（Oder）
1965年（Hamburg）
Öffentliches Recht, Europarecht, Völkerrecht, weiters Medienrecht, Wirtschaftsrecht
–1993 Studium Hamburg; 1993 I. SE; 1998 II. SE; 1993–96 Wiss. MA Hamburg; 1997 Prom. Hamburg; 1999–2004 WiAs Hamburg; 2008 Habil. Hamburg; 2009 Univ-.Prof. Siegen; 2009 Univ-Prof. Frankfurt/Oder
D: Konkurrentenschutz in der EG, Baden-Baden 1997
H: 公刊を確認できなかった。
備考：ヨーロッパ経済法を研究。
http://www.rewi.euv-frankfurt-o.de/de/lehrstuhl/or/europarecht2/lehrstuhlinhaber/index.html（写真あり）

0619
NUßBERGER, Angelika （ヌスベルガー、アンゲリカ）女性
Dr. iur., Prof., Univ. zu Köln, Richterin am Europäischen Gerichtshof für Menschenrechte/Straßburg

1963 年（München）
Öffentliches Recht, Ostrecht, Völkerrecht, Sozialrecht, Rechtsvergleichung
Studium RW und Slawistik München, Heidelberg und Würzburg; 1993 Prom. Würzburg; 2002 Habil. München; Prof. Köln; 2011 Richterin am EGMR
D: Verfassungskontrolle in der Sowjetunion und in Deutschland, Baden-Baden 1994
H: Sozialstandards im Völkerrecht, Berlin 2005
備考：東欧を中心に研究する国際法学者。欧州人権裁判所判事に就任（Georg Ress（ 0688 ）の後任）。
http://www.ostrecht.uni-koeln.de/11541.html（写真あり）
http://de.wikipedia.org/wiki/Angelika_Nu%C3%9Fberger
参考：欧州人権裁判所　http://www.coe.int/t/d/menschenrechtsgerichtshof/

O

0620
故 **OBERMAYER, Klaus**（オーバーマイアー、クラウス[クラォス]）
Dr. iur., em. o. Prof., Univ. Erlangen
1916 年 05 月 05 日（Wiesbaden） 1988 年 08 月 14 日
VL: Staats- u. Verwaltungsrecht
1935–45 Wehrmacht; 1946–48 Studium München; 1948 I. SE München; 1951 II. SE; 1951 Ev.-Luth. Landeskirchenamt München; 1953 Reg. Rat ebd.; 1956 Prom. München; 1958 Habil. München; 1958 PD München; 1960 o. Prof. Erlangen
B: VA u. innerdienstl. Rakt（1956: D.; Nachdruck 1986）; Gzüge d. VerwR u. Verw.prozeßR（1964; 2. A. 1975）; Gemeinschaftsschule – Auftr. d. GG（1967）; Mitbestimm. i. d. Kommnalverw.（1976）; Staat u. Religion（1977）
MH: FS Hans Liermann（1964）
AL: Theodor Maunz（0557）; Willibalt Apelt（0013）; Johannes Heckel（0302）
AS: Richard Bartlsperger（0031）; Dirk Ehlers（0164）; Udo Steiner（0859）
Q: K 1983, S. 3012; CV; Hikasa, S. 306
L: FS 1986（Rechtsstaat, Kirche, Sinnverantwortung; hrsg.: Richard Bartlsperger/Dirk Ehlers/Dietrich Pirson u.a.; Veröffentl., S. 337–349）
備考 1: 1959 年入会。戦後ドイツ公法学の再建を担った世代の一人。本人自身、長年にわたり従軍しているばかりではなく、父親と 2 人の兄弟も戦死している。日本流にいえば"大正一桁"のこの世代は、2 度にわたる戦争の影響を最も大きく受けている。第 18 回大会（1959 年）第 2 テーマ副報告。
備考 2:（編者は同人を「行政法学者」と認識していたが、実は）Hans Liermann（0517）の講座を継承した教会法学者。師のうち Heckel は、Friedrich Giese（0240）の門下生。
http://www.hli.jura.uni-erlangen.de/geschichte/（写真あり）

0621
OBERNDORFER, Peter（オーバーンドルファー[オーベルンドルファー]、ペーター）墺

Dr. iur., o. Prof., Univ. Linz/Österr., Verfassungsrichter
1942 年 09 月 02 日（Linz）
VL: Öffentliches Recht
1960–64 Studium Wien; 1965 Ger.praxis; 1965 HS-Ass. Linz; 1964 Prom. Wien; 1971 Habil. Linz; 1971 UD Linz; 1972 o. Prof. Linz; 1984 Ersatzmitglied, ab 1987 Mitglied des Verfassungsgerichtshofes
B: GemeindeR u. Gemeindewirklichkeit (1971: H.); Stadtrechtsreform in Österr. (1970); Strompreisbestimmung aus rechtl. Sicht (1979)
MA: FS Rudolf Strasser (1993; hrsg.: Peter Jabornegg)
MH: FS Ludwig Fröhler (1980; m. Herbert Schambeck)
AL: Ludwig Fröhler (0213)
AS: Bruno Binder (0059)
Q: K 1983, S. 3013; CV
備考：1972 年入会。戦前原始会員（1924 年入会）を経て、戦後原始会員（1950 年入会）。エネルギー法の研究などに取り組んだ。
http://www.vfgh.gv.at/cms/vfgh-site/richter/oberndorfer.html
http://www.vwrecht.jku.at/startseite/institut/universitaetsprofessoren/peter_oberndorfer/
0622
ODENDAHL, Kerstin（オーデンダール、ケル［ケァ］スティン）瑞 女性
Dr. iur., Prof., Univ. St. Gallen
1968 年 11 月 22 日（Hamburg）
Öffentliches Recht, Völker- und Europarecht
1988–90 Studium Bonn; 1991–93 Studium Trier; 1994 I. SE; 1998 II. SE; 1994–96 Wiss. MA Trier; 1997 Prom. Trier; 1998–2000 Aufbaustudiengang Europawiss. Berlin; 2000–01 Wiss. MA Trier; 2004 Habil. Trier; 2004 ao. Prof. St. Gallen; 2007 Prof. St. Gallen; 2011 Prof. Kiel
D: Die Umweltpflichtigkeit der Souveränität, Berlin 1998
H: Kulturgüterschutz, Tübingen 2005
AL: Gerhard Robbers (0700)
備考：環境法、文化財法の研究者。
http://www1.unisg.ch/org/rwa/web.nsf/c31e7c476ced62cec1256954003e839e/37ca7080ee0d40bdc1256f1e0025d039!OpenDocument（写真あり）
0623
OEBBECKE, Janbernd (Johannes Bernhard)（エベ［ッ］ケ［オェベ（ッ）ケ］、ヤンベルント［ベァント］（ヨハンネス・ベルント））
Dr. iur., U.Prof., Univ. Münster
1950 年 08 月 15 日（Werdohl/Nordrhein-Westf.）

VL: Öffentliches Recht u. Verwaltungslehre
1969–74 Studium Münster/Westf.; 1974 I. SE; 1974–77 Ref.; 1977 II. SE; 1974–78 HiWi Münster; 1979 Vw.Beamter; 1981 Leiter d. Freiherr-vom-Stein-Inst.; 1984 LandesOVwRat; 1979 Prom. Münster; 1986 Habil. Münster; 1986 PD Münster; 1991 apl. Prof. Münster; 1994 Prof. Düsseldorf; 1997 Prof. Münster
B: Rfragen d. Eigenkapitalausstattung d. kommun. Sparkassen (1980: D.); Zweckverbandsbildung u. Selbstverwaltungsgarantie (1982); GemeindeverbandsR NRW (1984); Weisungs- u. unterrichtungsfreie Räume i. d. Verwaltung (1986: H.)
MH: Symposium Werner Hoppe (1996; mit Wilfried Erbguth, Hans-Werner Rengeling u.a.)
AL: Werner Hoppe (0360)
Q: CV
備考1: 1987年入会。地方自治法を研究している。
備考2: なお、師のHoppeはChristian-Friedrich Menger (0571)の門下生。後者の師はHans Julius Wolff (0978)であり、さらにFriedrich Giese (0240)へと連なる。
http://www.jura.uni-muenster.de/index.cfm?objectid=3DD73A3A-DF91-5F56-09FDFAD2C80B61AC

0624
故 **OESCHEY, Rudolf**（エッシャイ[オェッシャイ]、ルードルフ）
Dr. iur. utr., ao. Prof., Univ. Leipzig
1879年07月01日（Landshut/Bayern）　1944年09月13日（Leipzig）
Reichs- und Landesstaatsrecht (Deutsch), Verwaltungsrecht und Kirchenrecht
–1906 Studium München u. Leipzig; –1909 Dienst in der inneren Verwaltung; 1909 Prom. München; 1915 Habil. Leipzig; 1915–20 PD Leipzig; 1920–34 npl. ao. Prof. Leipzig; 1934–44 pl. ao. Prof. Leipzig
D: Beiträge zur Gerichtsstandslehre des bayerischen Verwaltungsprozeßrechtes, insbesondere der Gerichtsstand der Konnexität, 1909
H: Die bayerische Verfassungsurkunde vom 26. Mai 1818 und die Charte Ludwigs XVIII. vom 4. Juni 1814, 1915
B: Verfassung der evangelisch-lutherischen Kirche in Bayern r. d. Rhs. vom 16. Sept. 1920, München 1921; Grundlinien für den kirchlichen Neubau, Leipzig 1919; Vom Umsturz zur Verfassung, Würzburg 1920
Q: Wer ist' 1922, S. 1127; K 1935, 994
備考: 戦前原始会員（1924年入会）。教会法とバイエルンの法史学を研究。

http://uni-leipzig.de/unigeschichte/professorenkatalog/leipzig/Oeschey_286/
http://www.catalogus-professorum-halensis.de/oescheyrudolf.html
http://www.lkan-elkb.de/336.php

0625
OETER, Stefan（エーター、シュテファン）
Dr. iur., Prof., Univ. Hamburg
1958 年 (Karlsruhe)
Deutsches öffentliches Recht, ausländisches öffentliches Recht, Europarecht, Völkerrecht, weiter europäisches Wirtschaftsrecht, internationales Wirtschaftsrecht, Minderheitenschutz
Studium; 1987 Ref. MPI/Heidelberg; 1990 Prom. Heidelberg; 1997 Habil. Heidelberg, 1999 o. Prof. Hamburg
D: Neutralität und Waffenhandel, 1991
H: Integration und Subsidiarität im deutschen Bundesstaatenrecht, 1998
AL: Jochen Abraham Frowein (0216)
備考 1：国際法学者。ドイツ国際法学会理事。
備考 2：師の Frowein は、Ernst Friesenhahn (0211) の門下生。後者の師は Richard Thoma (0886) の門下生であり、その学統は Heinrich Rosin（非会員、Freiburg、刑法、1855–1927 年）を経て、Otto von Gierke（非会員、Berlin → Breslau → Heidelberg → (wieder) Berlin、1841–1921 年）へと連なる。
http://www.jura.uni-hamburg.de/personen/oeter/（写真あり）
http://www.dgfir.de/gesellschaft/organisation/
http://de.wikipedia.org/wiki/Stefan_Oeter

0626
OHLER, Christoph（オーラー、クリストフ）
Dr. iur., Prof., Univ. Jena
1967 年
VL: Öffentliches Recht, Europarecht, Völkerrecht und Finanzrecht
Studium Bayreuth; 1993 I. SE; 1997 II. SE; 1994 LL.M. (Europakolleg Brügge); 1996 Prom. Bayreuth; 1998–99 RA; 1999–2000 WiAs Passau; 2000–02 WiAs Bayreuth; 2003–05 Bay. Habilitationsförderpreis; 2005 Habil. München; 2006 Prof. Jena
D: Die fiskalische Integration in der Europäischen Gemeinschaft, Baden-Baden 1997
H: Die Kollisionsordnung des Allgemeinen Verwaltungsrechts, Tübingen 2005

備考: ヨーロッパ財政法の研究者。
http://www.rewi.uni-jena.de/Lebenslauf_p_15356-path-96391.html

0627
ÖHLINGER, Theo (エーリンガー[オェーリンガー]、テ[ー]オ) 墺
Dr. iur., em. o. U.Prof., Univ. Wien/Österr., Ersatzmitglied des VfGH
1939年06月22日 (Ried im Innkreis/Oberösterreich)
VL: Staatsrecht mit den Beziehungen zum Völkrerrecht, Verwaltungsrecht sowie politische Institutuionenlehre
1958–66 Studium Innsbruck, Wien, Perugia u. London (Philosophie, Germanistik, Rechts- u. Staatswiss.); 1965 HiWi Innsbruck; 1966 HS-Ass. ebd.; 1966 Prom. Innsbruck; 1972 Habil. Innsbruck; 1973 UD Innsbruck; 1973 ao. Prof. Wien; 1974 o. U.Prof. Wien; emer.
B: D. völkerrechtl. Vertrag im staatl. Recht (1973: H.); D. Problem d. verw.rechtl. Vertrages (1974); D. Stufenbau d. Rordnung (1975); D. Bdesstaat zw. RRL u. Verf.realität (1976); Intern. Aspekte d. österr. Integrationspolitik (1976); Verträge im Bdesstaat (1978); D. Menschenrechtsaspekte d. Vereinten Nationen (1979); Sechzig Jahre VwVfG. Verw.strafrechtsreform (Gutachten zum 9. ÖJT: 1985); D. öff. Dienst zw. Tradition u. Reform (1993)
MH: FS Hans R. Kelcatsky (1990; hrsg.: Siegbert Morscher u.a.); FS Edwin Loebenstein (1991; hrsg.: Ludwig Adamovich u.a.)
Q: K 1983, S. 3020; CV; Hikasa, S. 318
備考: 1974年入会。第45回大会 (1986年) 第2テーマ報告及び第56回大会 (1996年) 第1テーマ報告 (4人の報告者の1人)。Innsbruck大学出身者として、Wien大学に在籍している。立法学を研究。
http://homepage.univie.ac.at/theodor.oehlinger/lebenslauf_oehlinger.pdf

0628
OLDIGES, Martin (オルディゲス、マルティン[マーティン])
Dr. iur., em. Prof., Univ. Leipzig
1940年11月30日 (Tilsit/Ostpreußen)
Öffentliches Recht, Umwelt- u. Planungsrecht
1960–65 Studium Marburg/Lahn u. FU Berlin; 1965 I. SE Frankfurt; 1968–71 Ref.; 1971 II. SE Düsseldorf; 1965 HiWi Marburg; 1966–71 HiWi Köln; 1971 WiAs ebd.; 1969 Prom. Köln; 1978 Habil. Köln; 1978 PD Köln; 1980–93 o. Prof. Bielefeld; 1993 o. Prof. Leipzig; 2006 emer.
B: Glagen e. PlangewährleistungsR (1970: D.); D. Bdesreg. als Kollegium (1984: H.)
AL: Karl-Heinrich Friauf (0210)

Q: K 1983, S. 3036; Wer ist wer 1996/97; CV; Hikasa, S. 320
備考1: 1979年入会。行政法、とりわけ計画法。また、それとの関係で環境法などを研究。
備考2: なお、Friauf の師は Erich Schwinge（ 0820 ）。
http://uni-leipzig.de/~jura/wcms/index.php?option=com_contact&view=contact&id=65%3Aprof-em-dr-martin-oldiges&catid=28%3Aemeriti&Itemid=88
http://de.wikipedia.org/wiki/Martin_Oldiges
0629
故 **OLSHAUSEN, Henning von**（オルスハウゼン、ヘンニッヒ・フォン）
Dr. iur., Prof., Univ. Mannheim, RA
1941年03月04日（Naumburgan der Saale） 2002年06月21日
VL: Öffentliches Recht u. Allgemeine Rechtslehre
1960–64 Studium Köln u. Tübingen; 1965 I. SE; 1970 II. SE; 1965–68 HiWi Marburg; 1969–72 WiAs ebd.; 1972 Assistenzprof. ebd.; 1969 Prom. Marburg; 1977 Habil. Mainz; 1977 Prof. Mainz; 1981 Prof. Bamberg; 1982 Prof. Mannheim; 1992 RA
B: Zur Anwendbarkeit v. Grechten auf jurist. Personen d. öfftl. Rechts (1969: D.); Ldesverf.beschwerde u. BdesR (1976: H.; erschien 1980); Probleme d. Erkenntniszuständigkeit bei Integration fremder Rkreise (1977)
AL: Hans Heinrich Rupp（ 0722 ）
Q: K 1983, S. 3039; Wer ist wer 1996/97; CV; Nachruf NJW 2002, S. 2846（von Rolf Naujoks）
備考1: 1978年入会。実務家教員（弁護士）。
備考2: なお、Rupp は Otto Bachof（ 0025 ）の門下生であり、後者の系譜は Walter Jellinek（ 0395 ）を経て、Otto Mayer（ 0562 ）へと至る。
http://www.koeblergerhard.de/Rechtsfakultaeten/Bamberg43.htm
0630
OPPERMANN, Thomas（オッパーマン、トーマス）
Dr. iur., Dr. h.c., em. o. Prof., Univ. Tübingen
1931年02月15日（Heidelberg）
Öffentliches Recht u. auswärtige Politik, Europarecht
1951–55 Studium Frankfurt/M., Lyon/Frankreich u. Freiburg/Br.; 1955–56 Studium Oxford/England（Stip. d. DAAD）; 1955 I. SE Freiburrg; 1955–59 Ref. Hamburg; 1959 II. SE Hamburg; 1957–59 WiAs Hamburg; 1960–67 Bundeswirtschaftsmin./Bonn (zul. Reg.Dir.); 1959 Prom. Freiburg; 1967 Habil. Hamburg; 1967 PD Hamburg; 1967 o.

Prof. Tübingen; emer.
B: D. algerische Frage (1959); Brit. UnterhauswahlR u. Zweiparteiensystem (1961); KulturverwR (1967: H.; erschien 1969); Finanzkontrolle Stiftung VW (1972); Parlament (1975); Rgrundsätze öff. Schulwesens (1976); Gutachten f. d. 51. Dt. JT (1976); Europ. GemeinschaftsR (1978); Bildung (8. A. 1988); Ausl. Nachbarn im Umweltverfahren (1981); Amtshaftung d. Dt. Bdesbank (1983); Europarecht (1996; 2. A.1998); Neuer GATT od. neuer Protektionismus? (1996)
AL: Wilhelm G. Grewe (0257); Josef Kaiser (0408); Herbert Krüger (0478)
AS: Claus Dieter Classen (0115); Armin Dittmann (0142); Frank Fechner (0190); Ulrich M. Gassner (0230); Michael Kilian (0424); Wolfgang Zeh (0990)
Q: K 1983, S. 3043; Wer ist wer 1996/97 (写真あり); CV; Hikasa, S. 321
L: FS 1981 (KulturverwR im Wandel; hrsg. v. A. Dittmann u.a.; Bibliogr., S. 207–217; Genealogie d. LS Oppermann, S. 205/206)
備考: 1968年入会。第33回大会 (1974年) 第1テーマ主報告。1978年及び1979年の協会副理事長 (理事長は Klaus Stern、いま一人の副理事長は Rupert Scholz)。さらに、1992年及び1993年の理事長 (副理事長は、Hartmut Maurer 及び Thomas Fleiner-Gerster)。国際法、外国公法を研究しており、最近ではヨーロッパ法の研究で名高い。Adolf Schüle (0805) の講座後継者。来日経験が多い。日独シンポのドイツ側幹事の一人。ちなみに、夫人は横浜に生まれ、軽井沢で育った。なお、同姓同名の政治家がいる (1954年生まれ、SPD) ので、注意のこと。
http://www.jura.uni-tuebingen.de/professoren_und_dozenten/oppermann/lebenslauf/
http://de.wikipedia.org/wiki/Thomas_Oppermann_(Jurist)

0631
OSSENBÜHL, Fritz (オッセンビュール、フリッツ)
Dr. iur., Prof., Univ. Bonn
1934年08月16日 (Duisburg)
Öffentliche Recht
1956–60 Studium Köln; 1960 I. SE Köln; 1960–64 Ref.; 1964 II. SE; 1964–65 WiAs Köln; 1962 Prom. Köln; 1968 Habil. Köln; 1968 PD Köln; 1970 o. Prof. Bonn
B: D. Rücknahme fehlerhaft. begünstig. VA (1962: D.; 2. A. 1965); Verw.Vorschriften u. GG (1968: H.); Rdfk.freiheit u. d. Finanzautonomie d. Dtlandfunks (1969); Gutachten f. d. 50. Dt. JT (1974); Rdfk.

zw. Staat u. Gesellschaft (1975); Rechtl. Gfragen d. Erteilung v. Schulzeugnissen (1978); Gfragen zum Rstatus d. Freien Sparkasse (1979); Bestand u. Erweiterung d. Wirkungskreises d. Dt. Bdespost (1980); D. elterl. ErziehungsR im Sinne d. GG (1981); Neuere Entwicklungen im StaatshaftungsR (1984); Umweltpflege durch behördl. Warnungen u. Empfehlungen (1986); Eigentumsgarantie u. Uwsz (Symp. zu Ehren v. Jürgen Salzwedel aus Anlaß s. 60. GT; 1990); Staatshaftungsrecht (5. A. 1998); Freiheit, Verantwortung, Kompetenz (Ges. Abhandl.) (1994; hrsg.: Manfred Schröder/Wolfgang Löwer/Udo di Fabio/Thomas von Danwitz)
H: Eigentumsgarantie u. UwSz (1990; Symposium zum 60. GT v. Salzwedel)
MH: FS Klaus Stern (1993; m. Joachim Burmeister/Michael Nierhaus/Günter Püttner/Michael Sachs/Peter Tettinger); FS Konrad Redecker (1993; m. Bernd Bender u.a.)
AL: Hans Peters (0649)
AS: Meinhard Schröder (0802)
Q: K 1983, S. 3048; CV
L: Gesammelte Abhandlungen 1994 (siehe oben)
備考1: 1969年入会。第29回大会（1970年）第2テーマ主報告。1990年代に入るまでのドイツ行政法を代表する研究者の一人。1974年及び1975年の協会副理事長（理事長はHans Peter Ipsen、いま一人の副理事長はKlaus Vogel)。
備考2: 1994年の論文集を、現下のドイツ公法学を担う"ケルン大学四天王"が編集しているのが注目される。
http://www.akdw.nrw.de/mediapool/mitgliederseiten/Ossenbruehl_Fritz.html
http://de.wikipedia.org/wiki/Fritz_Ossenb%C3%BChl
0632
OSTERLOH, Lerke (オ[ー]スターロー、レルケ[レァケ]) 女性
Dr. iur., U.Prof., Univ. Frankfurt/M., Richterin am BVerfG a. D.
1944年09月29日 (Wüsting-Holle bei Oldenburg)
Verfassungsrecht, Verwaltungsrecht, Steuerrecht
Studium Hamburg; 1969 I. SE; 1972 wiss. MA. Hamburg, 1975 II. SE; 1978 Prom. Hamburg, 1979 Assistenzprof., Hochschulass., LB Univ. Berlin (FU); 1989 Habil.; 1989 LB Heidelberg; 1990 Prof. Trier; 1993 Prof. Frankfurt/M.; 1998 Richterin am BVerfG (zweiter Senat: Zuständigkeit Finanzverfassungsrecht, Haushaltsrecht, Einkommen-

steuerrecht); 2010 a. D.
D: Das Prinzip der Eigentumsopferentschädigung im Zivilrecht und im öffentlichen Recht, 1980
H: Gesetzesbindung und Typisierungsspielräume bei der Anwendung der Steuergesetze, Baden-Baden 1992
AL: Peter Selmer (0828)
備考1: 学会史上、女性会員としては初めて第54回大会（1994年）第2テーマ報告（4人の報告者の1人）。税法学者で、連邦憲法裁判所判事であった。
備考2: 師のSelmerは、Günther Jaenicke（ 0385 ）の門下。後者の学統は、その師Hermann Mosler（ 0589 ）→ Richard Thoma（ 0886 ）→ Heinrich Rosin（非会員、Freiburg、刑法、1855–1927年）を経て、Otto von Gierke（非会員、Berlin → Breslau → Heidelberg →（wieder）Berlin、1841–1921年）へと連なる。
http://www.bundesverfassungsgericht.de/richter/osterloh.html
http://de.wikipedia.org/wiki/Lerke_Osterloh

P

0633
PABEL, Katharina (パーベル、カタリーナ) 墺 女性
Dr. iur., Univ.-Prof., Univ. Linz
1974 年 (Stuttgart)
Öffentliches Recht, Rechtsvergleichung und Staatskirchenrecht
1988–93 Studium Bonn; 1993 I. SE; 1997 II. SE; 1994 Tätigkeit beim Deutschen Bundestag, Wiss. Dienste; 1997–2002 Ass. Bonn; 2001 Prom. Bonn; 2001–02 WiAs Bonn; 2002–06 Ass. Graz; 2002–09 Ass. WU Wien; 2005–07 Habilitationsstipendium; 2009 Habil. WU Wien; 2010 Univ.-Prof. Linz
D: Grundfragen der Kompetenzordnung im Bereich der Kunst, Berlin 2003
H: Die Kontrollfunktion des Parlaments, Wien u. a. 2010
AL: Christoph Grabenwarter (0250)
備考：ドイツ生まれで、オーストリアで教える女性行政法学者。
http://www.vwrecht.jku.at/?id=466（写真あり）

0634
PABST, Heinz-Joachim (パープスト、ハインツ・ヨアヒム)
Dr. iur., PD, Univ. zu Köln
1965 年 9 月 20 日 (Dormagen)
Öffentliches Recht, Europarecht und Sozialrecht
1986–91 Studium Köln; 1992 I. SE; 1995 II. SE; 1996 Prom. Köln; 2004 Habil. Köln; PD Köln
D: Verfassungsrechtliche Grenzen der Privatisierung im Fernstraßenbau, Berlin 1997
H: Der verwaltungsrechtliche Vertrag als Handlungsform der öffentlichen Verwaltung（公刊を確認できなかった）
AL: Wolfgang Rüfner (0717)
備考 1：行政法、社会法の研究者。なお、上記教授資格論文に関しては、Hans Ludwig Schmahl 執筆に係る主題同名の著書がある（Verleger Brühl: Fachhochsch. des Bundes für Öffentliche Verwaltung, Erscheinungsjahr 1997）。

備考 2: ドイツ国法学者教会には、従前から世俗の長を意味する名字（= 皇帝 [Kaiser] 及び王 [Koenig]）の会員が居たが、このたび聖界の長（= 教皇 [Pab(p)st]）まで加わった。
http://www.uni-koeln.de/~hpabst/person/（写真あり）
0635
PACHE, Eckhard （パッヘ[パッヒェ]、エッカルト）
Dr. iur., Prof., Univ. Würzburg
1961 年（Essen）
Öffentliches Recht, Europarecht und Völkerrecht
1982– Studium Bielefeld; 1989 Wiss. MA Bielefeld; 1992 WiAs Hamburg; 1993 Prom. Hamburg; 2000 Habil. Hamburg; 2002 Prof. Würzburg
D: Der Schutz der finanziellen Interessen der Europäischen Gemeinschaften, Berlin 1994
H: Tatbestandliche Abwägung und Beurteilungsspielraum, Tübingen 2001
AL: Meinhard Hilf (0338)
備考: 国際法、国際・国内経済法を研究する。
http://www.jura.uni-wuerzburg.de/lehrstuehle/pache/prof_dr_pache/（写真あり）
0636
PAPIER, Hans-Jürgen （パピーァ[パービァ]、ハンス = ユ[ー]ルゲン）
Dr. iur., o. Prof., Univ. München, Präsident des Bundesverfassungsgerichts a. D.
1943 年 07 月 06 日（Berlin）
VL: Staats- u. Verwaltungsrecht, Steuer- u. Finanzrecht
1962–67 Studium FU Berlin; 1967 I. SE Berlin; 1968–71 Ref.; 1971 II. SE; 1968 Verw. e. WiAS FU; 1973 Assitenzprof. ebd.; 1970 Prom. FU; 1973 Habil. FU; 1973 PD Berlin; 1974 WissR u. Prof. Bielefeld; 1975 o. Prof. Beilefeld, 1992 o. Prof. München; 2002–10 Präsident des BVerfG
B: D. Forderungsverletzung im öff. Recht (1970: D.); D. Vorbehalt d. Gesetzes im SteuerR (1973: H.); D. verfahrensfehlerhafte Staatsakt (1973); D. finanzrechtl. Gesetzesvorbehalte u. d. grundgesetzl. Demokratieprinzip (1973); Fälle zum Wahlfach WirtschaftsverwR (1976; 2. A. 1984); D. Stellung d. Verw.ger.barkeit im demok. Rstaat (1979); Eigentumsgarantie d. GG im Wandel (1984); Gewässer-Verunreinigung (1984); Altlasten u. polizeirechtl. Störerhaftung (1985); D. Parteiver-

mögen i. d. ehemaligen DDR (1992); Recht d. öff. Sache (3. A. 1997)
MA: D. parlamentarische Reg.system d. BRD auf d. Prüfstein (Seminar zum 70. GT. von Karl August Bettermann; 1984; m. Michael Kloepfer/ Detlef Merten); D. Bedeutung d. EG für d. dt. Recht u. d. dt. Ger.barkeit (Seminar zum 75. GT von K. A. Bettermann; 1989; m. M. Kloepfer/ D. Merten); Kontinuität u. Diskontinuität i. d. dt. Verf.gesch. (Seminar zum 80. GT von K. A: Bettermann; 1994; m. M. Kloepfer/D. Merten)
AL: Karl August Bettermann (0053)
AS: Franz-Joseph Peine (0642)
Q: K 1983, S. 3080/3081; CV; Hikasa, S. 326
備考1: 1974年入会。第35回大会 (1976年) 第1テーマ副報告。1990年及び1991年の協会副理事長 (理事長は Klaus Vogel、いま一人の副理事長は Volkmar Götz)。ドイツの学界の中核で活躍した行政法学者の一人。ビーレフェルトでは Willi Blümel (0064) の講座後継者。2002年から2010年まで、連憲裁の判事であった。
備考2: なお、師の Bettermann は Eduard Bötticher (民訴、非会員) の門下生。
備考3: 編者の最初のテュービンゲン留学の際 (1979年秋)、直前の夏学期に定年退官した Otto Bachof (0025) の「後任候補3人リスト (Dreierliste)」第1順位に指名されたのが、この人物であった。結局、同人は移籍を断って、第2順位の Günter Püttner (0672) が着任した。なお講座の空白期間には、後に Wolff/Bachof (Verwaltungsrecht I–III) を引き継ぐことになる Rolf Stober (0866) が、当時は私講師 (Privatdozent) として1学期間、教えたのであった。
http://www.jura.uni-muenchen.de/personen/papier_hans-juergen/lebenslauf/index.html
http://de.wikipedia.org/wiki/Hans-J%C3%BCrgen_Papier

0637
故 **PARTSCH, Karl Josef** (パールチュ、カール[カルル]・ヨーゼフ)
Dr. iur., Prof., Univ. Bonn
1914年04月24日 (Freiburg/Br.)　1996年12月30日 (Ingelheim/Rhein)
Öffentliches Recht
Studium München, Frankfurt/M. u. Freiburg; 1937 Prom. Freiburg; 1953 Habil.; 1953 PD; 1955/56 Konsul in Neapel; 1956–60 o. Prof. Kiel; 1960–66 o. Prof. Mainz; 1966–1978 o. Prof. Bonn, 1979 em.
B: Das Zurückbehaltungsrecht (1938: D.); Verfassungsprinzipien und Verwaltungsinstitutionen (1958: H.); Gutachten f. d. 45. Dt. JT (1964); D. Rechte u. Freiheitn d. EMRK (1966); D. zoologische Station in

Neapel (1980); Hoffen auf Menschenrechte (1994)
AL: Erich Kaufmann (0414)
AS: Jörg-Detlef Kühne (0486); Dimitris Th. Tsatsos (0894); Rüdiger Wolfrum (0980)
Q: K 1961, S. 1505; Hikasa, S. 331
L: FS 1984 (Recht auf Arbeit; hrsg. v. d. Uni Bonn); FS 1989 (Des Menschen Recht zw. Freiheit u. Verantwortung; hrsg. v. J.-D. Kühne/ R. Wolfrum u.a.; Veröffentl., S. 599–611); AöR 110 (1985), S. 96–98 (von Rüdiger Wolfrum u. J. Jekewitz)
備考 1: 1954 年入会。国際法学者。第 16 回大会（1957 年）第 1 テーマ副報告。外交官の前歴がある。
備考 2: なお師 Kaufmann は、Albert Hänel（非会員）の門下生。
http://www.deutsche-biographie.de/pnd118739387.html
http://www.deutsche-biographie.de/artikelNDB_n20-079-01.html
http://www.icrc.org/web/eng/siteeng0.nsf/html/57JNJR
0638
PAUGER, Dietmar (パウガー[パォガー]、ディートマー[ル]) 墺
Dr. iur., U.Prof., Univ. Graz/Österr.
1941 年（Kirchbach/Steiermark）
Öffentliches Wirtschaftsrecht, Verfassungsrecht, Verwaltungsrecht, weiter öffentliches Recht, Umweltschutzrecht
Studium Graz; 1964 Prom. Graz; 1972 Leiter Rechtsabteilung Handelskammer Steiermark; 1975 Univ.-Ass., 1982 Habil. Graz; 1985 ao. Univ.-Prof. Graz
B: GewerbeR (1993; Nachtrag 1994); Regulierung u. Deregulierung zur Herstellung e. offfnen u. funktionsfähigen Marktes (Referat; 12. ÖJT: 1995); Marktwirtschaft durch EU-Recht (1996)
備考: オーストリアで主に経済法を研究した。下記ホームページには、「研究者としての私、そして教師としての私に対する自己省察（Mein Selbstverständnis als Forscher und Lehrer）」と題する印象深い一文が掲載されており、人柄が伝わってくる（第 3 段落には、表題にはない「人間としての私」についての自己省察結果も述べられている）。
http://www.uni-graz.at/~pauger/pauger1.html
0639
PAULUS, Andreas L. (パウルス、アンドレアース・L)
Dr. iur., Prof., Univ. Göttingen, Richter am BVerfG
1968 年 08 月 30 日（Frankfurt/M.）
VL: Öffentliches Recht, Völker- und Europarecht, Verfassungsgeschichte

und Rechtsphilosophie
1988–94 Studium Göttingen, Univ. de Génève u. München; 1994 I. SE; 1996 II. SE; 1996 Wiss. MA München; 1996–97 Forschungsaufenthalt Harvard Univ.; 1999–2005 WiAs München; 2000 Prom. München; 2000 Anwalt (Counsel) für Deutschland im Fall LaGrand (Deutschland /. USA) vor dem Internationalen Gerichtshof; 2000–05 Auftrag zur Lehre Univ. München; 2006 Habil. München; 2006 Prof. (W3) Göttingen; 2010 Richter am BverfG
D: Die internationale Gemeinschaft im Völkerrecht, 2000
H: Parlament und Streitkräfteeinsatz in rechtshistorischer und rechtsvergleichender Perspektive, 2006
備考：国際法学者。現在、連邦憲法裁判所判事で、第1部に所属する。
http://www.uni-goettingen.de/de/47154.html
http://www.bundesverfassungsgericht.de/richter/paulus.html（写真あり）
0640

PAULY, Walter (パウリー[パォリィ]、ヴァルター)
Dr. iur., Prof., Univ. Jena
1960 年（Frankfurt/M.）
VL: Öffentliches Recht, Neuere Rechtsgeschichte u. Rechtsphilosophie
Studium Bonn (RW u. Philosophie); 1989 Prom. Bonn; 1993 Habil. Frankfurt/M.; 1993 PD Frankfurt, 1993 o. Prof. Halle-Wittenberg; 1998 Prof. Jena
B: Anfechtbarkeit u. Verbindlichkeit von Weisungen i. d. Bundesauftragsverw. (1989: D.); D. Methodenwandel i. dt. Spätkonstitutionalismus (1993)
AL: Michael Stolleis (0871)
備考1：公法学の歴史研究に取り組む。
備考2：ドイツ再統一により、"教授市場"が旧東ドイツ地域に急速に拡大し、瞬間的に供給不足の現象が見られるという希有かつ幸運な時代に生まれつき、33歳にして教授ポストを獲得した。Keip 書店から復刻された公法学古典シリーズの監修（編集）者に就任した。日本ドイツ研究所主催のシンポジウム（1994 年）の際、来日経験あり。
備考3：師 Stolleis は Axel Freiherr von Campenhausen (0111) に連なり、後者を通じて Rudolf Smend (0839) へと至る。
http://www.recht.uni-jena.de/o05/
http://de.wikipedia.org/wiki/Walter_Pauly_ (Jurist)
0641

PECHSTEIN, Matthias (ペヒシュタイン、マティーアス)

Dr. iur., U.Prof., Europa Univ. Viadrina Frankfurt/O.
1958 年 12 月 18 日
VL: Öffentliches Recht, Völkerrecht u. Europarecht
1980–85 Studium Mainz und Nizza (Italien); 1985 I. SE Mainz; 1989 II. SE Mainz; 1985–87 WiAs Mainz; 1990–93 Wiss. MA Bayreuth; 1987 Prom. Mainz; 1994 Habil. Bayreuth; 1989–90 Reg.Rat im Bdesmin. d. Innern/Bonn; 1994 PD Bayreuth; 1995 Prof. Frankfurt/O.
B: D. Mitgliedsstaaten d. EG als "Sachwalter d. gemeinsamen Interesses" (1987: D.); Familiengerechtigkeit als Gestaltungsgebot für d. staatl. Ordnung (1994: H.)
AL: Eckart Klein (0436); Rudolf Streinz (0874)
備考 1: ホームページには、「研究の重点: 欧州連合の制度発展、EU の東進、ヨーロッパ扶助法・メディア法」とある。
備考 2: なお、師のうち Streinz は Michael Schweitzer (0817) の門下生であり、その学統は Walter Rudolf (0715) → Adolf Schüle (0805) → Richard Thoma (0886) → Heinrich Rosin (非会員、Freiburg、刑法、1855–1927 年) を経て、Otto von Gierke (非会員、Berlin → Breslau → Heidelberg → (wieder) Berlin、1841–1921 年) へと連なる。
http://www.rewi.euv-frankfurt-o.de/de/lehrstuhl/or/europarecht/lehrstuhlinhaber/LEBENSLAUF.pdf
http://de.wikipedia.org/wiki/Matthias_Pechstein

0642

PEINE, Franz-Joseph (パイネ、フランツ＝ヨーゼフ)
Dr. iur., Prof., Europa Univ. Frankfurt/O.
1946 年 08 月 18 日 (Detmold)
Öffentliches Recht
1969–74 Studium Göttingen u. Bielefeld; 1974 I. SE Hamm; 1974–76 Ref.; 1976 II. SE Düsseldorf; 1976–82 WiAs. Bielefeld; 1978 Prom. Bielefeld; 1982 Habil. Bielefeld; 1982 PD Bielefeld; 1984–1990 Prof. Hannover; 1990–1995 Prof. FU Berlin; 1995 Prof. Göttingen; Prof. Frankfurt/Oder
B: Rfragen d. Einrichtung v. Fußgängerstraßen (1979: D.); D. Recht als System (1983); Systemgerechtigkeit (1985: H.); Normenkontrolle u. konstitution. System (1983); Gesetz üb. techn. Arbeitsmittel (2. A. 1994); Raumplanungsrecht (1987); Öffentl. BauR (2. A. 1993); Gesetz üb. techn. Arbeitsmittel (2. A. 1995); Allg. VerwR (3. A. 1997)
AL: Willi Blümel (0064), Hans-Jürgen Papier (0636)
Q: K 1987, S. 3405; Wer ist wer 1996/97; CV

備考1： 1984年入会。近年では、環境法の研究を深めている。Blümel とその講座後継者 Papier の下で学んだ。
備考2： なお Papier は、Karl-August Bettermann （ 0053 ）の門下生であり、後者の師は Eduard Bötticher （民訴、非会員）である。
http://www.rewi.euv-frankfurt-o.de/de/lehrstuhl/or/verwaltrecht/index.html （写真あり）
http://de.wikipedia.org/wiki/Franz-Joseph_Peine

0643
故 **PERELS, Kurt** （ペレールス、クルト［クァト］）
Dr. iur., o. Prof., Univ. Hamburg
1878年03月09日（Berlin） 1933年09月10日（Hamburg）
Studium Kiel, Heidelberg u. Berlin; 1900 Prom. Berlin; 1903 Habil. Kiel; 1903 PD Kiel; 1908 ao. Prof. Greifswald; 1909–33 o. Prof. Hamburg; Rat OberlandesG Hamburg
B: Streitigkeiten dt. Bdesstaat (1900: D.); D. auton. ReichstagsR (1903: H.); Stellvert. Bevollmächtigte z. Bdesrat (1907); D. Appellationsprivil. f. Brandenburg-Preußen (1908); D. Bergrechtsabkommen v. 17. 2, 2. 4. 1908 u. bergrechtl. Stellung d. dt. Kollonialgesellschaft f. Südwestafrika (1910); D. Errichtung e. Kolonial- u. Konsulargerichtshofes (1910); Üb. d. hamburg. Bürgerausschuß (1912); D. Friede v. Versailles u. d. dt. Staat (1920)
AL: Albert Hänel （非会員、Königsberg → Kiel、1833–1918年；zu Hänel: DEJ, S. 480 m. w. N.; Stolleis, Geschichte III, S. 355–358 m. w. N.; Stolleis, Juristen, S. 265 m. w. N. (von Michael Stolleis))
AS: Hans-Peter Ipsen （ 0375 ）; Rolf Stödter （ 0868 ）
Q: K 1935
L: AöR 83 (1958), S. 374–379 (Nachruf; von Hans Peter Ipsen); JZ 1958, S. 549 (von Rolf Stödtter); Kurzbiographie, in: Göppinger, Juristen, S. 236 m. w. N.
備考1： 戦前原始会員（1924年入会）。ベルリーン大教授 Ferdinand Perels （国際法）の子息。ナチスによる身元調べの質問票に必要事項を記載後に、自殺した。
備考2： Perels の師である Albert Hänel （非会員）については、Rudolf Smend（ 0839 ）の備考2～備考4を参照されたい。
http://de.wikipedia.org/wiki/Kurt_Perels

0644
PERNICE, Ingolf （ペルニース、インゴルト）
Dr. iur., U.Prof., Univ. Berlin (Humboldt)

1950 年 07 月 06 日（Marburg）
VL: Öffentliches Recht, Völker- u. Europarecht
1969 Studium Marburg u. Genf; 1974 I. SE; 1975 Europa-Kolleg Brügge; 1978 Prom. Augsburg; 1980 II. SE; 1987 Habil. Bayreuth, 1987–93 Europ. Kommission (jurist. Dienst); 1993 Prof. Frankfurt/M.; 1996 Prof. Berlin (HU)
D: Grundrechtsgehalte im europäischen Gemeinschaftsrecht, Baden-Baden 1979
H: Billigkeit und Härteklauseln im öffentlichen Recht, Baden-Baden 1991
AL: Peter Häberle（ 0278 ）
備考 1: ヨーロッパ法研究者。ホームページには、「研究の重点: ヨーロッパ憲法、ヨーロッパ環境法、ヨーロッパ通貨同盟体制（憲法）」とある。
備考 2: なお、師 Häberle を通じて、Konrad Hesse（ 0329 ）に連なる。
http://www.lehrstuhl-pernice.de/mitglieder-detailseite/team/113.html
（写真あり）
http://de.wikipedia.org/wiki/Ingolf_Pernice

0645
PERNTHALER, Peter（ペルンターラー［ペァンターラー］、ペーター）墺
Dr. iur., o. U.Prof., Univ. Innsbruck/Österr.
1935 年 04 月 12 日（Innsbruck）
Allgemeine Staatslehre, österreichisches u. ausländisches Verwaltungsrecht
1954 Studium HWH Wien u. Univ. Wien; 1957 HiWi Wien; 1961 HS-Ass. ebd.; Prom.; 1963 Habil. Innsbruck; 1963 PD Innsbruck; 1965 ao. Prof. HS f. d. Bedenkultur/Wien; 1968 o. Prof. Innsbruck; emer.
B: D. Rstaat u. sein Heer (1964: H.); D. Schutz d. ethnischen Gemeinschaften durch individuelle Rechte (1964); D. verf.rechtl. Schranken d. Selbstverw. in Österr. (Gutachten zum 3. ÖJT; 1967); D. umfassende Ldesverteidigung (1970); Qualifizierte Mitbestimmung u. VerfR (1972); Raumordnung u. Verf. I (1975), II (1978); D. Kollegialbehörden mit richtrl. Einschlag (1977); D. Staatsgründungsakte d. österr. Bdesländer (1979); Direkte Demokratie i. d. Ländern u. Gemeinden (1980); Ist Mitbestimmung verf.rechtlich meßbar? (1980); D. Forderungsprogramm d. österr. Bdesländer (1980); Allg. StaatsL u. VerfL (2. A. 1996)
MA: FS Gerhard Schnorr (1988; hrsg.: Oswin Martinek u.a.); FS Edwin Loebenstein (1991; hrsg.: Ludwig Adamovich u.a.); FS Hans

R. Kelcatsky (1990; m. Siegtbert Morscher/Norbert Wimmer)
AL: Felix Ermacora (0182)
AS: Norbert Wimmer (0962)
Q: K 1983, S. 3112; CV; Hikasa, S. 333
L: Referate u. Diskussionsbeiträge zu P.s Werk (von Hans Witek u.a.; 3. ÖJT: 1969)
備考：1966年入会。最近まで、オーストリア公法学界の中核を担っていた人物。第25回大会（1966年）第1テーマ副報告。
http://www.uibk.ac.at/oeffentliches-recht/mitglieder/pernthaler/

0646
PESENDORFER, Wolfgang (ペーゼンドルファー、ヴォルフガング) 墺
Dr. iur., U.Prof., Univ. Linz/Österr., Vizepräsident des VwGH a. D.
1949年12月20日（Linz）
Verfassungsrecht, Verwaltungsrecht
1968 Studium Linz; 1973 Prom. Linz; 1974 Univ.-Ass. Linz; 1976 Landesdienst; 1987 Leiter Abteilung Verfassungsdienst Oberösterreich; 1985 Univ.-Doz. Linz, 1993 Vizepräsident VwGH Österreich, 1994 ao. Univ.-Prof. Linz, 1999 Ersatzmitglied VfGH Österreich
B: Der innere Dienstbetrieb im Amt der Landesregierung (1981); D. Ldeshauptmann (1986: H.); Das oberösterreichische Jagdrecht (Lbl.) 1989f.
備考：実務家教員（行政裁判所）。狩猟法（Jagdrecht）という珍しい法分野を研究。
http://de.wikipedia.org/wiki/Wolfgang_Pesendorfer

0647
PESTALOZZA, Christian Graf von (ペスタロッツァ、クリスツィァン・グラーフ・フォン)
Dr. iur., em. o. Prof., FU Berlin
1938年07月20日（Berlin）
Staats- u. VerwR, ausl. öffentl. Recht, Rechtstheorie
1956–61 Studium FU Berlin u. München; 1961 I. SE Berlin; 1965–67 Ref. Berlin u. Bayern; 1968 II. SE Berlin; 1962–65 HiWi u. WiAs FU; 1966–73 WiAs München; 1971–72 Stip. DFG; 1970 Prom. München; 1973 Habil. München; 1976 Prof. Bayreuth; 1980 Prof. Berlin (FU); 2006 emer.
B: D. Geltung verf.widriger Gesetze (1971: AöR 96, S. 27–64: gekürzte Fassung d. D.); «Formenmißbrauch» des Staates (1973: H.); Verf. prozessuale Probleme i. d. öff.-rechtl. Arbeit (1976; 3 A. 1991 als "Verf.

prozeßR"); D. Popularvorbehalt (1981)
AL: Peter Lerche (0515)
Q: K 1987, S. 3116
備考：1974年入会。主に行政法の分野を研究。多彩な実践活動については、下記ウィキの記事を参照。
http://www.jura.fu-berlin.de/einrichtungen/we3/profs_em/pestalozza_christian/index.html（写真あり）
http://de.wikipedia.org/wiki/Christian_Pestalozza

0648
PETERS, Anne （ペータース、アンネ）瑞 女性
Dr. iur., Prof., Univ. Basel
1964年（Berlin）
Völkerrecht, europäisches Verfassungsrecht, Verfassungsrechtsvergleichung, Völkerrechts- und Verfassungstheorie, Menschenrechte, sowie schweizerisches und deutsches öffentliches Recht
1984–85 Studium RW, Griechische Sprache und Literatur Würzburg; 1985–86 Internation. Recht Lausanne; 1986–90 RW, Spanisch und Neugriechisch Freiburg/Br.; 1990 I. SE; 1993 II. SE; 1993–94: Prom. Studium Freiburg; 1994–95 Graduiertenstudium Harvard LS; 1994 Prom. Freiburg; 1995 LL.M. (Harvard); 2000 Habil. Kiel; 2001 Prof. Basel (Nachfolge Luzius Wildhaber)
D: Das Gebietsreferendum im Völkerrecht, Baden-Baden 1995
H: Elemente einer Theorie der Verfassung Europas, Berlin 2001
備考：スイスの国際法・ヨーロッパ法学者。
http://ius.unibas.ch/lehre/dozierende/oeffentliches-recht/profil/person/peters_anne/（写真あり）
http://de.wikipedia.org/wiki/Anne_Peters

0649
故 **PETERS, Hans** （ペータース、ハンス）
Dr. iur., Dr. h.c., em. o. Prof., Univ. Köln, Hon.Prof. TU Köln
1896年09月05日（Berlin） 1966年09月15日（Köln）
Öffentliches Recht, Kulturpolitik
Studium Münster/Westf., Wien u. Berlin (zuerst Mathematik, dann Rechts- u. Staatswissenschaft); 1921 Prom. München; 1925 Habil. Breslau; 1925 PD Breslau; 1928 beamt. ao. Prof. Berlin (seit 1931 Hon. Prof. TH Köln); 1946 o. Prof. Berlin; 1949 o. Prof. Köln, 1960 em.
B: Grenzen d. kommulanen Selbstverw. in Preußen (1925); Zentralisation u. Dezentralsation (1928); Zw. Gestern u. Morgen (1946); Dt.

Föderalismus (1947); Lehrbuch der Verwaltung (1949; Nachdr. 1995); Problematik d. dt. Demokratie (1949)
MH: FS Hermann Jahrreiß (1965; m. Karl Carstens)
AL: Hans Helfritz (0311)
AS: Günter Erbel (0178); Ulrich Karpen (0411); Fritz Ossenbühl (0631); Jürgen Salzwedel (0729); Maximilian Wallerath (0926)
Q: K 1935, S. 1531; 没
L: FS 1967; GS 1967 (GS H. P.; hrsg. v. Hermann Jahrreiß/Hermann Mosler/Jürgen Salzwedel u.a.); AöR 91 (1966), S. 119 (von Otto Bachof); JZ 1966, S. 197 (von Ernst Friesenhahn); DÖV 1966, S. 89
備考: 1927年入会を経て、戦後原始会員（1950年入会）。第11回大会（1952年）第2テーマ報告。1958年及び1959年の協会理事長（副理事長は、Arnold Köttgen 及び Otto Bachof）。行政学と行政法学の架橋を試みた。Hermann Jahrreiß（ 0388 ）の講座後継者。追悼論文では、長命ゆえに年長の Jahrreiß が Peters を送ることになり、逆順の関係になった。
http://www.gdw-berlin.de/bio/ausgabe_mit.php?id=315（写真あり）
http://rektorenportraits.uni-koeln.de/rektoren/hans_peters/
 0650

PETERSMANN, Ernst-Ulrich (ペータースマン、エルンスト[エァンスト] = ウルリヒ)
Dr. iur., o. Prof., Europäische Hochschulinstitut (EHI)
1945年08月26日 (Hamburg)
Europarecht, internationales Wirtschaftsrecht, internationales Umweltrecht
1964–70 RW u. Wirtschaftswiss. Berlin, Heidelberg, Freiburg/Br., Genf u. LSE; 1971–78 Ref. MPI/Heidelberg; 1974 Prom. Heidelberg; 1989 Habil. Freiburg/Ue.; Prof. Freiburg/Ue; Prof. Sankt Gallen; Prof. Genf; Prof. EHI; emer.
D: Wirtschaftsintegrationsrecht und Investitionsgesetzgebung der Entwicklungsländer, 1974
H: 特定できなかった。
AL: Detlef Christian Dicke (0138)
備考1: 欧州高等教育研究所（在イタリア）の名誉教授（同研究所の英語表記は European University Institute, EUI、イタリア語表記は Istituto Universitario Europeo, IUE）。国際法・ヨーロッパ法学者。
備考2: 系譜は、Dicke → Friedrich Klein (0437) → Friedrich Giese (0240) となる。
http://www.eui.eu/DepartmentsAndCentres/Law/People/Professors/

Petersmann.aspx#Languages

0651

故 **PETZ, Rudolf Johann**（ペッツ、ルードルフ・ヨーハン）墺
Dr. iur., UD, Univ. Graz/Österr., Ministerialdirektor a. D.
1904年04月14日（Graz） 1970年05月09日（Graz）
Österreichisches Verfassungs- u. Verwaltungsrecht
1924–28 Studium Graz; Gerichtspraxis u. jurist. Berufen; 1934–38 Beamter; 1961 i. R.; 1965 Habil. Graz; 1965 UD Graz
B: Gemeindeverfassung 1962（1965）
Q: K 1970, S. 2237; Nek. K 1976, S. 3668; 没 CV
備考：1967年入会。戦争で割を食ったため、目立った業績がない（戦後に60歳過ぎで教授資格を取得している）。比較憲法に興味を持って研究していた。
http://www.koeblergerhard.de/Rechtsfakultaeten/Graz337.htm

0652

故 **PFEIFER, Helfried**（プファイファー［パイファー］、ヘルフリート）墺
Dr. iur., em. o. Prof., Univ. Wien/Österr.
1896年12月31日（Wien） 1970年04月26日（Badgastein/Österr.）
VL: Verwaltungslehre u. Verwaltungsrecht（1935）; Staatslehre u. Staatsrecht（1938）
1915–18 Teilnahme am I. Weltkrieg（Leutnant d. Artillerie）; 1918–22 Studium Wien u. Innsbrruck; 1922 Verw.dienst d. Landes Niederöstrr.; 1935 Reichsministerium/Berlin; Prom.; 1935 Habil. Wien（Verwaltungslehre, österreichisches Verwaltungsrecht）; 1935 PD Wien; 1937 Bundeskanzleramt; 1938 NSDAP; 1938 Erweiterung der venia legendi auf allgemeine Staatslehre, deutsches Staatsrecht; Kandidat für Lehrstuhl Innsbruck; 1939 Reichsministerium des Inneren Berlin; 1940 beamt. ao. Prof. Wien; 1942 zweiter Listenplatz Univ. Innsbruck; 1944, o. Prof. Wien, 1945 als o. Prof. Univ. Wien aus politischen Gründen amtsenthoben, pensioniert（Habilitationsschrift von 1938 mangels wissenschaftlicher Objektivität abgelehnt）; 1949 Nationalratsabgeordneter（Verband der Unabhängigen）; 1953 Ansuchen auf Wiedererteilung der Lehrbefugnis zweimal abgelehnt; 1956 Wiederhabil. Wien; 1956 Kanditatur Univ. Innsbruck abgelehnt; 1965 o. Prof. Wien
B: Dt. u. österr. Verfassung u. Verwaltung（1932）; Fürsorgerechtsreform（1933）; Gsätze u. Probleme d. österr. SozialversicherungsR（1934）; D. Staatsführung nach dt., ital. u. bisher österr. Recht（1938: H.）; FürsorgeR. Kommentar（1939; 2. A. 1942; m. Axmann）; D. Ostmark. Einglieder u. Neugestalt（1941）

AL: Adolf Julius Merkl (0576)
Q: K 1961, S. 1532; Nek. K 1987, S. 5334; 没; Würdigung Juristische Blätter 1966, S. 613 (von Felx Ermacora), Susanne Lichtmannegger, Die rechts- und staatswissenschaftliche Fakultät der Universität Innsbruck 1945–1955, 1999, S. 94
備考: 1954年入会。ドイツ併合のため、戦中の党歴及び教授活動がオーストリア政府によって認められず、戦後再び教授資格を取得し直した。
http://www.parlament.gv.at/WW/DE/PAD_01191/pad_01191.shtml

0653
PIELOW, Johann-Christian (ピーロフ、ヨーハン・クリスツィアン)
Dr. iur., Prof., Univ. Bochum (Fakultät Wirtschaftswissenschaft)
1957年07月11日 (Göttingen)
VL: Öffentliches Recht und Europarecht
Studium Münster, Lausanne, LSE; 1983 I. SE; 1987 II.; 1992 Prom.; 1993 ak. Rat; 1998 Habil. Bochum; ak. Oberrat Bochum; PD Bochum; 2004 Prof. Bochum
D: Autonomia local in Spanien und kommunale Selbstverwaltung in Deutschland, 1993
H: Grundstrukturen öffentlicher Versorgung, Tübingen 2001
AL: Peter Josef Tettinger (0882)
備考1: スペインの地方制度研究から発して、ヨーロッパ経済法を研究している。
備考2: 師を通じて、「シュテルン学派」へと連なる。
http://www.ruhr-uni-bochum.de/rdw/leb_piel.htm
http://de.wikipedia.org/wiki/Johann-Christian_Pielow

0654
PIEPER, Stefan Ulrich (ピーパー、ステファン・ウルリヒ)
Dr. iur., apl. Prof., Univ. Münster, Leiter der Rechtsabteilung des Bundespräsidialamtes in Berlin
1959年 (Dortmund)
Öffentliches Recht, Völkerrecht, Europarecht
Studium Münster; 1993 Prom. Münster; 2000 Habil. Münster; PD Münster; Ministerialrat; Leiter Referat Verfassung und Recht; Justitiariat Bundespräsidialamt; apl. Prof. Univ. Münster
D: Subsidiarität – ein Beitrag zur Begrenzung der Gemeinschaftskompetenzen, Köln 1994
H: Aufsicht: Verfassungs- und verwaltungsrechtliche Strukturanalyse, Köln u. a. 2006

備考: 実務家教員(行政官)。国際法学会にも所属する。
http://www.jura.uni-muenster.de/go/organisation/institute/oeffentliches-recht/vr/organisation/mitglieder.html (写真あり)

0655
PIEROTH, Bodo (ピーロート、ボード[ー])
Dr. iur., Prof., Univ. Münster/Westf.
1945年06月13日 (Chemnitz)
Öffentliches Recht
1965–69 Studium München, Bonn u. Freiburg/Br.; 1970–71 Studium Inst. Européen des Hautes Etudes Intern. in Nizza/Frankreich; 1969 I. SE Freiburg; 1970–73 Ref.; 1973 II. SE Stuttgart; 1969–71 HiWi Freiburg; 1971–74 Verw. WiAs Heidelberg; 1974 WiAs ebd.; 1975 Prom. Heidelberg; 1979 Habil. Heidelberg; 1979 PD Heidelberg; 1980–88 Prof. Bochum; 1988–93 Prof. Marburg/Lahn, 1993 Prof. Münster
B: Störung, Streik u. Aussperrung an d. Hochschule (1976: D.); Rückwirkung u. ÜgangsR (1981: H.); Arbeitnehmerüberlassung unter d. GG (1982)
AL: Friedrich Müller (0595)
Q: Wer ist wer 1996/97; CV
備考1: 1981年入会。第51回大会 (1991年) 第1テーマ報告。2006年及び2007年の副理事長 (理事長はFridrich Schoch、いま一人の副理事長はFerdinand Kirchhof)。初期には、師との共著が多い。ミュンスター大学の同僚Hans Dieter Jarass (0393) とのボン基本法コメンタールが有名。
備考2: なお、師のF. Müllerを通じて、Konrad Hesse (0329) に連なる。
http://www.jura.uni-muenster.de/go/organisation/institute/oeffentliches-recht/rp/organisation.html
http://de.wikipedia.org/wiki/Bodo_Pieroth

0656
PIETZCKER, Jost (ピーッツカー、ヨ[ー]スト)
Dr. iur., Prof., Univ. Bonn
1945年07月21日 (Tübingen)
VL: Öffentliches Recht einschließlich ausländisches öffentliches Recht
1964–68 Studium Tübingen u. FU Berlin; 1975–76 Forschungsaufenthalt in Harvard/USA; 1968 I. SE Tübingen; 1969–71 Ref.; 1971 II. SE Stuttgart; 1969–71 HiWi Tübingen; 1972–75 WiAs ebd.; 1975–77 Stip. DFG; 1974 Prom. Tübingen; 1977 Habil. Tübingen; 1977 PD Tübingen; 1978 WissR. u. Prof. Bonn; 1981 o. Prof. Bonn

B: Verf.rechtl. Anforderungen a. d. Ausgestaltung staatlicher Prüfungen (1975: D.); D. Staatsauftrag als Instrument d. Verwaltungshandelns (1978: H.)
AL: Otto Bachof (0025); Günter Dürig (0155)
Q: K 1987, S. 3478; Hikasa, S. 335
備考1: 1979年入会。第41回大会（1982年）第2テーマ副報告。公共調達法（Vergaberecht）を一貫して研究。
備考2: 師のBachofを通じて、Walter Jellinek（ 0395 ）→ Otto Mayer（ 0562 ）へと連なる。なお、DürigはWillibalt Apelt（ 0013 ）の門下生であり、その師たるO. Mayer（ 0562 ）へと至る。
http://www.jura.uni-bonn.de/index.php?id=3138（写真あり）
0657
故 **PILOTY, Robert von** （ピーロティ、ローベルト・フォン）
Dr. iur., em. o. Prof., Univ. Würzburg, Geheimer Hofrat
1863年09月01日（München） 1926年06月21日（Würzburg）
Allgemeines u. bayrisches Staats- u. Verwaltungsrecht, Staatsphilosophie
Studium München u. Berlin; 1887 Prom. München; 1888 II. Staatsex. München; 1890 Habil. Würzburg; 1890 PD Würzburg; 1892 PD München; 1895 o. Prof. München; 1908 Ruf nach Heidelberg abgelehnt; ao. Prof.; 1895 o. Prof. Würzburg; Weltkriegsteilnahme; Verletzung; Landtagsabgeordneter Bayern (Mitarbeit an Verfassungsurkunde 1919)
B: Haftung d. Staates f. d. pflichtwd. Handlungen d. Beamten (1987: D.); ReichsunfallversicherungsR (1890–93: H.); Verf.urkunde d. Königr. Bay. (1895); Autorität u. Staatsgewalt (1905); D. Recht d. Schiffahrtsabgabe (1907); D. Kirchengem.-O i. Geiste d. bay. Entw. (1908); D. Recht d. Staatsdienstes i. Bay. (1909); D. Recht d. Ebenbürtigkeit zw. hoh. u. nied. Adel (1910); Anträge u. Schiedsger. d. dt. Standesherrn (1910);
AL: Max von Seydel（非会員、München、憲法、1846–1901年）
Q: KLK, 1917, S. 1288; Wer ist's 1922, S. 1180/1181; K 1926, S. 1461; K 1928/29, S. 2798 (Die Toten)
L: AöR 50 (1926), S. 161/161 (Nachruf); DJZ 1926, S. 948 (von O. Liebmann); DEJ, S. 503 m. w. N.
備考: 戦前原始会員（1924年入会）。古き良き時代のバイエルンを代表する保守的公法学者。第1次世界大戦に参戦、負傷という履歴は、今回の補訂作業を通じて、はじめて知った。
http://www.koeblergerhard.de/juristen/nvips/nviwpSeite204.html
参考: マックス・フォン・ザイデル http://de.wikipedia.org/wiki/Max_

von_Seydel
0658
PIRSON, Dietrich（ピルゾン、ディートリヒ）
Dr. theol., Dr. iur., em. o. Prof., Univ. München
1929 年 03 月 11 日（Erlangen）
VL: Kirchenrecht, Staats- u. Verwaltungsrecht
Studium 1946–50 Erlangen (Ev. Theologie); 1952–53 Bonn (Philosophie. u. kath. Theologie); 1953–56 Erlangen (RW); I. theol. Ex.; 1956 I. (jur.) SE Erlangen; 1960 II. SE Bayern; beide jurist. Staatsex. Erlangen; 1953 Prom. (theol.) Erlangen; 1960 (jur. utr.) Erlangen; 1963 Habil. Erlangen; 1963 PD Erlangen; 1963 o. Prof. Marburg/Lahn; 1969 o. Prof. Köln (1968/69 Rektor); 1981 München; 1997 emer.
B: D. Glaubensbegriff bei Augustin (1953: D. theol.); D. BauR d. fürstl. Absolutismus im hohenzollernschen Franken (1960: D. jur.); Universalität u. Partikularität d. Kirche (1965: H.)
AL: D. von Loewenich (Erlangen: Theologie); Hans Lierman (0517)
Q: K 1983, S. 3176; Wer ist wer 1996/97; Hikasa, S. 337
備考 1: 1964 年入会。Joseph Listl (0521) と並ぶ教会法の権威。
備考 2: 師の Liermann は Wilhelm van Calker (0109) の門下生で、その師 Heinrich Rosin（非会員、Freiburrg、刑法、1855–1927 年）を通じて、有名な Otto von Gierke（非会員、1841–1921 年）へと連なる。

0659
PITSCHAS, Rainer（ピチァス、ライナー）
Dr. iur., o. U.Prof., DVH Speyer
1944 年（Deutsch-Krone）
Staatsrecht, Verwaltungsrecht, Wirtschaftsrecht, vergleichende Verwaltungswissenschaft, Public Management, Europarecht, Sozialrecht
Studium RW, Soziologie, Politikwiss. u. Verwaltungswiss. Berlin (FU), Freiburg-Br. u Speyer; Verwaltungsprüfung gehobener Dienst; I. SE; II. SE; Sozial- u. Personalverwaltung Land Berlin; 1982 Prom. Berlin (FU); 1988 Habil. München; Prof. Speyer
B: Berufsfreiheit u. Berufslenkung (1983: D.); Verwaltungsverantwortung u. Verwaltungsverfahren (1990: H.)
AL: Rupert Scholz (0796)
備考 1: 1997 年に来日経験がある。行政実務の経験を持つ。
備考 2: 師を通じて、巨大な「ミュンヘン学派」に連なる。
http://www.hfv-speyer.de/pitschas/
http://de.wikipedia.org/wiki/Rainer_Pitschas

[0660]
PÖCKER, Markus (ペッカー[ポェッカー]、マルクース)
Dr. iur., PD, Univ. Frankfurt
1968 年
Studium Frankfurt/M.; wiss MA FFM; 2000 Prom. FFM; 2006 Habil. FFM
D: Die Rechtsfolgen der Einlegung von Widerspruch und Anfechtungsklage, Berlin 2001
H: Stasis und Wandel der Rechtsdogmatik, Tübingen 2007
AL: Georg Hermes ([0323])
備考：きわめて情報に乏しいが、行政法における権利保護を研究している模様。
http://www.jura.uni-frankfurt.de/ifoer1/hermes/poecker/index.html（写真あり）

[0661]
PODLECH, Adalbert (ポートレヒ、アーダルベルト)
Dr. iur., Dr. phil., Prof., TH Darmstadt
1929 年 09 月 26 日（Euskirchen/Rheinprovinz）
Sozialdatenschutz, Geschichte der Staatstheorie
1949–55 Studium Bonn (Philosophie u. Geschichte); 1956–60 Studium Bonn (RW); 1960 I. SE Köln; 1960–64 Ref.; 1964 II. SE NRW; 1965 WiAs Heidelberg; 1955 Prom. (Dr. phil.) Bonn; 1968 Prom. (Dr. iur.) Heidelberg; 1969 Habil. Heidelberg; 1969 PD; 1972 apl. Prof. Heidelberg; 1972 Prof. TH Darmstadt; 1997 emer.
B: D. Leib als Weise d. In-der-Welt-Seins (1955: D. phil.); D. Grechte d. Gewissensfreiheit u. d. bes. Gewaltverhältnsisse (1969: D. jur.); Gehalt u. Funktionen d. allg. verf.rechtl. Gleichheitssatzes (1969: H.); Wertungen u. Werte im Recht (1969); Kommentar zum Sozialgesetzbuch (1981); Abaelard u. Heloisa od. Die Theologie d. Liebe (1990)
AL: Ernst-Wolfgang Böckenförde ([0067])
Q: K 1983, S. 3191; CV
備考 1：1970 年入会。基礎作業(哲学・歴史)に時間をかけただけあって、法学の学位取得から教授資格取得までを、わずか 1 年でこなしている。ダルムシュタット工科大学に在籍。公法に基礎を置く法哲学者・社会思想家。
備考 2：なお、Böckenförde の師は Hans Julius Wolff ([0978]) であり、さらにその師は Friedrich Giese ([0240]) である。
http://adalbert-podlech.de/joomla/index.php?option=com_content&view=article&id=22&Itemid=53

http://de.wikipedia.org/wiki/Adalbert_Podlech
0662
故 **POHL, Johann Heinrich**（ポール、ヨーハン・ハインリヒ）
Dr. iur., Dr. sc. pol., o. Prof., Univ. Breslau
1883 年 02 月 04 日（Linz am Rhein） 1931 年 03 月 22 日（Breslau）
Öffentliches Recht, insbes. Völkerrecht, Kirchenrecht, weiter Rechtsgeschichte
Studium München u. Bonn; 1904–08 Ger.Ref. Rheinbach/Bonn; 1908 Ger.Ass.; 1905 Prom. Bonn; 1910 Habil. Bonn; 1910 PD Bonn; 1912 ao. Prof. Greifswald; 1919 o. Prof. Rostock; 1920 Tübingen; 1929 Prof. Breslau
B: Entsteh. d. belg. Staates u. Norddt. Bdes (1905: D.); D. Rfall Mannesmann (1910); Der internationale Prisenhof (1910: H.); Aus VR u. Politik (Ges. Aufsätze; 1913); D. dt. Ausl.-Hochsch. (1913); Engl. u. d. Londoner Deklarat. (1915); Amerik. Waffenausfuh u. Neutralität (1917); Engl. SeekriegsR i. Weltkrieg (1917); Z. Geschichte d. MischehenR in Preußen (1920); Auflösung d. Reichstags (1921); LuftkriegsR (1924); Reichsverf. u. Völkerversöhnung (1924)
AS: Erich Kordt (0461)
Q: Wer ist's 1922, S. 1193; K 1925, S. 779
L: Born, S. 169; Gesammelte Aufsätze 1913 (siehe oben)
備考：戦前原始会員（1924 年入会）。戦前最後の第 7 回大会（1931 年）第 2 テーマ主報告（H. 7）。教会法と法制史を研究。
http://www.koeblergerhard.de/juristen/alle/allepSeite298.html
0663
POSCHER, Ralf（ポッシャー、ラルフ）
Dr. iur., Univ.-Prof., Univ. Freiburg/Br.
1962 年 10 月 04 日（Krefeld）
Öffentliches Recht, Verfassungsgeschichte und Rechtsphilosophie
1984–90 Studium Bonn, Dijon und LSE; 1990 I. SE; 1995 II. SE; 1990–92 Wiss. MA Bonn; 1995–99 Wiss. MA HU Berlin; 1999 Prom. HU Berlin; 1999–2002 WiAs Berlin; 2002 Habil. Berlin; 2003 Prof. Bochum; 2009 Prof. Freiburg
D: Gefahrenabwehr, Berlin 1999
H: Grundrechte als Abwehrrechte, Tübingen 2003
AL: Bernhard Schlink (0762)
備考：阪大に滞在経験がある。基本権保護論を研究。
http://www.jura.uni-freiburg.de/institute/rphil/rphil/en/staff/prof.-dr.-

ralf-poscher
http://de.wikipedia.org/wiki/Ralf_Poscher

|0664|
PÖSCHL, Magdalena (ペ[ッ]シェル[ポェ(ッ)シュル]、マグダレーナ) 墺 女性
Dr. iur., Univ.-Prof., Univ. Graz
1970年3月15日 (Innsbruck)
Verfassungs- und Verwaltungsrecht
1988–90 Studium Innsbruck; 1990–92: Fortsetzung des Studiums Wien; 1992 Sponsion zum Mag.iur. Wien; 1993 Vertragsass. Innsbruck; 1995 Prom. Innsbruck; 1996 Gerichtspraxis am Bezirks- und am LandesG Innsbruck; 1997–98 Wiss. MA am VerfGH; 1999 Univ.-Ass. Innsbruck; 2004 Habil. Innsbruck; 2004 Univ.-Prof. Innsbruck; 2004 Univ.-Prof. Salzburg; 2006 Univ.-Prof. Graz
D: Die „Sprache" der Grundfreiheiten, 1995
H: Gleichheit vor dem Gesetz, Wien 2008
備考：オーストリアの若手憲法学者。
http://www.uni-graz.at/ofre4www/ofre4www_mitarbeiterinnen/ofre4www_prof._poeschl（写真あり）

|0665|
POTACS, Michael (ポ[ー]タッシュ、ミヒァエ[ー]ル) 墺
Dr. iur., Univ.-Prof., Univ. Klagenfurt
1958年
Verfassungs- u. Verwaltungsrecht
Studium RW u. Philosophie; 1983 Prom. Wien (Dr. iur.), 1986 Wien (Dr. phil.), 1991 Habil. WU Wien; UD; 1998 Univ.-Prof. Klagenfurt
B: Devisenbewirtschaftung (1991: H.)
MH: FS Heinz Peter Rill (1995; mit Stefan Griller u.a.)
AL: Heinz Peter Rill (|0695|)
備考：オーストリアのヨーロッパ法学者。
https://campus.uni-klu.ac.at/fodokng/ctl/uebersicht/person/516
http://www.wu.ac.at/highlights/newfaculty/potacs

|0666|
故 **PREUß, Hugo** (プロイス、フーゴー)
Dr. iur., Prof., Reichsminister a. D.
1860年10月28日 (Berlin)　1925年10月09日 (Berlin)
Staatswissenschaft, Politik
1879– Studium Berlin u. Heidelberg; 1883 I. Staatsex. Berlin; 1883 Prom. Göttingen (Zivilrecht); 1889 Habil. Berlin; 1889 PD Berlin; 1896

als ao. Prof. Berlin berufen gescheitert; 1902 Ministerium; 1906–18 Prof. Handelshochschule Berlin; 1910–18 Stadrat Berlin; 1918–19 Staatssekretär u. Reichsminister des Inneren
B: F. Lieber (1886); Friedenspräsenz u. Reichsverf. (1887); Was uns fehlt (1888); Gemeinde, Staat u. Reich als Gebietskörperschaften (1889: H.); VR im Dienste d. Wirtschaftsl. (1891); Bodenbesitzref. als soz. Heilmittel (1892); Reichs- u. Ldesfinanzen (1894); Junkerfrage (1897); D. städt. AmtsR in Preußen (1902); D. Recht d. städt. Schulverw. in Preußen (1905); D. Entw. d. dt. Städtewesens I (1906); Staat u. Stadt (1909); Denkschrift zur pr. Verw.reform (1910); D. dt. Volk u. d. Politik (1915); Obrigkeitsstaat u. großdt. Gedanke (1916); Dtlands republikanische Reichsverf. (2. A. 1923); Um d. Reichsverf. v. Weimar (1924); D. dt. Nationalstaat (1924)
AL: Otto von Gierke (Berlin)
Q: KLK 1917, S. 1315; Wer ist's 1922, S. 1207; K 1925, S. 792; DEJ, S. 324–327 m. w. N. (von Hagen Hof)
L: Stolleis, Geschichte III, S. 363 f. m. w. N.; Dian Schefold, H. P. (1860–1925), in: Helmut Heinrichs u.a. (Hrsg.), Deutsche Juristen, S. 429–453 m. w. N. (S. 430に肖像写真); Alfons Hueber, H. P., in: HRG III (1984), Sp. 1924–1926
U: Ernst Fieder, H. P., 29 S. (1926); S. Grassmann, H. P. u. die deutsche Selbstverw. (1965); G. Schmidt, H. P., in: H. U. Wehler (Hrsg.), Deutsche Historiker, Bd. 7 (1980), S. 55–68
備考1: 戦前原始会員（1924年入会）。ヴァイマル憲法の生みの親の一人。
備考2: 有名なギールケ（1841-1921年）の門下生であるが、公法学の分野へ学統を生まなかった。相弟子の Ludwig Waldecker（ 0922 ）についても事情は同様で、ギールケの公法学への学統は、唯一 Heinrich Rosin（非会員 Freiburg、刑法学、1855-1927年）を通じて、Richard Thoma（ 0886 ）及び Wilhelm van Calker（ 0109 ）が受け継いだ。詳細は、各人の項目を参照のこと。
http://de.wikipedia.org/wiki/Hugo_Preu%C3%9F（写真あり）
 0667
PREUß, Ulrich K. (プロイス、ウルリヒ・K)
Dr. iur., em. Prof., Hertie School of Governance/Berlin
1939年12月06日（Marienburg）
Öffentliches Recht, Verwaltungswissenschaft, Verfassungstheorie
1960–64 Studium Kiel u. Berlin (FU); 1968 Prom. Gießen; 1966–72 Ass. MPI/Berlin (Bildungsforschung); 1972–96 Prof. Bremen; 1996–

2005 Prof. Berlin (FU); 1992 Richter am StaatsGH Bremen; 2005-10 Prof. Hertie School of Governance (Staatstheorie)
B: Zum staatsrechtlichen Begriff des Öffentlichen (1969: D.); Legalität u. Pluralismus (1973); Revolution, Fortschritt u. Verf. (1994)
AL: Helmut Ridder (0692)
備考1: ドイツ再統一に際しては、同盟90/緑の党の委託を受けて、憲法草案を作成。
備考2: なお、師 Ridder は Friedrich Klein (0437) の門下生で、後者の師は Friedrich Giese (0240)。
http://www.mail.hertie-school.org/content.php?nav_id=469
http://de.wikipedia.org/wiki/Ulrich_K._Preu%C3%9F (写真あり)

0668
PROELSS, Alexander (プレルス[プロェレス]、アレクサンダー)
Dr. iur., Prof., Univ. Trier
1973年9月9日 (Bremen)
Öffentliches Recht, Völkerecht und Europarecht
1995 -2000 Studium Bonn und Tübingen; 2000 I. SE; 2004 II. SE; 2000-02 Wiss. MA Tübingen; 2003 Prom. Tübingen; 2004-07 WiAs Tübingen; 2007 Univ.-Prof. Kiel; 2010 Habil. Tübingen; 2010 Prof. Trier
D: Meeresschutz im Völker- und Europarecht, Berlin 2004
H: Bundesverfassungsgericht und internationale Gerichtsbarkeit (公刊を確認することができなかった)
AL: Wolfgang Graf Vitzthum (0910)
備考: 若手の国際法学者。
http://www.internat-recht.uni-kiel.de/team/professores/proelss (写真あり)

0669
PUHL, Thomas (プール、トーマス)
Dr. iur., o. Prof., Univ. Mannheim
1955年 (Bonn)
Öffentliches Recht, Finanzrecht, Steuerrecht
Studium Bonn; 1985 Prom. Bonn, 1995 Habil. Heidelberg; PD Heidelberg; 1996 Prof. Mannheim; 2001 Richter VGH Baden-Württemberg im Nebenamt
B: D. Minderheitsreg. nach d. GG (1986: D.); Budgetflut u. Haushaltsverfassung (1996: H.)
AL: Paul Kirchhof (0430)

備考: 税財政法を専攻。師に随行して、大学を移籍した。
http://puhl.uni-mannheim.de/startseite/index.html（写真あり）
0670
PÜNDER, Hermann（ピュンダー［プュンダー］、ヘルマン）
Dr. iur., Univ.-Prof., Bucerius Law School/Hamburg
1966年（Köln）
Öffentliches Recht, Europarecht, Verwaltungswissenschaft und Rechtsvergleichung
–1992 Studium RW und Politikwiss. Freiburg/Br., Genf u. Münster; 1992 I. SE; 1996 II. SE; 1992–93 Studium Univ. of Iowa u. als WiAs (Prof. John Reitz); 1993 LL.M.; 1995 Prom. Münster; 1996 WiAs Münster; 1999 Leiter des Freiherr-vom-Stein-Instituts/NRW; 1999–2002 Sachkundiger Bürger im Ausschuss Wirtschaft und Arbeitsförderung des Rats der Stadt Münster; 2002 Habil. Münster; 2002 Prof. Bucerius LS
D: Exekutive Normsetzung in den Vereinigten Staaten von Amerika und der Bundesrepublik Deutschland, Berlin 1996
H: Haushaltsrecht im Umbruch, Stuttgart 2003
AL: Dirk Ehlers（ 0164 ）
備考1: ブセリウス・ロースクール教授で、行政手続法・警察法などを研究。
備考2: 同校については、Michael Fehling（ 0191 ）の備考2を参照。
http://www.law-school.de/prof_dr_hermann_puender_llm.html?&L=0（写真あり）
http://de.wikipedia.org/wiki/Hermann_P%C3%BCnder_(Jurist)
0671
PUTTLER, Adelheid（プ［ッ］トラー、アーデルハイト）女性
Dr. iur., Prof., Univ. Bochum, LL.M. (Chicago), Diplomée de l'E.N.A.
1957年02月09日（Augsburg）
–1981 Studium Augsburg (einstufige Juristenausbildung); 1981 I. SE; 1983 II. SE; 1983 WiAs Augsburg; 1985/86 Graduiertenstudium Chicago LS; 1986 LL.M.; 1988 Prom. Augsburg; 1988–2000 Beamtin im Bayer. Staatsministerium für Wirtschaft, Infrastruktur; 1989–90 Elève im "cycle international" der ENA/Paris; 1990 Diplôme International d'Administration Publique; 1991–94 Wiss. MA am BverfG; 1994–98 Stip. DFG; 1999 Habil. Jena; 2000 Prof. Bielefeld; 2001 Prof. Bochum
D: Völkerrechtliche Grenzen von Export- und Reexportverboten, Baden-Baden 1989

H: Die Haushaltsautonomie der Länder, Tübingen 2003
備考: バイエルン州行政での実務経験及びフランス国立行政大学院（ENA）での留学経験を活かして、憲法・ヨーロッパ法・訴訟法などを研究。
http://www.ruhr-uni-bochum.de/ls-puttler/lehrstuhl.html（写真あり）
0672
PÜTTNER, Günter（ピュットナー、ギュンター）
Dr. iur., em. o. Prof., Univ. Tübingen
1936年03月25日（Berlin-Wilmersdorf）
Öffentliches Recht
1955–59 Studium FU Berlin; 1959 I. SE Berlin; 1959–63 Ref.; 1963 II. SE Berlin; 1959–63 HiWi FU; 1964–66 WiAs ebd.; 1966–67 WiAs Köln; 1967 Akad.Rat Köln; 1963 Prom. Berlin (Bankrecht); 1969 Habil. Köln; 1969 PD Köln; 1970 o. Prof. Frankfurt/M.; 1973 o. Prof. HVW/Speyer; 1980 Tübingen; 2002 emer.
B: D. DepotstimmR d. Banken (1962: D.); D. Recht d. kommualen Energieversorgung (1967); Die öffentlichen Unternehmen (1969: H.); Allg. VerwR (1971; 7. A. 1995); D. Mitbestimmung in kommun. Unternehmen unter d. GG (1972); Gutachten f. d. 49. Dt. JT (1972); Toleranz als Verf.prinzip (1977); Bes. VerwR (1979; 2. A. 1984); Staatsverschuldung als Rproblem (1980); Verw.rechtsfälle (2. A. 1987); Zur Eigenkapitalausstattung d. Sparkassen (1983; m. Jürgen Gerber); WirtschaftsverwR (1989); VerwL (2. A. 1989); KommunalR Baden-Württ. (1993)
MH: FS Klaus Stern (1993; m. Joachim Burmeister/Michael Nierhaus/Fritz Ossenbühl/Michael Sachs/Peter Tettinger); FS K. Stern (1997; hrsg.: J. Burmeister i. Zw. m. M. Nierhaus/M. Sachs/H. Siekmann/P. Tettinger)
AL: Klaus Stern (0863)
AS: Bernhard Losch (0525); Willy Spannowsky (0846)
Q: K 1983, S. 3247; Wer ist wer 1996/97; CV
備考1: 1970年入会。第32回大会（1973年）第2テーマ副報告。当初は商法研究から出発し、経済法に対する関心から、公法の分野に移行した。その際、"師弟関係"とはいうものの、Stern と Püttner との年齢差はわずか4歳であった。
備考2: テュービンゲン大学における Otto Bachof（ 0025 ）の講座後継者。なお、このことに関しては、Hans-Jürgen Papier（ 0636 ）の備考2を参照。
http://www.koeblergerhard.de/juristen/alle/allepSeite429.html

Q

0673
故 **QUARITSCH, Helmut**（クヴァーリッチュ、ヘルムート）
Dr. iur., Prof., HVW/ Speyer, Ministerialdirektor a. D.
1930年04月20日（Hamburg）　2011年08月19日（Speyer）
VL: Staats-, Verwaltungs- u. Kirchenrecht
1949–50 Studium Hamburg (Theologie u. Philosophie); 1950–54 Studium Hamburg (RW); WS 1955/56 HVW/Speyer; 1960 Aufenthalt an d. ENA/Paris; 1954 I. SE Hamburg; 1954–58 Ref.; 1958 II. SE Hamburg; 1956–58 HiWi Hamburg; 1958 WiAs Hamburg; 1957 Prom. Hamburg; 1965 Habil. Hamburg; 1965 PD Hamburg; 1966 o. Prof. Bochum; 1968 Prof. FU Berlin (1970 Ord.), 1972 o. Prof. HVW/ Speyer
B: D. Gegenstand d. vorläufigen Rschutzes im Verw.prozeß insb. d. Verfahrens zur Aussetzung d. Vollziehung v. VAten (1957: D.); D. parlamentslose ParlamentsG (2. A. 1961); Staat u. Souveränität (1970: H.); Probl. d. Einwanderungsland BRD? (2. A. 1981); Recht auf Asyl (1985); Souveränität (1986); Positionen u. Begriffe Carl Schmitts (3. A. 1995); Carl Schmitt: D. internationalrechtl. Verbrechen d. Angriffskrieges u. d. Gsatz 'Nullum crimen, nulla poena sine lege' (1994; jap. Übers. 1996); Giustizia Politica (1995)
MH: FS Carl-Hermann Ule (1987; m. Willi Blümel/Detlef Merten)
AL: Hans-Peter Ipsen（0375）
AS: Detlef Merten（0578）; Christian A. L. Rasenack（0679）; Dieter Suhr（0878）
Q: K 1983, S. 3256; Wer ist wer 1996/97（写真あり）; Hikasa, S. 338
備考1: 1966年入会。第26回大会（1967年）第2テーマ副報告。1968年及び1969年の学会副理事長（理事長は Ernst Friesenhahn、いま一人の副理事長は Werner Thieme）。実定法のみにはとらわれない学風は、法学の前に神学・哲学を学んでいることに照らし、首肯できる。Carl-Hermann Ule（0901）の講座後任者。
備考2: なお、師の H. P. Ipsen を通じて、Rudolf Laun（0501）に連なる。
備考3: 先頃、逝去した。それに伴い、当協会の会員名簿から、「Q」の項目

は消滅した。
http://de.wikipedia.org/wiki/Helmut_Quaritsch

R

| 0674 |

RACK, Reinhard（ラック、ラインハルト）墺
Dr. iur., ao. Prof., Univ. Graz/Österr., Mitglied des Europäischen Parlaments
1945 年 08 月 07 日（Leoben/Steiermark）
VL: Verfassungsrecht u. Verwaltungsrecht
1963–64 AFS-Austausch in e. High School/USA; 1964–68 Studium Graz; 1967–68 HiWi Graz; 1969 WiAs ebd.; 1968 Prom. Graz; 1976 Habil. Graz; 1990 Europabeauftragter der Steiermark; 1994 Nationalratsabgeordneter; 1995 Mitglied Europaparlament
B: D. rechtl. Entwicklung v. Volksbegehren u. Volksabstimmung in Österr. (ÖVA 1969, S. 149–157: D.); D. Rechtsüberleitung v. Staatsverträgen (1976: H.); D. VR im staatl. Recht (1979); Ldesverf.reform (1982); Grechtsreform (1985)
AL: Heinz Schäffer（| 0739 |）
Q: K 1983, S. 3266; CV
備考: 1978 年入会。当初は国会議員、その後、オーストリア選出の欧州議会議員として、理論と実践を架橋。所属は、オーストリア国民党（Österreichische Volkspartei, ÖVP）。
http://www.donau-uni.ac.at/imperia/md/content/studium/euro/law/cvfaculty/rack.pdf
http://www.parlament.gv.at/WW/DE/PAD_02828/pad_02828.shtml
http://de.wikipedia.org/wiki/Reinhard_Rack（写真あり）

| 0675 |

RAMSAUER, Ulrich（ラムザウアー、ウルリヒ）
Dr. iur., Prof., Univ. Hamburg
1948 年 3 月 11 日（Oldenburg）
Staatsrecht, Verwaltungsrecht, Verwaltungsverfahrensrecht, Baurecht, Umweltrecht, Ausbildungsförderungsrecht
Studium Tübingen und Hamburg; 1976 Richter am VG Hamburg; 1980 Prom. Hamburg; 1981 Prof. Hamburg (halbes Lehrdeputat); 1986 Richter am Ham. OVG; 1989–2008 Vorsitzender Richter am VG Ham-

burg
D: Die faktischen Beeinträchtigungen des Eigentums, Berlin 1980
H: 確認できなかった。
備考：ハンブルク高等行政裁判所裁判官。実務経験を活かして、建築法分野などを研究。
http://www.jura.uni-hamburg.de/personen/ramsauer/（写真あり）
http://de.wikipedia.org/wiki/Ulrich_Ramsauer
0676
RANDELZHOFER, Albrecht （ランデルツホーファー、アルブレヒト）
Dr. iur., em. o. Prof. a. D., FU Berlin
1938 年 11 月 04 日（München）
VL: Staats- u. Verwaltungsrecht, Völkrerrecht u. Verfassungsgeschichte
1958–63 Studium München (gleichz. Sprachen- u. Dolmetscherinstitut München: Spanisch); 1965 WiAs München; 1963 I. SE; 1968 II. SE; 1966 Prom. München; 1972 Habil. München; 1973 PD München; Prof. FU Berlin; emer.
B: Völkerrechtl. Aspekte d. Heiligen Römischen Reiches nach 1648 (1967: D.); D. Ungenügen d. völkerrechtl. Kriegsverhütung (1972: H.); Personalstruktur u. Personalwirtschaft zw. Staat u. Univ. (1978); D. Einfluß d. Völker- u. EuropaR auf d. dt. AusländerR (1980); D. Pflichtenlehre bei Samuel v. Pufendorf (1983)
MH: FS Friedrich Berber (1973; m. Dieter Blumenwitz); GS Eberhard Grabitz (1995; m. Rupert Scholz/Dieter Wilke)
AL: Friedrich Berber（München、国際法、非会員）
AS: Andreas von Arnauld (0016); Armin von Bogdandy (0069); Oliver Dörr (0149)
Q: K 1983, S. 3280; CV
備考：1973 年入会。国際法史の研究から出発した。ドイツ再統一に関する第 49 回臨時大会報告（1990 年）。Eberhard Grabitz (0251) の講座後継者。
http://www.jura.fu-berlin.de/einrichtungen/we3/profs_em/randelzhofer_albrecht/mitarbeiter/randelzhofer_albrecht/index.html
0677
RASCHAUER, Bernhard （ラ[ー]シャウアー、ベルン[ベァン]ハルト）墺
Dr. iur., o. U.Prof., Univ. Wien/Österr.
1948 年 04 月 19 日（Wien）
VD: Verfassungs-, Verwaltungs- u. Verfahrensrecht sowie Ausl. Öffentl. Recht
1967–71 Studium Wien (RW u. Eng. Dolmetschen); 1969–71 HiWi

Wien; 1971–74 Ref. MPI/Heidelbrg; 1974–77 HiWi u. WiAs Wien; 1971 Prom. Wien; 1978 Habil. Wien
1978 PD Wien; 1982 ao. Univ.-Prof. Wien; 1989 o. Univ.-Prof. Wien
B: NamensR (1978: H.); UwszR (1988); Kommentar zum WasserR (1993); D. UmweltverträglichkeitsprüfungsG (1994); Kommentar zum UVP-G (1995)
Q: K 1987, S. 3607; CV
備考：1980年入会。第40回大会（1981年）第2テーマ報告。MPIでは独墺と英仏の比較公法、ヨーロッパ法を研究した。Günther Winkler（ 0965 ）の講座後継者。
http://staatsrecht.univie.ac.at/wirtschaftsrecht/fileadmin/user_upload/inst_staatsrecht/abt_wirtschaftsrecht/LEBENSLAUF_RA_aktuell_05_10.pdf
http://de.wikipedia.org/wiki/Bernhard_Raschauer
 0678

RASCHAUER, Nicolas （ラ[ー]シャウアー、ニコラス）墺
Dr. iur., Univ.-Prof., Univ. Linz
1976年（Wien）
Verfassungsrecht, Verwaltungsrecht, Europarecht
1996–2001 Studium Salzburg und Wien; 2001 Mag. iur.; 2001 Prom. Wien; 2003–09 Univ.-Ass. an der WU Wien; 2008 Habil. WU Wien; 2009 Univ.-Prof. Linz
D: Das Recht der militärischen Wachen, Wien 2003
H: Aktuelle Strukturprobleme des europäischen und österreichischen Bankenaufsichtsrechts, Springer 2010
備考：本書刊行時現在で、最も年齢の若い会員の一人である。Bernhard Raschauer（ 0677 ）とは親子の可能性もあるが、確認は取れていない。
http://sites.google.com/site/nicolasraschauer/vita
 0679

RASENACK, Christian A. L. （ラーゼナ[ッ]ク、クリスツィァン）
Dr. iur., LL.M., Prof., TU Berlin, Steuerberater
1938年02月16日（Hirschberg/Schlesien）
Öffentliches Recht, Finanz- u. Steuerrecht
1957–61 Studium Münster/Westf. u. Freiburg/Br.; 1966 WiAs Bochum; 1969 WiAs FU Berlin; 1961 I. SE Freiburg; 1966 II. SE Düsseldorf; 1967 Prom. Münster; 1969 LL.M. (Berkeley); 1973 Habil. Berlin; 1966–74 Univ.-Ass., 1974–76 Reg.rat Finanzverw. Berlin, 1977 Prof. FU Berlin, 1983 Prof. TU Berlin

B: Gesetz u. Verordnung in Frankreich seit 1789 (1967: D.); Verstößt d. Zusammentreffen v. Landtagsmandat u. Bürgermeister bzw. Landratsamt gegen d. Gedanken d. Imkompatibilität? (1968); Gemeindewirtschaft in privatrechtl. Organisationsformen u. öffentl. Finanzkontrollen (1971); D. Theorie d. Körpersch.steuer (1974: H.); Buchführung u. BilanzsteuerR (1979); Steuern u. Steuerverfahren (1985); Einkünfte aus Vermietung u. Verpachtung (1993); Buchführung. Gwissen f. Juristen (1996)

AL: Konrad Hesse (0329); Hans Julius Wolff (0978); Helmut Quaritsch (0673)

Q: K 1983, S. 3284; Wer ist wer 1996/97; CV; Hikasa, S. 345

備考1: 1974年入会。財政法の分野に強い。『法律家のための簿記』なる著作があるのも、その関係である。

備考2: なお、師である Quaritsch は Hans-Peter Ipsen (0375) の門下生であり、後者を通じて Rudolf Laun (0501) に連なる。

http://anna.ww.tu-berlin.de/~staatsrecht/AUSBILDU.HTM 0680

RAUSCHNING, Dietrich Guido (ラウ[ラォ]シュニング、ディートリヒ・ギードー)

Dr. iur., Dr. h.c., em. o. Prof., Univ. Göttingen

1931年01月16日 (Klein Steinort/Ostpreußen)

VL: Öffentliches Recht

1950–52 Studium Hamburg, München u. TH Braunschweig (VWL); 1952–54 Studium Hamburg (RW); 1954–56 Studium Hamburg, Univ. of British Colombia/Kanada u. HS Nürnberg (VWL); 1954 I. SE Hamburg; 1956–60 Hamburg; 1960 II. SE; 1950–56 HiWi Nürnberg; 1960 WiAs Kiel; 1964 Prom. Hamburg; 1969 Habil. Kiel; 1969 PD Kiel; 1970 o. Prof. Göttingen; 1999 emer.

B: D. Streit um d. Suezkanal (1956); D. Gesamtverf. Dtlands (1962); D. Schicksal völkerrechtl. Verträge bei d. Änderung s. Status ihrer Partner (1964: D.); D. Sicherung d. Beachtung v. VerfR (1969: H.)

MH: FS Eberhard Menzel (1976; m. Jost Delbrück/Knut Ipsen); FS Walter Remmers (1995; m. Jürgen Goydke u.a. i. v. m. d. Jur. Fak. d. Univ. Halle-Wittenberg)

AL: Fritz Voigt (非会員、Nürnberg); Herbert Krüger (0478); Eberhard Menzel (0573)

AS: Jörn Ipsen (0376); Edzard Schmidt-Jortzig (0777)

Q: K 1983, S. 3298; Hikasa, S. 348

備考 1： 1970 年入会。第 38 回大会（1979 年）第 2 テーマ主報告。国際法学者。
備考 2： Menzel の師は、Friedrich Giese（ 0240 ）。
http://inteurlaw.uni-goettingen.de/inteurlaw/index.php?option=com_content&view=article&id=164&Itemid=193&lang=de

0681
故 **REDLICH, Josef**（レートリヒ、ヨーゼフ）墺
Dr. iur., o. U.Prof., Univ. Wien/Österr., Finanzminister a. D.
1869 年 06 月 18 日（Göding/Mähren）　1936 年 11 月 11 日（Wien）
Staatsrecht, Politik, Sozialwissenschaft
1886 Studium Geschichte u. RW Wien, Leipzig u. Tübingen, 1891 Prom. Wien, 1901 Habil. Wien; 1906 Landtagsabgeordneter Mähren (deutsch-fortschrittliche Partei), 1907 ao. Prof. Univ. Wien, 1907–1918 Reichsratsmitglied, 1909–1918 o. Prof. TU Wien; 1918 Finanzminister (Kabinett Lammasch), 1926–1934 Prof. Harvard Univ./USA; 1931 Finanzminister (Kabinett Buresch)
B: D. engl. Lokalverw. (1901: H.); Local Government in England (1904); Recht u. Technik d. engl. Parlamentarismus (1905); The Procedure of the House of Commons, 3 vols. (1907); D. Wesen d. österr. Kommunalverf. (1910); D. österr. Staats- u. Reichsprobl. Bd. I (1920); Case Method and the American Law Schools (1915); Emperor Francis Joseph of Austiria (1929)
Q: KLK 1917, S. 1340; Wer ist's 1922, S. 1235; K 1935, S. 1084; Nek. K 1950, S. 2377
L: Helga Ebner-Fussgaenger, Briefwechsel Hofmannstahl/Redlich (1971)
備考： 戦前原始会員（1924 年入会）。英米法の研究から始め、オーストリアの地方自治法を主に研究した。大臣も歴任した。
http://www.jewishvirtuallibrary.org/jsource/judaica/ejud_0002_0017_0_16550.html
http://www.biographien.ac.at/oebl_9/10.pdf
http://de.wikipedia.org/wiki/Josef_Redlich

0682
REIMER, Ekkehart（ライマー、エッケハルト）
Dr. iur., Prof., Univ. Heidelberg
1969 年 11 月 2 日（Bonn）
Staats- und Verwaltungsrecht mit Europarecht, Finanz- und Steuerrecht
1991–96 Studium Heidelberg und München; 1996 I. SE; 1998 II. SE;

1996–97 Wiss. HK München; 1999–2005 WiAs München; 2005 Prom. und Habil. München; 2006 Prof. Heidelberg; 2009 Richter im Nebenamt am VerwGH Baden-Württemberg
D: Der Ort des Unterlassens, 2004 München
H: Die Bewältigung von Interessenkollisionen bei Amts- und Mandatsträgern（公刊を確認することができなかった）
AL: Klaus Vogel（ 0911 ）; Moris Lehner（ 0506 ）
備考1: ヨーロッパ・国際租税法学者。
備考2: (0683)（Franz Reimer）の備考2を参照。
http://www.jura-hd.de/reimer/lebenslauf.html（写真あり）
http://de.wikipedia.org/wiki/Ekkehart_Reimer
0683
REIMER, Franz（ライマー、フランツ）
Dr. iur., Prof., Univ. Gießen
1971年（Bonn）
VL: Öffentliches Recht und Rechtstheorie
–1997 Studium Bonn, Oxford und Freiburg/Br.; 1997 I. SE; 2001 SE; 2000 Prom. Freiburg; 2001 WiAs Freiburg; 2007 Habil. Freiburg; 2007 Prof. Gießen
D: Verfassungsprinzipien, Berlin 2001
H: Qualitätssicherung, Baden-Baden 2010
AL: Dietrich Murswiek（ 0603 ）; Andreas Voßkuhle（ 0916 ）
備考1: 公法原論及び環境法研究を手がける。
備考2: 生誕地が同じで、年齢も似通っているので、Ekkehart Reimer（ 0682 ）とは兄弟の可能性があるが、確認できていない。
http://www.recht.uni-giessen.de/wps/fb01/ma/dat/reimer/Franz_Reimer/（写真あり）
0684
REINHARDT, Michael（ラインハルト、ミヒァエ[ー]ル）
Dr. iur., LL.M., Prof., Univ. Trier
1961年（Frankfurt/M.）
VL: Staats- und Verwaltungsrecht
Studium RW Bonn u. Cambridge; 1985 I. SE; 1989 II. SE; 1989 Prom. Bonn; 1990 Master of Law Cambridge; 1996 Habil. Bonn; 1996 Prof. Trier
D: Die Eingriffsbefugnisse der Wasserbehörden bei der Sanierung von Altlasten, Bonn 1989
H: Konsistente Jurisdiktion, Tübingen 1997

AL: Jürgen Salzwedel（ 0729 ）
備考：水法（Wasserrecht）を研究。
http://www.uni-trier.de/index.php?id=4314（写真あり）
http://www.wasserrecht.uni-trier.de/index.php?id=4294
0685
REMMERT, Barbara（レンメルト［レンマート］、バルバラ）女性
Dr. iur., Univ.-Prof., Univ. Tübingen
1964 年
Öffentliches Recht, Verwaltungslehre, Verfassungsgeschichte und Europarecht
1983–90 Einstufige Juristenausbildung Bielefeld; 1985–2000 zunächst HK, dann Wiss. MA und WiAs Bielefeld, Münster und Berlin; 1994 Prom. Münster; 2000–02 Stip. DFG; 2002 Habil. FU Berlin; 2003 Prof. Tübingen; 2010 Richterin des StaatsGH des Landes Bremen
D: Verfassungs- und verwaltungsrechtsgeschichtliche Grundlagen des Übermaßverbotes, Heidelberg 1995
H: Private Dienstleistungen in staatlichen Verwaltungsverfahren, Tübingen 2003
AL: Walter Krebs（ 0472 ）
備考 1：本格的な行政法研究者。
備考 2：Günter Püttner（ 0672 ）の講座後継者。Püttner は Otto Bachof（ 0025 ）の講座後継者。
http://www.jura.uni-tuebingen.de/professoren_und_dozenten/remmert
（写真あり）
0686
RENGELING, Hans-Werner（レンゲリング、ハンス＝ヴェルナー［ヴェアナー］）
Dr. iur., Prof., Univ. Osnabrück
1938 年 02 月 25 日（Essen）
VL: Öffentliches Recht einschließlich Völkeerrecht, Europarecht
1959–64 Studium Freiburg/Br. u. Münster/Westf.; 1964 I. SE Hamm; 1972 II. SE Düsseldorf; 1966–68 HiWi Münster; 1972–73 WiAs ebd.; 1973–75 Stip. DFG; 1971 Prom. Münster; Habil. 1975 Münster; 1977 Wiss.Rat u. Prof. Hamburg, 1978 Prof. Bonn, 1981 Prof. Osnabrück, 1981; entpflichtet
B: Privatvölkerrechtl. Verträge (1971: D.); D. Problem e. allg. Rückübereignungsanspruchs bei Nichtverwirklichung d. Enteignungszwecks (1975: H.); Rgrundsätze beim Verw.vollzug d. EG-Rechts (1977); D.

immissionsschutzrechtl. Vorsorge (1982); Planfeststell. f. d. Endlag. radioaktiver Abfälle (1984); D. Stand d. Technik b. d. Genehmig. umweltgefährd. Anlagen (1985); Erfüllung staatl. Aufgaben durch Private (1986); Probabilistische Methoden b. d. atomrechtlichen Schadensvorsorge (1986); D. Kooperationsprinzip im UmweltR (1988); Umweltvorsorge u. ihre Grenzen im EWG-Recht (1989); Rfragen zu Bdesendlagern f. radioaktive Abfälle (1990); D. Recht d. europ. Währungspolitik (1990); Grechtsschutz in d. EG (1993); Rfragen z. Langzeitsicherheit v. Bdesendlagern f. radioaktive Abfälle (1995); Beschleunigung v. Planungs- u. Genehmigungsverfahren - Deregulierung (1997)
MH: Symposium Werner Hoppe (1996; mit Wilfried Erbguth, Janbernd Oebbecke u.a.)
AL: Friedrich Klein (0437), Werner Hoppe (0360)
Q: K 1983, S. 3350; Wer ist wer 1996/97; CV; Hikasa, S. 357
備考1: 1977年入会。第53回大会（1993年）第2テーマ副報告。環境法の分野、特に廃棄物法（Abfallrecht）の著作がかなり多い。
備考2: ちなみに、Hoppe は Christian-Friedrich Menger (0571) の門下生であり、その師は Hans Julius Wolff (0978)。さらにその師は Friedrich Giese (0240) となる。
http://www.rengeling.jura.uos.de/lebenslauf.htm
0687

RENSMANN, Thilo（レンスマン、ティロ）
Dr. iur., Prof., TU Dresden
1963年
VL: Öffentliches Recht, Europa- und Völkerrecht
Studium Bonn; 1989 I. SE; 1993 II. SE; 1989–90 Studium Virginia School of Law; 1990 LL.M.; 1994–96 Wiss. MA Bonn; 1996 Prom. Bonn; 1996–2002 WiAs Bonn; 2006 Habil. Bonn; 2011 Prof. TU Dresden
D: Anationale Schiedssprüche, Berlin 1997
H: Wertordnung und Verfassung, Tübingen 2007
AL: Matthias Herdegen (0322)
備考: 国際経済法の研究に邁進している。
http://jura.uni-bonn.de/index.php?id=2297（写真あり）
http://tu-dresden.de/die_tu_dresden/fakultaeten/juristische_fakultaet/jfoeffl9/lehrstuhlinhaber/curriculum_vitae_rensmann
0688
RESS, Georg（レス、ゲーオルク）

Dr. iur. utr., Dr. rer. pol., Dr. iur. h. c. mult., Prof., Univ. des Saarlandes (Saarbrücken)
1935 年 01 月 21 日 (Berlin)
VL: Deutsches u. ausändisches öffentliches Recht, Völkerrecht
1955–59 Studium FU Berlin (RW u. VWL); 1957 Studienaufenthalt in Grenoble/Frankreich; 1959–62 Studium Wien (Staatswiss.); 1959 I. SE; 1960–64 Ref. Berlin, Bayern u. Österr.; 1964 II. SE Berlin; 1964–66 Ass. Wien; 1966–68 Gastref. MPI/Heidelbrg; 1968–71 Ref. ebd.; 1976–77 wiss. MA am BVerfG.; 1963 Prom. Wien (Dr. rer. pol.); 1972 Prom. Heidelberg (Dr. iur.); 1976 Habil.; 1976 PD Heidelbrg; 1977 o. Prof. Saarbrücken.; 1980–87 stv. Mitgl.d. Saarl. Verf.G.; 1994 Mitgl. d. Europ. Menschenrechtskommiss./Straßburg; 1998 Richter Europäischer Gerichtshof für Menschenrechte Straßburg; 2000 als Prof. entpflichtet; 2004 Richter EGMR i. R.
B: D. Entscheidungsbefugnis in d. Verw.ger.barkeit (1968: D. rer. pol.); D. parlamentarische Zustimmungsbedürftigkeit v. Verträgen zw. d BRD u. d. DDR (1972: D. jur.); Wahlen u. Parteien in Österr. 1966 (1968); D. Rlage Dtlands n. d. Glagenvertrag v. 21. Dez. 1972 (1976: H.); Staats- u. völkerrechtl. Aspekte d. Berlin-Regelung (1972); Entw. VwVfR u. -ger.barkeit (Deutschl.-Österr.; 1990)
MH: GS Karl Wilhelm Geck (1989; m. Wilfried Fiedler)
AL: Günther Winkler (0965); Karl Doehring (0144), Hermann Mosler (0589)
AS: Roland Bieber (0056); Joachim Wolf (0977)
Q: K 1983, S. 3357/3358; Wer ist wer 1996/97; CV; Hikasa, S. 359
備考 1: 1977 年入会。国際法学者。第 48 回大会 (1989 年) 第 1 テーマ副報告。独墺の両国に"足がかり"を持つ。Wilhelm Karl Geck (0231) の講座後継者。1998 年から 2004 年まで、欧州人権裁判所 (ストラスブール) 判事であった。ドイツ国際法学会理事。
備考 2: 師 Doehring を通じて、Ernst Forsthoff (0206) → Carl Schmitt (0780) に連なる。
http://www.donau-uni.ac.at/imperia/md/content/studium/euro/law/cvfaculty/ress.pdf (写真あり)
http://www.dgfir.de/gesellschaft/organisation/
http://de.wikipedia.org/wiki/Georg_Ress
0689
RHINOW, René A. (リーノフ、ルネ・A) 瑞
Dr. iur., o. Prof., Univ. Basel/CH, Ständerat

1942年12月29日（Basel）
VD: Öffentliches Recht
1961–66 Studium Basel; 1966 Lizensex.; 1967–69 Ass. Basel; 1970 Verw. praxis; 1972–77 Akad. Adjunkt d. Justizdirektion Baselland; 1975 MA d. EuRGRZ（Straßburg）; 1978 Präs. d. VwGH d. Kantons Basel-Landschaft; 1970 Prom. Basel; 1978 Habil. Basel; 1978 PD Basel; 1979 LB Basel; 1981 o. Prof. Basel; 2006 emer.
B: Wesen u. Begriff d. Subvention i. d. Schweiz. Rordnung（1971: D.）; Rsetzung u. Methodik（1979: H.）
AL: Kurt Eichenberger（ 0167 ）
Q: K 1983, S. 3367; CV; Hikasa, S. 368
備考：1979年入会。第44回大会（1985年）第1テーマ報告。スイス自由民主党（Freisinnig-Demokratischen Partei der Schweiz, FDP）所属の政治家でもある。スイス公法学界の長老。
http://www.parlament.ch/D/Suche/Seiten/biografie.aspx?biografie_id=175 （写真あり）
http://de.wikipedia.org/wiki/Ren%C3%A9_Rhinow
0690
RICHTER, Dagmar（リヒター、ダクマー［ル］）女性
Dr. iur., apl. Prof., Univ. Heidelberg
1961年04月27日（Heidelberg）
Deutsches und ausländisches öffentliches Recht, Völkerrecht und Verfassungsgeschichte der Neuzeit
1980–85 Studium Heidelberg; 1985 I. SE; 1989 II. SE; 1986–88 Wiss. HK am MPI Heidelberg; 1992 Prom. Heidelberg; 1992–97 Wiss. MA Heidelberg; 1997–2003 Ref. am MPI Heidelberg; 2002 Habil. Heidelberg; 2009 apl. Prof. Heidelberg
D: Die Ansprüche der neuen Bundesländer auf aufgabengerechte Vermögensausstattung und Vermögensrestitution, Baden-Baden 1998
H: Sprachenordnung und Minderheitenschutz im schweizerischen Bundesstaat, Heidelberg u. a. 2005
AL: Helmut Steinberger（ 0858 ）
備考：ジェンダー論のほか、憲法と言語（少数者保護）の問題に取り組む。
http://www.internat-recht.uni-kiel.de/de/team/prof/richter（写真あり）
0691
故 **RICHTER, Lutz（Ludwig）Gebhard Hermann**（リヒター、ルッツ（ルートヴィヒ）・ゲープハルト・ヘルマン）
Dr. iur., ao.Prof., Univ. Leipzig

1891年03月19日（Crimmitschau/Sachsen） 1945年11月25日（Jelabuga/Kama, sowjetisches Kriegsgefangenenlager）
Staats-, Verwaltungs- u. Arbeitsrecht
1910–13 Studium Heidelberg, Leipzig u. München; 1919 Prom. Leipzig; 1923 Habil. Leipzig; 1923 PD Leipzig; 1926 npl. ao. Prof. Leipzig; 1930 pl. ao. Prof. Leipzig, 1931 Gastsemester Herderinstitut Riga; 1944–45 o. Prof Königsberg
B: Das echte Unterlassungsdelikt (1919: D.); Das subjektive öffentliche Recht (1923); Gverhältnisse d. ArbeitsR (1928); Vereinheitlichung d. Sozialversicherung (1931); SozialversicherungsR (1931); D. KassenärzteR v. 1931/32 (1932); D. TarifR unter d. Diktatur (1932); D. fasistische Arbeitsverf. (1933)
Q: K 1935, S. 1108; 広渡 p. 40
AS: Gustav Eduard Kafka (0403)
備考: 戦前原始会員（1924年入会）。第6回大会（1929年）第2テーマ主報告（H. 6）。今日の労働法・社会法研究の先駆けをなした。1945年に、ソビエトの捕虜収容所で死亡した。
http://www.uni-leipzig.de/unigeschichte/professorenkatalog/leipzig/Richter_300
http://www.deutsche-biographie.de/pnd129234591.html

0692

故 **RIDDER, Helmut** （リッダー、ヘルムート）
Dr. iur., em. o. Prof., Univ. Frankfurt/M.
1919年07月18日（Bocholt） 2007年04月15日（Biebertal）
Öffentliches Recht, Politologie
Studium Münster, Freiburg/Br., Köln u. Jena; Assistent; 1947 Prom.; 1950 Habil. Münster; 1950 PD Münster; 1952 ao. Prof. Frankfurt; 1952 o. Prof. Frankfurt; 1959 Prof. Bonn; Prof. Gießen; 1983 em.
B: Zur verf.rechtl. Stellung d. Gewerkschaften (1960); Akt. Rfragen d. KPD-Verbots (1966); D. soz. Ordnung d. GG (1975)
AL: Friedrich Klein (0437); Hans Julius Wolff (0978)
AS: Heiko Faber (0186); Klaus Kröger (0476); Karl-Heinz Ladeur (0491); Ingo von Münch (0602); Ulrich K. Preuß (0667); Walter Schmidt (0773); Ekkehart Stein (0854); Axel Azzola (非会員); Christoph Müller (非会員); Dieter Sterzel (非会員)
Q: K 1983, S. 3380
備考 1: 1952年入会。第10回大会（1951年）第2テーマ副報告。政治・憲法学者。その思想傾向ゆえに、協会を途中で脱退したが、ご覧のとおり、実

力派の門下生を多数生み出した。
備考 2: なお、Klein の師は、Friedrich Giese（ 0240 ）。
http://de.wikipedia.org/wiki/Helmut_Ridder
 0693
RIEDEL, Eibe H.（リーデル、アイベ・H）
Dr. iur., em. o. Prof., Univ. Mannheim
1943 年 01 月 26 日（Zwittau/Sudetenland）
Deutsches u. ausländisches öffentliches Recht, Völkerrecht u. Europarecht
1963–67 Studium Kiel（VWL）u. Kings' College/London; 1967 LL.B.（London）, A.K.C.（theol. Zusatzex.; London）, 1967–71 Studium Kiel（RW）; 1972–73 Gastdozent King' College London; 1971 I. SE Kiel; 1972–75 Ref.; 1975 II. SE Hamburg; 1975–80 WiAs Kiel; 1981–83 HS-As Kiel; 1974 Prom. Kiel; 1983 Habil. Kiel; 1983 PD Kiel; 1983 Prof. Mainz; 1986 o. Prof. Marburg/Lahn; 1993 Mannheim; 2008 emer.
B: Kontrolle d. Verwaltung im eng. Rsystem（1974: D.）; Funktion, Wirkungsweise u. Begründung wirtschaftlicher u. sozialer MR mit exemplarischer Darstellung d. Rechte auf Eigentum u. Arbeit i. verschiedenen Rordnungen（1983: H.）; Theorie d. MRstandards（1986）
AL: Wilhelm A. Kewenig（ 0420 ）; Jost Delbrück（ 0131 ）
AS: Christian Koenig（ 0452 ）
Q: K 1987, S. 3721; Wer ist wer 1996/97; CV
備考 1: 1985 年入会。英国での勉学の期間が長い。キール大学の伝統に連なる国際法学者。
備考 2: なお Delbrück の師は、Eberhard Menzel（ 0573 ）。
http://ibsa.uni-mannheim.de/html/cv_deutsch_.html
http://de.wikipedia.org/wiki/Eibe_Riedel
 0694
故 **RIEKER, Karl**（リーカー、カール［カルル］）
Dr. iur. et Lic. theol., em. o. Prof., Univ. Erlangen, Geheimer Justizrat
1857 年 03 月 27 日（Urach/Württemberg） 1927 年 11 月 28 日（Erlangen）
Kirchenrecht
Studium Tübingen, Berlin u. Leipzig; 1879–89 in württemb. Kirchendienst; 1891 Prom. Leipzig; 1891 Habil. Leipzig; 1892 PD Leipzig; 1893–1903 ao. Prof. Leipzig; 1903 o. Prof. Erlangen; 1911 em.
B: D. ev. Kirche Württembergs in ihr. Verhältn. z. Staat（1887）; D. rechtl. Natur d. ev. Pfarramtes（1891: D.）; D. rechtl. Stellung d. ev.

Kirche Dtlands in ihrer geschichtl. Entwickl. (1893: H.); D. rechtl. Natur d. mod. Volksvertretg. (1893); Gsätze reformierter Kirchenverf. (1899); Sinn u. Bedeutung d. landesherrl. Kirchenregiments (1902); D. landesherrl. Regiment in Bayern (1913); D. neue bay. ArmenR (1915)
Q: KLK 1917, S. 1373; Wer ist's 1922, S. 1269; K 1925
備考: 戦前原始会員（1924年入会）。法学の前に、神学及び哲学を修得し、一貫して教会法（新教）の研究をした。学者になる前は、教会での実務経験を積んだ。
http://www.uni-leipzig.de/unigeschichte/professorenkatalog/leipzig/Rieker_957/

0695
RILL, Heinz Peter (リル、ハインツ・ペーター) 墺
Dr. iur., U.Prof., WU Wien/Österr.
1935年06月13日（Wien）
VD: Allgemeines Staatslehre, Verfassungs- u. Verwaltungsrecht
1954–58 Studium Wien; 1958–59 HiWi Wien; 1959–71 HS-Ass. ebd.; 1971 Bundeskammer d. gewerbl. Wirtschaft in Wien; 1958 Prom. Wien; 1971 Habil. Wien; 1973 o. U.Prof. WU Wien; 2003 emer.
B: Gliedsstaatsverträge (1972: H.); D. Stellung d. Gemeinden im Raumodrdnungs R (1974); Möglichkeiten u. Grenzen d. Ausbaus direktdemok. Elemente i. d. österr. Bdesverf. (1987)
MH: FS Walter Antoniolli (1979; m. Bernd-Chistoph Funk)
AL: Walter Antoniolli (0012)
AS: Herbert Heinz Haller (0286)
Q: K 1983, S. 3398/3399; CV; Hikasa, S. 369
備考: 1972年入会。第51回大会（1991年）第2テーマ報告。憲法と行政法をバランスよく研究。
http://notes.wu-wien.ac.at/usr%5Crektorat%5Cmemos%5Cwumemo54.nsf/0/cd4179de7066d522c1256dad004cbb87?OpenDocument
参考: ウィーン経済大学 http://de.wikipedia.org/wiki/Wirtschaftsuniversit%C3%A4t_Wien

0696
故 **RINGHOFER, Kurt** (リングホーファー、クルト[クァト]) 墺
Dr. iur., o. U.Prof., Univ. Salzburg/Österr., Vizepräsident des VfGH a. D.
1926年08月02日（Wien） 1993年08月14日（Wien）
VL: Verfassungs- u. Verwaltungsrecht

1945–48 Studium Wien; 1949 rechtskund. Beamter Magistrat Wien; 1956 Bundesminsit. f. Inneres; 1948 Prom. Wien; 1966 Habil. Graz; 1969 Ersatzmitglied österr. VerfGH; 1970 Mitglied ebd.; 1976 Vizepräsident; a. D.
B: Strukturprobleme d. Rechts (1966: H.); Staatsbürgerschaftsgesetz (1984)
MA: Referate im 3. ÖJT (1969; m. Hans Witek); D. österr. StaatsbürgerschaftsR (1984; m. Ingobert Goldemund u.a.)
MH: FS Hans Floretta (1983; m. Oswin Martinek u.a.); FS Erwin Melichar (1983; m. Heinz Schäffer/Klaus König); FS Ludwig Adamovich (1992; mit Bernd-Christian Funk u.a.)
AS: Walter Berka (0050)
Q: K 1983, S. 3402; CV
L: GS 1995 (Strukturprobleme d. öff. Rechts; hrsg.: Robert Walter/Clemens Jabloner)
備考：1969年入会。教授資格取得の前に行政経験を積み、取得後はオーストリア憲法裁判所予備判事を経て、判事、副長官をつとめた実務家教員。
http://www.koeblergerhard.de/juristen/vips/viwrSeite56.html
 0697
RINKEN, Alfred Heinrich（リンケン、アルフレート・ハインリヒ）
Dr. iur., Prof., Univ. Bremen
1935年06月07日（Essen）
Öffentliches Recht
1955–63 Studium Bonn, Innsbruck/Österr. u. Freiburg/Br. (Philosophie, kath. Theologie, RW u. Politkwiss.); 1958 Lizentiat der Phil. Innsbruck (Lic. phil. schol.); 1962 I. SE Freiburg; 1963–67 Ref.; 1967 II. SE; 1966–68 Verw. e. WiAs Mannheim; 1968–69 WiAs ebd.; 1969–71 WiAs Freiburg; 1976 stv. Mitgl., 1979 ord. Mitgl. d. StGH Bremen; 1978 Richter im 2. Hauptamt am OLG Bremen; 1969 Prom. Freiburg/Br.; Habil.; 1971 Prof. Bremen; 2002 emer.; 2002 Präsident StGH Bremen
B: D. Öffentliche als verfassungstheoret. Problem (1971: D.); Einf. in d. jurist. Studium (1977; 3. A. 1996)
AL: Alexander Hollerbach (0353)
Q: Wer ist wer 1996/97
備考1：ブレーメン大学に所属する。1978年から2000年までブレーメン国事裁判所裁判官を兼任した。
備考2：なお、師Hollerbachは、Konrad Hesse (0329) の門下生。
http://www.jura.uni-bremen.de/typo3/cms405/index.php?id=218

http://de.wikipedia.org/wiki/Alfred_Rinken
0698
故 **RITTERBUSCH, Paul**（リッターブッシュ、パウル［パォル］）
Dr. iur., U.Prof., Univ. Königsberg/Pr.
1900 年 03 月 25 日（Werbau/Sachsen） 1945 年 04 月 26 日（Düben an der Mulde）
Allgemeine Staatslehre u. Staatsrecht
Studium Leipzig; 1925 Prom. Leipzig; 1928 Habil. Leipzig; 1928 PD Leipzig; 1932 NSDAP; 1933 o. U.Prof. Königsberg/Pr.; 1935 Prof. NS-Stoßtruppfakultät Kiel; 1937 NS-Dozentenbundführer, Fachgruppenleiter Hochschullehrer NS-Rechtswahrerbund; Mitglied Akademie für deutsches Recht; 1941 Ministerialdirigent Kultusministerium Berlin; 1942 Direktor internationale Akademie für Staats- und Verwaltungswissenschaften
B: Parlamentssouveränität i. d. Verf.lehre in Englands, vornehml. i. d. Staatslehre Daniel Defoes（1929: H.; Nachdr. 1970）
HZ: Zs f. Politik
AL: Richard Schmidt（ 0771 ）
AS: Richard Naumann（ 0607 ）
Q: K 1935, S. 1121
備考 1: 1929 年入会。ナチスの御用公法学者の一人（自殺）。教授資格論文で英国の代議制の理念史と取り組んだ同じ人物が、なにゆえにその直後にナチスに傾斜することになるのか、解明の要があろう。
備考 2: なお、師 R. Schmidt は、Adolf Wach（Leipzig、民訴、非会員、1843-1926 年）の門下生。
http://de.wikipedia.org/wiki/Paul_Ritterbusch
0699
RIXEN, Stephan（リクセン、シュテファン）
Dr. iur., Univ.-Prof., Univ. Bayreuth
1967 年 9 月 23 日（Düren-Birkesdorf/Rheinland）
Staats- und Verwaltungsrecht, deutsches und europäisches Sozialrecht sowie öffentliches Wirtschaftsrecht
1989-95 Studium in Tübingen und Leuven/Belgien; 1995 I. SE; 1999 II. SE; 1995 Wiss. MA Tübingen（Kriminologie）; 1996/97 Graduiertenkolleg Tübingen; 1998 Promotion Gießen; 2000-01 RA; 2001 WiAs Köln; 2004 Habil. Köln; 2004 Wiss. Oberass. Köln; 2007-10 Prof. Kassel; 2010 Prof. Bayreuth
D: Lebensschutz am Lebensende, Berlin 1999

H: Sozialrecht als öffentliches Wirtschaftsrecht, Tübingen 2005
備考：公法のほか、社会法を研究。
http://www.oer1.uni-bayreuth.de/de/team/owner_of_chair/Prof_Dr_Stephan_Rixen/index.html（写真あり）
http://www.oer1.uni-bayreuth.de/de/downloads/Allgemeines/Lebenslauf_Rixen__28_4_2010_.pdf
[0700]
ROBBERS, Gerhard（ロッバース［ロッベルス］、ゲルハルト［ゲァハルト］）
Dr. iur., U.Prof., Univ. Trier
1950年11月17日（Bonn）
VL: Öffentliches Recht, Kirchenrecht u. Rechtsphilosophie
1967–69 Besuch d. Atlantic College/Großbritanien; 1971–75 Studium Freiburg/Br.; 1975 I. SE; 1978–80 Ref.; 1973–80 HiWi Freiburg; 1980–82 WiAs ebd.; 1982 C1-Ass. ebd.; 1982–84 Wiss. MA am BVerfG; 1979 Prom. Freiburg; 1986 Habil. Freiburg
B: Gerechtigkeit als Rprinzip (1980: D.); Sicherheit als MenschenR (1986: H.); SchlichtesVerw.handeln (1995); Einfüh. i. d. dt. Recht (1994)
AL: Alexander Hollerbach ([0353])
Q: CV
備考1：40代でAöR誌の編集に名を連ねたところに、この人物の重要度が示されていよう。
備考2：なお、師Hollerbachは Konrad Hesse ([0329]) の門下生。
http://www.uni-trier.de/index.php?id=6964
http://de.wikipedia.org/wiki/Gerhard_Robbers
[0701]
RÖBEN, Volker（レーベン［ロェーベン］、フォルカー）
Dr. iur., Prof., School of Law, Swansea University/UK
1965年
Völkerrecht, Europarecht, Vergleichendes öffentliches Recht
–1992 Studium Kiel, Genf und Surry; 1992 I. SE; 1992 Wiss. MA Kiel; 1993 LL.M Europa-Kolleg Brüggen; 1994 LL.M. (Barkeley); 1996 II. SE; 1996 Ref. am MPI Heidelberg; 1998 Prom.; 2000 Wiss. MA am BverfG; 2006 Habil.; 2006 Prof. Swansea
D: Die Einwirkung der Rechtsprechung des Europäischen Gerichtshofs auf das mitgliedstaatliche Verfahren in öffentlich-rechtlichen Streitigkeiten, Berlin u. a. 1998
H: Außenverfassungsrecht, Tübingen 2007

備考：スワンシー大学(英国)教授。国際法学者。
http://www.swan.ac.uk/staff/academic/Law/roebenv/ (写真あり)
0702
RODI, Michael (ローディ、ミヒャエール)
Dr. iur., Prof., Univ. Greifswald
1958年03月20日 (München)
Öffentliches Recht, Steuerrecht, Europarecht, weiter Finanzrecht, Wirtschaftsrecht, Umweltrecht
1977 Studium Politikwiss., RW u. VWL Konstanz u. München; 1987 I. SE; WiAs München; 1992 Prom. München; 1995 M. A. Politikwiss. München; 1998 Habil. München; 1999 Prof. Greifswald
M: Umweltsteuern, Baden-Baden 1993 (Magisterarbeit)
D: Die Rechtfertigung von Steuern als Verfassungsproblem, München 1994
H: Die Subventionsrechtsordnung, Tübingen 2000
AL: Klaus Vogel (0911)
備考：師の衣鉢を継いで、税財政法を研究する。
http://www.rsf.uni-greifswald.de/rodi/personen.html
http://de.wikipedia.org/wiki/Michael_Rodi
0703
ROELLECKE, Gerd (レレ[ッ]ケ[ロェレ(ッ)ケ]、ゲルト[ゲァト])
Dr. iur., em. o. Prof., Univ. Mannheim
1927年07月13日 (Iserlohn in Westfahlen)
Öffentliches Recht u. Rechtsphilosophie
1948–52 Studium Würzburg u. Freiburg/Br. (RW u. Nationalökonomie)
1952 I. SE Freiburg; 1952–56 Ref.; 1956 Red.Ass. b. d. Zs. "Der Betriebs-Berater" in Heidelberg; 1958 Redakteur d. Zs. "Außenwirtschaftsdienst d. Betriebs-Beraters" in Heidelberg; 1960 WiAs Mainz; 1966 Wiss. HA am BVerfG; 1960 Prom. Freiburg; 1967 Habil. Mainz; 1967 PD Mainz; 1969 o. Prof. Mannheim (1982–85 Rektor); 1995 em.
B: Politik u. Verf.ger.barkeit (1961: D.); D. Begriff d. positiven Gesetzes u. d. GG (1969: H.); Gbegriffe d. VerwR (1972); Hochschule u. Wiss. (1974); Gleichheit i. d. Industrieges. (1980); Bewerberüberhang u. "Doppel-Verdiener-Ehren" im öff. Dienst (1988); Rphilosophie od. Rtheorie (1988); Aufgeklärter Positivismus. Ausg. Schriften (1995; hrsg.: Otto Depenheuer)
AL: Hans Gerber (0236); Peter Schneider (0789)

AS: Klaus Grupp (0270); Rolf Stober (0866)
Q: K 1983, S. 3340; Wer ist wer 1996/97; CV
L: Ausgewählte Schriften (1995; siehe oben)
備考1: 1968年入会。第34回大会（1975年）第1テーマ主報告。学者になる前には雑誌編集に携わったり、連邦憲法裁判所にいたこともあるので、実務にも強い法哲学者。
備考2: なお、師のP. Schneider は Ernst Friesenhahn (0211)の門下生であり、その学統は Richard Thoma (0886)を経由して、Heinrich Rosin（非会員、Freiburg、刑法、1855–1927年）→ Otto von Gierke（非会員、Berlin → Breslau → Heidelberg →（wieder）Berlin、1841–1921年）へと至る。
http://de.wikipedia.org/wiki/Gerd_Roellecke

0704
RÖGER, Ralf (レーガー[ロェーガー]、ラルフ)
Dr. iur., Prof., Fachhochschule des Bundes für öffentliche Verwaltung
1964年（Bergisch Gladbach）
Staats- und Verwaltungsrecht, Deutsches und Europäisches Umweltrecht
–1989 Studium Trier und Köln; 1989 I. SE; 1992 II. SE; 1992 Ergänzungsstudium DHV Speyer; 1993/94 Wiss. MA Köln; 1994 Prom. Köln; 1994–2002 WiAs Köln; 2000 Habil. Köln; 2004 Prof. FH des Bundes für öffentliche Verwaltung, Fachbereich Bundespolizei, Lübeck; 2004 Prof. (C 2) ebd.; 2004 Prof. (C 3) ebd.; 2004 Prof. FH des Bundes für ÖV, FB Bundespolizei Lübeck
D: Die Verwertbarkeit des Beweismittels nach § 81 a StPO bei rechtswidriger Beweisgewinnung, Frankfurt/M. u. a. 1994
H: Verfassungsrechtiche Probleme medizinischer Einflußnahme auf das ungeborene menschliche Leben im Lichte des technischen Fortschritts（公刊を確認できなかった）
AL: Joachim Burmeister (0106)
備考1: 環境法、技術基準法、警察法などを研究。
備考2: なお、「C2」「C3」（Professor）などについては、Stefan Haack (0277)の備考欄3を参照。
http://www.roeger.info/（写真あり）
http://de.wikipedia.org/wiki/Ralf_R%C3%B6ger

0705
RÖHL, Hans Christian (レール[ロェール]、ハンス・クリスツィアン)
Dr. iur., Prof., Univ. Konstanz
1964年07月11日（Kiel）

Staats- und Verwaltungsrecht, Europarecht und Rechtsvergleichung
–1989 Studium des Maschinenbaus und der RW München, Heidelberg u. Bonn; 1989 I. SE; 1994 II. SE; 1993 Prom. Heidelberg; 1994 Ass. Heidelberg; 2002 Habil. Heidelberg; 2004 Prof. Konstanz
D: Der Wissenschaftsrat, Baden-Baden 1994
H: Verwaltung durch Vertrag（公刊を確認できなかった）
AL: Eberhard Schmidt-Aßmann（ 0775 ）
備考：法学と並んで、機械工学を修めた。来日経験がある。
http://www.uni-konstanz.de/roehl/lehrstuhl.html（写真あり）
0706
RONELLENFITSCH, Michael（ロネレンフィッチュ、ミヒァエ[ー]ル）
Dr. iur., o. Prof., Univ. Tübingen
1945 年 09 月 21 日（Mannheim）
Öffentliches Recht
1966–70 Studium Heidelberg; 1970 I. SE Heidelberg; 1970–74 Ref.; 1974 II. SE; 1970–74 MA Heidelberg; 1974–82 WiAs Speyer; 1974 Prom. Heidelberg; 1981 Habil. HVW/Speyer; 1983–89 Prof. Bonn; 1989–93 o. Prof. FU Berlin, 1993 Tübingen
B: D. Mischverw. im Bdesstaat I Teil (1975: D.); D. atomrechtl. Genehmigungsverferfaren (1983: H.); PlanungsR (1986); Beschl. u. Vereinf. d. Anlagenzulassungsverf. (1994); Verfassungs- u. verwaltungsrechtl. Betracht z. Mobilität m. d. Auto (1994); Beschleunigung u. Vereinfachung d. Anlagenzulassungsverfahren (1994); Selbstverantw. u. Deregulierung im Ordnungs- u. UmweltR (1995); Straße- u. Energieversorgung im Konflikt (1996)
MH: Kommunale Selbstverw. in Dtland u. Europa (Symposion z. 65. GT v. Willi Blümel; 1996; m. Klaus Grupp)
AL: Ernst Forsthoff（ 0206 ）; Willi Blümel（ 0064 ）
Q: K 1987, S. 3800; Wer ist wer 1996/97（写真あり）; CV
備考：1982 年入会。Forsthoff 最晩年の門下生の一人（Blümel は Forsthoff の弟子）で、その助手として有名な『行政法教科書』の改訂を手伝っていた。近年は、環境法研究を深めているほか、個人情報保護及び計画法の分野にも明るい。
http://www.jura.uni-tuebingen.de/professoren_und_dozenten/ronellenfitsch/lehrstuhlinhaber/index_html#lebenslauf
http://de.wikipedia.org/wiki/Michael_Ronellenfitsch（写真あり）
0707
故 **ROSENTAL, Eduard**（ローゼンタール、エドゥアルト）

Dr. iur., em. o. Prof., Univ. Jena, Geheimer Justizrat
1853年09月06日（Würzburg） 1926年06月25日（Jena）
Öffentliches Recht u. Rechtsgeschichte
Studium Würzburg, Heidelbrg u. Berlin; I. SE; II. SE; 1878 Prom. Würzburg; 1880 Habil. Jena; 1880 PD Jena; 1883 ao. Prof. Jena; 1896 o. Prof. Jena (1913 Prorektor); 1909 Vertreter der Univ. Jena Landtag Weimar; 1917 em.; Abgeordneter Landtag Thüringen (1920 Schöpfer der Verfassung Thüringens); 1925 Mandatsniederlegung
B: Zur Geschichte d. Eigentums in d. Stadt Würzburg (1879: D.); Rfolgen d. Ehebruchs nach kanon. u. dt. Recht (1880: H.); Beitr. zur dt. Stadtgesch. (1883); Geschichte d. Gerichtswesens u. d. Verw.organisation Bayerns Bd. 1 (1889), Bd. 2 (1906); Intern. EisenbahnfrachtR (1894); D. gesetzl. Regelg. d. Tarifvertr. (1908); Ersnt Abbe u. s. Auffassg. v. Staat u. Recht (1910); D. Reichsregierg. (1911); D. Wandel d. Staatsaufgaben in d. letzt. Geschichtsperiode (1913)
AL: Richard Schröder, Georg Meyer（共に非会員）
Q: KLK 1917, S. 1402; Wer ist's 1922, S. 1295/1296; K 1925, S. 845; Dau, FS-Register
L: FS 1923
備考：戦前の原始会員（1924年入会）であったが、直後に死亡。バイエルンとテューリンゲンの法史を研究した。戦前のテューリンゲン憲法を起草。一貫してイェーナ大学に在籍。
http://de.wikipedia.org/wiki/Eduard_Rosenthal

0708

ROSSEN-STADTFELD, Helge（ロッセン＝シュタットフェルト、ヘルゲ）
Dr. iur., Prof., Univ. der Bundeswehr München
1955年11月25日
Verfassungsrecht, Verwaltungsrecht, Medienrecht, Rechtsphilosophie, Rechtstheorie
1974–79 Studium der RW u. Philosophie Tübingen; 1983 II SE; 1987 Prom. Bielefeld; 1988–1991 Wiss. MA beim BverfG; 1998 Habil. Bielefeld; 2000 Prof. Univ. der Bundeswehr
D: Freie Meinungsbildung durch den Rundfunk, Baden-Baden 1998
H: Vollzug und Verhandlung. Die Modernisierung des Verwaltungsvollzugs, Tübingen 1999
備考：教諭では、行政強制の問題に取り組んだ。
http://www.unibw.de/wow9_1/professur/Rossen-Stadtfeld（写真あり）

0709
ROSSI, Matthias（ロッシー、マティアス）
Dr. iur., Prof., Univ. Augsburg
1965 年（Eutin/Schleswig-Hollstein）
Staats- und Verwaltungsrecht, Europarecht, Finanzrecht sowie Gesetzgebungslehre
1988–93 Studium Trier und Nancy; 1993–95 Wiss.MA HU Berlin; 1995 I. SE; 1997 II. SE; 1997 Prom. HU Berlin; 1998–2004 WiAs HU Berlin; 2004 Habil. HU Berlin; 2008 Prof. Augsburg
D: Europäisches Parlament und Haushaltsverfassungsrecht, Berlin 1997
H: Informationszugangsfreiheit und Verfassungsrecht, Berlin 2004
AL: Michael Kloepfer（ 0440 ）
備考：財政法学者。
http://www.jura.uni-augsburg.de/fakultaet/lehrstuehle/rossi/mitarbeiter/rossi_matthias/（写真あり）

0710
ROTH, Wolfgang（ロート、ヴォルフガング）
Dr. iur., apl. Prof., LL.M., RA, Partner
1962 年（Landau/Pfalz）
Öffentliches Recht und Rechtstheorie
–1988 Studium Mannheim und LSE; 1988 I. SE; 1995 II. SE; 1988–2000 Wiss. MA und Ass. Mannheim; 1991 LL.M.（Michigan/Ann Arbor）; 1994 Prom. Mannheim; 2000 Habil. Mannheim; 2001 RA; 2004 apl. Prof. Mannheim
D: 公刊を確認できなかった
H: Verwaltungsrechtliche Organstreitigkeiten, Berlin 2001
AL: Wolf-Rüdiger Schenke（ 0746 ）
備考：マンハイム大学の実務家教員（弁護士）。
http://www.redeker.de/main-V2.php/de/anwalt/vita.php?anw=48（写真あり）

0711
故 **ROTHENBÜCHER, Karl (Carl) Josef Franz**（ローテンビューヒャー、カール［カルル］・ヨーゼフ・フランツ）
Dr. iur., em. o. Prof., Univ. München
1880 年 08 月 01 日（Augsburg）　1932 年 10 月 14 日（München）
Staats- u. Kirchenrecht
Studium München u. Berlin; 1905 II. Staatsex.; 1906 Prom. München; 1908 Habil. München; 1908 PD München; 1910 ao. Prof. München;

1912 o. Prof. München; 1917–18 Kriegsdienst; 1918 Rückkehr an die Univ.; 1919 Leiter des „Aktionsausschusses für die Umgestaltung der Universität"
B: Geschichte d. Werkvertrgs nach dt. Recht (1906: D.); D. Trennung von Staat u. Kirche (1908: H.); Stellung d. Ministeriums nach bay. VerfR (1922); Der Fall Kahr (1924)
AL: Karl von Amira（非会員、Freiburg → München、1848–1930年、法制史）
Q: Wer ist's 1922, S. 1300; K 1925, S. 850
備考：戦前原始会員（1924年入会）。教会法学者。第4回大会（1927年）第1テーマ主報告（H. 4）。ワイマール憲法18条を根拠に、大学教員の表現の自由を主張。その見解は、カール・シュミットにも受け入れられた。ただし、バイエルン・レーテ共和国に対しては、批判的であった（当時の少数派）。晩年には、法社会学研究にも触手を伸ばした。
http://www.deutsche-biographie.de/sfz108426.html
http://www.koeblergerhard.de/juristen/alle/allerSeite487.html
参考：カール・フォン・アーミラ　http://de.wikipedia.org/wiki/Karl_von_Amira（日本語版にも記事あり）

0712
ROZECK, Jochen（ローツェック、ヨッヘン）
Dr. iur., Prof., Univ. Leipzig
1960年06月29日（Oberhausen）
VL: Staats- und Verwaltungsrecht
1983 Studium Passau; I. SE; 1988 wiss. MA Passau; 1991 II. SE; 1992 Prom. Passau; 1996 Passau; 1998–2008 Prof. TU Dresden; 2008 Prof. Leipzig（Nachfolge Helmut Goerlich）
D: Das Grundgesetz als Prüfungs- und Entscheidungsmaßstab der Landesverfassungsgerichte, Baden-Baden 1993
H: Die Unterscheidung von Eigentumsbindung und Enteignung, Tübingen 1998
備考：公法、教会法のほか、税法もこなす。
http://www.uni-leipzig.de/rozek/wcms/
http://de.wikipedia.org/wiki/Jochen_Rozek

0713
RUCH, Alexander（ルッフ［ルーフ］、アレクサンダー）瑞
Dr. iur., em. o. Prof., Univ. Basel/CH, Ständerat
1944年10月16日（Basel）
VL: Öffentlichen Recht

1963–65 Studium der Medizin; 1965–73 Studium der RW Basel; 1973 Prom. Basel; 1974–78 Oberass. Basel; 1976 Erwerb des baselstädtischen RA-Patentes (Advokatur); 1978–79 WiAs im Rechtsdienst des Regierungsrates des Kantons Basel-Landschaft; 1979–93 Leiter der Rechtsabteilung des Baudepartements des Kantons Basel-Stadt; 1991 Habil. Basel; 1993 o. Prof. ETH Zürich; 2010 emer.
D: Das Berufsparlament, Basel 1976
H: Das Recht in der Raumordnung, Basel 1997
AL: Kurt Eichenberger (0167)
備考：第55回大会（1995年）第2テーマ報告（4人の報告者の1人）。実務家として活動の後、大学教授に転じた。行政法を中心に幅広い知見を有する。
http://www.ruch.ethz.ch/ruch/curriculum_vitae.htm

0714
故 **RUCK, Erwin** (ルック、エァヴィン) 瑞
Dr. iur., o. Prof., Univ. Basel/CH, Geheimer Justizrat
1882年08月10日 （Biebersfeld/Württemberg） 1972年07月25日 （Brissago）
Staats-, Verwaltungs-, Kirchen- u. Völkerrecht
1907 Prom. Tübingen; 1909 Habil. Tübingen; 1909 PD Tübingen; 1912–53 Prof. Basel (1928/29 Rektor); emer.
D: Das Verhältnis von Kirche und Volksschule in Württemberg und seine geschichtliche Entwicklung, Tübingen 1907
H: Die Leibniz'sche Staatsidee: aus den Quellen dargestellt, Tübingen 1909
B: Schweiz. StaatsR (1933); Schweiz. VerwR I (1934), II (1938)
AL: Fritz Fleiner (0201)
Q: K 1935, S. 1145; Dau, FS-Register
L: FS 1952 (FG zum 70. GT v. E. R.; hrsg. v. d. Jur. Fak. d. Uni Basel)
備考1：戦前原始会員（1924年入会）。この人物に関しては、はじめ詳細が分からなかったが、今回の調査で下記文献を発見し得、基礎データの補充ができた。
備考2：フライナーの門下生で、その後継者としてテュービンゲン→バーゼル大学と移籍した。史上はじめて「スイス行政法」を執筆（上記参照）。
http://www.unisg.ch/~/media/Internet/Content/Dateien/Schools/LS/Lehrstuhl%20Schindler/Kurzbiographien%20zum%20schweizerischen%20Verwaltungsrecht.ashx?fl=de

0715
RUDOLF, Walter （ルードルフ、ヴァルター）
Dr. iur., em. o. Prof., Univ. Mainz, Staatssekretär a. D., Datenschutzbeauftr. d. Landes Rheinl.-Pfalz
1931 年 05 月 08 日（Schulitz/Posen, Westpreußen）
VL: Öffentliches Recht
1949–52 Studium Kiel u. Göttingen; 1953 I. SE Celle; 1954–58 Ref.; 1958 II. SE Hambrug; 1953–54 Ass. Kiel; 1956–58 Nebentätigk. als HiWi Nürnberg; 1958–59 WiAs Speyer; 1959–65 WiAs Tübingen; 1954 Prom. Göttingen; 1965 Habil. Tübingen; 1965 PD Tübingen; 1965 o. Prof. Bochum; 1971 Mainz; 1997 em.; 1980–87 Staatssekr. Min. d. Justiz Rheinl.-Pfalz
B: D. Geltung d. dt. Straf- u. Strafprozeßgesetze im Seebereich (1954: D.); D. Transformation v. VR in dt. Recht (1964: H.); Polizei gegen Hoheitsträger (1965); Völkerrechtl. Aspekte d. Vietnam-Konflikts (1967); VR u. dt. Recht (1967); Bund u. Länder im aktuellen dt. VerfR (1968); Üb. d. Zulässigkeit priv. Rdfk. (1971); D. Spr. in d. Diplomatie u. intern. Verträgen (1972); Wandel d. Staatsbegriffs im VR? (1986)
AL: Herbert Kraus (0468); Hermann von Mangoldt (0542); Hartwig Bülck (0098); Adolf Schüle (0805)
AS: Hans-Wolfgang Arndt (0017); Günter Hermann (0326); Franz-Ludwig Knemeyer (0445); Michael Schweitzer (0817); Werner Meng (0570)
Q: K 1983; Wer ist wer 1996/97; CV; Hikasa, S. 372
備考1： 1966年入会。第37回大会（1978年）第2テーマ主報告。1996年及び1997年の協会理事長（副理事長は、Werner Hoppe及びEckart Klein）。個人情報保護法制の権威。
備考2： なお、師のうちBülckはvon Mangoldtの門下生である。いま一人の師SchüleはRichard Thoma（ 0886 ）の門下生で、Heinrich Rosin（非会員、Freiburg、刑法、1855–1927年）を通じ、Otto von Gierke（非会員、Berlin → Breslau → Heidelberg →（wieder）Berlin、1841–1921年）へと連なる。
http://de.wikipedia.org/wiki/Walter_Rudolf
0716
RUFFERT, Matthias （ルッフェルト[ルッファート]、マティアス）
Dr. iur., Prof., Univ. Jena
1966年（Gießen）
Öffentliches Recht, Europarecht und Völkerrecht

1987–92 Studium Passau, London (King's College) u. Trier; 1992 I. SE; 1992/1993 Stagiaire in der EU Kommission; 1996 II. SE; 1996 Prom. Trier; 1996–2001 WiAs Trier; 2000 Habil. Trier; 2002 Prof. Jena; 2006 Richter am Thüringer Oberverwaltungsgericht (im Nebenamt), 2010 Mitglied des Thüringer Verfassungsgerichtshofs
D: Subjektive Rechte im Umweltrecht der europäischen Gemeinschaft, 1996
H: Vorrang der Verfassung und Eigenständigkeit des Privatrechts, 2001
AL: Meinhard Schröder (0802)
備考：若き日には、ブリュッセルで環境法の実務を学び、教職に就いた後は、44歳でテューリンゲン州憲法裁判所判事に就任した。
http://www.rewi.uni-jena.de/Prof_+Dr_+Matthias+Ruffert_p_89727-path-89722.html（写真あり）

0717
RÜFNER, Wolfgang （リュフナー［ルュフナー］、ヴォルフガング）
Dr. iur., Prof., Univ. zu Köln
1933 年 09 月 08 日 (Hanau am Main/Hessen)
VL: Staats- u. Verwaltungsrecht
1952–57 Studium Würzburg u. Bonn (Philosophie u. RW); 1957 I. SE Köln; 1957–61 Ref.; 1961 II. SE NRW; 1961–66 Ass. Bonn; 1962 Prom. Bonn; 1966 Habil. Bonn; 1966–69 PD Bonn; 1969–79 o. Prof. Kiel; 1979–85 o. Prof. Saarbrücken; 1985 Prof. Köln
B: Verw.rechtsschutz in Preußen von 1749 bis 1842 (1962: D.); Formen öfftl. Verw. im Bereich d. Wirtsch. (1967: H.); Gutachten f. d. 49. Dt. JT (1972); Einf. in d. SozialR (1977; 2. A. 1991); Öff. Recht III (1990/ 1997)
MH: Ges. Schriften Ulrich Scheuner (Staatstheorie u. StaatsR; 1978; m. Joseph List); Joseph Listl, Kirche im freiheitl. Staat, 2 Bde (1996; m. Josef Isensee u.a.)
AL: Ulrich Scheuner (0750)
AS: Stefan Muckel (0593)
Q: K 1983; Wer ist wer 1996/97; CV; Hikasa, S. 374
備考 1：1967 年入会。学位論文も教授資格論文も共に優れた内容で、注目を集めた。第 28 回大会（1969 年）第 2 テーマ副報告。
備考 2：なお師 Scheuner の学統は、Heinrich Triepel (0891) を経て、Karl Binding（非会員、Basel → Freiburg/Br. → Straßburg → Leipzig、刑法学、1841–1920 年）へと連なる。
http://institut-staatskirchenrecht.de/geschichte_aufgaben.html

http://de.wikipedia.org/wiki/Wolfgang_R%C3%BCfner
0718
RÜHL, Ulli F. H. （リュール、ウーリ・F・H）
Dr. iur., Prof., Univ. Bremen
1954 年 02 月 09 日（Braunfels）
Öffentliches Recht, Staatstheorie, Verfassungsrecht, Rechtsphilosophie
Studium Gießen; wiss. MA Gießen; 1986 Prom. Gießen; 1988 RA; 1991–94 Wiss. MA beim BVerfG; 1997 Habil. Bielefeld; 2000 Prof. Bremen
D: Das Grundrecht auf Gewissensfreiheit im politischen Konflikt, Frankfurt/M. u. a. 1987
H: Tatsachen – Interpretationen – Wertungen, Baden-Baden 1998
備考： ギーセン・ブレーメン学派。集会法を研究。
http://www.jura.uni-bremen.de/typo3/cms405/index.php?id=238（写真あり）
http://de.wikipedia.org/wiki/Ulli_F._H._R%C3%BChl
0719
RULAND, Franz （ルーラント、フランツ）
Dr. iur., Prof., Geschäftsführer des Verbandes der Deutschen Rentenversicherungsträger
1942 年 09 月 25 日（Saarbrücken）
VL: Staats- u. Verwaltungsrecht, Sozialrecht, Familienrecht
1962–67 Studium Bonn u. Saarbrücken; 1967 I. SE; 1967–1972 Ref.; 1972 II. SE Saarland; 1972 WiAs München; 1975 Stip. DFG; 1972 Prom. München; 1978 Habil. München; 1978–80 Justitiar Verb. Dt. Rentenversicherungsträger; 1980–84 Lehrstuhl Hannover; Richter LSG Celle; 1984 stv. Geschäftsf., 1992 s. o.; 1987 Hon.-Prof. Frankfurt/M.
B: Familiärer Unterhalt u. Leistungen d. soz. Sicherheit (1973: D.); Schadensausgleich zw. öfftl. Rträgern (1978: H.); Probl. d. Versorgungsausgl. in d. betriebl. Altersversorg. u. priv. Rentenversich. (1982); Möglichk. u. Grenzen e. Annäher. d. Beamtenversorg. an d. gesetzl. Rentenversich. (1983)
AL: Hans F. Zacher（ 0989 ）, Wolfgang Knies（ 0446 ）
Q: Wer ist wer 1996/97; CV
備考 1： 1980 年入会。年金・恩給法研究を専門とする実務家教員。
備考 2： なお、師の Zacher は Hans Nawiasky（ 0608 ）の門下生で、後者は Edmund Bernatzik（非会員、Basel → Graz → Wien、1854–1919 年）を経て、Paul Laband（非会員、Königsberg → Straßburg、1838–1918 年）

へと連なる。

0720
故 **RÜHLAND, Curt**（リューラント、クルト［クァト］）
Dr. iur., em. o. Prof., TH Braunschweig
1891 年 02 月 22 日（Braunschweig）　1987 年
Staatsrecht, Völkerrecht, Internationales Privatrecht
Studium; Prom.; 1925 Habil. Kiel; 1925 PD Kiel; 1930 ao. Prof. Kiel (Nachfokge Hermann Jahrreiß); 1937 o. Prof. Greifswald; 1941–45 o. Prof. Prag; 1947 LB TH Braunschweig
B: Synchronist (1922); System d. völkerrechtl. Kollektivverträge als Beitrag z. Kodifikationd. VR (1929); D. Nationalität d. Binnenschiffe (1931); Le problème des personnes morales en droit inetern. privé (1933)
Q: K 1983, S. 3499, Stolleis, Geschichte III, S. 271 FN 163.
備考：戦後原始会員（1950 年入会）。憲法・行政法というよりは国際私法学者。このように、諸般の事情から、私法学者が公法を教えていた時代があった（Stolleis, a. a. O.）。

0721
故 **RUMPF, Helmut**（ルンプ、ヘルムート）
Dr. iur., M.A., Hon.Prof., Univ. Bochum, Auswärtiges Amt/Bonn
1915 年 07 月 26 日（Berlin-Charlottenburg）　1986 年 04 月 23 日（Heidelberg）
VL: Deutsches u. ausländisches Staats- u. Völkerrecht
Studium Friedrich-Wilhelms-Univ. Berlin 1934–39 (1939 als Austausstud. in Harvard/USA); 1938 M.A. (Harvard); 1939 I. SE Berlin; 1939 Prom. Berlin; Kriegsdienst; U.Ass. Heidelberg; 1950 Prüfung f. Höheren Ausw. Dienst; Prom; 1951 Habil. Heidelberg; 1951–58 PD Heidelberg; 1966 Lehrautr.Bochum; 1968 Hon.Prof. Bochum
B: Is a definition of war necessary?, in: Boston Univ. Law Review, Bd. XVIII (1938), S. 686 ff. (M.A. Schrift); D. Entwicklung d. ArbeitsR i. d. Vereinigten Staaten (AöR 30 (1930), S. 294 ff.: D.); Politische Akte im eng. u. franz. StaatsR (1955 u. d. Titel: Regierungsakte im Rstaat: H.; auch jap. Übers. 1965); D. ideologische Gehalt d. Bonner GG (1958; jap. Übers. 1962); Verteidigungslasten i. d. BR (1960); Land ohne Souveränität (1969); D. Recht d. Truppenstaionierrung i. d. BR (1969); Carl Schmitt u. Thomas Hobbes (1972); Vom Niemandland zum dt. Kernstaat (1979); D. inetern. Schutz d. MR u. d. Interventionsverbot (1981)

AL: Wolfgang Siebert, Carl Schmitt（ 0780 ）; Walter Jellinek（ 0395 ）
Q: K 1983, S. 3510/3511; Nek. K 1987, S. 5338; Hikasa, S. 381
備考：1952年入会。第14回大会（1955年）第2テーマ副報告。戦争で割を食った時代生まれの一人。戦中にアメリカに滞在した。その統治行為に関する教授資格論文は、邦訳されている（有倉遼吉ほか訳『法治国における統治行為』、1964年・早稲田大学出版部）。

0722
RUPP, Hans Heinrich（ルップ、ハンス・ハインリヒ）
Dr. iur., em. o. Prof., Univ. Mainz
1926年03月11日（Annweiler）
VL: Öffentliches Recht
1946–47 Studium Heidelberg（Mathematik u. Physik）; 1947–50 Studium Heidelberg u. Mainz（RW）; 1948 I. SE Mainz; 1953 Prom. Mainz; 1955 II. SE; 1955–59 Landgerichtsrat; 1959 Ass. Tübingen; 1963 Habil. Tübingen; 1964 o. Prof. Marburg; 1968 Prof. Mainz; emert.
B: D. ärztlichen Berufskörperschaften (1953: D.); Verwaltungsnorm u. Verwaltungsrechtsverhältnis (1963: H.; erschien 1965 als "Gfragen d. heut. Verw.rechtslehre"); Privateigentum an Staatsfunktionen? (1963); Verf.rechtl. Aspekte d. Postgebühr u. d. Wettbvewerbs. d. Dt. Bdespost mit d. Kreditinstituten (1971); GG u. Wirtschaftsverfassung (1974)
AL: Otto Bachof（ 0025 ）
AS: Günter Hermann（ 0326 ）; Hermann Hill（ 0339 ）; Friedrich von Zezschwitz（ 0992 ）
Q: K 1983, S. 3513; Wer ist wer 1996/97; CV; Hikasa, S. 386; 広渡 p. 43
備考：1964年入会。第27回大会（1968年）第2テーマ主報告（なお、この年は世相を反映して、「大学における学生の地位」がテーマであった）。1972年及び1973年の協会副理事長（理事長はKonrad Hesse、いま一人の副理事長はPeter Lerche）。さらに、1984年及び1985年の理事長（副理事長は、Peter Häberle及びHans-Uwe Erichsen）。早逝したDietrich Jesch（ 0397 ）とともに、テュービンゲンのBachof門下に彗星のごとく現われた俊秀。
http://www.koeblergerhard.de/juristen/alle/allerSeite566.html

0723
RUTHIG, Josef（ルーティ［ッ］ヒ、ヨーゼフ）
Dr. iur., Univ.-Prof., Univ. Mainz
1965年
Verfassungsrecht, Verwaltungsrecht, Europarecht, Rechtsvergleichung
1985–90 Studium Mannheim; 1990 I. SE; 1993 II. SE; 1996 Prom.

Mannheim; 2001 Habil. Mannheim; 2001–03 Hochschuldoz. Mannheim; 2003 Univ.-Prof. Mannheim; 2003 Univ.-Prof. Mainz
D: Vollmacht und Rechtsschein im IPR, Heidelberg 1996
H: Die Verfahrenspraxis bei der Zulassung von Pflanzenschutzmitteln nach § 15 PflSchG, Berlin 2009
AL: Wolf-Rüdiger Schenke (0746)
備考：ヨーロッパ法・経済法学者。
http://www.jura.uni-mainz.de/ruthig/52.php（写真あり）
http://de.wikipedia.org/wiki/Josef_Ruthig

0724
RÜTSCHE, Bernhard (リュッチェ、ベルン[ベァン]ハルト) 瑞
Dr. iur., Prof., Univ. Luzern
1970 年 (St. Gallen)
Öffentliches Recht und Rechtsphilosophie
1991–94 Studium Bern; 1994–95 Gerichtspraktikum; 1995–96 Anwaltspraktikum; 1997 Patentierung zum bernischen Fürsprecher (RA); 1997–2001 Ass. Bern; 1999 Wiss. MA im Departement für Inneres u. Militär des Kantons St. Gallen; 2001–03 Oberass. Bern; 2002 Prom. Bern; 2002–09 Wiss. MA im Bundesamt für Justiz; 2009 Habil. Zürich; 2009 SNF-Förderungsprof. Zürich; 2010 Prof. Luzern
D: Rechtsfolgen von Grundrechtsverletzungen, Basel 2002
H: Rechte von Ungeborenen auf Leben und Integrität, Zürich 2009
AL: Andreas Kley (0439)
備考：行政及び司法の両分野での実務経験をバランスよく積んだスイスの若手研究者。
http://www.unilu.ch/deu/ruetsche,-bernhard_598868.html（写真あり）
http://www.rwi.uzh.ch/lehreforschung/alphabetisch/ruetsche/person/cv.html

0725
RUX, Johannes (ルックス、ヨハンネス)
Dr. iur., PD, Univ. Tübingen
1967 年
Öffentliches Recht
1988–92 Studium VWL (1988–1991) u. RW (1989–1992) FU Berlin; 1990 Vordiplom Wirtschaftswiss. FU Berlin; 1993 I. SE; 1996 II. SE; 2002 Prom. Tübingen; 2006 Habil. Tübingen; 2008 Tätigkeit im Juristischen Lektorat des Nomos-Verlages in Baden-Baden
D: Die Pädagogische Freiheit des Lehrers, Berlin 2002

H: Direkte Demokratie in Deutschland, Baden-Baden 2008
備考: 教育法、ニューメディア法などを研究。
http://www.staatsrecht.info/person.htm（写真あり）

S

0726
SACHS, Michael (ザ[ッ]クス、ミヒァエ[ー]ル)
Dr. iur., U.Prof., Univ. Köln
1951年06月12日（Duisburg）
VL: Staats- u. Verwaltungsrecht
1969–73 Studium Köln; 1973 I. SE Köln; 1976–78 Ref.; 1978 II. SE NRW; 1978 WiAs Köln; 1976 Prom. Köln; 1985 Habil. Köln; 1985 PD Köln; 1987 Prof. Augsburg; 1991 Prof. Potsdam; 1995 Prof. Düsseldorf; 2001 Univ. Köln
B: Die Bindung d. BVerfG an seine Entscheidung (1977: D.); Grenzen d. Unterscheidungsverbots gemäß Art. 3 Abs. 2 u. 3 d. GG (1985: H.)
MH: FS Klaus Stern (1993; m. Joachim Burmeister/Michael Nierhaus/Fritz Ossenbühl/Michael Sachs/Peter Tettinger); FS K. Stern (1997; hrsg.: J. Burmeister i. Zw. m. M. Nierhaus/G. Püttner/P. Tettinger u.a.)
AL: Klaus Stern (0863)
Q: K 1987, S. 3880; CV
備考：1986年入会。複数の大学を流転の後、母校に戻った。師の憲法学教科書（Das StaatsR d. BRD）の執筆を手伝っている。
http://www.sachs.uni-koeln.de/mitarbeiter/leitung/lebenslauf.htm
http://de.wikipedia.org/wiki/Michael_Sachs（写真あり）

0727
SACKSOFSKY, Ute (ザクソフスキー、ウ[ー]テ) 女性
Dr. iur., Prof., Univ. Frankfurt/M.
1960年
Öffentliches Recht, Rechtsvergleichung
1979–83 Studium Freiburg/Br.; 1984–86 Master in Public Administration (Harvard Univ.); 1990 Prom. Freiburg; 1991 II. SE; 1991–95 Wiss. MA beim BverfG; 1996–98 Stip. DFG; 1999 Habil. Freiburg; 1999 Univ-Prof. Frankfurt/M.; 2003–08 Landesanwältin beim StaatsGH des Landes Hessen
D: Das Grundrecht auf Gleichberechtigung, Baden-Baden 1991

H: Umweltschutz durch nicht-steuerliche Abgaben, Tübingen 2000
AL: Ernst-Wolfgang Böckenförde（ 0067 ）; Joachim Wieland（ 0954 ）
備考 1: 環境法・税法学者。
備考 2: なお、Wieland は Böckenförde の門下生。後者の師は Hans Julius Wolff（ 0978 ）であり、さらにその師は Friedrich Giese（ 0240 ）である。
http://www.jura.uni-frankfurt.de/ifoer1/sacksofsky/person/index.html
（写真あり）

0728
故 **SALADIN, Peter**（ザラディーン、ペーター）
Dr. iur., M.C.L., Dr. h.c., em. o. Prof., Univ. Bern/CH
1935 年 02 月 04 日（Basel） 1997 年 05 月 25 日
VL:（Schweizerisches）Staats- u. Verwaltungsrecht
1954–59 Studium Basel; 1962–63 Studium Michigan LS, Ann Arbor/ USA; 1960–61 Ass. v. Max Imboden (Berlin); 1961 Advokaturex.; 1961–62 Ass. v. Imboden; 1963 Eidg. Justizabt. in Bern; 1966 Stip. zur Habil.; 1966 Sekretär d. Schweiz. Wissensch.rats; 1959 Prom. Basel; 1963 Master of Comparative Law (Ann Arbor); 1969 Habil. Basel; 1969 PD Basel; 1972 o. Prof. Basel; 1976 Bern; emer.
B: D. Widerruf von VAten (1960: D.); D. Rprechung d. Bdesgerichts zu d. Grechte i. e. sich wandelnden Umwelt (1968: H.); VwVfR d. Bdes (1979); Grechte im Wandel (1970; 3. A. 1982); Wozu noch Staaten? (1995)
MH: FS Hans Peter Tschudi (1983; m. Frank Vischer)
AL: Max Imboden（ 0374 ）
Q: K 1983, S. 3535; CV
備考: 1971 年入会。第 35 回大会（1976 年）第 1 テーマ主報告。人間の尊厳と並び、「自然の尊厳（natürliche Würde）」の維持という観点から、環境保護をベースにした国家論を構想。
http://www.hls-dhs-dss.ch/textes/d/D45088.php

0729
SALZWEDEL, Jürgen（ザルツヴェーデル、ユ[ー]ルゲン）
Dr. iur., em. Prof., Univ. Bonn
1929 年 01 月 26 日（Frankfurt/O.）
Öffentliches Recht, Umweltrecht
1948–52 Studium Berlin (Humboldt) u. Köln; 1952 I. SE Köln; 1957 II. SE Düsseldorf; 1957 WiAs Köln; 1957 Prom. Köln; 1961 Habil. Köln; 1961 PD Köln; 1961 ao. Prof. Bonn; 1963 o. Prof. Bonn; 1994 emer.

B: D. Grenzen d. Zulässigkeit d. öffentl.-rechtl. Vertrag (1958: D.); Exekutive u. Legislative d. Bundes beim Abschluß intern. Verw.abkommen (1961: H.); Comparative Public Law (1963–64); D. Entschäd. pflicht b. d. Festsetzung v. Wasserschutzgebieten (1970); Stud. z. Erhebung v. Abwassergebühren (1972)
AL: Hans Peters (0649)
AS: Wilfried Berg (0048); Rüdiger Breuer (0081); Günter Erbel (0178); Wolfgang Loschelder (0526); Michael Reinhard (0684)
Q: K 1983, S. 3540; Wer ist wer 1996/97; CV
L: Symp. 1990 (Eigentumsgarantie u. Uwsz; hrsg.: Fritz Ossenbühl)
備考：1964 年入会。第 22 回大会（1963 年）第 2 テーマ主報告。環境法研究の先駆者。退官後は、弁護士登録している。
http://www.cms-hs.com/Juergen-Salzwedel
0730
故 **SANDER, Fritz** （ザンダー、フリッツ）
Dr. ju., o. Prof., Deutsche Univ. Prag
1889 年 06 月 08 日（Wien）　1939 年 10 月 03 日（Prag）
Allgemeine Staatslehre, Rechtsphilosophie und deren Geschichte
Studium 1907–11 Wien; 1912 Prom. Wien; 1920 Habil. Wien; 1920 PD Wien; 1921 ao. Prof.; 1926 o. Prof. Dt. Techn. Hochschule Prag; 1931 Prof. Dt. Univ. Prag
B: Rechtsdogmatik oder Theorie der Rechtserfahrung?: Kritische Studie zur Rechtslehre Hans Kelsens, Wien u. a. 1921; Kelsens Rechtslehre: Kampfschrift wider d. normative Jurisprudenz, Tübingen 1928; Allgemeine Gesellschaftslehre, Jena 1930; Das Problem der Demokratie, Prag u. a. 1934; Allgemeine Staatslehre, Brünn u. a. 1936
AL: Hans Kelsen (0417)
Q: K 1935, S. 1164
備考：1932 年入会。「ウィーン学派」（碩学 7 頁）。師 Hans Kelsen の好敵手として論争を重ねた結果、Kelsen からは次第に遠ざかり、法社会学派を打ち立てた。
http://www.biographien.ac.at/oebl/oebl_S/Sander_Fritz_1889_1939.xml
0731
SARCEVIC, Edin （サルシェヴィッチ、エディ[ー]ン） 旧ユーゴ
Dr. iur., apl. Prof., Univ. Leipzig
1958 年 06 月 16 日（Sanski Most/BosnienHerzegowina）
Staatsrecht, Allgemeine Staatslehre, Völkerrecht und Europarecht
Studium Sarajevo, Belgrad und Saarbrücken; 1988 LL.M. (Belgrad);

1988–91 Ordentl. Ass. Sarajevo; 1992 Prom. Univ. des Saarlandes; 1993–99 WiAs Leipzig; 1999 Habil. Leipzig; 1999 Oberass. Leipzig; apl. Prof. Leipzig
D: Rechtsstaat, Leipzig 1996
H: Das Bundesstaatsprinzip, Tübingen 2000
備考：旧ユーゴスラヴィア出身。苗字の綴りは、Sarčevićとのこと。強いて分類すれば、国際法・ヨーロッパ法研究者。「法治国家」と「連邦国家」を祖国に重ね合わせると、選択したテーマの意味は重い。
http://www.uni-leipzig.de/~eurlaw/eurlaw/mitarbeiter/assoziierte-mitglieder/apl-prof-dr-edin-sarcevic（写真あり）
http://www.de.fcjp.ba/content/view/5/107/（写真あり）
http://bs.wikipedia.org/wiki/Edin_%C5%A0ar%C4%8Devi%C4%87

0732

故**SARTORIUS, Carl（Karl）Friedrich**（ザルトーリウス、カール［カルル］・フリードリヒ）
Dr. iur., em. o. Prof., Univ. Tübingen
1865年01月29日（Bayreuth）　1945年10月24日（Tübingen）
Staats- u. Verwaltungsrecht; Kirchenrecht
Studium Erlangen, München u. Berlin; 1887 Prom. Erlangen; 1891 Habil. Bonn; 1891 PD Bonn; 1895 ao. Prof. Marburg/L.; 1901 o. Prof. Greifswald (1906 Rektor); 1908 Tübingen (1919–20, 1920–21 Rektor); 1933 em.; 1909 ord. Mitgl. württ. VwGH; 1914–16 Kriegsdienst; 1916–18 Ref. i. St. d. Kriegsamts Berlin
B: D. relig. Erziehung d. Kind aus gemischt. Ehen nach bayr. Rechte (1887: D.); D. staatl. Verw.ger.barkeit a. d. Gebiet d. KirchenR (1891: H.); Einführ. d. Familienstandes auf d. Staatsangehörigk. n. d. ReichsG v. 1. VI. 1870 (1899); D. öff. mild. Stiftg. zu Frankfurt a. M. u. ihr rechtl. Verhältnis z. Stadtgemeinde (1899); Kommentar z. PersonenstandsG in d. v. 1. I. 1900 an geltenden Fassg (1902); Modernes KriegsR (1914);
AS: Erich Kordt（ 0461 ）
Q: KLK 1917, S. 1135/1136; Wer ist's 1922, S. 1322; K 1935, S. 1166; Genealogie LS Oppermann, S. 200, Born, S. 170
備考1：戦前原始会員（1924年入会）。1929年及び1931年協会理事長（1930年には学会は開かれていない。なお、副理事長はHans Kelsen及びOtto Koellreutter）。ナチスの政権掌握に伴い、学会の解散を決議したときの学会理事長となった。有名な法令集『ザルトーリウス』の創刊者でもある。
備考2：上述のように、戦前最後の学会は1931年に開催され、その後、協会

の解散で立ち消えとなった。同じ名前の協会（Vereinigung der Deutschen Staatsrechtslehrer e.V.）が再建されたのは戦後の 1949 年であり、再建時の協会理事長は Erich Kaufmann（ 0414 ）、副理事長は Walter Jellinek（ 0395 ）及び Werner Weber（ 0935 ）であった。
http://www.studion.uni-tuebingen.de/mediawiki/index.php/Professorengalerie:_Carl_Sartorius
http://de.wikipedia.org/wiki/Carl_Sartorius
0733
故 **SASSE, Christoph**（ザッセ、クリストフ）
Dr. iur., o. Prof., Univ. Hamburg
1930 年 09 月 06 日（Berlin） 1979 年 02 月 26 日（Florenz/Italien）
1949–53 Marburg/Lahn, Poitiers/Frankreich u. Genua/Italien; 1957–60 Marburg（VWL）; 1953 I. SE; 1960 II. SE Wiesbaden; 1957 Prom. Marburg; Habil.; 1957–63 LB Marburg; 1963–67 Rechtsberater d. EWG-Kommission; 1967–70 Stellvert. Kabinettchef d. EG-Kommission; 1970 o. Prof. Gießen; 1974 Prof. Hamburg
B: D. Constitutio Antoniniana（1958: D.）
Q: Nek. K 1980, S. 4476; 没
L: GS 1981（D. Europa d. zweiten Generation, 2 Bde.; hrsg. v. Roland Bieber u.a.; Veröffentl., Bd. 2, S. XXIII–XXVI）; JZ 1979, S. 451（von Peter Schneider）
備考: 1974 年入会。ヨーロッパ法研究の先駆者。回り道をした感がある。
0734
故 **SATTLER, Andreas**（ザ[ッ]トラー、アンドレァ[ー]ス）
Dr. iur., Prof., Univ. Göttingen
1931 年 06 月 24 日（Dresden） 2010 年 04 月 06 日
Staatsrecht, Verwaltungsrecht, Europäisches Gemeinschaftsrecht
1950–54 Studium Göttingen, Innsbruck u. Freiburg/Br.; 1957/58 LSE; 1960/61 Institut d'Etudes Politiques in Paris; 1954 I. SE Celle; 1960 II. SE NRW; 1956 Prom. Göttingen; 1967 Habil. Göttingen; 1968 PD Göttingen; 1970 Wiss. Rat u. Prof. Göttingen; 1996 emer.
B: D. Prinzip d. 'funktionellen Integration' u. d. Einigung Europas（1967: H.）; D. EG an d. Schwelle z. Wirtsch. u. Währungsunion（1972）; D. rechtl. Bedeut. d. Entscheid. f. d. streitbare Demokratie（1982）
AL: Gerhard Leibholz（ 0507 ）
Q: K, 1983, S. 3552; Wer ist wer 1996/97; CV; Hikasa, S. 396
備考 1: 1968 年入会。Leibholz の唯一の門下生（Habilitant）。

備考 2: 師を通じ、Heinrich Triepel（ 0891 ）を経て、Karl Binding（非会員、Basel → Freiburg/Br. → Straßburg → Leipzig、刑法学、1841-1920年）へと連なる。
http://www.uni-goettingen.de/de/151459.html

0735
SAURER, Johannes（ザウラー、ヨハンネス）
Dr. iur., PD, Univ. Bayreuth
1975 年
Studium Tübingen; I. SE; 2004 Prom. Bayreuth; 2008 LL. M（Yale LS); Habil. Bayreuth
D: Die Funktionen der Rechtsverordnung, Berlin 2005
H: 不明
AL: Oliver Lepsius（ 0514 ）
備考: データ不足。下記によると、専門はドイツ及びヨーロッパ行政法、ヨーロッパ経済法、テロリスト防止法とのこと。
http://www.oer4.uni-bayreuth.de/de/team/Saurer_Johannes/index.html
http://www.law.yale.edu/academics/9010.htm

0736
SAXER, Urs（ザクサー、ウルス）瑞
Dr. iur., Titular-Prof., Univ. Zürich, RA/Partner
1957 年（Zürich)
Völkerrecht, Staatsrecht, Verwaltungsrecht und Medienrecht
-1981 Studium Zürich; 1982-84 Ass. Zürich; 1987 Prom. Zürich; 1988 Anwaltspatent des Kantons Zürich; 1988-90 Rechtskonsulent einer Wirtschaftskanzlei; 1991 LL.M.（Columbia); Habil.; 1995 RA; 1997-99 Dozent Gallen; 2000 PD Zürich; 2001-05 Dozent Technischen Hochschule Zürich（ETHZ); 2008 Titularprof. Zürich
D: Die Grundrechte und die Benutzung öffentlicher Straßen, Zürich 1988
H: Kosovo und das Völkerrecht, Basel 1999
AL: Dietrich Schindler Jun.（ 0755 ）
備考: スイスの実務家教員(弁護士)。
http://www.rwi.uzh.ch/lehreforschung/tp/tit-saxer/person/cv.html
http://www.steinlex.ch/de/rechtsanwaelte_saxer.html（写真あり）

0737
SCHACHTSCHNEIDER, Karl Albrecht（シャハトシュナイダー、カール[カルル]・アルプレヒト）
Dr. iur., o. Prof., Univ. Erlangen-Nürnberg

1940年07月11日（Hütten/Pommern）
Staatsrecht, Verwaltungsrecht, Wirtschaftsrecht
1960–65 Studium Berlin, Bonn u. Tübingen (RW u. Philosophie); 1964 I. SE Berlin; 1966–69 Ref.; 1969 II. SE Berlin; 1965–72 WiAs, wiss. Tutor, Assistenzprof. Berlin; 1969–76 Anwaltsassessor, RA; 1972–78 Prof. FH f. Wirtschaft Berlin; 1969 Prom. Berlin (FU); 1986 Habil. Hamburg; 1978 Prof. Hamburg; 1989 Erlangen
B: D. Rweg zum BVervG in Bund-Länder-Streitigkeiten (1969: D.); D. Sozialprinzip (1974); Staatsunternehmen u. PrivatR (1986: H.); Res publica res populi (1994)
AL: Karl August Bettermann (0053)
Q: K 1987, S. 3924; CV
備考：1986年入会。ヨーロッパ経済法を研究していたが、近年では欧州連合のあり方に極めて批判的となり、訴訟も提起した。
http://de.wikipedia.org/wiki/Karl_Albrecht_Schachtschneider
0738

故 **SCHACK, Friedrich** （シャック、フリードリヒ）
Dr. iur. et rer pol., plm. ao. Prof., Univ. Hamburg
1886年10月01日（Parral/Mexiko）　1978年07月15日（München）
Staats- u. Verwaltungsrecht, Beamtenrecht, Überseerecht
1906 Studium RW u. VWL Freiburg/Br., Lausanne, Berlin u. Marburg; 1911 II. SE; 1912 Prom. (rer. pol.) Würzburg; 1912–1913 Syndikus Daimler-Motoren-Gesellschaft/Stuttgart-Untertürkheim; ab 1914 Privatgelehrter des öff. Rechts Frankfurt/M.; ab 1924 in Berlin ohne Bindung durch Amt oder Anstellung in der er als Schriftsteller, Gutachter und Vortragender; 1918 Prom. (Dr. iur.); 1936 LB Orient. Sem. Berlin (Ausland H.); 1936 Ass. Hamburg; 1941 Habil. Hamburg; 1943 ao. Prof. Hamburg; 1954 emer.
B: Die öffentlich-rechtliche Stellung der juristischen Personen als Gewerbetreibenden (1912: D. rer. pol); Prüfung der Rechtmäßigkeit von Gesetz und Rechtsverordnung (1918: D. Dr. iur.); Das Kolonialrecht in seiner Entwicklung bis zum Weltkriege (1923: H.); Analogie u. Verwendung allg. Rgedanken bei d. Ausfüllung v. Lücken in d. Normen d. VerwR (in: FS Rudolf Laun) (1948)
AL: Fritz Fleiner (0201)
AS: Hans-Peter Ipsen (0375)
Q: K 1950, S. 1748/1749; Nek. K 1980, S. 4476
L: JZ 1956, S. 613 (von Hans-Peter Ipsen); FS 1966 (Hambruger FS

für F. S. zu seinem 80. GT; hrsg. v. H.-P. Ipsen; insb. S. 7/8); AöR 92 (1967), S. 135 (von Ipsen); DÖR 1976, S. 632; AöR 103 (1978), S. 603–604 (Nachruf; von Wolfgang Martens)
備考1：戦後原始会員（1950年入会）。父親の仕事（貿易商）の関係でメキシコに生まれ、ドイツに戻った。
備考2：あまり知られていないと思われるが、上記にように Fritz Fleiner の弟子で、かつ H. P. Ipsen の師に当たる人物。数奇かつ多彩な人生を送った。植民地法を研究。
http://de.wikipedia.org/wiki/Friedrich_Schack

0739

故 **SCHÄFFER, Heinz**（シェーファー、ハインツ）墺
Dr. iur., o. U.Prof., Univ. Salzburg/Österr.
1941年04月25日（Wien） 2008年12月01日（Salzburg）
Öffentliches Recht, Wirtschaftsrecht
1959–63 Studium Wien; 1964 Ger.praxis BG Lienz; 1963 HiWi u. HS-Ass. Wien; 1964 Prom. Wien; 1971 Habil. Wien; 1968–69 Stip. AvH Freiburg/Br.; 1971 PD Wien; 1976 o. Prof. Salzburg; 1999 Ersatzmitglied VerfGH Österreich
B: Koordinationspflichten zw. Trägern d. öff. Verwaltung (1971: H.); Verf.interpretation in Österr. (1971); Rquellen u. Ranwendung (Gutachten zum 5. ÖJT: 1973); Rquellen u. Ranwendung (1973); Briefwahl (1979); WirtschaftsR u. Europ. Regionen (1994)
MH: FS Erwin Melichar (1983; m. Klaus König/Kurt Ringhofer)
AL: Erwin Melichar（ 0569 ）
Q: K 1983; CV: 日笠
L: Susanne Bachmann u.a. (Hrsg.), Gesetzgebungsverfahren u. Gesetzesqualität (1994; Symposion anläßlich d. 50. GT)
備考：1972年入会。第44回大会（1985年）第1テーマ報告及び第55回大会（1995年）第2テーマ報告（4人の報告者の1人）。経済行政法を研究した。
http://www.uni-salzburg.at/portal/page?_pageid=905,435964&_dad=portal&_schema=PORTAL（写真あり）
http://www.uni-salzburg.at/pls/portal/docs/1/546007.PDF
http://www.jan-sramek-verlag.at/fileadmin/user_upload/curriculum_vitae_Homepage_01.pdf

0740

SCHAMBECK, Herbert（シャームベック、ヘルベルト［ヘァベァト］）墺
Dr. iur., Dr. h.c. mult., em. o. U. Prof., Univ. Linz/Österr.
1934年07月12日（Wien）

Öffentliches Recht, Rechtsphilosophie, Politische Wissenschaften
1953–58 Studium Wien; 1959–64 Ass. Wien; 1958 Prom. Wien; 1964 Habil. Wien; 1964 PD Wien; 1965 Ref. i. d. wiss. Abt. d. Österr. BWirtKammer; 1966 ao. Prof. Innsbruck; 1967 o. Prof. Linz; 2002 emer.; 1969 Mitgl. d. östrr. Bundesrates; 1975 stellv. Vors.; bis 1997 Präs. Länderkammer
B: Der Begriff d. "Natur der Sache" (1964: H.; Nachdr. 1996); Kirche-Staat-Geschichte (1967); Grechte u. Sozialordnung (1969); Vom Sinnwandel d. Rstaat (1970); D. Volksbegehren (1971); Ministerverantwortlichkeit (1971); Pius XII u. d. Weg d. Kirche (1979); Richteramt u. Ethik (1982); Ethik u. Staat (1986); Österr. Parlamentarismus (1986); D. Leben u. Wirken v. Adolf Julius Merkl (1990); Kirche, Staat u. Demokratie (1992); Staat, Öffentlichkeit u. öff. Meinung (1992); Europ. Integration u. österr. Föderalismus (1993); D. österr. Reg.asystem (1995)
H: FS Fritz Eckert (1975); FS Fritz Eckert (1976)
MH: FS Ludwig Fröhler (1980; m. Peter Oberdorfer); FS Gerhard Müller (1981; m. Theo Mayer-Maly u.a.); GS Johannes Messner (1985; m. Alfred Klose u.a.); Adolf Julius Merkl, Gesammelte Schriften, 2 Bde. (1991/95; m. Doroteha Mayer-Maly u.a.); FS Edwin Loebenstein (1991; m. Ludwig Adamovich u.a.); FS Rudolf Strasser (1993; m. Peter Jabornegg u.a.)
AL: Adolf Julius Merkl (0576)
AS: Johann Hengstschläger (0316)
Q: K 1983, S. 3589; CV
L: FG 1994 (Für Staat u. Recht; hrsg. v. Johannes Hengstschläger, Karl Korinek u.a.); FS 1997 (4. A.: Recht – Glaube – Staat; hrsg.: Kaluza/Penz/Strimitzer/Weiss)
備考：1980年入会。法段階説で有名なMerklの助手であった。記念論文集の(共)編者が多く、教会法にも造詣が深い。1992年の論文集タイトル(教会、国家及び民主主義)がこの人物の研究動向を雄弁に物語っている。
http://www.parlament.gv.at/WW/DE/PAD_01590/pad_01590.shtml
http://www.ch98.ethz.ch/beck.htm
http://www.aeiou.at/aeiou.encyclop.s/s158584.htm
http://de.wikipedia.org/wiki/Herbert_Schambeck
0741

故 **SCHÄTZEL, Walter Friedrich Robert**（シェッツェル、ヴァルター・フリードリヒ・ローベルト）

Dr. iur., em. Prof., Univ. Berlin
1890年03月29日（Berlin） 1961年04月09日（Bonn）
Völkerrecht, Staatsrecht, Verwaltungsrecht
Studium RW u. Staatswiss. Lausanne u. Berlin, 1922 II. SE; 1922 LGerR. Berlin; 1924 Staatsvertreter gemischtes Schiedsgericht Berlin; 1927 Habil. Kiel; 1927 PD Kiel; 1931 ObLdesGerR. Königsberg/Pr.; LB Königsberg; 1932 o. Prof. Prag; 1942 o. Prof. Marburg/Lahn; 1946 Mainz; 1950 o. Prof. Bonn
B: D. Reich u. d. Memelland (1943); Themen u. Fälle aus öffentl. Recht (1942; 2. A. 1948); D. Charta d. Vereinigten Nationen (1948; 7. A. 1979); Die Franz. Verfassung v. 13. 10. 1946 (1948)
AS: Fritz Münch (0601)
Q: K 1950, S. 1755; Nek. K 1961, S. 2388
L: FS 1960 (Internationalrechtl. u. staatsrechtl. Anhandlungen; hrsg. v. Rudolf Laun u.a.); AöR 85 (1960), S. 353; AöR (1961), S. 350; JZ 1961, S. 514 (von Fritz Münch)
備考：戦後原始会員（1950年入会）。戦前・戦中を生き、戦後にフーゴー・グロチウスの『戦争と平和の法（De jure belli ac pacis）』を独訳した国際法学者（1949年）。

0742
故 **SCHAUMANN, Wilfried**（シャウマン、ヴィルフリート）
Dr. iur., LL.M., o. Prof., Univ. Fribourg/CH
1923年07月26日（Aargau/Baden） 1971年02月09日（Aitrang/Bayern）
Öffentliches Recht; Völkerrecht
1943–48 Studium Zürich; 1949 Prom. Zürich; 1951 LL.M. (Yale); 1955 Habil. Zürich; 1955 PD Zürich; 1952 Amer. Soc. Intern. Law; 1961 o. Prof. Würzburg; 1970 Prof. Fribourg
B: Die Ldesplanung im schwerz., engl. u. franz. Recht (1950: D.); Die Gleichheit d. Staaten (1957: H.)
AL: Werner Kägi（非会員、Zürich、1909–2005年）
AS: Reiner Schmidt (0770)
Q: K 1961, S. 1758; Nek. K 1970, S. 3433
L: JZ 1971, 237 (Nachruf; von Reiner Schmidt)
備考：1960年入会。第19回大会（1960年）第1テーマ副報告。出張で、ミュンヒェンからツューリヒに戻る途中、列車事故のため早逝(48歳)したスイスの公法・国際法学者。
http://www.koeblergerhard.de/juristen/nvips/nviwsSeite128.html

0743
SCHEFER, Markus（シェーファー、マルクース）瑞
Dr. iur., Prof., Univ. Basel
1965 年 2 月 4 日
Öffentliches Recht, vergleichendes Verfassungsrecht und juristische Methodenlehre
1985–90 Studium Bern; 1989 Ass./Oberass. Bern; 1992/93 Studien in den USA; 1995 Prom. Bern; 2001 Habil. Bern; 2002 Prof. Basel
D: Konkretisierung von Grundrechten durch den U.S.-Supreme Court, Berlin 1997
H: Die Kerngehalte von Grundrechten, Bern 2001
AL: Jörg Paul Müller（ 0597 ）
備考：基本権を研究するスイスの中堅研究者。
http://ius.unibas.ch/nc/lehre/dozierende/oeffentliches-recht/eigene-seiten/person/schefer_markus/seite/1527/
http://de.wikipedia.org/wiki/Markus_Schefer

0744
SCHEFOLD, Dian（シェーフォルト、ディアーン）
Dr. iur., Prof., Univ. Bremen
1936 年 03 月 06 日
Öffentliches Recht, Verwaltungsrecht, allgemeine Staatslehre, neuere Verfassungsgeschichte
Studium Basel, Berlin u. Rom; 1966 Prom. Basel; 1970 Habil. FU Berlin; 1970–80 Prof. FU; 1980 Prof. Bremen; 2001 emer.
D: Volkssouveränität und repräsentative Demokratie, 1966
H: 特定できなかった。
AL: Karl-August Bettermann（ 0053 ）
備考 1：地方自治法、計画法、政党法、ドイツとイタリアの比較憲法を研究。
備考 2：なお、師の Bettermann は Eduard Bötticher（民訴、非会員）の門下生。
http://www.jura.uni-bremen.de/typo3/cms405/index.php?id=217（写真あり）

0745
SCHENKE, Ralf Peter（シェンケ、ラルフ・ペーター）
Dr. iur., Prof., Univ. Würzburg
1968 年
Staats- und Verwaltungsrecht, Steuerrecht und Rechtstheorie
1988–92 Studium Tübingen, Köln u. Heidelberg; 1992 I. SE; 1993–

Wiss. HK/WiAs Freiburg/Br.; 1995 Prom. Freiburg; 2004 Habil. Freiburg; 2007 Prof. Münster; 2008 Prof. Würzburg
D: Der Erledigungsrechtsstreit im Verwaltungsprozeß, Berlin 1996
H: Die Rechtsfindung im Steuerrecht, Tübingen 2007
AL: Thomas Würtenberger（0986）
備考： 若手の税法学者。規制緩和論や PPP 論なども研究。Wolf-Rüdiger Schenke（0746）の子息。
http://www.jura.uni-wuerzburg.de/lehrstuehle/schenke/prof_dr_schenke/zur_person/（写真あり）

0746
SCHENKE, Wolf(gang)-Rüdiger（シェンケ、ヴォルフ［ガング］＝リューディガー［ルューディガー］）
Dr. iur., em. Prof., Univ. Mannheim
1941 年 10 月 25 日（Breslau）
VL: Öffentliches Recht
1960–64 Studium Tübingen u. Erlangen; 1964–67 Studium Erlangen (VWL); 1964 I. SE Erlangen; 1964–67 Ref. Erlangen, Nürnberg u. Ansbach; 1967 II. SE; 1965–67 HiWi, Verw. u. WiAs Erlangen; 1968–70 WiAs Mainz; 1970–72 Stip. DFG; 1972 Assist.-Prof. Mainz; 1965 Prom. Erlangen; 1974 Habil. Mainz; 1974 PD Mainz; 1975 Prof. Bochum; 1979 Mannheim; emer.
B: D. Einwilligung d. Verletzten im ZivilR unter bes. Berücksichtig. iherer Bedeutung bei Persönlichkeitsrechtsverletzungen (1965: D.); D. Verfass.organtreue (1977); Rschutz b. normativem Unrecht (1974: H.; erschien 1979); Verfassungsrechtl. Grenzen d. Tätigkeit d. Vermittlungsausschusses (1984); Fälle zum BeamtenR (1986; 2. A. 1990); Verf. ger.barkeit u. Fachger.barkeit (1987); Verw.prozeßR (1993); Bergbau contra Oberflächeneigentum u. kommunale Selbstverw. (1994); Verw. prozeßR (5. A. 1997)
AL: Heinrich Hubmann（非会員、Erlangen）; Hubert Armbruster（0015）
Q: K 1983, S. 3619; Wer ist wer 1996/97; CV; Hikasa, S. 400
備考： 1976 年入会。行政法学者。父親が裁判官、子息（0745）が弁護士を経て学者という"法律家一家"という意味で、Kirchhof 家（0428 0429 0430）に似ている。行政訴訟の教科書がよく売れている。
http://www.jura.uni-mannheim.de/dozenten/emeriti/prof_schenke/lebenslauf_prof_schenke/lebenslauf.pdf
http://de.wikipedia.org/wiki/Wolf-R%C3%BCdiger_Schenke

0747

SCHERER, Joachim (シェーラー、ヨァ[ー]ヒム)
Dr. iur., LL.M., apl. Prof., Univ. Frankfurt/M., RA (Partner)
1953 年 03 月 14 日 (Darmstadt)
Öffentliches Wirtschaftsrecht, weiter Europarecht, Rechtsvergleichung, Staatsrecht, Verwaltungsrecht, Telekommunikationsrecht, Verwaltungswissenschaft, Umweltrecht
1971–76 Studium Frankfurt/M. u. Lausanne/CH; Sommer 1973 Cours sur les Institutions Intern. an d. Univ. Genf/CH; 1974 European Community Law (Ferienkurs) an d LSE; 1976–77 Studium Columbia Univ. School of Law/USA; 1976 I. SE; 1977 LL.M. (Columbia); 1979 Prom. Frankfurt; 1984/85 Habil. Frankfurt; 1989 RA (Partner); 1995 apl. Prof. Frankfurt/M.; Fachanwalt für VerwR; 1998 RA Belgien
B: Gerichtsöffentlichkeit als Medienöffentlichkeit (1979: D.); Telekommunikationsrecht u. Telekommunikationspolitik (1985: H.)
AL: Walter Schmidt (0773)
Q: CV
備考 1: 1986 年入会。実務家教員(弁護士)。ニューメディア法に関心が強いが、幅広く研究している。
備考 2: W. Schmidt → Helmut Ridder (0692) → Friedrich Klein (0437) を経て、Friedrich Giese (0240) へと至る。
http://www.bakermckenzie.com/mobile/ourpeople/LawyerDetail.aspx?lawyer=747

0748

SCHERZBERG, Arno Herbert Ralf (シェルツ[シェアツ]ベルク、アルノー・ヘルベルト・ラルフ)
Dr. iur., Prof., Univ. Erfurt
1956 年 12 月 27 日 (Hannover)
VL: Öffentliches Recht, Europarecht und Verwaltungslehre
1975–80 Studium Tübingen u. Münster; 1981 I. SE; 1984 II. SE; 1985–96 WiAs Münster; 1989 Prom. Münster; 1993–96 Stp. DFG; 1998 Habil Münster; 1997–2000 freiberuflicher Trainer für Persönlichkeitsentwicklung; 2000 Prof. Erfurt
D: Grundrechtsschutz und „Eingriffsintensität", Berlin 1989
H: Die Öffentlichkeit der Verwaltung, Baden-Baden 2000
AL: Hans-Uwe Erichsen (0180)
備考 1: ヨーロッパ法と行政法の関係を考究。
備考 2: Erichsen は Christian-Friedrich Menger (0571) の門下生。後

者の師は Hans Julius Wolff（ 0978 ）であり、さらに Friedrich Giese
（ 0240 ）へと連なる。
http://www.uni-erfurt.de/oeffrecht/lehrstuhlteam/lehrstuhlinhaber/lebenslauf/
http://de.wikipedia.org/wiki/Arno_Scherzberg
0749

SCHEUING, Dieter H.（ショイイング、ディーター・H）
Dr. iur., Docteur en Droits, o. Prof., Univ. Würzburg
1941 年 09 月 24 日（Stuttgart）
VL: Öffentliches Recht
1960–65 Studium Hamburg, München, Tübingen u. Freiburg/Br.; 1965–68 Studienaufenthalt in Paris（Stip. d. Studienstift. d. dt. Volkes）; 1965 I. SE Freiburg; 1968–72 Ref. Tübingen u. Stuttgart; 1972 II. SE Stuttgart; 1968 WiAs Tübingen; 1975–77 Stip. DFG; 1968 Prom.（Docteur de l'Univ. de Paris）; 1973 Prom.（Docteur en Droit/Paris II.）; 1978 Habil. Tübingen; 1978 PD Tübingen; 1978 Wiss.Rat u. Prof. Köln; o. Prof. 1983 Würzburg
B: Les aides financières publiques en droit francais et européen（1974: D.）; Autonome Rsetzung（1977: H.）; Verf.rechtl. Zentralfragen der Krankenhausfinanzierung（1985）
AL: Prosper Weil（Paris II）; Otto Bachof（ 0025 ）; Günter Dürig（ 0155 ）
Q: K 1983, S. 3629; K 1987, S. 3989; CV; Hikasa, S. 402
備考1: 1979 年入会。第 40 回大会（1981 年）第 2 テーマ報告。フランスに長らく留学し、ヨーロッパ法に造詣が深い。来日経験あり。
備考2: 師の Bachof を通じて、Walter Jellinek（ 0395 ）→ Otto Mayer（ 0562 ）へと連なる。
備考3: 編著者が本書を刊行したいという希望を知って、一時期、インフォーマントの役目を果たしてくださった。ヴュルツブルクは中央大学の姉妹校であることに加え、師を共通にするという親近感も手伝ったのであろう。古希記念論集（2011 年刊）への寄稿により報恩したが、ここに記して感謝したい。
http://www.jura.uni-wuerzburg.de/lehrstuehle/professoren/scheuing/
http://de.wikipedia.org/wiki/Dieter_H._Scheuing
0750

故 **SCHEUNER, Ulrich**（ショイナー、ウルリヒ）
Dr. iur., em. Prof., Univ. Bonn
1903 年 12 月 24 日（Düsseldorf）　1981 年 02 月 25 日（Bonn）
Völkerrecht, Staats- u. Verwaltungsrecht

1925 Prom. Münster/Westf.; 1930 Habil. Berlin; 1930 PD Berlin; 1933 SA (Oberscharführer, NS-Führungsoffizier); o. Prof. Jena, 1937 NSDAP; 1940 Prof. Göttingen; 1941 Prof. NS-Kampfuniv. Straßburg; Kriegsdienst; 1945 Amtsverlust; 1948 Prof. TH Stuttgart; 1949 Prof. Bonn; 1972 emer.

B: Schriften zum StaatskirchenR (1973; hrsg.: Josef Listl); Staatstheorie u. StaatsR. Gesammelte Schriften (1978; hrsg.: Joseph Listl, Wolfgang Rüfner); Rfolgen d. konkordantsrechtl. Beanstandung e. kathol. Theologen (1980); D. Grechte d. Rdfk.freiheit (1982); D. Staatsgedanke Preußens (1983); Schriften zum VR (1984; hrsg.: Christian Tomuschat)

AL: Josef Lukas (0532); Heinrich Triepel (0891); Rudolf Smend (0839)

AS: Horst Ehmke (0165); Heiko Faber (0186); Walter Hamel (0289); Josef H. Kaiser (0408); Wilhelm A. Kewenig (0420); Joseph Listl (0521); Karl Matthias Meessen (0565); Wolfgang Rüfner (0717)

Q: K 1950, S. 1776; Nek. K 1983, S. 4846; Hikasa, S. 403

L: FS 1973 (FS für U. S. zum 10. GT; hrsg. v. H. Ehmke/J. H. Kaiser/Wilhelm A. Kewenig/K. M. Meessen); DÖV 1968, S. 869; AöR 98; JZ 1973 (von Peter Häberle); DÖV 1973, S. 818; DÖV 1978, S. 916; DÖV 1981, S. 294; Gesammelte Schriften (siehe oben)

備考：1932年入会し、戦後原始会員（1950年入会）。第11回大会（1952年）第1テーマ主報告及び第22回大会（1963年）第1テーマ主報告。1960年及び1961年の協会理事長（副理事長は、Max Imboden及びChristian-Friedrich Menger）。戦後のドイツ公法学を再建した世代の一人。教会法・国際法にも足跡を残したドイツ公法学の巨匠。「スメント学派」とある（碩学8頁）。有力な門下生を育成した名伯楽。

http://bsbndb.bsb.lrz-muenchen.de/xsfz111838.html
http://de.wikipedia.org/wiki/Ulrich_Scheuner

0751

故 **SCHICK, Walter** （シック、ヴァルター）
Dr. iur., o. Prof., Univ. Erlangen-Nürnberg
1933年09月21日（Augsburg）　1997年03月06日

VL: Staats- u. Verwaltungsrecht einschließlich öffentliches Wirtschafts- u. Steuerrecht

1952–56 Studium München; 1956 I. SE; 1957–61 Ref.; 1961 II. SE; 1957–60 HiWi München; 1960/61 Ass. Lausanne/CH; 1961 WiAs

München; 1959 Prom. München; 1965 Habil. München; 1965 PD München; 1967 o. Prof. Erlangen-Nürnberg
B: Struktur u. Wirkungsprobleme d. Normenkontrolleentscheidung (1965: H.); Vergleiche u. sonst. Vereinbarungen zw. Staat u. Bürger im SteuerR (1967); D. freien Berufe im Steuerrecht (1973); D. Verlustrücktrag (1976)
Q: K 1983, S. 3632; Wer ist wer 1996/97; CV
L: FS 1993 (Steuer u. Wirtschaft. Zs. f. d. gesamt. Steuerwiss., Jg. 70, Nr. 4, S. 295–388)
備考：1966 年入会。税財政法学者。
Prof. Dr. Walter Schick in memoriam, in: Steuer und Wirtschaft, Heft 2/1997, S. 184–186
In memoriam Professor Walter Schick, in: Finanzrundschau, Heft 10/1997, S. 373

0752
SCHIEDERMAIR, Hartmut （シーダ[ー]マイアー、ハルトムート）
Dr. iur., U.Prof., Univ. Köln
1936 年 01 月 16 日（Bonn）
Öffentliches Recht, Völkerrecht u. Rechtsphilosophie
1955–60 Studium Frankfurt/M. (zuerst Philosophie, dann RW); 1960 I. SE Frankfurt; 1965 II. SE Frankfurt; 1966 Wiss. Ref. MPI/Heidelberg; 1968 Prom. Frankfurt,; 1974 Habil. Heidelberg; 1974 PD Heidelberg; 1976 Prof. Saarbrücken; 1983 Prof. Köln; 2001 emer.
B: D. Phänomen d. Macht u. d. Idee d. Rechts bei Gottfried Wilhelm Leibniz (1970: D.); D. völkerrechtl. Status Berlins n. d. Viermächte-Abkommen v. 3. Sept. 1971 (1975)
AL: Johannes Hirschberger（神学・哲学、Frankfurt大）; Hermann Mosler（ 0589 ）
AS: Dieter Dörr（ 0148 ）; Udo Fink（ 0197 ）; Christian Hillgruber（ 0340 ）; Bernhard Kempen（ 0418 ）; Dietrich Murswiek（ 0603 ）
Q: K 1983, S. 3695; Wer ist wer 1996/97; CV; Hikasa, S. 405
備考 1：1975 年入会。ドイツ大学連盟議長。
備考 2：わが国には余り知られていない感もあるが、師の Mosler と同様、名伯楽として多数の門下生を育成。なお、Mosler は Richard Thoma（ 0886 ）の門下生であり、この学統は更に Heinrich Rosin（非会員、Freiburg、刑法、1855–1927 年）を経て、Otto von Gierke（非会員、Berlin → Breslau → Heidelberg → (wieder) Berlin、1841–1921 年）へと至る。
http://de.wikipedia.org/wiki/Hartmut_Schiedermair

0753
SCHILLING, Theodor（シリング、テーォドァ）
Dr. iur., Prof., Humboldt-Univ., Richter am Gerichtshof der Europäischen Gemeinschaften, Luxemburg a. D.
1949 年 02 月 09 日（Nürnberg）
Europarecht, Völkerrecht, Rechtstheorie
Studium Würzburg; 1972 I. SE; 1975 II. SE; 1984 Prom. Würzburg; LL. M. Univ. Edinburgh; 1994 Habil. (HU), apl. Prof. Berlin (HU); Richter am EuGH
D: Besitzlose Mobiliarsicherheiten im nationalen und internationalen Privatrecht, 1985
H: Rang und Geltung von Normen in gestuften Rechtsordnungen, 1994
AL: Michael Kloepfer (0440)
備考1：ヨーロッパ裁判所の裁判官であった。なお、同裁判所は現在では（ドイツ語表記では）Europäischer Gerichtshof と名称を改めている。
備考2：師を通じて、巨大な「ミュンヘン学派」へと連なる。
http://centers.law.nyu.edu/jeanmonnet/fellowship/schilling.html
http://centers.law.nyu.edu/jeanmonnet/JMC/tschilling.html

0754
SCHINDLER, Benjamin（シントラー、ベンヤミン）［瑞］
Dr. iur., Prof., Univ. St. Gallen, Law School
1971 年 07 月 24 日（Heidelberg）
–1996 Studium Zürich; 1998 Anwalt Kanton Zürich; 2002 Prom. Zürich; 2005 LL.M (Oxford); 2005–07 MPI/Heidelberg; 2009 Habil. Zürich; 2010 Prof. Zürich; 2011 Prof. St. Gallen
D: Die Befangenheit der Verwaltung, Zürich 2002
H: Verwaltungsermessen, Baden-Baden 2010
備考1：スイスの最も若い世代の行政法学者。最近、100 Jahre Verwaltungsrecht in der Schweiz, Basel 2011, 106 S. を著わしている。苗字からすると、下記 2 人の Schindler との関係が推測されるが、目下は関係は不明。
備考2：なお、同姓同名の裁判官（ドイツ）が居る模様であり、生年も近い（1976 年）ので、文献調査の際に注意が必要であろう（詳しくは、DNB の OPAC カタログを検索のこと）。
http://www.unisg.ch/de/Schools/Law/Ueber+LS/Dozierende/Lehrstuhl+Schindler.aspx（写真は、http://www.unisg.ch/de/Schools/Law/Ueber+LS/Dozierende/Lehrstuhl+Schindler/Professor.aspx）
http://www.oefre.unibe.ch/unibe/rechtswissenschaft/oefre/content/e700/e3915/e3924/e3925/KurzCV_B_Schindler_ger.pdf

0755

SCHINDLER, Dietrich Jun. (シントラー、ディートリヒ[ユーニオァ]) 瑞
Dr. iur., em. Prof., Univ. Zürich/CH
1924年12月22日 (Zürich)
Völkerrecht, Staats- u. Verwaltungsrecht
1943–50 Studium Zürich, Genf u. Paris; 1952–54 Studium Harvard/USA, kurzer Aufenthalt an Michigan u. Yale LS; 1951–52 Züricher Rechtspflege, Erwerb d. Z. Anwaltspatent; 1950 Prom. Zürich; 1956 Habil. Zürich; 1956 PD Zürich; 1964 ao. Prof. Zürich; 1968 o. Prof. Zürich; 1989 em.
B: D. Bdessubv. als Rproblem (1952: D.); Gleichberechtigung v. Individuen als Problem d. VRs (1957: H.); VerfR u. soziale Struktur (5. A. 1970);
MH: FS Werner Kägi (1979; m. Ulrich Häfelin/Walter Haller)
AL: Werner Kägi (非会員)
Q: K 1983, S. 3651; CV; Hikasa, S. 408
L: FS 1989 (Im Dienst d. Gemeinschaft; hrsg. v. Walter Haller/Georg Müller/Daniel Thürer u.a.)
備考: 1961年入会。第53回大会 (1993年) 第1テーマ報告 (なお、このテーマの報告者の数は異例の4人)。Dietrich Schindler Sen. (0756) の子息。2代続きのスイス公法学界の重鎮。
http://de.wikipedia.org/wiki/Dietrich_Schindler_junior

0756

故 **SCHINDLER, Dietrich Sen.** (シントラー、ディートリヒ[ゼーニオァ]) 瑞
Dr. iur., Prof., Univ. Zürich/CH
1890年12月02日 (Zürich)　1948年01月10日 (Zürich)
Staats-, Verwaltungs- u. Völkerrecht
Studium; Prom.; 1921 Habil. Zürich; 1921 PD Zürich; 1927 ao. Prof. Zürich
B: Recht u. Staat (1931); VerfR u. soziale Struktur (1932); Contribution à l'étude des facteurs sociologiques et psychologiques du droit international (1933)
Q: K 1935, S. 1195
備考: 1932年入会。Dietrich Schindler Jun. (0755) の父。
http://www.hls-dhs-dss.ch/textes/d/D15773.php
http://de.wikipedia.org/wiki/Dietrich_Schindler_senior

0757
SCHLACKE, Sabine (シュラッケ、ザビーネ) 女性

Dr. iur., Prof., Univ. Bremen
1968 年
VL: Öffentliches Recht, Europarecht und Rechtsvergleichung
1987–93 Studium Göttingen und Lausanne; 1993 I. SE; 2000 II. SE; 1993–96 Stip. DFG; 1996–97 Wiss. MA Bremen; 1997 Prom. Bremen; 2000–07 WiAs Rostock; 2002–07 Wiss. Koordinatorin Rostock; 2007 Habil. Rostock; 2008 Prof. Bremen
D: Risikoentscheidungen im europäischen Lebensmittelrecht, Baden-Baden 1998
H: Überindividueller Rechtsschutz, Tübingen 2008
備考: ヨーロッパ環境法を研究。
http://www.jura.uni-bremen.de/typo3/cms405/index.php?id=500（写真あり）

0758
故 **SCHLAICH, Klaus**（シュライヒ、クラウス[クラォス]）
Dr. iur., o. Prof., Univ. Bonn
1937 年 05 月 01 日（Stetten im Remstal）　2005 年 10 月 23 日
VL: Öffentliches Recht u. Kirchenrecht
1956–61 Studium Tübingen u. Berlin; 1961 I. SE; 1961–67 Ref.; 1967 II. SE; 1962–70 Verw. u. WiAs Tübingen; 1967 Prom. Tübingen; 1971 Habil. Tübingen; 1971 PD Tübingen; 1972 Prof. Bonn; emer.
B: Kollegialismus (1967); Kollegialtheorie (1969: D.); Neutralität als verfassungsrechtl. Prinzip (1972: H:); D. BVerfG (4. A. 1997; jap. Übers. i. Vorb.)
H: Martin Heckel, Gesammelte Schriften (1989)
AL: Martin Heckel (0303)
AS: Werner Heun (0331); Stefan Korioth (0463)
Q: K 1983, S. 3661; Wer ist wer 1996/97; Hikasa, S. 410
備考 1: 1972 年入会。第 39 回大会（1980 年）第 1 テーマ報告。日本では連邦憲法裁判所の書物が有名であるが、教会法の研究者であることにも注意。なお著者の死により、連憲裁本は Stefan Korioth（上記 AS 欄を参照。）に引き継がれた。
備考 2: 師の M. Heckel は Hans Schneider (0786) の門下生。後者は更に Werner Weber (0935) を通じて、Carl Schmitt (0780) に連なる。
Nachruf: Werner Heun, Klaus Schlaich (1937–2005), Zeitschrift für Evangelisches Kirchenrecht

0759
SCHLETTE, Volker（シュレッテ、フォルカー）

Dr. iur., apl. Prof., Univ. Göttingen
1961 年
Verwaltungsrecht
1980–86 Studium Göttingen; 1986 I. SE; 1993 II. SE; 1990 Prom.; 1993–99 WiAs Göttingen; 1999 Habil. Göttingen; apl. Prof. Göttingen
D: Die verwaltungsgerichtliche Kontrolle von Ermessensakten in Frankreich, Baden-Baden 1991
H: Die Verwaltung als Vertragspartner, Tübingen 2000
AL: Christian Starck (0852)
備考: 行政法学者。
http://www.uni-goettingen.de/de/57262.html
http://www.koeblergerhard.de/Rechtsfaecher/Verwaltungsrecht1060.htm
0760

SCHLIEFFEN, Katharina Gräfin von (シュリーフェン、カタリーナ・グレーフィン・フォン)【旧姓: Katharina Sobota】
Dr. iur., Prof., Fern Univ. Hagen
1956 年 04 月 04 日 (Düsseldorf)
VL: Öffentliches Recht und Rechtsphilosophie
1974 Studium Bonn; 1976 Studium RW, Soziologie, Politikwiss. u. Philosophie Mainz; 1980 I. SE; 1980–81 Tätigkeit als Repetitor; 1984 II. SE; 1984–93 Ass. bei Prof. Dr. iur., Litt. D. h. c. P. Schneider, Prof. Dr. O. Ballweg u. Prof. Dr. W. Rudolf; 1989 Prom. Mainz; 1991–93 Leitung eines empir. Projektes; 1993–95 WiAs Jena; 1995 Habil. Jena; 1995 Wiss. Oberass. Jena; 1997 Prof. Münster; 1997 Prof. FernUniv. Hagen
D: Sachlichkeit, Rhetorische Kunst der Juristen, Frankfurt/M. 1990
H: Das Prinzip Rechtsstaat, Jena 1995
AL: Rolf Gröschner (0266)
備考1: 仲裁 (Mediation) の実践に取り組む。なお、旧姓は Katharina Sobota であるので、文献調査の際に念頭に置くこと。
備考2: 師の Gröschner は Wilhelm Henke (0317) の門下生であり、後者は Werner Weber (0935) を通じて、Carl Schmitt (0780) へと至る。
http://www.fernuni-hagen.de/ls_schlieffen/team/katharina.vonschlieffen.shtml (写真あり)
http://de.wikipedia.org/wiki/Katharina_Gr%C3%A4fin_von_Schlieffen
0761

SCHLIESKY, Utz (シュリースキー、ウッツ)

Dr. iur., apl. Prof., Univ. zu Kiel
1966 年 11 月 16 日（Kiel）
Öffentliches Recht einschließlich Europarecht
1987–92 Studium Kiel; 1993–97 Wiss. MA Kiel; 1994 I SE; 1997 II. SE; 1997–2002 WiAs Kiel; 2002 Habil. Kiel; 2003 apl. Prof. Kiel; 2003 Erster Beigeordneter und Stellvertretender Hauptgeschäftsführer des Dt. Landkreistages/Berlin
D: Öffentliches Wettbewerbsrecht, Berlin 1997
H: Souveränität und Legitimität von Herrschaftsgewalt, Tübingen 2004
AL: Edzard Schmidt-Jortzig（ 0777 ）
備考 1: 本業は、行政官（郡議会会議（Landkreistag）事務局長）のようである。
備考 2: Schmidt-Jortzig は Dietrich Rauschning（ 0680 ）の門下生。さらに、Eberhard Menzel（ 0573 ）を経て Friedrich Giese（ 0240 ）へと至る。
http://www.uni-kiel.de/oeffrecht/schliesky/biogr.htm（写真あり）
http://de.wikipedia.org/wiki/Utz_Schliesky
0762

SCHLINK, Bernhard（シュリンク、ベルン[ベァン]ハルト]）
Dr. iur., Prof., Humboldt-Univ. zu Berlin
1944 年 07 月 06 日（Großdornberg bei Bielefeld）
Öffentliches Recht
1963–68 Studium Berlin u. Heidelberg; 1968 I. SE Heidelberg; 1968–72 Ref Karlsruhe; 1972 II. SE Stuttgart; 1974–75 Visiting Scholar an der Stanford Univ./USA; 1975–77 WiAs Bielefeld; 1977 WiAs Freiburg; 1979–81 Stip. DFG; 1976 Prom. Heidelberg; 1981 Habil. Freiburg; 1981 PD Freiburg; 1982 U.Prof. Bonn; 1992 Prof. Berlin（Humboldt）; 2009 emer.
B: Abwägung im VerfR（1976: D.）; Die Amtshilfe（1981: H.）; Gotthold Ephraim Lessing - bürgerl. Rdenken am Vorabend d. bürgerl. Gesellschaft（1981）
MH: FS Ernst-Wolfgang Böckenförde（1995; m. Rolf Grawert/Rainer Wahl）
AL: Ernst-Wolfgang Böckenförde（ 0067 ）
Q: K 1987, S. 4036
備考 1: 1982 年入会。第 48 回大会（1989 年）第 2 テーマ報告。推理小説作家としても知られ、特に『朗読者（Der Vorleser）』は邦訳も出ている（下記日本語記事参照）。フンボルト大の講座後継者は、Christoph Möllers（ 0585 ）。

備考 2: なお、Böckenförde の師は Hans Julius Wolff (0978) であり、さらにその師は Friedrich Giese (0240) である。
http://schlink.rewi.hu-berlin.de/schlink
http://de.wikipedia.org/wiki/Bernhard_Schlink（写真あり）
参考: ベルンハルト・シュリンク　日本語版ウィキペディア（写真あり）
0763
故 **SCHLOCHAUER, Hans-Jürgen**（シュロッハウアー［シュロホアウアー］、ハンス＝ユルゲン）
Dr. iur., em. Prof., Univ. Frankfurt/M.
1906 年 03 月 28 日（Lüdenscheid/Westf.）　1990 年 12 月 07 日
Völkerrecht, Öffentliches Recht
Studium; 1936 Prom. Frankfurt/M.; 1946 Habil. Köln; 1946 PD Köln; 1950 apl. Prof. Köln; 1951 o. Prof. Frankfurt; 1974 em.
B: D. dt.-russ. Rückversicherungsvertrag (1931); Dt. völkerrechtl. Diss. 1919–1933 (1933); D. Probl. d. Friedenssicherung in seiner ideengesch. u. völkerrechtl. Entwicklung (1946: H.); D. Rschutz gegenüber d. Tätigkeit intern. u. übernat. Behörden (1952); D. Idee d. ewigen Frieden (1953); Öffentliches Recht (1957); Ausnahmetarife im Recht d. Europ. Gem. f. Kohle u. Stahl (1960); Extraterritoriale Wirkung Hoheitsakten (1962)
AS: Ingo von Münch (0602)
Q: K 1983, S. 3674
L: FS 1981 (StaatsR – VölkerR – EuropaR; hrsg. v. I. von Münch)
備考: 戦後原始会員（1950 年入会）。ドイツにおけるヨーロッパ法研究者の先駆け。
0764
SCHMAHL, Stefanie（シュマール、シュテファニー） 女性
Dr. iur., Prof., Univ. Würzburg
1969 年（Mainz）
Deutsches und ausländisches Öffentliches Recht, Völkerrecht und Europarecht
1988–93 Studium Mainz, Genf und Heidelberg; 1993 I. SE; 1997 II. SE; 1993 Diplôme Supérieur de Droit Comparé (Straßburg); 1995 LL.M. (Universidad Autónoma de Barcelona); 1996 Prom. Mainz; 2004 Habil. Potsdam; 1998–2004 WiAs Potsdam; 2004–07 Wiss. Oberass., ebd.; 2008 Prof. Würzburg
D: Die Kulturkompetenz der Europäischen Gemeinschaft, Baden-Baden 1996

H: Volenti non fit iniuria – Der Verzicht im öffentlichen Recht（公刊を確認できなかった）
備考: 若手のヨーロッパ法学者。
http://www.jura.uni-wuerzburg.de/lehrstuehle/schmahl/prof_dr_schmahl/lebenslauf/（写真あり）
http://de.wikipedia.org/wiki/Stefanie_Schmahl

0765
SCHMALENBACH, Kirsten（シュマーレンバッハ、キル［キァ］スティン）墺
女性
Dr. iur., Prof., Univ. Salzburg
1967 年 04 月 20 日（Hagen-Halden）
Öffentliches Recht, Völkerrecht und Europarecht
1986 Studium der Kunstgeschichte, Geschichte und Archäologie Marburg; 1987–92 Studium der RW Marburg und Köln; 1995 Prom. Köln; 1993–96 Wiss. HK Köln; 1996–2003 WiAs Köln; 2002 Habil. Köln; 2003 Univ.-Prof. Graz; 2010 Univ.-Prof. Salzburg
D: Der Europaartikel 23 des Grundgesetzes im Lichte der Arbeit der Gemeinsamen Verfassungskommission, Berlin 1996
H: Die Haftung Internationaler Organisationen im Rahmen von Militäreinsätzen und Territorialverwaltungen, Frankfurt/M. 2004
備考: 国際法学者。オーストリアの大学に奉職するが、博論も教論もドイツで取得した。
http://www.uni-salzburg.at/pls/portal/docs/1/1229227.PDF（写真あり）

0766
SCHMEHL, Arndt（シュメール、アルント）
Dr. iur., Prof., Univ. Hamburg
1970 年
Öffentliches Recht, Finanz- und Steuerrecht
Studium; 1995 I. SE; 1999 II. SE; 1998 Prom. Giessen; 2003 Habil. Giessen; Prof. Hamburg
D: Genehmigungen unter Änderungsvorbehalt zwischen Stabilität und Flexibilität, Baden-Baden 1998
H: Das Äquivalenzprinzip im Recht der Staatsfinanzierung, Tübingen 2004
備考: 若手の税財政法研究者。
http://www.jura.uni-hamburg.de/personen/schmehl（写真あり）

0767
故 **SCHMID, Carlo（Karl）**（シュミット、カルロ）

Dr. iur., Prof., Univ. Tübingen, Staatsrat, MdB
1896 年 12 月 03 日 (Perpignan) 1979 年 12 月 11 日 (Bad Honnef bei Bonn)
Völkerrecht, Staatsrecht
Studium; Prom.; 1929 Habil. Tübingen; 1929 PD Tübingen; 1945 ao. Prof. Tübingen; 1946 o. Prof. Tübingen
B: Karl Schmid, D. Rsprechung d. Ständigen Intern. Gerichtshofes (1932: H.); D. Forderung des Tages (1946)
Q: K 1950, S. 1813; Nek. K 1983, S. 4847
L: FS 1962 (FG für C. S.; hrsg. v. Theodor Heuss u.a.); FS 1972 (Konkretionen politischer Theorie u. Praxis; hrsg. v. Horst Ehmke u.a.); Genealogie LS Oppermann, S. 202/203; AöR 92 (1967), S. 136 (von Peter Schneider); DÖV 1972, S. 712; AöR 101 (1976); AöR 105 (1980), S. 1–3 (Nachruf; von Wilhelm Grewe); DÖV 1980, S. 42
U: Marc Beise, C. S. als Vorbild. Zur Einheit v. Geist, Recht u. Politik, in: Kilian (Hrsg.), Dichter, Denker u. d. Staat, S. 91–128; Petra Weber, C. S. (1996)
備考1：戦後原始会員（1950年入会）。戦後ドイツを代表するSPD所属の政治家。Adenauer（CDU）の好敵手。ボン基本法起草者（Verfassungsväter）の一人。当初の名前はKarl Schmidであったが、同時代人のCarl Schmittと混同されるのを嫌い、Carloと改名した。
備考2：編者は、逝去の日にたまたまTübingen大学に留学中であったが、その死を悼んで、町中の至る所で半旗（Halbmast）が掲げられていたことが、今でも強く印象に残っている。
http://www.hdg.de/lemo/html/biografien/SchmidCarlo/index.html
http://de.wikipedia.org/wiki/Carlo_Schmid
Zwischen Völkerrecht und Pädagogik. Carlo Schmid an der Universität. Am 3. Dezember feiert die Universität Carlo Schmids 100. Geburtstag
http://www.uni-tuebingen.de/uni/qvo/pm/pm22.html

0768
SCHMID, Gerhard (シュミット、ゲルハルト[ゲアハルト])
Dr. iur., ao. Prof., Univ. Basel/CH, RA
1944 年 03 月 09 日 (Bern/CH)
VL: Öffentliches Recht mit Einschluß der Politologie
1964–70 Studium Basel; 1977/78 Aufenthalt an d. Columbia LS/USA; 1968: Lizentiat; 1970–74 Ger.Schreiber; 1972 Advokaturex.; 1970 Prom. Basel; 1980 Habil. Basel; 1980 PD Basel, 1984 Prof. Basel
B: D. Verhältnis v. Parlament u. Regierung im Zusammenspiel d. staatl.

Machtverteilung (1971: D.); Politische Parteien, Verf. u. Gessetz (1980 H.); Deponieteechnik (1992); Umwelttechni. Lexikon (1996)
Q: K S, 3691; CV
備考: 1982 年入会。第 46 回大会（1987 年）第 1 テーマ報告。最近では環境法を研究している。
http://www.servat.unibe.ch/strl/wiw/schmid,_gerhard.html
http://www.wenger-plattner.ch/de-ch/expert-go/gerhard_schmid
0769
SCHMID, Viola (シュミット、ヴィオラ) 女性
Dr. iur., Univ.-Prof., Technischen Univ. Darmstadt
1960 年 07 月 02 日 (Augsburg)
VL: Öffentliches Recht, Europarecht, Energierecht
Studium; I. SE; II. SE; 1988 Prom. Erlangen-Nürnberg; 1991–98 Ass. Berlin (FU); 2000 Habil. Berlin (FU); Prof. TH Darmstadt
D: Die Familie in Artikel 6 des Grundgesetzes, Berlin 1989
H: Strom- und Energiesparmarketing in ihrer Bedeutung für das Umweltrecht, Baden-Baden 1997
AL: Helmut Lecheler (0504)
備考: 下記履歴の記述が散漫で、有意なデータを抽出できなかった（不足はケープラー DB で補った）。教授免許にエネルギー法が入っているのが注目される。
備考 2: 師の Lecheler を通じて、協会の主流の一つである「ミュンヘン学派」へと連なる。
http://www.cylaw.tu-darmstadt.de/home_2/team_5/professorin_1.de.jsp
（写真あり）
http://www.koeblergerhard.de/juristen/alle/allesSeite349.html
0770
SCHMIDT, Reiner (シュミット、ライナー)
Dr. iur., em. Prof., Univ. Augsburg
1936 年 11 月 13 日 (Hof an der Saale)
VL: Staatsrecht, Verwaltungsrecht u. Wirtschaftsrecht
1954–58 Studium München, Hamburg u. Würzburg (RW u. BWL); 1958 I. SE; 1958–63 Ref. Bamberg; 1963 II. SE; 1959–62 HiWi Würzburg; 1962 WiAs ebd.; 1963 Prom. Würzburg; 1971 Habil. Würzburg; 1971 PD Würzburg; 1972 Prof. Augsburg; emer.
B: D. Bindung d. Ggebers an d. Gleichheitssatz i. d. Rsprechung d. BVerfG (1963: D.); Wirtschaftspolitik u. Verfassung (1971: H.); Öfftl. WirtschaftsR (Allg. Teil 1990, Bes. Teil; 2 Bde. 1995/96); Einführ. in

d. UmweltR (4. A. 1995)
MH: FS Franz Knöpfle (1996; m. Detlef Merten/Rupert Stettner)
AL: Friedrich Augst von der Heydte (0333); Wilfried Schaumann (0742)
AS: Hartmut Bauer (0034)
Q: Wer ist wer 1996/97
備考 1: 1971 年入会。第 36 回大会（1977 年）第 1 テーマ副報告。卒業の前後に父の死去し、家業の銀行を切り盛りしていた経験が、教授資格論文のテーマ等に反映された。Franz Knöpfle (0447) の講座後継者。
備考 2: なお、師のうち Schaumann は、Werner Kägi（非会員、Zürich、1909–2005 年）の門下生。
http://www.jura.uni-augsburg.de/fakultaet/lehrpersonen/emeriti/schmidt/mitarbeiter/schmidt_reiner/Werdegang/
0771

故 **SCHMIDT, Richard Karl Bernhard** (シュミット、リーヒャルト・カール[カルル]・ベルン[ベァン]ハルト])
Dr. iur., Dr. phil. h.c., Dr. iur. h.c., em. o. U.Prof., Univ. Leipzig, Geheimer Hofrat
1862 年 01 月 19 日 (Leipzig)　1944 年 03 月 13 日 (Leipzig)
Staatsrecht, Straf- u. Zivilprozeßrecht, Rechts- u. Staatslehre
Studium; 1884 Prom. Leipzig; 1888 Habil. Leipzig; 1888 PD Leipzig; 1890 ao. Prof. Leipzig; 1891 o. Prof. Freiburg/Br. (1903–04 Prorektor), 1913 o. Prof. Leipzig (1920/21 Rektor); 1932 em.
B: Klageänderung (1888: H.); Staatsanwalt u. Privatkläger (1891); Außergerm. Wahrnehmungen d. Prozeßrichters (1892); Aufgabe d. Strafrechtspflege (1895); Lehrb. d. dt. ZivilprozeßR (2. A. 1906); D. strafrechtl. Verantwortlichkeit d. Arztes (1900); Herkunft d. Inquisitionsprozesses (1901); Allg. StaatL, 2 Bde. (1901/03); ProzeßR u. StaatsR (1904); Zasius (1904); Staatsverf. u. Gerichtsverf. (1908); Prozeß u. staatsbürgerl. Rechte (1910); Strafrechtsreform (1912); Rückkehr zu Hegel u. Verbrechenslehre (1913); Aufbau d. Inquisitionsproz. (1914); Vorgesch. d. geschr. Verf. (1916); Grundlin. d. dt. Staatswes. (1919); Einführ. i. d. Rechtswiss. (1920); Bürokratisierung d. modernen England (1932)
AL: Adolf Wach (非会員、Leipzig、民訴、1843–1926 年)
AS: Victor Böhmert (0072); Hans G. A. Gmelin (0242); Hermann Jahrreiß (0388); Otto Koellreuter (0451); Gottfried Langer (0497); Rudolf Oeschey (0624); Paul Ritterbusch (0698)

Q: KLK 1917, S. 1500; Wer ist's 1922, S. 1374; K 1935, S. 1217; Nek. 1950, S. 2415
L: FS 1932 (2 Bde.); FS 1939 (FS d. Leipziger Fak.); DJZ 1932, S. 153 (von Erwin Jacobi)
U: Thomas Duve, Parteienlehre ohen Parteien? Methodenkontinuität u. Systembruch bei R. S., in: Nehlsen/Brun (Hrsg.), Müchner rechtshist. Studien zum NS, S. 445–470
備考1: 戦前原始会員（1924年入会）。古き良き時代を代表する公法・訴訟法学者。途中 Freiburg 大学に転出していた一時期を除き、Leipzig に生まれ、教え、その地に没した生粋の"ザクセンっ子"。
備考2: 著名な民訴学者 Wach の門下生。その門下には俊秀が集い、ドイツ公法学における一大学派の開祖となった。
http://www.uni-leipzig.de/unigeschichte/professorenkatalog/leipzig/Schmidt_139
http://personen-wiki.slub-dresden.de/index.php/Schmidt,_Karl_Bernhard
http://d-nb.info/gnd/118608916
http://de.wikipedia.org/wiki/Richard_Karl_Bernhard_Schmidt

0772
SCHMIDT, Thorsten Ingo（シュミット、トルステン・インゴ[ー]）
Dr. iur., Univ.-Prof., Univ. Potsdam
1972年（Kassel）
Öffentliches Recht und Europarecht
1992–97 Studium Göttingen; 1994–97 Stud. HK Göttingen (Prof. Dr. Loos); 1997 I. SE: 2000 II. SE; 1998. Prom. Göttingen; 1997–99 Wiss. HK Göttingen; 2004 Habil. Göttingen; 2000–06 WiAs Göttingen; 2006–09 Richter am VerwG Hannover; 2006–07 Wiederholte Abordnungen zum Niedersächs. StaatsGH in Bückeburg; 2008 Abordnung zum Landkreis Northeim; 2009 Prof. Potsdam
D: Grundpflichten, Baden-Baden 1999
H: Kommunale Kooperation, Tübingen 2005
AL: Christian Starck (0852)
備考: 実務経験を活かして、行政訴訟法の研究が多い。
http://www.uni-potsdam.de/ls-staatverwkom/prof-dr-th-i-schmidt.html
（写真あり）

0773
SCHMIDT, Walter（シュミット、ヴァルター）
Dr. iur., U.Prof., Univ. Frankfurt/M.
1934年01月15日（Stuttgart）

Öffentliches Recht
1954–58 Studium Frankfurt/M.; 1958 I. Frankfurt/M.; 1958–63 Ref.; 1963 II. SE NRW; 1958–59 HiWi Frankfurt; 1963 WiAs Bonn u. Gießen; 1961 Prom. Frankfurt; 1968 Habil. Gießen; 1968 PD Gießen; 1971 o. Prof. Frankfurt; emer.
B: D. bundesstaatl. Aufbau d. BRD (1961: D.) Gesetzesvollziehung durch Rsetzung (1969: H.); Die Rdfk.gewährleistung (1980); Einführ. in d. Probleme des VerwR (1982); Staats- u. VerwR (2. A. 1994)
AL: Helmut Ridder (0692)
AS: Joachim Scherer (0747)
Q: K 1983, S. 3720; CV; http://www.rz.uni-frankfurt.de/presse/brosch/fb0102.htm
備考1: 1969年入会。第33回大会（1974年）第2テーマ主報告。公益論の研究などを行った。
備考2: Ridder は Friedrich Klein (0437) の門下生で、後者の師は Friedrich Giese (0240) である。

0774
SCHMIDT AM BUSCH, Birgit （シュミット＝アム＝ブッシュ、ビルギット）
女性
Dr. iur., PD, Humboldt-Univ. zu Berlin
1960年
VL: Öffentliches Recht, Europarecht und Völkerrecht
1979–84 Studium Münster, Genf/Schweiz und München; 1984 I. SE; 1987 II. SE; 1988–91 Akad. Rätin München; 1992–93 Wiss. MA University of Iowa; 1992 Prom. München; 1993 LL.M. (University of Iowa); 1993 Regierungsdirektorin, Freistaat Bayern（実務歴は下記URLに出ているので略）; 2006 Habil. HU zu Berlin
D: Die amerikanisch-sowjetischen Rüstungskontrollabkommen im Recht der völkerrechtlichen Verträge, Berlin 1993
H: Die Gesundheitssicherung im Mehrebenensystem, Tübingen 2007
AL: Bruno Simma （非会員．国際司法裁判所判事．1941年生）
備考1: 実務家教員(バイエルン州政府)。
備考2: なお、師のSimmaについては、 0835 と 0836 の間に置いた「番外」を参照。
http://s6.rewi.hu-berlin.de/index.php?path=./jura/pd/sab/cv

0775
SCHMIDT-AßMANN, Eberhard （シュミット＝ア[ー]スマン、エーベルハルト[エーバーハルト]）

Dr. iur., o. Prof., Univ. Heidelberg
1938 年 02 月 13 日（Celle）
VL: Öffentliches Recht
1958–63 Studium Göttingen u. Genf (zuerst klassische Philologie u. Ägyptologie, dann RW); 1963 I. SE Celle; 1968 II. SE; 1964–66 HiWi Göttingen; 1968 WiAs ebd.; 1966 Prom.; 1971 Habil. Göttingen; 1971 PD Göttingen; 1972 o. Prof. Bochum; 1979 Heidelberg
B: D. Verf.begriff d. dt. StaatsL d. Aufklärung u. d. Historismus (1967: D.); Gfragen d. StädtebauR (1972: H.); D. Ausgleich ldesplaner. Planungsschäden (1976); Fortentw. d. Rechts im Grenzber. zw. Raumordnung u. Städtebau (1977); D. kommun. Rsetzung im System d. administr. Handlungsformen u. Rquellen (1981); D. Berüchs. situationsbestimmter Abwägungselemente b. d. Bauleitplanung (1981); Das allg. VerwR als Ordnungsidee (1981); Studien zum Recht d. städtebaul. Umlegung (1996)
AL: Werner Weber (0935)
AS: Thomas Groß (0267); Hans-Heinrich Trute (0892)
Q: K 1983, S. 3722/3723; Wer ist wer 1996/97; Hikasa, S. 413
備考 1：1972 年入会。第 34 回大会（1975 年）第 2 テーマ副報告。1982 年及び 1983 年の協会副理事長（理事長は Peter Lerche、いま一人の副理事長は Walter Schmitt Glaeser）。Hans Schneider (0786) の講座後継者。建築法・計画法研究から一般行政法理論までワイドレンジにこなす。近年では、共著の行政法各論教科書の編者に就任した。一時期、日本から有力な若手研究者が続々とこの人物の下に留学し、Forsthoff 在世の頃の"ハイデル詣で"復活の感があった。
備考 2： なお、師の W. Weber は Carl Schmitt (0780) の門下生。
http://www.jura-hd.de/schmidt-assmann/zur_person.html
https://portal.d-nb.de/opac.htm?method=moveDown&currentResultId=Woe%253D123477360%2526any&categoryId=persons
http://de.wikipedia.org/wiki/Eberhard_Schmidt-A%C3%9Fmann
0776

SCHMIDT-DE CALUWE, Reimund（シュミット・デ・カリューヴェ、ライムント）
Dr. iur., Prof., Univ. Halle-Wittenberg
1956 年 05 月 09 日（Gießen）
VL: Öffentliches Recht und Sozialrecht
Studiums Marburg u. Gießen; wiss. HK Gießen; 1983 I. SE; 1983–85 Tätigkeit im RAs Büro Gießen; 1983 zugleich als wiss. HK Gießen;

1987 II. SE; 1987 wiss. MA Gießen; 1989–91 LB Hess. Verw.schulverband; 1991 Prom. Gießen; 1992 WiAs Gießen; 1998 Habil. Gießen; 1998 PD Gießen; 2001 Prof. Halle-Wittenberg
D: Der sozialrechtliche Herstellungsanspruch, Berlin 1992
H: Der Verwaltungsakt in der Lehre Otto Mayers, Tübingen 1999 (erster Teil der Habilitationsschrift)
AL: Friedrich von Zezschwitz (0992)
備考 1: 教論では、オットー・マイアーの行政行為論を取り上げた。
備考 2: 師の Zezschwitz は Hans Heinrich Rupp (0722) の門下生であり、その系譜は Otto Bachof (0025) → Walter Jellinek (0395) → Otto Mayer (0562) へと遡る。
http://sdc.jura.uni-halle.de/prof._dr._reimund_schmidt-de_cal/（写真あり）

0777

SCHMIDT-JORTZIG, Edzard (シュミット＝ヨァツィ[ッ]ヒ、エドツァ[ー]ルト)
Dr. iur., o. Prof., Univ. Kiel, MdB, Bundesminister d. Justiz
1941 年 10 月 08 日（Berlin）
VL: Öffentliches Recht
1961–66 Studium Bonn, Lausanne/CH u. Kiel; SS 1968 Speyer; 1966 I. SE Schleswig; 1966–69 Ref. Celle; 1970 II. SE Hannover; 1970 WiAs Göttingen; 1969 Prom. Kiel; 1976 Habil. Göttingen; 1975–76 Stip. DFG; 1970 Komm. Vewt. Göttingen; 1977 PD Göttingen; 1977 Prof. Münster; 1982 Kiel; 1984–91 Richter am OVG, 1993/94 Richter am VerfGH Sachsen; 1996 Bunesminister d. Justiz
B: D. Auswirkung d. Forderungsüberweisung zur Einziehung (§ 835 Abs. 1 ZPO) (1969: D.); D. Pflicht z. Geschlossenheit d. kolleg. Reg. (1973); Zur Verf.mäßigkeit v. Kreisumlagesätzen (1977: H.); Kommunale Organisationshoheit (1979); D. Einrichtungsgarantien d. Verf. (1979); Verf.mäßige u. soziol. Legitimation gemeindl. Selbstverw. (1980); KommunalR (1981); Gemeindliches Eigentum an Meereshäfen (1985); Reformüberlegungen f. d. Ldessatzung Schlesw.-Holst. (1988)
AL: Münzberg (非会員、Kiel、Zivilprozeßrecht); Dietrich Rauschning (0680)
Q: K 1983, S. 3724/3725; Wer ist wer 1996/97; CV
備考 1: 1978 年入会。民訴法の研究から出発し、公法に転じた。地方自治法にも明るい。コール政権の連邦司法大臣をつとめた。
備考 2: なお、Rauschning の師は Eberhard Menzel (0573) で、更に

Friedrich Giese (0240) へと至る。
http://www.uni-kiel.de/oeffrecht/schmidt-jortzig/front_content.php?idcat=4
http://www.politik-fuer-die-freiheit.de/webcom/show_page.php/_c-174/_nr-1/i.html
http://de.wikipedia.org/wiki/Edzard_Schmidt-Jortzig

0778
SCHMIDT-PREUß, Matthias（シュミット＝プロイス、マティーアス）
Dr. iur., o. Prof., Univ. Bonn
1948 年（Bonn）
Öffentliches Recht
Studium Tübingen, Gießen, Marburg, Bonn u. Harvard Univ. Cambridge/USA; 1976 Prom. Marburg; 1992 Habil. Bayreuth; Kartell- u. Kabinettsref. im Wirtschaftsministerium Dtlands; 1993 Prof. Erlangen; 2002 Prof. Bonn
D: Verfassungsrechtliche Zentralfragen staatlicher Lohn- und Preisdirigismen, Baden-Baden 1977
H: Kollidierende Privatinteressen im Verwaltungsrecht, Berlin 2005
AL: Walter Schmitt Glaeser (0782)
備考：第 56 回大会（1996 年）第 2 テーマ主報告。師弟で同姓（シュミット。ただし、綴りは異なる）というのは珍しい例である。
http://jura.uni-bonn.de/index.php?id=2684（写真あり）
http://de.wikipedia.org/wiki/Matthias_Schmidt-Preu%C3%9F

0779
SCHMIDT-RADEFELDT, Roman（シュミット＝ラーデフェルト、ロマーン）
Dr. iur. utr. habil., PD, Regierungsdirektor, Bundesakademie für Sicherheitspolitik
1969 年（Lissabon/Portugal）
Öffentliches Recht, insb. Staats- und Europarecht
1988–93 Studium Kiel, Lyon und Heidelberg; 1993 I. SE; 1995 II. SE; 1996 Volontariat bei der ehem. EMRK in Straßburg; 1997–2003 WiAs (Rudolf Geiger); 1999 Prom. Heidelberg; 2004 Habil. Leipzig; 2003–05 Rechtsberater und Wehrdisziplinaranwalt im Juristischen Dienst der Bundeswehr; 2009 Prof. Bundesakademie für Sicherheitspolitik
D: Ökologische Menschenrechte, Baden-Baden 2000
H: Parlamentarische Kontrolle der internationalen Streitkräfteintegration, Berlin 2005
AL: Rudolf Geiger（非会員）

備考：実務家教員。国際法学者。
http://schmidt-radefeldt.de/rsr.htm（写真あり）
0780
故 **SCHMITT, Carl** (**Karl**)（シュミット、カール［カルル］）
Dr. iur., Prof., Univ. Köln
1888 年 07 月 11 日（Plettenberg/Westfalen）　1985 年 04 月 07 日（Plettenberg）
Staats- und Verwaltungsrecht, Völkerrecht und Staatstheorie
Studium Berlin, München u. Straßburg; 1911 Prom. Straßburg; 1916 Habil. Straßburg; 1916 PD Straßburg; 1921 o. Prof. Greifswald; 1922 o. Prof. Bonn; 1928 o. Prof. Handelshochschule Berlin; 1933 o. Prof. Köln; nach 1945 zurückgezogen nach Plettenberg
B: Gesetz u. Urteil (1912); D. gesitesgeschichtl. Lage d. heutigen Parlamentarismus (1923; 6. A. 1985); D. Diktatur (1928; Nachd. 1994); VerfL (1928; Nachd. 1993); D. Begriff d. Politischen (1932; Nachd. 1996); Legalität u. Legitimität (1933; 4. A. 1988); Staat, Bewegung, Volk (1933); Über d. drei Arten d. rechtswiss. Denkens (1934); D. Wendung zum diskriminierenden Kriegsbegriff (1938; Nachd. 1988); Position u. Begriffe im Kampf mit Weimar, Genf, Versailles 1923–1939 (1940; Nachd. 1988); Völkerrechtl. Großraumord. mit Interventionsverbot f. räumfremde Mächte (1941; Nachd. 1991); Land u. Meer (1981); Politische Romantik (4. A. 1982); Römischer Katholizismus u. polit. Form (1984), Verf.rechtl. Aufsätze aus den Jahren 1924–1954 (3. A. 1985); Hamlet od. Hekuba (1985); D. Nomos d. Erde im VR d. Jus Publicum Europaeum (3. A. 1988); Glossarium. Aufzeichnungen d. Jahre 1947–1951 (1991; hrsg.: Eberhard von Medem); Gespräch üb. d. Macht u. d. Zugang zum Machthaber (1994); D. Leviathan i. d. StaatL d. Thomas Hobbes (2. A. 1995); Theorie d. Partisanen (4. A. 1995); Staat, Großraum, Nomos (1995; hrsg.: Günter Maschke); D. Hüter d. Verf. (4. A. 1996); Politische Theologie (7. A. 1996); Politische Theologie II (4. A. 1996)
AL: Wilhelm van Calker (0109)
AS: Ernst Forsthoff (0206); Ernst Friesenhahn (0211); Ernst Rudolf Huber (0364); Helmut Rumpf (0721); Werner Weber (0935)
Q: K 1935, S. 1223; K 1950, S. 1832; Nek. K 1987, S. 5340
L: FS 1959 (FS f. C. S.; hrsg.: Hans Barion/Ernst Forsthoff/Wener Weber); FS 1968 (Epirrhosis, 2 Bde. hrsg.: Ernst-Wolfgang Böckenförde/E. Forsthoff/W. Weber u.a.); Stolleis, Juristen, S. 547–548 m.

w. N. (von Michael Stolleis); DEJ, S. 507–508 m. w. N.; Piet Tommissen (Hrsg.): Schmittiana II–V (1990–96);
U: Helmut Rumpf: C. S. u. Thomas Hobbes (1972); J. M. Beneyto: Politische Theologie als politische Theorie (1983); Helmut Quaritsch (Hrsg.): Complexio Oppositorum. Über C. S. (1988); Klaus Hansen u.a. (Hsrg.): C. S. u. d. Liberalismuskritik (1988); Ilse Staff, Staatsdenken im Italien des 20. Jh. - Ein Beitrag zur C. S.-Rezeption (1991); Position u. Begriffe C. S.s (3. A. 1995); Michael W. Hebeisen: Souveränität in Frage gestellt. D. Souveränitätslehren v. Hans Kelsen, C. S. u. Hermann Heller im Vergleich (1995); Hasso Hofmann: Legitimität gegen Legalität. Der Weg d. polit. Philosophie C. S.s (3. A. 1995); Armin Mohler (Hrsg.): C. S.. Briefwechsel mit einem seiner Schüler (1995)

備考1: 戦前原始会員（1924年入会）。第1回大会（1924年）第2テーマ主報告（H.1）。スメント学派と並ぶ"シュミット学派"を生み出した。戦後は故郷プレッテンベルクに籠もり、学会には入会しなかった。波乱に満ちた生涯は毀誉褒貶を伴うものであり、その思想は後世の研究者を魅了して止まない。なお、元来の綴りはKarl Schmittであり、Carl Schmitt-Doroticと表記されることもあった。

備考2: フォルストホフとの文通については、 0206 の備考欄を参照。

http://www.wiwi.uni-frankfurt.de/professoren/schefold/docs/schmitt-lang.pdf
http://akj.rewi.hu-berlin.de/zeitung/05-1/cs.htm
http://www.deutsche-biographie.de/sfz112748.html
http://de.wikipedia.org/wiki/Carl_Schmitt

0781
SCHMITT GLAESER, Alexander（シュミット＝グレーザー、アレクサンダー）
Dr. iur., PD, Oberregierungsrat
1965年
Öffentliches Recht, Europarecht, Rechtstheorie
1983–85 Studium Tübingen; 1985 I. SE; 1988 II. SE; 1988 LL.M (Yale LS); 1991–97 Wiss. MA FU Berlin; 1996 Prom. Berlin; 2001–04 Richter am VewG München; 2004 Habil. Berlin; 2006 PD München; 2006 Oberregierungsrat
D: Grundgesetz und Europarecht als Elemente europäischen Verfassungsrechts, Berlin 1996
H: Vorverständnis als Methode, Berlin 2004

備考： 実務家教員（州政府）のようであるが、情報に乏しい。 0782 （Walter Schmitt Glaeser）との関係も不明。
http://www.xing.com/profile/Alexander_SchmittGlaeser（写真あり）
0782
SCHMITT GLAESER, Walter （シュミット・グレーザー、ヴァルター）
Dr. iur. urt., Dr. iur. h.c., o. Prof., Univ. Bayreuth
1933 年 10 月 02 日（München）
Öffentliches Recht
1953–57 Studium München u. Würzburg; 1957 I. SE; 1957–61 Ref.; 1961 II. SE München; 1959 HiWi München; 1961 Landkreisverband Bayern; 1962 Rechtsrat; 1963 Ass. Tübingen; 1959 Prom. Würzburg; 1968 Habil. Tübingen; 1961–63 Assesor/Rechtsrat beim Landkreistag Bayern/München; 1963–68 WiAs Tübingen; 1968 PD Tübingen; 1970 o. Prof. Marburg; 1975 Prof. Bayreuth（1973–79 Vizepräsident）
B: D. Ordnung d. Kommunalaufsicht in Bayern u. deren geschichtl. Entwicklung (1959); Mißbrauch u. Verwirk. v. Grechten im polit. Meinungskampf (1968: H.); D. Rstellung d. Studentenschaft (1968); Verw.prozeßR (1 A. 1970; 13. A. 1994); Kabelkommunikation u. Verf. (1979); D. elterl. ErziehungsR in staatl. Reglementierierung (1980); Abbau d. tatsächl. Gleichberechtigungsdefizits d. Frauen durch gesetzl. Quotenregelungen (1982); Schutz d. Privatsphäre (1989); D. Stellung d. Bdesländer bei e. Vereinigung Dtlands (1990); Private Gewalt im polit. Meinungskampf (1990; 2. A. 1992)
MH: Günter Dürig: Gesammelte Schriften 1952–1983 (1984; m. Peter Häberle/Hartmut Maurer)
AL: Günther Küchenhoff（ 0482 ）; Günter Dürig（ 0155 ）
AS: Matthias Schmidt-Preuß（ 0778 ）
Q: K 1983, S. 3737; Wer ist wer 1996/97; CV; 日笠
備考： 1969 年入会。第 31 回大会（1972 年）第 2 テーマ副報告。版を重ねた行政訴訟の教科書は、スタンダードワークとして有名。1982 年及び 1983 年の協会副理事長（理事長は Peter Lerche、いま一人の副理事長は Eberhard Schmidt-Aßmann）。さらに、1994 年及び 1995 年の理事長（副理事は Karl Korinek 及び Hans-Peter Schneider）。
http://de.wikipedia.org/wiki/Walter_Schmitt-Glaeser
0783
SCHMITT-KAMMLER, Arnulf （シュミット＝カムラー、アルヌルフ）
Dr. iur., U.Prof., Univ. Köln
1942 年 12 月 08 日（Wien/Österr.）

VL: Staats- u. Verwaltungsrecht
1962–69 Studium Erlangen-Nürnberg (zuerst Kunstgeschichte, Klassische Archäologie u. Geschichte; dann RW); 1969 I. SE; 1969 Ref. Bamberg; 1972 II. SE; 1972–73 BM f. Arbeit u. Sozialordnung; 1973–78 Hiwi u. WiAs Würzburg; 1978 WiAs Marburg/Lahn; 1981 C1-Ass. Marburg; 1977 Prom. Erlangen-Nürnberg; 1983 Habil. Marburg; 1984 Prof. Köln
B: D. Schffenfreiheit d. Künstlers in Verträgen über künftige Geisteswerke (1978: D.); Geigentum u. Bodennutzung (1983: H.); ElternR u. schulisches ErziehungsR nach d. GG (1983)
AL: J. P. Bauer (非会員、Erlangen: Zivilrecht); Helmut Lecheler (0504)
Q: K 1987, S. 4105; CV
備考 1: 1984 年入会。最初に学んだ美術史と後から学んだ法学を、博論のテーマとして結合させたのは見事。民事法から公法に転じた。
備考 2: 師の Lecheler を通じ、当協会の主流の一つである「ミュンヘン学派」へと連なる。
http://www.uni-koeln.de/jur-fak/profstvr/personen/emeriti/

0784
SCHMITZ, Thomas (シュミッツ、トーマス)
Dr. iur., apl. Prof., Univ. Göttingen
1960 年 (Hameln an der Weser)
VL: Öffentliches Recht und Rechtsvergleichung
1979–85 Studium Göttingen; 1986–89 Wiss. HK Göttingen; 1989 Prom. Göttingen; 1989 I. SE; 1992 II. SE; 1992–2001 Akad. Rat und später WiAs Göttingen; 2001 Habil. Göttingen; 2001–05 PD u. Oberass. Göttingen; 2005 Apl. Prof. (d.h. ohne Stelle und Lehrstuhl) Göttingen
D: Rechtsstaat und Grundrechtsschutz im französischen Polizeirecht, Baden-Baden 1989
H: Integration in der Supranationalen Union, Baden-Baden 2001
AL: Christian Starck (0852)
備考: ヨーロッパ法学者。
http://lehrstuhl.jura.uni-goettingen.de/tschmitz/ (写真あり)

0785
SCHNAPP, Friedrich Eberhard (シュナップ、フリードリヒ・エーベルハルト)
Dr. iur., o. Prof., Univ. Bochum
1938 年 10 月 04 日 (Dortmund)
VL: Staats- u. Verwaltungsrecht einschließlich Sozialverwaltungsrecht

1958–63 Studium Bonn u. München; 1963 I. SE Hamm; 1967 II. SE NRW; 1964 HiWi u. WiAs Bochum; 1968 Prom. Bochum; 1975 Habil. Bochum; 1975 PD Bochum; 1977 Wiss.Rat u. Prof. Münster; 1984 o. Prof. Bochum

B: D. Ersatzvornahme in d. Kommunalaufsicht (1972: D.); Beamtenstatus u. Streitigkeit (1972); Zuständigkeitsverteilung zw. Kreis u. kreisangehörenden Gemeinden (1973); AmtsR u. BeamtenR (1977: H.)

AL: Wilhelm Wertenbruch (0951)

Q: K 1983, S. 3749/3750; CV; Hikasa, S. 420

備考1: 1977年入会。第43回大会（1984年）第2テーマ副報告。社会法を研究。

備考2: 師の Wertenbruch を通じて、Ernst von Hippel (0341) に連なる。
http://www.ruhr-uni-bochum.de/oer2/mitarbeiter/schnapp_akt.html
http://de.wikipedia.org/wiki/Friedrich_Eberhard_Schnapp

0786

故 **SCHNEIDER, Hans**（シュナイダー、ハンス）

Dr. iur., em. o. Prof., Univ. Heidelberg

1912年12月11日（Berlin）　2010年07月09日

Öffentliches Recht

Studium Berlin; 1937 Prom. Freiburg/Br.; 1940 Habil. Hsch für Welthandel/Berlin; 1940 Doz. WH Berlin, 1943–45 ao. Prof. Breslau, 1949 ao. Prof. Göttingen, 1951 o. Prof. Tübingen, 1955 Prof. Heidelberg; 1981 em.

B: Preuß. PolizeiverwG (1935; von 10. A. 1950 an als "PolizeiR"; 13. A. 1957); Gerichtsherr u. Spruchgericht (1937: D); Gerichtsfreie Hoheitsakte (1951); D. pr. Staatsrat v. 1817–1918 (1952); D. ErmächtigungsG v. 24. März 1933 (1955; 2. A. 1961); D. öff.-rechtl. Alterssicher. freier Berufe (1959); Bibliogr. z. öff. Recht i. d. BRD (1960); D. Liquidation d. dt. Auslandsvermögens u. ihre vertragl. Hinnahme durch d. BR (1964); Werbung im Rdfk. (1965); Rdfk.anstalten u. Mehrwertsteuer (1966); Richter u. Gerichte in d. BRD (1966); Widerstand im Rstaat (1969); Verf.rechtl. Grenzen e. gesetzl. Regelung d. Pressewesens (1971); D. verf.rechtl. Schutz von Renten (1980); Ggbung. Ein Lehrbuch (1982; 2. A. 1991)

MH: FS Werner Weber (1974; m. Volkmar Götz); FS Wilhelm Grewe (1981); FS H. Kutscher (1981)

AL: Erik Wolf（非会員、Freiburg/Br.、刑事法・法哲学）; Werner Weber (0935)

AS: Rudolf Bernhardt (0051); Harald Bogs (0070); Martin Bullinger (0100); Ferdinand Kirchhof (0428); Gunter Kisker (0434); Reinhard Mußgnug (0605); Christian Tomuschat (0890)
Q: K 1983, S. 3756/3757; Wer ist wer 1996/97
L: DÖV 1977, S. 854; AöR 107 (1982), S. 632–634 (Glückwunsch; von Eberhard Schmidt-Aßmann); DÖV 1982, S. 981
備考1: 戦後原始会員（1950年入会）。戦後第1回目の通算第8回大会（1949年）第1テーマ副報告（H. 8）及び第19回大会（1960年）第1テーマ主報告。1954年及び1955年の協会副理事長（なお理事長はHermann Jahrreiß、いま一人の副理事長はFriedrich Klein）。さらに、1970年及び1971年の協会理事長（副理事長は、Hans F. Zacher及びAlexander Hollerbach）。Walter Jellinek (0395) の講座を受け継いだ。その講座後継者はEberhard Shcmidt-Aßmann (0775)。
備考2:「シュミット学派」との評（碩学9頁）。理由は、師W. WeberがC. Schmitt門下生であったからということと、当時ベルリンにいたSchmittと個人的親交があったからだと思われる。
http://de.wikipedia.org/wiki/Hans_Schneider_(Jurist)
0787

SCHNEIDER, Hans-Peter（シュナイダー、ハンス゠ペーター）
Dr. iur., Dr. h.c., em. o. Prof., Univ. Hannover
1937年11月26日 (Jena/Thüringen)
VL: Öffentliches Recht, Rechtsphilosophie u. Kirchenrecht
1958–62 Studium Freiburg/Br. u. München (RW, Politologie, Soziologie u. Geschichte); 1959 École des Sciences Politiques in Paris; 1962 I. SE; 1967 II. SE; 1966–69 WiAs Freiburg; 1969–71 Stip. DFG; 1965 Prom. Freiburg; 1972 Habil. Freiburg; 1972 PD Freiburg; 1974 o. Prof. Hannover; emer.
B: Justitia universalis. Quellenstud. z. Gesch. d. 'christl. Naturrechts' b. G. W. Leibniz (1967: D.); Richterrecht, Gesetzesrecht u. Verfassungsrecht (1969); D. parlam. Opposition im VerfR d. BRD. (1974: H.)
MH: FS Konrad Hesse (1990; m. Rudolf Steinberg)
AL: Erik Wolf; Konrad Hesse (0329)
AS: Helmuth Goerlich (0243); Friedhelm Hufen (0370)
Q: Wer ist wer 1996/97; Hikasa, S. 436
備考: 1973年入会。第43回大会（1984年）第1テーマ主報告。1994年及び1995年の協会副理事長（理事長はWalter Schmitt Glaeser、いま一人の副理事長はKarl Korinek）。最初にHans Schneider (0786) がいて、次

にPeter Schneider（ 0789 ）が入り、さらにHans-Peter Schneider（ 0787 ）が入会した。そして最後には、ずっと年の離れたJens-Peter Schneider（ 0788 ）が現れた。
http://dif-serv.dif.uni-hannover.de/~dif/dif-hps-cv-800.html
http://de.wikipedia.org/wiki/Hans-Peter_Schneider

0788
SCHNEIDER, Jens-Peter（シュナイダー、イェンス・ペーター）
Dr. iur., Prof., Univ. Osnabrück
1963年01月24日（Hameln）
Europäisches Verwaltungsrecht, öffentliches Wirtschaftsrecht, Energierecht, Umweltrecht
–1990 Studium Freiburg/Br.; 1988–90 Wiss. Ang. Freiburg; 1990 Prom. Freiburg; 1990 I. SE; 1993 II. SE; 1993–2000 Wiss. Ref. Hamburg; 1999 Habil. Hamburg; 2000 Prof. Osnabrück
D: Nachvollziehende Amtsermittlung bei der Umweltverträglichkeitsprüfung, Berlin 1991
H: Liberalisierung der Stromwirtschaft durch regulative Marktorganisation, Baden-Baden 1999
AL: Rainer Wahl（ 0921 ）; Wolfgang Hoffmann-Riem（ 0346 ）
備考：電力を始めとするエネルギー法を、環境法との調和の中で研究する。
http://www.elsi.uos.de/publiclaw/personal/Vita/vita-JPS-www.htm（写真あり）

0789
故 **SCHNEIDER, Peter**（シュナイダー、ペーター）
Dr. iur., em. o. Prof., Univ. Mainz
1920年07月10日（Zürich/CH）　2002年07月23日（Zürich）
Allgemeine Staatslehre, Öffentliches Recht, Völkerrecht u. Rechtsphilosophie
Studium Zürich u. Genf; Prom. Zürich; 1949 wiss. HK; WiAs Tübingen, Oberass. Leibniz-Kolleg; 1955 Habil. Bonn; 1955 PD Bonn 1955; 1956 o. Prof. Mainz (1969–80 Rektor u. Präsident)
B: Ausnahmezustand u. Norm (1957: H.); Pressefreiheit u. Staatssicherheit (1968); Sein u. Sollen im Erfahrungsbereich d. Rechtes (1970); Recht u. Macht. Gedanken z. Gegenw. (1970); E. einzig Volk v. Bürgern. Staat u. Recht in d. Lit. (1987)
AL: Dietrich Schindler Sen. （ 0756 ）; Ernst Friesenhahn （ 0211 ）
AS: Erhard Denninger （ 0132 ）; Peter Cornelius Mayer-Tasch （ 0563 ）; Gerd Roellecke （ 0703 ）

Q: K 1983, S. 3764, Wer ist wer 1996/97
L: FS 1990 (Kritik u. Vertrauen; hrsg. v. E. Denninger/P. C. Mayer-Tasch/G. Roellecke u.a.; Bibiliogr., S. 528–536)
備考1: 1956年入会。第20回大会 (1961年) 第1テーマ主報告。門下生は少数だが粒選り。スイス生まれで、博論まではスイス。その後ドイツに転じた。マインツ大学学長でもあった。
備考2: 師のFriesenhahnはRichard Thoma (0886) の門下生であり、Heinrich Rosin (非会員、Freiburg、刑法、1855–1927年) を経て、Otto von Gierke (非会員、Berlin → Breslau → Heidelberg → (wieder) Berlin、1841–1921年) へと連なる。
備考3: Hubert Armbruster (0015) の講座を継承した。
http://zope.verwaltung.uni-mainz.de/presse/mitteilung/2002/02_07_25 schneider0
http://web.archive.org/web/20020822212809/http://zope.verwaltung.uni-mainz.de/presse/mitteilung/02_07_25schneider
http://de.wikipedia.org/wiki/Peter_Schneider_(Rechtswissenschaftler)
0790

故 **SCHNORR, Gerhard** (シュノル[シュノァ]、ゲル[ゲァ]ハルト)
Dr. iur., em. Prof., Univ. Innsbruck/Österr.
1923年05月02日 (Chemnitz) 2004年09月22日 (Innsbruck)
VL: Öffentliches Recht (einschließlich Völkrerecht) u. Arbeitsrecht
1942–47 Studium Leipzig; 1946 I. SE Leipzig; 1948 II. Leipzig; 1947 WiAs Leipzig; 1951 Verw. u. WiAs Köln; 1948 Prom. Leipzig; 1959 Habil. Köln; 1960 PD Köln; 1966 apl. U.Prof. Innsbruck; 1967 o. U.Prof. Innsbruck; 1993 emer.
B: D. ArbeitsR als Gegenstand inetern. Rsetzung (1960: H.); Öffentl. VereinsR (1965); D. f. d. ArbeitsR spezifischen Rquellen (1969); Arbeits- u. sozialrechtl. Fragen d. europ. Integration (1974); Aspects du droit intern. privé en matière de mise à disposition de main d'ouuvre à titre professionnel (1974); Irschen – eine Gemeindechronik (1975); Ausländerbeschäftigungsg. Kommentar (1976; 3. A. 1995); Practical Guide for Temporary Work Activities abroad (1977); D. gewerbsmäßige Arbeitnehmerüberlassung (1979); Einfühf. i. d. Rechtswiss.ten u. ihre Methoden (1988)
AL: Erwin Jacobi (0383); Hans-Carl Nipperdey (非会員、Köln、労働法)
Q: K 1983, S. 3771/3773; CV
L: FS 1988 (Arbeitsleben u. Rechtsordnung; hrsg.: Oswin Martinek

u.a.; Bibliogr., S. 845–858)
備考 1: 1966 年入会。旧東独から先ず Köln 大学に移り、しかる後オーストリアの大学に転じた。公法というよりも、労働法の研究者。
備考 2: 有名な労働法学者ニッパーダイの門下生。なおニッパーダイ (Jena → Köln) は、連邦行政裁判所の初代長官でもあった。
参考: Hans Carl Nipperdey: http://de.wikipedia.org/wiki/Hans_Carl_Nipperdey
0791
故 **SCHNUR, Roman** (シュヌーア、ローマン)
Dr. iur., Dr. h. c., em. o. Prof., Univ. Tübingen
1927 年 10 月 20 日 (Merzig/Saar) 1996 年 08 月 05 日 (Rottenburg-Wurmlingen)
VL: Öffentliches Recht
1943 Luftwaffenhelfer; 1944 Arbeitsdienst; 1945 Offizieranwärter u. Kriegsgefangenschaft; 1947–51 Studium Mainz; 1953; Aufenthalt in Paris; 1951 I. SE; 1955 II. SE ; 1955 Reg.Ass.; 1956 WiAs Speyer; 1961–65 RegRat u. OReg.Rat Mainz (zul. Staatskanzlei Rhld.-Pfalz); 1953 Prom. Mainz; 1961 Habil. Heidelberg; 1961 PD Heidelberg; 1965 o. Prof. Bochum, 1968 o. Prof. HVW/Speyer, 1972 Tübingen; emer.
B: D. Rheinbund v. 1658 in d. dt. Verf.Gesch. (1955: D.); Studien zum Begriff d. Gesetzes (1961: H.); D. franz. Juristen im konfessionellen Bürgerkrieg d. 16. Jh. (1962: H.); Individualismus u. Absolutismus (1963); Strategie u. Taktik b. Verw.reformen (1966); Zeit f. Reform (1967); Regionalkreise? (1971); Vive la République od. Viva la France (1982); Revolution u. Weltbürgerkrieg (1983); Polen in Mittleuropa (1984); Einflüsse d. dt. u. d. österr. Rechts in Polen (1985); Transversale. Spurensicherungen in Mitteleuropa (1988); Geschichte in Geschichten verstrickt (1992)
H: D. Theorie d. Institution u. zwei andere Aufsätze von Maurice Hauriou (1965); FS Ernst Forsthoff (1972)
AL: Karl Siegfried Bader (非会員, Mainz, 法史学); Carl-Hermann Ule (0901); Ernst Forsthoff (0206)
AS: Heinrich Siedentopf (0831)
Q: K 1983; Wer ist wer 1996/97; CV
L: GS 1997 (Staat, Politik, Verwaltung in Europa; hrsg.: Rudolf Morsey/Helmut Quaritsch/Heinrich Siedentopf; insb. S. 1 ff.: Heinrich Siedentopf: Nachruf; S. 5 ff.: Thomas Oppermann, Mit R. S. auf einem Flur. Gemeinsame Tübinger Jahre 1972 bis 1996; S. 353 ff.: Schrif-

tenverzeichnis R. S.）（肖像写真あり）
備考1: 1963年入会。第22回大会（1963年）第1テーマ副報告。行政官としての実務経験に、学者としての独特の嗅覚を加味し、数々のユニークな業績を著した奇才。ポーランドとの学術交流にも偉大な足跡を残す。
備考2: 私事にわたるが、1度目のDAAD留学の際、編者がテュービンゲンに行くと知った故田上穣治先生から、「Schnur先生は懇意にしているから、紹介状を書いてあげよう」と言われた。先生お手ずからの独文書状には、末尾に「Georg Tagami」と記されてあった。「伝説」を我が目で確認したことが、今でも忘れられない。
http://de.wikipedia.org/wiki/Roman_Schnur

0792
SCHÖBENER, Burkhard（シェーベナー、ブルクハルト）
Dr. iur. utr., Prof., Univ. zu Köln
1961年09月14日（Marburg）
VL: Öffentliches Recht, Völkerrecht, Europarecht
Studium Würzburg; 1987 I. SE; 1992 II. SE; 1991 Prom.Würzburg; 1992–98 WiAs Würzburg; 1998 Habil. Würzburg; 1998 Oberass. Würzburg; 2002 Prof. Köln
D: Die amerikanische Besatzungspolitik und das Völkerrecht, Frankfurt/M. u. a. 1991
H: 公刊を確認できなかった。
AL: Dieter Blumenwitz（ 0065 ）
備考: ヴュルツブルク大学の学統を受け継ぐ国際法学者。近年では、国際経済法を研究。
http://www.uni-koeln.de/jur-fak/schoebener/professur/profschoebener/
（写真あり）

0793
SCHOCH, Friedrich（ショッホ、フリードリヒ）
Dr. iur., o. Prof., Univ. Freiburg/Br.
1952年02月24日（Thaleischweiler/Pfalz）
Öffentliches Recht
1971–76 Studium Mainz; 1976 I. SE; 1979 II. SE RLPf; 1976–79 HiWi Mainz; 1979–81 WiAs Kiel; 1981 Prom. Kiel; 1987 Habil. Kiel; 1988 Prof. Münster; 1992 o. Prof. Freiburg/Br.
B: D. Kommunale Vertretungsverbot (1981: D.); Zur Verf.mäßigkeit d. Neuregelung d. Rechts d. Kriegsdienstverweigerung (1985); Vorläufiger Rschutz u. Risikoverteilung im VerwR (1987: H.); Privatisierung d. Abfallentsorgung (1989); Übungen im Öff. Recht, II: VerwR u.

Verw.prozeßR（1992）; Privatisierung d. Abfallentsorgung（1992）; Selbstverw. d. Krise in Dtland（1996）; D. aufsichtsbehördl. Genehmigung d. Kreisumlage（1996）
AL: Albert von Mutius（ 0606 ）
Q: CV
備考1: 2006年及び2007年の協会理事長（副理事長は、Bodo Pieroth 及び Ferdinand Kirchhof）。創立から75周年目を迎えた第57回大会（1997年）第2テーマ主報告。この人物の教授資格論文は2000頁を超える電話帳並みの厚さで、ちょっとした話題になった。
備考2: 師のMutius は Christian-Friedrich Menger（ 0571 ）の門下生。後者の師はHans Julius Wolff（ 0978 ）であり、さらにその師はFriedrich Giese（ 0240 ）である。
http://www.jura.uni-freiburg.de/institute/ioeffr4/personen/schoch
http://de.wikipedia.org/wiki/Friedrich_Schoch
0794

故 **SCHOEN, Paul Otto**（シェーン［ショェーン］、パウル［パォル］・オットー）
Dr. iur., Dr. theol. h.c., o. Prof., Univ. Göttingen, Geheimer Justizrat
1867年05月16日（Königsberg/Pr.）　1941年09月21日（Göttingen）
Staats-, Verwaltungs- u. Völkrerrecht, Kirchnerecht
1888 Studium RW u. Nationalökonomie Königsberg/Pr. u. Leipzig; 1889 Prom. Königsberg（HandelsR）; 1894 Habil. Königsberg; 1896 PD Königsberg; 1896 ao. Prof. Jena; 1900 o. Prof. Jena; 1900 o. Prof. Göttingen; 1935 emer.
B: Vergleichende Darst. d. Rechtsverhältnisse d. Kommanditges. u. d. Stillen Ges. nach d. allg. dt. Handelsgesetzbuch（1889: D.）; Die preuß. Kommunalverbände（1894: H.）; D. Recht d. Kommunalverbände in Preußen（1897）; D. Landeskirchentum in Preußen（1898）; D. Lippische Schiedsspruch（1899）; Beziehungen zw. Staat u. Kirche auf d. Gebiet d. Eherechtss.（1901）; D. ev. KirchenR in Preußen, 3 Bde.（1903/06/10）; D. kais. StandeserhöhungsR u. d. Fall Friesenhausen（1905）; Dt. VerwR, Allgemeine Lehren u. Organisation（1913）
AL: Philipp Zorn（ 1002 ）
AS: Ernst von Hippel（ 0341 ）
Q: Wer ist's 1922, S. 1390; K 1935, S. 1239; Nek. K 1950, S. 2415
L: DÖV 1965, S. 269
備考: 戦前原始会員（1924年入会）を経て、戦後原始会員（1950年入会）。哲学者イマヌエル・カントの親戚。憲法に関しては、Paul Laband（非会員、Königsberg→Straßburg、1838–1918年）の法実証主義と後期立憲主義の

学風を受け継いだ。また行政法については、Otto Mayer（ 0562 ）とは対照的に、行政組織法に多大の関心を抱いていた（1913年の教科書の副題に注目）。ナチスに対しては、一定の距離を置いて行動した。
http://www.deutsche-biographie.de/sfz115103.html

0795
SCHOLLER, Heinrich（ショラー、ハインリヒ）
Dr. iur., Dipl. sc. pol., Prof., Univ. München
1929年08月01日（München）
VL: Staats- u. Verwaltungsrecht
1948–53 Studium München（RW, Theologie, Orientalistik）; 1953 I. SE; 1954–58 Ref.; 1958 II. SE; 1957 Prom. München; 1959 Habil. München; 1960–66 Richter am Bay. VwGH; 1967 OReg.Rat; 1959 PD München; 1975 apl. Prof. München
B: Freiheit d. Gewissens（1958: D.）; Person u. Öffentlichkeit（1959: H.; erschien 1967）; D. Interpretation d. Gleichheitssatzes als Willkürverbot od. als Gebot d. Chancengleichheit（1969）; Grechtsdiskussion in d. Paulskirche（1973）; The special Court of Ethiopia 1920–1935（1986）; Gzüge des KommunalR i. d. BRD（4. A. 1990）
MH: FS Arthur Kaufmann（1989; m. Lothar Philipps）
AL: Theodor Maunz（ 0557 ）
Q: K 3792; Wer ist wer 1996/97; CV; Hikasa, S. 436
L: FS 1992（Rechtsentstehung u. Rechtskultur; hrsg.: Lothar Philipps u.a.; Bibliogr., S. 191–201）
備考：1969年入会。1945年に薬品の爆発事故で左目を完全失明。手術の結果、右目は弱視まで回復した。大変なハンディを乗り越えて研究者となった人物。その学位論文は、Duncker & Humblot の公法叢書第2巻（第1巻は有名な Böckenförde の論文）として刊行された。
http://www.heinrich-scholler.de/html/cv-d.html

0796
SCHOLZ, Rupert（ショルツ、ルーペルト）
Dr. iur., o. Prof., Univ. München, Bundesminister a. D., MdB
1937年05月23日（Berlin）
Staatsrecht, Verwaltungsrecht, weiter Arbeitsrecht, Wirtschaftsrecht, Verwaltungslehre, Finanzrecht
1957–63 Studium FU Berlin u. Heidelberg（RW u. VWL）; 1961 I. SE; 1967 II. SE Berlin; 1961–67 Ass. FU; 1967–69 Stip. DFG; 1966 Prom. München; 1970 Habil. München; 1970 PD München; 1972 o. Prof. FU Berlin; 1978 München; 2006 emer.

1981–88 Senator f. Justiz u. Bundesangelegenh; 1988–90 Bundesminister d. Verteidigung; 1992 Vors. d. Gemeinsamen Verfassungskommiss. v. Bundestag u. Bundesrat; 1983 CDU
B: D. Wesen u. d. Entwicklung d. gemeindl. öff. Einrichtungen (1967: D.); Koalitionsfreiheit als Verf.problem (1970: H.); Staatl. Wirtschaftsaufsicht u. subjekt. Konkurrenten (1970); Krise d. parteienstaatl. Demokratie? (1983); GG zw. Reform u. Bewährung (1993)
MH: FS Peter Lerche (1993; m. Peter Badura); GS Eberhard Grabitz (1995; m. Albrecht Landelzhofer/Dieter Wilke)
AL: Peter Lerche (0515)
AS: Ulrich Battis (0033)
Q: K 1983, S. 3795/3796; Wer ist wer 1996/97; CV; Hikasa, S. 445
備考：1971年入会。第34回大会（1975年）第2テーマ主報告。1978年及び1979年の協会副理事長（理事長はKlaus Stern、いま一人の副理事長はThomas Oppermann）。学界出身者としては、SPDのHorst Ehmke（ 0165 ）と並んで、ドイツ政界の大立て者の一人。CDU所属。コール政権の大臣を歴任し、ドイツ再統一に際しては、フォシュラウ（Voschraw）ハンブルク州首相（市長）と共に、ボン基本法改正委員会の委員長をつとめた。その鷹のごとき鋭い眼光は、政治の修羅場をくぐり続ける人物に特有のものである。
http://de.wikipedia.org/wiki/Rupert_Scholz（写真あり）
参考：「ルパート・ショルツ」（日本語版ウィキペディアで検索されたい。）
0797

SCHÖNBERGER, Christoph（シェーンベルガー、クリストフ）
Dr. iur., Prof., Univ. Konstanz
1966年
Öffentliches Recht
Studium RW u. Philosophie Bonn u. Paris; 1992/93 Ass. Prof. Benjamin N. Cardozo School of Law, New York; Prom. 1996 Berlin (HU); 1999–2001 RA Frankfurt/M. u. Berlin; 2005 Habil. Freiburg/Br.; 2006 Prof. Konstanz
D: Das Parlament im Anstaltsstaat, Frankfurt/M. 1997
H: Unionsbürger – Europas föderales Bürgerrecht in vergleichender Sicht, Tübingen 2005
備考：ヨーロッパ法、特にヨーロッパ市民権研究に従事する。
http://www.uni-konstanz.de/FuF/Jura/schoenberger/de/zur-person/
0798

故 **SCHÖNBORN, Joachim Carl Walther**（シェーンボーン［ボルン］、ヨアヒム・カール［カルル］・ヴァルター）

Dr. iur., o. Prof., Univ. Kiel
1883 年 07 月 19 日（Neuhäuser/Ostpreußen） 1956 年 05 月 07 日（Kiel）
Staats-, Verwaltungs-, Völker- u. Kirchenrecht
1901 Studium Würzburg, Freiburg/Br. u. Heidelberg; 1906 I. SE; 1906 Prom. Heidelberg; 1908 Habil. Heidelberg; 1908 PD Heidelberg; 1915 ao. Prof. Heidelberg; 1915–18 o. Prof. Konstantinopel; 1919 o. Prof. Heidelberg; 1919 o. Prof. Kiel; 1951 em.
D: Das Oberaufsichtsrecht des Staates im modernen deutschen Staatsrecht, 1906
H: Studien zur Lehre vom Verzicht im öffentlichen Recht, 1908
Q: K 1935, S. 1241; K 1950, S. 1853; Nek. K 1961, S. 2389
L: Heidelberger GL, S. 242/243; AöR 79 (1953/54), S. 252; JZ 1953, S. 485 (von Walter Jellinek); Claus-Nis Martens, Walther Schoenborn (1883–1956). Ein Staatsrechtslehrer in den verfassungsrechtlichen Epochen unseres Jahrhunderts, Frankfurt/M. u. a. 1990, 150 S.
U: Claus-Nis Martens, Walther Schoenborn. Ein Staatsrechtslehrer i. d. verf.rechtl. Epochen unseres Jh (1990)
備考：戦前原始会員（1924 年入会）を経て、戦後原始会員（1950 年入会）。戦前・戦中を生きた国際法学者。
http://www.koeblergerhard.de/Rechtsfaecher/Kriegsrecht28.htm
0799

SCHORKOPF, Frank（ショル［ショァ］コップ［フ］、フランク）
Dr. iur., Prof., Univ. Göttingen
1970 年 08 月 30 日（Hamburg）
Öffentliches Recht und Europarecht
1991–97 Studium Hamburg u. LSE; 1997 I. SE; 2001 II. SE; 1997–98 Ass. des Europaabgeordneten Dr. Georg Jarzembowski im Europäischen Parlament in Brüssel; 1998–2001 Wiss. MA Hamburg; 1999 Prom. Hamburg; 2001–02 Wiss Ref. am MPI Heidelberg; 2002–05 Wiss. MA des BVerfG; 2005–09 Wiss. MA Bonn; 2007 Habil. Bonn; 2009 Prof. Göttingen
D: Homogenität in der Europäischen Union, Berlin 2000
H: Grundgesetz und Überstaatlichkeit, Tübingen 2007
AL: Meinhard Hilf (0338); Udo Di Fabio (0137)
備考：若手のヨーロッパ法学者。
http://www.uni-goettingen.de/de/113548.html（写真あり）
0800

SCHOTT, Markus（ショット、マルクース）瑞

Dr. iur., PD, Univ. Zürich, RA
1971 年 05 月 05 日（Basel）
Öffentliches Recht und Europarecht
1991–96 Studium Basel und Neuchâtel; 1996 lic. iur. Basel; 1997–99 Ass. Basel; 1999 Ausserord. Gerichtsschreiber am Zivilgericht Basel-Stadt; 2000 Prom. Basel; 2001 Advokaturexamen Basel-Stadt; 2004 LL.M（Harvard）; 2006–09 Oberass. Zürich; 2010 RA; 2010 Habil. Zürich
D: Patientenauswahl und Organallokation, Basel 2001
H: Staat und Wettbewerb, Baden-Baden 2010
AL: René Rhinow（ 0689 ）
備考：実務家教員（弁護士）。
http://www.rwi.uzh.ch/lehreforschung/pd/pd-schott/person/cv.html（写真あり）
http://baerkarrer.ch/lawyers/detail/lang/de/mid/2/id/506

0801
SCHRANIL, Rudolf（シュラニール、ルードルフ）
Dr. iur., Prof., Univ. des Saarlandes（Saarbrücken）
1885 年 01 月 21 日（Nixdorf/Böhmen）　1957 年 07 月 22 日（Brühl）
Öffentliches Recht
Studium Dt. Univ. Prag; 1909 Prom. Prag; 1908–11 Finanzbeamter（Finanzlandesdirektion Prag）;（beurlaubt）1911–13 Studium Berlin; Ass. Dt. Univ. Prag; 1913–17 Mitarbeiter der Landesfinanzdirektion Prag; 1917–21 Finanzrat im Finanzministerium Wien; 1917 PD Wien; 1921 ao. Prof. Prag; 1927 o. Prof. Prag; 1933 Einsatz für vertriebene jüdische Professoren; 1937 Rektor Univ. Prag; 1939 auf Honorarbasis weiterbeschäftigt, 1941 o. Prof. Halle; 1947 wegen öffentlicher Äußerungen gegen eine Neuregelung des § 218 StGB（Abtreibung）entlassen; 1947 zweiter Listenplatz Univ. Innsbruck; 1948 am Saar-Institut für höhere Studien Homburg, 1948–1952 Prof. Saarbrücken
B: Stadtverfassung nach Magdeburger Recht（1915）; Die sogenannten Sobieslaw'schen Rechte（1916）; Das öffentliche Recht der Tschechoslowakischen Republik（1938）
Q: K 1935, S. 1249
備考：1927 年に入会し、戦後原始会員（1950 年入会）。とりわけ戦中には、微妙な状況下に置かれたが、何とか戦後まで生き延びた。
http://www.catalogus-professorum-halensis.de/schranilrudolf.html
http://www2.jura.uni-halle.de/germann/Chronik1.htm

http://haweb1.bibliothek.uni-halle.de:8080/DB=1/SET=9/TTL=2/
MAT=/NOMAT=T/REL?PPN=078489032
0802
SCHRÖDER, Meinhard（シュレーダー、マインハルト）
Dr. iur., U.Prof., Univ. Trier
1942 年 05 月 19 日（München）
VL: Öffentliches Recht, einschließlich Völker- u. Europarecht
1961–66 Studium Mainz u. Frankfurt/M.; 1961 I. SE Mainz; 1971 II. SE RhL-Pf; 1966–68 HiWi Mainz u. Bonn; 1969–70 HiWi Bonn; 1970–71 ebd.; 1971 WiAs ebd.; 1969 Prom. Bonn; 1977 Habil. Bonn; 1977 PD Bonn; 1978 Prof. Trier
B: D. "wohlerworbenen" Rechte d. Bediensteten in d. Rsprechung d. Gerichthofs d. EG (1969: D.); D. Neuordnung d. franz. Staatsgebietes (1974); Planung auf staatl. Ebene (1974); D. Anwendungsbereich parlamentsrechtl. Gsätze im administr. Bereich (1977: H.; erschien 1979); D. Geheimhaltungsschutz im Recht d. Umweltchemikalien (1982); Europ. Bildungspolitik u. bundesstaatl. Ordnung (1990); Kompetenz- u. eigentumsrechtl. Fragen bei d. Verwirklichung d. Elektrizitätsbinnenmarktes (1993); Sustainable Development and Law (1996)
AL: Fritz Ossenbühl (0631)
Q: K 1983, S. 3825; Wer ist wer 1996/97; CV
L: Meinhard Schröder/Matthias Ruffert (Hrsg.), Recht und Organisation, Berlin 2003 (FS zum 60. GT)
備考： 1978 年入会。第 50 回大会（1990 年）第 2 テーマ主報告。環境法が専門。
http://www.uni-trier.de/index.php?id=9530
0803
SCHRÖDER, Rainer Johannes（シュレーダー、ライナー・ヨハンネス）
Dr. iur., PD, Technische Univ. Dresden
1964 年
VL: Verwaltungsrecht und Rechtstheorie
1984 Studium RW, Politik, Philosophie u. Germanistik Münster; 1991 SE; 1998 II. SE; 1998 Prom. Münster; 1998 RA; 1999 wiss. MA TU Dresden; 2006 Habil. Münster; PD Münster
D: Rechtsfrage und Tatfrage in der normativistischen Institutionentheorie Ota Weinbergers, Berlin 2000
H: Verwaltungsrechtsdogmatik im Wandel, Tübingen 2007
備考 1： 情報に乏しい。教論では、わが国でもなじみ深い「行政法ドグマー

ティク」を取り上げた。
備考 2: なお、似通った名前 (Rainer Schröder) で、似通った傾向の業績 (法史) を積んでいる研究者がフンボルト大学にいるので、注意のこと。ただし後者は民事法専攻で、生まれは 1947 年である (http://schroeder.rewi.hu-berlin.de/)。
http://www.koeblergerhard.de/Rechtsfakultaeten/Dresden76.htm

0804
SCHROEDER, Werner (シュレーダー、ヴェルナー) 墺
Dr. iur., Univ.-Prof., Univ. Innsbruck
1962 年 05 月 01 日 (Köln)
VL: Staatsrecht, Verwaltungsrecht, Europarecht, Völkerrecht
1981–86 Studium Passau und Genf; 1986 I. SE; 1990 II. SE; 1988–89 Wiss. MA München; 1989 Prom. Passau; 1990–93 RA München; 1992 LL.M (Univ. of California/Berkeley); 1993–99 WiAs Passau; 1999 Habil. Passau; 1999–2001 Oberass. Passau; 2001 Univ.-Prof. Innsbruck (Jean Monnet-Professor)
D: Sport und europäische Integration, München1989
H: Das Gemeinschaftsrechtssystem, Tübingen 2002
備考: オーストリアの中堅ヨーロッパ法研究者 (ただし、教授資格はドイツの大学で取得)。
http://www.uibk.ac.at/europarecht/mitarbeiter/ (写真あり)

0805
故 **SCHÜLE, Adolf** (シューレ、アードルフ)
Dr. iur., em. Prof., Univ. Tübingen
1901 年 06 月 16 日 (Freiburg/Br.) 1967 年 05 月 04 日 (Tübingen)
Staatsrecht, insb. Verfassungsrecht des britischen Weltreichs, Verwaltungsrecht, Kommunalrecht, Steuerrecht
1923 Studium Freiburg/Br, Kiel, München u. Heidelberg; 1923 Prom. Heidelberg; 1931 Habil. Berlin; bad. Staatsdienst, Ref. KW-Inst./Berlin; 1931–38 PD Berlin; 1938–45 Stickstoff-Syndikat; 1945–54 Hauptgesch.führer d. IHK/Mannheim; 1951 Stadtrat; 1947 erneut Habil. Heidelberg; 1948 apl. ao. Prof.; 1949 Hon.Prof., 1954 o. Prof. Tübingen; emer.
B: Studien zur ReichsverordnungsR (1923: D.); Staat u. Selbstverw. in England, die Kommunalaufsicht d. Zentralbehörde (1933: H.); D. Problem d. einstweil. Verfügung in d. dt. Reichsstaatsger.barkeit (1932); Verf. u. Wirtschaft (1948: H.); D. streitentscheidende VA (1957); Persönlichkeitsschutz u. Pressefreiheit (1961); Koalitionsvereinbarun-

gen im Lichte d. VerfR（1964）
AL: Richard Thoma（ 0886 ）
AS: Hermann-Winfried Bayer（ 0039 ）; Gunter Kisker（ 0434 ）; Walter Rudolf（ 0715 ）
Q: K 1950, S. 1882/1883; Nek. K 1970, S. 3434
L: Genealogie LS Oppermann, S. 203/204; AöR 92（1967）, S. 548（Nachruf; von Walter Rudolf）; DÖV 1967, S. 416; JZ 1967, S. 505（von Rudolf）; 追悼 S. 47/48
備考1: 1932年入会を経て、戦後原始会員（1950年入会）。第11回大会（1952年）第2テーマ主報告。1956年及び1957年の協会理事長（なお副理事長は、Karl Maria Hettlage 及び Hans Spanner）。戦争で割を食った世代。しかし、戦後、教授免許を取り直した（1947年）事実は、この人物の良心を示しているように思われる。
備考2: 有名な Otto von Gierke の公法学の学統を、後者の門下生であ Heinrich Rosin（非会員、Freiburg、刑法、1855-1927年）から Richard Thoma を媒介に、公法学の分野へと受け継いだ。講座後継者は Thomas Oppermann（ 0630 ）。
備考3: なお Schüle は、『シンチンゲル独和・和独辞典』で日本にもなじみの深い Robert Schinzinger（1898-1988年、元学習院大）の縁戚にあたる。
http://www.uni-tuebingen.de/UAT/prov/datei556.htm
http://de.wikipedia.org/wiki/Adolf_Sch%C3%BCle
0806

SCHULER-HARMS, Margarete（シューラー＝ハルムス、マルガレーテ）女性
Dr. iur., Prof., Helmut-Schmidt-Univ., Univ. der Bundeswehr Hamburg
1955年
Staats- und Verwaltungsrecht sowie Sozialrecht
1977–82 Studium Freiburg/Br.; 1983 I. SE; 1985 II. SE; 1983–86 Wiss. HK Freiburg; 1986–89 Rechtsreferentin bei der Anstalt für Kabelkommunikation im Kabelpilotprojekt Berlin; 1989–91 WiAs Hamburg; 1992 Wiss. MA Hamburg; 1995 Prom. Hamburg; 1995 RA; 1995 Stip. DFG; 2004 Habil. Hamburg; 2006 Prof. Univ. der Bundeswehr Hamburg
D: Rundfunkaufsicht im Bundesstaat, Baden-Baden 1995
H: Familienleistungsausgleich als Herausforderung an das Verfassungsrecht, 2003（公刊を確認できなかった）
AL: Wolfgang Hoffmann-Riem（ 0346 ）
備考: 放送法・家族法研究に公法の観点から取り組む。
http://www.hsu-hh.de/verwaltungsrecht/index_PCDGlcdq1OeHAGT9.

html
0807
SCHULEV-STEINDL, Eva（シューレフ=シュタインドル、エ[ー]ファ）墺 女性
Mag.iur., Dr.iur., Univ.-Prof., Univ. für Bodenkultur/Wien（BOKU）
1960 年
Verfassungsrecht, Verwaltungsrecht
1984 Magister der Sozial- u. Wirtschaftswiss. WU Wien; 1987 Magister der RW Wien; 1989 LL.M. LSE; 1992 Prom. Wien; 2003 Habil. Wien; 2004 ao.Univ.-Prof. Wien; 2007 Gastprof. WU Wien; 2008 Univ.-Prof. BOKU
D: Wirtschaftslenkung und Verfassung, Wien u. a. 1996
H: Subjektive Rechte: eine rechtstheoretische und dogmatische Analyse am Beispiel des Verwaltungsrechts, Wien u. a. 2008
備考：オーストリアの女性環境法学者。
https://forschung.boku.ac.at/fis/suche.person_uebersicht?sprache_in=de&person_id_in=10054（写真あり）
0808
SCHULTE, Martin（シュルテ、マルティン[マーティン]）
Dr. iur., Prof., TU Dresden
1959 年（Hamm/Westf.）
VL: Öffentliches Recht und Rechtstheorie
Studium RW, Geschichte u. Philosophie Münster; 1985 Prom. Münster; 1992 Leiter des Freiherr-vom-Stein-lnstituts Münster, 1994 Habil. Münster; Prof. TU Dresden
B: Rsprechungseinheit als Verf.auftrag（1986: D.）; Schlichtes Verw. handeln（1995: H.）
AL: Werner Hoppe（ 0360 ）
備考 1：勤務先の関係もあろうが、環境法のほかに技術法（Technikrecht）を研究する。
備考 2：なお、師の Hoppe は Christian-Friedrich Menger（ 0571 ）の門下生。後者の師である Hans Julius Wolff（ 0978 ）を通じて、Friedrich Giese（ 0240 ）へと連なる。
http://tu-dresden.de/die_tu_dresden/fakultaeten/juristische_fakultaet/jfitur2/mitarbeiter/schulte（写真あり）
0809
SCHULZ, Wolfgang（シュルツ、ヴォルフガング）
Dr. iur., PD, Hans-Bredow-Institut für Medienforschung/Hamburg
1963 年

Öffentliches Recht, Medienrecht und Rechtsphilosophie
–1997 Studium RW u. Journalistik Hamburg; 1998 Prom. Hamburg; 1999 St. Geschäftsführer sowie als Leiter des Bereichs Medien- u. TelekommunikationsR des H.-B.-Instituts; 2009 Habil. Hamburg
D: Gewährleistung kommunikativer Chancengleichheit als Freiheitsverwirklichung, Baden-Baden 1998
H: 特定できなかった。
備考: 下記履歴の記述が冗漫で、情報法の研究者という割には、有意の情報を得られなかった。よって、他の資料でデータを補充した。
http://www.hans-bredow-institut.de/de/mitarbeiter/dr-wolfgang-schulz（写真あり）
0810
SCHULZE-FIELITZ, Helmuth（シュルツェ＝フィーリッツ、ヘルムート）
Dr. iur., Prof., Univ. Würzburg
1947 年 03 月 01 日（Goslar/Harz）
VL: Öffentliches Recht
1966–69 Studium Göttingen, Frankfurt/M. u. Marburg/Lahn (RW u. Sozialwiss. sowie Publizistik); 1971 I. SE; 1977 Ref.; 1980 II. SE; 1972–73 HiWi Marburg; 1977 HiWi ebd.; 1980 Akad.Rat Augsburg; 1981 Akad.Rat Bayreuth; 1982–84 Stip. DFG; 1977 Prom. Augsburg; 1986 Habil. Bayreuth; 1989 Prof. Univ. der Bundeswehr/München; 1994 o. Prof. Würzburg
B: Sozialplanung im StädtebauR (1979: D.); D. informale Verf.staat (1984); Theorie u. Praxis d. parlament. Ggbung (1986: H.); Register d. Jg. 1–26 d. ZS 'Die Verwaltung' (1968–1992) (1994)
MA: Parlament. Souveränität u. techinische Entwicklung (1986; hrsg.: J. Hoffmann/H. Dreier); Ggbungstheorie u. Rpolitik (1986; hrsg.: W. Maihofer)
AL: Peter Häberle（ 0278 ）
Q: CV
備考 1: 1987 年入会。第 55 回大会（1995 年）第 2 テーマ報告（4 人の報告者の 1 人）。2002 年及び 2003 年の協会副理事長（理事長は Gunnar Folk Schuppert、いま一人の副理事長は Beatriche Weber-Dürler)。さらに、2008 年及び 2009 年の理事長（副理事長は、Christoph Engel 及び Michael Holoubek)。立法過程論・立法学に興味を示す。
備考 2: ただし、1969 年までは氏の表記が単なる Schulze なので、文献調査の際には注意を要しよう。
備考 3: 師の Häberle を通じて、Konrad Hesse（ 0329 ）に連なる。

備考 4： 2000 年には、本書にも所縁の深い師弟関係の系図 4 枚（Die deutschen Staatsrechtslehrer der Gegenwart und ihre akademischen Herkunft, I–IV, Stand: 13. Mai 1999, 2000 Baden-Baden, Nomos Verlag）を刊行した。これは、協会の第 60 回大会（2000 年 10 月、於：Leipzig）の席で提供・頒布されたもので、「元々は、Fielitz 教授の指導教授にあたるペーター・ヘーベルレ【略】教授の 65 才の誕生日【略】を記念して行われたコロキウムの会場でパネルとして展示された」（栗城＝戸波＝石村［編著］『ドイツの憲法判例 II（第 2 版）』496 頁）。インフォーマントの一人である Dieter H. Scheuing から直後にお送り頂き、資料的価値の高さとデータの正確さに感激したものである。その後しばし筐底（正確には筒の中）に眠らせていたが今回、本書公刊に際し、データ照合の一資料として有効活用させて頂いた。なお系譜図の縮小版が、上掲書 496～503 頁に再録されている。
http://www.jura.uni-wuerzburg.de/lehrstuehle/professoren/schulze_fielitz/zur_person/（写真あり）
0811

SCHUPPERT, Gunnar Folke（シュッパート［シュッペルト］、グンナー・フォルケ）
Dr. iur., Forschungsprof., Wissenschaftszentrum Berlin für Sozialforschung
1943 年 05 月 23 日（Praschnitz/Südostpreußen）
VL: Öffentliches Recht u. Verwaltungslehre
1962–67 Studium Berlin, München u. Göttingen; 1976–77 LSE; 1967 I. SE Celle; 1973 II. SE; 1973–76 Wiss. MA am BVerfG; 1976–78 Stip. DFG; 1978 WiAs Göttingen; 1972 Prom. München; 1979 Habil. ebd.; 1980 Prof. Hamburg; 1984 Prof. Augsburg; 1993 Prof. Berlin (HU); 2003 Forschungsprof. Wissenschaftszentrum Berlin für Sozialforschung (Neue Formen von Governance)
B: D. verf.gerichtl. Kontrolle d. Ausw. Gewalt (1972: D.); D. Erfüllung öffentl. Aufgabe durch verselbständigte Verw.einheiten (1979: D.)
MH: Angewandte Dialektik. GS Dieter Suhr (1992; mit Wolfgang Tzschaschel)
AL: Peter Badura（ 0026 ）; Christian Starck（ 0852 ）
Q: K 1983, S. 3886; K 1987, S. 4270
備考：1980 年入会。第 42 回大会（1983 年）第 2 テーマ副報告。2002 年及び 2003 年の協会理事長（副理事長は、Beatriche Weber-Dürler 及び Helmuth Schulze-Fielitz）。共著のケースブック 2 冊は売れ行き好調。また、行政学との接点から、行政法学（一般行政法）の改革を考えている。いわゆる研究所教授に移籍した。

http://schuppert.rewi.hu-berlin.de/schuppert（写真あり）
0812
SCHWABE, Jürgen（シュヴァーベ、ユルゲン）
Dr. iur., em. Prof., Univ. Hamburg
1937年06月17日（Koblenz）
VL: Staats- u. Verwaltungsrecht
1956–61 Studium Frankfurt/M., Freiburg/Br., Berlin u. Marburg/Lahn; 1961 I. SE Frankfurt; 1963 Ref. Marbrug; 1968 II. SE Frankfurt; 1961–63 Ass. Marburg; 1968–70 Ass. ebd.; 1970 Ass. Gießen; 1970 Prom. Mainz; 1978 Habil. Gießen; 1978 PD Gießen; 1979 Prof. Hamburg; emer.
B: Die sog. Drittwirkung d. Grechte (1971: D.); Probl. d. Grechtsdogmatik (1977: H.); Notrechtsvorbehalte d. PolizeiR (1979); Gkurs StaatsR (5. A. 1995); Verw.prozeßR (4. A. 1996)
AL: Friedrich von Zezschwitz 0992
Q: K 1983, S. 3892; CV
備考1: 1980年入会。マールブルクでは、Dietrich Jesch 0397 と Hans Heinrich Rupp 0722 の助手であった。その編著 Entscheidungen des Bundesverfassungsgerichts. Studienauswahl は、ドイツの法学生にとっての福音書の1冊。師の Zezschwitz（1935年生）とは、2歳しか年齢が違わない。
備考2: なお Zezschwitz は、Hans Heinrich Rupp 0722 の門下生であり、その系譜は Otto Bachof 0025 を経て、Walter Jellinek 0395 → Otto Mayer 0562 へと連なる。
http://www.jura.uni-hamburg.de/personen/schwabe
http://de.wikipedia.org/wiki/J%C3%BCrgen_Schwabe
0813
SCHWARTMANN, Rolf（シュヴァルトマン、ロルフ）
Dr. iur., Prof., Fachhochschule Köln
1965年（Düren）
Öffentliches Recht, Völkerrecht und Europarecht
1986–1992 Studium Giessen, Bonn und Köln; 1992 I. SE; 1996 II. SE; 1995 Prom. Köln; 1996–2000 RA u. Fachanwalt für VerwR in Köln; 2000–04 WiAs Mainz; 2004 Habil. Mainz; 2004 Prof. FH Köln
D: Verfassungsfragen der Allgemeinfinanzierung politischer Parteien, Berlin 1995
H: Private im Wirtschaftsvölkerrecht, Tübingen 2005
AL: Udo Fink 0197

備考：未だ研究動向ははっきりしないが、師と教論の内容から見て、国際法・ヨーロッパ法研究者かと思われる。
http://www.blm.de/apps/documentbase/data/pdf1/cv_rolf_schwartmann.pdf（写真あり）
http://de.wikipedia.org/wiki/Rolf_Schwartmann

0814
SCHWARZ, Kyrill-Alexander（シュヴァルツ、キリル・アレクサンダー）
Dr. iur., apl. Prof., Univ. Würzburg
1968 年 7 月 31 日（Berlin）
Öffentliches Recht und Europarecht
1988–94 Studium FU Berlin und Göttingen; 1995 I. SE; 1997 II. SE; 1995 Prom. Göttingen; 1996–97 Wiss. MA bei dem Niedersächs. StaatsGH/Bückeburg; 1998–2001 Stip. DFG; 2001 Habil. Göttingen; 2004–05 Wiss. MA am BVerfG; 2005–06 Wiss. MA ebd.; 2008–10 Referatsleiter "Grundsatzfragen der Verfassung" in der Staatskanzlei des Landes Nordrhein-Westfalen; 2010 apl. Prof. Würzburg
D: Finanzverfassung und kommunale Selbstverwaltung, Baden-Baden 1996
H: Vertrauensschutz als Verfassungsprinzip, Baden-Baden 2002
AL: Hans Hugo Klein（ 0438 ）
備考 1：主に国内法（憲法・行政法）を研究しているようである。
備考 2：師の H. H. Klein を通じて、Ernst Forsthoff（ 0206 ）へと連なる。
http://www.jura.uni-wuerzburg.de/lehrstuehle/schwarz/prof_dr_schwarz/（写真あり）

0815
SCHWARZE, Jürgen（シュヴァルツェ、ユルゲン）
Dr. iur., Prof., Univ. Freiburg
1944 年 07 月 09 日（Bielefeld）
VL: Öffentliches Recht einschließlich Europarecht
1964–68 Studium Münster/Westf., Göttingen u. Freiburg/Br.; 1968 I. SE Freiburg; 1968–71 Ref.; 1971 II. SE Stuttgart; 1968 HiWi Freiburg; 1970 WiAs ebd.; 1969 Prom. Freiburg, 1976 Habil. Freiburg; 1976 PD Freiburg; 1978 Prof. Bochum, 1980 Prof. Hamburg, 1990 Prof. Freiburg
B: D. Eingriff in d. Gewerbebetrieb durch Gesetzesänd. (1969: D.); D. funktionale Zusammenhang v. VwVfR u. verw.gerichtl. Rschutz (1974); D. Befugnis z. Abstraktion im europ. Gemeinsch.recht (1976: H.); Europ. VerwR, 2 Bde. (1988); D. Jurisdiktionsabgrenzung im VR

(1994)
AL: Werner von Simon (0836)
Q: K 1983, S. 3908/3909; Wer ist wer 1996/97; CV
備考 1: 1977 年入会。早くから「ヨーロッパ行政法」の研究に取り組んでいる。
備考 2: なお、師の von Simson は Joseph Kaiser (0408) の門下生であり、その学統は後者を通じて Ulrich Scheuner (0750) → Heinrich Triepel (0891) → Karl Binding (非会員、Basel → Freiburg/Br. → Straßburg → Leipzig、刑法学、1841–1920 年) へと連なる。
http://www.jura.uni-freiburg.de/institute/ioeffr1/personen/schwarze

0816
SCHWARZER, Stephan (シュヴァルツァー、シュテファン) 墺
Mag., Dr. iur., UD, Bundeswirtschaftskammer, Wien/Österr.
1956 年
Öffentliches Recht
Studium Wien (1979 Dr. iur.); Betriebswirtschaft WU (1980 Mag. Rer. soc.oec.); 1978 Ass. WU Wien; 1980 Vortragender an der WU; 1981–82 wiss. MA am VerwGH; 1986 Rechtskonsulent in der Wirtschaftspol. Abt. d. BWK; 1987 Leiter d. Ministerbüros d. BM für Umwelt, Jugend u. Familie; 1987 Vortragender TU Graz; 1991 stv. Leiter der Gruppe Umweltpolitik in der BWK; 1991 Lektor Landesakademie für NÖ in Krems; 1991 Habil. WU Wien
B: Österr. LuftreinhaltungsR (1987); D. Genehmnigung v. Betriebsanlagen (1992)
備考: オーストリアの実務家教員(行政官)。環境保護の分野で活躍。
http://www.donau-uni.ac.at/de/universitaet/whois/03939/index.php (写真あり)
http://www.jura.uni-freiburg.de/institute/ioeffr1/personen/schwarze

0817
SCHWEITZER, Michael (シュヴァイツァー、ミヒャエ[ー]ル)
Dr. iur., o. Prof., Univ. Passau
1943 年 06 月 08 日 (Wien/Österr.)
Staats- u. Verwaltungsrecht, Völkerrecht u. Europarecht, Agrarrecht
1962–67 Studium Wien; 1968 HiWi Bochum; 1969 WiAs ebd.; 1972 WiAs Mainz; 1967 Prom. Wien; 1974 Habil. Mainz; 1974 PD Mainz; 1980 Prof. Passau
B: D. VölkergewohnheitsR u. seine Geltung f. neuentstehende Staaten (1969: D.); Dauernde Neutralität u. europ. Integration (1974: H.;

erschien 1977); Österr. u. d. EWG (1987); Ausverkauf Österreichs? Ausländergrundverkehr u. EWG (1990); StaatsR III (6. A. 1997)
AL: Walter Rudolf (0715)
AS: Rudolf Streinz (0874)
Q: K 1983, S. 3917; Wer ist wer 1996/97; CV; Hikasa, S. 447
備考1: 1976年入会。ヨーロッパ法の研究者。
備考2: なお師のRudolfは、Adolf Schüle (0805) の門下生である。Richard Thoma (0886) → Heinrich Rosin (非会員、Freiburg、刑法、1855–1927年) を媒介に、Otto von Gierke (非会員、Berlin → Breslau → Heidelberg → (wieder) Berlin、1841–1921年) へと至る。
http://www.jura.uni-passau.de/1419.html
http://www.cep.uni-passau.de/mitgliederCep/schweitzer.htm
http://de.wikipedia.org/wiki/Michael_Schweitzer

0818
SCHWEIZER, Rainer J. (シュヴァイツァー、ライナー・J) 瑞
Dr. iur., o. Prof., Hochschule St. Gallen/CH
1943年08月26日 (Basel)
Öffentliches Recht, Völkerrecht, Europarecht, Verfassungsgeschichte, Verfassungstheorie, Biotechnologierecht
1962–68 Studium Wien, Basel u. Genf; 1968 Lizentiat Basel; 1968–69 Zusatzstudium Bonn (Rechtsphilosophie u. StaatsR); 1969–70 Ass. Basel; 1971 Advokaturex. in Basel; 1974 Wiss. MA BA f. Justiz; 1981 Leiter d. D. f. Datenschutz im BAJ; 1974 Prom. Basel; 1986 Habil. Basel; 1992 o. Prof. St. Gallen
B: Über die Rechtssicherheit und ihre Bedeutung für die Gesetzgebung (1974: D.); Gsatzfragen d. Datenschutzes (1986: H.)
AL: Kurt Eichenberger (0167)
Q: CV
L: Patrick Sutter (Hrsg.), Selbstbesimmung und Recht (FS), 2003
備考: 第52回大会 (1992年) 第2テーマ報告 (なお、このテーマでは初めて5人という多くの報告者が立った)。スイスにおけるデータ保護法の権威。
http://www.rwa.unisg.ch/org/rwa/web.nsf/c31e7c476ced62cec1256954003e839e/c91c46fc9420c5c7c1256a5d004e53d6?OpenDocument
http://www.rwa.unisg.ch/org/rwa/web.nsf/wwwPubInhalteGer/Zur+Person+Prof.+Dr.+Rainer+J.+Schweizer?opendocument

0819
SCHWERDTFEGER, Gunther (シュヴ(ェ)ァトフェーガー、グンター)
Dr. iur., em. Prof., Univ. Hannover

1934年11月07日 (Oldenburg)
Staats- u. Verwaltungsrecht
1955–59 Studium Göttingen u. München; 1959 I. SE Celle; 1964 II. SE; 1962 HiWi Göttingen; 1962–63 Ass. Lausanne; 1964 WiAs Hamburg; 1960 Prom. Göttingen; 1971 Habil. Hamburg; 1971 PD Hamburg; 1975 Prof. Münster; 1976 o. Prof. Berlin (FU); 1987 Prof. Hannover; 2000 emer.
B: Mittelbare Testamentsvollstreckung i. e. fortgesetzten offenen Handelsgesellschaft (1960: D.); Unternehmerische Mitbestimmung d. Arbeitnehmer in verf.rechtl. Sicht (1971: H; erschien 1972); Öff. Recht i. d. Fallbearbeitung (1973; 10. A. 1997); Arbeitslosenversicher. u. Arbeitskampf (1974); RVO-SGB Gesammtkommentar (1977); Zur Verf.mäßigkeit d. partät. Mitbestimmung (1978); Individuelle u. kollektive Koalitionsfreiheit (1980); Gutachten f. d. 53. Dt. JT (1980); D. dogmat. Struktur d. Eigentumsgarantie (1983); Rfragen zu 116 AFG n. F. (1990)
AL: Rinck (非会員、Göttingen、商法); Hans-Peter Ipsen (0375)
Q: K 1983, S. 3923; Wer ist wer 1996/97; CV; Hikasa, S. 451
備考1: 1972年入会。商法から公法に転じ、憲法と労働法の境界領域を研究。国家試験対策用の模擬試験カセットやCDも編纂するなど、器用なところも見せている。
備考2: なお、師のH.-P. Ipsenを通じて、Rudolf Laun (0501) に連なる。
0820
故 **SCHWINGE, Erich** (シュヴィンゲ、エーリヒ)
Dr. iur., em. Prof., Univ. Marburg an der Lahn
1903年01月15日 (Jena)   1994年04月30日 (Marburg/L.)
Strafrecht, Prozeßrecht, Militärrecht, Kriegsvölkerrecht, Rechtsphilosopie
1921 Studium RW u. Philosophie Jena, München u. Berlin; 1926 Prom.; 1930 Habil. Bonn; 1930 PD Bonn; 1932 o. Prof. Halle/S.; 1936 o. Prof. Marburg; 1940 o. Prof. Wien; 1941 Militärrichter Wehrmacht; 1946 Dozent Univ. Marburg; 1948 o. Prof. Marburg (1954 Rektor); emer.
B: D. Kampf um d. Schwurgerichte bis zur Frankfurter Nationalversammlung (1926: D.; 2. A. 1968); D. fehlerhafte Staatsakt im MobiliarvollstreckungsR (1930; 2. A. 1964); Theleol. Begriffsbildung im StrafR (1930); D. Methodenstreit in d. heut. Rechtswiss. (1930); Glagen d. RevisionsR (1935; 2. A. 1960); Irrationalismus u. Ganzheitsbe-

trachtung im StrafR (1938); Militär. Gehorsam u. Verantwortung (2. A. 1940); D. Entwicklung d. Manneszucht (1939); Kommentar zur MilitärstrafGB (6. A. 1944); Welt u. Werkstatt d. Forschers (1957); D. Jurist u. s. Beruf (1960; auch jap.); Berühmte Strafprozesse, 12 Bde. (seit 1962; u. d. Pseudonym: Maximilian Jacta); D. Jurist in d. modern. Gesellschaft (1964); Bilanz d. Kriegsgreneration (6. A. 1981)
MH: Erinnerungsg. f. M. Grünhut (1965); FS R. Reinhardt (1972)
AL: Max Grünhut (Bonn 刑法学、非会員)
AS: Hans-Ulrich Evers (0184); Karl Heinrich Friauf (0210)
Q: K 1983, S. 3929
L: FS 1973 (Persönlichkeit i. d. Demokratie; hrsg. v. H.-U. Evers/K. H. Friauf u.a.; insb. S. 1–6)
備考: 1952年入会。ナチスの政権掌握直前に就職したため、活躍期間が極めて長い。公法プロパーの領域よりも、刑事法の分野の業績が多い。戦前・戦中のナチスとの関係を問題にする向きもある。下記記事にもあるごとく、「キール学派」の一員であった。
http://www.catalogus-professorum-halensis.de/schwingeerich.html
http://de.wikipedia.org/wiki/Erich_Schwinge
参考:「キール学派」: http://de.wikipedia.org/wiki/Kieler_Schule
0821

故 **SCUPIN, Hans Ulrich** (スクピーン、ハンス・ウルリヒ)
Dr. iur., em. Prof., Univ. Münster/Westf.
1903年04月13日 (Dölau b. Halle/S.)　1990年05月18日 (Münster)
Rechtsphilosophie, Völkerrecht, Staatsrecht, Staatsrechtsgeschichte
Studium Breslau; I. SE; 1929 Prom. Breslau; Ass. Breslau; 1938 Habil. Breslau; 1939 PD Breslau; 1941 beamt. ao. Prof. Posen; 1944 o. Prof. Posen; 1949 LB Münster; 1952 o. Prof. Münster; 1971 em.
B: Der Staat als Fiskus u. als Hoheitsperson nach Art. 153 WRV (1930: D.); D. neue lettländische WirtschaftsG in ihrer Auswirk. auf d. dt. Volksgr. in Lettland (1936); Kants Auffass. v. Rstaat nach der Metaphy. d. Sitten (1938); D. Wirtschaft unter d. Bonner GG (1950); Polizeirecht (1955)
MA: Kommentar zum Bonner GG IV (1950)
MH: Althusius-Bibliographie (1973; m. Ulrich Scheuner)
AL: Hans Helfritz (0311), Axel Freiherr von Freytagh-Loringhoven (非会員、Breslau); Gustav Adolf Walz (0931)
AS: Heinhard Steiger (0853); Norbert Achterberg (0003); Werner Krawietz (0471); Dieter Wyduckel (0987)

Q: K 1983, S. 3932/3933; Hikasa, S. 455; Nek. K 1996, S. 1669
L: FS 1973（Öff. Recht u. Politik; hrsg. v. Norbert Achterberg）; FS 1983（Recht u. Staat im sozialen Wandel; hrsg.: N. Achterberg/Werner Krawietz/Dieter Wyduckel; insb. siehe S. 5–8; Bibliogr., S. 937–946）; AöR 98; AöR 108
備考 1: 戦後原始会員（1950 年入会）。1962 年及び 1963 年の協会副理事長（理事長は Herbert Krüger、いま一人の副理事長は Joseph Heinrich Kaiser）。Hans Julius Wolff（ 0978 ）及び Helmut Schelsky（社会学者）とともに、法と社会に関する"ミュンスター学派"と称しうる傾向の創始者の一人。1983 年の祝賀論文集の編者には、その門下生 3 名が名を連ねており、通常の実定公法学に関するものとは異色の論文集となっている。
備考 2: 講座後継者は、Norbert Achterberg（ 0003 ）
http://de.wikipedia.org/wiki/Hans_Ulrich_Scupin

0822
SEER, Roman（ゼーア、ロマーン）
Dr. iur., Prof., Univ. Bochum
1960 年 07 月 16 日（Detmold）
Öffentliches Recht, Steuerrecht
1979 Ausbildung im gehobenen Dienst der Finanzver. Nordrhein-Westfalen, 1982 Studium Köln; 1987 I. SE; 1990 II. SE; WiAs Köln; 1992 Prom. Köln; 1996 Habil. Köln; 1996 o. Prof. Bochum
D: Der Einsatz von Prüfungsbeamten durch das Finanzgericht, 1992
H: Verständigungen in Steuerverfahren, 1996
AL: Joachim Lang（非会員、Köln、税法）
備考: 税務行政の実務家から、研究者へと転身した税法学者。
http://www.kompetenzzentrum-steuerrecht.de/v1/ruhr-uni-bochum/startseite/team/seer.html
参考: http://de.wikipedia.org/wiki/Joachim_Lang

0823
SEEWALD, Otfried（ゼーヴァルト、オトフリート）
Dr. iur., em. o. Prof., Univ. Passau
1942 年 10 月 06 日（Berlin）
VL: Staatsrecht, Verwaltungsrecht, Sozialrecht u. Verwaltungslehre
1964–69 Studium Göttingen u. Hamburg; 1969 I. SE Hamburg; 1972 II. SE vor d. gemeins. Prüfungsamt v. Bremen, Hamburg u. Schleswig-Holstein; 1973 HiWi Hamburg; 1974 WiAs ebd.; 1973 Prom. Hamburg; 1980 Habil. Hamburg; Prof. Hamburg; 1985 Prof. Passau; emer.
B: Bisherige Erfahrungen m. d. analytischen Dienstpostenbewertung i.

d. BRD（1973: D.）; Probleme d. Optimierung d. kommun. VerfR (1978); D. Recht auf Gesundheit (1979: H.; erschien 1981 als "Zum VerfR auf Gesundheit")
MH: FS Werner Thieme (1993; m. Hans Peter Bull u.a.)
AL: Werner Thieme（ 0884 ）
Q: K 1983, S. 3942; CV
備考: 1981年入会。社会法の研究者。
http://www.jura.uni-passau.de/718.html
http://de.wikipedia.org/wiki/Otfried_Seewald
0824
SEIDEL, Gerd（ザイデル、ゲルト［ゲァト］）
Dr. iur., em. Prof., Humboldt-Univ. zu Berlin
1940年
Studium; 1968 II. SE; 1971 Prom.; 1980 Habil.; 1983 Prof. HU Berlin (DDR); 1991 Univ.-Prof. ebd.; 2008 emer.
D: 特定できなかった。
H: 特定できなかった。
B: Dokumente zum Völkerrecht (3 Teile, Hg., 1971); Verhältnis von Völkerrecht und innerstaatlichem Recht (1985); Handbuch der Grund- und Menschenrechte (1996)
備考: 経歴から見ると、旧東ドイツ時代を生き延びた国際法学者。ゆえに、年齢の割に入会が遅れたと見られる。
http://seidel.rewi.hu-berlin.de/（写真あり）
http://www.koeblergerhard.de/juristen/alle/allesSeite831.html
0825
故 **SEIDLER, Gustav**（ザイトラー、グスタフ） 墺
Dr. iur., o. Prof., Univ. Wien/Österr.
1858年05月03日 (Lipuk b. Biala/Polen)　1933年03月27日 (Wien)
Staatsrechnungswissenschaft
1880 Studium Wien; 1881 Prom. Wien; 1883 Habil. Wien; 1883 PD Wien; 1884 LB Wien (Nachfolge Josef Schrott, 1813–1888); 1888 ao Prof. Wien; 1898 o. Prof. Wien (Präsident)
B: Staatsrechnungshof Österr. (1883: H.); Budget u. BudgetR (1885); Leitfaden der Staatsverrechnung (1886; 11. A. 1923); Lehrb. d. österr. Staatsverrechnung (1888; 8. A. 1913); Immunität d. M. d. Vertretgskörper (1891); Stud. z. Gesch. u. Dogmatik d. österr. StaatsR (1894); Z. Lehre v. GewohnheitsR auf d. Geb. d. österr. Staats- u. VerwR (1898); D. jurist. Kriterium d. Staates (1905); Einführ. i. d. dopp.

Buchhaltg u. BilanzL (1918)
Q: KLK 1917, S. 1590/1591; Wer ist' 1922, S. 1450; K 1925, S. 968
備考1: 戦前原始会員（1924年入会）。学会名簿にはErnst Seidlerとあり、キュルシュナー等の参考資料にはGustav Seidlerとあるが、住所が同一なので、両者を同一人物とみなした。なお、下記のデータによると、同人はStaatsrechnungs- und Staatswissenschaftlerと評されている。つまり、今日の表現を用いると、財政法学者ということになろう。1891年には、教授資格（Venia legendi）を一般及び墺太利国法（Allgemeines und Österreichisches Staatrecht）に拡張する申請をなしたが、オーストリア政府から拒否されている。
http://www.biographien.ac.at/oebl/oebl_S/Seidler_Gustav_1858_1933.xml;internal&action=hilite.action&Parameter=Seidler
備考2: ただし、問題がない訳ではない。というのも、下記ケープラーDBには、上記とは別人と思われる、次のデータが掲載されているからである。

SEIDLER Ernst, Prof. Dr.
geb. 1862; Werdegang: Studium Rechtswissenschaft, Promotion, Priv.-Doz. Univ. Wien, Prof. Hochschule für Welthandel Wien; Fächer: Verwaltungsrecht, Verwaltungslehre; Veröffentlichungen: Die sozialwissenschaftliche Erkenntnis – ein Beitrag zur Methodik der Gesellschaftslehre 1999; Sonstiges: Kürschner 1926, Kürschner 1928/1929, Kürschner 1931, Ernst Seidler – Die sozialwissenschaftliche Erkenntnis Biographische und theoretische Anmerkungen Lebens- und Berufsdaten, Literaturverzeichnis von Günther Winkler 1999, Stolleis, M., Geschichte des öffentlichen Rechts in Deutschland, Bd. 3, Staats- und Verwaltungsrechtswissenschaft in Republik und Diktatur 1914–1945, 1999, 295; Gestorben: 1931 (http://www.koeblergerhard.de/juristen/alle/allesSeite838.html)

御覧のとおり、GustavのほうがErnstよりも4歳年長である。住所が同じということは、両者は兄弟である可能性も高い。かくて、本書編纂の過程で、最も進退谷まる事態に遭遇した。しかし、もはや両名の詳細な「戸籍調査」をしている暇はない。そこで甚だ異例ではあるが、上記のように「両人併記」とすることをお許し頂きたい。なお蛇足を述べれば、Ernstの所属はHochschule für Welthandel Wienであり、Gustavの方はUniv. Wienである。名簿が出ているVVDStRL H. 1のSeidlerの肩書きはo. Prof., Univ. Wienとなっており、この点に着眼すると、会員になったのはErnstではなくGustavである、と判断した次第である。

0826
故 **SEIDL-HOHENVELDERN, Ignaz** （ザイドル＝ホーエンヴェルダーン［ヴェ

ルデルン]、イグナツ) 墺
Dr. iur., Dr. h.c., em. Prof., Univ. Wien
1918 年 06 月 15 日 (Mährisch-Schönberg/tschechoslowakische Republik)
2001 年 07 月 25 日 (Wien)
Staatsrecht, Völkerrecht
1936–37 Studium Genf; 1937–38 Wien u. 1946–46 Innsbruck (Unterbrechung infolge d. Wehrdienstleistung); 1946–47 Verw.beamter; 1947–49 Min.Kommissar im österr. Bundeskanzleramt; 1949–50 stv. Rechtsberater d. OECE; 1950–52 Min.Oberkommissar im. ö. Bundeskanzleramt; 1952–54 stv. Leiter d. VR-Abteil. i. ö. Bundeskanzleramt; 1946 Prom. Innsbruck; 1951 Habil. Wien; 1951 PD Wien; 1954 ao. Prof. Saarbrücken; 1958 o. Prof. Saarbrücken; 1964–81 o. Prof. Köln; 1981 o. Prof. Wien (Nachfolge S. Verosta); 1988 em.
B: D. UnehelichenR d. vier Besatzungmächte Österr. (1946: D.); Intern. Konfisktions- u. EnteignungsR (1951: H.); Prakt. Fälle a. d. VR (1958; auch span., jap.); Le régime d. investissements en droit intern. (1961); American-Austrian Private Intern. Law (1963); Investition i. Entwicklungsländern u. d. VR m. e. Bibliographie üb. Staatseingriffe i. ausl. Privateigentum (1963); Lernprogramm Internationale Organis. u. EG (1971); Austrarian-German Arbitrial Tribunal (1972); Versicherung nicht kommerzieller Risiken u. EG (1977); D. Immunität intern. Organisationen in Dienstrechtsstreitfällen (1981); D. Überleitung v. Herrschaftsverhältnissen am Beispiel Österreichs (1982); Völkerrecht (9. A. 1997)
H: FS Hermann Jahrreiß (1974); Österr. als einheitl. Wirtschaftsgebiet u. d. EG (FS Hans Klinghoffer; 1988)
MH: FS Fritz Schwind (1993; m. Franz Matscher)
AL: Josef Esser (非会員、Greifswald → Innsbruck → Mainz → Tübingen、民事法), Alfred Verdross-Drossberg (非会員、Wien、国際法、1890–1980 年)
AS: Karl-Heinz Böckstiegel (0068); Hans-Ernst Folz (0204); Jörg Manfred Mössner (0591); Gerhard Zimmer (0998); Manfred Zuleeg (1003)
Q: K 1983, S. 3950; CV; Hikasa, S. 457
L: FS 1988 (VR, Recht d. Inetrn. Organis., WeltwirtschaftsR; hrsg.: K.-H. Böckstiegel/H.-E. Folz u.a.; Bibliogr., S. 681–703)
備考 1: 1959 年入会。ドイツとオーストリアを舞台に活躍した国際法の大御所。

備考2: Verdrossは、Hans Kelsen（ 0417 ）の門下生。後者の師はEdmund Bernatzik（非会員、Basel → Graz → Wien、1854–1919年）であり、その学統は更に Paul Laband（非会員、Königsberg → Straßburg、1838–1918年）へと至る。
http://de.wikipedia.org/wiki/Ignaz_Seidl-Hohenveldern

0827
SEILER, Christian （ザイラー、クリスツィアン）
Dr. iur., Prof., Univ. Tübingen
1967年04月17日（Dortmund）
VL: Öffentliches Recht, Europarecht, Verfassungsgeschichte, allgemeine Staatslehre sowie Steuerrecht
1986 Ausbildung Bankkaufmann; 1989 Wehrdienst, 1990 Studium Freiburg/Br. u. Heidelberg; 1995 I. SE; 1997 II. SE; 1999 Prom. Heidelberg; 2001 WiAs Heidelberg; 2003 Habil. Heidelberg; 2004 o. Prof. Erfurt; 2009 Prof. Tübingen
D: Der einheitliche Parlamentsvorbehalt, Berlin 2000
H: Der souveräne Verfassungsstaat zwischen demokratischer Rückbindung und überstaatlicher Einbindung, Tübingen 2005
AL: Paul Kirchhof（ 0430 ）
備考: 師の影響を受けてか、財政法の分野の業績がある。
http://www.jura.uni-tuebingen.de/professoren_und_dozenten/seiler/（写真あり）
http://de.wikipedia.org/wiki/Christian_Seiler

0828
SELMER, Peter （ゼルマー、ペーター）
Dr. iur., o. Prof., Univ. Hamburg
1934年07月22日（Neumünster）
Öffentliches Recht, Finanz- u. Steuerrecht
Studium Kiel u. Frankfurt/M.; 1961 I. SE; 1965 Prom. Frankfurt/M.; II. SE; 1971 Habil. Frankfurt; 1972 Prof. Hamburg
B: D. Aufopferungsanspruch auf vermögensrechtl. Gebiet (1965: D.); Steuerinterventionismus u. VerfR (1972: H.); Strukturpolitik u. Unternehmensrechte i. d. BRD. (1975); Verf.rechtl. Probleme einer Kriminalisierung d. KartellR (1977); Vorbescheid u. Teilgenehmigung im ImSchR (1979); Unternehmungsentflechtung u. GG (1981); SteuerR u. Bankgeheimnis (1981); Bestands- u. Entwicklungsgarantien f. d. öff.-rechtl. Rdfk. i. e. dualen Rdfk.ordnung (1988); Privates UmwelthaftungsR u. öff. GefahrenabwehrR (1991); Sonderabfallabgaben u. VerfR

(1996)
MH: Kolloquium Günther Jaenicke zum 70. GT（1984; m. Karl-Heinz Böckstiegel/Peter Selmer）; GS Wolfgang Martens（1987; m. Ingo von Münch）
AL: Günther Jaenicke（ 0385 ）
Q: K 1983, S. 3966; CV
備考1: 1972年入会。第52回大会（1992年）第1テーマ報告（なお、この年は初めて報告者が4人立った）。第2世代のヨーロッパ法学者（Thomas Oppermann（ 0630 ）などと並ぶ）。
備考2: 師のJaenickeはHermann Mosler（ 0589 ）の門下生であり、後者を通じてRichard Thoma（ 0886 ）→ Heinrich Rosin（非会員、Freiburg、刑法、1855–1927年）を経て、Otto von Gierke（非会員、Berlin → Breslau → Heidelberg →（wieder）Berlin、1841–1921年）へと連なる。
http://www.jura.uni-hamburg.de/personen/selmer
http://de.wikipedia.org/wiki/Peter_Selmer
0829

SHIRVANI, Foroud（シルヴァーニ、フォロウド） イラン
Dr. iur., PD, Univ. München
1974年（Isfahan/Iran）
VL: Öffentliches Recht, Europarecht, Verwaltungswissenschaft, Verfassungsgeschichte der Neuzeit und Allgemeine Staatslehre
1994–98 Studium München; 1998 I. SE; 2000 II. SE; 2001–04 Wiss. MA München; 2004 WiAs ebd.; 2004 Prom. München; 2009 Habil. München; 2008 Dozent an der HS für Politik München
D: Das Kooperationsprinzip im deutschen und europäischen Umweltrecht, Berlin 2005
H: Das Parteienrecht und der Strukturwandel im Parteiensystem, Tübingen 2010
AL: Hans-Jürgen Papier（ 0636 ）
備考: イラン生まれで、高校の頃ドイツに来て定住し、国家試験合格を経て研究者と成った。編者は中東の状況に暗いので、姓名の読み方が正しいかどうかは、自信がない。環境法を研究する。
http://www.jura.uni-muenchen.de/personen/shirvani_foroud/index.html
（写真あり）
0830

SIECKMANN, Jan-Reinhard（ズィークマン、ヤン・ラインハルト）
Dr. iur., Prof., Univ. Bamberg
1960年02月25日

Öffentliches Recht, weiter Rechtsphilosophie, Rechtsvergleichung
1978–83 Studium RW u. Philosophie Göttingen; 1983 I. SE; 1987
Prom. Göttingen; 1990 II. SE; 1992–97 WiAs Kiel; 1997 Habil. Kiel;
1998 Prof. Bamberg
D: Regelmodelle und Prinzipienmodelle des Rechtssystems, Baden-Baden 1990
H: Modelle des Eigentumsschutzes, Baden-Baden 1998
AL: Robert Alexy (0008)
備考： 1994 年入会。憲法原論及び財産権保護を中心に研究している。
http://www.uni-bamberg.de/?id=10185（写真あり）
0831
SIEDENTOPF, Heinrich（ズィーデントップ［フ］、ハインリヒ）
Dr. iur., Dr. h. c., Prof., HVW Speyer
1938 年 03 月 05 日（Leipzig/Sachsen）
VL: Öffentliches Recht u. Verwaltungslehre
1957–61 Studium Heidelbrg u. Münster/Westf.; 1968–70 Forsch.aufenthalt in Paris; 1961 I. SE Hamm; 1961–65 Ref.; 1966 II. SE NRW;
1966 Verw. e. WiAs Bochum; 1969 WiAs Speyer; 1968–70 Stip. DFG;
1970 WiAs Speyer; 1963 Prom. Münster; 1971 Habil. HVW/Speyer;
1973 o. Prof. Speyer; 2006 emer.
B: Grenzen u. Bindungen d. Kommunalwirtschaft (1963: D.); Wirtschaftlichkeit i. d. öff. Verw. (1969); Regierungsführung u. Ressortführung in Frankreich (1970: H.); Funktion u. allg. Rstellung (1973); D. kommun. Rechnungsprüfung (1976); Gemeindl. Selbstverw.garantie (1977); Effizienzeffekte d. Verw.reform (1977)
AL: Hans Julius Wolff (0978); Roman Schnur (0791)
Q: K 1983, S. 3987; Wer ist wer 1996/97; CV
備考 1： 1971 年入会。行政学、行政管理論、公務員法を専門とする。
備考 2： なお、次の項（Thorsten Siegel）と見比べれば一目瞭然であるが、シュパイアー行政大学院の呼称と略称は、当初 Hochschule für Verwaltungswissenschaften（HVW）であったものが、現在では Deutsche Hochschule für Verwaltungswissenschaften（DHV）へと変更されている。
http://www.hfv-speyer.de/siedentopf/Lehrstuhlinhaber.htm（写真あり）
http://de.wikipedia.org/wiki/Heinrich_Friedrich_Siedentopf
0832
SIEGEL, Thorsten（ズィーゲル、トルステン［トーステン］）
Dr. iur., PD, DHV Speyer
1967 年

VL: Öffentliches Recht, Europarecht und Verwaltungswissenschaft 1989–94 Studium Heidelberg; 1994 I. SE; 1996 II. SE; 1996–2001 RA; 1998–2000 Forschungsref. Speyer; 2000 Prom. DHV Speyer, 2002 Forschungsref. Speyer; 2008 Habilitation Speyer; PD Speyer
D: Die Verfahrensbeteiligung von Behörden und anderen Trägern öffentlicher Belange, Berlin 2001
H: Entscheidungsfindung im Verwaltungsverbund, Tübingen 2009
AL: Jan Ziekow（ 0995 ）
備考: 最近では、入札評価制度の研究に取組む。
http://www.foev-speyer.de/siegel/inhalte/01_home.asp（写真あり）

0833
SIEHR, Angelika（ズィーア、アンゲリカ）女性
Dr. iur., PD, Univ. Bielefeld
1975年
Studium RW u. Politikwiss. Marburg; I. SE; II. SE; wiss. MA Berlin (HU); 1999 Prom. Berlin (HU); 1999 RA; 2004–06 Stip. DFG; 2011 Habil. Berlin (HU); 2011 PD
D: Die Deutschenrechte des Grundgesetzes, Berlin 2001
H: Das Recht am öffentlichen Raum, 2011（公刊は確認できなかった）
AL: Hasso Hofmann（ 0349 ）, Alexander Blankenagel（ 0062 ）
備考: 本書公刊段階では、最も若い世代の国際法学者。ただし、弁護士時代には行政法の勉強会にも所属していた。
http://www.jura.uni-bielefeld.de/lehrstuehle/siehr/（写真あり）

0834
SIEKMANN, Helmut（ズィークマン、ヘルムート）
Dr. iur., Prof., Univ. Frankfurt/M., Institute for Monetary and Financial Stability (IMFS)
1947年（Velbert/Rheinland）
Staatsrecht, allgemeines Verwaltungsrecht, Finanzrecht, Geldrecht, Währungsrecht, öffentliche Unternehmen, law and economics
Studium Köln; 1971 I. SE; 1974 Dipl.-Vw. Bonn; 1977 II. SE; 1982 Prom. Köln; 1993 Habil. Köln; 1993 Prof. Bochum; 2006 Prof. Frankfurt/M.
D: Institutionalisierte Einkommenspolitik, 1985
H: Die Staatsfinanzierung nach dem Grundgesetz, 1992
AL: Klaus Stern（ 0863 ）
備考1: ホームページには、「研究の重点: 公企業、公法上の営造物、公租、財政法、予算法、法の経済分析」とある。

備考2: 数多い、「シュテルン学派」のひとり。フランクフルト大学の新設研究所に籍を置く。
http://www.imfs-frankfurt.de/index.php?option=com_content&view=category&layout=blog&id=14&Itemid=24&lang=de
0835

SILAGI, Michael（ズィラーギ、ミヒャエ[一]ル）
Dr. iur., Dr. phil., apl. Prof., Univ. Göttingen
1945 年
Staatsrecht, Verwaltungsrecht, Völkerrecht, internationales Wirtschaftsrecht
Studium RW u. Amerikanistik München; I. SE; 1973 Prom.（Dr. phil.）München; 1977 Prom.（Dr. iur.）München; II. SE; 1996 Habil. Göttingen; PD Göttingen (wiss. Ang.); apl. Prof. Göttingen
D: Henry George und Europa, 1973（Dr. phil.）; Von Deutsch-Südwest zu Namibia, 1977（Dr. iur.）
H: Staatsuntergang und Staatennachfolge, 1996
AL: Gilbert Gornig 0248
備考1: 国際法学者。哲学博士（日本の語感では経済学博士）の学位論文では、アメリカの政治経済学者ヘンリー・ジョージ（1839–1897年）の構想（「ジョージズム」＝土地課税思想）とそのヨーロッパへの影響を論じた。
備考2: なお師の Gornig は、Dieter Blumenwitz 0065 の門下生。
http://inteurlaw.uni-goettingen.de/inteurlaw/index.php?view=venueevents&id=17%3Aapl-prof-Dr.iur-dr-phil-michael-silagi&option=com_eventlist&Itemid=180&lang=de

番外

SIMMA, Bruno（ズィンマ、ブルーノ、国際司法裁判所判事、1941年生）
　ここに「番外」を用意する。もうお気づきのように、この人物すなわち Bruno Simma を師と仰ぐ会員が多数登場する。しかし、非会員であるため、本書にこの人物は正面からは登場しない。そこでどう処遇するか熟考した末、「番外」として処理することにした。以下には、師弟のみを掲げる。
AL: Heinrich Kipp 0427
AS: Ulrich Fastenrath 0189 ; Daniel-Erasmus Khan 0422 ; Franz C. Mayer 0560 ; Birgit Schmidt am Busch 0774 ; Rudolf Streinz 0874 ; Christoph Vedder 0906
備考1: なお、Simma の師である Heinrich Kipp は、Godehard Josef Ebers 0160 の門下生であり、更にその師 Siegfried Brie 0082 へと至る。
備考2: Brie は、本書に登場する当協会会員の中では最年長で、1838（天保9）年に生まれ、1931（昭和6）年に没した。

備考 3: また逆に、本書刊行時現在で最も若い会員は、1978（昭和 53）年生まれの Harald Eberhard（ 0158 ）ほか 2 名である。なお、これらことについて編者は、村上武則教授還暦記念論集『給付行政の諸問題』（石川＝廣瀬肇＝横山信二（編）で、有信堂より近刊予定）に、「ドイツ国法学者協会とその昨今——給付行政論の観点から」を寄稿した。本書とあわせ、参照願いたい。

http://de.wikipedia.org/wiki/Bruno_Simma
http://en.wikipedia.org/wiki/Bruno_Simma

0836

故 **SIMSON, Werner von**（ズィムゾン、ヴェルナー・フォン）
Dr. iur., em. o. Prof., Univ. Freiburg/Br.
1908 年 02 月 21 日（Kiel）　1996 年 09 月 20 日（Freiburg）
VL: Staatsrecht, Völkerrecht u. Recht der Europäischen Gemeinschaften
1927–30 Studium Freiburg/Br. u. Berlin; 1930 I. SE Berlin; 1934 II. SE Berlin; 1935 Prom. Freiburg (IPR); Richter KammerG Berlin; 1939 Emigration nach England; 1953 RA beim Gerichtshof der Europäischen Gemeinschaft für Kohle und Stahl; PD Freiburg; 1967 ao. Prof.; 1968 o. Prof. Freiburg; 1976 emer.
B: D. materiellen Wirkungen d. rechtskräftigen Urteils im intern. Privatrecht (1935: D.); D. Souveränität im rechtl. Verständnis d. Gegenw. (1965); D. demokr. Prinzip im GG (1972); D. Verteidig. d. Friedens (1975); D. Staat u. d. Staatengemeinsch. (1978); Kritik d. polit. Vernunft (1983)
AL: Fritz Pringsheim（非会員、Freiburg、Freiburg → Göttingen → Freiburg → England、1882–1967 年）、Joseph H. Kaiser（ 0408 ）
AS: Jürgen Schwarze（ 0815 ）; Wolfgang Graf Vitzthum（ 0910 ）
Q: K 1983, S. 4010; Wer ist wer 1996/97; CV
L: FS 1983 (Grechtsschutz im nationalen u. intern. Recht; hrsg. v. J. Schwarze/W. G. Vitzthum); FS 1993 (D. überstaatl. Bedingtheit d. Staates. Zu Gpositionen W. v. S.s auf den Gebieten d. Staats- u. VerfL, d. Völker- u. EuropaR; Europarecht, Beiheft 1/1993, 48 S.); AöR 103; JöR 32 (1983), S. 31–53

備考 1: 1967 年入会。夫人が英国人であった関係で、英国に滞在中に第 2 次世界大戦が始まり、終戦までその地に留まった。戦後ドイツに帰国し、57 歳で教授免許（venia legendi）を取得。学位獲得から教授免許までに、30 年の星霜が流れた。また、師（Kaiser）よりも弟子が 13 歳年上という、珍しい"師弟関係"が成立した。政治家として多忙になった Horst Ehmke（ 0165 ）の後任として Freiburg 大学に奉職。第 29 回大会（1970 年）第 1 テーマ主報

告。
備考 2: なお、師の Kaiser は Ulrich Scheuner (0750) の門下生であり、後者を通じて Heinrich Triepel (0891) → Karl Binding (非会員、Basel → Freiburg/Br. → Straßburg → Leipzig、刑法学、1841–1920 年) へと連なる。
http://www.koeblergerhard.de/Rechtsfakultaeten/FreiburgimBreisgau1070.htm

0837
SKOURIS, Wassilios (Βασίλειος Σκουρής スコウリス、ワシリオス) 希
Dr. iur., Prof., Univ. Thessaloniki/Griechenland, Präsident des Gerichtshofs der Europäischen Gemeinschaften
1948 年 03 月 06 日 (Thessaloniki)
VL: Staatsrecht u. Verwaltungsrecht
1965–70 Studium FU Berlin (Stip. d. DAAD); 1970 I. SE Berlin; 1972 Verw. e. WiAs Hamburg; 1975 WiAs ebd.; 1972 Prom. Hamburg; 1978 Habil. Hamburg; 1977 Prof. an d. Demokritos Univ. Therazien; 1979 Prof. Bielfeld und Thessaloniki; 1986 und 1996 Innenminister Griechenlands; 1999 Richter am EuGH; 2003 Präsident des EuGH/Luxemburg
B: Teilnichtigkeit v. Gesetzen (1973: D.); Verletztenklagen u. Interessentenklagen im Verw.prozeß (1979: H.); D. vorläufige Rschutz b. Anfechtungsstreitigkeiten (1979; griech.)
AL: Karl August Bettermann (0053)
Q: K 1983, S. 4018; CV; Hikasa, S. 478
備考 1: 1979 年入会。高校までを母国ギリシャで過ごし、その後、ドイツ学術交流会 (DAAD) 留学生としてドイツに学び、教授資格を取得した。現在では、帰国してテサロニキ大学で教鞭を取っている。2003 年から、欧州裁判所長官をつとめる。
備考 2: なお、Bettermann は Eduard Bötticher (民訴、非会員) の門下生。
備考 3: 協会の他のギリシャ人メンバーとしては、Prodromos Dagtoglou (0122)、Athanasios Gromitsaris (0264)、Julia Ilipoulos-Strangas (0373) 及び Dimitris Th. Tsatsos (0894) がいる。
http://de.wikipedia.org/wiki/Vassilios_Skouris

0838
SMEDDINCK, Ulrich (スメディンク、ウルリヒ)
Dr. iur., PD, Univ. Halle/Wittenberg
1967 年 (Nienburg/Weser)
Umweltrecht, Gesetzgebung

Studium Hamburg; 1994 I. SE; 1998 II. SE; 1994–95 Wiss. MA TU Cottbus, Lehrstuhl Umweltrecht; 1998–99 RA; 1999 Wiss. MA Lüneburg; 2000 WiAs Lüneburg; 2006 Habil. Lüneburg; 2009 Umhabil. Halle/Wittenberg
D: Stellplatzpflicht und umweltpolitische Steuerung, 1999
H1: Integrierte Gesetzesproduktion, 2006
H2: 公刊を確認できなかった。
AL: Edmund Brandt (0077) (H1); Winfried Kluth (0441) (H2)
備考: 御覧のように、教授資格を取り直している（理由は不詳）。環境法と立法学の研究に取り組む。
http://www.jura.uni-halle.de/lehrstuehle_dozenten/smeddinck/ (写真あり)

0839

故 **SMEND, (Carl Friedrich) Rudolf** (スメント、[カール・フリードリヒ・] ルードルフ)
Dr. iur., Dr. theol. h.c., em. o. Prof., Univ. Göttingen
1882 年 01 月 15 日 (Basel/CH)　1975 年 07 月 05 日 (Göttingen)
Staatstheorie, Kirchenrecht
1900 Studium Staatswiss., RW, Philosophie u. Geschiche Basel, Berlin, Bonn u. Göttingen; 1904 Prom. Göttingen; 1908 Habil. Kiel; 1908 PD Kiel; 1909 beamt. ao. Prof. Greifswald; 1911 o. Prof. Tübingen; 1911 o. Prof. Bonn; 1915 Prof. Bonn; 1922 o. Prof. Berlin; 1935 Göttingen; 1950 emer.
B: Die preußische Verfassungsurkunde im Vergleich mit der belgischen (1904: D.); Das Reichskammergericht (1908: H.); Ungeschriebenes Verfassungsrecht im monarchischen Bundesstaat (1916); Politische Gewalt im Verfassungsstaat (1923); Verfassung und Verfassungsrecht (1928); Bürger und Bourgeois im deutschen Staatsrecht (1933); Staatsrechtl. Abhandlungen (3. A. 1994)
AL: Karl Zeumar (非会員、Berlin、法史学), Albert Hänel (下記「備考 2」参照)
AS: Axel Freiherr von Campenhausen (0111); Horst Ehmke (0165); Konrad Hesse (0329); Herbert Krüger (0478); Ulrich Scheuner (0750)
Q: K 1950, S. 1965
L: FS 1952 (Rechtsprobleme in Staat u. Kirche; insb. S. 433–443 〈von Ulrich Scheuner〉); FS 1962 (Staatsverf. u. Kirchenverf.; hrsg. K. Hesse/U. Scheuner u.a.); AöR 77 (1951/52), S. 385; JZ 1952, S. 20

(von Walter Jellinek); DÖV 1957, S. 396; AöR 87 (1962), S. 110 (von Konrad Hesse); JZ 1962, S. 183 (von Ulrich Scheuner); AöR 92 (1967), S. 137; DÖV 1967, S. 47; AöR 97 (1972), S. 146; DÖV 1976, S. 48; Born, S. 172; Wyduckel, S. 300; Stolleis, Juristen, S. 569–570 m. w. N. (von Michael Stolleis); DEJ, S. 512 m. w. N.; 岩波・人名 p. 758左、広渡 p. 51, 52

U: Richard Bartlsperger: Die Integrationslehre R. S.s als Glegung einer Staats- u. Rechslehre (1964 Diss. Erlangen); Manfred Heinrich Mols: Allgemeine Staatslehre od. politische Theorie? Interpretationen zu ihrem Verhältnis am Beispiel d. Integrationslehre R. S.s (1969); Jürgen Poeschel: Anthropologische Voraussetzungen d. Staatstheorie R. S.s (1978); Heribert Franz Köck: D. Gesamtakt i. d. dt. Integrationslehre (1978); Klaus Rennert, Die "geistigewissenschaftliche Richtung" in der Staatsrechtslehre der Weimarer Republik. Untersuchungen zu Erich Kaufmann, Günther Holstein u. R. S. (1987); Stefan Korioth, Integration u. Bdesstaat. Ein Beitrag zur Staats- u. Verfassungslehre R. S.s (1990)

備考1：戦前原始会員（1924年入会）を経て、戦後原始会員（1950年入会）。1926–28年協会副理事長（なお理事長は Richard Thoma、いま一人の副理事長は Hans Nawiasky）。第4回大会（1927年）第1テーマ副報告（H. 4）。言わずと知れた"スメント学派"の総帥。統合理論（Integrationstheorie）で知られる。なお、同姓同名の神学者が——しかも同じゲッティンゲン大学に——いる（1932年生まれ）ので、文献調査の際には特に注意を要する。

備考2：Smend の師である Albert Hänel（非会員、Königsberg → Kiel、1833–1918年）は、Carl Friedrich von Gerber（1823–1891年）の相弟子。後二者の師は（国家法人説を最初に唱えたことで有名な）Wilhelm Eduard Albrecht（Königsberg → Göttingen → Leipzig、1800–1876年）で、更にその師は Carl Friedrich Eichhorn（歴史法学の祖、Frankfurt (Oder) → Humboldt-Univ. zu Berlin → Göttingen → Berlin、1781–1854年）である。

備考3：また、Hänel の（当時は未だ草創期であった）「公法学」の師としては、Robert von Mohl（1799–1875年）及び Karl Georg von Wächter（1797–1880年）が居る。両者は当時、ヴュルテンベルク王国立大学であった Tübingen 大学の教授で、編者が研究に取り組んだ Friedrich Franz von Mayer（1816–1870年）とも、密接な関係に立っていた。従ってこの辺りが、ドイツ公法学の濫觴となろう。

備考4：なお、Smendの他のHänelの門下生としては、Kurt Perels（0643）及び Erich Kaufmann（0414）がいる。

Carl Friedrich Rudolf Smend, in: Helmut Marcon u. a. (Hrsg.): 200

Jahre Wirtschafts- und Staatswissenschaften an der Eberhard-Karls-Universität Tübingen, Tübingen 2004, S. 411ff.
http://de.wikipedia.org/wiki/Rudolf_Smend_ (1882%E2%80%931975)
0840
SODANN, Helge (ゾーダン、ヘルゲ)
Dr. iur., Prof., Freie Univ. Berlin
1959 年 02 月 07 日 (Berlin)
Öffentliches Wirtschaftsrecht, Sozialrecht, Staatsrecht, Verwaltungsrecht
1977 Studium Berlin (FU); 1982 I. SE; 1987 Prom. FU; 1988 II. SE; 1988–92 wiss. MA./WiAs Hannover; 1992 WiAs Erlangen-Nürnberg; 1996 Habil. Erlangen-Nürnberg; 1997 Prof. Berlin (FU)
D: Kollegiale Funktionsträger als Verfassungsproblem, 1987
H: Freie Berufe als Leistungserbringer im Recht der gesetzlichen Krankenversicherung, 1997
AL: Karl Albrecht Schachtschneider (0737)
備考 1: 厚生法 (Gesundheitsrecht) の研究に取り組む。
備考 2: 師である Schachtschneider は、Werner Thieme (0884) の門下生であり、更にその師たる Hans-Peter Ipsen (0375) を通じて、Rudolf Laun (0501) へと連なる。
http://www.helge-sodan.de/
http://de.wikipedia.org/wiki/Helge_Sodan
0841
故 **SOELL, Hermann** (ゼル[ゾェル]、ヘルマン)
Dr. iur., o. Prof., Univ. Regensburg
1930 年 06 月 21 日 (Heidelberg)　1993 年 11 月 15 日 (Heidelberg)
Staats- u. Verwaltungsrecht
1951–54 Studium Heidelberg; WS 1955/56 HVW Speyer; 1954 I. SE Heidelberg; 1955–59 Ref.; 1959 II. SE Stuttgart; 1955–59 HiWi Heidelberg; 1960–61 WiAs ebd.; 1962 WiAs ebd.; 1959 Prom. Heidelberg; 1969 Habil. Heidelberg; Prof. Regensburg
B: Eigentumsgarantie u. Beamtengehalt (1959: D.); Studie zum Ermessen d. Eingriffsverwaltung (1969: H.); D. Gsatz d. wirtschaftl. Vertretbarkeit im BImSchG (1980)
AL: Eduard Wahl, Otto Gönnenwein (0245), Karl Doehring (0144)
AS: Hans Herbert von Arnim (0018); Heribert Zitztelsberger (1001)
Q: K 1983, S. 4027; CV; Hikasa, S. 480; Nek. K 1996, S. 1669 (ohne Datum)
L: Gedächtnisschrift, Reinhard Zimmermann/Hans-Herbert von Arnim

(Hrsg.), Hermann Soell zum Gedenken - Staat und Verwaltung, Recht der natürlichen Lebenswelt, Umwelt und Besteuerung, Köln 1996
備考：1970年入会。税財政法学者。
http://www.koeblergerhard.de/Rechtsfakultaeten/Heidelberg1306.htm

0842
SÖHN, Hartmut(ゼーン［ゾェーン］、ハルトムート）
Dr. iur., em. Prof., Univ. Passau
1938年04月04日（Nümbrecht/Bezirk Köln）
Staats- u. Verwaltungsrecht, Finanz- u. Steuerrecht
1958–62 Studium Bonn, Köln u. München; 1962 I. SE München; 1967 II. SE München; 1963 HiWi München; 1964–66 Verw. WiAs ebd.; 1966 WiAs ebd.; 1965 Prom. München; 1971 Habil. München; 1971 PD München; 1973 Prof. TH Darmstadt, 1979 Prof. Passau; 2006 emer.
B: Eigentumsrechtl. Probleme d. gemeindl. Anschluß- u. Benutzungszwangs (1965: D.); Steuerrechtl. Folgenbeseitig. durch Erstattung (1971: H.; erschien 1973); Anwendungspflicht od. Aussetzungspflicht b. festgestellter Verfas.widrichkeit v. Gesetzen (1974); D. Abgrenzung d. Betriebs- od. Berufssphäre v. d. Privatsphäre im EinkommensteuerR (1980)
AL: Hans Spanner (0845)
Q: K 1983, S. 4026; Wer ist wer 1996/97; CV
備考1：1972年入会。税法学者。
備考2：なおSpannerの師は、Ludwig Adamovich Sen. (0005) である。
http://www.jura.uni-passau.de/soehn.html（写真あり）

0843
SOMEK, Alexander（ゾーメク、アレクサンダー）墺
Dr. iur., Prof., University of Iowa
1961年（Wien）
Öffentliches Recht, Europarecht, Rechtsphilosophie
Studium Wien; 1984 Prom. Wien; 1992 Habil. Wien; 1992 UD; 1998 ao. Prof. Wien, 2003 Prof. of Law, Univ. of Iowa; 2006 Charles E. Floete Chair in Law
D: 特定できなかった。
H: Rechtssystem und Republik, 1992
備考：オーストリア出身で、アメリカの大学で教える。「ドイツ語圏公法学会のシュワルツネガー」というところか。ポストモダン論を研究。
http://somek.org/home.htm（写真あり）
http://somek.org/Biography2.htm

[0844]
SOMMERMANN, Karl-Peter（ゾンマーマン、カール［カルル］=ペーター）
Dr. iur., Prof. , DHV /Speyer
1956年（Bonn）
VL: Öffentliches Recht, Völker- und Europarecht sowie Verfassungsgeschichte
Studium RW u. Geschichte Bonn u. Genf; I. SE; 1984 Prom. Bonn; 1986 II. SE; 1993 Regierungsdirektor; 1996 Habil. Berlin (HU), 1998 Prof. Speyer (2004 Prorektor; 2007 Rektor)
D: Der Schutz der Grundrechte in Spanien nach der Verfassung von 1978, Berlin 1984
H: Staatsziele und Staatszielbestimmungen, Tübingen 1997
AL: Christian Tomuschat ([0890])
備考1：国際法学者。教諭では、時宜を得た国家目標論を取り上げた。
備考2：師のTomuschatはHans Schneider（[0786]）の門下生。後者はその師Werner Weber（[0935]）を介して、Carl Schmitt（[0780]）に連なる。
http://www.hfv-speyer.de/sommermann/Lehrstuhlinhaber.htm
http://de.wikipedia.org/wiki/Karl-Peter_Sommermann

[0845]
SPANNER, Hans（シュパンナー、ハンス）
Dr. iur., em. o. Prof., Univ. München
1908年08月03日（Graz）
Staats-, Verwaltungs-, Steuerrecht
Studium Graz; Prom. Graz; 1934 Habil. Graz; 1934 PD Graz; 1937 ao. Prof. Graz; 1951 o. Prof. Graz; 1956 o. Prof. Erlangen; 1960 München; 1976 em.
B: D. rechtl. Prüfung v. Gesetzen u. Verordnungen (1951); Rechtl. u. polit. Grenzen d. Verf.ger.barkeit (Gutachten zum 1. ÖJT; 1961); D. Steuerbürger u. d. BVerfG (1967); Das BVerfG (1972)
MH: FS Theodor Maunz (1971; m. Peter Lerche/Hans Zacher/Peter Badura)
AL: Ludwig Adamovich Sen. ([0005])
AS: Gerhard Hoffmann ([0345]); Wolfgang Jakob ([0389]); Wolfgang Knies ([0446]); Ferdinand O. Kopp ([0460]); Jörg Müller-Volbehr ([0600]); Hartmut Söhn ([0842]); Manfred Zuleeg ([1003])
Q: K 1983, S. 4043
L: FS 1979 (Grechtsverständnis u. Normenkontrolle, hrsg.: Klaus Vogel)
備考1：1952年入会。第13回大会（1954年）第2テーマ副報告。1956年

及び1957年の協会副理事長（なお理事長は Adolf Schüle、いま一人の副理事長は Karl Maria Hettlage）。戦前はオーストリア、戦後は München で活躍した公法・租税法学者。なお年齢に照らすと、没している可能性もあるが、確認できなかった。
備考2: Theodor Maunz（ 0557 ）の講座後継者。その講座は、さらに Klaus Vogel（ 0911 ）が受け継いだ。
http://www.koeblergerhard.de/Rechtsfaecher/Boersenrecht.htm
0846
SPANNOWSKY, Willy（シュパノフスキー、ヴィリー）
Dr. iur., Prof., Univ. Kaiserslautern
1958年（Metzingen）
Öffentliches Recht, Bau-, Planungs- m Wirtschaftsverwaltungs- u. Umweltrecht
1980 Studium Tübingen; 1984 I. SE; 1985 wiss. MA. Tübingen; 1987 Prom. Tübingen; 1988 II. SE; 1989 Staatsanwalt; 1990 Richter LG Tübingen; 1991 WiAs Tübingen; 1994 Habil. Tübingen; 1995 Prof. Heidelberg; Prof. Kaiserslautern; 1996 Richter OLG Zweibrücken
B: D. Handlungsspielraum u. d. Grenzen d. regionalen Wirtschaftsförderung d. Bundes（1987: D.）; Grenzen d. Verw.handelns durch Verträge u. Absprachen（1994: H.）
AL: Günter Püttner（0672）
備考1: 行政法、とりわけ計画法・建築法の分野などに業績が多い。
備考2: 師を通じて、数多い「シュテルン学派」へと連なる。
http://www.uni-kl.de/wcms/1920.html（写真あり）
0847
SPIECKER GENANNT DÖHMANN, Indra（シュピーカー＝ゲナント＝デーマン［ドェーマン］、インドラ） 女性
Dr. iur., Prof., Karlsruher Institut für Technologie（KIT）
1970年
VL: Öffentliches Recht, Rechtstheorie, Ausländisches Öffentliches Recht
1990–94 Studium Bonn und Mainz; 1994–98 Wiss. MA Bonn und Heidelberg; 1996 LL. M（Georgetown Univ.）; 1997 I. SE; 1999 II. SE; 2000 Prom. Bonn; 1998–2008 Wiss. MA am MPI Bonn; 2007 Habil. Osnabrück; 2008 W3-Prof. KIT
D: Die Anerkennung von Rechtskraftwirkungen ausländischer Urteile, Baden-Baden 2002
H: Staatliche Entscheidungen unter Unsicherheit, Tübingen 2010
備考: 憲法・行政法以外に、多方面に興味がある（詳細は、下記サイトを参照）。

http://www.zar.uni-karlsruhe.de/492.php?ID=106（写真あり）
http://de.wikipedia.org/wiki/Indra_Spiecker_genannt_D%C3%B6hmann
0848
故 **SPIEGEL, Ludwig**（シュピーゲル、ルートヴィヒ）
Dr. iur., o. Prof., Deutsche Univ. Prag
1864年03月31日（Reichenau.a. d. K.） 1926年08月14日（Mariánské Lázně/Tschechoslowakei）
Staats- u. Verwaltungsrecht
–1886 Studium Dt. Univ. Prag; 1887 Prom.; 1893 Habil. Dt. Univ. Prag; 1896 PD Prag; –1905 böhm. Finanzprokuratur; 1905 ao. Prof. Prag; 1910 mit Titel und Charakter eines o. Prof. 1911 o. Prof. Prag (1914/15 Dekan, 1926/27 Rektor)
B: D. kais. Verordnungen m. prov. Gesetzeskraft n. österr. Staatsrechte (1893: H.); D. geschichtl. Entwicklung d. österr. StaatsR (1905); D. Verw.rechtswissenschaft (1909); Hye u. d. Wiener Revolution (1910); Zur Frage d. legislativ. Regelung d. Gemeindegutes (1912); Gesetz u. Recht (1913); D. böhm. Frage in ihrer geschichtl. Entwicklung (1914); Republik. StaatsR, 2 Bde. (1919/20); Verf.oktroi u. Sprachenges. (1920); D. tschechoslow. Staatsproblem (1922)
Q: KLK 1917, S. 1640; Wer ist' 1922, S. 1488; K 1925, S. 994; Dau, FS-Register, S. 555
備考：戦前原始会員（1924年入会）。1909年の著作では、国家学（行政学的）方法の立場から Otto Mayer（ 0562 ）の方法（＝法学的方法）を激越に批判した。
http://www.biographien.ac.at/oebl/oebl_S/Spiegel_Ludwig_1864_1926.xml
0849
SPRANGER, Tade Matthias（シュプランガー、ターデ＝マティアス）
Dr. iur., Dr. rer. pol., PD, Univ. Bonn
1971年
Öffentliches Recht, Europarecht, Recht der Gentechnologie und Internationales Wirtschaftsrecht
1990–95 Studium Bonn; 1995 I. SE; 1998 II. SE; 1997 Prom. Bonn; 2000 WiAs u. Habilitand Bonn; 2002 Prom. (Dr. rer. pol.) Univ. der Bundeswehr München; 2009 Habil. Bonn: PD Bonn
D: Die Beschränkungen des kommunalen Satzungsgebers beim Erlaß von Vorschriften zur Grabgestaltung, Berlin 1999
H: Recht und Bioethik, Tübingen 2010

AL: Fritz Ossenbühl（ 0631 ）; Matthias Herdegen（ 0322 ）
備考：遺伝子工学法などに興味を持って研究している。なお月に1～2回講演を行っている（http://www.iwe.uni-bonn.de/deutsch/pdf/mitarbeiter/Vortr%E4ge_Spranger.pdf）。
http://www.iwe.uni-bonn.de/deutsch/content/mit_spranger.html（写真あり）
http://www.postmortal.de/Impressum/DrTadeSpranger/drtadespranger.html（写真あり）

0850
STAFF, Ilse（シュタフ、イールゼ）女性
Dr. iur., em. U.Prof., Univ. Frankfurt/M.
1928年05月16日
VL: Staats- u. Verwaltungsrecht
1947–50: Würzburg, Frankfurt/M. u. Pisa/Italien; 1952 I. SE Frankfurt; 1956 II. SE Hessen; 1956 Rechtsabt. HR; 1964–69 OStudienrätin Frankfurt; 1954 Prom. Frankfurt; 1969 Habil. Frankfurt
1969 PD Frankfurt; Prof. Frankfurt
B: D. GnadenR（1954: D.）; D. Bdeskompetenten zur Wissenschaftsförderung i. d. BRD（1969: H.）; Wissenschaftsförderung im Gesamtstaat（1971）; Lehren vom Staat（1981）
MH: StaatsL i. d. Weimarer Republik. Zu Ehren Hermann Heller（1985; m. Christoph Müller）
AL: Günther Jaenicke（ 0385 ）
Q: K 1983, S. 4078; CV
備考1：1971年入会。独墺瑞3ヶ国を通じ、女性会員第1号ではないかと思われる。ナチス法やHermann Heller国家学の研究等をした。
備考2：師のJaenickeはHermann Mosler（ 0589 ）の門下生であり、後者を通じてRichard Thoma（ 0886 ）→ Heinrich Rosin（非会員、Freiburg、刑法、1855–1927年）を経て、Otto von Gierke（非会員、Berlin → Breslau → Heidelberg →（wieder）Berlin、1841–1921年）へと連なる。

0851
故 **STANKA, Rudolf**（シュタンカ、ルードルフ）墺
Dr. iur., Dr. phil., Prof., Hochschule für Welthandel/Wien
1898年08月11日（Libschnitz/Böhmen）　1956年08月10日（Wien）
Rechtsgeschichte, Öffentliches Recht, Geschichte der Rechtsphilosophie, Wirtschaftsgeschichte
Studium Wien; 1926 Prom. Wien（Dr. iur., Dr. phil.）; 1948 Habil. Wien; 1948 PD Wien; 1948 ao. Prof. H. f. WH Wien

B: Ethik und Ökonomie (1926: D.); D. böhmischen Conföderationsakte von 1619 (1932); Die Summa d. Berthold v. Freiburg (1937); Gesch. d. polit. Philosophie I (1949)
Q: K 1950, S. 2005; Nek. K 1961, S. 2391
備考: 1952年入会。遺憾ながら、上記のことより以上に多くを明らかにし得なかった。法史学者だったようである。
http://www.koeblergerhard.de/juristen/alle/allesSeite1104.html
0852
STARCK, Christian (シュターク[シュタルク]、クリスツィアン)
Dr. iur., Prof., Univ. Göttingen
1937年01月09日 (Breslau)
VL: Öffentliches Recht u. Rechtsphilosophie
1957–61 Studium Kiel, Freiburg/Br. u. Würzburg (RW, Geschichte, Philosophie); 1960 I. SE Würzburg; 1961–64 Ref.; 1964 II. SE München; 1961–63 HiWi Würzburg; 1963 WiAs ebd.; 1963 Prom. Würzburg; 1969 Habil. Würzburg; 1964–67 Wiss. MA am BVerfG, 1968–69 Verw.dienst, 1971 o. Prof. Göttingen (1976/77 Rektor); emer.
B: Einflußrechte auf d. Richtlinienkompetenz d. Regierungschefs (1963: D.); D. Gesetzesbegriff d. GG, (1970: H.; span. Ausg. 1979); Rdfk. freiheit als Organisationsproblem (1973); Verf.mäßigkeit d. Vergnügsngssteuer? (1973); D. Bindung d. Richters an Gesetz u. Verfassung (1976); Freiheit u. Org. (1976); Das BVerfG im polit. Prozeß d. BRD (1976: jap. Ausg. 1978); V. Grund. GGes (1979; jap. Ausg. 1987); Verf. d. 3. A. d. Komment. v. Mangoldt/Klein/Starck. D. Bonner GG (Bd. 1) (1985); Gutachten f. d. 56. Dt. JT (1986); La Constitution cadre et mesure du droit (1994); Praxis d. Verf.auslegung (1994); D. Verfassungen d. neuen dt. Länder (1994); D. demokratische Verf.staat (1995)
AL: Günther Küchenhoff (0482)
AS: Rainer Grote (0268); Karl-Eberhard Hain (0285); Ines Härtel (0296), Volker Schlette (0759); Thorsten Ingo Schmidt (0772); Thomas Wolfgang Schmitz (0784); Gunnar Folke Schuppert (0811); Christian Winterhoff (0969)
Q: K 1983, S. 4087/4088; Wer ist wer 1996/97; CV; Hikasa, S. 484
備考1: 1970年入会。第34回大会 (1975年) 第1テーマ副報告及び第51回大会 (1991年) 第1テーマ報告。1988年及び1989年の協会副理事長 (理事長は Martin Heckel、いま一人の副理事長は Erhard Denninger)。さらに、1998年及び1999年の理事長 (副理事長は、Rüdiger Breuer 及び Daniel

Thürer)。Josef Isensee（ 0379 ），Paul Kirchhof（ 0430 ）と並んで、現下のドイツ憲法学界の"三羽烏"の一人。有名なボン基本法のコメンタール『マンゴルト＝クライン』の編集を引き継いだ。立法過程、法律の機能に関心を示す。ニーダーザクセン州国事裁判所判事でもあった。日本との学術交流にも尽力。

備考 2: 御覧のとおり、有力な若手会員を多数育成。一大勢力になりつつある。

http://www.uni-goettingen.de/de/curriculum-vitae/115573.html
http://de.wikipedia.org/wiki/Christian_Starck

0853
STEIGER, Heinhard（シュタイガー、ハインハルト）
Dr. iur., LL.M., em. U.Prof., Univ. Gießen
1933 年 06 月 11 日（Ratibor/Oberschlesien）
Öffentliches Recht einschließlich Rechtsvergleichung u. Europarecht
1953–57 Studium Freiburg/Br., Paris u. Münster/Westf.; 1958–59 Harvard/USA; 1957 I. SE; 1957–63 Ref.; 1963 II. SE; 1960 Hohe Behörde d. Montan-Union; 1963 Ass. Münster; 1970 WiAs ebd.; 1963 Prom. Münster; 1968 LL.M. (Harvard); 1970 Habil. Münster; 1975 Prof. Gießen; 2001 emer.
B: D. Unabhängigkeit d. Rsetung d. EG (1964: D.); Staatlichkeit u. Überstaatlichkeit (1966); D. organisatorische Rstellung d. Dt. Bdestages im repräsentativ-parlamentarischen Regierungssystem d. BR (1970: H.); Gfragen d. verw.rechtl. Uwszes (1970)
AL: Hans Ulrich Scupin（ 0821 ）
Q: K 1983, S. 4103; CV; Hikasa, S. 490
備考: 1971 年入会。1987 年第 1 テーマ副報告（H. 45）。日笠 495 頁には、送付されたリストの中から教授資格論文を「特定できなかった」とあるが、"正解"は上記の通りである。国際法・ヨーロッパ法学者。

http://www.recht.uni-giessen.de/wps/fb01/ma/dat/Marauhn/Heinhard_Steiger/（写真あり）
http://de.wikipedia.org/wiki/Heinhard_Steiger

0854
故 **STEIN, Ekkehart**（シュタイン、エッケハルト）
Dr. iur., o. Prof., Univ. Konstanz
1932 年 09 月 24 日（Breslau）　2008 年 10 月 03 日
Öffentliches Recht, Verwaltungswissenschaften
1952–55 Studium FU Berlin u. Frankfurt/M.; 1961–62 LSE; 1955 I. SE Frankfurt; 1957 II. SE; 1955 HiWi Frankfurt; 1959 WiAs ebd.;

1957 Prom. Frankfurt; 1965 Habil. Bonn; 1965 PD Bonn; 1965 o. Prof. Kiel; 1968 o. Prof. Konstanz; 2000 emer.
B: D. Bindung d. Richters an Recht u. Gesetz (1957: D.); D. Mensch in d. pluralist. Demokratie (1964); D. Grenzen d. dienstl. WeisungsR (1965); D. Wirtschaftsaufsicht (1967); D. Recht d. Kindes auf Selbstentfaltung i. d. Schule (1967); StaatsR (1968; 15. A. 1995; auch jap. Übers.); Gewissensfreiheit in d. Demokr. (1971); Vermögenspolitik u. Grechte (1974); Qualifizierte Mitbestimmung unter d. GG (1976); Arbeiterselbstverw. in Jugoslawien (1980); Demokratisierung d. Marktwirtschaft (1995);
AL: Helmut Ridder (0692)
AS: Dirk Ehlers (0164); Heiko Faber (0186); Götz Frank (0207)
Q: K 1983, S. 4105; Wer ist wer 1996/97; CV; Hikasa, S. 496
備考: 1966年入会。子供の人権と学校・教育の関係に関心を示し、研究した。
http://de.wikipedia.org/wiki/Ekkehart_Stein
0855
STEIN, Katrin（シュタイン、カトリ[ー]ン）女性
Dr. iur., PD, Univ. Osnabrück
1970年
VL: Öffentliches Recht, Allgemeine Staatslehre, Verfassungsgeschichte
Studium Osnabrück; 1998 Prom. Osnabrück; 2008 Habil. Osnabrück; PD Osnabrück
D: Parteiverbote in der Weimarer Republik, Berlin 1999
H: Die Verantwortlichkeit politischer Akteure, Tübingen 2009
AL: Jörn Ipsen (0376)
備考: 情報に極めて乏しい。断片情報をつなぎ合わせると、国際法学者かと推測される。
http://www.jura.uos.de/html/267.htm
0856
STEIN, Torsten（シュタイン、トルステン[トーステン]）
Dr. iur., em. U.Prof., Univ. des Saarlandes (Saarbrücken)
1944年12月31日（Potsdam）
VL: Öffentliches Recht, Völkerrecht u. Europarecht
1966–70 Studium Heidelberg u. Berlin; 1970 I. SE; 1974 II. SE; 1970 Ass. MPI/Heidelberg; 1974 Wiss. Ref. ebd.; 1974 Prom. Heidelberg; 1983 Habil. Heidelberg; 1983 PD Heidelberg; 1986 apl. Prof. Heidelberg; 1991 Prof. Saarbrücken; emer.
B: Amtshilfe in Ausw. Angelegenheiten (1974: D.); D. polit. Delikt im

AuslieferungsR (1983: H.); PPS-Systeme u. organisatorische Veränderungen (1996)
H: FS Karl Doehring (1985)
AL: Karl Doehring (0144)
Q: K 1987, S. 4517
備考1: 1984年入会。ヨーロッパ法学者。
備考2: 師Doehringを通じて、Ernst Forsthoff (0206) → Carl Schmitt (0780) へと連なる。
http://europainstitut.de/en/europa-institut/organisation/direktoren/stein.html

0857
STEINBERG, Rudolf（シュタインベルク、ルードルフ）
Dr. iur., em. Prof., Univ. Frankfurt/M.
1943年07月23日（Cochem am Mosel）
VL: Öffentliches Recht u. Verwaltungswissenschaft
1962–67 Studium Freiburg/Br. u. Köln; 1968–69 Univ. of Michigan/ USA; 1967 I. SE; 1970–73 Karlsruhe; 1973 II. SE; 1970 HiWi Freiburg; 1970–78 Verw. u. WiAs ebd.; 1970 Prom. Freiburg; 1978 Habil. Freiburg; 1978–80 Wiss.Rat u. Prof. Hannover; 1980 Prof. Frankfurt (2000 Präsident der Uni): emer.
B: StaatsL u. Interesenverbände (1970: D.); Politik u. Verw.organisation (1979: H); Abrüstungs- u. Rüstungskontrollverw. in d. BRD (1982); Staat u. Verbände (1985); Schadensvorsorge im AtomR (1991); Aufopferung - Enteignung u. StaatshaltungsR (1991); Fachplanung (2. A. 1993); Reform d. AtomR (1994); D. Energieliefer- u. -erzeugungsmarkt nach nationalem u. europ. Recht (1995)
MH: FS Konrad Hesse (1990; m. Hans-Peter Schneider)
AL: Konrad Hesse (0329)
Q: K 1983, S. 4111/4112; Wer ist wer 1996/97; CV; Hikasa, S. 498
備考: 1979年入会。原子力法・環境法などを研究している。ホームページには、関心事項として「統治・行政組織の諸問題、計画、とりわけ地方の計画の法学的・行政学的諸問題、ドイツ及びヨーロッパ環境法」とある。
http://de.wikipedia.org/wiki/Rudolf_Steinberg（写真あり）

0858
STEINBERGER, Helmut（シュタインベルガー、ヘルムート）
Dr. iur., o. Prof., Univ. Heidelberg, Bundesverfassungsrichter a. D.
1931年12月18日（München）
VL: Deutsches u. ausländisches öffentliches Recht, Völkerrecht, Rechts-

philosophie
1951–56 Studium München u. Heidelberg (VWL u. RW); 1958–59 Georgetown Univ./USA; 1956 I. SE; 1961 II. SE; 1956 Ass. MPI/ Heidelberg; 1961 Ref. ebd.; 1965–66 Forschungsaufenthalt in Washington/USA; 1963 Prom. Heidelberg; 1971 Habil. Heidelberg; 1972 o. Prof. Mannheim; Richter BVerfG (zweiter Senat); 1987 Prof. Heidelberg; emer.
B: GATT u. regionale Wirtschaftszusammenschlüsse (1963: D.); Konzeption u. Grenzen freiheitlicher Demokratie (1971: H.); 200 Jahre amerik. Bdesverf. (1986)
AL: Hermann Mosler (0589)
Q: K 1983, S. 4112; Wer ist wer 1996/97; CV; Hikasa, S. 502
備考 1: 1971 年入会。第 50 回大会（1990 年）第 1 テーマ報告。
備考 2: 師の Mosler は、Richard Thoma (0886) の門下生であり、この学統は更に Heinrich Rosin (非会員、Freiburg、刑法、1855–1927 年) → Otto von Gierke (非会員、Berlin → Breslau → Heidelberg → (wieder) Berlin、1841–1921 年) へと至る。
http://de.wikipedia.org/wiki/Helmut_Steinberger
0859
STEINER, Udo-Dietrich (シュタイナー、ウード＝ディートリヒ)
Dr. iur., o. Prof., Univ. Regensburg, Bundesverfassungsrichter a. D.
1939 年 09 月 16 日 (Bayreuth/Bayern)
Öffentliches Recht
1958–62 Studium Erlangen, Saarbrücken u. Köln; 1962 I. SE; 1962–67 Ref.; 1962–72 HiWi u. WiAs Erlangen; 1970–71 Stip. DFG; 1965 Prom. Erlangen; 1972 Habil. Erlangen; 1972 PD Erlangen; 1973 Wiss.Rat u. Prof. Bielefeld, 1973 o. Prof. Bielefeld; 1979 Prof. Regensburg; 1995 Richter am. BverfG; 2007 emer.
B: Verf.gebung u. verf.geb. Gewalt d. Volkes (1966: D.); Öfftl. Verw. durch Private (1975: H.); Rechtl. Aspekte e. städtebaul. orientierten Verkehrsplanung in d. Gemeinden (1980); Off. Rschutzprobleme im Verhältnis von Staat u. Kirchen (1981); Staatl. Gefahrenvorsorge u. Techn. Überwach. (1984); Möglichkeiten u. Grenzen d. wirtschaftl. Betätigung d. öftl.-rechtl. Rdfk.anstalten (1986); D. Schutz d. Lebens durch d. GG (1992); Öffentliches BauR (2. A. 1996); D. Schutz d. Lebens durch d. GG (1992); BauR (2. A. 1996)
AL: Klaus Obermayer (0620)
AS: Monika Jachmann (0382); Gerrit Manssen (0544)

Q: K 1983, S. 4117; Wer ist wer 1996/97; CV
備考: 1973 年入会。スポーツと法の関係に関心を有する。1995 年から 2007 年まで、連邦憲法裁判所判事であった。第 42 回大会 (1983 年) 第 1 テーマ主報告及び第 45 回大会 (1986 年) 第 1 テーマ副報告 (なお、前者に関しては同テーマの副報告を、やはり後に連邦憲法裁判所判事に就任することになる Dieter Grimm (0261) が行っている)。
http://www.uni-regensburg.de/Fakultaeten/Jura/steiner/
http://de.wikipedia.org/wiki/Udo_Steiner

0860
STELKENS, Ulrich (シュテルケンス、ウルリヒ)
Dr. iur., Univ.-Prof., DHV Speyer
1967 年 (Köln)
Staats- und Verwaltungsrecht einschließlich Europarecht, Sozialrecht und Rechtsinformatik
1987–91 Studium Univ. des Saarlandes; 1987–89 Studium des franz. Univ. d. Saarlandes; 1989 Diplôme d'Etudes universitaires générales (D.E.U.G.); 1992 I. SE; 1995 II. SE; 1997 Prom. Univ. d. Saarlandes; 1991–2003 Beschäftigung Univ. des Saarlandes, 1998 WiAs; 2003 Habil. Univ. d. Saarlandes; 2004–07 Oberass. Univ. d. Saarlandes; 2006 Prof. Speyer; 2007 Univ.-Prof. Speyer
D: Verwaltungshaftungsrecht, Berlin 1998
H: Verwaltungsprivatrecht, Berlin 2005
AL: Klaus Grupp (0270)
備考: 行政法学者。
http://www.hfv-speyer.de/stelkens/Lehrstuhlinhaber.htm (写真あり)
http://de.wikipedia.org/wiki/Ulrich_Stelkens

0861
STELZER, Manfred (シュテルツァー、マンフレート) 墺
Dr. iur., U.Prof., Univ. Wien/Österr.
1958 年 (Wien)
VL: Staatslehre, Verfassungs- und Verwaltungsrecht
1976–81 Studium Wien; 1983 Forschungsaufenthalt in Frankfurt/M.; 1985–86 wiss. MA am VerfGH; 1991 Habil. Konstanz; 1994 Habil. Frankfurt; 1993 Prof. Wien
B: D. Wesensgehaltsargument u. d. Gsatz d. Verhältnismäßigkeit (1991)
備考: ウィーンに生まれ、ドイツで教授資格を取得し、ウィーン大学に就職。遺伝子工学に現れる医事倫理・生命倫理に、法学者として取り組む。
http://www.univie.ac.at/staatsrecht-stelzer/

http://de.wikipedia.org/wiki/Manfred_Stelzer
0862
STENDER-VORWACHS, Jutta (シュテンダー゠フォアヴァクス、ユ[ッ]タ)
女性
Dr. iur., apl. Prof., Univ. Hannover
1954 年 06 月 18 日 (Bielefeld)
Öffentliches Recht, Medienrecht, Europarecht
1972–77 Studium Bielefeld; 1977 I. SE; 1981 II. SE; 1977 Wiss. HK Bielefeld; 1978–80 Wiss. HK Bielefeld u. Regensburg; 1981–87 Akad. Rätin Regensburg; 1987 Prom. Regensburg; 1987 Zulassung zur RA; 1987–97 Anwaltstätigkeit; 1997–2003 WiAs (C1) Hannover; 2003 Habil. Hannover; 2010 Apl. Prof. Hannover
D: "Staatsferne" und "Gruppenferne" in einem aussenpluralistisch organisierten privaten Rundfunksystem, Berlin 1988
H: Staatliche Verantwortung für gemeinverträglichen Verkehr auf Straße und Schiene nach deutschem und europäischem Recht, Baden-Baden 2005
AL: Udo Steiner (0859), Hans-Ernst Folz (0204)
備考: ヨーロッパ法学者。
http://www.jura.uni-hannover.de/stender-vorwachs.html (写真あり)
0863
STERN, Klaus (シュテルン[シュターン]、クラウス[クラォス])
Dr. iur., Dres. h. c., em. Prof., Univ. Köln
1932 年 01 月 11 日 (Nürnberg/Bayern)
VL: Staats- u. Verwaltungsrecht, insb. öffentliche Wirtschaftsrecht sowie allgemeine Rechtslehre
1951–55 Studium Erlangen u. München (RW u. VWL); 1955 I. SE München; 1960 II. SE München; 1955–61 WiAs München; 1957 Prom. München; 1961 Habil. München; 1961 PD München, 1962 o. Prof. FU Berlin; 1966 o. Prof. Köln (1971–73 Rektor; 1973–75 Prorektor); emer.
B: Gesetzesauslegung u. Auslegungsgrundsätze d. BVerfG (1956: D.); Die öffentliche Sache (1963); Wirtschaftsverf. u. EnergiewirtschaftsR (1961: H.); Ermessen u. unzuläss. Ermessensausüb. (1964); D. Verf. garantie d. kommun. Selbstverw. (1967); Gfragen z. Verw.reform im Stadtumland (2. A. 1968); Funktionsgerechte Finanzierung d. Rdfk. anstalten durch d. Staat (1968); Konjunktursteuerung u. kommunale Selbstverw. (1968); Gutachten f. d. 47. Dt. JT (1968); Gfragen d. globalen Wirtschaftssteuerung (1969); D. Rstaat (Rektoratsrede 1971);

Komm. z. Gesetz z. Förderung d. Stabilität u. d. Wachstum d. Wirtsch.
(2. A. 1973); Verw.prozessuale Probleme (7. A. 1995); Z. Verf.treue
d. Beamten (1974); GG in Gefahr (1974); D. StaatsR d. BRD (Bd. I,
2. A. 1984; Bd. II 1980; Bd. III/1 1988, Bd. III/2 1994); Staatsverf.
u. Unternehmensführung (1980); Verf.ger.barkeit zw. Recht u. Politik
(1980); Neue Medien: Neue Aufgaben d. Rechts? (54. DJT; 1982);
Gideen europ.-amerikan. Verf.staatlichkeit (1984); D. Staat d. GG .
Ausgewählte Schriften u. Vorträge (1992); D. Wiederherstellung d. dt.
Einheit (1992); Germania Restituta. Symposion z. 60. GT (1993)
MH: FS Karl Carstens 1984 (m. Hermann Jahrreiß)
AL: Theodor Maunz (0557)
AS: Herbert Bethge (0052); Joachim Burmeister (0106); Klaus Grupp (0270); Hans von Mangoldt (0541); Michael Nierhaus (0614); Günter Püttner (0672); Michael Sachs (0726); Peter-Josef Tettinger (0882); Maximilian Wallerath (0926)
Q: K 1983, S. 4134; Wer ist wer 1996/97; CV
L: Symp. 1992 (Germania restituta. Anläßl. d. 60. GT v. K. S.; hrsg.: J. Burmeister i. Z. m. M. Nierhaus/Fritz Ossenbühl/G. Püttner/M. Sachs/P.-J. Tettinger); FS 1997 (Verf.staatlichkeit; hrsg.: J. Burmeister i. Zw. m. M. Nierhaus/G. Püttner/M. Sachs/H. Siekmann/P.-J. Tettinger)
備考1： 1963年入会。1978年及び1979年の協会理事長（副理事長は、Thomas Oppermann 及び Rupert Scholz）。Hans Peters (0649)の講座後継者。Peter Badura (0026)と並び、1970年代から90年代前半までのドイツ公法学界を代表する"スーパー・スター"の一人。教材、鑑定書、分厚い基本書、重厚な論文と、何でもワイドレンジにこなす。来日経験が多い。数多くの門下生を育てた名伯楽でもあるという意味では、Peter Lerche (0515)と並ぶ。わが国とのつながりも深く、日本学士院客員会員となった。
備考2： この学統は、師の Maunz、更にその師である Hans Nawiasky (0608) を経て、Edmund Bernatzik (非会員、Basel → Graz → Wien、1854–1919年)、Paul Laband (非会員、Königsberg → Straßburg、1838–1918年) へと遡る。
http://www.klaus-stern.net/Prof.%20Stern%20-%20Curriculum%20Vitae%20-%20englische%20Version.pdf
http://rektorenportraits.uni-koeln.de/rektoren/klaus_stern
http://de.wikipedia.org/wiki/Klaus_Stern_ (Rechtswissenschaftler)
0864
STETTNER, Rupert Matthäus (シュテットナー、ルーペルト・マテーウス)

Dr. iur., Prof., Univ. der Bundeswehr München
1945 年 07 月 25 日 (Passau/Bayern)
Öffentliches Recht u. Verwaltungsrecht
1964–69 Studium München (daneben Studium d. Musik am Richard-Strauss-Konservatorium d. Stadt München (Violine)); 1969 I. SE; 1974 II. SE München; 1973–79 HiWi u. WiAs München; 1979–81 Stip. DFG; 1981 WiAs Augsburg; 1973 Prom. München, 1982 Habil. Augsburg; 1982 PD Augsburg; 1983 Prof. Bamberg; 1996 Prof. Univ. der BW München
B: Art. 18 GG u. d. strafrechtl. Berufsverbot (1973: D.); D. Kompetenz als Gkategorie d. öff. Rechts (1981: H.; erschien 1983 als "Gfragen einer Kompetenzlehre"); D. Methodenproblematik i. d. Verwaltungswissenschaft (1982); Rdfk.struktur im Wandel (1988)
MH: FS Franz Knöpfle (1996; m. Detlef Merten/ Reiner Schmidt)
AL: Peter Lerche (0515); Franz Knöpfle (0447)
Q: K 1987, S. 4550; Wer ist wer 1996/97; CV
備考: 1983 年入会。法学と並行して、音楽院でヴァイオリンを学んだ。
http://www.unibw.de/sowi5_3/Dateien/Lebenslauf.pdf
http://de.wikipedia.org/wiki/Rupert_Stettner
0865
故 **STIER-SOMLÓ, Fritz** (シュティーア=ゾムロー[ショムロー]、フリッツ)
Dr. iur., em. o. Prof., Univ. Köln
1875 年 05 月 21 日 (Berlin) 1932 年 03 月 10 日 (Köln)
Staats-, Verwaltungs- u. Völkerrecht, wissenschaftliche Politik, Kommunal- u. Sozialrecht
Studium 1890 RW, Philosophie, Literaturgeschichte u. Volkswirtschaft Berlin,; 1896 Prom. Göttingen; 1901 Habil. Bonn; 1901 PD Bonn; 1904 Prof. Bonn; 1910 Gründer Akademie für kommunale Verwaltung Düsseldorf; 1912 o. Prof. u. Direktor Hochschule f. kommunale u. soziale Verwaltung/Köln; 1919 o. Prof. Köln; emer.
B: Zur Geschichte u. rechtl. Natur d. Rentengüter (1896); D. Verpfl. d. Eigentum z. polizeigemäß. Erhaltg. d. Eigentums (1898: Preissch.); Volksüberzeugung als Rquelle (1900); Einwirkung d. bürgerl. Rechts auf d. pr.-dt. VerwR (1900); Kommentar z. Gesetz üb. d. Ldesverw. (1902); Unser Mietsrechtsverh. u. seine Reform (1902); D. Reform d. Aufsichtsr. d. AG (1903); D. verw.rechtl. Schutz d. Bürger- u. EinwohnerR in Preußen (1904); D. Aufsichst-R. d. AG (1905); Dt. Sozialgesetzgebung u. d. geltende Krankenversicher.R (1906); Ausb. d. höh.

Verw.beamten in Preußen (1906); Preuß. StaatsR, 2 Bde. (1906); Recht d. Arbeitervers. (1906); Politik (1907; 5. A. 1920); Kommentar z. ReichsvereinsG (1908); Reformgedanken d. dt. Arbeitervers. (1911); Rstaat, Verw. u. Eigentum (1911); D. Idee e. Weltarbeitervers.R (1911); D. öff. Recht d. Krankenhäuser (1911); Großer Kommentar z. Reichsvers.ordnung, 2 Bde. (1912/15); Studien z. SozialR (1912); ReichsgewerbeO. Kommentar (1913); AngestelltenversicherungsG. Kommentar (1913); D. Freiheit d. Meere u. d. VR (1917); Grund- u. Zukunftsfragen dt. Politik (1917); Vom parlam. WahlR d. Kulturstaaten d. Welt (1918); Preuß. StädteR (1919); D. Vereinigten Staaten v. Dtland (1919); D. Verf. d. Dt. Reichs (1919; 2. A. 1920; 3. A. 1925); Preuß. StaatsR (1921)
AS: Friedrich Giese (0240); Karl Maria Hettlage (0330)
Q: Wer ist's 1922, S. 1521; K 1925, S. 1018/1019; Brockhaus, Bd. 18, S. 129; 広渡 p. 53
備考: 戦前原始会員（1924 年入会）。1924 年及び 1925 年協会副理事長（理事長は Richard Thoma。いま一人の副理事長は、Gerhard Anschütz）。第 2 回大会（1925 年）第 2 テーマ報告（H. 2)。「ゾムロー」というドイツ式の表記も見受けられるが、この苗字はハンガリー系なので、「ショムロー」との表記が原音には近い。帝政末期からヴァイマル共和制時代に活躍した。見ての通り多作で、社会（保障）法をも先駆的に研究したほか、選挙法・デモクラシー論にも取り組んだ。
http://rektorenportraits.uni-koeln.de/rektoren/fritz_stier_somlo/
http://de.wikipedia.org/wiki/Fritz_Stier-Somlo

0866
STOBER, Rolf（シュトーバー、ロルフ）
Dr. iur., em. Prof., Univ. Hamburg
1943 年 06 月 11 日（Baden-Baden）
VL: Staatsrecht, Verwaltungsrecht, Verwaltungsprozeßrecht u. Verfassungsprozeßrecht
1966–70 Studium Heidelberg u. Mannheim; 1970 I. SE Mannheim, 1973 II. SE Stuttgart; 1970–73 HiWi u. WiAs Mannheim; 1973–75 Wiss. MA am OVwG Koblenz u. Richter am VwG Neustadt/Weinstr.; 1972 Prom. Mannheim; 1979 Habil. Mannheim; 1975 Prof. FHS f. öfftl. Verw./Stuttgart; 1977 Prof. FHS f. öfftl. Verw. NRW/Abt. Köln; 1979 PD Mannheim; 1979/80 LS-Vert. Tübingen u. München; 1981 U.Prof. Münster; 1990 Gastprof. Leipzig, 1992 Gründungsprof. Dresden; 1996 Prof. Hamburg; emer.

B: Schüler als Amtshelfer, dargestellt am Beispiel d. Schülerlotsendienstes (1972: D.); Wirtsch.verwR (1976; 10. A. 1996; span. u. korean. Übers.); D. Ehrenbeamte zw. Demokratie u. Verw. (1979: H.); Gpflichten u. GG (1979); D. Ehrenbeamte in Verf. u. Verw. (1981); Rfragen z. Massentierhaltg. (1982 u. 1990); Kommun. Ämterverf. u. Staatsverf. (1982); Quellen z. Gesch. d. WirtschaftsR (1986); Rfragen b. Mitgliederklagen (1985); Hdb. d. Wirtsch.verw- u. UmweltR (1989); EG-Binnenmarkt u. dt. Wirtschaft (1989); Kommentar LadenschlußG (3. A. 1990); JuS m. Jux (2. A. 1991); KommunalR i. d. BRD (3. A. 1996); Verf.fragen d. Käfighaltung (1990); D. öfftl. best. Sachverständige (1991); D. IHK zw. Staat u. Wirtschaft (1992)
Q: K 1983, S. 4145; Wer ist wer 1996/97; CV
備考: 1980年入会。回り道をした感があったが、有名な行政法教科書（Wolff/ Bachof）の改訂を引き継いだ。経済（行政）法の分野を研究。
http://www.uni-hamburg.de/fachbereiche-einrichtungen/fb03/irdw/oeff/ LEBENSLAUF,%20Oktober%202006.pdf
0867
STOCK, Martin (シュトック、マルティン[マーティン])
Dr. iur., em. Prof., Univ. Bielefeld
1933年10月18日 (Drossen)
Staats- u. Verwaltungsrecht; Medien- u. Rundfunkrecht
1954–59 Studium FU Berlin, Heidelberg u. Göttingen; 1959 I. SE Celle; 1959–64 Ref.; 1964 II. SE Hannover; 1962 HiWi Göttingen; 1964–70 Verw. u. WiAs ebd.; 1970 WiAs München; 1971 Prom. Göttingen; 1974 Habil. München; 1974 PD München; 1976 Wiss.Rat u. Prof. PH Westf.-Lippe; 1980 Prof. Bielefeld; 1999 emer.
B: Pädag. Freiheit u. polit. Auftrag d. Schule (1971: D.); Methodenöffentlichkeit u. Medeienverfassung (1974: H.); Straßenkommunikation als Gemeindegebrauch (1979); Z. Theorie d. KoordinationsRdfk. (1981); Koordinationsrundfunf im Modellversuch (1981); Medienfreiheit als FunktionsGrechte (1985); LdesmedienR im Wandel (1986); Neues PrivatRdfk.R (1987); NR.-Westf. RundfunkR (1993)
AL: Arnold Köttgen (0464), Peter Badura (0026)
Q: K 1983, S. 4146; Wer ist wer 1996/97; CV
備考1: 1975年入会。主に放送に関して公物・営造物法を研究。その意味では、師の一人であるケットゲンの衣鉢を継いだ。
備考2: なお系譜は、Badura → Alfred Voigt (0913) → Walter Jellinek (0395) → Otto Mayer (0562) となる。

http://www.jura.uni-bielefeld.de/Lehrstuehle/Stock/index.html
0868
故 **STÖDTER, Rolf** (シュテッター、ロルフ)
Dr. iur., em. apl. Prof., Univ. Hamburg
1909 年 04 月 22 日 (Hamburg)　1993 年 04 月 24 日 (Hamburg)
Öffentliches Recht, insb. Internationales Recht, Seerecht
Studium Hamburg; 1933 Prom. Hamburg; 1935 Habil. Hamburg 1936 PD Hamburg; 1943 apl. Prof. Hamburg; Mitinhaber Reederei John T. Essberger Hamburg; Geschäftsführer Afrika-Linien; 1945 Präsident Verband; deutscher Reeder; 1964–69 Handelskammerpräsident Hamburg; 1973–76 Präsident deutsche Gruppe internationale Handelskammer
B: Öffentl.-rechtl. Entschädigung (1933: D.); Flottengeleit im Seekrieg (1936: H.); Handelskontrolle im Seekrieg (1940); D. dt. Seeschiffahft im Krieg (1941); Dtlds Rlage (1948); Dt. Vermögenswerte im neuen Ausld. (1950); Geschichte d. Konnossementsklauseln (1953); Am Tor zur Welt (1979)
AL: Kurt Perels (0643); Rudolf Laun (0501)
Q: K 1983, S. 4150/4151; Nek. K 1996, S. 1670
L: FS 1979 (Recht über See; hrsg. Hans Peter Ipsen u.a.)
備考 1： 戦後原始会員 (1950 年入会)。本業として、商工会議所の役員を歴任。Laun と Perels 門下の相弟子として苦楽を共にした 2 歳年長の H.-P. Ipsen を親しみをこめて "wissenschfatlicher Zwillingsbruder" (学問上の双子の兄) と呼び、慈しんだ (FS H. P. Ipsen, 1977, S. XIV)。
備考 2： なお、Laun を師とする Stödter の相弟子としては、ほかに Borris Meissner (0568) がいる。
http://www.munzinger.de/search/portrait/Rolf+St%C3%B6dter/0/15020.html
http://www.ueberseeclub.de/vortrag/vortrag-1987-12-08.pdf
http://de.wikipedia.org/wiki/Rolf_St%C3%B6dter
0869
STÖGER, Karl (シュテーガー、カール) 墺
Dr. iur., Univ.Prof., Univ. Graz
1976 年 (Wien)
Österreichisches, Europäisches und Vergleichendes Öffentliches Recht, Politikwissenschaften und Verwaltungslehre
1995–99 Diplomstudium Wien und Paris II; 1999–2001 Doktoratsstudium Wien; 2001 Prom. Wien; 2004–05 Postgraduales Masterstudium

(MJur) Oxford; 1997–99 Studienass. Wien (Univ.-Prof. Dr. Reinhard Willvonseder, Römisches Recht und Antike Rechtsgeschichte); 1999–2002 Vertragsass. Wien; 2000–01 Gerichtspraxis Wien; 2002–08 Univ. Ass. u. LB Wien; 2009 Univ.-Prof. Graz
D: Verwaltungsgerichtliche Kassation und „Aufbauende Bescheide", Wien 2002
H: 特定できなかった
AL: Heinz Mayer (0561)
備考: 多様な業績があり、研究の動向をまとめることは難しい。下記から業績リストを参照し、各自でご判断願いたい。
http://www.uni-graz.at/ofreaaww/mitarbeiterinnen-2/prof._stoeger (写真あり)

0870
STOLL, Peter-Tobias (シュトル、ペーター・トビアス)
Dr. iur., Prof., Univ. Göttingen
1959 年 (Wuppertal)
Staats- und Verwaltungsrecht, Europarecht und Völkerrecht
1978–84 Studium Hamburg, Lausanne u. Bonn; 1984 I. SE; 1988 II. SE; 1984 Wiss. MA Kiel; 1988 Wiss. MA Kiel; 1990 Mitglied des DFG-Graduiertenkollegs; 1993 Prom. Kiel; 1993 Wiss. Ref. am MPI Heidelberg: 2001 Habil. Heidelberg; 2001 Univ.Prof. Göttingen (C 3)
D: Technologietransfer, Internationalisierungs- und Nationalisierungstendenzen, Berlin u. a. 1994
H: Sicherheit als Aufgabe von Staat und Gesellschaft, Tübingen 2003
備考: 国際法・海洋法学者。
http://inteurlaw.uni-goettingen.de/inteurlaw/index.php?view=venueevents&id=16%3Aprof-dr-peter-tobias-stoll&option=com_eventlist&lang=de
http://de.wikipedia.org/wiki/Peter-Tobias_Stoll

0871
STOLLEIS, Michael (シュトルアイス[シュトライス]、ミヒャエ[―]ル)
Dr. iur., em. U.Prof., Univ. Frankfurt/M., Direktor des MPI/Frankfurt
1941 年 07 月 20 日 (Ludwigshafen)
Staats-, Verwaltungs- u. Kirchenrecht, Neuere Rechtsgeschichte
1961–65 Studium Heidelberg, Würzburg und München (RW, Germanistik u. Kunstgeschichte); 1965 I. SE Würzburg; 1969 II. SE München; 1970 Ass. München; 1967 Prom. München; 1973 Habil. München; 1973 PD München; 1975 Prof. Frankfurt; 1991 Direktor MPI Frankfurt/M.; 2006 emer.

B: Moral u. Politik bei Christian Garve (1967: D.); Staatsraison, Recht u. Moral in philos. Texten d. späten 18. Jh. (1972); Gemeinwohlfolmeln im nationalsozial. Recht (1974: H.); Quellen zur Gesch. d. SozialR (1976); Staatsdenker im 17. u. 18. Jh. (1977; 3. A. 1995: jap. Übers. 1995); Arcana Imperii u. Ratio Status (1980); Behinderte u. nichtbehinderte Kinder im Kindergarten (1988); Pecnia Nervus Rerum (1988); Geschichte des öffentlichen Rechts in Dtland, 3 Bde (1988/92/99); Staat u. Staatsräson i. d. frühen Neuzeit (1990); 'Junges Dtland', jüdische Emanzipation u. liberale Staatsrechtslehre in Dtland (1994); Recht im Unrecht (1994); Policey (Polizei) im Europa d. Frühen Neuzeit (1996); Staatsrechtslehre u. Politik (1996)
H: FS Sten Gagnér (1991)
AL: Sten Gagnér (München: Rechtshistoriker, Jg. 1921); Axel Freiherr von Campenhausen (0111)
AS: Walter Pauly (0640); Manfred Baldus (0028)
Q: K 1983, 4195; CV; Hikasa, S. 507; 広渡 54 頁
備考1: 1974 年入会。第 44 回大会 (1985 年) 第 1 テーマ報告。1988 年に来日したときは、「Stolleis って誰？」という感じで全く無名に近い存在であったが、『ドイツ公法史』の刊行によりライプニッツ賞 (ドイツ学術振興会DFG) を受賞し、今やこの分野の第一人者になった。大学に入る前に、ワイン醸造学校に一年間通った経歴が面白い。
備考2: 「公法学の分野で、私は vaterlos だ」と好んで戯れを述べる (指導教授の Gagnér 法史学の専攻のため)。が、御覧のとおり、博論を通じて von Campenhausen に連なり、後者を経由して更に Rudolf Smend (0839) へと至る。
http://www.mpier.uni-frankfurt.de/mitarbeiter/mitarbeiterhome/stolleis.html#person
http://de.wikipedia.org/wiki/Michael_Stolleis
0872

STOLZLECHNER, Harald （シュトルツレヒナー、ハーラルド）墺
Dr. iur., o. U.Prof., Univ. Salzburg/Österr.
1948 年 11 月 13 日 (Linz/Donau)
VD: Allgemeine Staatslehre, Österreichisches Verfassungsrecht sowie Allgemeines u. österreichisches Verwaltungsrecht
1968–72 Studium Linz; 1972–75 Ass. Salzburg; 1975 Verf.dienst Landesregierung; 1972 Prom. Linz; 1981 Habil. Salzburg; 1989 o. Univ.-Prof. Salzburg
B: Die polit. Rechte d. Ausländer in Österr. (1980); Öffentliche Fonds

(1982: H.)
AL: Friedrich Koja (0454)
Q: K 1983; CV
備考: 1982年入会。ザルツブルク大学の生え抜き。大学(高等教育)法、交通法などを研究。
http://www.uni-salzburg.at/portal/page?_pageid=905,439244&_dad=portal&_schema=PORTAL
0873
STORR, Stefan (シュトル[シュトァ]、シュテファン) 墺
Dr. iur., Univ.-Prof., Univ. Graz
1968年01月08日 (München)
Staats- und Verwaltungsrecht, Finanzverfassungsrecht und Europarecht
1987–92 Studium Heidelberg u München; 1992 I. SE; 1995 II. SE; 1992–95 Wiss. MA Jena; 1994 Prom. Jena; 1996–2001 WiAs Jena; 2001 Habil. Jena; 2002–03 RA Leipzig; 2008 Univ.Prof. Graz
D: Verfassunggebung in den Ländern, Stuttgart 1995
H: Der Staat als Unternehmer, Tübingen 2001
AL: Peter M. Huber (0366)
備考1: 州憲法、建築法、ヨーロッパ法など多様な対象に触手を伸ばしている。
備考2: ドイツ再統一に伴い、旧東独地域に「職域」が大きく拡がった時期に生まれ合わせた幸運な世代の研究者(第1次国家試験は旧西側のミュンヘン、第2次は旧西側のエアフルトで受験している)。そして結局、オーストリアの大学に就職した。
http://www.uni-graz.at/ofreacww/ofreacww_mitarbeiterinnen/ofreacww_storr.htm (写真あり)
0874
STREINZ, Rudolf (シュトラインツ、ルードルフ)
Dr. iur., o. Prof., Univ. München
1953年12月05日 (Landshut/Bayern)
Europarecht
1974–78 Studium München (RW, Politikwiss. u. Neuere Geschichte); 1978 I. SE München; 1979–82 Ref.; 1981 II. SE München; 1982 Akad. Rat Passau; 1981 Prom. München; 1987 Habil. Passau; 1987 PD Passau; 1989 Prof. Heidelberg; 1989 o. Prof. Bayreuth; 2003 Prof. München
B: Meinungs- u. Informationsfreiheit zw. Ost u. West (1981: D.); D. Luxemburger Vereinbarung (1984); Bdesverf.gerichtl. Grechtsschutz u. EGrecht (1987: H.); Materielle Präklusion u. Verfahrensbeteiligung

im VerwR (1987); Bdesverf.gerichtl. Kontrolle üb. d. dt. Mitwirkung am Entscheidungsprozeß im Rat d. EG (1990); Intern. Schutz v. Museumsgut (1993); Europ. LebensmittelR u. Berücks. d. Auswirkungen auf Österreich (1994); EuropaR (3. A. 1996)
AL: Bruno Simma (非会員、国際司法裁判所判事、1941 年生); Michael Schweitzer (0817)
AS: Mattias Pechstein (0641)
Q: CV
備考 1: ヨーロッパ法研究者。とりわけ、食糧法及びスポーツ法を研究する。
備考 2: なお、師のうち Schweitzer は Walter Rudolf (0715) の門下生であり、その学統は Adolf Schüle (0805) → Richard Thoma (0886) → Heinrich Rosin (非会員、Freiburg、刑法、1855–1927 年) を経て、Otto von Gierke (非会員、Berlin → Breslau → Heidelberg → (wieder) Berlin、1841–1921 年) へと連なる。なお Simma については、 0835 と 0836 の間に置いた「番外」を参照。
http://www.jura.uni-muenchen.de/personen/streinz_rudolf/lebenslauf/index.html
http://de.wikipedia.org/wiki/Rudolf_Streinz

0875
故 **STRUPP, Karl** (**Carl**) (シュトルップ、カール[カルル])
Dr. iur., o. Prof., Frankfurt/M.
1886 年 03 月 30 日 (Gotha/Thüringen)　1940 年 02 月 28 日 (Chantoux bei Paris/Frankreich)
Völkerrecht, Staatsrecht
Studium RW u. Geschichte Heidelberg u. Marburg; 1910 Prom. Heidelberg; 1923 Habil. Frankfurt/M.; 1922 PD Frankfurt; 1925 LB Académie de Droit International Den Haag; 1926 ao. Prof. Frankfurt, 1932 o. Prof. Frankfurt, 1933 Zwangspensionierung; im Sommer 1933 nach Istanbul/Türkei emigriert; Prof. Univ. Istanbul; Berater Außenminsiterium Dänemark; 1938 Paris
B: Schadensersatz wegen Ehebruchs, Eheverlassungs u. i. ähnl. Fälle (1911: D.); Völkerrechtl. Fälle (1911); Urk. z. Gesch. d. VR, 3 Bde. (2. A. 1922); Intern. LandkriegsR (1914); D. intern. Schiedsger.barkeit (1914); Dipl. Aktenstücke z. oriental. Frage (1915); Intern. Verw.-Gemeinschaften (1914); Dt. KriegszustandsR (1915); Neutralisat. u. Neutralität Belg. (1917); D. wichtigst. Art. d. völkerrechtl. Schiedsger.-Vertr. (1917); La situat. intern. de la Grèce (1918); Gegenwartsfragen d. VR (1918); D. Ostfried. (1918); D. völkerrechtl. Delikt (1920); Griß

d. Versaill. Fried. (1921); Gzüge d. posit. VR (1921); Theorie u. Praxis d. VR (1925); La question du Groenland oriental (1931); Neutralisation, Befriedigung, Entmilitarisierung (1933); Les règles générales du droit de la paix (1934)
Q: Wer ist's 1922, S. 1541; K 1935, S. 1383
L: Michael Bothe, K. S., in: Diestelkamp/Stolleis (Hrsg.), Juristen FFM, S. 161–170; Kurzbiographie, in: Göppinger, Juristen, S. 320 f. m. w. N.
備考：戦前原始会員（1924年入会）。ユダヤ系の故に、ナチスにより迫害された。両大戦間の困難な時代に平時・戦時国際法の研究と並んで、平和組織の研究も怠らなかった。

0876
STUMPF, Christoph (シュトゥンプ[プフ]、クリストフ)
Dr. iur., Dr. phil., PD, Univ. Halle-Wittenberg, RA
1972年09月27日（Regensburg）
VL: Öffentliches Recht einschließlich Staatskirchenrecht und Kirchenrecht, sowie Rechtsvergleichung im öffentlichen Recht
1991–2001 Studium der RW u. ev. Theologie Bonn, Wien, Tübingen, München u. Oxford; 1996 I. SE; 1998 II. SE; 1998 Prom. (Dr. iur.) München; 2005 Prom. (Dr. Phil.) Oxford; 2000 RA Hamburg; 2001 Habil. Halle
D1 (Dr. iur.): Kirchenrecht als Bekenntnisrecht, Ebelsbach 1999
D2 (Dr. phil.): Hugo Grotius' Theology of International Law, Offord 2005
H: Alternative Methoden der Streitbeilegung im Verwaltungsrecht, Tübingen 2006
AL: Peter Landau（非会員、München、法史学）, Michael Kilian（ 0424 ）
備考：法史、教会法、行政法を研究。
http://www.jura.uni-halle.de/lehrstuehle_dozenten/pd_dr._christoph_stumpf/pd_dr._christoph_stumpf/（写真あり）

0877
SUERBAUM, Joachim (ズゥアバウム、ヨアヒム)
Dr. iur., Prof., Univ. Würzburg
1965年（Münster）
Öffentliches Recht einschließlich Europarecht
Studium RW u. Anglistik Bochum; I. SE; 1997 II. SE; 1997 Prom. Bochum; 2002 Habil. Bochum; 2004 Prof. Würzburg
D: Die Kompetenzverteilung beim Verwaltungsvollzug des Europäischen

Gemeinschaftsrechts in Deutschland, Berlin 1998
H: Staatsaufsicht unter dem Grundgesetz, Bochum 2002（公刊を確認できなかった）
備考：ヨーロッパ法学者。下記 URL に記述されている経歴の文章には、多くの場合、年号が書かれていない。このため抜き書きすると、上記の程度となる(情報不足)。
http://www.jura.uni-wuerzburg.de/lehrstuehle/suerbaum/prof_dr_suerbaum/vita/（写真あり）
0878
故 **SUHR, Dieter**（ズーア、ディーター）
Dr. iur., Prof., Univ. Augsburg
1939 年 05 月 07 日 （Windhuk/Südwest-Akrika） 1990 年 08 月 28 日（Kreta/Griechenland）
VL: Staatsrecht u. Staatstheorie, Verwaltungsrecht, Rechtstheorie, Rechtsinformatik
1958–61 Studium Marburg/Lahn, Wien u. Hamburg (zuerst Psysik, dann RW); 1963 I. SE Hamburg; 1968 II. SE Hamburg; 1963 HiWi Hamburg; 1966–69 WiAs Bochum u. FU Berlin; 1969–71 Stip. DFG; 1971 Assistenzprof. FU; 1966 Prom. Hamburg; 1973 Habil. FU Berlin; 1973 PD Berlin; 1976 Wiss.Rat u. Prof. Augsburg; 1976 o. Prof. Augsburg
B: Eigentumsinstitut u. Aktieneigentum (1966: D.); Bewußtseinsver. u. Gesellschaftsverf.. Üb. Hegel u. Marx zu e. dialekt. Verf.theorie (1975: H.); Entfaltung d. Menschen durch d. Menschen (1976); D. kognitiv-prakt. Situation (1977)
AL: Herbert Krüger (0478); Helmut Quaritsch (0673)
Q: K 1983, S. 4216; CV; Hikasa, S. 509; Nek. K 1992, S. 4272
L: GS 1992 (Angewandte Dialektik; hrsg.: Gunnar Folke Schuppert/Wolfgang Tzschaschel); Nachruf NJW 1990, S. 3136 (von Reiner Schmidt)
備考 1：1974 年入会。Robert Suhr（SPD）の息子。父の任地（南西アフリカ）で生まれた。70 年代に早くもコンピュータやサイバネティクスと法の関係の研究にも先駆的に取り組んでいたが、惜しくも早逝した。
備考 2： なお、師である Quaritsch は Hans-Peter Ipsen (0375) の門下生であり、後者を通じて Rudolf Laun (0501) に連なる。
http://de.wikipedia.org/wiki/Dieter_Suhr
0879
SYDOW, Gernot（ズュ[ー]ドー、ゲルノート）

Dr. iur., apl. Prof., Univ. Freiburg/Br.
1969 年 (Münster)
VL: Staats- und Verwaltungsrecht, Europarecht und Verfassungsgeschichte
1991–96 Studium der RW, Mediävistik u. Neuere und Neueste Geschichte Freiburg u. Edinburgh; 1996 I. SE; 1997 Magisterex. neuere u. neueste Geschichte Freiburg; 1998 II. SE; 2000 Prom. Freiburg; 2000–04 WiAs Freiburg; 2004 Habil. Freiburg; apl. Prof. Freiburg
D: Die Verwaltungsgerichtsbarkeit des ausgehenden 19. Jahrhunderts, Heidelberg 2000
H: Verwaltungskooperation in der Europäischen Union, Tübingen 2004
備考：(ヨーロッパ)行政法のほか、英国憲法(史)を研究・教授。本業は、インハウスローヤー (Justitiar des Bistums Limburg) 兼教会裁判所裁判官 (Richter am Kirchlichen Arbeitsgerichtshof Bonn) である。
http://www.servat.unibe.ch/strl/wiw/sydow,_gernot.html (写真あり)
http://www.jura.uni-freiburg.de/institute/ioeffr3/personen/sydow

T

[0880]
TALMON, Stefan（タルモン、シュテファン）
M.A., LL.M., D. Phil.（Oxford）, Prof., Univ. Oxford
1965 年 01 月 22 日（Pforzheim）
VL: Öffentliches Recht einschließlich Europarecht und Völkerrecht
1985 Studium Tübingen, München u. Cambridge; 1989 LL.M. Cambridge; 1995 Prom.（Dr. Phil.）Oxford; 1997 II. SE; 1998 WiAs Tübingen; 2002 Habil. Tübingen; 2003 M.A. Oxford; 2003 Univ. Lecturer; 2006 Reader, 2008 Prof. of Public International Law/Oxford
D: Recognition of Governments in International Law: With Particular Reference to Governments in Exile, Oxford 1998
H: Kollektive Nichtanerkennung illegaler Staaten, Tübingen 2006
AL: Thomas Oppermann（[0630]）
備考：ドイツ登録弁護士として、ハーグの国際司法裁判所でも活躍する国際法学者。
http://www.jura.uni-bonn.de/index.php?id=5557（写真は http://www.jura.uni-bonn.de/index.php?id=5554）
http://users.ox.ac.uk/~sann2029/biography.html
http://de.wikipedia.org/wiki/Stefan_Talmon

[0881]
故 **TATARIN-TARNHEYDEN, Edgar Adolf**（タターリン＝タルンハイデン、エトガー[ル]・アードルフ）
Dr. iur., o. Prof., Univ. Rostock
1882 年 02 月 04 日（Riga/Littland） 1966 年 12 月 30 日（Stuttgart）
Staats- u. Verwaltungsrecht, Staatslehre, Politik, Völkrerrecht, Arbeitsrecht
1899 Studium Dorpat, Sankt Petersburg u. Genf; 1907 RA Riga; Syndikus; 1915 Sprachstudien Schweden; 1917 Studium RW Berlin u. Marburg; 1919 Prom. Heidelberg; 1922 Habil. Marburg; 1922 PD Marburg; 1922 o. Prof. Rostock; 1945–54 Haft wegen konterrevolutionärer Gesinnung; 1954 Wohnsitz in Stuttgart
B: Autokratische Regierungen in Lettland und Estland und deren völ-

kische Politik (1889); Die Legitimation des Erben nach russischen und baltischen Recht (1921); Die Berufsstände ihre Stellung im Staatsrecht (1922); D. Enteignung d. dt. Doms zu Riga im Lichte d. mod. Staats-, Verw.- u. VR unter Berücks. d. kirchenrechtl. Glagen (1932); Werdendes StaatsR, Gedanken zu e. organischen u. dt. Verf.neubau (1934)
Q: K 1935, S. 1397
備考：戦前原始会員（1924年入会）。リトアニア出身。1934年の書物のタイトルにも明らかなように、ナチスの御用公法学者の一人として「活躍」した。
http://www.koeblergerhard.de/juristen/alle/alletSeite16.html
http://de.wikipedia.org/wiki/Edgar_Tatarin-Tarnheyden
0882
故 **TETTINGER, Peter Josef** (テッティンガー、ペーター・ヨーゼフ)
Dr. iur., Prof., Univ. Köln
1947年03月01日（Köln）　2005年09月23日（Köln）
VL: Staats- u. Verwaltungsrecht, insb. Wirtschaftsverfassungs- u. Wirtschaftsverwaltungsrecht
1966–70 Studium Köln; 1970 I. SE Köln; 1970–74 Köln; 1974 II. SE NRW; 1971–74 HiWi Köln; 1976 WiAs ebd.; 1972 Prom. Köln; 1979 Habil. Köln; 1979 PD Köln; 1980 Prof. Bochum; 1998 Prof. Köln
B: Ingerenzproblme staatl. Konjunktursteuerung auf kommun. Ebene (1973: D.); Ranwendung u. gerichtl. Kontrolle im WirtschaftsverwR (1980: H.); Neue Medien u. VerfR (1980); Einführ. i. d. jur. Arbeitstechnik (1982); Besonderes VerwR. Kommunalrecht, Polizei- u. Ordnungsrecht (1986); Mitbestimmung i. d. Sparkasse u. verf.rechtl. Demokratiegebot (1986); Einführ. i. d. jurist. Arbeitstechinik (2. A. 1992); Bes. VerwR I (4. A. 1995); D. Ehre: e. ungeschütztes Verf.gut (1995); Strukturen d. Versorgungswirtschaft in Europa (1996)
MH: FS Klaus Stern (1993; m. Joachim Burmeister/Michael Nierhaus/Fritz Osseenbühl/Günter Püttner/Michael Sachs); FS K. Stern (1997; hrsg.: J. Burmeister i. Zw. m. M. Nierhaus/G. Püttner/M. Sachs u.a.)
AL: Klaus Stern (0863)
AS: Jan Christian Pielow (0653)
Q: K 1983, S. 4245; Wer ist wer 1996/97
備考：1980年入会。数多い"シュテルン学派"の一員。地方自治法やエネルギー法を研究していた。母校に戻ったが、定年を前に逝去した。
http://de.wikipedia.org/wiki/Peter_Tettinger
0883
THIEL, Markus (ティール、マルクース)

Dr. iur., Dr. rer. publ., PD, Univ. Köln
1973 年 05 月 20 日 (Düsseldorf)
VL: Öffentliches Recht, Verfassungsgeschichte und Verwaltungswissenschaften
1992–96 Studium Köln; Stud. HK Köln; 1996 I. SE; 1999 Prom. (Dr. iur.) Köln; 2000 II. SE; 2003 Prom. (Dr. rer. publ.) Speyer; 2004–05 Fellow am Center for Internet and Society, Stanford LS/USA; 2000–06 WiAs; 2006–07 Wiss. MA; 2007 Akad. Rat auf Zeit Köln; 2010 Habil. Köln; PD Köln
D1: Der Erziehungsauftrag des Staates in der Schule, Berlin 2000
D2: Die 'verwaltete' Kunst. Rechtliche und organisatorische Aspekte öffentlicher Kulturverwaltung, Frankfurt/M. u. a. 2003
H: Die 'Entgrenzung' der Gefahrenabwehr, Tübingen 2011
AL: Arnulf Schmitt-Kammler (0783); Hans Herbert von Arnim (0018)
備考: 総じて、行政法の分野を研究している印象がある。
http://www.jura.uni-duesseldorf.de/dozenten/dietlein/thiel/thiel.shtml
(写真あり)

0884
THIEME, Werner (ティーメ、ヴェルナー)
Dr. iur., em. o. Prof., Univ. Hamburg
1923 年 10 月 13 日 (Celle)
Öffentliches Recht, Hochschulrecht, Verwaltungslehre, Kommunalwissenschaft
1945–48 Studium RW u. Staatswiss. Göttingen; 1948 I. SE; 1951 Prom. Göttingen; 1952 Gr. SE; Geschäftsführer Hochschulverband; 1955 Habil. Hamburg; 1955 PD Hamburg; 1956 ao. Prof. Saarbrücken; 1958 o. Prof. Saarbrücken; 1962 o. Prof. Hamburg; 1988 emer.
B: Dt. HochschulR (1956; 2. A. 1986); Reichskonkordat u. Lder (1956); D. Anfertigung v. rechtswiss. Doktorarbeiten (1958); D. öff. Dienst i. d. Verf.ordnung d. GG (1961); Subsidiarität u. Zwangsmitgliedschaft (1962); D. Aufgabenbereich d. Angestellten u. d. hoheitsrechtl. Befugnisse nach Art. 33 Abs. 4d GG (1962); VerwL (1967; 4. A. 1984); Föderalismus im Wandel (1970); Berufungszusagen u. Hochschulreform (1970); Gutachten f. d. 48. Dt. JT (1970); Verwaltung u. Gesellschaft (1974); Rdfk.finanzierung im Bdesstaat (1977); Gprobleme d. Hochschulreife (1978); Entscheidungen in d. öff. Verw. (1981); Privathochschulen in Dtland (1988); Fortbestand u. Erneuerung d. preuß. Aka-

demie d. Wissenschaften (1992); Einführ. i. d. VerwL (1995)
MH: FS Hans-Peter Ipsen (1977)
AL: Hans-Peter Ipsen (0375)
AS: Harald Bogs (0070); Hans Peter Bull (0099); Hans-Ernst Folz (0204); Hartmut Krüger (0477); Otfried Seewald (0823); Karl Albrecht Schachtschneider (0737); Bernd Becker (非会員)
Q: K 1983, S. 4262; Wer ist wer 1996/97; Hikasa, S. 514
L: FS 1988 (FG für W. T.); FS 1993 (FS für W. T. zum 70. GT; hrsg. H. P. Bull/O. Seewald u.a.; Bibliogr., S. 1131–1158)
備考1: 1956年入会。第18回大会 (1959年) 第1テーマ副報告。1968年及び1969年の学会副理事長 (理事長は Ernst Friesenhahn、いま一人の副理事長は Helmuth Quaritsch)。名著『行政学』教科書で名高いが、大学 (高等教育) 法研究の権威でもある。
備考2: なお、師の H.-P.Ipsen を通じて、Rudolf Laun (0501) に連なる。
http://www.jura.uni-hamburg.de/personen/thieme/
http://de.wikipedia.org/wiki/Werner_Thieme

0885
THIENEL, Rudolf (ティーネル、ルードルフ) 墺
Dr. iur., ao. Prof., Univ. Wien/Österr., Vizepräsident d. Verwaltungsgerichtshofes
1960年08月02日 (Wien)
VL: Österreichisches Verfassungsrecht und österreichisches Verwaltungsrecht
1978 Studium Wien; 1982 Prom. Wien; 1988 dienstzugeteilt Bundeskanzleramt Verfassungsdienst; 1989 Habil. Wien; 1989 Ass.-Prof. Wien; 1993 Univ.-Prof. Wien; 2007 Vizepräsident des VerwGH unter Beendigung des Dienstverhältnisses zur Univ. Wien
B: D. Aufgaben d. Bdesgendarmerie (1986); Verweisungen auf ÖNORMEN (1990); Österr. Staatsbürgerschaft, 2 Bde. (1990: H.); D. unabhängigen Verw.senate (1991); Kritische Rationalismus u. Jurisprudenz (1991); Vertrauensschutz u. VerfR (1991); Anklageprinzip u. Zeugnisentschlagungsrecht (1991); D. Verfahren d. Verw.senate (2. A. 1992); D. Berufungsverfahren nach d. UOG 1993 (1996); D. Mehrstufige VA (1996)
MA: FS Robert Walter (1991; hrsg.: Heinz Mayer)
AL: Robert Walter (0929)
備考: オーストリア行政裁判所副長官。
http://public.univie.ac.at/index.php?id=12619#Lebenslauf

http://de.wikipedia.org/wiki/Rudolf_Thienel
0886
故 **THOMA, Richard Emil**(トーマ、リーヒャルト・エミール)
Dr. iur., em. o. Prof., Univ. Bonn, Hofrat
1874年07月19日(Todtnau/Schwarzwald) 1957年06月26日(Bonn)
Öffentliches Recht, Politik
Studium Physik, Mathematik, Chemie u. RW Berlin, München u. Freiburg/Br.; 1900 Prom. Freiburg; 1906 Habil. Freiburg; 1906 PD Freiburg; 1908/09 o. Prof. Kol. Inst. Hamburg; 1909 o. Prof. Tübingen (Nachfolge Fritz Fleiner); 1911 o. Prof. Heidelberg (Nachfolge Georg Jellinek); 1928 o. Prof. Bonn (Nachfolge Erich Kaufmann); ab 1936 erzwungener Verzicht auf Vorlesung Staatsrecht (Volk und Staat); 1944 Pillnach; 1946 Bonn; 1946–50 Prof. Bonn; 1948 Berater parlamentarischer Rat, 1950 Gutachter zum Grundgesetzesentwurf
B: Die Bedeutung des Besitzwillens im Besitzrecht des BGB (1900: D.); Der Polizeibefehl im badischen Recht (1906: H.); D. Vorbehalt d. Gesetz i. pr. VerfR (1916)
AL: Ulrich Stutz (非会員、Bonn → Berlin、法史学・教会法、1868–1938年)、Heinrich Rosin (非会員、Freiburg、刑事法、1855–1927年)
AS: Ernst Friesenhahn (0211); Ernst von Hippel (0341); Gerhard Leibholz (0507); Hermann Mosler (0589); Adolf Schüle (0805)
Q: Wer ist's 1922, S. 1568; K 1935, S. 1409
L: FS 1950 (FS R. T. zum 75. GT); JZ 1954, S. 767 (von Ulrich Scheuner); AöR 82 (1957); DÖV 1957, S. 826; JZ 1957, S. 589 (von Friedrich Giese); Heidelberger GL, S. 268/269; Born, S. 173; DEJ, S. 514–515 m. w. N.
U: Hans-Dieter Rath, Positivismus u. Demokratie. Richard Thoma 1874–1957 (1981)
備考1: 戦前原始会員(1924年入会)。1922年設立総会報告。1926–28年協会理事長(なお副理事長は Richard Smend 及び Hans Nawiasky)。戦前、協会が解散するまで Lebenslänglicher Ehrenpräsident (終身名誉理事長)であった。Heinrich Triepel (0891) と共に、戦前のドイツ国法学者協会の"顔"。古い邦語文献では「トマ」と表記されたこともある。
備考2: Thoma の師である Rosin は、有名な Otto von Gierke (非会員、Berlin → Breslau → Heidelberg → (wieder) Berlin、1841–1921年)の門下生である。後者は、Rosin の相弟子として Hugo Preuß (0766) 及び Ludwig Waldecker (0922) を育成したが、そこからは公法学への学統は育たなかった。ギールケの公法学への系譜は、唯一 Rosin の弟子である

Thomaを媒介にもたらされ、さらにその門下生たる Adolf Schüle（ 0805 ），
Ennst Friesenhahn（ 0211 ）及び Hermann Mosler（ 0589 ）を通じて、
国内・国際公法の分野に大輪の花を開いた（詳細は、各人の項目を参照）。
Richard Thoma (1906–1908), in: Frank Zeiler, Biographische Skizzen
zum Lehrkörper der Freiburger Rechtsfakultät in den Jahren 1860–1918,
S. 125f. (http://www.freidok.uni-freiburg.de/volltexte/5871/pdf/Biographische_Skizzen.pdf)
Richard Thoma, in: Helmut Marcon u. a. (Hrsg.): 200 Jahre Wirtschafts- und Staatswissenschaften an der Eberhard-Karls- Universität
Tübingen, Tübingen 2004, S. 405ff.
http://de.wikipedia.org/wiki/Richard_Thoma_ (Staatsrechtslehrer)
0887
THÜRER, Daniel（テューラー、ダ[ー]ニエル）
Dr. iur., em. o. Prof., Univ. Zürich/CH
1945年06月06日（St. Gallen）
Völkerrecht u. ausländisches Verfassungsrecht
1965–70 Studium Zürich; 1970 Lizentiat Zürich; 1971–72 Studienaufenthalt an d. Univ. Genf u. d. HS St. Gallen (BWL); 1972–74 Cambridge (Stip. d. British Council); 1974 LL.B. (Cambridge); 1974–75 WiAs Zürich; 1976–79 Wiss. Ref. MPI/Heidelberg; 1979–80 Visiting Scholar an d. Harvard/USA; 1974 Prom. Zürich; 1983 Habil. Zürich; 1983 Ass.-Prof. Technische Hochschule Zürich; 1985 ao. Prof.; 1989 o. Prof. Zürich; 2010 emer.
B: D. SelbstbestimmungsR d. Völker (1976: D.); Bund u. Gemeinden (1983: H.)
AL: Dietrich Schindler Jun.（ 0755 ）
Q: CV
備考1： 1984年入会。第50回大会（1990年）第1テーマ報告。スイスの国際法学者。1998年及び1999年の協会副理事長（理事長は Christian Starck、いま一人の副理事長は Rüdiger Breuer）。
備考2： なお、ドイツ国際法学会は2011年より、従来の „Deutsche Gesellschaft für Völkerrecht" から、„Deutsche Gesellschaft für Internationales Recht" へと改称した。Thürer は目下、同学会の理事長である。
http://www.ivr.uzh.ch/institutsmitglieder/thuerer/thuerer.html（写真あり）
http://www.dgfir.de/gesellschaft/organisation/（写真あり）
http://de.wikipedia.org/wiki/Daniel_Th%C3%BCrer（写真あり）

0888
THYM, Daniel（ティム、ダニエル）
Dr. iur., PD, Prof., Univ. Konstanz
1973 年
Öffentliches Recht, Europarecht und Völkerrecht
1994–99 Studium Regensburg, Paris u. HU Berlin; 2000, 2001–05 Wiss. MA am Walter Hallstein-Institut für Europ. VerfR/Berlin; 2001 LL.M. King's College/London; 2002 I. SE; 2004 II. SE; 2003 Prom. HU Berlin; 2005–09 DFG-Graduiertenkolleg; 2009 Habil. HU Berlin; 2010 Prof. Konstanz
D: Ungleichzeitigkeit und europäisches Verfassungsrecht, Baden-Baden 2004
H: Migrationsverwaltungsrecht, Tübingen 2010
備考: 国際法・ヨーロッパ法学者。
http://www.servat.unibe.ch/strl/wiw/thym,_daniel.html（写真あり）
http://www.jura.uni-tuebingen.de/professoren_und_dozenten/thym/cv

0889
TIETJE, Christian（ティーツェ、クリスツィアン）
Dr. iur., Univ.-Prof., Univ. Halle-Wittenberg
1967 年 03 月 14 日（Walsrode）
Öffentliches Recht, Europa- und Völkerrecht, Internationales Wirtschaftsrecht
1988–93 Studiums der RW, Polit. Wiss. u. Volkskunde Kiel u. Université Paris V; 1993 I. SE; 1998 II. SE; 1993–94 Wiss. MA am Walther-Schücking-Institut der CAU; 1995 LL. M Michigan LS (Ann Arbor); 1997 Prom. Hamburg; 1998 WiAs am Schücking-Institut; 2000 Habil. Kiel; 2001 Univ.-Prof. Halle-Wittenberg (C 4)
D: Normative Grundstrukturen der Behandlung nichttarifärer Handelshemmnisse in der WTO/GATT-Rechtsordnung, Berlin 1998
H: Internationalisiertes Verwaltungshandeln, Berlin 2001
AL: Jost Delbrück (0131); Meinhard Hilf (0338)
備考 1: 国際法学者。
備考 2: CAU とは、Christian-Albrechts-Universität zu Kiel のこと。このように、所在地の前に zu が付く大学は、州立ではなく「市立」である(キールの他には、ケルン、フランクフルト、フンボルト大学などがその例である)。
http://www2.jura.uni-halle.de/tietje/html/prof__dr__chr__tietje.html

0890
TOMUSCHAT, Christian（トムシャート、クリスツィアン）

Dr. iur., Prof., Humboldt-Univ. zu Berlin
1936 年 07 月 23 日（Stettin/Pommern）
Völkerrecht u. Europarecht
1955–59 Studium Heidelberg u. Montpellier/Frankreich (licence en droit); 1959 I. SE Heidelberg; 1960–65 Ref.; 1965 II. SE Heidelberg; 1965 WiAs Heidelberg u. Ref. MPI/Heidelberg; 1964 Prom. Heidelberg; 1970 Habil. Heidelberg; Übersetzer bei dem EuGH; 1966 Ref. MPI Heidelberg; WiAs Heidelberg; 1970 PD Heidelberg; 1972–95 Prof. Bonn; 1995 Prof. Berlin (HU); emer.
B: D. gerichtl. Vorabentscheidung nach d. Verträgen über d. EG (1964: D.); Zur polit. Bestätigung d. Ausländers i. d. BRD (1968); D. Aufwertung d. Dt. Mark (1970); Verf.gewohnheitsR? Eine Unters. z. StaatsR d. BRD (1972: H.); Extremisten u. öffentl. Dienst (1981); Modern Law of Self-Determination (1993); Mitsprache d. dritten Ebene in d. europäischen Integration, d. Ausschuß d. Regionen (1995); The United Nations at Age Fifty. A Legal Perspective (1995)
H: Ulrich Scheuner: Schriften zum VR (1984)
MH: GS Christopf Sasse (1981)
AL: Hans Schneider (0786)
AS: Karl-Peter Sommermann (0844)
Q: K 1983, S. 4305; Wer ist wer 1996/97; CV; Hikasa, S. 515
備考 1: 1970 年入会。第 36 回大会（1977 年）第 1 テーマ主報告及びドイツ再統一に関する第 49 回臨時大会報告（1990 年）。1986 年及び 1987 年の協会副理事長（理事長は Hans F. Zacher、いま一人の副理事長は Martin Kriele)。長らく Bonn 大学に在籍したが、Humboldt 大学に異動した。
備考 2: 師の H. Schneider は Werner Weber (0935) の門下生。後者を通じて、Carl Schmitt (0780) に連なる。
http://s6.rewi.hu-berlin.de/index.php?path=./jura/ex/tms/cv
http://de.wikipedia.org/wiki/Christian_Tomuschat
0891
故 **TRIEPEL, Heinrich** (トリーペル、ハインリヒ)
Dr. iur., Dr. scient. polit., em. o. Prof., Univ. Berlin, Geheimer Justizrat
1868 年 02 月 12 日（Leipzig）　1946 年 11 月 23 日（Untergrainau/Bayern）
Staats- u. Völkerrecht
Studium Freiburg/Br. u. Leipzig; 1890 I. SE; 1891 Prom. Leipzig; 1893 Habil. Leipzig; 1901 Dr. scient. polit. Tübingen; 1893 PD Leipzig; 1894 II. SE; Ass. u. Hilfsrichter am LG Leipzig; 1899 ao. Prof. Leip-

zig; 1900 o. Prof. Tübingen; 1909 o. Prof. Kiel; 1913 o. Prof. Berlin; emer.
B: D. Interregnum (1892: D.); D. neuesten Fortschr. auf d. Gebiete d. KriegsR (1894: H.); VR u. LdesR (1899; ital. u. franz. 1913); D. Entstehung d. konstitut. Monarchie (1899); WahlR u. Wahlpflicht (1900; russ. 1906); D. Thronfolge i. Fürstentum Lippe (1903); Unitarismus u. Föderalismus (1907); D. Kompetenzen d. Bdesstaats u. d. geschrieb. Verf. (1908); Zur Vorgesch. d. norddt. Bdesverf. (1911); Staatsdienst u. staatlich gebnd. Beruf (1911); D. Konviktorien-Beitr. d. Landsch. Norder-Dithmarschen (1914); D. Zukunft d. VR (1916); D. Freiheit d. Meere u. d. künft. Friedensschl. (1917); Reichsaufsicht (1917; Nachdr. 1995); Konterbande, Blockade u. Seesperre (1918); D. Staatsverf. u. d. polit. Parteien (1930: Rektorrede); Intern. Wasserläufe (1931); Vom Stil d. Rechts (1947; Nachdr. 1996)
AL: Karl Binding (非会員、Basel → Freiburg/Br. → Straßburg → Leipzig、刑法学、1841–1920 年)
AS: Gerhard Leibholz (0507); Ulrich Scheuner (0750); Viktor Bruns (0095)
Q: KLK 1917, S. 1753; Wer ist's 1922, S. 1582; K 1935, S. 1424; Born, S. 173
L: DEJ, S. 515 m. w. N.; Ulrich Scheuner, Triepel, in: Staatslexikon, 6. A. 1962, Bd. 7, S. 1044 ff.; Alexander Hollerbach, Zu Leben u. Werk H. T.s, in: AöR 91 (1966), S. 417–441, S. 537 ff; Wolfgang Kohl, H. T., in: W. Benz/H. Graml (Hrsg.), Biographisches Lexikon zur Weimarer Republik (1988), S. 345 f.;
U: Günther Barbey: Rechtsübertragung u. Delegation. Eine Auseinenders. mit d. Delegationslehre H. T.s (1962 Diss. Münster)
備考 1: 戦前原始会員（1924 年入会）。ドイツ国法学者協会の創立者にして、初代理事長。創立時（1922 年）に理事長をつとめ、実際に学会が始まった 1924 年及び 1925 年も理事長（副理事長は、Gerhard Anschütz 及び Fritz Stier-Somlo)。第 5 回大会（1928 年）第 1 テーマ主報告（H. 5）。当時、「世界の心臓」とも評されたドイツの首都 Berlin 大学正教授。国内法と国際法の関係、連邦国家の研究などに貢献した。
備考 2: Michael Stolleis (0871) の近年の研究によって、従来謎に包まれていた学会創設の背景が徐々に明らかにされつつある。上記 3 人の門下生を通じ、無視できない数の学派の開祖となった。なお、「後輩会員」による研究がある（Ulrich M. Gassner, Heinrich Triepel – Leben und Werk, Berlin 1999 – Habilitationsschrift（写真あり））。

http://uni-leipzig.de/unigeschichte/professorenkatalog/leipzig/Triepel_1433/
http://histvv.uni-leipzig.de/dozenten/triepel_h.html（講義記録）
http://de.wikipedia.org/wiki/Heinrich_Triepel
0892
TRUTE, Hans-Heinrich（トゥルーテ［トルーテ］、ハンス＝ハインリヒ）
Dr. iur., U.Prof., Univ. Hamburg
1952年12月31日（Bad Oldesloe/Schleswig-Holstein）
VL: Staatsrecht, Verwaltungsrecht, Verwaltungswissenschaften u. Rechtsvergleichung
Studium Kiel u. Heidelberg (RW, Philosophie u. Soziologie); 1980 I. SE Heidelberg; 1983 II. SE; 1983 Hiwi Heidelberg; 1988 Prom. Heidelberg; 1992 Habil. Heidelberg; 1992 PD Heidelberg; 1993 Prof. TH Dresden; 2001 Prof. Hamburg
B: Vorsorgestrukturen u. Luftreinhalteplanung im BImSchG (1989: D.); D. Forschung zwischen grundrechtl. Freiheit u. staatl. Institutionalisierung (1994: H.)
備考：創立から75周年目を迎えた第57回大会（1997年）第2テーマ副報告。ホームページ（上記）には、「関心の重点：デモクラシー理論、行政法総論、学術法、情報社会と法、ヨーロッパ比較法とその基礎」とある。
http://www.uni-hamburg.de/fachbereiche-einrichtungen/oeffrecht/trute.html（写真あり）
0893
故 **TRZASKALIK, Christoph**（トゥルツァスカリク、クリストフ）
Dr. iur., Prof., Univ. Mainz
1943年03月01日（Gleiwitz/Oberschlesien） 2003年12月06日（Mainz）
VL: Staats- u. Verwaltungsrecht sowie Allgemeine Prozeßrecht
1962–67 Studium Bonn, Oxford u. Grenoble (RW u. Orientalistik); 1967 I. SE Köln; 1967–72 Ref. Aachen, Köln, Bonn, Schweinfurt u. Würzburg; 1972 II. SE München; 1968–72 HiWi Würzburg; 1972 WiAs ebd.; 1972 Prom. Würzburg; 1977 Habil. Würzburg; Prof. Mainz
B: D. Widerspruchsverfahren d. VwGO im Lichte d. Allg. Prozeßrechtslehre (1972: D.); D. Feststellungsklagn-Studien zum Rschutzverstämdnis (1977: H.); Verf.rechtl. Grenzen e. Bdesraumplanung (1977); D. Rechtsschutzzone d. Feststellungsklage im Zivil- u. Verw. prozeß (1978)
AL: Günther Küchenhoff (0482)
Q: K 1987, S. 4766; CV

備考: 1978年入会。税財政法を研究。ゆえに追悼論集(下記)は、「大物」税法学者が編者となった。ハンガリー系の苗字。
Klaus Tipke/Hartmut Söhn (Hrsg.), Gedächtnisschrift für Christoph Trzaskalik, Köln 2005
0894

故 **TSATSOS, Dimitris Th.** (Δημήτρης Θ. Τσάτσος　ツァツォス、ディミトリス・Th) 希
Dr. iur., o. Prof., Fernuniv. Hagen
1933年05月05日 (Athen/Griechenland)　2010年04月24日 (Athen)
Staatsrecht, Öffentliches Recht
1951 Studium Univ. Athen; 1951–56 Univ. Heidelberg; 1956 I. SE; 1958 II. SE Athen; 1960–65 Verw. WiAs Heidelberg; 1965 Gastref. MPI/Heidelberg; 1965 WiAs Heidelberg; 1960 Prom. Athen; 1968 Habil. Bonn; 1972 apl. Prof. Bonn; 1975 o. Prof. Thessaloniki; 1980 Prof. Pantheios-Univ. Athen; 1981 Prof. Fern-Univ. Hagen; 2000 emer.
B: D. Begriff d. "im allgemeinen Interesse" erlassenen Vorschrift nach Art. 105 d. Griech. Einf. G. zum ZGB (Staatshaftung) (1960: D; griechisch); D. Unzulässigkeit d. Kulmulation v. Bdestags- u. Bdesratsmandat (1965); D. verw.rechtl. Organstreit (1969); D. parlament. Betätigung v. öff. Bediesteten (1970); Einführ. i. d. GG (1977); D. neue griech. Verf. (1981); Griech. StaatsR I (3. A. 1982; griech. Spr.)
AL: Zeppos (Univ. Athen); Karl Josef Partsch (0637)
Q: K 1983, S. 4332; CV; Hikasa, S. 524
備考1: 1969年入会。幼年時から、バイリンガル(ギリシャ語及びドイツ語)の環境で育った。主に、政党法を研究。1970年代初め、ギリシャ政府により逮捕・投獄されたことがあり、国法学者協会は抗議声明を発している。
備考2: なお、師の Partsch は Erich Kaufmann (0414) の門下生。後者の師は、Albert Hänel (非会員)。Hänel の学統は、Carl Friedrich von Gerber (1823–1891年) の相弟子で、両者の師であり、国家法人説を最初に唱えたことで有名な Wilhelm Eduard Albrecht (1800–1876年) を経て、Carl Friedrich Eichhorn (1781–1854年) へと至る。
備考3: 他のギリシャ系会員については、Wassilios Skouris (0837) の項の「備考3」を参照。
http://www.europarl.europa.eu/members/archive/alphaOrder/view.do?id=2176&language=de
http://de.wikipedia.org/wiki/Dimitris_Tsatsos
0895
TSCHENTSCHER, Axel (チェンチャー、アクセル) 瑞

Dr. iur., Prof., Univ. Bern
1964 年
Verfassungsrecht, weiters Staatsrecht, Rechtsphilosophie, Verfassungsgeschichte
Studium RW u. Journalistik Hamburg; 1993 LL. M. Cornell LS/New York; 1996 dt. Anwaltsexamen; 1997 amerik. Anwaltsexamen; 1999 Prom. Kiel; 2001 M. A. (Philosophie); WiAs Würzburg; 2002 Ass.-Prof. Bern; 2004 Habil. Würzburg; 2005 Prof. Bern
D: Prozedurale Theorien der Gerechtigkeit, Baden-Baden 2000
M: Kantische Letztbegründung, Baden-Baden 2002 (phil. Magisterarbeit)
H: Demokratische Legitimation der dritten Gewalt, Tübingen 2006
備考：スイス生まれで、ドイツ及びアメリカで弁護士資格を取得し、ドイツの大学で学位及び教授資格を取り、母国スイスに戻った。法哲学・憲法史の角度から、憲法を研究。
http://www.oefre.unibe.ch/content/ueber_uns/ordinariate/abteilung_axel_tschentscher/kurzbiographie/index_ger.html（写真あり）
http://www.rechtsphilosophie.ch/tschentscher.html

U

0896
UBER, Giesbert (ウーバー、ギースベルト)
Dr. iur., em. o. Prof., Univ. Münster
1921 年 10 月 20 日 (Halle/Saale)
VL: Staats- u. Verwaltungsrecht
1940–45 Wehrdienst (Verletzung u. Gefangenschaft); 1944–48 Studium Leipzig u. Hamburg; 1948 I. SE Hamburg; 1948–52 Ref.; 1952 SE Hamburg; 1952- HiWi u. WiAs Hamburg; 1952 Prom. Hamburg; 1960 Habil. Hamburg; 1960–64 PD Hamburg; 1964 o. Prof. Münster; 1987 em.
B: Freiheit d. Berufs (1952: D.); Pfandkreditgew. (1956); Forderungseinzhg. (1958); D. Auflösung d. Fiskusbegriffs (1960: H.); Wirtschaftsverf.- u. WirtschaftsverwR (1978); Rmäßigkeit v. VAen (1980)
AL: Hans-Peter Ipsen (0375)
Q: K 1983; Wer ist wer 1996/97; CV
備考 1: 1961 年入会。戦後第 2 期の公法学者。イプゼン門下生の一員として、ミュンスター大学で経済行政法を研究した。Dirk Ehlers (0164) が講座後継者。
備考 2: なお、師の H.-P.Ipsen を通じて、Rudolf Laun (0501) に連なる。
http://www.jura.uni-muenster.de/go/organisation/institute/oeffentlichesrecht/wv/profil.html

0897
UEBERSAX, Peter (ユーバーザックス、ペーター) 瑞
Dr. iur., PD, Univ. Basel
1958 年 03 月 03 日 (Binningen/BL)
Öffentliches Recht und öffentliches Prozessrecht
Studium; 1982 Lizentiat Basel; 1990 Doktorprüfung Basel; 1988 Advokaturexamen im Kanton Basel-Landschaft; 1989 Gerichtsschreiber (wissenschaftlicher Berater) am Schweiz. BundesG; 1999 Lehrauftrag Basel im öffentlichen Recht; 2006 Habil. Basel
D: Entwicklung und Beherrschung von Prozessketten der Faserverbundfertigung, Zürich 1998

H: 特定できなかった。
備考: 下記中の叙述が散漫で、有意な情報を得られなかった。
http://ius.unibas.ch/lehre/dozierende/oeffentliches-recht/profil/person/uebersax_peter/ (写真あり)

0898
UERPMANN-WITTZACK, Robert (ウェルプマン＝ヴィトザック、ローベルト)
Dr. iur., Prof., Univ. Regensburg
1966 年 (Berlin)
Öffentliches Recht, Völker- und Europarecht
1985–90 Studium Berlin, Tübingen u. Aix-en-Provence; 1988 Maîtrise en droit/Aix-Marseille; 1990 I. SE; 1992 Prom. FU Berlin; 1994 II. SE; 1990–94 Wiss. MA FU Berlin; 1994–99 WiAs FU Berlin; 1999 Habil. FU Berlin; 2000 Prof. Regensburg
D: Die Europäische Menschenrechtskonvention und die deutsche Rechtsprechung, Berlin 1993
H: Das öffentliche Interesse, Tübingen 1999
備考: 次代を担うヨーロッパ法学者。
http://www.uni-regensburg.de/Fakultaeten/Jura/uerpmann/daten_ws1011/mitarbeiter/lebenslauf.html

0899
UHLE, Arnd (ウーレ、アルント)
Dr. iur., Prof., Technische Univ. Dresden
1971 年 03 月 26 日 (Bad Honnef)
VL: Staats- und Verwaltungsrecht, allgemeine Staatslehre, Kirchenrecht
1990–95 Studium Bonn; 1992–93 Wiss. MA bei dem Vorsitzenden der gemeins. Verfassungskomm. von Bundestag u. Bundesrat; 1995 I. SE; 1996–97 Wiss. MA München; 2000 II. SE; 1999 Prom. München; 2003 Habil. München; 2009 Prof. TU Dresden
D: Parlament und Rechtsverordnung, München 1999
II: Freiheitlicher Verfassungsstaat und „kulturelle Identität", Tübingen 2004
備考: ドイツ再統一の際に、連邦議会及び連邦参議院が合同で設置した憲法検討委員会で秘書兼助手を経験した。
http://tu-dresden.de/die_tu_dresden/fakultaeten/juristische_fakultaet/jfoeffl2/leiter (写真あり)
http://www.servat.unibe.ch/strl/wiw/uhle,_arnd.html (写真あり)

0900
UHLMANN, Felix (ウールマン、フェーリクス) 瑞
Dr. iur., Prof., Univ. Zürich
1969 年 04 月 23 日 (Basel)
Staats- und Verwaltungsrecht sowie Rechtsetzungslehre
1988–93 Studium der RW u. VWL Basel u. Lausanne; 1993–96 Ass. Basel; 1996 Prom. Basel; 1998 LL.M. (Harvard LS); 1999 Advokaturex. Basel-Stadt; 2004 Habil. Basel; 2001–04 Assistenzprof. Basel; 2006 Prof. Zürich (Nachfolge Georg Müller)
D: Gewinnorientiertes Staatshandeln, Basel u. a. 1997
H: Das Willkürverbot (Art. 9 BV), Bern 2005
AL: René Rhinow (0689)
備考：スイス公法学界の未来を担う若手研究者。経済法・国際経済法に著作が多い。
http://www.rwi.uzh.ch/lehreforschung/alphabetisch/uhlmann/fu.html
(写真あり)

0901
故 **ULE, Carl-Hermann** (ウーレ、カール[カルル] = ヘルマン)
Dr. iur., Dres h.c., em. Prof., HVW/Speyer
1907 年 02 月 26 日 (Stettin)　1999 年 05 月 16 日 (Heidelberg)
Öffentliches Recht
Studium Jena, Freiburg/Br. u. Berlin; 1930 Prom. Jena; 1933 II. SE; Richter LG Kiel; 1938 Richter LG München; 1940 Habil. München; 1941 PD München; 1950 PD Hamburg; 1951 Hon.Prof. Göttingen; 1955 o. Prof. Speyer; 1972 em.
B: Über die Auslegung der Grundrechte (1931: D.); Herrschaft und Führung im nationalsozialistischen Recht (1940: H.); Verf.rechtl. Probleme d. Sozialisierung (1948); D. neue Verw.ger.barkeit u. d. Verhältnis v. Justiz u. Verw. (1949); D. Bonner GG u. Verw.ger.barkeit (1950); Gerichtl. Rschutz im BeamtenR (1951); Gesetz üb. d. BVerwG. Handkommentar (1952); Gutachten f. d. 46. Dt. JT (1966); Streik u. Polizei (2. A. 1974); D. Bedeutung d. BerufsversorgungsR f. d. Erhaltung d. Berufsbeamtentums (1973); Rtatsachen zur Dauer d. Verwaltungs- (Finanz-) Prozesses (1977); Verw. u. Verw.ger.barkeit. Gesammelte Aufsätze (1979); Beiträge zur Rwirklichkeit im Dritten Reich (1987)
MH: FS BSG (1965; mit Werner Weber/Otto Bachof); FS C. Heymanns Verlag (1965; mit Ignaz Seidl-Hohenveldern u.a.); Fritz Werner:

Recht u. Gericht in unserer Zeit (1971; mit Karl August Bettermann);
FS Hans Schäfer (1975; m. Eckhart Schiffer u.a.)
AL: Otto Koellreuter (0451)
AS: Klaus König (0458); Roman Schnur (0791); Frido Wagener (0919)
Q: K 1983, S. 4351; Hikasa, S. 526
L: FS 1967 (Studien üb. Recht u. Verw.; mit PL 1947–1967); FS 1977 (Öff. Dienst; hrsg. Klaus König/Frido Wagener/Hans-Werner Laubinger; insb., S. V–VII); FS 1987 (Verw. im Rstaat; hrsg.: Willi Blümel/ Detlef Merten/Helmut Quaritsch; Schriften 1977–1987); FG 1988 (Beiträge zum MedienR; hrsg. von Jürgen Becker); 自伝 1 (Ule: Ein juristisches Studium vor über 50 Jahren, 1982); 自伝 2 (Ule: Referendar in politisch bewegten Zeiten, 1983); 自伝 3 (Ule: Weggefährten in 80 Lebensjahren, 1986)
備考 1: 戦後原始会員（1950年入会）。第15回大会（1956年）第2テーマ副報告。戦後第1世代のドイツ公法学者のうちで最も親日家の一人。故田上穣治教授（Georg Tagami）と頗る懇意であった。活動領域は多岐にわたるが、1950年代の裁量論（Vertretbartheorie）はいち早く日本にも紹介された。その蔵書は日本の大学が保有している。日本公法学会名誉会員であった。
備考 2: なお、師 Koellreuter は Hermann Jahrreiß (0388) の門下生。後者は師 Richard Schmidt (0771) を媒介に、Adlof Wach（非会員、Leipzig、民訴、1843–1926年）へと連なる。
備考 3: わたくし事になるが、フンボルト留学の冒頭、1986年夏にハイデルの御自宅を訪れた際、お茶を飲むのももどかしく、早速書斎へと案内された。そして、「君は誰の門下生か」「学位取得に来たそうだが、テーマは何か」「なぜ当該テーマを選んだのか」「研究は今までどれ位進展しているか」「見通しはどうか」等々につき、1時間以上も「御下問」を受けたことを、懐かしく思い出す。
http://de.wikipedia.org/wiki/Carl_Hermann_Ule
0902
UMBACH, Dieter C. (ウムバッハ、ディータ C.)
Dr. iur., em. Prof., Univ. Potsdam
1955年（Essen）
Öffentliches Recht, europäisches Sozialrecht, europäisches Verfassungsrecht, Sozialrecht, Verwaltungsrecht, weiter Rechtsvergleichung
Studium Münster, Genf, Heidelberg, Montpellier u. Oxford; I. SE; Prom.; II. SE; 1987 Habil. Erlangen-Nürnberg; Prof. Potsdam; emer.
B: Parlamentsauflösung in Dtland (1990: H.)

MH: GS Friedrich Gottlieb Nagelmann (1984; m. Richard Urban u.a.); FS Wolfgang Zeidler, 2 Bde. (1987; m. Roman Herzog u.a.)
AL: Richard Bartlsperger (0031)
備考 1: 遺憾ながら、データが希薄で乏しい。
情報 2: 師の Bartlsperger は Klaus Obermayer (0620) の門下生。後者の師 Johannes Heckel (0302) を経て、Friedrich Giese (0240) へと連なる。
http://www.koeblergerhard.de/juristen/alle/alleuSeite38.html
0903
故 **UNRUH, Georg-Christoph von** (ウンルー、ゲーオルク=クリストフ・フォン)
Dr. iur., em. Prof., Univ. Kiel, Richter am OVG
1913 年 09 月 28 日 (Posen)　2009 年 06 月 21 日 (Kiel)
Öffentliches Recht
Studium Bonn u. Königsberg/Pr.; 1940 I. SE Königsberg; 1940 Prom. Königsberg; WiAs Königsberg; 1943 Wehrdienst; 1945 amerikanische Kriegsgefangenschaft; 1948–54 Vorsitzender d. Schlichtungsstelle in Wohnungssachen; 1952–64 Kreissyndikus; 1953 LB HS f. SW in Wilhelmshaven; 1964 Habil. Münster; 1967 o. Prof. Kiel; 1981 emer.
B: Studium zum Gottesgnadentum d. kath. Majestäten u. d. pr. Monarchien (1942: D.; teilweise veröff. in "Archiv f. Ev. KirchenR", 1942; S. 86 ff.); D. Dorf einst u. jetzt (2. A. 1964); D. Kreis (1964); D. Landrat (1966); Führung u. Org. d. Streitkr. im demokr.-parlam. Staat (1968); Subj. Rschutz u. polit. Freiheit in d. vorkonstitutionellen Staatslehre Dtland (1969); Richteramt u. polit. Mandat (1971); Eidsvoll (1977); Öffentliches Recht (4. A. 1991); D. goldene Ring (D. Deich als Sinnbild d. Staates) (1981); D. Schleswig-Holsteinische Staatsgrundgesetz v. 1848 (1981); Verw.ger.barkeit im Verf.staat (1984); D. Staat (1985); Rstaatl. Verw. durch Ggbung (1987)
AL: Hans Ulrich Wolff (0978); Ernst Forsthoff (0206); Hans Ulrich Scupin (0821)
AS: Werner Frotscher (0215)
Q: K 1983, S. 4360; Wer ist wer 1996/97; CV; Hikasa, S. 528
L: FS 1983 (Selbstverw. im Staat d. Industriegesellsch.; hrsg.v. Albert von Mutius; insb. S. 1261: Tabell. Lebenslauf; Schrifttumsverz., S. 1263–1271); DÖV 1993, S. 764
備考: 1965 年入会。戦争の割を食って、51 歳にして教授免許を取得した"遅咲き"の研究者。第 26 回大会 (1967 年) 第 2 テーマ主報告。Michael Stol-

leis（ 0871 ）が出るまでは、ドイツ公法学・行政史研究に関する最高権威で
あった。教論は、主査がヴォルフで、副査がフォルストホフという豪華な組
み合わせ。
http://www.ostdeutsche-biographie.de/unruge88.htm（写真あり）
http://de.wikipedia.org/wiki/Georg-Christoph_von_Unruh
0904
UNRUH, Peter（ウンルー、ペーター）
Dr. iur., apl. Prof., Univ. zu Göttingen
1965 年 09 月 18 日（Peine/Nieders.）
Öffentliches Recht, Europarecht und Rechtsphilosophie
1984–89 Studium Göttingen; 1987–89 Wiss. HK Göttingen; 1989 I.
SE; 1995 II. SE; 1989–92 Wiss. MA Göttingen; 1992 Diss. Göttingen;
1995–2001 WiAs Göttingen; 2001 Habil. Göttingen; 2001 Oberass.
Göttingen
D: Die Herrschaft der Vernunft - Zur Staatsphilosophie Immanuel
Kants, Baden-Baden 1993
H: Der Verfassungsbegriff des Grundgesetzes, Tübingen 2002
AL: Harald Bogs（ 0070 ）; Ralf Dreier（ 0152 ）; Christian Starck
（ 0852 ）; Franz-Joseph Peine（ 0642 ）
備考：原理論を研究。下記 URL 中に、履歴（Zur Person）と業績リスト
（Schriftenverzeichnis）あり。
http://lehrstuhl.jura.uni-goettingen.de/punruh/（写真あり）

V

0905
VALLENDER, Klaus A. (ファレンダー、クラウス[クラォス]・A) 瑞
Dr. iur., Prof., Hochschule St. Gallen/CH
1941年12月13日 (Trogen/Aargau)
VL: Öffentliches Recht unter bes. Berücksichtigung d. Verwaltungsrechts u. des Steuerrechts
1964–68 Studium Aix-en-Provence/Frankreich, St. Gallen/CH u. Konstanz (RW u. Wirtschaftswiss.); 1968 lic. oec. St. Gallen; 1974 lic. iur. Konstanz; 1972–73 WiAs St. Gallen; 1975–78; 1972 Prom. St. Gallen; 1984 Habil. St. Gallen; 1986 ao. Prof. St. Gallen; o. Prof. ebd.; 2000 Richter am Staatsgerichtshof des Fürstentums Liechtenstein
B: D. Interesse d. Produktionslenkung im Rahmen d. schweiz. Agrargesetzgebung (1973: D.); D. Auslegung d. SteuerR unter bes. Berücksichtigung d. Aktienübertragung auf Holdingsgesellschaften (1984: H.);Wirtschaftsfreiheit u. begrenzte Staatsverantwortung (3. A. 1995)
AL: Ernst Höhn (非会員、St. Gallen)
Q: CV
備考1: スイス農業法、税財政法という未踏の分野を開拓しつつある。Klaus Berchtold (0047) と並び、リヒテンシュタイン公国憲法裁判所判事。
備考2: なお、この点については、Andreas Kley (0439) の備考2の記述も参照。
http://www.rwa.unisg.ch/org/rwa/web.nsf/c31e7c476ced62cec1256954003e839e/ccf5b0de561df882c1256a5d004e751e?OpenDocument
http://www.stgh.li/default.asp

0906
VEDDER, Christoph (フェッダー、クリストフ)
Dr. iur., Prof., Univ. Augsburg
1947年 (Göttingen)
Öffentliches Recht, Völkerrecht, Europarecht, Sportrecht
Studium Göttingen, Genf, Nizza; Referendarausbildung OLG Celle; WiAs Göttingen, München; 1978 Prom. Göttingen; 1989 Habil. München; 1992 o. Prof. Bielefeld; 1996 Prof. Augsburg

D: Die auswärtige Gewalt des Europa der Neun, 1980
H: Intraföderale Gliedstaatenverträge als Instrument der Rechtsetzung im Bundesstaat, 1996
AL: Bruno Simma（非会員、1941 年生、国際司法裁判所判事）
備考 1： ヨーロッパ法学者。スポーツ法も研究。
備考 2： ちなみに、Simma の師は Heinrich Kipp（ 0427 ）。後者の師は、Godehard Josef Ebers（ 0160 ）であり、更にその師は Siegfried Brie（ 0082 ）である。なお Simma については、 0835 と 0836 の間に置いた番外を参照。
http://www.jura.uni-augsburg.de/fakultaet/lehrstuehle/vedder/mitarbeiter/Christoph_Vedder/（写真あり）
0907
故 **VERVIER, Heinrich**（フェル［フェア］フィーア、ハインリヒ）
Dr. iur., PD, Univ. Würzburg, Regierungsrat
1880 年 07 月 04 日（Würzburg） 没年月日地不明
Staats-, Verwaltungs- u. Staatskirchenrecht
Studium Würzburg; 1903 I. SE; Prom. Würzburg; 1906 II. SE; RA Würzburg; 1909 Akzessist Kreisregierung/Mittelfranken; 1912 Bezirksamtsassessor/Gerolzhofen; 1920 Amtann Bezirksamt Würzburg; Regierungsrat; 1922 Habil. Würzburg; 1922-? PD Würzburg; 1934 wegen eines Unterhaltsprozesses seiner verarmten Mutter gegen ihn als PD entlassen
D: Wesen und Wirkung der Vormerkung, 1903
H: Der Rechtswechsel im öffentlichen Recht und seine Einwirkung auf gleichwertige öffentlich-rechtliche Normen, 1922
AL: Ernst Mezer（Diss、非会員）; Robert Piloty（Habil、非会員）
Q: K 1935, S. 1448
備考： 戦前原始会員（1924 年入会）。ちなみに、職歴欄の年号（1922 年）に付されている疑問符（？）は、Kürschner の該当ページに載っているもの。教授資格まで取得しながら、アカデミック履歴の終わりは、悲劇であった。以後は、実務家としての人生を歩んだものと推察される。
http://www.koeblergerhard.de/juristen/alle/allevSeite41.html
0908
VESTING, Thomas（フェスティング、トーマス）
Dr. iur., U.Prof., Univ. Frankfurt/M.
1958 年（Detmold）
Öffentliches Recht, Rechtstheorie, Medienrecht
1979 Studium Tübingen（RW u. Politikwiss.）; 1983 I. SE; 1989 Prom.

Bremen; 1991 II. SE; 1991 wiss. MA. Hamburg; 1996 Habil. Hamburg; 1996 PD; 1996 Prof. Augsburg; 2002 Prof. Frankfurt
B: Politische Einheitsbildung u. techn. Realisation (1990: D.); Prozeduales RdfksR (1996: H.)
AL: Wolfgang Hoffmann-Riem (0346)
Q: http://www.jura.uni-augsburg.de/personal/vesting.htm (写真あり)
備考: メディア法を研究。ホーム・ページに詳細な業績リストあり。
http://www.jura.uni-frankfurt.de/ifoer1/vesting/zur_Person.html
http://de.wikipedia.org/wiki/Thomas_Vesting
0909
故 **VISMANN, Cornelia** (ヴィスマン、コルネリア) 女性
Dr. iur., Dr. habil., M.A., Prof., Bauhaus-Univ. Weimar
1961 年 05 月 26 日 (Hankensbüttel)　2010 年 08 月 28 日 (Berlin)
Rechtsgeschichte, Rechtstheorie, Rechtsphilosophie und öffentliches Recht
1980–84 Studium RW u. Philosophie Freiburg/Br.; 1982/83 Großes Latinum und Graecum; 1984–87 Fortsetzung des Studiums RW u. Philosophie Hamburg; 1987 I. SE; 1990 II. SE; 1991–97 RA Berlin; 1992–93 Wiss. MA Stiftung Einstein Forum/Potsdam; 1992 M.A. Philosophie FU Berlin; 1994–99 Wiss. MA Europa-Univ. Viadrina, Frankfurt/O.; 1998 Studienaufenthalt Univ. of California/Berkeley; 1999 Prom. Frankfurt/M.; 1999–2002 Ass. Frankfurt/O.; 2002 Wiss. MA MPI Frankfurt/M.; 2002–03 Fellow am Wissenschaftskolleg zu Berlin; 2003–04 Research Fellow am IFK (Internation. Forschungszentrum Kulturwissenschaften) Wien; 2007 Habil. Frankfurt/M. (Philosoph. Fak.); 2008 Prof. Weimar (Geschichte und Theorie der Kulturtechniken)
D: Akten: Medientechnik und Recht, Frankfurt/M. 2000
H: Verfassung nach dem Computer, Frankfurt/M. 2007
備考: 多彩な経歴と研究動向とを持った女性会員であったが、働き盛りで没した(下記記事を参照のこと)。
http://www.uni-weimar.de/medien/kulturtechniken/personen/vismann/vismann.html (写真あり)
http://de.wikipedia.org/wiki/Cornelia_Vismann
0910
VITZTHUM, Wolfgang Graf (フィッツトゥーム、ヴォルフガング・グラーフ)
Dr. iur., LL.M., em. o. Prof., Univ. Tübingen
1941 年 11 月 22 日 (Breslau)

VL: Öffentliches Recht einschließlich Völkerrecht
1962–67 Studium Berlin, Fribourg/CH, Freiburg/Br. (RW u. Staatswiss.); 1967–68 Studium Univ. Princeton u. Columbia/USA; 1967 I. SE Freiburg; 1968–72 Ref.; 1972 II. SE Stuttgart; 1968–72 HiWi u. WiAs Freiburg; 1973–74 Wiss. MA im Büro Dr. Dr.h.c. Birrenbach, MdB; 1974 WiAs Freiburg; 1968 LL.M. (Columbia); 1971 Prom. Freiburg; 1977 Habil. Freiburg; Prof. Tübingen; emer.
B: D. Rstatus d. Meeresbodens (1972: D.); Parlament u. Planung (1978); Gemeinderechtl. Grenzen d. Privatisierung kommunaler Wirtschaftsunternehmen (1979); D. Plünderung der Meere (1981); PetitionsR u. Volksvertretung (1985); Hermann Brochs demokratie- u. völkerbundtheoretischen Schriften (1986); Staatsgebiet (1987); D. Bedeutung gleidestaatl. VerfR i. d. Gegenwart (1988); Baden-Württ. im bundesstaatl. u. intern. Bezugsfeld (1990); D. Spannungs- u. Verteidigungsfall (1993)
AL: Werner von Simon (0836)
AS: Wolfgang März (0554)
Q: K 1983, S. 4396; CV; Hikasa, S. 533
備考1： 1978年入会。第46回大会（1987年）第1テーマ報告。国際海洋法研究から出発して議会法を経て、近年は遺伝子工学法など最新の問題にも取り組む。Günter Dürig (0155) の講座後継者。日笠533頁の表記は「ヴィットゥーム」であるが、本書の表記が原音に近いと思われる。ドイツ国際法学会理事。
備考2： なお、師の von Simson は Joseph Kaiser (0408) の門下生。その師 Ulrich Scheuner (0750) を通じて、Heinrich Triepel (0891) → Karl Binding（非会員、Basel → Freiburg/Br. → Straßburg → Leipzig、刑法学、1841–1920年）へと連なる。
http://www.jura.uni-tuebingen.de/grafvitzthum
http://www.dgfir.de/gesellschaft/organisation/
http://de.wikipedia.org/wiki/Wolfgang_Graf_Vitzthum
0911

故 **VOGEL, Klaus**（フォーゲル・クラウス［クラオス］）
Dr. iur., U.Prof., Univ. München
1930年12月09日（Hamburg） 2007年12月10日（München）
VL: Staats- u. Verwaltungsrecht einschließlich Finanz- u. Steuerrecht
1949–53 Studium Hamburg; 1952 I. SE Hamburg; 1957 II. SE Hamburg; 1956 HiWi u. WiAs Hamburg; 1955 Prom. Hamburg; 1963 Habil. Hamburg; 1964–66 o. Prof. Nürnberg, 1966–77 Prof. Heidelberg, Prof.

1977 München
B: Öffentl. Wirtschaftseinheiten in priv. Hand (1959: D.); D. Berichtigungsveranlagung (1959); D. Verw.rechtsfall (1960, 8. A. 1980); D. räumliche Anwendungsbereich d. Verw.reform (1963: H.); D. Verf. entscheidung d. GGes f. e. intern. Zusammenarbbeit (1964); D. räuml. Anwendungsbereich d. Verw.rechtsnorm (1965); D. Rwirkung d. Unternehmereinheit (1966); Gutachten f. d. 46. Dt. JT (1966); D. ausl. Aktionär i. d. Gesetzentwürfen zur Körperschaftssteuerreform (1973); Double Taxation Conventions (1991); D. offene Finanz- u. SteuerR (Ausgewählte Schriften) (1991; hrsg.: Paul Kirchhof)
H: FS Hans Spanner (1979)
AL: Gerhard Wacke (0917), Hans-Peter Ipsen (0375)
AS: Dieter Birk (0060); Meinhard Hilf (0338); Paul Kirchhof (0430); Moris Lehner (0506); Michael Rodi (0702)
Q: K 1983, S. 4404/4405; Wer ist wer 1996/97; CV; Hikasa, S. 540
L: FG f. K. V., in: Steuer u. Wirtschaft. Zs. f. d. gesamt. Steuerwiss. (Jg. 67, S. 291–412); Symp. 1996 (Steuern im Verf.staat. Zu Ehren von K. V. aus Anlaß seines 65. GT m. Beitr. v. Paul Kirchhof/Dieter Birk/Moris Lehner); Ausg. Schr. 1991 (siehe oben)
備考：1964年入会。第24回大会（1965年）第2テーマ主報告。1974年及び1975年の協会副理事長（理事長はHans Peter Ipsen、いま一人の副理事長はFritz Ossenbühl）。さらに、1990年及び1991年の理事長（副理事長は、Volkmar Götz及びHans-Jürgen Papier）。Hans Spanner (0845) の講座後任者。Bill Drews（非会員、プロイセン高等行政裁判所長官、1870–1938年）が創刊し、師Wackeが加筆した有名な『警察法』教科書を、同門のMartensとともに改訂を引き継いだ。戦後ドイツの税財政法研究の先駆けの一人。
http://de.wikipedia.org/wiki/Klaus_Vogel
参考：ビル・ドレヴス　http://de.wikipedia.org/wiki/Bill_Drews
0912
VOGEL, Stefan (フォーゲル、ステファン) 瑞
Dr. iur., PD, Univ. Zürich
1970年 (Wattwil/CH)
Staats- und Verwaltungsrecht sowie Verwaltungswissenschaft
–1996 Studium Zürich; 1996–1999 Assi. Zürich; 2000 Prom. Zürich; 2002 RA-Prüfung des Kantons Zürich; 2005–07 Oberass. Zürich; 2008 Habil. Zürich
D: Der Staat als Marktteilnehmer, Zürich 2000

H: Einheit der Verwaltung, Zürich 2008
AL: Georg Müller (0596)
備考: スイス公法学界の次代を担う研究者。
http://www.rwi.uzh.ch/lehreforschung/pd/pd-vogel/person.html（写真あり）
0913
VOIGT, Alfred（フォークト、アルフレート）
Dr. iur., em. o. Prof., Univ. Erlangen
1913年11月11日（Königsberg/Pr.）
Öffentliches Recht
Studium Königsberg; 1938 Prom. Königsberg; 1948 Habil. Heidelberg; 1948 PD Heidelberg; 1951 o. Prof. Erlangen; emer.
B: Umrisse einer StaatsL b. Johann Gottfried Herder (1938: D.); Geschichte d. Grechte (1948: H.); KirchenR (1961); Über d. Politica generalis d. Johann Augelius v. Werdenhagen (1965); Gedenkbuch u. Totenklage (1994)
AL: Ernst Forsthoff (0206); Walter Jellinek (0395)
AS: Peter Badura (0026); Gerhard Hoffmann (0345); Hasso Hofmann (0349)
Q: K 1983, S. 4414; Hikasa, S. 542
L: FS 1993 (Gebot, Vertrag, Sitte; hrsg. v. Hasso Hofmann)
備考1: 戦後原始会員（1950年入会）。第10回大会（1951年）第2テーマ副報告。前世代から、戦後活躍する世代の研究者への「つなぎ役」を果たした。特に、門下生のBaduraは傑物。苗字の読み方は「フォイクト」ではなく、「フォークト」であることに注意。
備考2: なお、師のWalter Jellinek (0395) はOtto Mayer (0562) の門下生。年齢から見て、没している可能性もあるが、確認が取れなかった。
http://www.koeblergerhard.de/juristen/alle/allevSeite93.html
0914
VOLKMANN, Uwe（フォルクマン、ウーヴェ）
Dr. iur., Prof., Univ. Mainz
1960年12月31日（Lünen）
Staatslehre, Staatsphilosophie, öffentliches Recht, Parteienrecht
1981 Studium Marburg; 1987 I. SE; 1990 II. SE; RA; 1992 Prom. Marburg; 1997 Habil. Marburg; PD Marburg; 1999 Prof. Mainz
D: Parteien und öffentliche Leistungen, 1992
H: Solidarität, 1998
AL: Werner Frotscher (0215)

備考: ほとんど異動をしないで、順調な研究者人生を送っている。
http://www.jura.uni-mainz.de/volkmann/103.php
http://de.wikipedia.org/wiki/Uwe_Volkmann
0915
VÖNEKY, Silja (ヴェネキー、ズィルヤ) 女性
Dr. iur., PD, Univ. Freiburg/Br.
1969年
Öffentliches Recht, Rechtsvergleichung, Europarecht
1989–95 Studium RW u. Rechtsphilosophie in Freiburg, Bonn, Edinburgh (GB) u. Heidelberg; 1995 I. SE; 2000 II. SE; 2000 Prom. Heidelberg; 2001–05 Referentin am MPI Heidelberg; 2001 Rechtsberaterin des AA; 2009 Habil. Heidelberg
D: Die Fortgeltung des Umweltvölkerrechts in internationalen bewaffneten Konflikten, Heidelberg u. a. 2001
H: Recht, Moral und Ethik, Tübingen 2010
備考: 国際法・ヨーロッパ法学者。
http://www.mpil.de/ww/de/pub/organisation/forschungsgruppe/svoeneky.cfm (写真あり)
http://www.jura.uni-freiburg.de/institute/rphil/intl/downloads/lebenslaufvoenekey
0916
VOßKUHLE, Andreas (フォスクーレ、アンドレアース)
Dr. iur., Prof., Univ. Freiburg/Br., Präsident des Bundesverfassungsgerichts
1963年12月31日 (Detmold)
Öffentliches Recht, Verwaltungswissenschaft, Rechtstheorie
Studium München; 1992 Prom. München; 1992 WiAs Augsburg; 1995 Ref. Innenministerium Bayern; 1998 Habil. Augsburg; 1999 o. Prof. Freiburg (2007 Rektor); 2008 Vizepräsident des BVervG, Vorsitzender des 2. Senats; 2010 Präsident des BverfG, Vorsitzender des 2. Senats
Öffentliches Recht, Verwaltungswissenschaft, Rechtstheorie
D: Rechtsschutz gegen den Richter, 1993
H: Das Kompensationsprinzip, 1999
AL: Peter Lerche (0515); Reiner Schmidt (0770)
備考: 副長官を経て、連邦憲法裁判所長官に就任。なお、師の Schmidt は Wilfried Schaumann (0742) の門下生。その師は、Werner Kägi (非会員、Zürich、1909–2005年)。
http://de.wikipedia.org/wiki/Andreas_Vo%C3%9Fkuhle

http://www.bundesverfassungsgericht.de/richter/vosskuhle.html（写真あり）

W

0917
故 **WACKE, Gerhard Gustav Theodor**（ヴァッケ、ゲルハルト［ゲァハルト］・グスタフ・テオドァ）
Dr. iur., Prof., Univ. Marburg an der Lahn
1902年07月02日（Gottschalkowitz/Polen） 1976年02月11日（Hamburg）
Staats- u. Verwaltungsrecht, Finanz- u. Steuerrecht
Studium Breslau; Prom. Breslau; 1930 Finanzassessor Breslau; 1933 Habil. Breslau; Dozent Breslau; 1940 PD Breslau; 1941 ao. Prof. Breslau; 1942–45 Kriegsteilnehmer; 1945 ao. Prof. Jena; kurze Tätigkeit Univ. Würzburg; 1946 Verwaltungsrechtsrat OverwG Thüringen; 1949 Flucht aus der sowjet. Besatzungszone; 1953 Richter OberverwG Münster; 1955 o. Prof. Hamburg, 1970 emer.
B: Rstellung d. komm. Dauerangestellten (1929); DienstR d. Behördenangestellten (1933); D. Finanzwesen d. BR (1950; Neudr. 1995); D. Beweislast d. Familienunternehmen in Steuersachen (1966); Allg. PolizeiR (OrdnungsR) d. BRD (9. A. 1986; m. Bill Drews/Klaus Vogel/Wolfgang Martens)
AL: Hans Helfritz (0311)
AS: Wolfgang Hoffmann-Riem (0346); Klaus Vogel (0911)
Q: K 1935, S. 1472
L: FS 1972 (Verf., Verw., Finanzen; hrsg. v. K. Vogel; insb. S. 1–9); AöR 97 (1972), S. 418 (von Klaus Vogel); JZ 1976, S. 793 (von Thomas Oppermann)
備考：戦後原始会員（1950年入会）。戦中・戦後の困難な時期を生き抜いた世代。有名な Drews（非会員、プロイセン高等行政裁判所長官、1870–1938年）の警察法基本書の改訂を引き継いだ。現在では改訂は更に後進によって引き継がれている（ 0549 0911 ）。
http://www.koeblergerhard.de/juristen/alle/allewSeite11.html
参考：ビル・ドレヴス　http://de.wikipedia.org/wiki/Bill_Drews

0918
WAECHTER, Kay（ヴェヒター、カイ）

Dr. iur., Prof., Univ. Hannover (FB Rechtswissenschaft)
1954 年 11 月 26 日 (Stade/Niedersachsen)
Rechtsphilosophie, Staatsrecht, Kommunalrecht, Polizeirecht, Umweltrecht
1975–80 Studium RW u. Philosophie Freiburg/Br.; I. SE; 1984–89 Wiss. MA FU Berlin; 1988 Prom. FU; 1989–94 WiAs FU; 1993 Habil. FU; 1994 Prof. Hannover
B: Polizeigebühren und Staatszwecke (1988: D.); Geminderte demokratische Legitimation staatliher Institutionen im parlam. Reg.system (1994: H.); KommunalR (3. A. 1997)
AL: Heinz Wagner (0920)
備考 1: 行政法、特に地方自治法・警察法を研究。
備考 2: 師 H. Wagner は、Hermann Jahrreiß (0388) の門下生。後者は師 Richard Schmidt (0771) を媒介に、Adlof Wach (非会員、Leipzig、民訴、1843–1926 年) へと連なる。
http://www.jura.uni-hannover.de/waechter/ (写真あり)
0919
故 **WAGENER, Frido** (ヴァーゲナー、フリード)
Dr. iur., em. o. Prof., HVW/Speyer
1926 年 05 月 25 日 (Porta Westfalica)   1985 年 01 月 06 日
Angewandte Verwaltungswissenschaft u. Öffentliches Recht
Studium 1954 Prom. Göttingen; 1968 Habil. Göttingen; Prof. Speyer; 1976–84 geschäftsführender Direktor Speyer
B: D. Städte im Landkreis (1955: D.); GemeindeverbandsR in NRW. Kommentar (1967); Neubau d. Verwaltung (1969: H.; 2. A. 1974); Ziele d. Stadtentwickl. nach Plänen d. Länder (1971); Ziele d. Raumordn. nach Plänen d. Länder (1972); Forschungsprogramm Staatsorganisation (1979)
MH: FS Carl-Hermann Ule (1977; m. Klaus König/Hans-Werner Laubinger)
AL: Carl-Hermann Ule (0901)
AS: Wolfgang Zeh (0990)
Q: K 1983, S. 4444; CV; Hikasa, S. 543; 没
L: DÖV 1985, S. 125
備考 1: 1970 年入会。第 37 回大会 (1978 年) 第 2 テーマ副報告。計画法を先駆的に研究。
備考 2: 師の Ule は Otto Koellreuter (0451) の門下生で、後者の師は Hermann Jahrreiß (0388)。更にその師 Richard Schmidt (0771) を媒

介に、Adlof Wach（非会員、Leipzig、民訴、1843-1926 年）へと連なる。
http://de.wikipedia.org/wiki/Frido_Wagener
0920
WAGNER, Heinz（ヴァークナー、ハインツ）
Dr. iur., em. U.Prof., FU Berlin
1926 年 05 月 25 日（Mainz）
VL: Völker-, Staats- u. Verwaltungsrecht
1946–47 Studium Mainz (Philologie u. Geschichte); 1948–49 Paris (1949 Diplome de la Civilisation Francaise); 1949–52 Mainz (RW); 1952 I. SE Mainz; 1952- Ref. in Paris; 1956 II. SE; 1952 Ass. Mainz (Josef Esser); 1954 Prom. Mainz; 1963 Habil. Köln; 1957 Wirtschaftsvereinig. Eisen- u. Stahlind., Düsseldorf; 1966 Prof. Saarbrücken; 1970 Prof. FU Berlin; 1994 em.
B: Vertragswirkungen gegenüber d. Einzelrechtsnachfolger im franz. Recht (1954: D.); D. Gbegriffe d. BeschlußR d. EG (1965: H.); D. Vorstellung d. Eigenständigkeit in d. Rechtswiss. (1967); D. arab.-israel. Konflikt im VR (1971); Amtsverbrechen? (1975); Recht als Widerspiegelung u. Handlungsinstrument (1976); Normenbegründ. (1982); Individual. od. Überindividual. Notwehrbegründung ? (1984); PolizeiR (1985); D. Polit. Pandektistik (1985); Komm. z. PolG v. NW (1987); Fälle zum StrafR BT (3. A. 1996)
AL: Josef Esser（非会員、Greifswald → Innsbruck → Mainz → Tübingen、民事法）; Hermann Jahrreiß（ 0388 ）
AS: Kay Waechter（ 0918 ）; Gerhard Zimmer（ 0998 ）
Q: K 1983, S. 4452; Wer ist wer 1996/97; CV
備考 1: 1965 年入会。第 27 回大会（1968 年）第 1 テーマ副報告。フランス債権法のテーマでドクター論文を書いた後に、公法に転じた。
備考 2: なお、師の Jahrreiß は Richard Schmidt（ 0771 ）の門下生で、後者を通じて、Adolf Wach（非会員、Leipzig、民訴、1843-1926 年）へと連なる。
http://www.jura.fu-berlin.de/einrichtungen/we3/profs_em/wagner_heinz/mitarbeiter/wagner_heinz/persinfo/bio.html
0921
WAHL, Rainer（ヴァール、ライナー）
Dr. iur., Prof., Univ. Freiburg/Br.
1941 年 07 月 04 日（Heilbronn/Württ.）
Öffentliches Recht
1960–64 Studium Heidelberg u. Bonn; 1964 I. SE; 1965–69 Ref. Karls-

ruhe; 1969 II. SE Stuttgart; 1965–69 HiWi Heidelberg; 1969–74 WiAs Bielefeld; 1974–76 Stip. DFG; 1969 Prom. Heidelberg, 1976 Habil. Bielefeld; 1977 Prof. Bonn, 1978 Prof. Freiburg
B: D. Stellvertretung im VerfR (1969: D.; erschien 1971); Rfragen d. Ldesplanung u. Ldesentw., 2 Bd. (1978: H.); Prävention u. Vorsorge (1995)
MH: FS Ernst-Wolfgang Böckenförde (1995; m. Rolf Grawert/Berhard Schlink)
AL: Ernst-Wolfgang Böckenförde (0067)
AS: Ivo Appel (0014)
Q: K 1983, S. 4460; Wer ist wer 1996/97; CV; Hikasa, S. 545
備考1: 1977年入会。Böckenförrde門下の俊秀。その教授資格論文は、2巻で600頁を超える大作である。第41回大会 (1982年) 第2テーマ主報告。日本との研究交流のつながりも深い。
備考2: なお、Böckenfördeの師は Hans Julius Wolff (0978) であり、さらにその師は Friedrich Giese (0240) である。
http://www.jura.uni-freiburg.de/institute/ioeffr_5/de/emeritus/wahl/
http://de.wikipedia.org/wiki/Rainer_Wahl
0922

故 **WALDECKER, Ludwig** (ヴァルデッカー、ルートヴィヒ)
Dr. iur., o. Prof., Univ. Könisberg/Pr.
1881年06月26日 (Darmstadt)　1935年
Öffentliches Recht
1899–1902 Studium Gießen u. Würzburg; 1903–06 Ref. 1906 Ass.; 1911 Prom. Gießen; 1913 Habil. Berlin; 1913 PD Berlin; 1920 ao. Prof. Berlin; 1921 o. P. Königsberg; 1929 Prof. Breslau
B: OrtsbürgerschaftsR in Hessen (1911: D.); Korporat. d. öff. Rechts (1913); Eingetragene Genossenschaft (1915); Reichseinh. u. Reichsfin. (1916); Zwangsvollstr. geg. Komm.-Verb. (1917); Kriegsenteignung (1919); Ausl. Genoss.-Recht (1919); Ausbild. von Reichssteuerb. (1920); Kurzgefaßter Griß d. Allg. StaatsL (1932); Schillerstuben (1934)
AL: Otto von Gierke (Berlin)
Q: Wer ist's 1922, S. 1635; K 1935, S. 1480/1481
備考1: 戦前原始会員 (1924年入会)。有名なギールケ (1841–1921年) の門下生であるが、公法学の分野へ学統を生まなかった。
備考2: 相弟子の Hugo Preuß (0666) についても同様で、ギールケの公法学への学統は、唯一 Heinrich Rosin (非会員、Freiburg、刑法学、1855–1927

年）を通じて、Richard Thoma（ 0886 ）及びWilhelm van Calker（ 0109 ）
が受け継いだ。詳細は、各人の項目を参照。
http://www.koeblergerhard.de/Rechtsfaecher/Buergerrecht37.htm
 0923
WALDHOFF, Christian（ヴァルトホッフ、クリスツィアン）
Dr. iur., Prof., Univ. Bonn
1965年（Paderborn）
Staats- und Verwaltungsrecht, Steuerrecht, Europarecht, Verfassungs- und Verwaltungsgeschichte der Neuzeit
1985–90 Studium Bayreuth, Fribourg/Schweiz u. München; 1990 I. SE; 1994 II. SE; 1994–2000 WiAs. München; 1996 Prom. München; 2002 Habil. München; 2003 Prof. Bonn
D: Verfassungsrechtliche Vorgaben für die Steuergesetzgebung im Vergleich Deutschland-Schweiz, München 1997
H: Der Verwaltungszwang（公刊を確認できなかった）。
AL: Klaus Vogel（ 0911 ）; Moris Lehner（ 0506 ）
備考：ボン大学の教会法学者。
http://jura.uni-bonn.de/index.php?id=1306（写真あり）
http://de.wikipedia.org/wiki/Christian_Waldhoff
 0924
WALDMANN, Bernhard（ヴァルトマン、ベルン［ベァン］ハルト）瑞
Dr. iur., Prof., Univ. Freiburg i.Ue., RA
1968年11月21日
Staats- und Verwaltungsrecht
1988–93 Lizentiat in RW Freiburg i.Ue.; 1997 Doktorat in RW Freiburg i.Ue.; 1996–98 Gerichts- und Anwaltspraktikum im Kanton Freiburg; 1999 Erlangung des Anwaltspatents; 2000 Forschungs- und Weiterbildungsaufenthalte am MPI Heidelberg; 2001–03 Assoziierter Prof. Freiburg i.Ue.; 2003 Habil. Freiburg i.Ue; 2003 Ordentl. Prof. Freiburg i.Ue.
D: Der Schutz von Mooren und Moorlandschaften, Freiburg 1997
H: Das Diskriminierungsverbot von Art. 8 Abs. 2 BV als besonderer Gleichheitssatz, Bern 2003
備考：フリブール大学の実務家教員（弁護士）。
http://www.unifr.ch/oeffrecht/waldmann（写真あり）
 0925
WALL, Heinrich de（ヴァル、ハインリヒ・デ）
Dr. iur., Prof., Univ. Erkangen

1961年02月23日（Kelkheim/Taunus）
Staatskirchenrecht, evangelisches Kirchenrecht, kirchliche Rechtsgeschichte, allgemeines Verwaltungsrecht, weiter Verfassungsrecht
1980 Studium Göttingen; 1985 I. SE; 1986 wiss. MA. Erlangen; 1990 Prom. Erlangen; 1992 WiAS Erlangen; 1997 Habil. Erlangen; 1998 o. Prof. Halle; 2001 Univ. Erlangen
AL: Heinz Christoph Link (0519)
備考1: 教会法学者。師の講座を継承した。
備考2: なお、Linkは Axel Freiherr von Campenhausen (0111) の門下生であり、後者は更に Rudolf Smend (0839) に連なる。ちなみに、下記サイトでは、伝統あるエアランゲン・ニュルンベルク大学の教会法講座歴代担当者を一覧できる（初代は、有名な Friedrich Julius Stahl (1802–1861年))。
http://www.hli.jura.uni-erlangen.de/lehrstuhlteam/dewall/index.shtml（写真あり）
http://www.hli.jura.uni-erlangen.de/geschichte/（写真あり）
http://de.wikipedia.org/wiki/Heinrich_de_Wall
0926

WALLERATH, Maximilian (ヴァレラート、マクシミリアン[マクスィミリアーン])
Dr. iur., em. U.Prof., Univ. Greifswald
1941年09月12日（Schweich am Mosel）
Öffentliches Recht u. Sozialrecht
1961–64 Studium Köln u. Münster/Westf. (Philosophie, Theologie u. RW); 1965 I. SE Hamm; 1966–69 Ref.; 1969 II. SE Düsseldorf; 1971 WiAs Bochum; 1971–75 Kanzler d. FH Bochum; 1975 Dir. d. Studieninst. f. komm. Verw. im Regierungsbezirk Köln; 1968 Prom. Köln; 1986 Habil. Trier; 1996 Prof. Greifswald; 2007 emer.
B: D. Selbstbindung d. Verwaltung (1968: D.); D. öffentl. Bedarfsverwaltung (1986: H.)
AL: Hans Peters (0649), Klaus Stern (0863); Peter Krause (0469)
Q: CV
備考1: 1987年入会。公務員研修の教育機関での長年の経験を経て、トリア大学で教授資格を得た。
備考2: 師の Krause は Hans Zacher (0989) の門下生で、後者は Hans Nawiasky (0608) の弟子。さらに、Edmund Bernatzik（非会員、Basel → Graz → Wien、1854–1919年）を経て、Paul Laband（非会員、Königsberg → Straßburg、1838–1918年）へと至る。

http://www.rsf.uni-greifswald.de/wallerath/personen/ehemaliger-lehrstuhlinhaber.html
http://de.wikipedia.org/wiki/Maximilian_Wallerath
0927
WALLRABENSTEIN, Astrid（ヴァルラーベンシュタイン、アストリート）女性
Dr. iur., Prof., Univ. Frankfurt am Main
1969 年（Münster）
Öffentliches Recht, Sozialrecht, Europarecht
–1994 Studium Münster u. Freiburg; 1994 I. SE; 2000 II. SE; 1997–98, 2001–08 Wiss. MA Gießen; 1999 Prom. Gießen; 2001–08 RA Darmstadt; 2008–10 Univ.-Prof. Bielefeld; 2010 Univ.-Prof. Frankfurt/M.
D: Das Verfassungsrecht der Staatsangehörigkeit, Baden-Baden 1999
H: Versicherung im Sozialstaat, Tübingen 2009
AL: Brunn-Otto Bryde（ 0096 ）
備考：社会法を研究。
http://www.jura.uni-frankfurt.de/ifoer1/wallrabenstein/index.html（写真あり）
0928
WALTER, Christian（ヴァルター、クリスツィアン）
Dr. iur., Prof., Univ. Münster
1966 年（Würzburg）
Öffentliches Recht, Völkerrecht, Europarecht und Rechtsvergleichung
1987–93 Studium Würzburg, Genf u. Heidelberg; 1993 I. SE; 1996 II. SE; 1993–96 Wiss. MA am MPI Heidelberg; 1995 Prom. Heidelberg; 1997 Frankreich u. Amerika; 1998–2000 Wiss. MA am BverfG; 2000–04 Wiss. Ref. am MPI Heidelberg; 2004 Habil. Heidelberg; 2005 Univ.-Prof. Jena; 2006 Prof. Münster
D: Vereinte Nationen und Regionalorganisationen, Berlin-Heidelberg u.a. 1996
H: Religionsverfassungsrecht in vergleichender und internationaler Perspektive, Tübingen 2006
AL: Paul Kirchhof（ 0430 ）; Udo Di Fabio（ 0137 ）
備考：国際法学者。
http://www.jura.uni-muenster.de/go/organisation/institute/oeffentliches-recht/vr/organisation/leitung.html（写真あり）
0929
故 **WALTER, Robert**（ヴァルター、ローベルト）
Dr. iur., o. Prof., Univ. Wien

1931 年 01 月 30 日（Wien） 2010 年 12 月 25 日（Wien）
VL: Österr. Verfassungsrecht, Staatslehre, Staatsrecht, Verwaltungslehre, Verwaltungsrecht
1949–53 Studium Wien; 1953 Absolutorium; 1953 Ger.praxis; 1957 Richter; 1960 Senatsvorsitzender beim Schiedsgericht; 1953 Prom. Wien; 1960 Habil. Wien; 1962 ao. Prof. Graz; 1965 o. Univ.-Prof. Graz; 1966 Univ. Wien (Hochschule für Welthandel bzw. später WU); 1975 Prof. Wien; 1999 emer.
B: D. Rnatur d. normativen Teiles d. Kollektivvertrages (1958); Verf. u. Gerichtsbarkeit (1960: H.); D. Aufbau d. Rordnung (1964; 2. A. 1974); D. Grechte m. Arbeitsrechtsbeziehung u. d. Verf. d. österr. Grechtskatalogs (1967); Österr. BdesverfR (1972); Probl. d. Gemeindeverw. i. Österr. u. Polen (1982); D. Entsehung d. Bdes-Verf.G 1920 i. d. Konsituierenden Nationalversammlung (1984); Hans Kelsen. Ein Leben im Dienste d. Wissenschaft (1985); Rtheorie u. Erkenntnislehre gegen RRL? (1990); Überlegungen z. e. Neukodifikation d. österr. BdesverfR, 2 Bde. (1994)
H: Adolf J. Merkl. Werk u. Wirksamkeit (1990); Schwerpunkte d. RRL (1992); Untersuchungen z. RRL II (1988)
MH: Hans Kelsen: Allg. Theorie d. Normen (1979; m. Kurt Ringhofer); Kelsen: D. Illsion d. Gerechtigkeit (1985; m. K. Ringhofer); Untersuhungen z. RRL (1986; m. Stanley L. Paulson); Strukturprrobl. d. öff. Rechts (GS f. Kurt Ringhofer) (1995; m. Clemens Jabloner)
AL: Adolf Julius Merkl (0576)
Q: K 1983, S. 4475; CV; Hikasa, S. 547
L: FS 1991 (StaatsR in Theorie u. Praxis; hrsg. v. Heinz Mayer gemeinsam m. René Laurer/Kurt Ringhofer/Rudolf Thienel u.a.; Bibliogr., S. 767–786); Wolfgang Schild: Die Reinen Rechtslehren. Gedanken zu Hans Kelsen u. R. W. (1975)
備考：1964 年入会。第 31 回大会（1972 年）第 2 テーマ主報告。22 歳（！）で学位を得た秀才。「ケルゼン門下」と評される（碩学 114 頁）のは、その弟子 Merkl に学んだからであろう。実際、ケルゼン関係の著作も多い。Wien 大学で Günther Winkler (0965) と覇を競い合った。
http://www.aeiou.at/aeiou.encyclop.w/w162063.htm
http://de.wikipedia.org/wiki/Robert_Walter_ (Jurist)
0930
故 **WALZ, Ernst Friedrich Joseph**（ヴァルツ、エルンスト[エァンスト]・フリードリヒ・ヨーゼフ）

Dr. iur., Hon.Prof., Univ. Heidelberg, Oberbürgermeister
1859年07月18日（Heidelberg）　1941年12月18日（Heidelberg）
Öffentliches Recht
1877 Studium Heidelberg; 1884 II. SE; 1884 Amtsgericht Weinheim; Staatsanwaltschaft Konstanz; Mannheim; Justizministerium Baden; 1886 stv. Bürgermeister Heidelberg (nationalliberal); 1886 Prom. Heidelberg; 1900 Habil. Heidelberg; 1902 PD Heidelberg; 1902 ao. Prof. Heidelberg; 1909 Hon.Prof. Heidelberg; 1913 Oberbürgermeister Heidelberg
B: Bad. OrtsstraßenR (1900: H.); Bad. StaatsR (1909); Bad. GemeindeR (1912–13)
Q: KLK 1917, S. 1823; Wer ist's 1922, S. 1642; K 1925
L: Heidelberger GL, S. 285; AöR 92 (1967), S. 256 (von Hans Schneider); DÖV 1967, S. 50
備考：1925年入会。ハイデルベルクに生まれ、学び、没した生粋の「ハイデルベルクっ子」。市長もつとめた。教授資格論文は、道路法に関するものであった。
http://www.koeblergerhard.de/Rechtsfaecher/Strassenrecht10.htm

0931
故 **WALZ, Gustav Adolf**（ヴァルツ、グースタフ・アードルフ）
Dr. iur., Dr. phil., o. Prof., Univ. Breslau
1897年11月15日（Rothen/Kreis Rottweil）　1948年12月17日（Rottweil）
Staatsrecht, Politik, Völkerrecht
1919 Studium Tübingen u. München; Prom. (Dr. iur., Dr. phil.); II. SE; 1925 Amtsgericht Stuttgart; 1927 Habil. Marburg/Lahn; 1927 PD Marburg; 1933 ao. Prof. Marburg; o. Prof. Breslau; Mitglied Akademie für deutsches Recht
B: StaatsR (1931); VR u. staatliches Recht (1933); Das Ende d. Zwischenverfassung. Betrachtungen zur Entstehung d. nationalsozialistischen Staates (1933)
Q: K 1935, S. 1487; Nek. K 1950, S. 2438
備考：1932年入会。1933年の書物の表題にもあるように、ナチスの協力者となった。

0932
故 **WARNCKE, Friedrich**（ヴァルンケ、フリードリヒ）
Dr. iur., PD, Uni. Köln
1898年09月27日（Borken/Hessen）　1969年

Allgemeine Staatslehre, Staatsrecht
Studium; 1922 Prom. Köln; 1947 Habil. Köln; 1947 PD Köln
B: Begriff u. Wesen d. Nation (1922: D.); D. demokr. Staatsidee i. d. Verf. v. Athen (1947: H.)
Q: K 1950, S. 2205
備考： 1952年入会。戦争で割を食ったため、学位から教授資格取得までに25年の歳月が流れた。詳細は、遺憾ながら不明である。
http://www.koeblergerhard.de/juristen/nvips/nviwwSeite83.html
0933

WEBER, Albrecht （ヴェーバー、アルブレヒト）
Dr. iur., em. Prof., Univ. Osnabrück
1945年07月20日 (Kreis Augsburg-Ost/Bayern)
Öffentliches Recht, insb. Völkerrecht u. Europarecht
1964–68 Studium München, Frankfurt/M., Genf (CH) u. Würzburg; 1970 Aufenthalt i. d. USA; 1970–71 Aufenthalt an d. IHK in Buenos Aires/Brasilien; 1968 I. SE Würzburg; 1969–70 Ref. München; 1971–73 Fortsetzung d. Ref.; 1972 Prom. Würzburg; 1973 II. SE; 1973–74 WiAs Augsburg (Zivilrecht); 1974 Ass. Würzburg; 1979 Habil. Würzburg; 1974- 80 WiAs Würzburg; 1980–82 Wiss. MA beim Präsidenten d. BverfG; 1982 Prof. Osnabrück; emer.
B: D. UN-Beamte i. d. USA (1972: D.); Schutznormen u. Wirtschaftsintegration (1979: H.); Geschichte d. intern. Wirtschaftsorganisationen (1983); Rfragen d. Durchführung d. GemeinschaftsR i. d. BR (1988); D. Umweltverträglichkeitsrichtlinie im dt. Recht (1989); Fälle zum Völker- u. EuropaR (1992)
AL: Hugo J. Hahn (0283)
Q: K 1987, S. 4494/4495; CV
備考1： 1981年入会。国際法、特に移民法を研究。
備考2： なおHahnは、Hubert Armbruster (0015) の門下生。
http://www.imis.uni-osnabrueck.de/UEBERUNS/mitglied/weber.htm
（写真あり）
0934

WEBER, Karl （ヴェーバー、カール[カルル]）
Dr. iur., o. U.Prof., Univ. Innsbruck/Österr.
1951年 (Hall/Tirol)
Verfassungs-, Verwaltungsrecht, Allgemeine Staatslehre
1970–75 Studium RW, Philosophie u. Geschichte Innsbruck; 1975 Prom. Innsbruck 1976/77 Ass. Innsbruck 1976/77 Studienaufenthalt in

Zürich; 1986 Habil. Innsbruck; 1991 O.Univ.-Prof. Innsbruck
D: 公刊と題名を確認できなかた。
H: Die mittelbare Bundesverwaltung, 1987
AL: Peter Pernthaler (0645)
備考: インスブルック大学に生い立ち、母校に戻った。ヨーロッパ法を視野に入れながら、基本権保護と行政手続を研究。
http://www.uibk.ac.at/oeffentliches-recht/mitglieder/weber-karl/（写真あり）

0935

故 **WEBER, Werner**（ヴェーバー、ヴェルナー）
Dr. iur., em. o. Prof., Univ. Göttingen
1904 年 08 月 31 日（Wülfrath/Rheinland） 1976 年 11 月 29 日（Göttingen）
Staatsrecht, Staatskirchenrecht, Kommunal- und Hochschulrecht, Natur- und Umweltschutz
Studium Marburg, Berlin u. Bonn; 1928 Prom. Zürich; 1930–35 Ass. u. LB Handelshochschule Berlin; 1931 Ref. Kultus- und Reichserziehungsministerium Preußen (Adolf Grimme, Bernhard Rust); Oberregierungsrat; 1933 NSDAP; 1933 SA (Rottenführer); 1935–42 o. Prof. HHH Berlin; 1938 NSDDB, NSRB; 1942–45 o. Prof. Leipzig, 1945 Entlassung wegen Mitgliedschaft NSDAP, SA; 1947 Lehrvertretungen; 1949 Prof. Göttingen (Nachfolge Georg Erler); 1956–58 Rektor, 1972 emer.
B: Das Stimmrecht bei Aktien in Nutzniessung, 1928, erschien als Parlamentarische Unvereinbarkeiten (in: Archiv des öffentlichen Rechts 1930, S. 161–254: D.); D. Recht d. Landschaftsschutzes (1938); D. polit. Klausel i. d. Konkordaten (1939); D. Körperschaften, Anstalten u. Stiftungen d. öff. Rechts (2. A. 1943); D. Verkündigung v. Rvorschriften (1942); D. Dienst- u. Leistungspflichten d. Deutschen (1943); D. gegenwärtige Verw.aufbau Dtlands (1948); D. Ablösung d. Staatsleistungen an d. Religionsgesellschaften (1948; Nachdr. 1995); D. Weimarer Verf. u. Bonner GG (1949); D. Selbstverw. i. d. Ldesplanung (1956); D. Verf. d. BR. i. d. Bewährung (1957; Nachdr. 1996); Gutachten f. d. 45. Dt. JT (1964); Koalitionsfreiheit u. Tarifautonomie als Verf.problem (1965); Spannungen u. Kräfte im westdt. Verf.system (1970); Innere Pressefreiheit als Verf.problem (1973); Staat u. Kirche in der Gegenwart (1978)
MH: FS BSG (1965; mit Carl-Hermann Ule/Otto Bachof); FS Carl

Schmitt（3. A. 1994; m. Hans Barion/Ernst Forsthoff/Werner Weber）
AL: Carl Schmitt（ 0780 ）
AS: Axel Freiherr von Campenhausen（ 0111 ）; Wilhelm Henke
（ 0317 ）; Klaus Lange（ 0495 ）; Hartmut Maurer（ 0558 ）; Eberhard
Schmidt-Aßmann（ 0775 ）; Hans Schneider（ 0786 ）
Q: K 1950, S. 2212/2213; Nek. K 1980, S. 4483
L: FS 1974（Im Dienst an Recht u. Staat; hrsg: Hans Schneider/Volkmar Götz）; DÖV 1965, S. 557; AöR 99（1974）; DÖV 1974, S. 505; DÖV 1976, S. 850; AöR 102（1977）, S. 470–473（Nachruf; von Hans Schneider）; DÖV 1986, S. 966
備考：戦後原始会員（1950年入会）。第11回大会（1952年）第1テーマ副報告及び第21回大会（1962年）第2テーマ主報告。Ernst Forsthoff（ 0206 ）等とともに、"シュミット学派"の一人に数えられる（ボンでシュミットと出会った）。戦中の経歴が問題とされたが、遅くも60年代には復権を果たした。1931年に解散した国法学者協会が、戦後同じ名前（Vereinigung der Deutschen Staatsrechtslehrer e.V.）で1949年に再建された際の初代副理事長。副理事長を3年間つとめた（なお、理事長はHeinrich Triepel、いま一人の副理事長はWalter Jellinek）。さらに、1964年及び1965年の理事長（副理事長は、Eberhard Menzel及びGünter Dürig）。
http://uni-leipzig.de/unigeschichte/professorenkatalog/leipzig/Weber_554/（写真あり）
http://de.wikipedia.org/wiki/Werner_Weber_（Jurist）
0936

WEBER-DÜRLER, Beatrice（ヴェーバー＝デュアラー、ベアートリス） 女性
Dr. iur., em. o. Prof., Univ. Zürich/CH
1944年01月30日（Zürich）
Staatsrecht, Verwaltungsrecht
1963–64 Studium Eidgenössische TH Zürich（Mathematik）; 1964–69 Studium Univ. Zürich（RW）; 1969 lic. iur.; 1972–74 Praktikum am BG Zürich; 1974 RA-Patent d. Kantons Zürich; 1974 Ass. u. OAss. Zürich（Hans Nef）; 1972 Prom. Zürich; 1983 Habil. Zürich; 1983 PD Zürich; 1986 o. Prof. Hochschule Sankt Gallen; 1990 Prof. Zürich; 2008 emer.
B: D. Rgleichheit in ihrer Bedeutung f. d. Rsetzung（1973: D.）; Vertrauensschutz im öff. Recht（1983: H.）
AL: Hans Nef（非会員、Zürich）
Q: K 1987, S. 4957; CV
備考：1986年入会。創立から75周年目を迎えた第57回大会（1997年）第

1テーマ副報告。スイス公法学界の女性会員では、最年長。また、2002年及び2003年の協会副理事長(理事長はGunnar Folk Schuppert、いま一人の副理事長はHelmuth Schulze-Fielitz)。女性会員が理事会メンバーに就任した初の例。
http://www.rwi.uzh.ch/lehreforschung/alphabetisch/weberd/person.html
http://de.wikipedia.org/wiki/Beatrice_Weber-D%C3%BCrler

0937

WEBER-FAS, Rudolf(ヴェーバー=ファス、ルードルフ)
Dr. iur., LL.M., o. Prof., Univ. Mannheim, Bundesrichter a. D.
1933年04月15日(Trier)
Öffentliches Recht, Staatslehre, deutsches Steuerrecht, internationales Steuerrecht
1951–55 Studium Bonn u. Köln; SS 1957 Speyer; WS 1957/58-SS 1959 Studium Hamburg (Wirtschaftswiss.); 1966–67 Studium Princeton Univ. u. Harvard/USA; 1955 I. SE Köln; 1956 Prom. Bonn; 1956–60 Ref. Hamburg; 1960 RA Hamburg; 1960–63 Hamburg. Staatsdienst; 1963–65 Sachgebietsleiter Oberfinanzdir. Hamburg; 1965–68 Wiss. MA BFH/München; 1968–73 Beamter d. BFM; 1974 Richter am BFH; 1967 LL.M. (Harvard); Habil.; 1975 o. Prof. Mannheim; 2001 emer.
B: Verf.rechtsprechung zum SteuerR, 4 Bde (1971/76); Goethe als Jurist u. Staatsmann (1974); Rstaat u. GG (1977); Der Staat (1977); Höchstrichterl. Rsprechung zu intern. Doppelsteuerungsabkommen, 2 Bde (1978); Jurisprudenz (1978)
Q: CV
備考:連邦財政裁判所裁判官であったので、法律と税務・財務に明るい。
http://www.koeblergerhard.de/juristen/vips/viwwSeite33.html

0938

WEGENER, Bernhard W.(ウェーゲナー、ベルン[ベァン]ハルト・W)
Dr. iur., Prof., Univ. Erlangen-Nürnberg
1965年
Staats- und Verwaltungsrecht, Geschichte des Öffentlichen Rechts, Rechtsvergleichung und Europarecht
1986–92 Studium Göttingen, Salamanca u. Leuven; 1993 Master of Arts/Europakolleg Brügge; 1994 I. SE; 1997 II. SE; 1997 Prom. Konstanz; 1997–2002 Ass. am BverfG; 2002 Habil. Bielefeld; 2003–04 Prof. Münster; 2004 Prof. Erlangen-Nürnberg
D: Rechte des Einzelnen, Baden-Baden 1998
H: Der geheime Staat, Göttingen 2006

備考：教授資格論文を WEB 上で公開している（PDF 形式）。国家と個人の関係を考究。
http://www.oer2.jura.uni-erlangen.de/prof.htm（写真あり）
0939
WEHR, Matthias（ヴェーア、マティアス）
Dr. iur., Prof., Hochschule für Öffentliche Verwaltung (HfÖV)
1964 年
Öffentliches Recht
Studium; 1998 Prom. Würzburg; 2004 Habil. Würzburg; PD Würzburg
D: Inzidente Normverwerfung durch die Exekutive, Berlin 1998
H: Rechtspflichten im Verfassungsstaat, Berlin 2004
備考：遺憾ながら、きわめて情報に乏しい。教授資格論文では、義務論を取り上げた。
http://www.servat.unibe.ch/staatsrechtslehre/wiw/wehr,_matthias.html
0940
故 **WEHRHAHN, Herbert**（ヴェーアハーン、ヘルベルト[ヘルバート]）
Dr. iur., em. Prof., Univ. des Saarlandes (Saarbrücken)
1910 年 06 月 05 日 (Bielefeld)　1986 年 08 月 18 日 (Berlin)
Evangelisches Kirchenrecht, Staatskirchenrecht, Verfassungsgeschichte
1929–32 Studium Bethel/USA, Tübingen, Wien u. Göttingen (Ev. Theol. sowie Staats- u. Rechtswiss.); 1933 I. SE; 1936 II. SE; 1937 Prom. Tübingen; 1936–41 WiAs KWI f. ausl. öff. Recht u. VR/Berlin; 1941–45 Wiss.MA i. d. Rechtsabt. d. Ausw. Amt; 1951 Habil. Tübingen; 1951 PD u. apl. Prof. Tübingen; 1957 o. Prof. Univ. Saarbrücken; 1978 em.
B: D. Wohnsitzbestimmung im intern. FinanzR (1937: D.); Geltendes Recht im luth. Kirchentum (1951); Zur Kirchensteuerpflicht d. Protestanten in Dtland (1952); Lehrfreiheit u. Verf.treue (1955); KirchenR u. Kirchengewalt (1956: H.); Wurzeln d. Weimarer Kirchengutsgarantie i. d. Beratungngen u. Dekreten d. franz. Nationalversammulung 1789 bis 1780 (1972); Zur Gleichbehandlung v. Religion u. Nichtreligion im franz. u. westdt. VerfR sowie i. d. EMRK (1981)
AL: Martin Heckel (0303)
AS: Hans-Ernst Folz (0204)
Q: K 1983, S. 4520; 没 ; Nek. K 1992, S. 4273
備考：1954 年入会。第 15 回大会（1956 年）第 1 テーマ副報告。日本にいて"世俗法"のみ研究していると、なかなか教会法研究の意味が分かりにくい。だが、戦争体験と照らし合わせてみると、ある程度は理解できるような気が

する。
0941
故 **WEIDES, Peter** (ヴァイデス、ペーター)
Dr. iur., em. o. Prof., Univ. Köln
1934 年 07 月 15 日（Magdeburg）　1991 年 10 月 20 日（Bonn）
VL: Öffentliches Recht
1953–57 Studium Innsbruck/Österr. u. Mainz; 1957 I. SE Mainz; 1957–61 Ref.; 1960 Prom. Mainz; 1961 II. SE RhL-Pf; 1957–61 HiWi Mainz; 1962 WiAs ebd.; 1969 Habil. Mainz; 1971 ao. Prof. Mainz; 1972 o. Prof. Köln; emer.
B: D. FinanzR d. EG f. Kohle u. Stahl (1960: D.); Demokratie u. Staatsleitung (1969: H.); Ggbungspflichten im Rahmen e. konzertierten Aktion? (1969); Bdeskompetenz u. Filmförderung (1971); Verw. verfahren u. Widerspruchsverfahren (1977; 3. A. 1993); D. Sparkasse d. Zweckverbandes i. d. kommunalen Neugliederung (1979); Kreissparkassen u. Gebietsreform (1983); Synoptische Darstellung d. SparkassenGtze im Bereich d. GG (1992)
AL: Hubert Armbruster (0015)
Q: K 1983, S. 4525; CV
備考：1970 年入会。御覧のように、一貫して貯蓄組合（Sparkasse）の法律問題を研究した。
http://www.uni-koeln.de/jur-fak/instluft/geschinst6.html

0942
WEISS, Norman (ヴァイス、ノルマン［ノーマン］)
Dr. iur., PD, Univ. Potsdam
1964 年
Öffentliches Recht, Völker- und Europarecht
1984–90 Studium Mainz; 1990 I. SE; 1994 II. SE; 1990–1991 Wiss. MA Mainz; 1994- Wiss. MA Potsdam; 1999 Prom. Mainz; 2007 Habil. Potsdam
D: Objektive Willkür, Frankfurt/M. 2000
H: Kompetenzlehre internationaler Organisationen, Berlin 2009
備考：国際法学者。
http://www.uni-potsdam.de/mrz/mitarbeiter-innen/pd-dr-norman-weiss.html（写真あり）

0943
WEISS, Wolfgang (ヴァイス、ヴォルフガング)
Dr. iur., Univ.-Prof., Deutsche Hochschule für Verwaltungswissen-

schaften Speyer
1966 年
Öffentliches Recht, insbesondere Europa- und Völkerrecht
1988–1993 Studium der RW u. Wirtschaftswiss. Bayreuth; 1993 I. SE; 1997 II. SE; 1995 Prom. Bayreuth; 2000 Habil. Bayreuth; 2006 Reader/ Professor in International Law/Oxford Brookes; 2006–08 Univ.-Prof. Erlangen-Nürnberg; 2008 Univ.-Prof. Speyer
D: Die Verteidigungsrechte im EG-Kartellverfahren, Köln 1996
H: Privatisierung und Staatsaufgaben, Tübingen 2002
備考：ヨーロッパ法・国際法を研究。なお複数分野に、同姓同名の大学教授が複数存在するので、文献調査の際には要注意。
http://www.dhv-speyer.de/weiss/Lehrstuhlinhaber.htm（写真あり）
0944
WELTI, Felix（ヴェルティ、フェーリクス）
Dr. iur., Prof., Univ. zu Kassel
1967 年 05 月 17 日（Wien）
Öffentliches Recht einschließlich Europarecht, Sozial- und Gesundheitsrecht
1989–93 Studium Hamburg; 1993 I. SE; 1998 II. SE; 1994–97 Wiss. MA Hamburg; 1997 Prom. Hamburg; 1999–2005 WiAs Kiel; 2005 Habil. Kiel; freier Publizist, Gutachter und Dozent; 2007–10 Prof. Hochschule Neubrandenburg; 2010 Prof. Kassel
D: Die soziale Sicherung der Abgeordneten des Deutschen Bundestages, Berlin 1998
H: Behinderung und Rehabilitation im sozialen Rechtsstaat, Tübingen 2005
AL: Hans Peter Bull (0099); Gerhard Igl (SozialR u. Sozialpolitik)
備考：前歴を活かし、社会法に対して、ひと味違ったアプローチを試みる。
http://www.felix-welti.de/（写真あり）
0945
WENDT, Rudolf（ヴェント、ルードルフ）
Dr. iur., o. Prof., Univ. des Saarlandes (Saarbrücken)
1945 年 08 月 18 日（Wunstorf/Niedersachsen）
VL: Staats- u. Verwaltungsrecht, Steuerrrecht
1965–70 Studium München u. Köln; 1970 I. SE Köln; 1971–75 Ref.; 1975 II. SE Düsseldorf; 1970–79 Verw. u. WiAs Köln; 1974 Prom. Köln; Richter VerfGH Saarland; 1983 Habil. Köln; Prof. Trier; Prof. Saarbrücken

B: D. Gebühr als Lenkungsmittel (1975: D.); Eigentum u. Gesetzgebung (1983: H.; erschien 1985); Zur einkommensteuerl. Gewinnrealisierung bei Tausch, Ersatzbeschaffung u. Reinvestition (1983)
AL: Karl-Heinrich Friauf (0210)
Q: K 1987, S. 5028; CV
備考: 1984年入会。ドイツでは数少ない税財政法の研究家。なお、Friaufの師は Erich Schwinge (0820)。
http://wendt.jura.uni-saarland.de/
0946
WENGER, Karl (ヴェンガー、カール[カルル]) 墺
Dr. iur., Dr. phil., em. U.Prof., Univ. Wien
1923年08月03日 (Linz/Donau)
VL: Allgemeines u. österreichisches Verwaltungsrecht sowie Verwaltungslehre unter bes. Berücksichtigung der Wirtschaftsverwaltung
1946–49 Studium Wien (zuerst Naturwiss., dann Philosophie, Psychologie u. Soziologie); 1949–54 Studium Wien (RW); 1949 Prom. (Dr. phi.); 1954 Prom. (Dr. iur.); 1969 Habil. Wien; 1950 BM f. Unterricht; 1956 Wiener HK; 1963 Prof. TH Wien; 1970 o. Prof. Wien; 1989 emer.
B: D. öff. Unternehmung (1969); Referat (5. ÖJT: 1974); D. Recht d. öff. Aufträge (1977); Gedanken z. Reform d. Verf.ger.barkeit (1978); Griß d. österr. WirtschaftsR, 2 Bde (1989/1990)
AL: Günther Winkler (0965)
Q: K 1983, S. 4570; Hikasa, S. 549
L: FS 1983 (Beiträge zum WirtschaftsR; hrsg. v. Karl Korinek; Veröffentl., S. 1043–1053)
備考: 1970年入会。経済行政法を研究。
http://www.koeblergerhard.de/juristen/alle/allewSeite273.html
0947
故 **WENGLER, Wilhelm** (ヴェングラー、ヴィルヘルム)
Dr. iur., Dr. rer. pol., Dres h.c., em. Prof. FU Berlin
1907年06月12日 (Wiesbaden) 1995年07月31日 (Berlin)
Völkerrecht, IPR, Rechtsvergleichung, allgemeine Rechtslehre
1929–31 Studium Frankfurt/M.; 1930 I. SE; Prom. (Dr. iur.); Prom. (Dr. rer. pol.); 1933 Ass. am Kaiser-Wilhelm-Institut für ausl. u. intern. Privatrecht/Berlin; 1935 II. SE; im Referendarlager in Jüterbog wegen antinationalsozialistischer Äußerungen denunziert, vom Staatsdienst und von Habilitation ausgeschlossen; wiss. Ref. am KWI Berlin u. am KWI für ausl. öff. Recht u. VR/Berlin; 1941 LA für Kolonialrecht in

der auslandswiss. Fak. Berlin; 1942 als völkerrechtlicher Beobachter an das Amt Ausland/Abwehr des Oberkommandos der Wehrmacht abgeordnet; 1943 nach Denunziation kurzzeitig verhaftet; 1944 zum Wehrdienst einberufen; 1944 Verfahren eingestellt, entlassen, Kündigungsstreitverfahren erfolglos; aus KW-Gesellschaft ausgeschieden; Wehrdienst; von Gestapo verhaftet; Kriegsgefangenschaft der USA; 1945 entlassen, stv. Leiter der Rechtsabteilung in der Zentralverwaltung für Verkehr der sowj. Besatzungszone; 1948 Habil. Berlin; 1948 Prof. mit Lehrauftrag Univ. Berlin; 1948 Prof. mit vollem Lehrauftrag für Völkerrecht und internationales Privatrecht; Berufung; 1949 Prof. FU; Begründer des Instituts für internationales Recht und Rechtsvergleichung; 1975 emer.
B: Beiträge z. Problem d. intern. Doppelbesteuerung (1935: D.); D. Verw.organisation d. Kolonien im trop. Afrika (1937); Friedenssicherung u. Weltordnung (1947); D. völkerrrechtl. Gewaltverbot (1967); Schriften zur dt. Frage 1948–1986 (1987; hrsg.: Gottfried Zieger)
AL: Hans Lewald (非会員、Basel)
Q: K 1950, S. 2245/2246; Nek. K 1996, S. 1671
L: FS 1973 (Multitudo legum ius unum, 2 Bde.); AöR 102; JZ 1977, S. 415 (von Jayme)
備考：戦後原始会員（1950年入会）。戦争に運命を弄ばれ、数奇な生涯を送った国際法学者。その詳細は、上記のとおり。
http://de.wikipedia.org/wiki/Wilhelm_Wengler
参考： http://de.wikipedia.org/wiki/Hans_Lewald
0948
故 **WENZEL, Max** (ヴェンツェル、マックス)
Dr. iur., o. Prof., Univ. Erlangen
1882年11月22日 (Bernkastel)　1967年01月16日 (Erlangen)
Staats-, Verwaltungs- u. Völkerrecht
Studium Freiburg/Br. u. Bonn; 1908 Prom. Bonn; 1911 II. SE Bonn; 1913 Habil. Bonn; 1913 PD Bonn; 1921 o. Prof. Rostock; 1928 o. P. Erlangen; 1953 emer.
B: Zur Lehre d. vertragsmäß. Elemente d. Reichsverfas. (1909: D.); Jurist. Gprobleme (1920); Hoheitsrechte i. d. Lübecker Bucht (1926); Schulrechtsfragen (Bekenntnisschule, Gemeinschaftsschule, Elternrecht, Krichenverträge) (1949); Rstellung d. entnazifizierten Beamten (1949)
AL: Philipp Zorn (1002)
Q: K 1950, S. 2249/2250; Nek. K 1970, S. 3439; 没

L: AöR 78 (1952/53), S. 497; DÖV 1956, S. 33; AöR 87 (1962), S. 486 (von Hans Liermann); AöR 92 (1967), S. 258; DÖV 1967, S. 198
備考： 戰前原始会員（1924年入会）を経て、戰後原始会員（1950年入会）。第4回大会（1927年）第2テーマ副報告（H. 4）。1920年の書物では、強制と法、法律概念、法規範と行政規範の区別、国際法の諸問題に取り組んだ。主に大学法と公務員法を研究。
http://www.koeblergerhard.de/juristen/alle/allewSeite286.html
0949
故 **WERNER, Fritz** （ヴェルナー［ヴェァナー］、フリッツ）
Dr. iur., em. Prof., Präsident d. BVerwG a. D.
1906年05月04日 (Stettin/Pommern)　1969年12月26日 (Berlin)
Staatsrecht u. Politik
1927– Studium Berlin, Kiel, Frankfurt/M., u. Greifswald; 1934 Prom. Greifswald; 1936 II. SE; 1936 WiAs Greifswald; ab 1936 Amtsger.Rat Greifswald, Hanau u. Kassel; 1939–45 Wehrdienst u. Kriegsgefangenschaft; ab 1945 Oberverw.ger.Rat, 1949 LG.Rat; 1952 Senatspräsident; 1955 Vizepräs. OVwG Lüneburg; 1956 Hon.Prof. Göttingen; 1958–69 Präsident d. BVerwG/Berlin; 1964 o. Prof. FU Berlin
B: Tarifvertrag u. Tarifordnung (1934: D.); Recht u. Gericht in unserer Zeit. Rede, Vorträge u. Aufsätze 1948–1969 (1971; hrsg.: Karl August Bettermann/Carl-Hermann Ule)
AL: Erich Molitor（非会員、Leipzig → Greifswald → Mainz、労働法、1886–1963年); Arnold Köttgen (0464)
AS: Michael Kloepfer (0440)
Q: K 1961; Nek. K 1970, S. 3439; 没
L: F. W. zum Gedächtnis (1970); AöR 95 (1970), S. 477 (Nachruf; von Naumann); DÖV 1970, S. 1; JZ 1970, S. 195 (von Baring); DÖV 1976, S. 307
備考1： 1966年入会。実務家教員（裁判官）。"Verfassungsrecht vergeht, Verwaltungsrecht besteht" (Otto Mayer) に対して、この人物が残した「『具体化された憲法』としての行政法 (Verwaltungsrecht als "konkretisiertes Verfassungsrecht")」という語は、余りにも名高い。Wernerの後任の連邦行政裁判所長官には一時期 Otto Bachof (0025) が擬せられたこともあったが、諸般の情勢から沙汰やみになった。
備考2： 師 Köttgen は、Otto Koellreuter (0451) の門下生で、Hermann Jahrreiß (0388) に連なる。後者は更に師 Richard Schmidt (0771) を媒介に、Adlof Wach（非会員、Leipzig、民訴、1843–1926年）へとつながる。なお、連行裁は現在ではベルリンからライプツィヒに本拠を移している。

http://de.wikipedia.org/wiki/Fritz_Werner_ (Richter)
参考: http://www.uni-leipzig.de/unigeschichte/professorenkatalog/leipzig/Molitor_276/
0950
WERNSMANN, Rainer (ヴェルンス[ヴェアンス]マン、ライナー)
Dr. iur., Prof., Univ. Passau
Öffentliches Recht, Steuerrecht und Europarecht
1969 年 05 月 26 日 (Münster)
1988–93 Studium Münster; 1993 I. SE; 1996 II.SE; 1993–2004 Wiss. HK, wiss. MA u. WiAs Münster; 1999 Prom. Münster; 2003 Habil. Münster; 2005 Univ.-Prof. Helmut-Schmidt-Univ. (Univ. der Bundeswehr Hamburg); 2006 Prof. (W3) Passau
D: Das gleichheitswidrige Steuergesetz, Berlin 2000
H: Verhaltenslenkung in einem rationalen Steuersystem, Tübingen 2005
備考: 若手の税法学者。
http://www.jura.uni-passau.de/437.html (写真あり)
0951
故 **WERTENBRUCH, Wilhelm** (ヴェァテンブル[ッ]フ、ヴィルヘルム)
Dr. iur., Prof., Univ. Bochum
1919 年 02 月 28 日 (Köln)　1987 年 08 月 14 日 (Mechernich)
VL: Rechts- u. Staatsphilosophie, Staatsrecht u. Verwaltungsrecht
1937–45 Arbeitsdienst u. Wehrpflicht; 1945–49 Studium Köln; 1949 I. SE Köln; 1949–51 (28 Monate) Ref.; 1951 II. SE Düsseldorf; 1952 Hilfsrichter; 1955 Richter auf Lebenszeit; 1950 Prom. Köln; 1957 Habil. Köln; 1957 PD Köln; Prof. Bochum
B: Versuch e. krit. Analyse d. Rlehre Rudolf von Jherings (1955: D.); GG u. Menschenwürde (1958: H.); Rgutachten üb. Fragen d. Errricht. u. Erweiter. v. Innungskrankenkassen (1972); Sozialversicherung - Sozialverw. (1974)
AL: Ernst von Hippel (0341)
AS: Friedrich E. Schnapp (0785)
Q: K 1983, S. 4586; Hikasa, S. 550
L: In memoriam Wilhelm Wertenbruch: 1919 - 1987; Vorträge anlässlich der von der Juristischen Fakultät der Ruhr-Universität Bochum veranstalteten Gedächtnisfeier für ihr am 14.8.1987 verstorbenes Mitglied Dr. iur. utr. Wilhelm Wertenbruch, 25. Juni 1988
備考 1: 1959 年入会。戦後第 1 世代の公法学者。博士論文ではイェーリングに取り組み、また教授資格論文が『基本法と人間の尊厳』というテーマであ

るのも、過酷な戦争体験に照らして頷ける。戦後における社会法研究の先駆け。
備考2: なお、師の von Hippel を通じて、Gerhard Anschütz （ 0011 ）に連なる。
http://www.koeblergerhard.de/juristen/alle/alleweSeite306.html
0952
WESSELY, Wolfgang （ヴェッセリー、ヴォルフガング）墺
Dr. iur., PD, Univ. Wien
1970年06月27日
Verfassungs- und Verwaltungsrecht
1988–92 Diplomstudium Wien; 1992–95 Doktoratsstudium Wien; 1992–93 Vertr.-Ass. Wien; 1993–94 Ref. BH Wiener Neustadt; 1994–96 Ref. Amt der NÖ Landesregierung; 1995 Prom. Wien; 1997 Ref. Volksanwaltschaft des Bundes; 2006 Habil. Wien; 2008 Universitätslehrgang Kanonisches Recht für Juristen （LL.M.）
D: 不明
H: Eckpunkte der Parteistellung, Wien u. a. 2008
備考: 市の建築・計画・道路課などでの実務経験もあり、当初は刑事法を専攻していたので、大成が期待される。現段階ですでに、刑事法分野の著作も多い。
http://staatsrecht.univie.ac.at/wirtschaftsrecht/mitarbeiter/externe-referenten/wessely/
0953
WIEDERIN, Ewald （ヴィーデリーン、エーヴァルト）墺
Dr. iur., U.Prof., Univ. Wien
1961年（Satteins/Vorarlberg）
VL: Verfassungsrecht, Verwaltungsrecht und öffentlich-rechtliche Rechtsvergleichung
1979–83 Studium Wien; 1984 Prom. Wien; 1984–95 Univ.-Ass. Wien; 1990–91 Forschungsaufenthalt München; 1995 Habil.Wien; 1995–96 Referent im Verfassungsdienst des Bundeskanzleramts/Wien; 1997–2000 ao. Univ.-Prof. Wien; 2000–09 Univ.-Prof. Salzburg; 2009 Prof. Wien
D: 特定できなかった。
H: Bundesrecht und Landesrecht, 1995
備考: ヴィーン大学の生え抜きで、ザルツブルク大学を経て、母校に戻った。国家組織法、一般行政法、行政手続法について研究する。
http://www.dieuniversitaet-online.at/professuren/curricula-vitae/beitrag/news/univ-prof-dr-ewald-wiederin/187.html （写真あり）

0954
WIELAND, Joachim（ヴィーラント、ヨアーヒム）
Dr. iur., LL.M., U.Prof., DVH Speyer
1951 年 07 月 30 日（Bielefeld）
Öffentliches Recht, Finanz- u. Steuerrecht
1971 Studium Bielefeld u. Cambridge; 1977 I. SE; 1980 wiss. MA. Freiburg/Br.; 1984 Prom. Freiburg; wiss. MA. BVerfG; 1989 Habil. Freiburg; 1991 o. Prof. Bielefeld; 2001 Frankfurt/M.; 2007 Prof. DHV Speyer
B: D. Freiheit d. Rundfunks（1984: D.）; D. Konzessionsabgaben（1991: H.）
AL: Ernst-Wolfgang Böckenförde（ 0067 ）
備考 1： 税財政法を研究。
備考 2： なお、Böckenförde の師は Hans Julius Wolff（ 0978 ）であり、さらにその師は Friedrich Giese（ 0240 ）である。
http://www.hfv-speyer.de/wieland/Lehrstuhlinhaber.htm
http://de.wikipedia.org/wiki/Joachim_Wieland

0955
WIELINGER, Gerhart Klaus（ヴィーリンガー、ゲルハルト［ゲァハルト］・クラウス）墺
Dr. iur., em. U-Prof., Univ. Graz/Österr.
1941 年 06 月 12 日（Graz）
VD: Verfassungs- u. Verwaltungsrecht
1961–65 Studium Graz; 1965–66 Univ. Caen（Calvados）/Frankreich（Stip. fr. Regierung）; 1966–67 Ger.praxis in Graz; 1967 HS-Ass. Graz; 1966 Prom. Graz; 1974 Habil. Graz; 1984 tit. ao. Univ.-Prof. Graz, 2001 U-Prof. Graz; emer.
B: D. VerordnungsR d. Gemeinden（1974: H.）
Q: K 1983, S. 4618; CV; Hikasa, S. 552
備考： 1976 年入会。寡作傾向。オーストリアなので、ケルゼン関係の論文などのほか，行政手続法の著作が目立つ。
http://www.uni-graz.at/ofre5www/ofre5www-newpage/ofre5www-newpage-7.htm（写真あり）

0956
WIESER, Bernd（ヴィーザー、ベルント［ベアント］）墺
Dr. iur., Prof., Univ. Graz
1963 年 07 月 08 日（Graz）
Österreichisches Verfassungsrecht, österreichisches Verwaltungsrecht,

vergleichendes Verfassungsrecht, vergleichendes Verwaltungsrecht 1981 RW u. Russisch (Diplomstudium) Graz; 1986 Prom. (Dr. iur.) Graz; 1988 Prom. (Dr. phil.) Graz; Vertragsass. Graz; 1993 Univ.-Ass. Graz, 1996 Habil. Graz, Univ.- Doz.; 1997 ao. Prof. Graz; 2010 Prof. Graz
D: 特定できなかった。
H: Der Staatssekretär, 1997
備考：憲法の分野の著作が多い。
http://www.uni-graz.at/ofreakww/ofreakww_mitarbeiter/ofreakww_prof._wieser（写真あり）

0957
WILDHABER, Luzius（ヴィルトハーバー、ルーツィウス）瑞
Dr. iur., LL.M., o. Prof., Univ. Basel/CH
1937 年 01 月 18 日（Basel)
VL: Staats- u. Völkerrecht
1955–61 Studium Basel, Paris u. Heidelberg; 1961–62 Inst. of Advanced Legal Studies/London; 1964–65 Yale/USA; 1966–68 Yale; 1961 Ass. Basel; 1961 Prom. Basel; 1965 LL.M. (Yale); 1958 J.S.D. (Yale); 1969 Habil. Basel; 1969 PD Basel; 1971 Prof. Freiburg/Üchtland; 1975 Richter Staatsgerichtshof Liechtenstein; 1977 Prof. Basel; 1989 Richter Verwaltungsgericht Interamerican Development Bank; 1991 Richter Europäischer Gerichtshof für Menschenrechte; 1998 Präsident; 2007 Ruhestand
B: Advisory Opinions (1962: D.); Treaty-Making Power and Constitution (1968: J.S.D.-Diss. Yale; 1969 Habil. Basel; erschien 1971); Schlußbericht d. Expertenkomm. f. d. Totalrev. d. Bdesverf. (1977); Erfahrungen mit d. EMRK (1979)
H: Max Imboden: Staat u. Recht. Ausgew. Schr. u. Vortr. (1971); GS M. Imboden (1972); FS R. Bindschedler (1980)
AL: Max Imboden（0374）
Q: K 1983, S. 4632/4633; CV; Hikasa, S. 554
備考：1970 年入会。第 56 回大会（1996 年）第 1 テーマ報告（4 人の報告者の 1 人）。スイスの国際法学者で、ヨーロッパ人権裁判所長官をつとめた（1998–2007 年）。
http://www.ena.lu/luzius_wildhaber-02-11152
http://de.wikipedia.org/wiki/Luzius_Wildhaber（写真あり）

0958
WILKE, Dieter（ヴィルケ、ディーター）

Dr. iur., U.Prof. a. D., apl. Prof., FU Berlin; Präsident OVG Berlin, a. D.
1935 年 02 月 22 日（Berlin）
Öffentliches Recht
1955–59 Studium FU Berlin; 1959 I. SE Berlin; 1959–65 Ref.; 1964 Prom. Berlin; 1965 II. SE Berlin; 1959–64 HiWi Berlin; 1965 WiAs ebd.; 1965–67 Akad.Rat ebd.; 1967 WiAs Münster; 1970–72 Stip. DFG; 1972 Habil. Münster; 1972 PD Münster; Richter (Verwaltungsgerichtsbarkeit); Präsident OVG Berlin; a. D.
B: D. Verwirkung d. Pressefreiheit u. d. strafrechtl. Berufsverbot (1964: D.); GebührenR u. GG (1972: H.); Zeugnisreform als Erziehungsreform (1980)
MH: GS Eberhard Grabitz (1995; m. Albrecht Randelzhofer/Rupert Scholz)
AL: Karl August Bettermann (0053); Friedrich Klein (0437)
Q: K 1983; CV
備考 1: 1973 年入会。ベルリン高等行政裁判所長官であった。
備考 2: 師の Klein は、Friedrich Giese （ 0240 ）の門下生。
0959
WILL, Martin （ヴィル、マルティン）
Dr. iur., Dr. phil., M.A., LL.M. (Cambr.), Prof., EBS Law School
1967 年
VL: Staats- und Verwaltungsrecht, Völker- und Europarecht, Steuerrecht und Rechtsgeschichte
Studium RW, Geschichtswiss. u. Sinologie Marburg; II. SE; WiAs Mannheim; 1997 LL. M. (Univ. of Cambridge); 1999 Prom. (Dr. iur.) Mannheim; 2007 Habil. Marburg; 2008 Prom. (Dr. phil.) Marburg; 2010 Prof. Köln; 2010 Prof. EBS LS/Wiesbaden
D1: Solar Power Satellites und Völkerrecht, 2000 (Dr. iur.)
D2: Die Entstehung der Verfassung des Landes Hessen von 1946, 2009 (Dr. phil.)
H: Selbstverwaltung der Wirtschaft: Recht und Geschichte der Selbstverwaltung in den Industrie- und Handelskammern, Handwerksinnungen, Kreishandwerkerschaften, Handwerkskammern und Landwirtschaftskammern, Tübingen 2010
AL: Eibe Riedel (0693)
備考 1: 教授資格論文では、「自治経済団体」という観点から、商工会議所などの実態と歴史の法的解明に取り組んだ(1,000 頁近い大作)。

備考 2: なお、EBS Law School に関しては、0442 (Martin Kment の項) の備考 2 を参照のこと。
http://www.ebs.edu/fileadmin/redakteur/faculty/CV/CV_Will_Martin.pdf

0960
WILL, Rosemarie (ヴィル、ローゼマリー) 女性
Dr. iur., Prof., Humboldt-Univ. zu Berlin
1949 年 8 月 25 日 (Bernsdorf/Sachsen)
Öffentliches Recht, Staatslehre und Rechtstheorie
1969–73 Studium HU-Berlin (DDR); 1973 SE; 1973–79 Forschungsstipendium und Ass. Berlin; 1977 Prom. Berlin; 1979/1980 Studienaufenthalt in der Sowjetunion, Univ. Lwow (Lemberg); 1980–83 wiss. MA Akademie der Wiss. der DDR; 1983 Habil. Berlin (HU); 1984 Hochschuldozentin ebd.; 1989 o. Prof. Berlin; 1993 Prof. HU Berlin (nach der Wiedervereinigung); 1993–95 Wiss. MA am BVerfG (Prof. Dr. Grimm); 1996 Wahl- und Vereidigung zur Verfassungsrichterin des (neuen) Landes Brandenburg
D: Studien zum Kampf der Arbeiterklasse um soziale Grundrechte im Kapitalismus, 1977
H: Studie über die Rolle des Staates in der politischen Organisation der sozialistischen Gesellschaft, 1983
備考: 旧東独に生まれ育って大学教授となり、再統一の激動を経験。統一後のドイツの大学教授として入会した初めての女性会員。ブランデンブルク州憲法裁判所判事でもあった。ドイツ再統一直前の旧東独における、いわゆるラウンドテーブル憲法草案の作成にも関与。
http://will.rewi.hu-berlin.de/prof/prof.htm (写真あり)
http://de.wikipedia.org/wiki/Rosemarie_Will (写真あり)

0961
故 **WILMS, Heinrich** (ヴィルムス、ハインリヒ)
Dr. iur., Prof., Zeppelin Univ./Friedrichshafen
1959 年 (St. Ingbert)　2010 年 09 月 08 日
Öffentliches Recht, Völkerrecht, Europarecht, weiter Rechtsphilosophie, Medienrecht
1979 Studium RW, Philosophie u. Religionsgeschichte des Alten Orients Saarbrücken, Köln, Karlsruhe u. Heidelberg; 1985 I. SE; 1986 wiss. MA Köln; 1988 wiss. MA Heidelberg; 1989 II. SE; 1990 wiss. MA Köln; 1993 Prom. Köln; 1995 Habil. Köln; 1996 Prof. Konstanz; 2005 Prof. Zeppelin Univ.

D: Das Recht der Sonderabgaben nach dem Grundgesetz, 1993
H: Ausländische Einwirkungen auf die Entstehung des Grundgesetzes, 1999
備考1: 博論・教論ともに、着眼点に優れた作品を執筆していたが、近頃早世した。
備考2: なお、Zeppelin Univ. に関しては、Georg Jochum (0399) の備考2を参照。
http://www.zeppelin-university.de/index_de.php?navid=0
http://de.wikipedia.org/wiki/Heinrich_Wilms
0962
WIMMER, Norbert (ヴィンマー、ノルベルト) 墺
Dr. iur., o. U.Prof., Univ. Innsbruck/Österr.
1942年07月05日 (Linz)
VL: Allgemeine Staatslehre u. Österr. Verfassungsrecht
1961–66 Studium Wien; 1965 Ger.praxis; 1965 HS-Ass. HS Linz; 1968 HS-Ass. H f. Bodenkultur; 1968 HS-Ass. Univ. Innsbruck; 1966 Prom. Wien; 1971 Habil. Wien; 1971 Bundeskanzleramt-Verfassungsdienst; 1971 Univ.-Doz.; 1973 ao. Univ.-Prof. Innsbruck; 1978 o. Univ.-Prof. Innsbruck; 1992–2000 Vizebürgermeister Innsbruck
B: Materiales Verf.verständnis (1971: H.); Raumordnung u. UwSz (Gutachten zum 6. ÖJT: 1976); Einmaleins d. Verw.reform (1977)
MH: FS Hans R. Klecatsky (1990; m. Siegbert Morscher/Peter Pernthaler)
AL: Peter Pernthaler (0645)
Q: K 1983, S. 4649; CV
備考: 1972年入会。師の転勤に付き合って、3度も大学を異動した。母国及びリヒテンシュタイン公国の憲法裁判所判事（予備員）のほか、1992年から8年間、インスブルック市の副市長（Bürgermeister-Stellvertreter）もつとめている。
http://www.zeppelin-university.de/index_de.php?navid=0
0963
WINDOFFER, Alexander (ヴィントオッファー、アレクサンダー)
Dr. rer. publ., PD, DVH Speyer
1972年
VL: Öffentliches Recht, Europarecht, Verwaltungswissenschaft
1992–97 Studium Tübingen; 1997 I. SE; 1999 II. SE; 1999–2001 Leiter des Rechtsamts beim Landratsamt; 2005 Prom. Speyer; 2011 Habil. Speyer; PD

D: Die Klärungsbedürftigkeit und -fähigkeit von Rechtsfragen in verwaltungsgerichtlichen Verfahren des einstweiligen Rechtsschutzes, Berlin 2005
H: Verfahren der Folgenabschätzung als Instrument zur rechtlichen Sicherung von Nachhaltigkeit, Tübingen 2011
備考： 本書ゲラ校正段階で、教授資格取得が最も直近の会員の一人。若手の行政法研究者。
http://www.foev-speyer.de/ueberuns/mitarbeiter/windoffer.asp（写真あり）
http://www.jura.uni-mainz.de/568.php（写真あり）

0964
WINDTHORST, Kay（ヴィントホルスト、カイ）
Dr. iur., Prof., Univ. Beyreuth
1961 年 03 月 02 日（Heidelberg）
Staatsrecht, Verwaltungsrecht, Telekommunikationsrecht, Europarecht, Rechtsvergleichung, Rechtstheorie, Sozialrecht
1981 Studium Wirtschaftswiss. Stuttgart-Hohenheim; 1982 Studium RW München; 1988 I. SE; 1992 II. SE; RA; 1994 WiAs Potsdam; 1996 Univ. Düsseldorf; 1997 Prom. München; 2002 DFG-Stip.; 2008 Habil. Köln; PD Köln; 2009 Prof. Bayreuth
D: Der Universaldienst im Bereich der Telekommunikation, 2000
H: Der verwaltungsgerichtliche einstweilige Rechtsschutz, 2008
AL: Peter Lerche（0515）, Michael Sachs（0726）
備考： 従来は、国家責任法、行政訴訟法（仮の権利救済）などを研究していた。その他、情報通信・郵政・鉄道・航空・エネルギー供給などの分野における国内及び国際レベルでのハーモナイゼーションにも研究対象を広げている。
http://www.windthorst.uni-bayreuth.de/de/team/owner_of_chair/Windthorst/index.html（写真あり）

0965
WINKLER, Günther（ヴィンクラー、ギュンター）
Dr. iur., Dr. Dres h.c., em. o. U.Prof., Univ. Wien
1929 年 01 月 15 日（Unterhaus/Kärnten）
Staats- u. VerwR, Allg. StaatsL
1947–49 Studium Innsbruck; 1949–52 HiWi Innsbruck; 1952–56 Uni. Ass. Innsbruck; 1956–59 Uni.Ass. Wien; 1951 Prom. Innsbruck; 1955 Habil. Innsbruck; 1956 Habil. Wien; 1959 ao. Prof. Wien; 1961 o. Prof. Wien（1973–75 Rektor）
B: D. Bescheid (1956; Neurdrck 1989); Wertbetrachtung im Recht u.

ihere Grenzen (1969); Orientierungen im öff. Recht. Ausgew. Abhandl. (1979); D. Rpersönlichkeit d. Univ.ten (1988); Glanz u. Elend d. RRL (1988); Theorie u. Methode i. d. Rechtswiss.. Ausgew. Anhandl. (1989); Rtheorie u. Erkenntnislehre. Krit. Anm. z. Dilemma v. Sein u. Sollen i. d. RRL aus geistesgeschichtl. u. erkenntnistehoret. Sicht (1990); Studien zum VerfR (1991); Rechtswiss. u. Rerfahrung. Methoden u. erkenntniskrit. Gedanken üb. Hans Kelsens Lehre u. d. VerwR (1994); Zeit u. Recht (1995)
MH: FS Walter Antoniolli (1979; m. Felix Ermacora u.a.); FS Ota Weinberger (1984; m. Werner Krawietz/Helmut Schelsky)
AS: Walter Barfuß (0030); Ernst Carl Hellbling (0312); Georg Ress (0688)
Q: K 1983, S. 4657; Hikasa, S. 556
L: FS 1989 (Beiträge zum Verf.- u. Wirtsch.R; hrsg. v. Bernhard Raschauer); FS 1997 (Staat u. Recht; hrsg.: Herbrt Haller/Christian Kopetzki/Richard Novak/Stanley L. Paulson/Bernhard Raschauer/Georg Ress/Ewald Wiederin); Günther Winkler, Glanz u. Elend d. RRL. Theoret. u. geistesgesch. Dilemma v. Sein u. Sollen in Hans Kelsens Rechtstheorie, Saarbrücken 1988
備考：1960年入会。第24回大会（1965年）第1テーマ副報告。1980年及び1981年の協会理事長（副理事長は、Martin Bullinger及びWolfgang Martens）。副理事長にスイス人の例はあった（Max Imboden (0374)）が、理事長がドイツ以外の国出身者から選ばれたのは、史上初の出来事。インスブルックからウィーン大学に異動した。ケルゼニズムの"牙城"にありながら、ケルゼニズムを鋭く批判する。Winklerの古稀祝賀論文集（Festschrift）の編者と、Ludwig Adamovich Jun. (0004) 及びRobert Walter (0929) の祝賀論文集の編者の顔ぶれとを比較してみるのも一興かも知れない
http://www.guentherwinkler.at/
http://de.wikipedia.org/wiki/G%C3%BCnther_Winkler
0966

WINKLER, Markus（ヴィンクラー、マルクース）
Dr. iur., PD, Univ. Mainz
1966年
Öffentliches Recht, Verfassungsgeschichte und Rechtstheorie
1988–93 Studium der Geschichte u. der RW Regensburg, Toulouse u. Tübingen; 1993–94 Wiss. MA Regensburg und Mainz; 1994 I. SE; 1997 II. SE; 1997–2008 Wiss. MA, WiAs u. Akad. Rat Mainz; 1999 Prom. Mainz; 2009 Habil. Mainz

D: Kollisionen verfassungsrechtlicher Schutznormen, Berlin
H: Verwaltungsträger im Kompetenzverbund, Tübingen 2009
AL: Friedhelm Hufen (0370)
備考: 地方自治法を中心に研究。
http://www.jura.uni-frankfurt.de/ifoer1/ebsen/zur_Person.pdf (写真あり)

0967
WINKLER, Roland (ヴィンクラー、ローラント) 墺
Dr. iur., a.o. Univ.-Prof., Univ. Salzburg
1971年01月07日
Verfassungsrecht, Verwaltungsrecht und Europarecht
1990–93 Studium Salzburg (Diplomstudium); 1993–96 Doktoratsstudium Salzburg; 1997 Vertragsass. Salzburg; 2000 Univ.Ass. am IVVR bzw FB Öffentliches Recht; 2005 Habil. Salzburg; PD Salzburg; ao. Univ. Prof. Salzburg
D: Verfassungsrecht und das Recht der Europäischen Union, Wien 2003
H: Die Grundrechte der Europäischen Union, Wien 2006
備考1: 博論も教論もヨーロッパ法というのは、珍しい例。
備考2: 通常は、例えば博論で理論を扱ったら教論では判例研究とか、博論では憲法であれば教論では行政法とか、意図的に性格の異なる分野を選び出して、研究者生活冒頭の二大作品を書くことで、各人の能力を開発・拡張するとともに、第三者に際して己が才能を示すのが、ドイツ語圏の研究者の伝統的な研究者養成方法だからである。
http://www.uni-salzburg.at/portal/page?_pageid=905,436110&_dad=portal&_schema=PORTAL (写真あり)

0968
WINTER, Gerd (ヴィンター、ゲルト[ゲアト])
Dr. iur., em. Univ.Prof., Univ. Bremen
1943年 (Diepholz/Niedersachsen)
Öffentliches Recht, Europarecht, Rechtssoziologie, Umweltrecht
Studium in Würzburg, Freiburg, Lausanne, Göttingen u. Konstanz; 1966 I. SE; 1971 II. SE; 1968 Prom. (Dr. iur.) Göttingen; 1969 Prom. (Lic. rer. soc.) Konstanz; 1969–72 WiAs Konstanz; 1973 Univ.-Prof. Bremen; emer.
D: Die Fondsverwaltung der europäischen Gemeinschaften, 1969
H: 確認できなかった。
AL: Ekkehart Stein (0854)
備考: ブレーメン学派のヨーロッパ法・環境法学者。

http://www-user.uni-bremen.de/~gwinter/index.html（写真あり）
0969
WINTERHOFF, Christian（ヴィンターホ[ッ]フ、クリスツィアン）
Dr. iur., apl. Prof., Univ. Göttingen, RA
1971 年（Hameln/Weser）
Öffentliches Recht einschließlich Steuerrecht
VL: Öffentliches Recht einschließlich Steuerrecht
1991–96 Studium Göttingen; 1996 I. SE; 2003 II. SE; 1996–2000 Wiss. MA Göttingen; 2000–01 Wiss. MA am Nieders. SGH; 2003 Zulassung als RA Hamburg; 2004 Prom. Göttingen; 2005 Habil. Göttingen; RA; 2009 apl. Prof. Göttingen
D: Steuerverfahrensrecht und tatsächliche Belastungsgleichheit, Baden-Baden 2004
H: Verfassung – Verfassunggebung – Verfassungsänderung, Tübingen 2007
AL: Christian Starck（ 0852 ）
備考：実務家教員（弁護士）。
http://www.christianwinterhoff.de/pageID_4040379.html（写真あり）
0970
WINZELER, Christoph（ヴィンツェラー、クリストフ）瑞
Dr. iur. utr., PD, Univ. Freiburg i. Ue, Advokat
1956 年（Basel）
Staats- und Kirchenrecht
1975–85 Studium beider Rechte in Basel, Neuchâtel u. Harvard; 1982 Prom.（Iuris Utriusque Doctor）Basel; 1985 LL.M. Harvard; 1998 Habil. Freiburg/Ue; 1999 PD Freiburg/Ue
D: Die politischen Rechte des Aktivbürgers nach schweizerischem Bundesrecht, Basel und Frankfurt a. M. 1983
H: Banken- und Börsenaufsicht, Basel, Genf und München 2000
備考：実務家教員（弁護士）。金融法と教会法の組み合わせ（Öffentliches Bank- und Kapitalmarktrecht und Staatskirchenrecht）が面白く、かつ意味深でもある。
http://www.unifr.ch/religionsrecht/institut/winzeler_de.htm（写真あり）
0971
WISSMANN, Hinnerk（ヴィスマン、ヒンネルク[ヒンナーク]）
Dr. iur., apl. Prof., Univ. Bayreuth
1971 年
Staats- und Verwaltungsrecht, Staatskirchen- und Kirchenrecht sowie

Verfassungsgeschichte der Neuzeit
1993–97 Studium Göttingen, Hannover u. Freiburg/Br.; 1998–99 Wiss. MA Augsburg; 2001 Prom. Augsburg; 2002–07 WiAs Augsburg; 2007 Habil. Augsburg; 2008 apl. Prof. Bayreuth
D: Pädagogische Freiheit als Rechtsbegriff, Baden-Baden 2002
H: Generalklauseln, Tübingen 2008
AL: Johannes Masing（ 0555 ）
備考： 未だ特定の傾向は見て取れない。憲法・行政法の双方を研究している。
http://www.oer3.uni-bayreuth.de/de/wissmann/index.html（写真あり）
0972
故 **WITTIG, Peter**（ヴィッテヒ、ペーター）
Dr. iur., PD, Univ. Würzburg
1937 年 05 月 24 日（Bad Kissingen/Bayern）　1970 年 11 月 12 日
Völkerrecht, Staats- u. Verwaltungsrecht u. Politikwissenschaft
1956–61 Studium Würzburg, München u. Aix-en-Provence/Frankreich; 1960 I. SE; 1964 Prom. Würzburg; 1964 II. SE; 1965 Reg.Ass. u. MA am BVerfG; 1966 Reg.Rat; 1968 Habil. Würzburg; 1969 Oberreg.Rat; 1970 Reg.Direktor
B: D. Kontrolle d. atomaren Rüstung (1967: D.); VR zw. Frieden u. Krieg (1968: H.)
AL: Friedrich Augst von der Heydte（ 0333 ）
Q: 没
備考 1： 1969 年入会。教授資格取得の 2 年後に、12 編の論文のみを残し、33 歳の若さで急逝した国際法学者（心臓発作）。
備考 2： なお、Wittig の師である von der Heydte は、Erich Kaufmann（ 0414 ）の門下生。後者の師は、Albert Hänel（非会員）。この人物については、ケープラー DB (http://www.koeblergerhard.de/) にも、該当項目が存在しない（つまり典拠は、「Bachof ファイル」に含まれる没会員 CV のみ、ということである）。

0973
WITTINGER, Michaela（ヴィッティンガー、ミヒャエーラ） 女性
Dr. iur., PD, Univ. des Saarlandes
1969 年
Staats-, Verwaltungs-, Völker-, Europarecht und Rechtsvergleichung
–1994 Studium Saarbrücken, Genf u. Freiburg; 1994 I. SE; 1996 II. SE; 1998 Prom. Univ. des Saarlandes; 2005 Habil Saarland; PD
D: Familien und Frauen im regionalen Menschenrechtschutz, Baden-Baden 1999

H: Der Europarat, Baden-Baden 2005
備考: 若手の女性国際法・ヨーロッパ法学者。
http://wendt.jura.uni-saarland.de/Wittinger/Haupframe.htm（写真あり）
0974
WITTMANN, Heinz (ヴィットマン、ハインツ) 墺
Dr. iur., U-Prof., Univ. Graz; Verlag Medien u. Recht GmbH, Wien/Österr.
1948 年 (Gmunden/Oberösterreich)
Österreichisches Verfassungsrecht, österreichisches Verwaltungsrecht
Studium Wien; 1970 Prom. Wien; Uni.-Ass Wien; Ref. MPI/Heidelberg; Habil Graz; Univ.-Doz. Graz; tit. ao. Univ.-Prof. Graz; Univ.-Prof. Graz; 1985 selbständig tätig als Rechtskonsulent, Gutachter, Fachpublizist und Verleger; Inhaber u. Geschäftsführer der Medien und Recht Verlags GmbH/Wien u. München; Herausgeber der Zeitschriften »Medien und Recht« sowie »Medien und Recht International«
B: Verwaltungsreform in Österreich (1974: D.); Rundfunkfreiheit (1981: H.); KartellR u. Medien in Europa (1991); Film- und Videorecht (1991)
備考: 実務家教員として、著作権法に関する書籍を公刊している。教授資格取得ののち実業界に転じ、本務は出版社経営のようである。
http://www.berliner-bibliothek.de/autoren.htm（写真あり）
http://www.medien-recht.com/169-Der-Verlag
0975
故 **WITTMAYER, Leo** (ヴィットマイアー、レーオ) 墺
Dr. iur., Tit. o. Prof., Univ. Wien/Österr., MinRat, Minister a. D.
1876 年 08 月 25 日 (Wien)　1936 年 07 月 15 日
Staats- u. Verwaltungsrecht, theoretische Politik
Studium Wien; Prom. Wien; 1911 Habil. Wien; 1911 PD Wien; 1915 ao. Prof. Wien; 1929 tit. o. P. Wien; Ministerialrat Bundesministerium für soziale Verwaltung Wien
B: Unser ReichsrathswahlR u. d. Taaffe'sche Wahlvorlage (1901); D. Genossenschaftswesen nach d. Entwurfe e. Gewerbennovelle (1903); D. organis. Kraft d. Wahlsystem (1903); Emil Steinbach als Sozialphilosoph (1907); D. AusgleichsGtze (1908); Staats- u. VRl. Rückblicke auf den Ausgleich (1908); Eigenwirtschaft d. Gemeinden u. Individualrechte der Stuerzahler (1910); D. Reform d. rechts- u. staatswiss. Studien in Österr. (1913); Richter als Ggeber (1913); Publikum u. Verw.reform (1914); Otto Mayers Lebenswerk (1916); Regierung u.

Verwaltung (1931); Zur Eigentumsbeschränkung u. Entschädigung d. verpflichtenden Enteignung (1932)
Q: KLK 1912/13; K 1935, S. 1555; Brockhaus, Bd. 20, S. 426
備考：戦前原始会員（1924年入会）。オーストリア官界に籍を置いた実務家教員(行政官)。詩人（Lyriker）としては、Leo Witt なる筆名を持っていた（K 1935, S. 1555)。「(スメントと並ぶ)他の統合理論家」との指摘がある（碩学 p. 240)。
0976
WITTRECK, Fabian （ヴィットレック、ファビアーン）
Dr. iur., Prof., Univ. Münster
1968年05月24日（Paderborn）
VL: Öffentliches Recht, Rechtsphilosophie und Verfassungsgeschichte
1988–95 Studium RW u. Kath. Theologie Würzburg; 1991–95 stud. HK Würzburg; 1995 I. SE; 1997 II. SE; 1995–2001 Wiss. MA Würzburg; 2001 Prom. Würzburg; 2001–07 WiAs Würzburg; 2007 Prof. Münster
D: Geld als Instrument der Gerechtigkeit, Paderborn 2002
H: Die Verwaltung der dritten Gewalt, Tübingen 2006
AL: Hugo J. Hahn (0283); Horst Dreier (0151)
備考：この人物についても、神学と金の(深い)関係が見て取れる（他の例は、 0970 Christoph Winzeler)。なお博論は、800頁を超える大作である。
http://www.jura.uni-muenster.de/go/organisation/institute/oeffentliches-recht/or/organisation/leitung.html（写真あり）
http://de.wikipedia.org/wiki/Fabian_Wittreck
0977
WOLF, Joachim （ヴォルフ、ヨァーヒム）
Dr. iur., Prof., Univ. Bochum
1948年11月17日（Frankfurt/M.）
Umweltrecht, Verwaltungsrecht u. Verwaltungslehre
Studium; 1985 Prom. Saarbrücken; 1992 Habil. Saarbrücken; PD Saarbrücken; 1996 o. Prof. Bochum
B: Medienfreiheit u. Medienunternehmen (1985: D.); Die Haftung der Staaten für Privatpersonen nach Völkerrecht (1992, erschien 1997: H.)
AL: Georg Ress (0688)
備考1：計画法・環境法を研究。
備考2：師の Ress は、Karl Doehring (0144) の門下生。後者を通じて、Ernst Forsthoff (0206) → Carl Schmitt (0780) へと連なる。
http://www.ruhr-uni-bochum.de/wolf/lehrstuhlteam.html（写真あり）

|0978|
故 **WOLFF, Hans Julius**（ヴォルフ、ハンス・ユーリウス）
Dr. iur., em. Prof., Univ. Münster/Westf.
1898年10月03日（Elberfeld） 1976年11月05日（Münster）
Öffentliches Recht, Verwaltungsrecht
Studium RW u. Sozialwiss. Göttingen, Bonn, Halle u. München; 1925 Prom. Göttingen; Regierungsassessor Kassel, Frankfurt am Main; 1929 Habil. Frankfurt/M.; 1933 o. Prof. Frankfurt（Nachfolger Hermann Hellers）; Nichtausübung aus politischen Gründen; 1935–39 Prof. Riga; 1941 Prof. Univ. Prag; 1946 Prof. Münster; politisch unbelastet; 1947 beratender Ausschuss für Verwaltungs- und öffentliches Recht der britischen Zone
D: Die Grundlagen der Organisation der Metropole, 1925
H: Organschaft und juristische Person, 1929
B: Verwaltungsrecht, 3 Bde., begründet（fortgef. v. Otto Bachof und neubearb. v. Rolf Stober）
AL: Julius Hatscheck（Göttingen）, Friedrich Giese（|0240|）
AS: Günther Barbey（|0029|）; Ulrich Battis（|0033|）; Ernst-Wolfgang Böckenförde（|0067|）; Ralf Dreier（|0152|）; Werner Krawietz（|0471|）; Martin Kriele（|0475|）; Erich Küchenhoff（|0481|）; Wolfgang Martens（|0549|）; Christian-Friedrich Menger（|0571|）; Christian A. L. Rasenack（|0679|）; Heinrich Siedentopf（|0831|）; Dieter Wyduckel（|0987|）
Q: K 1950, S. 2309; Nek. K 1980, S. 4484; Kurzbiographie, in: Göppinger, Juristen, S. 368 m. w. N.
L: FS 1973（Fortschritte d. VerwR; hrsg. v. C.-H. Menger; isnb. S. 501–503）; AöR（1968）, S. 590（von Christian Friedrich Menger）; AöR 102（1976）, S. 118–121（Nachruf; von Norbert Achterberg）; S. JZ 1977, S. 69/70（von Otto Bachof）; JZ 1983, S. 815（von Liebs）
U: Hans Pollmann: Repräsentation u. Organschaft（1969）
備考1: 1932年入会を経て、戦後原始会員（1950年入会）。その Organschaftstheorie は有名。1952年及び1953年の協会理事長（副理事長は、Hans Peter Ipsen 及び Wolfgang Abendroth）。第9回大会（1950年）第2テーマ主報告（H. 9）。ミュンスター大学法学部棟の2階の壁に肖像レリーフあり。優秀な弟子を、しかも多数世に送り出した。なお、同姓同名の歴史学者が居るので、注意のこと。
備考2: 戦前、協会の理事会は3年任期制と2年任期制とが混在していた。そして、1949年に再建された段階の理事会（理事長 Erich Kaufmann、副理事長 Walter Jellinek 及び Werner Weber）は3年任期制であった。これは戦

後の混乱に伴う再建時の特例措置と見られ、以後、このヴォルフ理事長時代から現在に至るまで、協会理事会は2年任期制で推移してきている。なお、副理事長は2人おり、戦前・戦後を通じて筆頭副理事長は、理事長に次ぐ年齢者である。これに対し、いま一人の副理事長は若年者が選ばれ、「書記」(議事録作成)及び会計帳簿の管理に従事していた(いる)ようである。
http://de.wikipedia.org/wiki/Hans_Julius_Wolff_ (Verwaltungsrechtler)
0979
WOLFF, Heinrich Amadeus (ヴォルフ、ハインリヒ・アマーデウス)
Dr. rer. publ., Univ.Prof., Europa-Univ. Viadrina Frankfurt (Oder)
1965年06月25日 (Heidelberg)
Staats- und Verwaltungsrecht
1985–90 Studium Regensburg, Tübingen, Bonn, Freiburg u. Heidelberg; 1990–93 Wiss. MA u. Ass. Heidelberg; 1991 I. SE; 1994 II. SE; 1994 Wiss MA beim BVerfG; 1994 Wiss. MA DVH Speyer; 1995 WiAs ebd.; 1996 Prom. Dr. rer. publ. Speyer; 1998 Habil. Speyer; 1998–2000 BM des Innern; 2000 Univ.Prof. München (Nachfolge Hans-Ullrich Gallwas); 2006 Univ.Prof. Europa-Universität Frankfurt/O. (Nachfolge Alexander v. Brünneck)
D: Selbstbelastung und Verfahrenstrennung, Berlin 1997
H: Ungeschriebenes Verfassungsrecht unter dem Grundgesetz, Tübingen 2000
AL: Helmut Quaritsch (0673)
備考1: 実務経験も豊富な憲法学者。バイエルン州憲法の逐条解説書も執筆。
備考2: 師である Quaritsch は、Hans-Peter Ipsen (0375)の門下生。後者を通じて、Rudolf Laun (0501)に連なる。
http://www.rewi.europa-uni.de/de/lehrstuhl/or/staatsrecht/lehrstuhlinhaber/index.html (写真あり)
http://de.wikipedia.org/wiki/Heinrich_Amadeus_Wolff
0980
WOLFRUM, Rüdiger (ヴォルフルム、リューディガー)
Dr. iur., Univ.-Prof., Univ. Heidelberg
1941年12月13日 (Berlin)
Öffentliches Recht einschließlich des Völkerrecht
1964–69 Studium Bonn u. Tübingen; 1969 I. SE Köln; 1973 II. SE NRW; 1969 HiWi Bonn; 1973 WiAs ebd.; 1973 Prom. Bonn; 1981 Habil. Bonn; 1982 Prof. Mainz; 1982–93 Prof. Kiel; 1993 Prof. Heidelberg; Direktor MPI/Heidelberg; 2005 Präsident internationaler Seegerichtshof

B: D. innerparteil. demokr. Ordnung n. d. Parteiengesetz (1974: D.); D. Internationalisierung staatsfreier Räume (1984: H.); Recht auf Information (1986); The Convention on the Regulation of Antarctic Mineral Resources Activities (1991)
AL: Karl Josef Partsch (0637)
Q: K 1987, S. 4710; Wer ist wer 1996/97; CV
備考1: 1982年入会。第56回大会 (1996年) 第1テーマ報告 (4人の報告者の1人)。マックスプランク外国公法・国際法研究所 (在ハイデルベルク) の所長を経て、2005年から2008年まで国際海洋法裁判所長官であった。ドイツ国際法学会理事。
備考2: 師のPartschは、Erich Kaufmann (0414) の門下生。後者の師は、Albert Hänel (非会員)。Hänelは、Carl Friedrich von Gerber (1823–1891年) の相弟子で、両者の師である (国家法人説を最初に唱えたことで有名な) Wilhelm Eduard Albrecht (1800–1876年) を経て、Carl Friedrich Eichhorn (1781–1854年) へと至る。
http://www.mpil.de/ww/de/pub/organisation/leitung/direktoren/wolfrum.cfm (写真あり)
http://www.dgfir.de/gesellschaft/organisation/
http://de.wikipedia.org/wiki/R%C3%BCdiger_Wolfrum
0981
故 **WOLGAST, Ernst Johannes Christoph** (ヴォールガスト、エルンスト [エァンスト]・ヨハンネス・クリストフ)
Dr. iur., o. Prof., HWS Nürnberg
1888年06月06日 (Kiel)　1959年04月26日 (Nürnberg)
Völker- u. Kirchenrecht
Studium Kiel und München; 1912 I. SE; 1915 II. SE; 1916 Prom. Kiel; 1921 Habil. Kiel; 1921–29 PD Kiel, Königsberg Pr., Riga, Bonn u. wieder Königsberg; 1929 namtl. Prof. Königsberg; 1929–34 o. Prof. Rostock; 1934–45 o. Prof. Würzburg; 1946 Verteidiger vor dem Internationalen Militärgerichtshof in Nürnberg; 1947–48 LB Philosophisch-Theologischen Hochschule Regensburg und HS für Wirtschafts- und Sozialwissenschaften Nürnberg; 1948–54 Prof. Nürnberg; 1955 emer.
D: Die rechtliche Stellung des schleswig-holsteinischen Konsistoriums, Kiel 1916
H: Geschichte der schleswig-holsteinischen Kirchenverfassung, 1921.
B: Europa, seine Grenzen u. sein Wesen in sozialer Hinsicht (1932); Vom Wesen Europas (1933); Völkrerecht (1934); Griß d. VRs (1949)
Q: K 1950; Nek. 1961, S. 2396

L: AöR 84 (1959), S. 362; DÖV 1959, S. 19, S. 742
備考: 戦前原始会員 (1924 年入会) を経て、戦後原始会員 (1950 年入会)。ニュルンベルク国際軍事裁判では弁護人をつとめ、そのままニュルンベルク大学に残り、その再建に尽力した。
http://de.wikipedia.org/wiki/Ernst_Wolgast
0982
WOLLENSCHLÄGER, Ferdinand (ヴォレンシュレーガー、フェルディナント)
Dr. iur., PD, Akademischer Rat, Univ. München
1976 年 (Würzburg)
VL: Staats-, Verwaltungsrecht und Europarecht
1997–2002 Studium München u. Oxford; 2002 I. SE; 2004 II. SE; 2006 Prom. München; 2010 Habil. München
D: Grundfreiheit ohne Markt, Tübingen 2007
H: Verteilungsverfahren, Tübingen 2010
AL: Peter M. Huber (0366)
備考: ヨーロッパ法、連邦制、公共調達法などを研究。Michael Wollenschläger (0983) の子息。
http://www.jura.uni-muenchen.de/personen/wollenschlaeger_ferd/index.html (写真あり)
0983
故 **WOLLENSCHLÄGER, Michael** (ヴォレンシュレーガー、ミヒャエ[ー]ル)
Dr. iur. utr., em. U.Prof., Univ. Würzburg
1946 年 03 月 11 日 (Mosbach/Baden)　2008 年 12 月 30 日 (Würzburg)
VL: Sozial- u. Arbeitsrecht; öffentliches Recht
1965–69 Studium Heidelberg, Freiburg/Br. u. Würzburg; 1969 I. SE Würzburg; 1972 II. SE München; 1972–76 HiWi u. WiAs Würzburg; 1972 Prom. Würburg, 1981 Habil. Würzburg; 1981–83 RA, 1982 PD Würzburg, 1983 U.Prof. Würzburg; emer.
B: Immanente Schranken d. AsylR (1972: D.); Optisches ArbeitsR, Bd. 1 (4. A. 1987); D. Arbeitsverhältnis im PrivarR (4. A. 1987)
AL: Günter Küchenhoff (0482)
Q: K 1987, S. 5188; Wer ist wer 1996/97; CV
備考: 1983 年入会。一貫して庇護権 (Asylrecht) の研究に従事してきた社会法学者。
http://www.mainpost.de/lokales/wuerzburg/Michael-Wollenschlaeger-ist-tot;art735,4912424

http://de.wikipedia.org/wiki/Michael_Wollenschl%C3%A4ger
0984
WOLTER, Henner（ヴォルター、ヘナー）
Dr. iur. habil., apl. Prof., Humboldt-Univ. zu Berlin, RA
1944 年
VL: Arbeitsrecht, Öffentliches Recht und Sozialrecht, Fachanwalt für Arbeitsrecht
Studium Bremen; I. SE; II. SE; 1991 RA; Prom. Bremen; WiAs Regensburg; Justitiar der IG Druck und Papier und IG Medien（Stuttgart）; 1997 Habil. Berlin（HU）; 2007 apl. Prof. Berlin（HU）
D: Die juristische automatische Dokumentation und ihre Benutzer, 1975
H: Vom Volkseigentum zum Privateigentum, 1998
AL: Bernhard Schlink（ 0762 ）
備考1：労働法も研究する公法系実務家教員（弁護士）。
備考2：なお、Schlink は Ernst-Wolfgang Böckenförde（ 0067 ）の門下生。後者の師は Hans Julius Wolff（ 0978 ）であり、さらにその師は Friedrich Giese（ 0240 ）である。
http://www.rewi.hu-berlin.de/lf/ap/wlt/
http://www.rawolter-berlin.de/rechtsanwaltkanzlei-arbeitsrecht-anwalt-anwaeltin/ra-prof-dr-wolter.html（写真あり）
0985
故 **WURMBRAND, Norbert**（ヴルムブラント、ノルベルト）墺
Dr. iur., ao. Prof., Univ. Graz/Öterr.
1882 年 03 月 04 日（Graz）　没年月日地不明
Staats- u. Verwaltungsrecht
Studium Graz; Prom. Graz; 1916 Habil. Graz; 1916 PD Graz; 1927 ao. Prof. Graz
H: Die rechtliche Stellung Bosniens und der Herzegowina, 1915 Wien/Leipzig
Q: K 1935, S. 1571
備考：1929 年入会。経歴・業績に不明な点が多い人物。
http://www.koeblergerhard.de/Rechtsfakultaeten/Graz337.htm
0986
WÜRTENBERGER, Thomas（ヴュルテンベルガー、トーマス）
Dr. iur., Prof., Univ. Freiburg
1943 年 01 月 27 日（Erlangen）
VL: Staats- u. Verwaltungsrecht, Verfassungsgeschichte, Verwaltungswissenschaft

1962-66 Studium Genf, Berlin u. Freiburg/Br.; 1970/71 Studienaufenthalt an der ENA/Paris (Stip. ENA); 1966 I. SE Freiburg; 1967-69 Ref.; 1969 II. SE Stuttgart; 1971 WiAs Erlangen; 1971 Prom. Freiburg, 1977 Habil. Erlangen; 1978 PD Erlangen; 1979-81 Prof. Augsburg; 1981-88 Prof. Trier; 1988 Prof. Freiburg
B: D. Legitimität staatlicher Herrschaft (1973: D.); D. Selbstbindung d. Ggebers (1977); Staatsrechtl. Problme politischer Planung (1979: H.); Zeitgeist u. Recht (1987, 2. A. 1991); Verw.ger.barkeit (1990, 2. A. 1995); D. Akzeptanz v. Verw.entscheidungen (1996)
AL: Reinhold Zippelius (1000)
Q: Wer ist wer 1996/97
備考1: 1978年入会。父は同名の刑法・法哲学者 (Prof. Dr. Thomas Würtenberger: 1907-1989年)。
備考2: なお、師の Zippelius は Siegfried Grundmann (0269) の門下生。後者は、Johannes Heckel (0302) を経て、Friedrich Giese (0240) に連なる。
http://www.jura.uni-freiburg.de/institute/ioeffr2/personen/wuertenberger
http://de.wikipedia.org/wiki/Thomas_W%C3%BCrtenberger
0987
WYDUCKEL, Dieter (ヴィードゥケル、ディーター)
Dr. iur., em. Prof., TU Dresden,
1940年
Öffentliches Recht, insb. Verfassungsgeschichte, Allgemeine Rechts- u. Staatslehre, Staatskirchenrecht
Um 1960 Studium; I. SE; 1977 Prom. Münster; 1982 Habil. Münster; PD Münster; Prof. TU Dresden, emer.
B: Princeps Legibus Solutus (1979: D.); Ius Publicum (1984: H.)
MA: Althusius-Bibliographie (1973; hrsg.: Hans Ulrich Scupin/Ulrich Scheuner); (1988; mM); Konsoziation u. Konsens (1996; m. Giuseppe Duso/Werner Krawietz)
MH: FS Hans Ulrich Scupin (1983; m. Norbert Achterberg/Wener Krawietz); Politische Theorie d. Johannes Althusius (1988; m. Kahl-Wilhelm Dahm/W. Krawietz)
AL: Hans Julius Wolff (0978), Hans Ulrich Scupin (0821)
Q: http://www.tu-dresden.de/jura/info/lehrstuhl/start.htm
備考: "ミュンスター学派" の一人。アルトゥズィウス研究から、ドイツ公法学史研究を目指した。しかし、経歴はよく分からない。教授資格論文 (主題 Ius Publicum) の副題は、「公法及びドイツ国法の基礎と発展 (Grundlagen

und Entwicklung des öffentlichen Rechts und der deutschen Staatsrechtswissenschaft)」であり、自身のその後の研究動向を明瞭に指し示すものであった。
http://www.tu-dresden.de/jfoeffl6/Ansprechpartner.htm
0988
WYSS, Martin（ヴィス、マルティン）[瑞]
Dr. iur., Prof., Titularprofessor, Univ. Bern
1963 年 08 月 04 日（Solothurn）
Öffentliches Recht
Studium Zürich; 1992 Prom. Zürich; 2001 Habil. Bern; PD; Tit.-Prof. Bern; Stellvertretender Leiter der Abteilung 2 für Rechtsetzung Bundesamt für Justiz
D: Kultur als eine Dimension der Völkerrechtsordnung, Zürich 1992
H: Öffentliche Interessen - Interessen der Öffentlichkeit?, Bern 2001
備考：本務は司法省立法部の副部長。スイス立法学協会会長もつとめる実務家教員。ゆえに、「立法学（Rechtssetzungslehre）」の資料を Web 上に公開している。
http://www.oefre.unibe.ch/content/ueber_uns/lehrbeauftragte/index_ger.html
http://www.legislation.ch/sgg/index.php

Z

|0989|
ZACHER, Hans F. (ツァッハー、ハンス・F)
Dr. iur., Dr. h.c. mult., em. o. Prof., Univ. München, Präsident der Max-Planck-Geschaft, MPI für Ausl. u. intern. Sozialrecht/München
1928 年 06 月 22 日 (Erlach am Inn/Niederbayern)
Öffentliches Recht, Sozialrecht
1947–50 Studium Bamberg, Erlangen u. München; 1952 Prom. München; 1962 Habil. München; 1962 PD München; 1963 o. Prof. Saarbrücken; 1971 o. Prof. München
B: D. Wiedereinführung d. parlament. Systems in Dtland nach d. zweiten Weltkrieg (1952: D.); Freiheit u. Gleichheit in d. Wohlfahrtspflege (1964: H:); D. Lehre d. SozialR a. d. U. i. d. BRD (1968); Sozialpolitik u. MR i. d. BRD (1968); Freiheitl. Demokratie (1969); Arbeitskammern im demokra. u. sozialen Rstaat (1971; Rgutachten); D. Vorhaben d. SGB (1973); Hochschulrecht u. Verfass. (1973); Materialien z. SGB (1974); Intern. u. Europ. Sozialrecht (1976); Staat u. Gewerkschaften (1977); Sozialpolitik u. Verfass. im ersten Jahrzehnt d. BRD (1980); Krankenkassen od. nation. Gesundheitsdienst? (1980); Einführung in d. Sozialrecht d. BRD (3. A. 1985); Forschung, Gesellsch. u. Gemeinwesen (1993); Abhandlungen zum SozialR (Gesam. Schriften, 1993; hrsg.: Bernd Baron von Maydel u.a.); Forschung, Gesellschaft u. Gemeinwesen (1993)
MH: FG Theodor Maunz (1971; m. Hans Spanner/Peter Lerche/Peter Badura); FS 25 Jahre BVerfG (1976); FS 25 Jahre BSG (1979); FS Maunz (1981; m. Lerche/Badura)
AL: Hans Nawiasky (|0608|)
AS: Peter Friedrich Wilhelm Krause (|0469|); Franz Ruland (|0719|)
Q: K 1983, S. 474; Wer ist wer 1996/97; CV; Hikasa, S. 557
L: FS 1998 (Verfassung, Theorie u. Praxis d. Sozialstaats)
備考: 1963 年入会。第 25 回大会 (1966 年) 第 2 テーマ副報告。1970 年及び 1971 年の協会副理事長 (理事長は Hans Schneider、いま一人の副理事長は Alexander Hollerbach)。さらに、1986 年及び 1987 年の理事長 (副理事

長は、Martin Kriele 及び Christian Tomuschat)。社会法研究の大家。マックス・プランク協会（全ての MPI の母団体で、独自の奨学金や社会保険制度をも有する）会長であるとともに、マックスプランク外国・国際社会法研究所所長。数多いミュンヒェン学派の中でも、Nawiasky の直系という意味では Theodor Maunz（ 0557 ）の"弟弟子"、ということになる。
http://www.mpisoc.mpg.de/ww/de/pub/organisation/wissenschaft/wisschenschaftliche_mitglieder/prof__dr__hans_f__zacher/lebenslauf.cfm
http://de.wikipedia.org/wiki/Hans_F._Zacher
0990

ZEH, Wolfgang（ツェー、ヴォルフガング）
Dr. iur., Prof., Ministrialdirigent, Deutscher Bundestag
1942 年 04 月 12 日（Stuttgart）
Verwaltungswissenschaft u. Öffentliches Recht
1963–67 Studium Tübingen u. Kiel; 1967 I. SE Tübingen; 1968–71 Ref.; 1971 II. SE Stuttgart; 1971– Wiss. Dienste d. Dt. Bundestags/Bonn; 1972 Prom. Tübingen; 1982 Habil. HVW/Speyer; 2002 Direktor beim Bundestag Deutschlands
B: Finanzver. u. Autonomie d. Hochschule（1973: D.）; Gesellsch. u. Staat（1973）; Parlamentarismus（1978; 4. A. 1991）; D. Dt. Bdestag（1979）; Wille u. Wirkung d. Gesetze（1984: H.）
MH: FS Friedrich Schäfer（1980）; Ggbung. Glagen - Zugänge - Anwendung（1985）
AL: Thomas Oppermann（ 0630 ）; Frido Wagener（ 0919 ）
Q: K 1987, S. 5234; CV
備考 1: 1984 年入会。長らくドイツ連邦議会（Bundestag）の事務局におり、2002 年から 4 年間、事務総長（Direktor beim Deutschen Bundestag）をつとめた。
備考 2: なお、師 Wagener は、Carl-Hermann Ule（ 0901 ）の門下。後者の師は Otto Koellreuter（ 0451 ）で、その学統は Hermann Jahrreiß（ 0388 ）及び Richard Schmidt（ 0771 ）を媒介に、Adlof Wach（非会員、Leipzig、民訴、1843–1926 年）へと連なる。
http://de.wikipedia.org/wiki/Wolfgang_Zeh
0991

故 ZEIDLER, Karl（ツァイトラー、カール[カルル]）
Dr. iur., o. Prof., Univ. Freiburg/Br.
1923 年 09 月 02 日（Saaz/Sudetnland, CSR）　1962 年 09 月 26 日（Speyer）
Staats- u. Verwaltungsrecht

1942–45 Wehrdienst u. Kriegsgefangenshaft; 1947–51 Studium Hochschule Dillingen/D. u. Univ. Heidelberg; 1951 I. SE; 1954 II. SE; 1952 Prom. Heidelberg; 1958 Habil. Heidelberg; 1954–55 WiAs HVW/Speyer; 1956 Reg.Rat; 1956 wiss.MA BVerfG; 1959 PD Heidelberg; 1960 Prof. Freiburg
B: D. Gesetzesbegriff im Grechtsteil d. GG (1952: D.); MaßnahmeG u. 'klassisches' G (1959: H.); VerwR im demok. Rstaat (1963)
AL: Walter Jellinek (0395), Ernst Forsthoff (0206)
AS: Winfried Brohm (0086); Klaus Kröger (0476)
Q: K 1961, S. 2337; Nek. K 1966, S. 2832; 没
L: JZ 1962, S. 779 (von Konrad Hesse); DÖV 1962, S. 862; AöR 88 (1963), S. 96 (von Hans Schneider); DÖV 1970, S. 553; FS Forsthoff, S. 5–7 (von Karl Doehring); Hollerbach, in: Heyen, S. 299
備考: 1960年入会。第19回大会（1960年）第2テーマ副報告。Forsthoffの高弟として活躍を期待されたが、39歳で早逝した逸材。Wilhelm G. Grewe (0257)（同じくForsthoff門下）の講座を継承した。その教論は、1960年代終わりから70年代初頭に、日本の政治状況（大学紛争→大管法＝大学の運営に関する臨時「措置法」の制定）にも一定の影響を及ぼした。
http://www.koeblergerhard.de/juristen/alle/allezSeite35.html
0992

ZEZSCHWITZ, Friedrich von (ツェシュヴィッツ、フリードリヒ・フォン)
Dr. iur., em. U.Prof., Univ. Gießen
1935年 (Bruns in Königsberg/Ostpreußen)
VL: Öffentliches Recht u. Steuerrecht
1954–58 Studium Tübingen, München u. Marburg/Lahn (zuerst Mathematik, dann RW); 1958–59 Aix-en-Provence/Frankreich; 1958 I. SE Frankfurt/M.; 1963 II. SE Hessen; 1960–63 HiWi Marburg; 1963–72 Verw. u. WiAs Marburg u. Mainz; 1967 Prom. Marburg; 1973 Habil. Mainz; 2000 emer.
B: Gemeinwohl als Gesetz (1967: D.); Eigentum u. Steuer (1973: H.)
AL: Hans Heinrich Rupp (0722)
AS: Reimund Schmidt-De Caluwe (0776)
Q: K 1983, S. 4768; CV
備考1: 1974年入会。ヘッセン州法令集の編纂ほか、直近では監視カメラ（Videoüberwachung）の問題などにも取り組んだ。ヘッセン州憲法裁判所判事、同州データ保護オンブズマンの実務経験もある。
備考2: 師のRuppはOtto Bachof (0025)の門下生であり、後者の系譜はWalter Jellinek (0395)→Otto Mayer (0562)へと連なる。

備考 3: なお、Zezschwitz というのは、マイセン地方に 13 世紀頃に現れる苗字(下記参考を参照)。
http://www.koeblergerhard.de/juristen/alle/allezSeite65.html
参考: ツェシュヴィッツ(苗字) http://de.wikipedia.org/wiki/Zezschwitz
0993
ZIEGER, Gottfried (ツィーガー、ゴトフリート)
Dr. iur., o. Prof., Univ. Göttingen
1924 年 04 月 06 日 (Dresden)
Internationales Recht, Öffentliches Recht
1942–43 Studium Leipzig; 1946–48 Studium Leipzig; 1948 I. SE Leipzig; 1951 II. SE Berlin; 1949 Prom. Leipzig; 1968 Habil. Göttingen; 1952–55 Sächsicher Justizdienst; 1956–64 Akad.Rat Göttingen; 1968 PD Göttingen; 1971 o. Prof. Göttingen
B: D. Koalitionskampfrecht i. d. Vereinigten Staaten von Amerika (1949: D.); Die Atlantik-Charta (1963); Allierte Kriegskonfer. 1941–1943 (1964); D. Theheran-Konfer. 1943 (1967); D. StaatsbürgerschaftsG d. DDR (1969); D. Grechtsproblem i. d. EGten (1970); D. Staatsangehörigkeit im geteilten Dtland (1972); D. Warschauer Pakt (1974); D. Vereinten Nat. (1976); Funktion u. Bedeutung intern. Wirtsch. organisation i. d. künftigen Weltmarktordnung (1979); Vier-Mächte-Verantwortung f. Dtland als Ganzes (1990)
H: FS Siegfried Mampel (1983)
AL: Ottmar Bühler (0097)
Q: K 1983, S. 4770; CV
備考: 1969 年入会。戦後、ドイツが東西に分裂する隙間をぬって研究者になった。ゆえに、ドイツの戦後(現代)憲法史を研究している。その傍ら、国際経済法・原子力法にも関心を示す。
0994
ZIEGLER, Andreas Roland (ツィーグラー、アンドレアース・ローラント) 瑞
Dr. iur., ao. Prof., Univ. Lausanne
1967 年 09 月 23 日 (Zurich)
Öffentliches Recht, Völkerrecht, Europarecht, Wirtschaftsrecht
Studium Sankt Gallen; 1992 Joint university degree in Law (lic. iur.); 1995 Prom. (Dr. rer. publ.) St. Gallen; PD St. Gallen; Prof. Lausanne
D: Trade and Environmental Law in the European Community, 1996
H: 不明
備考: スイスの若手国際法学者。
http://www.unil.ch/llm/page55113_en.html (写真あり)

https://applicationspub.unil.ch/interpub/noauth/php/Un/UnPers.
php?PerNum=57333&LanCode=8 (写真あり)
0995
ZIEKOW, Jan (ツィーコフ、ヤン)
Dr. iur., U.Prof., DVH Speyer
1960 年
Rechtsgeschichte, Verfassungsgeschichte, öffentliches Recht, Europarecht, Verwaltungsrecht;
Studium Bielefeld u. Berlin (FU); 1985 I. SE; 1990 II. SE; 1992 Prom. Berlin (FU); 1996 Habili .FU; 1996 Prof. Bielefeld; 1997 Prof. Speyer;
B: Recht u. Rgang (1986: D.); Freiheit u. Bindung d. Gewerbes (1992: H.)
AL: Albrecht Randelzhofer (0676)
備考 1: 15 世紀 Magdeburg の中世法制史研究から入った。
備考 2: なお、師の Randelzhofer は Dieter Blumenwitz (0065) の相弟子で、両者の師は Friedrich Berber (国際法、非会員)。
http://www.hfv-speyer.de/Ziekow/Lehrstuhlinhaber.htm (写真あり)
http://de.wikipedia.org/wiki/Jan_Ziekow
0996
故 ZIEMSKE, Burkhard (ツィームスケ、ブァクハルト[ブルクハルト])
Dr. iur., o. Prof., Univ. Erlangen
1956 年 05 月 14 日 (Ratzeburg/Schleswig-Holstein) 2001 年 05 月 13 日
Staatsrecht, Verwaltungsrecht, Europarecht, weiter Verfassungsrecht
Studium RW u. Geschichte Saarbrücken u. Bonn; I. SE; II. SE; RA; WiAs Köln; Forschungsaufenthalt Oxford; 1990 Prom. Köln; Legationsrat im ausw. Amt; 1995 Habil. Köln; 1996 Prof. Erlangen (Nachfolge Reinhold Zippelius)
B: D. parlamentar. UntersuchungsR in England (1991: D.); D. dt. Staatsangehörigkeitt nach d. GG (1995: H.)
AL: Martin Kriele (0345)
備考: 45 歳で早世した憲法・ヨーロッパ法学者。
http://www.jura.uni-erlangen.de/professoren/ziemske.shtml
http://www.uni-protokolle.de/nachrichten/id/72639/
0997
ZILLER, Jacques (ズィレ[ツィラー]、ジャック) 仏
Dr. iur., Prof., Univ. Pavia
1951 年
Studium Paris II, Paris IV u. Paris Institute of Political Studies; Prom.

Paris II (Doctorat d'Etat en droit); 1980–85 Ass. Prof. Paris II; 1989–91 Prof. Univ. of French West-Indies u. Guyana; 1992–2007 Prof. Paris 1, Panthéon-Sorbonne; Prof. Pavia
B: Deutsch für Juristen (1979; 2. Aufl. 1991)
MH: The Lisbon Treaty (2008; m. Stefan Griller)
備考: フランス国籍のヨーロッパ法学者。下記履歴書によると、仏語以外に蘭、英、独、伊、西及び葡語に堪能なポリグロット。
http://www.iias-iisa.org/egpa/e/service/about/management/Documents/CV_JZ_en.pdf

0998
ZIMMER, Gerhard (ツィンマー、ゲルハルト[ゲァハルト])
Dr. iur., em. Prof., Univ. d. Bundeswehr/Hamburg
1941年01月04日 (Trier)
VL: Staatsrecht, Verwaltungsrecht sowie Völkerrecht
1961–66 Studium Univ. d. Saarlandes u. Berlin; 1961 Univ. Lyon/Frankreich; 1962; Aix-en-Provence/Frankreich; 1962 u. 64 Studienaufenthalt in England; 1966–69 Studium Paris (Polit. Wiss.); 1966 I. SE Saarbrücken; 1973 II. SE Berlin; 1969 Diplomé de l'Institut d'Etudes Politiques (Univ. de Paris), 1971 Prom. Köln; 1978 Habil. Berlin; 1978 PD Berlin, Prof. Fachhochschule; 1989 Prof. Bundeswehr Hamburg; emer.
B: L'activité politique des étudiants en Amérique latine (1969); Gewaltsame territoriale Veränderungen u. ihre völkerrechtl. Legitimation (1971: D.); Funktion – Kompetenz – Legitimation (1979: H.); Antike Werkstattbilder (1982); Römische Berufsdarstellungen (1982); Spiegel im Antikenmuseum (1987)
AL: Ignaz Seidl-Hohenveldern (0826); Heinz Wagner (0920)
Q: K 1983, S. 4780; Wer ist wer 1996/97; CV; Hikasa, S. 572
備考1: 1979年入会。最近では職業選択、大学評価、リカレント教育などに関心を持つ。
備考2: 師のH. Wagnerは、Hermann Jahrreiß (0388)の門下生。後者は師 Richard Schmidt (0771) を媒介に、Adlof Wach (非会員、Leipzig、民訴、1843–1926年) へと連なる。
http://www.hsu-hh.de/zimmer/index_ao5rzvoigksjm2w7.html (写真あり)

0999
ZIMMERMANN, Andreas (ツィンマーマン、アンドレアース)
Dr. iur., Prof., Univ. Potsdam

1961 年 06 月 18 日（Tübingen）
Deutsches öffentliches Recht, ausländisches öffentliches Recht, Völkerrecht, Europarecht
Studium Tübingen u. Aix-Marseille III; I. SE; Zivildienst; wiss. HK Tübingen; LL. M. (Harvard LS); wiss. Ref. MPI/Heidelberg; II. SE; 1994 Prom. Heidelberg, 1999 Habil. Heidelberg; PD Heidelberg; 2009 Potsdam
D: Das neue Grundrecht auf Asyl, 1994
H: Staatennachfolge in völkerrechtliche Verträge, 2000
AL: Hans von Mangoldt (0541), Helmut Steinberger (0858)
備考 1: 国際法学者。ドイツ国際法学会理事。
備考 2: 師の Steinberger は Hartmut Schiedermair (0752) の門下生である。後者の師は Hermann Mosler (0589)、更に Richard Thoma (0886) を通じて、Heinrich Rosin（非会員、Freiburg、刑法、1855-1927 年）→ Otto von Gierke（非会員、Berlin → Breslau → Heidelberg → (wieder) Berlin、1841-1921 年）へと至る。
http://www.uni-potsdam.de/ls-zimmermann/person.html（写真あり）
http://www.dgfir.de/gesellschaft/organisation/
http://de.wikipedia.org/wiki/Andreas_Zimmermann_ (Rechtswissenschaftler)

1000
ZIPPELIUS, Reinhold（ツィペーリウス、ラインホルト）
Dr. iur., em. o. Prof., Univ. Erlangen
1928 年 05 月 19 日（Ansbach/Bayern）
Rechtsphilosophie, Staats-, Verwaltungs- u. Kirchenrecht
1947-51 Studium Würzburg, Erlangen u. München; 1951 I. SE München; 1955 II. SE München; 1953 Prom. München (Strafrecht); 1961 Habil. München; 1956-63 im bay. Ministerialdienst; 1961 PD München; 1963 o. Prof. Univ. Erlangen-Nürnberg; 1995 em.
B: Wertungsprobleme im System d. Grechte (1962: H.); Geschichte d. Staatsideen (1971; 9. A. 1994); Einführ. i. d. jurist. Methodenlehre (1971; von 4. A. 1985 an als "Jur. Methodenlehre"; 6. A. 1994); D. Wesen d. Rechts (4. A. 1978); Einf. in d. Recht (2. A. 1978); Gesellschaft u. Recht (1980); Allg. Staatslehre (12. A. 1994; portug. Übers. 1971, 1984, span. Übers. 1985, 1989); Gbegriffe d. Rechts- u. Staatssoziologie (2. A. 1991); D. Bedeutung kulturspez. Leitideen f. d. Staatsu. Rgestaltung (1987); Zur Rechtfertigung d. Mehrheitsprinzips in d. Demokratie (1987); D. experimentierende Methode im Recht (1991);

Rphilosophie（3. A. 1994）; Im Irrgarten d. Gerechtigkeit（1994）; Kleine dt. Verf.geschichte（3. A. 1996）; Recht u. Gerechtigkeit in d. offenen Gesellschaft（2. A. 1996）
AL: Edmund Mezger（非会員、München、刑事法、1883-1962年）; Karl Engisch（非会員、München、刑事法）, Siegfried Grundmann（ 0269 ）
AS: Thomas Würtenberger（ 0986 ）
Q: K 1983, S. 4794; Wer ist wer 1996/97; CV; Hikasa, S. 573
備考 1: 1963年入会。第47回大会（1988年）第1テーマ主報告。刑法学から公法学に転じた。法哲学的思索に裏打ちされた研究は重厚。本来の研究の他に、学生向けの学習書・啓蒙書も多く、そのソフトな語り口でベストセラーも多い。ドイツ学士院会員。
備考 2: 師の Grundmann は Johannes Heckel（ 0302 ）の門下生であり、後者の師は Friedrich Giese（ 0240 ）である。
http://de.wikipedia.org/wiki/Reinhold_Zippelius
1001

故 **ZITZELSBERGER, Heribert**（ツィッツェルスベルガー、ヘーリベルト）
Dr. iur., apl. Prof., Univ. Regensburg
1939年03月03日（Donaustauf/Bayern）　2003年01月06日（München）
Finanzrecht, öffentliches Recht, Steuerrecht
1958-63 Studium München, Berlin u. Genf; 1967 Prom. München; 1967 Beamter in der bay. Finanzverwaltung; 1974 Bundesministerium der Finanzen/Bonn; 1987 Mitarbeiter in der Steuerabteilung des Chemie- und Pharmakonzerns Bayer AG/Leverkusen; 1989 deren Leitung; 1990 Habil Regensburg; 1990 PD, apl. Prof.; emer.
D: Der Schutz des Gewerbebetriebes in Artikel 14 des Grundgesetzes, München 1967
H: Grundlagen der Gewerbesteuer, Köln 1990
AL: Herman Soell（ 0841 ）
備考 1: 長らく官界・実業界で活動した後、教授資格を取得した実務家教員。
備考 2: 師 Soell は、Karl Doehring（ 0144 ）の門下生。後者を通じて、Ernst Forsthoff（ 0206 ）→ Carl Schmitt（ 0780 ）へと連なる。
http://www.munzinger.de/search/portrait/Heribert+Zitzelsberger/0/23002.html
1002

故 **ZORN,**（**Karl Ludwig**）**Philipp**（ツォルン［ツォーン］、（カール・ルートヴィヒ）フィ［ー］リップ）
Dr. iur., em. o. Prof., Univ. Bonn, Geheimer Justizrat
1850年01月18日（Bayreuth）　1928年01月14日（Ansbach）

Reichs- u. Landesstaatsrecht, Verwaltungs-, Kirchen- u. Völkerrecht
Studium München u. Leipzig; 1872 Prom. München; 1875 Habil.
München; 1875 PD München; 1875 ao. Prof. Bern/CH; 1877 o. Prof.
Bern; 1877 o. Prof. Königsberg/Pr. (1897 Rektor); Mitglied Verwaltungsgerichtshof; Berufungen nach Halle, Marburg u. Bonn (1895)
abgelehnt; 1895 Geh. Just.-Rat; 1899 Delegationsmitglied Friedenskonferenz Den Haag; 1900 o. Prof. Bonn (1910 Rektor); 1901–03
Unterricht beim Kronprinzen; 1905 Herrenhausmitglied; 1914 Rückzug
ins Privatleben
B: Staat u. Kirche i. Norwegen bis z. Ende d. 13. Jh. (1875: H.);
StaatsR d. Dt. Reiches, 2 Bde. (1880–83; 2. A. 1894–97); Konsulargesetzgb. u. d. Dt. Reichs (1884; 3. A. 1911); StaatsR, 2 Bde. (1880/82;
2. A. 1895/97); Lehrb. d. KirchenR (1888); Preuß. Stastsminsit.
(1893); D. staatsrechtl. Stellung d. preuß. Gesamtminist. (1894); Reich
u. Reichsverf. (1895); Kommentierte Text-Ausg. d. Reichsverf. (1895);
D. Hohenzollern u. d. Religionsfreiheit (1896); Dt. Kolonialgesetzgb.
(1901); Im neuen Dt. Reich. Reden u. Schr. z. preuß.-dt. Staats- u.
Rgeschichte (1902); D. dt. Staatssprache (1903); D. dt. Reichsverf.
(1908; 3. A. 1917); D. Dt. Reich u. d. intern. Schiedsger.barkeit
(1911); Dtland u. d. beiden Haager Friedenskonferenzen (1921); D.
alte u. neue Reichsverf. (1924)
AL: Josef Pözl (非会員、München、1814–1881 年)
AS: Friedrich Giese (0240); Max Wenzel (0948)
Q: KLK 1917, S. 1972; Wer ist' 1922, S. 1756; K 1925, S. 1185;
Brockhaus, Bd. 20, S. 739; Stolleis, Geschichte, S. 350 FN 214 m. w.
N.
L: Selbstbiographie, in: H. Planitz (Hrsg.), Die Rechtswiss. der Gegenwart, Leipzig 1924, Bd. 1; J. Jessen, Die Selbstzeugnisse der deutschen
Juristen (1983), S. 140 m. w. N.; DJZ 1928, S. 161 (von Heinrich
Triepel)
備考: 戦前原始会員（1924 年入会）。Paul Laband（その没後に創立された
ため、当協会の会員ではなかった。Königsberg → Straßburg、1838–1918
年）亡き後の帝政時代における、ドイツ公法学の大立て者であった。共和制を
体験し、共和制に移行して 9 年後に逝去。
http://de.wikipedia.org/wiki/Philipp_Zorn（写真あり）
1003
ZULEEG, Manfred（ツーレーク、マンフレート）
Dr. iur., Prof., Univ. Frankfurt/M., Richter am EuGH a. D.

1935 年 03 月 21 日（Creglingen/Württ.）
Öffentliches Recht, Europarecht
1953–57 Studium Erlangen u. Hamburg, 1959 HVW/Speyer, 1961/62 Bologna; I. SE 1957, 1961 II. SE; 1962–68 WiAs Köln; 1959 Prom. Erlangen; 1968 Habil. Köln; 1968 PD Köln; 1971–78 Wiss.Rat u. Prof. Bonn; 1978 Prof. Frankfurt; 1988–94 Richter am EuGH/Luxemberg; Prof. Frankfurt; emer.
B: Bürgerrechtl. Schuldverhältnisse zw. Hoheitsträger u. Staatsbürger auf Grund VA? (1959); D. Rform d. Subventionen (1965: D.); D. Recht d. EG im innerstaatl. Bereich (1969: H.); Subventionskontr. durch Konkurrentenklage (1974); Fälle z. Allg. VerwR (1977; 2. A. 1991); Gutachten z. Förderung bundeszentr. Jagdverbände (1978)
AL: Hans Spanner (0845); Ignaz Seidl-Hohenveldern (0826)
Q: K 1983, S. 4806/4807; Wer ist wer 1996/97; CV; Hikasa, S. 574
備考：1969年入会。第 53 回大会（1993 年）第 2 テーマ主報告。ドイツ選出の裁判官として、ルクセンブルクの欧州共同体裁判所（EuGH）に勤務していたが、本務のフランクフルト大学に戻った。
http://www.merton-zentrum.uni-frankfurt.de/Startseite/Organisation/Emeriti/Zuleeg/
http://de.wikipedia.org/wiki/Manfred_Zuleeg

あ と が き

　1.　本書「はじめに」は、意図して1頁に収めた。しかし、そこにも記したように、本書が成るまでには、実に30年という長い歳月を閲した。ゆえに、本書刊行までの曲折を手短に回顧する目的で、あとがきを付する。

　2.　さて本書にその会員データを収めたドイツ国法学者協会は、ドイツ語圏の公法学者をもって組織され、わが国でもよく知られた学会である。2011（平成23）年10月10日現在、715人の会員を擁する[1]。

　編者がこの組織に興味を抱いたのは、大学院から助手時代にかけてのことである。きっかけは、当時の本務校（中央大学法学部及び日本比較法研究所）を1970年代半ば以降、外国、特にドイツからのゲストが年に数回は訪れ、講演会やセミナーが開かれたことであった。昨今と比較すると当時は、功成り名を遂げた世代（1910年代から20年代生まれ）が大半で、「ドイツ人教授＝大家」との印象が強かった[2]。

　その際、講演会などの前には決まって「石川君、○○先生の経歴をちょっと調べておいて」と頼まれた。講演に先立つ恒例の演者紹介には、必須のデータだったからである。だが、足の裏に付いた米粒と同じで、これらデータは「取らないと気持ちが悪い。かといって、取ってみても（それだけでは）食えない」性質のものであった。

　当時は、現在のようにネットで簡単にデータが取れる環境とは大違いで、経歴等の入手には大変な苦労が伴った。講演慣れした先生の中には、講演原稿に添えて、事前に自分の経歴等を送って下さる方も居られた。ない場合には、当方から手紙で送付を要求することもあった。そのうち、お膝元の日本比較

1　同協会の会員名簿は http://vdstrl.zar-muenster.de/mitglieder.html を参照。なお、後述する橋本先生退職記念号への論文執筆段階（1989（平成1）年5月現在）で、協会の会員数は355名であった（橋本退職11頁）から、会員数は過去20年間でほぼ倍増したことになる。また物故者を含めると、現在及び過去の会員の総数は、本書に収録したとおり、1003人の多きを数える。

2　その中には、後に編者のドイツ留学時の指導教授となるバッホーフ（Otto Bachof 1914–2006年）も含まれていた。日独法学会の招きで来日予定の1977（昭和52）年、夏休みを利用して語学研修に参加し、それに続くドイツ旅行の途上、坂の多いテュービンゲンの御自宅に、汗を拭き拭き教授を「事前訪問」したことが、懐かしく思い出される。

法研究所に、かの Gelehrten-Kalender[3] が所蔵されていることを知り、大いに重宝した。

　3.　その後ドイツに留学し、この件はすっかり忘れかけていた。ところがある時、現地の指導教授オットー・バッホーフ先生（ 0025 ）のお宅に招かれた。具体名は忘れたが、ある会員のことに話題が及んだ折、「ちょっと待って（Einen Augenblick）」と言い残し、書斎に向かわれた。1分も経たぬうちに居間に戻った教授の小脇には、書棚から取り出した分厚いファイルが抱えられていた。あちこち繰った末にお目当てを探し出し、「ふむふむ。○○氏は何年生まれだから、今年で何歳か」とか、「そうか。□□君は△△教授の弟子なのだな」とか呟いている。おそるおそる「そのファイルは一体何なのでしょうか」と尋ねると、「あぁ、これはね。学会への入会申請時に必要な、本人作成の経歴書（curriculum vitae）と著作目録（Publikationsliste）のファイルだ」との答えであった（以下、「Bachof コレクション」という。）。

　当時の編者は、ヴュルテンベルク国制・行政史とF・F・フォン・マイアー行政法学の研究に没頭していたため、Bachof コレクションのことはいつの間にか、記憶から抜け落ちた。

　そして時は再び流れ、約2年の留学を終えて帰国も近づいた或る日、再び教授のお宅に招かれた。留学の成果に関して色々と御下問があった後に突然、「ところで何か欲しいものはあるかね」と問われた。とっさに何故か Bachof コレクションのことが脳裏に閃き、「先生、例のバインダーなのですが。お借りできるものなのでしょうか」と尋ねてみた。30年後の今、ようやく刊行に漕ぎ着けた、本書の着想が芽生えた瞬間でもあった。1981（昭和56）年2月半ば頃のことである。

　拒否されるだろうとの予想に反して教授は、「ああいいよ。確かに価値の高い資料集だからね」と、あっさり承諾された。Bachof コレクションの在姿状態は、幅10〜15センチのバインダー3冊に、会員データがアルファベット順に、インデックス付きで綴じられてあった[4]。またそれとは別に、やや薄めのバインダーに、学会理事会からのサーキュラー（Rundschreiben）が束ねら

3　正式名称は、Kürschners Deutscher Gelehrten-Kalender. Bio-bibliographisches Verzeichnis deutschsprachiger Wissenschaftler der Gegenwart である。隔年刊で、最新刊は2011年刊行の第23版である。昨今では紙媒体のほかに、De Gruyter 出版社から CD-ROM/DVD-ROM 版、さらにはオンライン版も発売されている。

4　3冊のファイルには、約200人分の経歴書が綴られていた。4冊めのサーキュラー編には、約50人分の追悼記事が収められていた。換言すると、当時の会員の約6〜7割分をカバーしていたか、と記憶する。今だと PC ワープロ打ちの PDF が履歴書の標準なのだが、当時はワラ半紙にタイプ打ち、中には青焼きコピー（ジアゾ式コピー）紙も含まれていた。

れていた[5]。「これは何ですか」と尋ねると、「履歴書がない会員（その多くは、教授よりも年長者）が亡くなった際、学会理事会が発行する追悼記事（Nachruf）のコレクションだ」、とのこと。教授の話を要約すると、自分は1952（昭和27）年に国法学者協会に入会した。当初は処分してしまっていたが、すぐにそれが持つ重要な価値に気づいた。そこで1950年代半ば頃からファイルし始めた。

かくて帰国準備の荷づくり等に追われながら、コピー・ショップに連日通い、拝借したBachofコレクションの内容をコピーした。記憶によると、数日かけて取ったコピーの総数はA4判で3000枚にも及んだ[6]。原本の在姿状態と同じ4冊に簡易製本した後、大切な資料なので航空便の書留扱いにし、保険までかけて日本に送り返したから、全体の出費は相当なものと相成った。

4．帰国後、留学帰りの余勢を駆って、Bachofコレクションのデータ骨子を京大式カード（B6判）に書き写し、バックアップを取る作業に入った。しかし当時の編者は、留学の研究成果を文章化する作業[7]に追われていたため、まもなくバックアップは中断した。それが何とか勢いを盛り返すことができたのはひとえに、最初の留学から帰国後5年にして再び可能になった、約2年間のフンボルト留学の御陰であった（1986（昭和61）年5月～1988（昭和63）年3月）[8]。

DAAD留学（1979（昭和54）年8月～1981（昭和56）年3月）では、ヴュルテンベルク国制・行政史の各種資料に加え、F・F・フォン・マイアーの自筆の回顧（自叙伝）と肖像写真等の素材を発掘できた。ゆえに、続いて成果を発表する必要があった。その際、折角なら「学位論文にしてドイツ人の目にさらそう」、とも思った。日本に居て、彼らに読めない言語（＝日本語）で、ド

---

5 当時の段階で既に百年の歴史を誇るLEITZ社製の、あの無骨なバインダーの存在を知ったのも、この時であった。「書面主義」の到来とともに、今でこそ日本でも便利で立派なファイルが多々発売される時代になった。しかし30年前の当時は、日独の差は比較にならぬほど大きい、と感じたものである。

6 当時はコピー1枚10ペニヒだったから、支出は300マルク（当時の邦貨換算では4万円余り）であった。

7 石川敏行「ドイツ近代行政法学の誕生——F・F・フォン・マイアーと環境としてのヴュルテンベルク王国(1)～(10)」として、法学新報（中央大学法学会）に掲載された未完の論文である。なお、本書刊行の後に、『権力と自治の法構造——南独ヴュルテンベルク国制・行政史研究』（仮題）として刊行したい、と考えている。実は同書も初校ゲラの形にはなっていたのだが、その直後、前述した編者の法科大学院制度創設へのコミットメントの余波を受けて、目下まだ書肆の筐底に眠ったままの状態にある。

8 このような僥倖は滅多にないことで、フンボルト財団当局、そしてまた編者の当時の職場であった中央大学法学部とその教授会の方々の御好意には、今でも深く感謝している。

イツ人研究者やその研究成果をあれこれと批判する人々が、まま存在する。しかし、真に批判するつもりなら、対話可能な言語で見解を公表して、批評や反批判を受ければいい。そうしないのは卑怯だろう、と考えた。まるで、外野席から野次っているだけの野球ファンのようだからである[9]。

　5.　フンボルト留学では、特に2年目にフランクフルトに移って後（1987（昭和62）年4月以降）、学位論文書きに疲れた時など、気分転換を兼ねて法学部図書館、市立兼大学図書館、さらにはドイチェ・ビブリオテークにも足を運び、Bachofコレクションの補完作業に努めた。この時は日本出発前に、周到な準備を重ねた。すなわち、物故者も加えた全会員の名前を会報（VVDStRL）巻末の名簿から抜き出し、アルファベット順にカード化しておいたのである。その上で、Bachofコレクションでは不足しているデータをマーキングし、それらを集中的・徹底的に集めた。

　昨今のデジタル・IT時代から振り返れば、実に悠長で「徒労」にも近い作業であった[10]。前述したKürschners Gelehrten-Kalenderの戦前版、そして各会員が執筆した学位論文（Dissertation）及び教授資格論文（Habilitation）を探し出しては、該当箇所をコピーした。両書の前書き（Vorwort）には、謝辞と共に師（Doktorvater, Habilitationsvater）の名前が明示されているケースが多いからである。また各種法律雑誌の、65歳や古稀の祝賀（Glückwünsche）及び追悼文（Nachruf）を参照した[11]。ここにも、有益な情報が記録されている。

　むろん、これら作業には膨大な時間を費やしたが、大量のデータを取り扱ううちに、ドイツ公法学とその歴史に関するマクロの知見が朧気ながら像を結び始めたのは、予期せざる副産物であった。また時たま、フランクフルトでの指導教授シュトルアイス（Michael Stolleis 0871）と面談し、同氏がサバティカルを利用して当時執筆していた『ドイツ公法学史』[12]の手柄話を聞いては、知的刺激を受けたものである。

　6.　この当時の成果物が、冒頭にも記した橋本公亘先生退職記念論集への寄稿であった[13]。先生は編者の指導教授ではないが、先生から受けた学恩は、筆舌には尽くしがたいものがあった。そこで記念論集には、「それなりのもの」

9　野次っても、選手からは野次り返されない「外野席」は、絶対安全な場所である。
10　現在では自宅に居ながらにして、PC画面を通じてGoogle Booksで（全てではないが）外書を「斜め読み」するすらできるようになった。隔世の感である。
11　そんな時、開架式図書館（Präsenzbibliothek）は、実に有り難い存在であった。希望する書物を自分で探し出して手に取り、コピーが可能だからである。
12　Stolleis, Geschichte des öffentlichen Rechts. 3 Bände, München 1988–1999.
13　石川敏行「担い手たちから見たドイツ公法学の70年――ドイツ国法学者協会とその周辺」法学新報第96巻第11・12合併号（橋本先生退職記念号）・1990年。

を書こうと密かに決意し、準備を重ねていた。その甲斐あって、法学新報の記念号が完成し、献呈式の際に橋本先生から、「貴君の魂が乗り移った力作を本当に有り難う」と声をかけて頂き、肩の荷が下りた。

　ところで橋本先生退職記念号には、今回ようやく刊行に漕ぎ着けた本書のことが予告されている。パソコン内に保存されているデータの日付から推測するに、同書の原稿及びゲラが完成したのは、1999（平成11）年末から2000（平成12）年半ばにかけてのことである。ところが、「好事魔多し」の典型例で、その直後から筆者は、司法制度改革審議会最終意見書（2001（平成13）年6月12日）に始まる法科大学院制度創設の巨大な渦の中心へと次第に引き寄せられていくことになる。結果、ピンで串刺しされた昆虫のように以後の約10年間、全く身動きが取れない状態に陥った。ゆえに編者としては、本書の刊行をすっかり諦めていた。ましてその後、大学を辞したわけだから、尚更のことである。

　7．ところが転職後に思いがけず御連絡を頂き、本書の「出版が可能である」と伺った。わが耳を疑ったが、30年来の宿願でもあったので、この有り難いお申し出を受けることにした。

　作業は、2010（平成22）年8月に始めた。その結果まず判明したのは、10年間ゲラを寝かしている間に、新入会員の数が著しく増加してしまった、という事実である。具体的には、10年前の会員数は668人であったのに対し、更新の基礎作業を終えた段階で、会員数は合計で998人にも達していることが分かった。換言すれば、この10年間の新入会員の数は実に330人（！）。つまりは、当初の1.5倍に増加していたのである[14]。公務就任に伴い、大学教授時代のような自由時間は失われた。加えて、昔はできた図書館等での各種作業も、もはや不可能に近い。正直、途方に暮れた。

　しかし、とにかく気を取り直して年末年始、打開策をあれこれ探る日々が続いた。それと並行しながら、本書の編集方針も抜本的に見直した。結論を述べれば、干天の慈雨というべきか。この間のユビキタス社会[15]の発展には、めざましいものがあった。その結果、新入会員の圧倒的多数は、自らのHPで履歴書・業績目録など情報発信を、積極的に試みてくれていたからである。

　これらは、30年前だと現地に足を運ばなければ入手が不可能であった「お宝データ」である。それが、日本に居ながらにして簡単に手に入るようになった。学者時代、講義・ゼミや各種の研修で声高に強調していたユビキタス社

14　注1に述べたように、今から1990年段階の会員数は、355名であった。つまり、20年間で見ると、会員数は2.8倍に増加した。
15　「はじめに」にも述べたが、「ユビキタス社会」とは「誰もが、いつでもどこでもネットワークに接続し、情報を受発信することが可能な社会」と理解し、そのような意味に用いることにする。

会の恵沢。これを、自分自身が身を以て体験・享受して、本書の刊行は「ひょっとすると可能かも知れない」と思い始めたのは、今年の春先、つまり転職して1年後のことであった。

そこで本書の編集方針として、2011（平成23）年3月1日現在のデータに内容を更新し、その段階での新入会員を加えた合計998人を本書の収録対象とすることにした。そして公務の傍ら、細々した準備作業を積み重ね、いよいよ本書の編集作業に本格的に取りかかったのは、委員会が夏休みに入った2011（平成23）年の8月第2週であった。この段階までに入手していた特に新入会員に関する膨大なデータを、お盆休みを利用してパソコンで整理した（凡例に示した統一基準に基づく「標準化」の作業）。

そうこうするうちに9月の声を聞き、秋分の日の3連休に休暇を加えて約1週間の自由時間をつくり、作業進度を速めた。この間、還暦の誕生日（9月28日）を迎え、さすがにこの日は作業をやめた。その後も引き続き集中作業に取り組み、「毒を食らわば皿まで」の心境で、10月10日現在の新入会員のデータを、本書に組み込むことにした。こうすれば、本書刊行時には最新のデータを読者に提供できるからである。こうして作業を終えてみると、1922（大正11）年10月14日に創立され、現在に至るまでの協会会員の総数は1003人にのぼる、という事実が判明した。

もう一つ途方に暮れたのは、初校ゲラの存在であった。更地ならば、そこに建物を建てることは容易である。ところが土地には、10年前の「古びた建物」が未完成の中途半端な形で建っている。よって「躯体」は壊さずに、日本旅館のように建て増しし、必要があればリフォームを施すこと。これが、本書で採用した手法である。ゆえに、「継ぎ目」はよく見れば分かる。新旧の会員によって、データに繁簡の違いが残っているからである。詳しくは、本書本文及び凡例を御覧いただきたい。

紙ベースで校正すると、各ページが真っ赤になってしまう。そこで、パソコンに残っていた10年前の文字データをベースに、当初「見え消し版」を作成した。すなわち、ゲラから削除する部分は二重の赤線で取り消す一方、追加する部分は黄色のマーカーで明示したのである。実に大変な作業であり、10月半ばまでに青息吐息で何とか終えた。

この段階で、日本比較法研究所及び出版部の方々とお打ち合わせしたところ、旧ゲラはボツにし、新規データを印刷所に納入したほうがコスト的に安い、とのアドバイスを頂いた。そこで最後の最後に、数日かけて上記の「見え消し版」を整理し、クロスレファレンスのID番号に間違いがないかを再確認して、入稿原稿が完成した。引き続き、「はじめに」「凡例」「略語表」そして本「あとがき」の執筆にかかり、それを終えたのが、本日10月19日である。

8. いま全ての作業を終え、30年の宿願を果たせたことに、心から安堵し

ている。これで、バッホーフ先生にも合わせる顔ができた。

　今年は、日独交流 150 年の記念すべき年である。本書収録の会員の中で最古参は、1838（天保 9）年生まれの Siegfried Brie（0082）であり、また最若年は 1978（昭和 53）年生まれの Harald Eberhard（0158）ほか 2 人である。つまり、両者の生年差は 140 年であり、上記の日独交流の数字ともほぼ一致する。言葉を換えると、本書の編纂を通じて編者は、幕末から平成までの一世紀を超える時の流れを「時間旅行」したようなものである。その過程では様々な新発見があり、実に勉強になった。

　この間、バッホーフ先生をはじめ、多くの長老会員が鬼籍に入られた。それを逐一書き留めることで「苔掃録」を作成する一方で、若い世代の研究者たちの力強い脈動も感じた。

　「はじめに」でも述べたが、本書は編者自身の「還暦記念論集」であるとともに、この 30 年間試みてきたドイツ公法学ウォッチングの集大成でもある。

　なお、先に引用した橋本公亘先生退職記念号（1990 年）のほかに、編者は塩野宏先生古稀記念論集（有斐閣・2001 年）に「ドイツ国法学者協会と行政法ドグマーティク」、また村上武則教授還暦記念論集に「ドイツ国法学者協会とその昨今──給付行政論の観点から」（有信堂・2012 年）をそれぞれ執筆した。これらは本書を補完する内容であり、参照を請う。

　最後になったが、本書刊行を可能にしてくださった中央大学、日本比較法研究所、同出版部、そして印刷所の関係の方々には、心からの謝意を表する。また私事にわたるが、人生の伴侶としてのみならず、インフォーマントとしても編者を常に支援してくれている妻 Dr. iur. Anna Bartels-Ishikawa にも、深く感謝したい。

2011 年 10 月 19 日
　新宿の高層ビル群を窓の外に眺めつつ官舎の書斎にて

石 川 敏 行

Index

A

ABELEIN, Manfred 1
ABENDROTH, Wolfgang Walter Arnulf 1
ACHTERBERG, Norbert 2
ADAMOVICH, Ludwig K. Jun. 3
ADAMOVICH, Ludwig Sen. 4
ADLER, Franz 4
ALBERS, Marion 5
ALEXY, Robert 5
ALLEWELDT, Ralf 6
ANDERHEIDEN, Michael 7
ANSCHÜTZ, Gerhard 7
ANTONIOLLI, Walter 8
APELT, Willibalt 9
APPEL, Ivo 9
ARMBRUSTER, Hubert 10
ARNAULD, Andreas von 10
ARNDT, Hans-Wolfgang 11
ARNIM, Hans Herbert von 12
ARNOLD, Rainer 13
ASCHKE, Manfred 13
AULEHNER, Josef 14
AUTEXIER, Christian Jacques 14
AXER, Peter 15

B

BAADE, Hans W. 16
BACHOF, Otto 16
BADURA, Peter 18
BAER, Susanne 19
BALDUS, Manfred 19
BARBEY, Julius Gunther 20
BARFUß, Walter 20
BARTLSPERGER, Richard 21
BAST, Jürgen 21
BATTIS, Ulrich 22
BAUER, Hartmut 22
BAUMEISTER, Peter 23
BAUMGARTNER, Gerhard 24
BÄUMLIN, Richard 24
BAUSBACK, Winfried 25
BAYER, Hermann-Winfried Gerhard Heinrich 25
BEAUCAMP, Guy 26
BECKER, Erich Heribert 26
BECKER, Florian 27
BECKER, Joachim 27
BECKER, Jürgen 28
BECKER, Ulrich 28
BELSER-WYSS, Eva Maria 29
BERCHTOLD, Klaus 29
BERG, Wilfried 30
BERNSTORFF, Jochen von 30
BERKA, Walter 31
BERNHARDT, Rudolf 31
BETHGE, Herbert 32
BETTERMANN, Karl-August 33
BEYERLIN, Ulrich 34
BIAGGINI, Giovanni 34
BIEBER, Roland 35
BIEBERSTEIN, Fritz Freiherr Marschall von 35
BILFINGER, Karl (Carl) 36
BINDER, Bruno 36
BIRK, Dieter 37

BLANKE, Hermann-Josef 37
BLANKENAGEL, Alexander 38
BLECKMANN, Albert Heinrich 38
BLÜMEL, Willi 39
BLUMENWITZ, Dieter 40
BOCK, Wolfgang 41
BÖCKENFÖRDE, Ernst-Wolfgang 41
BÖCKSTIEGEL, Karl-Heinz 42
BOGDANDY, Armin von 43
BOGS, Harald 43
BÖHM, Monika 44
BÖHMERT, Viktor 44
BOHNE, Eberhard 45
BORNHAK, Conrad 45
BOROWSKI, Martin 46
BOTHE, Michael 46
BRANDT, Edmund 47
BREITENMOSER, Stephan 47
BRENNER, Michael 48
BREUER, Marten 48
BREUER, Rüdiger 49
BRIE, Siegfried 49
BRILL, Hermann Louis 50
BRINKTRINE, Ralf 51
BRITZ, Gabriele 51
BROHM, Winfried 51
BRÖHMER, Jürgen 52
BROSIUS-GERSDORF, Frauke 52
BRUGGER, Winfried 53
BRÜHL-MOSER, Denise 53
BRÜNING, Christoph 54
BRÜNNECK, Alexander von 54
BRUNNER, Georg 55

BRÜNNER, Christian 56
BRUNS, Viktor 56
BRYDE, Brunn-Otto 57
BÜHLER, Ottmar 58
BÜLCK, Hartwig 58
BULL, Hans Peter 59
BULLINGER, Martin 60
BULTMANN, Peter Friedrich 60
BUMKE, Christian 61
BUNGENBERG, Marc 61
BURGI, Martin 62
BURKERT, Herbert 62
BURMEISTER, Joachim 62
BUßJÄGER, Peter 63
BUTZER, Hermann 64

C

CALKER, Wilhelm van 65
CALLIESS, Christian 65
CAMPENHAUSEN, Axel Freiherr von 66
CANCIK, Pascale 67
CARSTENS, Karl 67
CASPAR, Johannes 68
CLASSEN, Claus Dieter 68
COELLN, Christian von 69
COLLIN, Peter 69
CORNILS, Matthias 70
CREMER, Hans-Joachim 70
CREMER, Wolfram 71
CZYBULKA, Detlef 71

D

DAGTOGLOU, Prodromos 73
DANN, Philipp 73
DANWITZ, Thomas von 74
DAVY, Benjamin 74
DAVY, Ulrike 75

Index

DE WALL, Heinrich 75
DEDERER, Hans-Georg 76
DEGENHART, Christoph 76
DELBANCO, Heike 77
DELBRÜCK, Jost 77
DENNINGER, Erhard 78
DEPENHEUER, Otto 79
DESENS, Marc 79
DETERMANN, Lothar 80
DETTERBECK, Steffen 80
DI FABIO, Udo 81
DICKE, Detlev Christian 81
DIETZ, Andreas 82
DIETLEIN, Johannes 83
DIGGELMANN, Oliver 83
DITTMANN, Armin 83
DOCHOW, Carl Hermann Franz 84
DOEHRING, Karl 85
DOHNA, Alexander Graf zu 86
DOLDERER, Michael 86
DOLZER, Rudolf 87
DÖRR, Dieter 87
DÖRR, Oliver 88
DRATH, Martin 88
DREIER, Horst 89
DREIER, Ralf 90
DROEGE, Michael 90
DRÜEN, Klaus-Dieter 90
DÜRIG, Günter 91
DURNER, Wolfgang 92
DYROFF, Anton 92

E

EBERHARD, Harald 94
EBERLE, Carl-Eugen 94
EBERS, Godehard Josef 95
EBSEN, Ingwer 95
ECKHOFF, Rolf 96

EGLI, Patricia 96
EHLERS, Dirk 97
EHMKE, Horst 98
EHRENZELLER, Bernhard 99
EICHENBERGER, Kurt 99
EIFERT, Martin 100
EKARDT, Felix 100
ELICKER, Michael 101
EMMERICH-FRITSCHE, Angelika 101
ENDERS Christoph 102
ENGEL, Christoph 102
ENGLISCH, Joachim 103
ENNUSCHAT, Jörg 104
EPINEY, Astrid 104
EPPING, Volker 105
ERBEL, Günter 105
ERBGUTH, Wilfried 106
ERICHSEN, Hans-Uwe 106
ERLER, Georg Heinrich Johannes 107
ERMACORA, Felix 108
ERRASS, Christoph 109
EVERS, Hans-Ulrich 109

F

FABER, Angela 111
FABER, Heiko 111
FAßBENDER, Bardo 112
FAßBENDER, Kurt 112
FASTENRATH, Ulrich 113
FECHNER, Frank 113
FEHLING, Michael 114
FEIK, Rudolf 115
FELIX, Dagmar 115
FETZER, Thomas 115
FIEDLER, Wilfried 116
FINGER, August Anton Franz 116

FINK, Udo 117
FISAHN, Andreas 117
FISCHER, Kristian 118
FISCHER-LESCANO, Andreas 118
FLEINER, Fritz 119
FLEINER-GERSTER, Thomas Martin 120
FLEISCHMANN, Max 120
FOLZ, Hans-Ernst 121
FOLZ, Hans-Peter 122
FORSTHOFF, Ernst 122
FRANK, Götz 123
FRANKENBERG, Günter 124
FRANZIUS, Claudio 125
FRIAUF, Karl Heinrich 125
FRIESENHAHN, Ernst 126
FRISCH, Hans Ritter von 127
FRÖHLER, Ludwig 128
FROMONT, Michel 128
FROTSCHER, Werner 129
FROWEIN, Jochen Abraham 130
FRYE, Bernhard 131
FÜHR, Martin 131
FUNK, Bernd-Christian 131
FUNKE, Andreas 132
FÜRSTENAU, Wilhelm Hermann E. 132
FUSS, Ernst-Werner 133

G

GÄCHTER, Thomas 134
GAITANIDES, Charlotte 134
GALLENT, Kurt 135
GALLWAS, Hans-Ulrich 135
GAMPER, Anna 136
GÄRDITZ, Klaus Ferdinand 136
GAS, Tonio 137
GASSNER, Ulrich M. 137
GECK, Wilhelm Karl 138
GEIS, Max-Emanuel 138
GELATTA, Diana-Urania 139
GELLERMANN, Martin 139
GENZMER, Felix Stephan Hermann 139
GERBER, Hans 140
GERMANN, Michael 141
GERSDORF, Hubertus 141
GIEGERICH, Thomas 142
GIESE, Friedrich Diedrich Kaspar 142
GLUM, Friedrich 143
GMELIN, Hans G. A. 143
GOERLICH, Helmut 144
GÖLDNER, Detlef Christoph 145
GÖNNENWEIN, Otto 145
GÖRG, Hubert 146
GÖRISCH, Christoph 146
GORNIG, Gilbert-Hanno Michael 147
GÖTZ, Volkmar 147
GRABENWARTER, Christoph 148
GRABITZ, Eberhard 148
GRAMLICH, Ludwig 149
GRAMM, Christoph Gerhard 150
GRASER, Alexander 150
GRAWERT, Rolf 151
GREWE, Constance 151
GREWE, Wilhelm G. 152
GREWLICH, Klaus Werner 153
GRIGOLEIT, Klaus Joachim 153

GRILLER, Stefan 154
GRIMM, Dieter 154
GROH, Kathrin 155
GRÖLL, Florian 156
GROMITSARIS, Athanasios 156
GRÖPL, Christoph 156
GRÖSCHNER, Rolf 157
GROß, Thomas 157
GROTE, Rainer 158
GRUNDMANN, Siegfried 158
GRUPP, Klaus 159
GRZESZICK, Bernd 160
GUCKELBERGER, Annette 160
GUNDEL, Jörg 160
GURLIT, Elke 161
GUSY, Christoph 161
GYGI, Fritz 162

H

HAACK, Stefan 163
HÄBERLE, Peter 163
HÄDE, Ulrich 165
HAEDRICH, Martina 165
HÄFELIN, Ulrich 165
HAFNER, Felix 166
HAHN, Hugo J. 167
HAILBRONNER, Kay 167
HAIN, Karl Eberhard 168
HALLER, Herbert Heinz 169
HALLER, Walter Dolf 169
HALTERN, Ulrich 170
HAMEL, Walter 170
HAMMER, Felix 170
HAMMER, Stefan 171
HANGARTNER, Yvo 171
HÄNNI, Peter 172
HANSCHEL, Dirk 172

HARATSCH, Andreas 173
HÄRTEL, Ines 173
HARTMANN, Bernd 173
HASE, Friedhelm 174
HATJE, Armin 174
HAVERKATE, Görg 175
HEBELER, Timo 175
HECKEL, Johannes Wilhelm Otto 176
HECKEL, Martin 176
HECKER, Jan 177
HECKMANN, Dirk 177
HEINIG, Hans Michael 178
HEINTSCHEL VON HEINEGG, Wolff 178
HEINTZEN, Markus 179
HEITSCH, Christian 179
HELD, Hermann Josef 180
HELFRITZ, Hans 180
HELLBLING, Ernst Carl 181
HELLER, Herrmann Ignaz 182
HELLERMANN, Johannes 183
HENDLER, Reinhard 183
HENGSTSCHLÄGER, Johann 184
HENKE, Wilhelm 185
HENRICH, Walter 185
HENSE, Ansgar 186
HENSEL, Albert 186
HERBST, Tobias 187
HERDEGEN, Matthias 187
HERMES, Georg 188
HERRFAHRDT, Heinrich 188
HERRMANN, Christoph 189
HERRMANN, Günter 189
HERZOG, Roman 190
HESELHAUS, Sebastian 191
HESSE, Konrad 191
HETTLAGE, Karl Maria 192

HEUN, Werner 192
HEY, Johanna 193
HEYDTE, Friedrich August Ludwig Alphons Maria Freiherr von der 193
HEYEN, Erk Volkmar 194
HEYER, Friedrich 195
HEYLAND, Carl 196
HIDIEN, Jürgen W. 196
HILF, Meinhard 197
HILL, Hermann 197
HILLGRUBER, Christian 198
HIPPEL, Ernst von 199
HOBE, Stephan 200
HOCHHUTH, Martin 200
HOEGNER, Wilhelm 201
HOFFMANN, Gerhard 201
HOFFMANN-RIEM, Wolfgang 202
HÖFLING, Wolfram 203
HOFMANN, Ekkehard 203
HOFMANN, Hasso 204
HOFMANN, Rainer 204
HOHMANN, Harald 205
HÖHN, Ernst 205
HOLLERBACH, Alexander 206
HOLLÓS, Franz-Tibor 207
HOLOUBEK, Michael 207
HÖLSCHEIDT, Sven 208
HOLSTEIN, Günther 208
HOLZINGER, Gerhart 209
HOLZNAGEL, Bernd 209
HOPPE, Werner 210
HORN, Hans-Detlef 211
HÖSCH, Ulrich 211
HOTZ, Reinhold 212
HUBER, Ernst Rudolf 212
HUBER, Hans 213
HUBER, Peter Michael 214

HÜBNER, Rudolf Emil Gustav 215
HUFELD, Ulrich 215
HUGELMANN, Karl Gottfried 216
HUFEN, Friedhelm 216
HUSTER, Stefan 217

I

IBLER, Martin 218
ILIOPOULOS-STRANGAS, Julia 218
IMBODEN, Max 219
IPSEN, Hans-Peter 220
IPSEN, Jörn 221
IPSEN, Kunt 222
ISAY, Ernst 222
ISENSEE, Josef 223
ISMER, Roland 224

J

JAAG, Tobias 225
JACHMANN, Monika 225
JACOBI, Erwin 226
JAECKEL, Liv 227
JAENICKE, Günther 227
JAGEMANN, Friedrich Max Ludwig Eugen von 228
JAHNDORF, Christian 229
JAHRREIß, Hermann 229
JAKOB, Wolfgang 230
JANKO, Andreas 231
JANSSEN, Albert 231
JANZ, Norbert 232
JARASS, Hans Dieter 232
JEND' HEUR, Bernd (Bernhard) 233
JELLINEK, Walter 234
JERUSALEM, Franz Wilhelm

235
JESCH, Dietrich 235
JESTAEDT, Matthias 236
JOCHUM, Georg 236
JOCHUM, Heike 237
JOUANJAN, Olivier 237

K

KADELBACH, Stefan 238
KAFKA, Gustav Eduard 238
KÄGI-DIENER, Regula 239
KAHL, Arno 239
KAHL, Wilhelm 240
KAHL, Wolfgang 241
KAISER, Joseph Heinrich 241
KALTENBORN, Markus 242
KÄMMERER, Jörn Axel 243
KARPEN, Ulrich 243
KÄSTNER, Karl-Hermann 244
KAUFMANN, Christine 245
KAUFMANN, Erich 245
KAUFMANN, Marcel 246
KELLER, Helen 247
KELSEN, Hans 247
KEMPEN, Bernhard 249
KERSTEN, Jens 250
KEWENIG, Wilhelm Alexander 250
KHAKZADEH-LEILER, Laimiss 251
KHAN, Daniel-Erasmus 251
KHOL, Andreas 252
KILIAN, Michael 252
KIMMINICH, Otto 253
KINGREEN, Thorsten 254
KIPP, Heinrich Georg 255
KIRCHHOF, Ferdinand 255
KIRCHHOF, Gregor 256
KIRCHHOF, Paul 257

KIRN, Michael 258
KIRSTE, Stephan 258
KISCHEL, Uwe 259
KISKER, Gunter 259
KLECATSKY, Hans Richard 260
KLEIN, Eckart 261
KLEIN, Friedrich 261
KLEIN, Hans Hugo 262
KLEY, Andreas 263
KLOEPFER, Michael 264
KLUTH, Winfried 264
KMENT, Martin 265
KNAUFF, Matthias 265
KNEIHS, Benjamin 266
KNEMEYER, Franz-Ludwig 266
KNIES, Wolfgang 267
KNÖPFLE, Franz 268
KOCH, Hans-Joachim 268
KOCH, Thorsten 269
KÖCK, Wolfgang 269
KOELLREUTER, Theodor Otto 270
KOENIG, Christian 271
KÖHLER, Ludwig von 271
KOJA, Friedrich 272
KOKOTT, Juliane 272
KOLONOVITS, Dieter 273
KÖNIG, Doris 274
KÖNIG, Klaus 274
KOPETZKI, Christian 275
KOPP, Ferdinand Otto 275
KORDT, Erich 276
KORINEK, Karl 277
KORIOTH, Stefan 277
KÖTTGEN, Arnold 278
KOTULLA, Michael 279
KOTZUR, Markus 279

KRAJEWSKI, Markus 280
KRAUS(E), Herbert 280
KRAUSE, Peter Friedrich Wilhelm 281
KRAUSNICK, Daniel 282
KRAWIETZ, Werner 282
KREBS, Walter 283
KRESSEL, Eckhard 284
KRIEGER, Heike 284
KRIELE, Martin 285
KRÖGER, Klaus 285
KRÜGER, Hartmut 286
KRÜGER, Herbert 286
KRUGMANN, Michael 287
KUBE, Hanno 288
KÜCHENHOFF, Erich 288
KÜCHENHOFF, Günther 289
KUCSKO-STADLMAYER, Gabriele 290
KUGELMANN, Dieter 290
KÜHLING, Jürgen 291
KÜHNE, Jörg-Detlef 291
KULISCH, Max 292
KUNIG, Philip 292
KÜPPER, Herbert 293

L

LACHMAYER, Konrad 294
LADEUR, Karl-Heinz 294
LAFORET, Wilhelm 294
LAMP, Karl 295
LANG, Heinrich 296
LANGE, Klaus 296
LANGENFELD, Christine 297
LANGER, Gottfried 297
LASKOWSKI, Silke Ruth 298
LASSAR, Gerhard 299
LAUBINGER, Hans-Werner 299

LAUN, Rudolf Edler von 300
LAURER, Hans René 301
LAYER, Max 301
LECHELER, Helmut 302
LEGE, Joachim 303
LEHNER, Moris 303
LEIBHOLZ, Gerhard 304
LEISNER, Walter 305
LEISNER, Walter Georg 306
LEISNER-EGENSPERGER, Anna 306
LEITL-STAUDINGER, Barbara 307
LENZE, Anne 307
LEWINSKI, Kai von 308
LEPSIUS, Oliver 308
LERCHE, Peter 309
LIENBACHER, Georg 310
LIERMANN, Hans 310
LINDNER, Josef Franz 311
LINK, Heinz-Christoph 312
LIPPHARDT, Hanns-Rudolf 312
LISTL, Joseph 313
LOEWENSTEIN, Karl 314
LORENZ, Dieter Peter 314
LORZ, Ralph Alexander 315
LOSCH, Bernhard 316
LOSCHELDER, Wolfgang 316
LÖWER, Wolfgang 317
LÜBBE-WOLFF, Gertrude 317
LUCHTERHANDT, Otto 318
LÜCKE, Jörg 319
LÜHMANN, Hans 319
LUKAS, Josef 320
LUTHER, Jörg 320

M

MÄCHLER, August 321

Index 625

MAGEN, Stefan 321
MAGER, Ute 322
MAGIERA, Siegfried 322
MAHLMANN, Matthias 323
MAJER, Diemut Anna Maria 323
MALLMANN, Walter 324
MANGOLDT, Hans von 324
MANGOLDT, Hermann Hans von 325
MANN, Thomas 326
MANSSEN, Gerrit 326
MANTL, Wolfgang 327
MARAUHN, Thilo, M. 327
MARCIC, René 328
MARKO, Josepf 329
MARTENS, Wolfgang 329
MARTI, Arnold 330
MARTI, Hans 330
MARTÍNEZ SORIA, José 331
MARTINI, Mario 331
MÄRZ, Wolfgang 332
MASING, Johannes 332
MASTRONARDI, Philippe Andrea 333
MAUNZ, Theodor 333
MAURER, Hartmut 334
MAYER, Franz 335
MAYER, Franz C. 335
MAYER, Heinz 336
MAYER, Otto 337
MAYER-TASCH, Peter Cornelius 338
MEDER, Walter 339
MEESSEN, Karl Matthias 339
MEHDE, Veith 340
MEINZOLT, Hans 340
MEISSNER, Boris 341
MELICHAR, Erwin 342

MENG, Werner 343
MENGER, Christian-Friedrich 343
MENZEL, Adolf 344
MENZEL, Eberhard 345
MENZEL, Jörg 345
MERK, Wilhelm 345
MERKL, Adolf Julius 346
MERLI, Franz 347
MERTEN, Detlef 347
MESSERSCHMIDT, Klaus 348
MEYER, Ernst Wilhelm 349
MEYER, Hans 349
MEYN, Karl-Ulrich 350
MICHAEL, Lothar 351
MIRBT, Hermann 351
MÖLLERS, Christoph 352
MORGENTHALER, Gerd 352
MORLOK, Martin 352
MORSCHER, Siegbert 353
MOSLER, Hermann 354
MÖßLE, Wilhelm 354
MÖSSNER, Jörg Manfred Paul 355
MÖSTL, Markus 356
MUCKEL, Stefan 356
MÜCKL, Stefan 357
MÜLLER, Friedrich 357
MÜLLER, Georg 358
MÜLLER, Jörg Paul 358
MÜLLER-FRANKEN, Sebastian 359
MÜLLER-TERPITZ, Ralf 360
MÜLLER-VOLBEHR, Jörg 360
MÜNCH, Fritz 361
MÜNCH, Ingo von 361
MURSWIEK, Dietrich 362

MUSIL, Andreas 362
MUßGNUG, Reinhard 363
MUTIUS, Albert von 363

N

NAUMANN, Richard 365
NAWIASKY, Hans 365
NETTESHEIM, Martin 367
NEUMANN, Volker 367
NEUWIEM, Erhard 368
NICOLAYSEN, Gert 368
NIEDOBITEK, Matthias 369
NIERHAUS, Michael 369
NOLTE, Georg 370
NOLTE, Martin 370
NOVAK, Richard 371
NOWAK, Carsten 371
NUßBERGER, Angelika 371

O

OBERMAYER, Klaus 373
OBERNDORFER, Peter 373
ODENDAHL, Kerstin 374
OEBBECKE, Janbernd (Johannes Bernhard)) 374
OESCHEY, Rudolf 375
OETER, Stefan 376
OHLER, Christoph 376
ÖHLINGER, Theo 377
OLDIGES, Martin 377
OLSHAUSEN, Henning von 378
OPPERMANN, Thomas 378
OSSENBÜHL, Fritz 379
OSTERLOH, Lerke 380

P

PABEL, Katharina 382
PABST, Heinz-Joachim 382

PACHE, Eckhard 383
PAPIER, Hans-Jürgen 383
PARTSCH, Karl Josef 384
PAUGER, Dietmar 385
PAULUS, Andreas L. 385
PAULY, Walter 386
PECHSTEIN, Matthias 386
PEINE, Franz-Joseph 387
PERELS, Kurt 388
PERNICE, Ingolf 388
PERNTHALER, Peter 389
PESENDORFER, Wolfgang 390
PESTALOZZA, Christian Graf von 390
PETERS, Anne 391
PETERS, Hans 391
PETERSMANN, Ernst-Ulrich 392
PETZ, Rudolf Johann 393
PFEIFER, Helfried 393
PIELOW, Johann-Christian 394
PIEPER, Stefan Ulrich 394
PIEROTH, Bodo 395
PIETZCKER, Jost 395
PILOTY, Robert von 396
PIRSON, Dietrich 397
PITSCHAS, Rainer 397
PÖCKER, Markus 398
PODLECH, Adalbert 398
POHL, Johann Heinrich 399
POSCHER, Ralf 399
PÖSCHL, Magdalena 400
POTACS, Michael 400
PREUß, Hugo 400
PREUß, Ulrich K. 401
PROELSS, Alexander 402
PUHL, Thomas 402
PÜNDER, Hermann 403

PUTTLER, Adelheid 403
PÜTTNER, Günter 404

Q

QUARITSCH, Helmut 405

R

RACK, Reinhard 407
RAMSAUER, Ulrich 407
RANDELZHOFER, Albrecht 408
RASCHAUER, Bernhard 408
RASCHAUER, Nicolas 409
RASENACK, Christian A. L. 409
RAUSCHNING, Dietrich Guido 410
REDLICH, Josef 411
REIMER, Ekkehart 411
REIMER, Franz 412
REINHARDT, Michael 412
REMMERT, Barbara 413
RENGELING, Hans-Werner 413
RENSMANN, Thilo 414
RESS, Georg 414
RHINOW, René A. 415
RICHTER, Dagmar 416
RICHTER, Lutz (Ludwig) Gebhard Hermann 416
RIDDER, Helmut 417
RIEDEL, Eibe H. 418
RIEKER, Karl 418
RILL, Heinz Peter 419
RINGHOFER, Kurt 419
RINKEN, Alfred Heinrich 420
ʼRITTERBUSCH, Paul 421
RIXEN, Stephan 421
ROBBERS, Gerhard 422

RÖBEN, Volker 422
RODI, Michael 423
ROELLECKE, Gerd 423
RÖGER, Ralf 424
RÖHL, Hans Christian 424
RONELLENFITSCH, Michael 425
ROSENTAL, Eduard 425
ROSSEN-STADTFELD, Helge 426
ROSSI, Matthias 427
ROTH, Wolfgang 427
ROTHENBÜCHER, Karl (Carl) Josef Franz 427
ROZECK, Jochen 428
RUCH, Alexander 428
RUCK, Erwin 429
RUDOLF, Walter 430
RUFFERT, Matthias 430
RÜFNER, Wolfgang 431
RÜHL, Ulli F. H. 432
RULAND, Franz 432
RÜHLAND, Curt 433
RUMPF, Helmut 433
RUPP, Hans Heinrich 434
RUTHIG, Josef 434
RÜTSCHE, Bernhard 435
RUX, Johannes 435

S

SACHS, Michael 437
SACKSOFSKY, Ute 437
SALADIN, Peter 438
SALZWEDEL, Jürgen 438
SANDER, Fritz 439
SARCEVIC, Edin 439
SARTORIUS, Carl (Karl) Friedrich 440
SASSE, Christoph 441

SATTLER, Andreas 441
SAURER, Johannes 442
SAXER, Urs 442
SCHACHTSCHNEIDER, Karl Albrecht 442
SCHACK, Friedrich 443
SCHÄFFER, Heinz 444
SCHAMBECK, Herbert 444
SCHÄTZEL, Walter Friedrich Robert 445
SCHAUMANN, Wilfried 446
SCHEFER, Markus 447
SCHEFOLD, Dian 447
SCHENKE, Ralf Peter 447
SCHENKE, Wolf(gang)-Rüdiger 448
SCHERER, Joachim 449
SCHERZBERG, Arno Herbert Ralf 449
SCHEUING, Dieter H. 450
SCHEUNER, Ulrich 450
SCHICK, Walter 451
SCHIEDERMAIR, Hartmut 452
SCHILLING, Theodor 453
SCHINDLER, Benjamin 453
SCHINDLER, Dietrich Jun. 454
SCHINDLER, Dietrich Sen. 454
SCHLACKE, Sabine 454
SCHLAICH, Klaus 455
SCHLETTE, Volker 455
SCHLIEFFEN, Katharina Gräfin von 456
SCHLIESKY, Utz 456
SCHLINK, Bernhard 457
SCHLOCHAUER, Hans-Jürgen 458

SCHMAHL, Stefanie 458
SCHMALENBACH, Kirsten 459
SCHMEHL, Arndt 459
SCHMID, Carlo (Karl) 459
SCHMID, Gerhard 460
SCHMID, Viola 461
SCHMIDT, Reiner 461
SCHMIDT, Richard Karl Bernhard 462
SCHMIDT, Thorsten Ingo 463
SCHMIDT, Walter 463
SCHMIDT AM BUSCH, Birgit 464
SCHMIDT-AßMANN, Eberhard 464
SCHMIDT-DE CALUWE, Reimund 465
SCHMIDT-JORTZIG, Edzard 466
SCHMIDT-PREUß, Matthias 467
SCHMIDT-RADEFELDT, Roman 467
SCHMITT, Carl (Karl) 468
SCHMITT GLAESER, Alexander 469
SCHMITT GLAESER, Walter 470
SCHMITT-KAMMLER, Arnulf 470
SCHMITZ, Thomas 471
SCHNAPP, Friedrich Eberhard 471
SCHNEIDER, Hans 472
SCHNEIDER, Hans-Peter 473
SCHNEIDER, Jens-Peter 474
SCHNEIDER, Peter 474
SCHNORR, Gerhard 475

SCHNUR, Roman 476
SCHÖBENER, Burkhard 477
SCHOCH, Friedrich 477
SCHOEN, Paul Otto 478
SCHOLLER, Heinrich 479
SCHOLZ, Rupert 479
SCHÖNBERGER, Christoph 480
SCHÖNBORN, Joachim Carl Walther 480
SCHORKOPF, Frank 481
SCHOTT, Markus 482
SCHRANIL, Rudolf 482
SCHRÖDER, Meinhard 483
SCHRÖDER, Rainer Johannes 483
SCHROEDER, Werner 484
SCHÜLE, Adolf 484
SCHULER-HARMS, Margarete 485
SCHULEV-STEINDL, Eva 486
SCHULTE, Martin 486
SCHULZ, Wolfgang 486
SCHULZE-FIELITZ, Helmuth 487
SCHUPPERT, Gunnar Folke 488
SCHWABE, Jürgen 489
SCHWARTMANN, Rolf 489
SCHWARZ, Kyrill-Alexander 490
SCHWARZE, Jürgen 490
SCHWARZER, Stephan 491
SCHWEITZER, Michael 491
SCHWEIZER, Rainer J. 492
SCHWERDTFEGER, Gunther 493
SCHWINGE, Erich 493

SCUPIN, Hans Ulrich 494
SEER, Roman 495
SEEWALD, Otfried 495
SEIDEL, Gerd 496
SEIDLER, Gustav 496
SEIDL-HOHENVELDERN, Ignaz 498
SEILER, Christian 499
SELMER, Peter 499
SHIRVANI, Foroud 500
SIECKMANN, Jan-Reinhard 501
SIEDENTOPF, Heinrich 501
SIEGEL, Thorsten 502
SIEHR, Angelika 502
SIEKMANN, Helmut 502
SILAGI, Michael 503
SIMMA, Bruno 503
SIMSON, Werner von 504
SKOURIS, Wassilios 505
SMEDDINCK, Ulrich 505
SMEND, (Carl Friedrich) Rudolf 506
SODANN, Helge 508
SOELL, Hermann 508
SÖHN, Hartmut 509
SOMEK, Alexander 509
SOMMERMANN, Karl-Peter 510
SPANNER, Hans 510
SPANNOWSKY, Willy 511
SPIECKER GENANNT DÖHMANN, Indra 511
SPIEGEL, Ludwig 512
SPRANGER, Tade Matthias 512
STAFF, Ilse 513
STANKA, Rudolf 513
STARCK, Christian 514

STEIGER, Heinhard 515
STEIN, Ekkehart 515
STEIN, Katrin 516
STEIN, Torsten 516
STEINBERG, Rudolf 517
STEINBERGER, Helmut 517
STEINER, Udo-Dietrich 518
STELKENS, Ulrich 519
STELZER, Manfred 519
STENDER-VORWACHS, Jutta 520
STERN, Klaus 520
STETTNER, Rupert Matthäus 522
STIER-SOMLÓ, Fritz 522
STOBER, Rolf 523
STOCK, Martin 524
STÖDTER, Rolf 525
STÖGER, Karl 525
STOLL, Peter-Tobias 526
STOLLEIS, Michael 526
STOLZLECHNER, Harald 527
STORR, Stefan 528
STREINZ, Rudolf 528
STRUPP, Karl (Carl) 529
STUMPF, Christoph 530
SUERBAUM, Joachim 530
SUHR, Dieter 531
SYDOW, Gernot 532

T

TALMON, Stefan 533
TATARIN-TARNHEYDEN, Edgar Adolf 533
TETTINGER, Peter Josef 534
THIEL, Markus 534
THIEME, Werner 535
THIENEL, Rudolf 536
THOMA, Richard Emil 537

THÜRER, Daniel 538
THYM, Daniel 539
TIETJE, Christian 539
TOMUSCHAT, Christian 539
TRIEPEL, Heinrich 540
TRUTE, Hans-Heinrich 542
TRZASKALIK, Christoph 542
TSATSOS, Dimitris Th. 543
TSCHENTSCHER, Axel 543

U

UBER, Giesbert 545
UEBERSAX, Peter 545
UERPMANN-WITTZACK, Robert 546
UHLE, Arnd 546
UHLMANN, Felix 547
ULE, Carl-Hermann 547
UMBACH, Dieter C. 548
UNRUH, Georg-Christoph von 549
UNRUH, Peter 550

V

VALLENDER, Klaus A. 551
VEDDER, Christoph 551
VERVIER, Heinrich 552
VESTING, Thomas 552
VISMANN, Cornelia 553
VITZTHUM, Wolfgang Graf 553
VOGEL, Klaus 554
VOGEL, Stefan 555
VOIGT, Alfred 556
VOLKMANN, Uwe 556
VÖNEKY, Silja 557
VOßKUHLE, Andreas 557

W

WACKE, Gerhard Gustav Theodor 559
WAECHTER, Kay 559
WAGENER, Frido 560
WAGNER, Heinz 561
WAHL, Rainer 561
WALDECKER, Ludwig 562
WALDHOFF, Christian 563
WALDMANN, Bernhard 563
WALL, Heinrich de 563
WALLERATH, Maximilian 564
WALLRABENSTEIN, Astrid 565
WALTER, Christian 565
WALTER, Robert 565
WALZ, Ernst Friedrich Joseph 566
WALZ, Gustav Adolf 567
WARNCKE, Friedrich 567
WEBER, Albrecht 568
WEBER, Karl 568
WEBER, Werner 569
WEBER-DÜRLER, Beatrice 570
WEBER-FAS, Rudolf 571
WEGENER, Bernhard W. 571
WEHR, Matthias 572
WEHRHAHN, Herbert 572
WEIDES, Peter 573
WEISS, Norman 573
WEISS, Wolfgang 573
WELTI, Felix 574
WENDT, Rudolf 574
WENGER, Karl 575
WENGLER, Wilhelm 575
WENZEL, Max 576

WERNER, Fritz 577
WERNSMANN, Rainer 578
WERTENBRUCH, Wilhelm 578
WESSELY, Wolfgang 579
WIEDERIN, Ewald 579
WIELAND, Joachim 580
WIELINGER, Gerhart Klaus 580
WIESER, Bernd 580
WILDHABER, Luzius 581
WILKE, Dieter 581
WILL, Martin 582
WILL, Rosemarie 583
WILMS, Heinrich 583
WIMMER, Norbert 584
WINDOFFER, Alexander 584
WINDTHORST, Kay 585
WINKLER, Günther 585
WINKLER, Markus 586
WINKLER, Roland 587
WINTER, Gerd 587
WINTERHOFF, Christian 588
WINZELER, Christoph 588
WISSMANN, Hinnerk 588
WITTIG, Peter 589
WITTINGER, Michaela 589
WITTMANN, Heinz 590
WITTMAYER, Leo 590
WITTRECK, Fabian 591
WOLF, Joachim 591
WOLFF, Hans Julius 592
WOLFF, Heinrich Amadeus 593
WOLFRUM, Rüdiger 593
WOLGAST, Ernst Johannes Christoph 594
WOLLENSCHLÄGER, Ferdinand 595

WOLLENSCHLÄGER, Michael 595
WOLTER, Henner 596
WURMBRAND, Norbert 596
WÜRTENBERGER, Thomas 596
WYDUCKEL, Dieter 597
WYSS, Martin 598

Z

ZACHER, Hans F. 599
ZEH, Wolfgang 600
ZEIDLER, Karl 600
ZEZSCHWITZ, Friedrich von 601
ZIEGER, Gottfried 602
ZIEGLER, Andreas Roland 602
ZIEKOW, Jan 603
ZIEMSKE, Burkhard 603
ZILLER, Jacques 603
ZIMMER, Gerhard 604
ZIMMERMANN, Andreas 604
ZIPPELIUS, Reinhold 605
ZITZELSBERGER, Heribert 606
ZORN, (Karl Ludwig) Philipp 606
ZULEEG, Manfred 608

【編著者紹介】

石　川　敏　行（いしかわ　としゆき）

1951 年 9 月	東京都に生まれる
1974 年 3 月	中央大学法学部法律学科卒業
1976 年 3 月	同　大学院法学研究科修士課程修了（法学修士）
1976 年 4 月	中央大学法学部助手（行政法）
1979 年 8 月	DAAD（ドイツ学術交流会）の助成により、Eberhard Karls-Universität Tübingen に留学（指導教授： Prof. Dr. Dres. h. c. Otto Bachof）（1981 年 3 月まで）
1980 年 4 月	同助教授
1986 年 6 月	Alexander von Humboldt-Stiftung（アレキサンダー・フォン・フンボルト財団）の奨励研究員として、Tübingen 大学（1 年目）及び Johann Wolfgang Goethe-Universität Frankfurt am Main（2 年目）にて在外研究（1988 年 3 月まで）
1987 年 4 月	中央大学法学部教授
1991 年 4 月	Dr. iur.（法学博士） Frankfurt 大学（評価　magna cum laude、学位請求論文名 Friedrich Franz von Mayer als Begründer der sog. „juristischen Methode" im Verwaltungsrecht, Tübingen 1992、Erster Gutachter: Prof. Dr. Dres. h. c. Michael Stolleis, zweiter Gutachter: Prof. Dr. Dres. h. c. Otto Bachof）
1997 年 4 月	中央大学在外研究員として、Tübingen 大学（夏学期 SoSe）及び Julius-Maximilians-Universität Würzburg（冬学期 WiSe）にて各客員教授（Gastprofessor）（1998 年 3 月まで）
2004 年 4 月	中央大学法科大学院教授
2010 年 3 月	中央大学を辞し、国会同意を経て、特別職国家公務員（下記）に就任
現　　在	国土交通省運輸安全委員会常勤委員（法制担当）
所属学会等	日本公法学会、日独法学会（監事）

なお、2001 年 6 月頃から、主に法科大学院の創設をめぐり文部科学省、法務省、認証評価機関などの各種公務を歴任したが、詳細は敢えて記さない。

［主要著書・論文（最近のもののみ）］
- Die neueste Entwicklung des japanischen Law School Systems – eine Zwischenblanz,in: Peter-Christian Müller-Graff u. a. (Hrsg.), Europäisches Recht zwischen Bewährung und Waldel, Festschrift für Dieter H. Scheuing, Baden-Baden 2011
- 「ドイツ国法学者協会とその昨今——給付行政論の観点から」村上武則教授還暦記念論集『給付行政の諸問題』（有信堂・2012 年）
- 「法科大学院を取り巻く昨今の情勢について——付：十個の改革提案」創価ロージャーナル 4 号（2011 年）
- 『はじめての行政法（第 2 版）』（有斐閣アルマ、共著、2011 年）　など

ドイツ語圏公法学者プロフィール

日本比較法研究所資料叢書(10)

2012 年 3 月 15 日　初版第 1 刷発行

編著者　石　川　敏　行

発行者　吉　田　亮　二

発行所　中央大学出版部
〒192-0393
東京都八王子市東中野 742－1
電話 042-674-2351・FAX 042-674-2354
http://www2.chuo-u.ac.jp/up/

© 2012　石川敏行　　　　　　　　　研究社印刷(株)

ISBN978-4-8057-0409-7

日本比較法研究所資料叢書

1	堀内　節 編著	家事審判制度の研究 附　家事審判法関係立法資料	A5判	6300円
2	堀内　節 著	明治前期身分法大全　第一巻 ――婚姻編Ⅰ――	A5判	3780円
3	堀内　節 著	明治前期身分法大全　第二巻 ――婚姻編Ⅱ――	A5判	3780円
4	堀内　節 編著	続家事審判制度の研究 附　家事審判法関係立法資料補遺	A5判	9450円
5	堀内　節 著	明治前期身分法大全　第三巻 ――親子編――	A5判	5250円
6	堀内　節 著	明治前期身分法大全　第四巻 ――親族総編Ⅰ――	A5判	6300円
7	桑田三郎 山内惟介 編著	ドイツ・オーストリア国際私法立法資料	A5判	7455円
8	奥田安弘 編訳	国際私法・国籍法・家族法資料集 ――外国の立法と条約――	A5判	3885円
9	奥田安弘 著	国籍法・国際家族法の裁判意見書集	A5判	5040円

＊価格は消費税5％を含みます。